負債の網

THE WEB OF DEBT

THE SHOCKING TRUTH ABOUT OUR MONEY SYSTEM AND HOW WE CAN BREAK FREE

ELLEN HODGSON BROWN

TRANSLATION BY KENJI HAYAKAWA

お金の闘争史・そして
お金の呪縛から自由になるために

エレン・H・ブラウン

早川健治［訳］

那須里山舎

WEB OF DEBT

The Shocking Truth About Our Money System
And How We Can Break Free
by Ellen Hodgson Brown, J.D.

BOOKDESIGN
ALBIREO

負債の網——お金の闘争史・そしてお金の呪縛から自由になるために

目次

凡例

一、本書は、WEB OF DEBT The Shocking Truth About Our Money System and How We Can Break Free by Ellen Hodgson Brown, J.D. の全訳であるが、底本として第5版を用いた。

一、本文中のゴシック体は、原書においてイタリック体になっているものである。

一、各部・章の冒頭にある『オズの魔法使い』の引用文は、縦書き文庫『オズの魔法使い The Wizard Of Oz』L・フランク・ボーム著　武田正代・山形浩生訳　ＷＥＢ版　https://tb.antiscroll.com/novels/library/2069 の訳を用いた。

日本の読者へ

『負債の網――お金の闘争史・そしてお金の呪縛から自由になるために』は、通貨を発行する権力を巡り数世紀にもわたって繰り広げられた闘争の物語である。民間国際銀行カルテルから通貨権力を奪還するための米国ポピュリスト運動と米国の連邦準備制度とを主軸とした歴史であることはたしかだが、これは日本にとってもかなりの意味をもつ。なぜなら、歴史上自分の通貨を自分で発行してきた日本においてもまた、政府はこの権力を巡って諸銀行と長い間闘争を続けてきたからである。どちらの国においても、マネーサプライを発行しているのは、スイスの国際決済銀行から指令を受ける中央銀行制度によって支配された民間銀行業利権である。

日本の話は、本書の26章に始まり、本書の続編でありまだ和訳はされていない『The Public Bank Solution』（Third Millennium Press ２０１３年）という作品においてさらに展開されている。そこでは、１９３０年代に日本及びドイツの各政府が自分の通貨を自分で発行し始めた後に、両国の経済が見事に豊かになっていく様子を詳述した。１９３１年から10年後、日本の製造業生産高と工業生産はそれぞれ１４０％と１３６％も増加し、国民所得と国内総生産はそれぞれ２４１％と２５６％という伸びを見せた。こうした特筆すべき増加は、他の産業国家の経済成長をはるかに凌ぐものであった。労働者市場においても、失業率は１９３０年の５・３％から１９３８年の３・０％にまで減少した。

これほどまでの成功を収めてしまったため、政府発行通貨制度は、国際銀行団による世界金融支配を脅かす存在となった。歴史を記すのは勝者であるとされているが、２００８年発表の記事『日本が真珠湾を攻撃した本当の理由』において、南アフリカ準備銀行元取締役のスティーブン・グッドソンは、公式見解に一石を投じている。

国家がゼロ金利でマネーサプライを発行する制度を、特に大東亜共栄圏案の国々を含む他の国々が真似することは避けられないであろう、とされたため、日本銀行やドイツのライヒ銀行は、米国連邦準備制度の民間投資家にとっての深刻な脅威となり、これに対抗するためには世界戦争の他に手段はない、という結論が導かれる始末となってしまった。

1939年7月、米国は1911年の新通商航海条約を一方的に廃棄し、日本が重要原料物資を輸出する能力に制限を加えた。この経済封鎖によって、日本の首に縄が巻かれたわけである。

1941年8月のサミット開催案を含む数々の外交策が失敗に終わると、日本は、統治国家としての繁栄と存続を維持する上で、米国への攻撃を強要された。

日本には帝国主義と植民地主義の歴史があり、日本の参戦もまた免罪されてはならないが、それでも、米国による圧力が大きな要因となったことは明白である。ここで特筆すべきなのは、日本とドイツは敗北の道をたどることとなり、日本はもはや自分の中央銀行を使って直接予算を賄うことができなくなってしまった、という点である。このため、日本は次善策に講じた――ゆうちょ銀行を通して、簿記上のクレジットとして通貨を発行することにしたのである。これはどのような預金銀行でもできることであり、今ではイングランド銀行やドイツ連邦銀行のエコノミストたちですらこれを認めている。『近代経済における通貨発行』と題された2014年出版のイングランド銀行報告書にはこう書かれている。

現代における通貨発行方法の実態は、一部の経済学教科書に載っている話とは異なる。世帯が貯金をすることによって得た預金を銀行が融資しているのではなく、銀行融資そのものが預金の発行につながっているのである。

銀行が融資を行うたびに、借り手の銀行口座には融資と同額の預金が発行され、こうして新たな通貨が発行される。

同報告書の著者は、今では英国のマネーサプライの97％がこの方法で発行されている、と述べている。

「第二予算」を賄う上で日本政府が日本銀行ではなくゆうちょ銀行を選んだ理由はもう一つある。1980年代に日本に助言を行った英国教授リチャード・ヴェルナーによると、日本銀行はすでに長い間、経済の覇権を巡って財務省と戦争状態にあった。2003年出版の本『円の支配者』（草思社）及び同名の鮮烈なドキュメンタリー映画において、ヴェルナーは、戦後日本の奇跡の呼び水となった統制経済制度を維持するために財務省が死力を尽くす傍ら、1920年代の自由市場への回帰によって財務省から離れようと中央銀行が目論む様子を示している。1980年代、日本銀行は、政府による経済回復策をたびたびサボタージュしてきた。諸銀行が不良債権によって手足を縛られていた当時、クレジットを発行することができたのは中央銀行のみであったが、後者はこれを行うことができなかった。

その結果、経済衰退が長引き、ついに財務省は分断され権力を失った。日本銀行は独立し、その権力は制度化された。

しかし、新たな日本内閣によって、2013年に逆転が起こった。安倍晋三首相の経済政策である「アベノミクス」は、中央銀行による量的緩和と（政府歳出による）景気刺激策の組み合わせである。2013年1月付けの『ビジネスウィーク』誌の記事にはこう書かれている。

安倍晋三と自由民主党は、20年にわたる経済惨事から日本を引っ張り出すためにと、オクタン価の高い混合金融財政政策を確約し、12月中旬に見事に第一党に返り咲いた。これを実施しきる上で、安倍首相は、中央銀行である日本銀行の敵対的取得を匂わせている。降伏条件としては、以下が考えられる。日本銀行が2%というインフレーション目標に同意し、現在進行中の政府債券の買いオペを拡大しない限り、多数派である自民党は日本国会において新たな中央銀行法案の採決に出るかもしれない。この法案は、日本銀行の金融政策決定能力を大幅に下げ、首相に日銀総裁の解雇権を与えることになるかもしれない。

2016年7月の選挙において大勝をおさめた後、安倍首相は、日本においては4年ぶりとなる大規模国債発行によって調達した資金で、10兆円（1000億ドル）の景気刺激を行う計画を公表した。刺激策には、21世紀インフラの整備、高速路線の工事の迅速化、そして国内需要を補助するための様々な策が組み込まれることとなった。2018年7月に『フィナンシャル・タイムズ』紙に発表された記事「ヘリコプター・マネーを視野に入れた日本」において、ガヴィン・ディヴィスはこう書いている。

果たしてこれをかれらが認めるかどうかはわからないが――恐らく、頑なに抵抗するだろうが――安倍政権は、先進国経済の政府としては初めて、1945年以後の政府負債を恒久的に収益化する直前のところまで来ている。

政府赤字を日本銀行が直接賄うのは、財政法第5条により違法である。しかし、政府はどうやら、こうした障害物を回避するための策略を検討しているようである。

最近では、日銀が直接購入することとなるゼロ・クーポン永久公債の発行の可能性に市場が沸いているが、これはつまるところ、中央銀行が通貨を印刷し、政府にこれを与え、政府がこれを好きなように使う、というおふざけにすぎない。公開市場においてこの公債に買い手がつくことはないが、どうやらこれは額面価格で日銀の貸借対照表に永久に居座ることになるらしい。

大半の中央銀行は、すでに量的緩和政策を終了しており、証券の売却の準備を進めているが、日本銀行は淡々と政府負債を積極的に購入し続けた。米国政府が「統治」負債と関連金利を増やし続けることに躍起になる傍ら、日本は、負債を中央銀行に売ることによって、年間７２００億ドル（80兆円）という速さで負債の「帳消し」を進めてきた。２０１７年2月発表の記事において、ファンド・マネージャのエリック・ロナーガンはこう書いている。

日本銀行は、日本政府の未返済負債（現時点ですでに40％ほどを所有している）の大半を入手する手続きをとっている。日銀の保有国債は、政府の統合貸借対照表の一部なのである。そのため、日銀の持ち株は、会計上は負債の帳消しに相当する。わたしがもし自分の住宅ローンを自分で買い戻した場合、住宅ローンは無いも同然のものとなる。

政府自らの銀行に対して政府が負っている、毎年繰り越される無利息負債は、事実上無効である—いわば負債「聖年」である。また、政府のものである中央銀行に売却され、返済が一切期待されていない公債の新たな発行は、政府自らが「通貨を印刷する」のと同じである。日本政府は、「融資の命綱」として帳簿に通貨を発行することができる中央銀行を奪還することによって、通貨発行権も奪還したのである。

日本銀行は、他国の中央銀行の例に倣ってマネーサプライを収縮し、２００８年銀行危機の後に行われた「調節」を取り消しにするよう圧力を受けているが、それでもなお、２０１８年4月現在、頑として国債購入戦略を維持している。こうした策の採用を他国が躊躇する理由として、急激な価格インフレーションが起き、通貨の価値が破綻してしまうのではないか、という根強い信念がある。しかし、２０１８年3月現在、日本のインフレーション率は未だに、安倍首相と米国連邦準備制度が共有する目標数値２％を大きく下回っており、日本円は、価値を失うどころか、今年は対ドルで６％もの上昇をみせた。

一方、日本経済は、全体としてそこそこの景気を保っている。２０１７年2月に『マザー・ジョーンズ』誌に発表された記事「日本経済の未解明の謎」において、ケヴィン・ドラムは、ここ20年間において、日本の世帯当たりの国内総生産は着々と上がってきており、20％増となったという点を指摘している。ドラムはこう書いている。

日本が20年にわたる低成長に悩まされてきたのは事実である。しかし、インフレーションが常に低かったにも関わらず、日本経済は順調である。日本の就業年齢成人当たりの国内総生産は、実は私たちのそれよりも高い。では、なぜ日本の成長は私たちと比べてこれほどにも遅いのだろうか。答えは簡単、人口統計である。日本では高齢化が急速に進んでいる。就業年齢人口は１９８７年にピークを迎え、その後下がり続けている。労働者数の減少は国内総生産の減少につながる—たとえこうした労働者が、他の誰よりも生産的であったとしても、である。

世界銀行元チーフエコノミストのジョセフ・スティグリッツは以上に同意している。『ニューヨーク・タイムズ』紙に2013年6月に掲載された記事「日本の事例は訓話ではなく規範である」において、かれはこう書いている。

多方面において――所得の平等性の高さ、平均寿命の長さ、失業率の低さ、子供の教育と健康への投資の大きさ、さらには、労働人口の大きさに対する生産性の高さにおいて――日本は米国よりも優れた成果を挙げている。

もちろん、日本は楽園であるなどと言いたいわけではない。日本の労働者の40%は、安定した正社員職や十分な年金、そして健康保険を欠いている。政府負債の購入に加え、日本銀行は銀行準備金への金利をマイナスの領域にまで下げ、上場投資信託（ETF）を買うことによって株式市場になんとか支柱を立てたが、こうした努力は生産力の向上にはほとんどつながっていない。超低金利は住宅バブルを引き起こし、ETF購入は一部の株式の価格を上昇させて市場をねじ曲げてしまった。

国家負債を中央銀行の帳簿に移すことによって、政府は巨額の金利の支払いを免れたが、量的緩和は、通貨を新たに発行しこれを直接支出によって経済に流し込むことと一緒ではない。あるいは、中国が行っている「量的緩和」の方が有効であるかもしれない。銀行の貸借対照表上で資産と銀行準備金を入れ替える代わりに、中国人民銀行は新たな通貨を直接該当産業に融資しており、特に、1兆ドルに及ぶ「一帯一路」計画をはじめとする、農業や中小企業、インフラ産業に重点を置いている。たしかに、中国の年間成長率は2008年クレジット危機以前の空前の高数値に比べると劣ってきたが、それでもなお7%近くというすばらしい成長率をむこう4年間維持してきており、消費者物価指数上昇率も低いままである。

日本や中国の事例は、ちょうどベンジャミン・フランクリンの時代に米国入植者たちがペンシルヴェニアで行ったように、価格インフレーションを引き起こさずに政府が通貨を発行しこれを支出や融資によって経済に流し込むことが可能であることを示している。近代通貨が、政府によって公的に発行されるものから、銀行によって私的に発行されるものへと変わっていく道のりと、その過程で私たちが負債の蜘蛛の巣に絡めとられていく様子を本作では扱っており、そこからの脱出方法もまた、本書に詳しく書き込んだ。

エレン・ブラウン
カルフォルニア州ロサンゼルス
2018年7月

リード・シンプソン（銀行員・宅地開発業者）による序文

長らく銀行員として働いてきた者として一つ言っておきたいのだが、銀行員ですら業界のトップで秘密裏に行われていることを把握している人はほとんどいない。銀行員というものは、それぞれが銀行業界において自分に割り当てられた小さな一角におとなしく座っているだけにすぎず、自分が加担している制度全体を俯瞰したり、その含意を把握したりすることはない。エレン・ブラウンの『負債の網――お金の闘争史・そしてお金の呪縛から自由になるために』で取り上げられている問題について人並み以上に関心を持っている私でさえも、本書は目から鱗の作品であり、現在実際に起きているものごとを理解する上で最高の切り口を与えてくれる。

通貨が発行されるまでの過程は、一から十まで誤解されているが、これにはちゃんとした理由がある。その理由とは、学界やメディア、そして出版業界に浸透している、洗練され長期的な誤報運動の主眼であり続けてきたある事柄である。この主題の複雑さは、その秘密を隠蔽し続ける目的で意図的に利用されてきた。ヘンリー・フォードが、これについて的を得たことを言っている。「わが国の人々が自分の銀行業及び通貨の制度を理解できていないのは、良いことである。もし理解してしまった場合、明日陽が昇る前に革命が起きてしまうと思われるからである。」

銀行、学校や大学において、私は、通貨や銀行業の技術、手形交換所や連邦準備制度、乗数効果による通貨発行、そして公庫の番人として商業銀行家たちが担う特別な役割について、これでもかというほど頭に叩き込まれてきた。こうして美化されたビジョンは、しかし、米国銀行業部門で働く中で私が目の当たりにしてきたことと非常に対照的であった。もちろん、最高の倫理水準と健全な財政を保っている銀行の存在は否めないが、しかし汚職が蔓延しているということもまた事実であり、これは米国銀行協会の公式倫理観や、連邦預金保険公社や通貨監査局等の規制機関のガイドラインに反するものである。こうした傾向は、私のかつての勤め先のような、大手通貨センター銀行において顕著である。

私の経験では、銀行強盗の最大の原因は、現金窓口を襲う覆面男の一団などではなく、クレジット拡張を露骨に悪用するホワイトカラー犯罪者たちである。よくある慣例として、融資担当者があるローンの長期的なリスクを無視し、かかるローン送金の許可を出し、限度ぎりぎりの高額な手数料と利息とを直ちに支払わせるというものがある。そして、これはその後、同銀行の主要幹部の収入として配分されうる。このような配分はしかし、銀行所有主／幹部の収入の中に埋もれ、主要所有主に配当金やストック・オプションとして配分される。この点をおさえておけば、私の故郷、カンザス州で起きた次の出来事にも説明がつく。トピカのある大手銀行が破産に追い込まれたのだが、それはちょうど、同銀行の頭取が、カンザス州ヒューストンのはずれの「準郊外」にある担保宅地開発区域５０００エーカーを含む開発建造融資に踏み切ったときのことであった。開発計画には、縁石や側溝、舗装道路や街灯、水道や排水溝、電線等が含まれていた。ただ住宅と家庭のみがすっかり除外されていたのである。もしこの融資が、市場の吸収力に合わせて、段階を追って少しずつ提供されていたならば、かつてのピカイチ会社とその頭取とは、この取引に付随する法外な融資手数料と利息を頭金として受け取り、自分や身内にこれを支払うことも、他の類似融資について同じようにすることもできなかったであろう。１９８０年代、国中の開発業者たちは、静かなトピカ及び似たような金融機関を有する地域への道を着々と踏み均し、汚職まみれの融資者たちと踊る機会を得ようとした。幹部や開発業者たちが私腹を肥やす一方、そのツケは銀行の株主や納税者にまわされることとなった。

以上は個別の汚職事例にすぎないが、そこからは、搾取を奨励する姿勢と、搾取に身を任せる制度とを垣間見ることができる。エレン・ブラウンの著作は、銀行業制度におけるより根深い詐欺に注目している。通貨そのものが民営銀行家によって発行及び支配をされているという点、それが「負債通貨制度」においてなされており、それは負債通貨を発行する側に利息という形で安定した利益をもたらしつつ、山積し続ける不要かつ返済不可能な負債を国民に背負わせるような制度であるという点である。通貨発行がほぼ完全に民営化されているという点は、昨今ではほとんど知られていないが、この問題自体は目新しいものではない。民間利益団体による通貨制度の支配を、かつての米国リーダーはよくわかっており、それは作品内に登場する多くの引用節によって裏付けられている。以下はその一例である。

> ご存知のように、ことの真相はというと、政府はアンドリュー・ジャクソン以来、集権化された金融団体によって牛耳られているのです。
>
> ―フランクリン・デラノ・ルーズヴェルト大統領、
> １９３３年11月23日
> エドワード・マンデル・ハウス大佐への手紙にて

中には、連邦準備銀行は米国政府機関であると勘違いしている人もいるようです。本当のところ、かれらは民間独占団体であり、米国民をえじきにすることによって、自分たちや海外顧客、国内外の投機家や詐欺師、そして裕福な略奪者である金貸したちの利益を追求するのです。

連準による米国略奪こそ、史上最悪の犯罪です。連準は手段を尽くして自らの権力を隠蔽してきましたが、真実はというと、連準は政府を横領したのです。国内の諸事をすべて取り仕切るだけでなく、外交においてもすべてを支配しています。かれらは、意のままに政権を打ち立てたり失墜させたりしているのです。

—ルイス・マクファデン下院議員、
１９３２年6月10日
下院銀行通貨委員会にて

『負債の網——お金の闘争史・そしてお金の呪縛から自由になるために』では、民営銀行家からなるネットワークが国際通貨制度の設立と運営をのっとり、こうして得た支配権を使ってかれらがしてきたことが、各段階を丁寧に追いつつ詳しく説明されている。地球全体とその天然資源—そこには隷属状態にある「人材」又は「人的資本」が含まれる—を完全に支配しようとする世界的権力エリートの存在を裏付けるための、説得力のある証拠が提示されている。権力エリートの原動力は通貨であり、かれらは不安という武器を駆使する。文明社会全体とその中の各制度すべてが、もはや通貨権力というこの中心の周りを旋回している。それが、現在そうであるように民間人の手中に収まっている場合、かれらはこれを使って各国を奴隷化し、恒久的な戦争と隷属状態とを保持するだろう。国際的な視点からみると、「暴力銀行団」とその政府協力者たちとは、こうした詐欺的な経済手法を用いて、相手を弱体化させ打倒するのであり、しかもこれを一発も弾丸を発砲せずにやってのけるのである。例えば、１９９７年に起きた東アジア金融危機や、１９９8年のロシアのルーブル崩壊をみていただきたい。経済戦術は戦争を引き起こす手法として用いられてきたが、通貨権力はこうした大義名分と言い訳を背景に、戦いの両側に武器やインフラを供給するのである。

このため、ブラウンの作品の射程範囲は、通貨理論と通貨改革に留まらない。既存の現状の持続不可能性を暴露することによって、本作は、非常に少数ではあるが強力でもある金融族の魔の手から世界を解き放つ第一歩となる。また、本作は、私たちの通貨制度において最重要の主題について公の議論を始める契機でもある—既成の経済学界では、誠実な言論を行う者にふりかかりうる災難への不安と恐れのせいで、このような議論への立ち入りは禁止されているのだが。ブラウンはしかし、通貨権力とその奉仕学者たちの高級黒革靴を果敢に踏みつける。通貨、銀行業、そして経済に関する誤情報、歪曲、欺瞞、そして厚顔無恥な嘘によってかれらが紡ぎあげた蜘蛛の巣に対する、本書は反抗と真理の拳である。本作は、われらがトロイの門を潜り抜けて入ってきた金融界からの敵の正体を暴き、現在米国及び世界中の人々に対して仕掛けられている限度無き一方的な戦争に対する防衛前線の役割を果たしてくれる。

問題を暴露するだけでなく、本書は米国及び世界中における、増え続ける負債をはじめとする様々な通貨問題への解決策もまた素描している。負債通貨に基づく部分準備銀行制度を廃止し、誠実な無負債通貨制度へと戻れば、私たちの想像を絶するような豊かな未来を米国国民に提供することができる、というわけである。『ロンドン・タイムズ』が著したとされている、リンカーンの無負債グリーンバック制度に反対を行う社説が、ことの全容をよく物語っている。

米国の最近の戦争において北アメリカ共和国から生じたあの悪戯な金融政策が、ついに堅固たるものとなってしまえば、同政府は一切費用を払わずに自ら通貨を作り出すことができるようになってしまう。そうなれば、負債は完済され、もはや負債がなくなってしまう。そして、世界中の文明社会政府の歴史において前例がないほどにまで、同国は豊かになるだろう。他のすべての国々の英知と富とは、北アメリカに渡ってしまうだろう。あの政府を撃破しなければ、地球上のすべての王権は失墜させられてしまう。

―リード・シンプソン、科学修士、カンザス州オーバーランドパーク

米国銀行協会大学銀行業研究科

ロンドン・スクール・オブ・エコノミクス経済学研究科

カンザス州立大学建築学研究科

２００６年11月

謝辞

作品中に登場する様々な概念について一緒に悩み、またそれを私にも理解しやすいようにしてくれた多くの聡明な友人たちや、実際にこうした概念を私が理解できるようになるまで助けてくれた専門家たちからの助言がなければ、本書を形にすることは到底できなかっただろう。ジョージア・ウルドリッジは、本書の構成について、建築家の視点から助言をしてくれた。ボブ・シルバースタインは、捜査官の鋭い眼で原稿を見直してくれた。また、ジーン・ハーターとランス・ハディックスは、銀行員の視点から原稿を見直してくれた。私の子どもであるジェフ・ブラウンとジェレミー・ブラウンは、経済学の大学院生として原稿を批判してくれた。ポール・ホジソンは、リバタリアンの視点を追加してくれた。ローレンス・ボローニャとドン・ブルースは、綿密な編集を行ってくれた。デュエイン・ソーリンは、原稿に新鮮な批判的視点を与えてくれた。そして、本人曰く自分は銀行業について何一つ知識がないと謙遜するトニー・デッカーは、アラン・グリーンスパンですら見落としたであろう問題点を発見してくれた。他にも、重要な洞察を与えてくれた人々として、ナンシー・バッチェルダー、エディー・テイラー、リチャード・マイルズ、ブルース・バウムルッカー、ポール・ハント、ボブ・ポティート、ナンシー・オハラ、トム・ニード、デビッド・エジャートン、そしてボニー・ラングの名前を挙げたい。専門家では、エド・グリフィン、ベン・ギシン、そしてリード・シンプソンは、「部分準備」銀行業の謎を解き明かしてくれた。セルジオ・ルブ、トム・グレーコ、キャロル・ブルーイエ、そしてベルナルド・リエターは、地域通貨の概念を発展させてくれた。スティーヴン・ザーレンガ、ビル・スティル、そしてパトリック・カーマックは、グリーンバックという解決策をより明解にしてくれた。推敲にあたって貴重な洞察を与えてくれた人々として、アリスター・マッコナッキー、ピーター・チャレン、ロドニー・シェイクスピア、フランク・テイラー、グレン・マーティン、そしてロベルタ・ケリーの名前を挙げたい。コーデル・スヴェンガーリとキム・マーティンは、書式付けに悪戦苦闘してくれた。チャールズ・モンゴメリーは図画の実験を行い、デビッド・ディースは本書の主題を反映したすばらしい表紙を作ってくれた。クリフ・ブラウンは、本書の生みの親の一人である。また、図を提供してくれたマイケル・ホッジスとbabylontoday.comや、本書で組み合わせられたパズルのピースを掘り当ててくれた多くの研究者の方々—作中で広く参照し引用させていただいた—にも感謝をしたい。本当にありがとう。

はじめに
負債蜘蛛《ぐも》の網の中で

金融と言う匿名の蜘蛛《くも》の網を使って、世界銀行の親玉たち数名がすべてを牛耳っている。国民、企業、国家、外国さえも、皆信用という手綱《たづな》で銀行家につながれた奴隷なのである。

――ハンス・シヒト『銀行業の死』2005年2月[1]

アンドリュー・ジャクソン米国大統領は、銀行カルテルを「一般人の血肉を食らうハイドラ」[i]と呼んだ。また、ニューヨーク市長ジョン・ハイランに言わせると、このカルテルは「巨大なタコ」であり、「長く強力な触手を使って、各界のリーダー、立法機関、教育機関、法廷、メディア、その他公共の利益を守る目的で創設された機関すべてをからめ取る。」負債蜘蛛は、農場、住宅、国家でさえも、巣にかかったものすべてを貪り食ってきた。

『銀行業の死』において、金融専門家のハンス・シヒトは、自分は業界内部者として、金融の魔法使いたちを詳しく観察する機会を得たと書いている。シヒトによると、魔法使いたちのゲームは極端に中央集権化されているため、米国の銀行業及び実業の大半は、少数の人々からなるグループによって支配されてしまっている。シヒトはこのゲームを「スパイダー・ウェビング」（蜘蛛の網つむぎ）と命名し、そのルールを次のようにまとめている。

i 訳注：Lermaに住む9頭の大蛇で、頭を1つ切れば、代わりが2つ生じたという。

● 富の集中をすべて秘密にする。
● 「レバレッジ」を駆使してすべてをコントロールする。たとえば、企業合併、テークオーバー（業務引継ぎ）、ある企業が別の企業の株を手持ちにする「チェーン・シェア・ホールディング」、融資に様々な条件を付随させること等々がその手法の一例である。
● 内部者や統率者の人数をできる限り少なく抑え、かれらにゲームのルールを部分的にしか知らせず、かれらを綿密に管理し支配する。

ビル・クリントン大統領の師であり、ジョージタウン大学で歴史学者として筆と教鞭をとるキャロル・クイグリーは、世界制圧を目論む金融家たちからなるエリート集団について、個人的な体験に基づいて執筆を行った。クイグリーによると、「私有化された金融管理システムを樹立することによって、世界各国の政治システムおよび世界経済そのものを牛耳る」ことこそが金融家たちのねらいである。「密約によって一致団結した世界各国の中央銀行が」このシステムを「封建的に」コントロールする。[2] 教授はこの集団に「インターナショナル・バンカーズ」（国際銀行団）という単純明快な名前を与えている。かれらの本質は、人種や宗教、国籍などではなく、単に他の人間を支配することへの情熱のみである。かれらの成功の鍵は、一国の通貨制度を、それがあたかも政府によって制御されているとみせかけつつ、自分たちの手でそれを支配することである。

国際銀行団は、マネーサプライ[ii]をコントロールすることに成功しただけではない。かれらは、あたかも政府の仕業であるかのように見せかけつつ、マネーサプライを発行してもいるのである。そのトリックの正体は、1920年代にテキサス大学でジョサイア・スタンプ卿が行ったスピーチで暴露された。

近代銀行システムは、通貨を無から生み出すものである。そのプロセスは、史上最も狡猾なサギであるといわざるをえない。銀行業とは、不法と悪に宿った罪の落とし子である。銀行家は世界の支配者である。たとえ世界を没収されたとしても、通貨を発行する権力を持つ限り、かれらはちょっとペン先を動かすだけで再び世界を買い戻すに十分な量の通貨を発行するであろう。しかし、ひとたびこうした力を取り上げられてしまえば、今私が手中に収めているような巨大な富はすべて一瞬にして消え去ってしまう。いかにも、このような巨大な富は消え去るべきである。そうすれば、世界はより優れた、より幸福な場所となるからである。**それでもなお銀行家の奴隷であり続け、隷属状態の対価を自ら払う道をあなたが望むのならば、かれらに通貨を発行させ続け、信用を規制させ続けてもよいかもしれない。**[3]

ヘンリー・C・K・リュウ教授は、ハーバード大学を卒業後、UCLA大学院の議長を務め、その後発展途上国の投資アドバイザー（投資顧問）となった経済学者である。かれは、既存の通貨システムを「卑劣なまやかし」と呼んでいる。教授いわく、この事実に気がつきさえすれば、経済界についての私たちの意見や見通しは一変する。「ちょうど地動説が物理学の展望を一変させたのと同じである。[4]」本当の意味での通貨はほとんど実在せず、その大半は負債である、というのがこのまやかしの核心である。硬貨こそ政府が発行するが、**これはマネーサプライ全体のわずか1万分の1にすぎず、残りは民間銀行の帳簿の会計項目として創造された通貨なのである。**それはすべて詐術の産物である。そのタネを見抜くためには、マジシャンのトリックと同じように、まずは何度も繰り返し芸を注視しなければならない。そして、一度、事の真相を見破りさえすれば、すべてが一変する。歴史を一から書き直さなければならなくなるのである。

本書では、私たちを借金地獄に陥れた詐術の網を丁寧に解きほぐし、国を再び黒字に戻すためのシンプルな解決策を提示する。通貨発行権は、政府および政府が代表する人々に返還されるべきである、と私は論じる。これは何も目新しい策ではなく、憲法制定時にまで遡るなじみのある方法である。この方法をとれば、連邦政府の負債は返済可能となり、所得税を廃止することさえ可能となり、社会福祉をより充実させることもできるようになる。また、こうした利益の対価として、国民に緊縮を強いたり、急激なインフレーションを引き起こす心配もしなくて済むようになる。夢物語のようにも思えるかもしれないが、実はこれこそ、エイブラハム・リンカーン、トーマス・ジェファーソン、そしてベンジャミン・フランクリンを含む、米国で最も優れた知識人たちの思想なのである。本書でとりあげる衝撃的な事実の一部は以下の通りである。

- 「連邦」準備銀行は、実は連邦のものではない。その12支店はすべて、国際規模の大銀行の連合によって私有されている。（第13章）
- 硬貨を除いて、政府は一切通貨を発行しない。ドル紙幣（連邦準備手形）は、連邦準備銀行が発行した後、様々な形で諸銀行へ分配され、銀行はこれを利子付きで企業、個人、そして政府に融資するのである。（第2章）
- 物質としての通貨（硬貨およびドル札）は米国のマネーサプライのわずか3％にも満たない。残りの97％はコンピュータの画面上のデータ項目としてしか存在せず、この通貨は全て融資という形で銀行家たちが創造したものである。（第2章・第17章）
- 銀行は既に存在する通貨を利用して融資を行うのではない。融資とは新たに発行された通貨であり、融資が行われるまでは存在しなかったものである。（第17章・第18章）

ii　訳注：現在の日本の金融（日銀）用語では、「マネーストック」となっているが、本書では、以前の「マネーサプライ」を採用している。

●会計項目として銀行が発行する通貨の内、およそ30％は発行元の銀行の口座に投資される。（第18章）

●かつては農業や産業に生産的な融資を行っていた米国銀行システムは、今となっては巨大な賭博機械に成り果ててしまっている。２００７年12月には、推計６８１兆ドルが「デリバティブ」として知られる複雑かつハイリスクな賭けに乗っていた―これは世界経済全体の年間総生産の実に10倍の金額である。こうした賭けは米国の巨大銀行から資金を調達することで成り立っており、その通貨の大半はコンピュータの画面上に発行される借金である。デリバティブの使い道の一例として、市場操作、企業の強奪、競争相手の経済環境の破壊等が挙げられる。（第20章・第32章）

●米国連邦政府負債は、アンドリュー・ジャクソン大統領の頃から今に至るまで、一度も完済されたことがない。利子の支払いが繰り返し行われるかたわら、元金は膨らみ続ける一方である。（第2章）

●所得税とはそもそも、連邦政府の負債の利子を銀行に支払うための資金を納税者から徴収する目的で設立されたのである。銀行から借金をする代わりに政府が直接マネーサプライを発行することができれば、所得税は不要となる。（第13章と第43章）

●負債による金縛り状態から脱出する方法はある。米国の創始者たちやエイブラハム・リンカーンをはじめとする政治指導者たちが発見した方法である。つまり、通貨発行権を銀行家たちの手から政府へと移せばよいのである。（第8章・第24章）

銀行家たちの紙幣連邦準備手形と、政府の硬貨とは、それぞれ独立した通貨システムを構成しており、歴史をとおして互いに競争を続けてきた。通貨発行権が王に帰属していた時代もあったが、この権限は民間の貸金業者によって横領された。国民主権の現代においては、主権通貨である硬貨はマネーサプライのわずか1万分の1にも満たないというありさまである。たとえ一時的にであれ、自分の通貨を自分で発行することに成功した国家はたくさん存在する。しかし、多くの場合、銀行家たちの負債通貨がシステムを内部から侵食し、ついにはその全体を占領してしまうのである。このような考え方は、多くの人たちにとっては普段耳にしていることとあまりにもかけ離れているため、理解し難いようにも感じられるかもしれないが、しかしこれは事実として多くの識者や権威者が認めてきたことでもある。以下にその一例を引用してみたい。

アトランタ連邦準備銀行のクレジット課長であるロバート・H・ヘンフィルは、１９３４年にこう書いている。

私たちは商業銀行に完全に依存している。流通しているドルは、現金もクレジットも、皆誰かの借金なのである。銀行が合成通貨[iii]をたくさん発行している間は、豊かさが保たれる。そうでない時、私たちは飢え死にするのである。**私たちは安定した通貨システムを持っていない。**一度この現実の全体を把握してしまうと、自分たちの置かれている状況の悲劇的な理不尽さに嫌気が差すが、どうしようもない。[5]**これこそ、教養ある者が考察しうる最も重要な主題である。**

１９３５年から１９５５年までカナダ銀行総裁を務めたグラハム・タワーズは、次の点を指摘している。

通貨を発行するのは銀行である。これこそ銀行の存在意義だからである。通貨は帳簿への記入という至極簡潔な工程を経て生産される。**銀行が融資を行うたびに、新たな銀行クレジット——新たな通貨——が発行される。**[6]

アイゼンハワー政権下で大蔵大臣を務めたロバート・B・アンダーソンは、『U.S. News and World Report』に１９５９年8月31日付けで掲載されたインタビュー記事で次のように述べている。

銀行融資とは、借り手名義の銀行口座に融資金額分の通貨を追加することである。**この通貨は、誰か他の人の預金から差し引かれるのではない。つまり、これ以前に誰かが銀行にこの金を支払ったわけではないのである。よって、これは借り手が利用できるようにと銀行が新たに発行した通貨である。**

オタワ大学経済学教授のミシェル・チョスドフスキーは、１９９８年のアジア危機の最中に次のように記した。

いわゆる「機関投機家」が所有する私有準備通貨の量は、世界各国の中央銀行の支払い能力限度を遥かに超えている。中央銀行は、一国としても国際的な連合としても、投機活動の大波をせき止めることがもはやできない。**通貨・金融政策の行方は、今や民間の債権者たちの手に委ねられてい**

iii　訳注：synthetic money. 複数の通貨を組み合わせてつくった通貨。グローバル経済の進展や外国為替（かわせ）相場の変動に伴い、基軸通貨といえども価値が安定していないため、一定の経済圏の通貨価値を安定させる目的で創出されるケースが多い。１９９９年に創出されたヨーロッパ共通通貨ユーロは、ドイツ・マルク、フランス・フラン、イタリア・リラなどヨーロッパに存在した既存通貨の価値を勘案して導入された合成通貨である。国際通貨基金（ＩＭＦ）が１９６９年にアメリカ・ドルや金を補完する目的で創設したＳＤＲ（特別引出権）も合成通貨であり、２０１５年9月時点でアメリカ・ドル、ユーロ、円、イギリス・ポンドの世界主要4通貨によって価値を決定している（２０１６年より中国・人民元もＳＤＲ入りした）。このほか外国為替相場の変動を人為的に一定の目標範囲内に抑える管理変動相場制度を採用している国々では、アメリカ・ドルやユーロなどの主要通貨を組み合わせた通貨バスケットを基準に相場変動を抑えており、これも一種の合成通貨とみることができる。（『日本大百科全書』矢野武より一部引用）

る。かれらは国家予算を凍結させ、決済プロセスを中断させ、(かつてのソビエト連邦のように)数百万人の労働者の賃金の定期的な支払いを阻み、産業および社会福祉プログラムの崩壊を引き起こすことができるのである。[7]

今日、世界経済は連邦準備手形および米ドルの融資によって支配されている。しかし、この国際通貨は米国の国民や米国政府が発行した通貨ではない。むしろ、これは国際銀行家の民間カルテルが発行し融資した通貨であり、このカルテルのおかげで米国は負債の網にからめとられ、絶望的な状態にあるのである。2006年には、個人、企業、そして政府の負債合計額は44兆ドルであったが、これは米国の歳入の4倍、国民一人当たり14万7312ドルである。[8] 辞書によると、破産とは、負債が返済不能になること、債務不履行に陥ること、あるいは手持ち資産の合理的な市場価値を超える債務を抱えることである。この定義にのっとると、米国は法的にみて破産している。2008年9月には、米国の負債は10兆ドルに達したが、これは2011年11月になると14・98兆ドルにまで膨れ上がった。地方、州、そして連邦政府もそれぞれ負債の重圧に喘いでおり、債権者を納得させるために公的資産の売却をせざるをえなかった。定員を遥かに超えた学校、人や車がびっしり詰まった道路、公的交通機関への配分予算の削減等によって、米国国民の生活水準は実に貧しいものとなってしまっている。米国土木協会が2005年に発表したレポートによると、道路や橋、水道管等を含む米国のインフラの評価はDクラスである。「米国の平均的な国民は、自宅で家族と過ごせる時間がどんどん削られてゆく一方で、より多くの時間を渋滞にはまった車によって奪われている」と、協会会長は言う。「包括的かつ長期的なインフラ整備計画が急務である。」[9] 急務に違いないが、残念ながらこれを実行に移すことは難しい。なぜなら、私たちの政府はどのレベルにおいても破産しているからである。

世界各国の政府が負債を抱えていることはよく分かった。では、これは誰に対する負債なのだろうか。答えは簡単、「民間銀行」に対する負債である。コンピュータの画面上に創造された通貨、政府が自ら発行することもできたはずの通貨によって、政府は負債に苦しんでいる。これほど「残酷なトリック」がありえるだろうか。

オズの国の通貨

詐術によって強大な権力を手にし、舞台裏で政府を牛耳る少数の人間たち。いかにも『オズの魔法使い』を連想させるイメージではないか。米国の古典的なおとぎ話であるこの作品は、金融専門家の想像の原動力として機能してきた。例えば、2002年出版の論文『連邦準備制度をコントロールしているのは誰なのか』において、ヴィクトル・ソーンはこう書いている。

端的に言って、通貨はもはや幻想と化している。それはもはやコンピュータの画面上に表示される電子的な数字・数値にすぎない。そのうち、通貨という幻想を使って私たちをコントロールする魔法使い・僧侶たちの手によって、私たちはオズの魔法使い的な空想世界に完全に飲み込まれてしまうのである。[10]

『壮大なまやかし』と題された連載において、クリストファー・マークはこう書いている。

国際銀行団の世界へようこそ。かれらは『オズの魔法使い』よろしく国内・国際政策を取り仕切る者たちや、私たちによって選出された（ということになっている）リーダーたちの影に隠れている。[11]

オーストリア学派の経済学者ムレイ・ロスバードは次のように書いている。

通貨・銀行業は、あたかもテクノクラティックなエリートが管理・運営するより他ない複雑なプロセスであるかのように扱われる。しかし、これは全くの勘違いである。何よりもまず通貨について、私たちは邪悪なオズの魔法使いにだまされ続けてきたと言ってよい。[12]

『ニュー・アメリカン・プロスペクト』において、ジェイムス・ガルブレイスはこう書いている。

連邦準備委員会はいい加減な仕事をするものだと、私たちは思わざるをえない。ふたを開けてみればみじめな老人がせわしなく照明や音響機器をいじっている、というわけで、これこそ『オズの魔法使い』論である。[13]

『オズの魔法使い』の比喩がうまくいくのには理由がある。一説によると、この作品は米国政治において通貨問題が中心的であった時代に、通貨のアレゴリー（暗喩）として執筆されたらしいのである。1890年代、誰が国の通貨を発行すべきで、この通貨は何から構成されるべきなのかといった問いは、政治家たちの間でまだまだ熱心に議論されていた。通貨は国民への責任をとる形で政府が発行すべきであろうか。それとも民間銀行が私的な目的で影に隠れて発行すべきであろうか。

民間銀行が国のマネーサプライを発行してよい、という考え方に対して真剣に異議申し立てを行った最後の人物は、1896年と1900年にポピュリストの大統領候補者であったウィリアム・ジェニングス・ブライアンである。批評家たちによると、フランク・ボームの1900年作品『オズの魔法使い』において、ブライアンは臆病なライオンとして描かれている。ライオンは、森の住民たちを皆震え上がらせていた蜘蛛を退治することによって、自分が百獣の王であることをようやく証明する。ブライアンが相手取った蜘蛛は、通貨発行権を国民および政府から徐々に奪っていったモルガン／ロックフェラー銀行カルテルであった。

第一次世界大戦以前、米国では二つの政治経済システムが覇権争いをしていた。一方のシステムは、のちに米国金融の象徴となるニューヨーク金融区「ウォール街」を拠点として駆動していた。中でも重要な住所は、「モルガン荘」として知られる、ウォール街23番地である。J・P・モルガンは、英国銀行業界の利益を代表していた。ウォール街の魔法使いと、その裏で糸を引く旧世界銀行家たちは、「金本位制」に基づく通貨、つまり金をコントロールする金融エリートによって私的に発行される通貨の設立をねらっていた。他方では、ベンジャミン・フランクリンにまで遡る古いシステムがあった。これはフィラデルフィアを拠点としていたが、フィラデルフィアは米国の初代首都であり、憲法評議会が行われ、フランクリンの「政治諸課題に関する協会」が米国の産業化と公共事業を計画し、英国への経済的な依存状態に終止符を打とうとした場所である。[14] このフィラデルフィア派は、ペンシルヴェニア地方で確立された「銀行モデル」を推進した。これによると、通貨を発行・融資し、利子を受け取り、税収に代えて地方自治体へこれを分配するのは国家の融資部門でなければならない。エイブラハム・リンカーン大統領は、南北戦争の最中に、政府通貨発行制度という原点への回帰を唱えた。しかし、リンカーンは暗殺され、銀行家たちが再び通貨制度をコントロールすることとなった。ウォール街主導のこの静かなクーデターは、１９１３年の連邦準備法成立によって頂点に達したが、これは、連邦準備銀行は連邦のものであるとブライアンおよびその他の議員たちに思い込ませたウォール街勢力の勝利であった。

現代において、国のマネーサプライは誰が発行すべきなのか、という問題が議論されることはほとんどない。そもそも、この問題を問題として認識する人がほとんどいなくなってしまったからである。通貨は政府が発行しており、「インフレーション」という現象は、制御不能となった政府がドル札を刷ることによって引き起こされるのだと思い込んでいる点では、政治家や経済学者も一般大衆も同じである。現代に比べると、１８９０年当時は、通貨発行機械を影で操作している人たちがまだまだ公にされていた。なぜなら、かれらは当時まだメディアを買収しきれておらず、世論の統一を成し遂げていなかったからである。

経済学ほど複雑で味気ない話題は他にないが、これは現実に起きていることから私たちの目をそらすために銀行業関連の組織があくせく動いた結果なのである。本当は、経済学ほど、面白い登場人物やイメージ、比喩や物語によって活性化されるべき学問分野はないだろう。そこで、負債漬けの近代通貨システムの話に入る前に、まずはより無垢な時代にさかのぼり、まだ通貨が自然に話題にのぼり、通貨問題が熱心に議論されていた頃に寄り道したいと思う。『オズの魔法使い』の筋書きの起源は、ワシントンにおいて初めて行われた行進であるといわれている。この行進は、リンカーンの政府通貨発行システムを蘇らせようと、１８９４年に議会に呼びかけた無名のオハイオ出身のビジネスマンによって企画された。それ以来、一世紀にわたる抗議行進と、米国で最も有名なおとぎ話とをインスパイアしただけでなく、この無名の先駆者とかれの指揮下で動いた無職の人たちは、通貨問題に対して時代を超えて通用する解決策を手にしてもいたかもしれないのである……

黄色いれんがの道

第Ⅰ部

「ほうきは持ってきましたか。」

「あら、うっかり忘れてきてしまったわ…」

「ならば、歩くしかありませんね。始めはいつも始まりから始めるのが一番。黄色いれんがの道をたどってゆきなさい。」

――1939年映画『オズの魔法使い』

第1章
オズの魔法使いの教訓

「ほら、偉大なるオズが話しているぞ！　カーテンの裏にいる男なんかに気を取られている場合じゃない。私こそあの偉大なるオズの魔法使い！」

経済学者たちは往々にしてちんぷんかんぷんな本を書くものだが、これと新鮮な対照をなす作品として、一世紀余りにもわたって老若男女を魅了し続けてきた古典的なおとぎ話『オズの魔法使い』がある。この作品の初出は、L・フランク・ボーム著の1900年作品『オズの不思議な魔法使い』である。1939年にこれはジュディー・ガーランド主演の『オズの魔法使い』として映画化され、その後『ザ・ウィズ』という国民的な劇作にもなっている。この魅力的な物語の虜になった数百万人の人たちにとってみれば、作品内のイメージ群がよりによって銀行業と金融業というこの上なく退屈でこまごましたテーマから来ているとは思いもよらないはずである。ましてや、登場人物たちのモデルとなった実在の人物たちが、現代の金融危機を克服するための鍵を握っていたとは、まったく信じ難いことであったろう。

ボームの作品に含まれる経済関連の引喩は、1964年にヘンリー・リトルフィールドという学校教員によって初めて明らかにされた。リトルフィールドは、この物語を「ポピュリズムの寓話」と呼び、19世紀後半の銀行独占体制に対する人民党運動に目を向けた。[1] その後、このテーマは他の批評家たちによっても取り上げられるようになった。例えば、経済学者のヒュー・ロックオフは、1990年に、政治経済学誌において本作を「通貨の寓話」と呼んでいる。[2] また、1998年には、ティム・ザウカス教授が次のように記している。

『オズの魔法使い』は、米国社会が「金融問題」に、つまり通貨の発行および循環に関する諸問題に席捲されていた時代に執筆された。『オズの魔法使い』の登場人物たちには、当時この種の議論に深く関わっていた人たちが反映されている。農民たちはかかしになり、産業労働者たちはブリキの木こり、ジェニングス・ブライアンはライオンになる。ドロシーは、アメリカン・ガールの典型として登場する。[3]

『オズの魔法使い』は「米国のおとぎ話の正統な元祖」であると言われる。[4]ドイツでは『グリム童話』が国民的おとぎ話の伝統を確立したが、これはドイツのポピュリスト的伝統とドイツ国民特有の徳とを表現しようとグリム兄弟が収集・選択した民話からなる。[5]これと同じことを、米国ではボームの作品がやってのけた。かれは米国のポピュリスト的（ないし民衆的）な伝統を確立したのである。民衆の力、夢の実現、そして身近な場所にあるものから得られる満足感こそが、その基本的内容であった。リトルフィールドによると、オズの魔法使いの助けを求めてドロシーと仲間たちが行うエメラルドの都への行進にはモデルがある。グリーンバック制度という、無負債かつ政府発行の通貨を主軸とする、エイブラハム・リンカーンが推進した制度への立ち返りを連邦議会に求めて、ジェイコブ・コクシー率いる「産業労働者同盟」が１８９４年に行ったワシントンへむけての行進である。この行進は、それまで自分の声を公にする手段を持たなかった人たちが新たに街道に詰めかけて平和的に抗議活動を行う、という長い伝統の始まりとなった。『ポピュリスト運動』の著者であるローレンス・グッドウィンは、通貨制度変革を目指したこの19世紀の運動をこう描いている。

かつて、民衆が自主的に社会運動を立ち上げる時代があった。当時の農民は負債に喘いでおり、国内で最も抑圧された階級であったが、だからこそかれらは、何とか商人への負債の枷を外そうと、共同組合取引等の試行錯誤を繰り返した。しかし、資金なくしてはこうした試みも失敗に終わるだけである。そのため、かれらは政治に目を向け、ほどなくして人民党を結成することになった。ポピュリストたちは政党の結成にとどまらず、一つの政治運動を立ち上げたのである。野外活動、集会、会報、自主講座、勉強会等を実施し、互いに教養を高め合い、一つの目的を共有する人たちの集まり、勇気と尊厳とを兼ね備えた人たちの集まりとなっていったのである。[6]

ポピュリストたち同様、ドロシー一行もまた、課題を解決し夢を実現する力は自分たちの手にあるのだということを学んでゆく。頭脳を求めるかかし、心を求めるブリキの木こり、そして勇気を求めるライオンは、各々の求めるものがすでに自分の手元にあるのだということを知る。オズの魔法使いのエセ魔術の無力さが判明するや否や、魔女は少女と子犬によって撃破される。魔法使いが気球に乗って逃亡すると、文盲なブリキの木こりがオズのリーダーとなる。

こうして、『オズの魔法使い』はアメリカン・ドリームと米国精神とを体現する作品として読まれるようになった。実り豊かな米国の地で、人々はただ自分のもつ可能性に気付き、それを実現しさえすればよかったのである。これこそ、この物語の主な教訓の一つである。他方で、このお話にはより暗い教訓が含まれていた。目くらましの人形劇が上演されている舞台の裏には、人形の糸を操る傀儡子《かいらいし》が必ずいるものだ、という考えである。これは後にこの種の主題が話題にのぼる度に用いられる比喩ともなった。

オズの行進の着想の元となったワシントンの行進

1890年代は、1930年代の世界恐慌に匹敵する経済恐慌に見舞われた時期であった。農家は銀行員の奴隷のように働き、農地や備品に留まらず、場合によっては種子さえも担保としなければならなかった。市場に商品を運搬する際にも、線路カルテルに法外な料金を支払う必要があったので、ささやかな利益も費用と金利とによって消えてなくなってしまった。農民たちは、ちょうどオズに出てくるかかしのように、銀行業政策についてては全くの無知であった。他方で、失業した工場労働者たちはというと、産業の歯車にさす「アブラ」としての、流動性の高い通貨の供給が間に合っていなかったため、ブリキの木こりのように心が冷めきってしまっていた。1890年代初頭、失業率は20%に達した。犯罪率も急上昇し、家庭崩壊が相次ぎ、人種間での緊張が高まっていた。国全体が混乱状態に陥っており、極端な政党が政治の舵取りを行っていた。
1872年から1896年までの大統領選挙では、いつも必ず金融改革を掲げて第三政党から出馬する候補者がいた。通常、かれらは労働組合や農業協同組合を基盤としていたため、銀行ではなく国民のための政党であった。例として、人民党、グリーンバック党、グリーンバック労働党、労働改革党、反モノポリー（反独占権）党、労働組合党などが挙げられる。かれらは皆米国通貨の拡張によって交易需要に応じ、銀行業制度を改革し、金融システムそのものを民主的にコントロールする道を支持した。[7]
現代における通貨改革支持者たちは、ほとんどの場合、米国の金融問題を解決するためには「金本位制」に立ち返るしかないと主張する。つまり、一定量の金によって紙幣の価値を裏打ちするべきである、という立場をとる。しかし、1890年代に当時の制度の重圧に苦しんでいた農民や労働者にとっては、まさにに金本位制こそが諸悪の根源だったのである。かれらはこの制度を生き、その問題を肌で感じていた。ウィリアム・ジェニングス・ブライアンは、金本位の民間銀行通貨を「金の十字架」と呼んだ。端的に言うと、成長する経済の金融需要を満たすために十分な量の金はどこにも存在しなかったのである。銀行家たちは金本位の紙幣を使って融資活動を行い、返済手段としてやはり金本位の紙幣を要求した。しかし、金をコントロールしていたのは銀行家であり、投機家たちは金の値段を操作することができた。金が年々値上がりする一方、商品と引き換えに労働者たちが得る賃金は下がっていった。金の不足に悩む人たちは、銀行家から借金をするしかなく、銀行家たちは融資金の回収や金利の引き上げによってマネーサプライを縮小した。その結果、通貨は「タイト」になる。つまり、生活に十分な量の通貨が出回らなくなったのである。資金調達に失敗した人々は、椅子取りゲームの敗者のように、借金の担保になっていた自宅を銀行に奪われてしまった。

　政府発行の米国紙幣によってマネーサプライを拡張すること。これこそ、ジェイコブ・コクシー率いる失業者たちからなる産業労働者同盟が提案した策である。俗に「グリーンバック」と呼ばれるこの連邦政府ドル札を初めて発行したのは、１８６０年代に法外なものとなっていた金利をコントロールする必要性に直面していたリンカーン大統領である。必要な予算を調達する際に、無利息かつ銀行への返済義務のない米国紙幣を発行することによって、リンカーンは銀行家たちの鼻先を折ることに成功した。同じような無負債紙幣は18世紀において長期間持続した植民地の裕福さを金融の面で支えるためにも用いられ、ジョージ王が植民地の独自通貨発行を禁ずるまで続いた。しかし、ジョージ王の動きによってマネーサプライは縮小し、アメリカ革命の原因となるあの恐慌を引き起こした。

　リンカーン暗殺後、グリーンバック派の台頭に歯止めがかかり、通貨供給量がタイトになった。この問題に直面したコクシーは、連邦議会が新たなグリーンバック5億ドルを発行しマネーサプライを増やすべきだと提案した。この通貨は、連邦負債を返済し、失業者を公共事業労働者として雇用することによって経済の活性化を促すはずであった。[8]この案に対して、銀行家たちは、政府に通貨発行権を与えてしまってはインフレーションのリスクが高まってしまう、と反論した。しかし、そもそも銀行手形自体がかなりのインフレーションリスクを抱えているという点を銀行家たちは明らかにしなかった。銀行手形においては同一の「金」が何重にも融資され、事実上偽造されていたからである。さらに、銀行家たちが政府に銀行通貨を融資したことによって、政府は自分の力で解決することもできたはずの問題のせいで大きな負債を抱えることになってしまった。しかし、こうした事実は、言葉のごまかしの下に埋もれてしまい、銀行家たちの「金本位制」が勝利をおさめてしまったのであった。

銀の靴――通貨問題へのポピュリスト的解決策

　グリーンバック党はその後人民党の一部となり、人民党は１８９０年代のタイト通貨解消運動を率いることになる。グリーンバック派と同様、ポピュリストたちもまた、通貨は民間銀行ではなく政府が発行すべきものである、と論じた。

　人民党の初期のリーダーの一人に、メアリー・エレン・リースという人がいる。リースはカンザスに住む主婦であったが、夫の農場が銀行によって没収されてしまった後で弁護士に転身した。『アメリカ文学におけるファンタジーの伝統』（1980年）において、文芸批評家のブライアン・アトベリーは、リースこそ『オズの魔法使い』のドロシーのモデルとなった人物である、と述べている。リースはあまりにも雄弁であったため「民衆のジャンヌ・ダルク」と呼ばれた。今日行われても全く違和感のないスピーチにおいて、リースはこう言った。

> 私たちの国はウォール街の支配下にあります。この国はもはや人民の人民による人民のための政治を手放しており、代わりにウォール街のウォール街によるウォール街のための政治があるだけです。誇り高き人民は奴隷扱いされており、独占体制が主人として振舞っています。私たちは、通貨、土地、そして交通手段の保有を望みます。私たちは、国法銀行の廃止と、政府からの直接融資とを望みます。私たちは、抵当流れ制度の根絶を望みます。

リースは、「農家はトウモロコシではなく反乱のタネを蒔くべき」と言ったとされているが、これはあるジャーナリストのでっち上げだとリース自身が否定している。しかし、これは悪くないアイデアだ、とも彼女は付け加えている。

ウィリアム・ジェニングス・ブライアンもまた、雄弁なポピュリストリーダーであった。民主党総会においてその弁舌をあますところなくふるうことによって、ブライアンは1896年に民主党の大統領候補者となったほどである。当時の前大統領のグローヴァー・クリーヴランドもまた民主党所属であったが、かれはJ・P・モルガンとウォール街銀行業の利益の代弁者でもあった。クリーヴランドは銀行発行の通貨を支持し、銀行家たちの金本位制の味方をした。ブライアンはこの両方に反対した。かれは候補者決定時の勝利者スピーチで次のように述べている。

> **硬貨を鋳造し、紙幣を発行する権力は、政府が持つのが当然であるという信念は、**私たちの政策の一部です。この命題に異議を唱える人たちは、通貨発行は銀行の役目であり、政府は銀行業に対してあれこれ指図するべきではない、と言います。こうした人たちに対して、私はジェファーソン大統領の例にならってこう言いたい。**通貨発行は政府が果たすべき責務であり、銀行は国政にあれこれ指図すべきではない、**と。合憲的な通貨を再導入しさえすれば、他の必要な改革が可能になります。しかし、これが起こらない限り、他のいかなる改革も達成することはできないでしょう。

かれはこのスピーチを、次の有名な文句で締めくくっている。

> 労働の汗で濡れた額に荊《いばら》の冠をくいこませてはならない。人類を金の十字架に磔《はりつけ》にしてはならない。[9]

グリーンバック派主導の政府通貨紙幣の推進が失敗に終わった今、ブライアン率いる「銀本位派」は通貨の流動性問題への新たな解決策を提示した。金よりも安価でより簡単に入手可能な銀から製造された硬貨によって、マネーサプライを補えばよい。銀貨は「合憲的な通貨」の好例であるとされた。憲法条文にはただ「ドル」とあるだけだが、このドルとは、当時の主流であったスペイン製の銀ドル硬貨のことである、と考えられてきた。銀本位派は「16対1」というスローガンを掲げた。16オンスの銀には、金1オンスと同等の通貨価値があったからである。オンスという単位は、Oz、つまりオズと表記される。ワシントンにおける金オンス（オズ）の魔法使いのモデルとなった人物は、批評家たちによると、マーク・ハンナである。ハンナは共和党を裏で牛耳る権力者であり、ウィリアム・マッキンリー内閣の金融メカニズムを一手に引き受け統括した人物である。[10]（ジョージ・ブッシュ・ジュニア大統領の政策アドバイザーであったカール・ローヴは、ハンナを手本にしていたと考えられている。[11]）

　フランク・ボームは、同時代の政治を『オズの魔法使い』へと変身させたジャーナリストであったが、かれは1896年にブライアンを支持し、人民党の一員として行進に参列していた。ボームは大都市型の金融家たちに対して深い疑念を抱えていたと言われている。しかし、日用雑貨ビジネスに失敗すると、ボームは共和党の新聞や読者をつなぎとめる目的で、共和党的なメッセージが込められた新聞を購読し始めたとも言われている。[12]かの有名なおとぎ話の中で、ポピュリスト的なメッセージがシンボルや比喩の波にのみ込まれてしまった原因は、あるいはここにあるのかもしれない。数学や政治学の無味乾燥な試論を執筆するところから出発し、のちに『不思議の国アリス』でヴィクトリア朝社会を揶揄したルイス・キャロルのように、ボームもまた、新聞の社説欄では言うことの許されないことを子ども向けの物語においてほのめかしたのである。ボームの作品には、当時の政治および金融の主な諸問題への絶妙な言及が散りばめられている。また、この物語のもつ含蓄あるメッセージは、時代の産物でもあった。批評家たちはこれを神智学運動[i]からくるものとしているが、ボームはこの運動の活発な一員であった。[13]インドから輸入されたばかりのこの運動では、現実世界とは精神が作り出したものであるとされていた。人は皆自分の望むものをすでに手にしており、あとはこの事実を信念に変え、意識し、実現し、現実のものとすればよい、というわけである。

i　訳注theosophy：しんちがく〈ギリシア語theos〈神〉＋sophia〈叡智〉に由来〉。聖なる啓示の直観的認識、また狭義にブラバツキーとH・S・オルコットの創設（1875年）になる神智学協会Theosophical Societyの教説と運動の称。太古に遡る秘教的知識の復興と霊性の開発による人類の進化を提唱する。R・シュタイナー、C・W・リードビーター、A・ベザントらの後継者を得、1882年本部のインド移転後は分派を生みながら、インド独立に寄与したり、数々の思想家・芸術家に影響を及ぼしつつ存続している。（百科事典マイペディアより）

馴染み深いこのおとぎ話の筋書きに目を向けた後、今度はそのインスピレーションの源となった当時の社会運動に注目してみたい。

通貨、政治、そして自信の寓話

物語はカンザスの不毛な農場から始まる。そこには、ドロシーが叔父と叔母と三人で暮らしているが、真面目な叔父と叔母は「笑顔をみせたことが一度もなかった」(1890年代の恐慌の一番の被害者は農家であった)。ある日、サイクロンが到来し、ドロシーを家もろとも不思議なオズの世界へとさらっていってしまう(この世界こそ、万人が熱望するアメリカン・ドリームそのものである)。家の下敷きとなるのは東の悪の魔女(ウォール街銀行家たちとその親玉のグローヴァー・クリーヴランド)であり、この魔女はマンチキンズ(農民と工場労働者)を長年にわたって支配し続けてきた。

悪の魔女を倒した褒美に、ドロシーは魔法の銀の靴(ポピュリストたちが提案した、通貨危機への解答)を北の善の魔女(当時、米国北部は人民党の勝利区であった)から受け取る。1939年の映画版では、銀の靴は、当時最先端の視覚技術を披露する目的でルビー色に変えられたが、ボームの原作に込められた通貨関連の意味は失われてしまった。銀貨を投入してマネーサプライを拡張すれば、農民たちを苦しめている問題を解決できる、と銀本位派が考えたのと同じように、銀の靴にはドロシーのジレンマを解決する魔法の力が秘められていた。

ドロシーはカンザスに帰ることを望んでいたが、自分の履いている靴の魔力に気付いていなかったので、代わりにエメラルドの都へ行き、全能のオズの魔法使いの助けを乞うことにした(全能にみえて、その実金融家たちに裏で操られていた大統領である)。

「エメラルドの都への道は黄色いれんがで舗装されているので、道に迷う心配はない」とドロシーは教わる。ザウカス教授の言うとおり、当時公の場で活発に議論されていた金本位制への言及を、ボームの同世代の読者が見落としたはずがない[14]。エメラルドの都やかの全能なるオズ自身と同じように、黄色いれんがの道も最終的には単なるまやかしであることが露呈する。結局のところ、ドロシーを無事に故郷へ帰してくれるのは、他ならぬ銀の靴なのである。

黄色いれんがの道を進んでゆくにつれ、ドロシーはまず「頭脳を求めるかかし」(政府の金融政策についての情報を与えられていなかった、賢くもナイーヴな農民)を仲間に入れ、その後「心を求めるブリキの木こり」(失業と無職によって冷めきり、機械化によって人間らしさを剥奪された工場労働者)も一行に加える。リトルフィールドによると、

ブリキの木こりは、東の悪の魔女によって呪いをかけられていた。元々勤勉で自立した人間であった木こりは、おのを振り下ろすたびに身体の一部が切り落とされてしまう。

しかし、他に仕事のあてもない木こりは「一層真面目に働い」た。というのも、オズでは幸運なことに鉄工が身体を修理してくれたからである。ほどなくして、木こりは全身ブリキになってしまった。米国東部の魔術によって、無垢な労働者が人間性を奪われてしまったわけである。より速く、より効率良く働けば働くほど、かれはより急速に機械に変身した。誠実な労働者を襲った東部の悪しき影響力についての、ポピュリスト的な解釈が、ここに、この上なくはっきりと表現されている。

ブリキの木こりに自らの身体を少しずつ切り落とすよう強いた東の魔術には、ウォール街銀行家たちの「金本位制」という黒魔術が反映されている。この黒魔術によって、経済内には銀行への負債額合計を下回る量の通貨しか流れず、労働者階級の資産がシステマティックに負債に呑みこまれてしまうという事態が発生した。

オズの行進の四人目の同行者は、勇気を求めるライオンである。リトルフィールドによると、ライオンは演説者としてのブライアン本人をモデルとしている。かれもまた、森の王にふさわしい高貴で力強い声の持ち主でありながら、政治権力は手にできずにいた。当時米国がアジアに進出していたにも関わらず、ブライアンは平和主義・反帝国主義の立場をとったので、周囲の敵対者たちはかれを臆病者呼ばわりした。ライオンは魔法にかかり、魔女のポピー畑で眠り込んでしまうが、ここにはブライアン自身の、アヘン戦争に端を発する米国帝国主義の諸問題へと脱線しがちな弁舌が反映されている。ブライアンは「人民党」、つまり「人々のための党」のリーダーであったので、ライオンもまた、一致団結すれば強力だが、魔法にかかってしまっているがために己の真の力を自覚できていない民衆を代表しているといえる。

エメラルドの都では、人々は金の縁のついた緑色の眼鏡をかけることを義務付けられている―金本位制という枷《かせ》につながれたグリーンバック通貨の象徴である。エメラルドの城の中で、ドロシーは目的の部屋に辿り着くために7本の廊下と3つの階段の上を進まなければならない。ここには、「1873年の大罪」への暗喩《メタファー》がある。金と銀の両方によって根拠付けられた紙幣から金本位制へと変革した1873年の法律こそ、連邦議会と銀行家との癒着の証明であるという確たる証拠としてポピュリストたちは捉えていた。[15]

願いを言いに来たドロシー一行に対して、オズの魔法使いは、まずは西の悪の魔女を倒すようにと指示を出す。後者は、当時西部に属していたオハイオ州のマッキンリー＝ロックフェラー一派のことである。モルガン＝ウォール街＝クリーヴランドからなる東の一派（東の悪の魔女）と、マッキンリー、ハンナ、そしてロックフェラー率いるスタンダードオイル・カルテルからなるオハイオ発のこの一派とが、当時の金融界の主勢力であった。[16]ドロシー一行はさらに、西の魔女が黄色いウィンキーと翼ザルとを配下においているということを知る（この部分は、ユニオン・パシフィック鉄道で働く中国人移民、北の森から追放されたネイティヴ・アメリカン、そしてマッキンリーによって独立を阻まれたフィリピン人たちへの言及である)。ドロシーはバケツ一杯の水で魔女を溶かすが、これは干ばつの終わりを告げる雨や、ポピュリスト派の解決策が国にもたらす金融流動性を示唆している。19世紀のとある批評家が言ったように、「通貨と負債とは、自然界における火と水のように相反するものである。水が火を消すように、通貨もまた負債を打ち消すのである。」[17]

森の中で道に迷ったドロシー一行は、魔女の押入れから取った金の帽子を使って翼ザルを呼び寄せるようにと指示を受ける。翼ザルたちが到着すると、その中の親玉がドロシーにこう説明をする。自分たちは元々自由で幸福な一族であったが、今や「金の帽子の持ち主―それがどのような持ち主であれ―の完全な奴隷」(銀行家と、かれらの金本位制との奴隷)となってしまった、と。金の帽子を手に入れるや否や、西の悪の魔女は翼ザルを使ってウィンキースを奴隷化し、オズの魔法使いを西の地から追放した。

ドロシーは帽子のもつ魔力を使って、一行をエメラルドの都へと飛ばす。そして、「魔法使い」の正体が、カーテンの裏で目くらましにあくせくする小さな男であることを知る。この男もまた、ネブラスカ出身の一文無しであり、真の権力は一切持っていない。「魔女たちが怖い」とかれは言う。「魔力の全くない自分に比べ、魔女たちは多くのすばらしいことを実現できるのだから。」

魔法使いとかれの人形が、マーク・ハンナとウィリアム・マッキンリーであるとすると、かれらが恐れる魔女は誰なのだろうか。ウォール街銀行家の裏には強力な英国金融家たちが影を潜めており、英国金融家たちは南北戦争において連合国派に資金提供を行い、これによって米国を分断し支配しようと企んでいた。アメリカ革命以来、英国人はパトリオティック(愛国的)な米国民の敵であるとされてきた。マッキンリーは保護貿易主義者であり、高額な輸入税を課すことによって英国の自由貿易商人たちを外へと追いやった。1901年のマッキンリー暗殺については、信頼のおける陰謀論があるわけではないが、中には英国金融界のトップからの圧力があったのではないかと指摘する鋭い批評家もいた。[18]

魔力こそ持っていなかったものの、オズの魔法使いは優れた心理学者であり、ドロシー一行には自分の問題を自分で解決し、自分の夢を自分でかなえる力がある、ということを証明してみせる。資格証書という紙切れさえあれば、かかしは自分にも頭脳があるということに気付くことができる。ブリキの木こりには絹の心臓、ライオンには勇気の魔法水さえあればよかったのである。さらにオズの魔法使いは、数年前にオズにやってきたときに使った気球でドロシーをカンザスまで無事帰そう、という提案をするが、ドロシーが乗船する前に気球は離陸してしまう。

南の善の魔女グリンダが家に帰る方法を教えてくれるはずだ

と聞いたドロシー一行は、グリンダを探しに出発する。旅の道中でドロシーたちが直面する難関の一つに、巨大蜘蛛がある。この巨大蜘蛛は行く手を阻むものを皆喰らい尽くし、多くの人々を命の危険にさらしていた。ライオン（人民党党首ブライアン）は、新たに手に入れた勇気を試すこの絶好の機会をものにし、いかにも自分が百獣の王であることを証明してみせた。大統領の座を勝ち取りさえすれば銀行カルテルを撃破することができたはずのブライアンと同じように、ライオンもまた恐るべき蜘蛛を前足で打ち倒したのである。一行はついにグリンダと対面し、自分たちの必要とするものはすべてすでにドロシーの手元にあったのだということを知る。銀の靴である。しかし、銀の靴を使って家に帰るためには、金の帽子（銀行家主導の、人々を奴隷化した金本位制）を手放さなければならない、とグリンダは言う。

以上の教訓は、そのまま米国にも適応できる。経済こそ低迷していたが、米国の農地は肥えており、工場はいつでも稼動できる状態にあった。産業と貿易を促す紙製の券である「通貨」さえ手に入れれば、それまで催眠にかかっていた国民は救済されたはずなのである。自らの富が金という稀少な商品を使って定義されてしまっていたがために、人々はあたかもモノが不足しているかのような錯覚に陥っていた。米国の真の富はしかし、物品やサービス、資源、そして人々の創造力である。油を必要としていたブリキの木こりと同じように、米国もまた、富が政府と国民との間をスムーズに流れ、銀行家の私的な金庫へと止めどなく流出さえしなければよかったのである。

『オズの魔法使い』続編

目標達成こそできなかったものの、第三党が国政を動かし法案を成立させることもできるのだということを人民党は証明した。ライオンのブライアンは銀行家たちを制止することに失敗したが、グリーンバック派のジェイコブ・コクシーはまだ行進を続けていた。小説であれば都合の良すぎる筋書きだと言われかねない流れで、コクシーは１９３０年代に再び政治の舞台に舞い戻り、通貨問題への関心が再燃し始めたこの時期に、フランクリン・D・ルーズヴェルトと大統領選を争ったのである。当時、５年の間に２００以上もの通貨改革案が提示された。そして、周知のとおり、コクシーは選挙に敗れた。しかし、かれの主張によると、恐慌から米国を脱出させるための政府事業によって失業者たちを再雇用するというルーズヴェルトの「ニューディール政策」の原案はコクシーのものであった。コクシー案では、こうした事業はリンカーンのグリーンバックモデルに基づいて行うべきであり、政府発行の通貨によって費用がまかなわれるはずであった。対して、ルーズヴェルトは借金によってニューディールの資金調達をしたため、通貨を好きなだけ新たに発行する力をもつ銀行カルテルが米国の債権を握ることとなった。コクシー案では、政府は通貨を発行する際に銀行に借金をする必要がない。

第二次世界大戦後、通貨問題は徐々に影を潜めていった。英国経済学者のマイケル・ロバウサムによると、現代において「経済学者やエコノミストのキャリアを台無しにする一番の方法は、金融改革案の議論という「狂人の領域」に足を踏み入れることである。」[19]とはいえ、狂人たちの主張が常に正しいものであったということもまた事実である。米国の債務はもはや収拾が付かない規模にまで膨れ上がっており、その金利支払いだけでも納税者たちの支払い能力を超えてしまいそうなほどの重い税圧なのである。この問題の引き金となったのは金本位制だが、ドルを金から切り離しても問題解決には至らなかった。むしろ、さらに酷い金融災害を引き起こしたのである。「ラクラク」な銀行クレジットを増やしてマネーサプライを拡張しても、銀行家の懐が肥えるだけで、消費者はさらに深刻な負債を抱えることになった。こうして、この問題の核心はもっと根本的なところにあるらしいということが判明した。それは、誰が一国のクレジットを発行する力を持つべきなのかという問題である。マネーサプライが、民間銀行への負債として利子付で発行されている間は、国の富は少数の個人の金庫へと吸い込まれ、後にはただ資源の枯渇という残骸が残るだけなのである。

現代にふさわしい通貨の寓話を思い描くとしたら、次のようになるだろう。ドルは国の資源であり、国民のものである。それは初期のアメリカ植民地住民たちの発明品であり、国民の「完全なる信頼と信用＝クレジット」に根拠付けられた新しい紙幣通貨である。しかし、民間銀行カルテルがこの通貨の発行を徐々に担うようになり、負債を通貨に変換し、利子付でこれを返済するよう要求し始めたのである。税金や重い連邦負債は、人々を催眠にかけ奴隷化する金融支配階級の仕業なのである。この物語にハッピー・エンドがあるとしたら、通貨発行権が国民に返納され、国土に豊かさが戻ってくる様を思い描けばよい。しかし、こうした全体像に到達するためには、まずは数々の著名人の著作や考察、そして歴史そのものの間をうねる黄色いれんがの道を進まなければならない。それでは、オズの魔法使いに会いに行こう。

第2章
カーテンの裏——連邦準備制度と連邦負債

「命令によると、オズの魔法使いは面会謝絶だ！　誰であれ、どんな用事であれ、面会はお断り！　魔女とのいざこざのせいで、かれは一人で会議中なのだ。いや、たとえ会議がなかったとしても、きみたちはかれと面会することはできない。なぜって、誰も面会したことがないのだからねーこの城にいる私たちでさえも！」

——『オズの魔法使い』（1939年映画）「門番」

フランク・ボームが『オズの不思議な魔法使い』を執筆していた頃は、まだ米国連邦準備制度は存在していなかった。それでもなお、作品中に登場するあのカーテン裏で右往左往する、いかにも人間的で小さな魔法使いというイメージは、世界で最も強力な銀行家として知られる連準議長殿の格好の比喩として用いられてきた。米国大統領が4年毎に再選挙に悩まされ、最長でも2期までしか在任できないのに対して、連邦準備銀行の長の任期には限りがなく、選挙等によって在任を正当化する義務もない。アラン・グリーンスパンは、4名の大統領の下で18年もの間在任した後にようやく退任をした。「グリーンスパン—金融界のオズの魔法使い」と題された2001年の記事において、ジャーナリストのポール・スペリーは熟練の議長についてこう書いている。

あるいは、あなたは連邦議会が、そして国民が、議長をコントロールできるものだと思っているかもしれない。しかし、立法者たちができることはといえば、定期的な議会答弁を議長に義務付けることくらいである。聴講会は、説明責任を全うするための場ではなく、不毛な集いである。なぜなら、グリーンスパンは他の皆が一人残らず退屈になり嫌気が差すまで、ひたすらものごとを曖昧にこねくりまわすからである。あるいは、あなたはメディアこそ議長をつい に問いただすことができるはずだ、と思うかもしれない。実のところ、私たちジャーナリストは議長と一切面会することができない。記者会見やインタビュー等は一切禁じられているのである。かの教皇殿は、憲法区の大理石の神殿にまつられ、誰もかれに指一本触れることができない。[1]

スペリーはさらに別の連準ウォッチャーを引用しつつこう続けている。

大層な頭脳を投射して、聴衆を圧倒している男がここにいる。しかし、前景のカーテンを開けてみると、そこには大知識人のイメージをなんとか守ろうと手を尽くして頑張っているちっぽけな男がいるだけである。[2]

そもそも、連邦準備銀行はなぜ連邦議会による監視と制御から独立したところで秘密裏に動く必要があるのだろうか。有権者にとっては人気がないが、しかし経済的には最善の判断をするため、というのが建前ではある。しかし、通貨銀行業下院委員会委員長のライト・パットマンが1960年代に指摘したように、人気のない判断は連邦議会も毎日行っている。増税、福祉プログラムの削減、歳出の増加等である。これはすべて、民主的な公開討論の末に決定されるのである。再選挙の心配をする必要がない連準議長は、なぜ同じように手札を公開することができないのだろうか。答えは、オズの魔法使いが教えてくれるはずである。通貨というゲームは一から十まで詐術であり、相手を騙しきることができるかどうかにかかっているからである。

煙幕と鏡のゲーム

連邦準備銀行の詐術は、その名前から始まる。連邦準備銀行は連邦のものではなく、準備資金も持っていない。少なくとも、常識的な意味では。連邦準備紙幣（私たちの手元にあるドル札）は、金や銀によっては担保されていない。ニューヨーク連邦準備銀行が出版した冊子には、次のように書かれている。

通貨は、財務省所有の金やその他の資産との清算や交換ができない。そもそも連邦準備紙幣の「担保」は何なのかという問いは、簿記の方法論以上の意味を持たない。[3]

連邦準備制度は一般的に「連準」（Fed）と呼ばれるので、米国政府のものであると勘違いされやすいが、実のところこれは民営私企業である。[4] むしろ、この企業は、その株が公開株式市場で取引されてすらいないほどに民営[i]なのである。政府が所有しているわけでもない。あなたや私が所有できるわけでもない。連準は民営銀行の借款団の支配下にあるが、中でもシティバンクとJPモルガンが規模において抜きん出ている。この2つのメガバンクこそ、J・P・モルガンとジョン・D・ロックフェラーが築いた帝国の金融礎石であるが、かれらは1913年の連邦準備法を指揮した「泥棒男爵」として知られている。（詳しくは第13章で論じる。）

「準備資金」の有無について、ライト・パットマンは自ら視察に乗り出した。連邦準備銀行には大量の現金があると聞いたパットマンは、地方の連邦準備銀行2支店を訪ねた。そこでかれは金庫へと案内され、政府証券[ii]（負債を意味する借用証書）の山を見せられた。現金をみせてほしいと言うと、銀行職員は困惑の表情を浮かべた。かれは再び頼んでみたが、出てきたのは元帳や銀行小切手のみであった。パットマンはこう書いている。

本当のところ、現金はそこには存在せず、また今まで存在したこともない。私たちが「現金準備」と呼んでいるのは、連邦準備銀行の元帳に記入される簿記上のクレジットにすぎないのである。このクレジットは連邦準備銀行が発行した後、銀行制度内に循環するのである。[5]

では、金庫に山積みの政府債券を買うための通貨を、連邦準備制度はどこから調達したのだろうか。こうレトリカルに質問をした後、パットマンは自分でこう答えている。

通貨を調達したのではなく、発行したのである。連邦準備制度は、政府債券を購入するために小切手を切るたびに、**他の銀行と全く同じように、通貨を作り出している。つまり、小切手を切るという実にシンプルな行為によって、通貨を発行しているのである。**小切手の受取人が現金を要求した場合には、現金—つまり、連邦準備紙幣—を増刷することによって対応し、地元の商業銀行がこれをかれに手渡す。端的に言って、連邦準備制度は完全な通貨発行機械なのである。[6]

i　訳注private：「プライベート」「私的」と「民営」の両方の意味を持つ言葉。ブラウンはこの一文で、この語の両義性を使って言葉遊びをしている。

ii　原注：「証券」とは、金融価値を表象する譲渡可能な国債の一種である。連邦負債を構成する証券は、米国財務省短期証券（1年以内に満期となる証券）、財務省中期証券（2年から10年の間で満期となる）、そして財務省長期証券（満期まで10年以上かかる）がある。

負債を通貨に変身させる

銀行家たちの通貨発行機械にとって、連邦準備制度は欠かせない部品だが、連邦準備制度が発行するドル札はマネーサプライのほんの一部にすぎない。今日、通貨のほとんどは、政府や連邦準備制度ではなく、**民営商業銀行**によって発行されているのである。

「マネーサプライ」とは、国内経済における紙幣、硬貨、融資、クレジット、そしてその他の流動商品からなる、と定義される。「流動」商品とは、簡単に現金化することができるものを指す。米国のマネーサプライは、M1、M2、そしてM3へと公式に区別されている。[iii] 私たちが普段「お金」「通貨」と言うときに思い浮かべているのは、基本的にM1である。硬貨、ドル札、そして当座預金口座に入った通貨がそこには含まれている。M2とは、M1に定期預金、現金運用ファンド、そしてその他の個別又は「少額」定期預金を足したものである。（「現金運用」とは、短期かつ低リスクな証券、例えば譲渡性定期預金や米国財務省証券等の取引内容を指す。）M3とは、M1とM2に機関定期預金やその他の高額定期預金（機関現金運用ファンドを含む）、そしてユーロドル（海外に循環している米ドル）を加えたものである。

2005年、M1（硬貨、ドル札、そして当座預金）の総額は1兆4000億ドルであった。循環中の連邦準備紙幣は7580億ドルだが、その約70％は海外で流通しており、米国内の使用量は2275億ドルに留まっている。[7] 米国造幣局の報告によると、2004年9月には、循環中の硬貨の総額は9億9300万ドル、つまり10億ドル弱にしか及ばなかった。[8] M3（通貨の最大単位）は、2005年には9兆7000億ドルであった。[9] つまり、硬貨はマネーサプライ総量（M3）のわずか1万分の1にしかならず、硬貨や連邦準備紙幣（ドル札）からなる現金もわずか2・4％にしかならない。残りの97・6％は、どこからともなく不思議と出現したのである。これこそ、ライト・パットマンが「銀行が融資をするときに発行される」と言った通貨である。

通貨発行のからくりを説明する明解な冊子として、1961年にシカゴ連邦準備銀行が出版し1992年に改訂された『近代通貨の仕組み—銀行準備金と預金拡張に関する試論』がある。[10] この冊子は内部情報の宝庫であり、後でより丁寧に読んでいくことにするが、とりあえずここではその主な論点を挙げてみたい。出だしはこうである。「この冊子のねらいは、『部分準備銀行制度における通貨発行の基本的な手順の描写である。通貨発行は、実のところまずもって銀行が行うのである。」シカゴ連銀はさらにこう続けている。

銀行は、すでに手元にある預金を使って融資を行っているわけではない。仮にこの方法が採用されていた場合、追加の通貨発行が行われる心配はない。しかし、融資の際、銀行は借り手の取引口座へのクレジットと引き換えに約束手形を受け取る。

冊子の説明では、通貨発行は預金の「蓄積」によって行われ、「蓄積」は融資活動によって達成される。非常識なことに、融資が預金に変身するのである。シカゴ連銀はさらにこう述べている。

> 預金保持者の要望に応じて預金を現金化するために十分な量の現金を持ってさえいれば、銀行は好きなだけ融資や投資の量を増やして預金を蓄積することができる。銀行業がもつこの「ユニークな性質」は、何世紀も前にすでに発見済みである。発端は、金細工師たちであった……

金細工師たちが発見した「ユニークな性質」は、通貨を求めてやってくる預金顧客に渡すための「準備金」が十分に手元にあれば、同一の金に対して何度も繰り返し預かり証を融資することができる、という点である。これこそ、後に「部分準備」銀行業としていかにももっともらしく提示されることになる詐術である。

金細工師たちの目くらましが「部分準備」銀行制となるまで

17世紀ヨーロッパにおける商業は、ほとんどの場合金貨と銀貨によって行われていた。硬貨は耐久性があり、モノとしての価値を持ってもいたが、一度に大量の貨幣を運ぶのは難しく、また盗まれやすいものでもあった。このため、多くの人々は、街で一番安全な金庫の持ち主である金細工師たちに、自分の硬貨を預けた。金細工師たちはこれと引き換えに紙の預かり証を発行したが、これはよりかさばる硬貨の代わりに交換可能であり、便利であった。また、硬貨を貸してもらおうと金細工師を訪ねてくる人たちも、この預かり証を使った。

iii　訳注：日本のマネーサプライについて、日本では、現在、マネーストックという。マクロ経済学では、貨幣を次のように分類する。本書付録の「用語集」も参照のこと。

1、紙幣・硬貨
2、準備預金（日銀当座預金）
3、民間銀行の要求払金（普通預金プラス当座預金）
4、民間銀行の定期預金（CDという譲渡性預金を含むこともある）
5、郵便貯金や金銭信託などの金融資産

1と2をあわせてハイパワードマネーまたはマネタリー・ベースという。これに3を加えたものをM1と呼ぶ。このM1に4を加えたものがM2である。それに5を加えたものが、M3とよばれている。（『マクロ経済学』齋藤・岩本他著、有斐閣より）

金細工師たちは全預かり証の10％から20％くらいまでしか同時に金に換えられていないということに気がついたとき、あるいたずらを思いついた。同じ金を何度も利子つきで「融資」しても、融資額合計の10％から20％相当の金が金庫に入っていれば、金の需要に対応することができる。こうして、金細工師たちは、実際に手元にあった金の数倍の価値をもつ「紙幣」（融資された金の預かり証）を創造したのである。手持ちの金の価値の4倍から5倍に相当する量の紙幣の発行と融資が、かれらの習慣となった。金利が20％であったとすると、同じ金を5回融資すれば毎年100％のリターンを生むことができた。しかも、金細工師にはこの金の所有権もなければ、これを合法的に融資することもできなかったのにもかかわらず、である。こうして、「クレジット」を拡張しすぎないように気をつけてさえいれば、金細工師たちは商品を生産せずに裕福となることができた。街が全体として持っていた通貨よりも負債の量の方が多かったため、街の、そして果ては国家の富は金細工師（銀行家）の金庫へと吸い込まれ、残された国民は借金地獄を味わうこととなる。[11]

例えば、ある家の大家さんが同時に5軒に賃貸しし、賃料を懐に収めた場合、かれはすぐさま詐欺罪で刑務所行きとなったはずである。しかし、金細工師たちは、価値ある商品ではなく、紙の預かり証を売買するためのシステムを開発し、これを「部分準備」銀行制と命名した。それは準備されていた金の量が、出回っている銀行紙幣のほんの一部分にすぎなかったからである。国際通貨研究機関理事のエルギン・グロスクローズは、1934年にこう洞察した。

仮に倉庫番が、顧客から預かった品々を自分の利益のために直接利用したり融資したりすれば、即座に私犯の容疑を、つまり民事法に、いや、場合によっては刑事法によってさえ罰せられかねないような流用の容疑をかけられかねない。銀行業の外では一切通用しないにもかかわらず、経済学の原理にまで高められることとなった詭弁に基づくと、通貨の倉庫番はより神聖な法に従っているらしいのである。つまり、銀行家は己に託された通貨を、私利や私益のために自由に使ってよい、という法である。**いや、銀行家たちはさらに一歩進んで、自分の帳簿に架空の預金を発行することさえ許されている。この預金は、決算の際にはどの資産分類のどの預金とも同等に扱われるのである。**[12]

「私犯」とは、損害に対して民事裁判が行われうるような罪を指す。「兌換」とは、他人の所有物を自分のもののように扱う類の私犯である。また、この目くらましを理解するために用いられるもうひとつの私犯として、「詐欺」が挙げられる。『ブラックの法辞典』によると、詐欺とは「言葉によって、行為によって、虚偽の又は紛らわしい主張によって、又は本来開示すべきものごとの隠蔽によって、事実を不正確に表現することであり、このときこの不正確な表現は、他人を騙し、その他人が法的な損害を被るよう仕向ける目的を持っている」と定義される。この語はかの有名な1969年ミネソタ裁判において用いられた。

いざ法廷へ！

「モンゴメリー国立第一銀行VSデイリー」裁判では、映画脚本さながらの法廷ドラマが繰り広げられた。被告人のジェローム・デイリーは、1万4000ドル相当の住宅ローンの質流れに反対した。その根拠は、このローンには対価がない、というものであった。「対価」（「交換の対象となったもの」）は、契約成立に際して必要不可欠な部分である。弁護士として自らを弁護したデイリーは、ローンに対して銀行側は実在する通貨を一切提供できていない、と論じたのである。

法廷内での一連の出来事はビル・ドレクスラー判事によって記録されていたが、かれは自分の役目を「弁護士たちが殴りあいの喧嘩を始めそうな雰囲気の法廷になんとか秩序を維持すること」であると表現した。被告の展開した論理は信憑性が低い、とドレクスラーは感じていたが、それもモルガン氏が登壇するまでのことであった。驚いたことに、銀行がしばしば融資資金を「捏造」すること、またこれがもはや銀行にとって当たり前の習慣となっていることを、モルガンはあっさりと認めた。「それはしかし、詐欺みたいな話じゃあないですか」とマーティン・マホニー裁判官は述べ、判事たちもこれに相槌を打った。

マホニー裁判官は裁判メモの中に次のように記している。

原告は、ミネアポリス連邦準備銀行と一緒に、**簿記上の一項目として1万4000ドル相当の通貨クレジットを全額自ら造りだしたのだということを認めた。**また、これこそが1964年5月8日付の手形およびローンの対価である、ということも認めた。通貨とクレジットは、原告がこれを発行するまではどこにも存在していなかったのである。**モルガン氏は、米国法律および法令には、上の行為を正当化するものがひとつもない、ということも認めた。手形を担保するためには、合法的な対価が提出されなければいけない。**

法廷は銀行側の質流れ要求を棄却し、被告は家を保有し続けることを許された。デイリーにとって、このことは大きな意味を持っていた。もし銀行家たちが本当に対価無しでクレジットの取引をしているのだとしたら――つまり、金庫に眠っている合法的に融資可能な通貨をもしかれらが担保として使っていないのだとしたら――かれらの融資を虚偽とする判決が下る可能性があり、それは世界の権力構造をひっくり返す可能性すらあったからである。デイリーは早速地方新聞にこう書いた。

法的に正当なこの判決に従うと、不動産や私的所有物、また連邦準備銀行、国立銀行、そして州立銀行が保有する国債および州債はすべて無価値である、ということになる。とすると、銀行に個人や州、国が負っているとされている負債から、わが国はついに解き放たれることとなるのである。米国民は皆、この判決について理解を深めるべきである。**私たちが自由な人となるか奴隷となるかを決定しうる判決だからである。**[13]

この判決が既存の慣習を変えることはなかったのだという点は指摘するまでもない。とはいえ、この判決が覆されることもなかった、という点もまた事実である。この判決を下したのは治安判事法廷であったが、これは、大都市まで出向くことが被告にとって困難であった西部未開拓時代にまでさかのぼる自律的な法廷制度である。今ではすっかり廃止されてしまったこの制度では、裁判官や法廷はほぼ完全に独立することができていた。マホニー裁判官などは、銀行を告訴し公に裁こうとしたほどである。かれはデイリー裁判からわずか6ヵ月後に、奇妙な事故によって中毒死することとなる。後日、この判決は、裁判所の管轄範囲を超えるものであるとして無化され、デイリーは、連邦準備法と連邦所得税制度の合憲性を問う機会を剥奪された。[14]

それ以来、幾人かの被告は、デイリー判決を参照しつつローンの債務不履行の回避を試みたが、総じて成功したとは言い難い。おなじみ「オズの魔法使い」からの比喩を用いつつ、ある裁判官はオフレコで次のように述べている。

仮に被告にそのようなことを許してしまえば——つまり、あなたや私を含むすべての人にこれを許してしまえば——制度そのものが壊滅してしまう。だから、銀行の裏事情を人々にみせるわけにはいかないのだ。あのカーテンの裏に行くことは許されないのだよ。[15]

銀行家の「神聖なる法」

『通貨—その正体と仕組み』と題された情報豊かなウェブサイトにおいて、ウィリアム・ハンメルは、現代における銀行由来の負債は、クレジット市場内の債権のわずか20%にしか相当しない、と指摘する。残りの80%は、金融企業、年金ファンド、投資信託ファンド、保険会社、そして証券会社等々の、銀行以外の金融機関によって融資されている。こうした機関は、低金利で借りたお金を高金利で再融資したり、投資家のお金をひとまとめにして借り手に融資したりすることによって、既存の資金を再利用しているだけなのである。つまり、こうした機関は、一般的には銀行の役目であると思われている機能を果たしている。つまり、安く借りて高く貸すことによって、「値幅」を利益として懐に入れているのである。ところが、諸銀行が実際にしていることは、これとは少し異なる。ハンメルはこう解説する。

銀行とは、一般的な意味での仲介者ではありません。借金

をするという点では非銀行機関と同じですが、融資となると話は別で、手元にある預金を貸し出すわけではないのです。むしろ、銀行は借り手の口座に新たな預金を追加することによって融資を行います。他の顧客の預金は変わらずに残り、いつでも引き出し可能であり続けるのです。**このため、銀行による融資は、預金の総量を増やすことになり、これによってマネーサプライもまた増えることになります。**[16]

マネーサプライが増えるということは、通貨が詐術によって創造されているということである。エルギン・グロスクローズが神聖なる法と呼んだ銀行家たち特有の法のおかげで、シルクハットから魔法のように通貨が出てくるわけである。

「不可能な契約」

対価提供不能であることと、詐欺であるということの他にもまだ、銀行家たちの部分準備ローンに異議申し立てをする法的根拠は存在する。これらローン契約を全て一度に履行することが不可能である、という理由を使って、契約に異議申し立てをすることは、少なくとも理論的上は可能である。州法令に従うと、履行不可能な契約は無効である。[17]つまり、銀行は元金をこそ発行するが、ローン返済のために必要な利子は発行しないので、こうした不可能性が発生する。負債者はなんとか利子を賄おうと右往左往するが、十分な通貨を得ることは元々無理な話なのである。大規模な椅子取りゲームのようなもので、音楽が鳴り止めば誰かが債務不履行に陥る。１８５０年の論著『利息制限法の重要性について』において、著者のジョン・ウィップルはしっかりと計算をしてこう書いている。

５英ペンスが、５％の複利で西暦元年から現在（つまり、１８５０年くらい）まで融資されていたとすると、それは法定純分の金塊３２３億６６６４万８１５７個——しかも個々の金塊はそれぞれ地球と同じ大きさの、直径８０００マイル相当である——に相当する。[18]

地球の大きさの球３２０億個とは！　これこそ、複利の恐ろしさ、つまり、元金だけでなく、支払い期限ごとに蓄積される利息の恐ろしさである。利息の増幅を見てみると、始めこそ横ばいに近いが、１００年後にはほぼ垂直となる。もちろん、通常のローンは30年前後に設定されているので、このように負債が増えることは滅多にない。とはいえ、議論の前提としてはこの問題はまったく妥当である。利息付で借金をすることによってでしか通貨を発行することができないシステムの中では、全体として資金不足状態が続くのは必然であり、必ず誰かが債務不履行に陥るのである。

ユーロという統一通貨システムをデザインし、通貨改革についての著作をいくつも執筆したベルナルド・リエターという人物がいる。かれは利息問題を次のように説明している。

銀行があなたに10万ドルのローンを提供したとする。このとき、かれらが発行するのは元金だけであり、あなたはそれを使用し経済内に循環させることになる。銀行は20年間で20万ドルを返済するようあなたに要求するが、残りの10万ドル、つまり利息分の通貨を発行することはない。代わりに、銀行はあなたを無情な世間へと投げ込み、その他大勢との死闘の末に10万ドルを持ち帰るようあなたに迫るのである。

肝心なのは、現代の通貨は硬貨を除いてすべてが銀行発行のローンとして発行される、という問題である。過去のローンの利息を支払うためには新たなローンをするより他ないので、マネーサプライが止めどなく拡張され続けてしまうか、あるいは負債者の一部が債務不履行に陥るより他ないのである。リエターはこのように結論づけている。

> 貪欲と競争とは、人間の本性に根ざしているわけではない。**むしろ、貪欲さや欠乏への恐怖は、私たちが使っている通貨が生み出し続け、また増長させ続けているのである。**全人類を飢餓から救うのに十分な量の食物を生産することは可能であり、また世界中の人々にとって十分な量の仕事があるということも明白だが、これを清算するために十分な量の通貨がないということは言うまでもない。**つまり、欠乏しているのは国の通貨なのである。さらに一歩進んで言うと、こうした欠乏状態を生み出して維持することこそ、中央銀行の役目である。かれらによって、私たちは、生存競争を続けるよう仕向けられているのである。**[19]

年率6%の複利付で融資された1ドルは、40年弱で10ドルにまで膨れ上がる。ということは、もし仮にマネーサプライが１００%金で賄われており、諸銀行がこれの1割を年率6%の複利付で（このとき、銀行は元金と利息を次の融資へと繰越して）融資した場合、40年後にはすべての金が銀行家たちの懐に収まることになる。また、私たちが常に文句をつけているインフレーションは、実はこの図式を維持するために必要不可欠であるということにもなる。金融帝国のエネルギー源であるランニングマシーンを労働者たちに回させ続けるためには、金融家たちは自分たちのローンの利息を賄うために必要な量の負債通貨を新たに発行し続けなければならないのである。もちろん、通貨を発行し過ぎてはいけない。なぜなら自分たちの取り分の価値が下がってしまうからである。しかし、今日私たちが直面している「クレジット危機」においては、諸銀行は帳簿の項目を使って通貨を洪水のごとく発行し、市場にこれを一気に流し込む。２００７年8月には、連邦準備銀行はたった一日で３８０億ドルもの通貨を金融市場に「注入」し、危機に瀕していた銀行や投資会社を救済しようとした。この通貨は一体どこから来たのだろうか。中央銀行の説明によると、これは「クレジット」前払いにすぎず、中央銀行は最後の砦として当然こうした

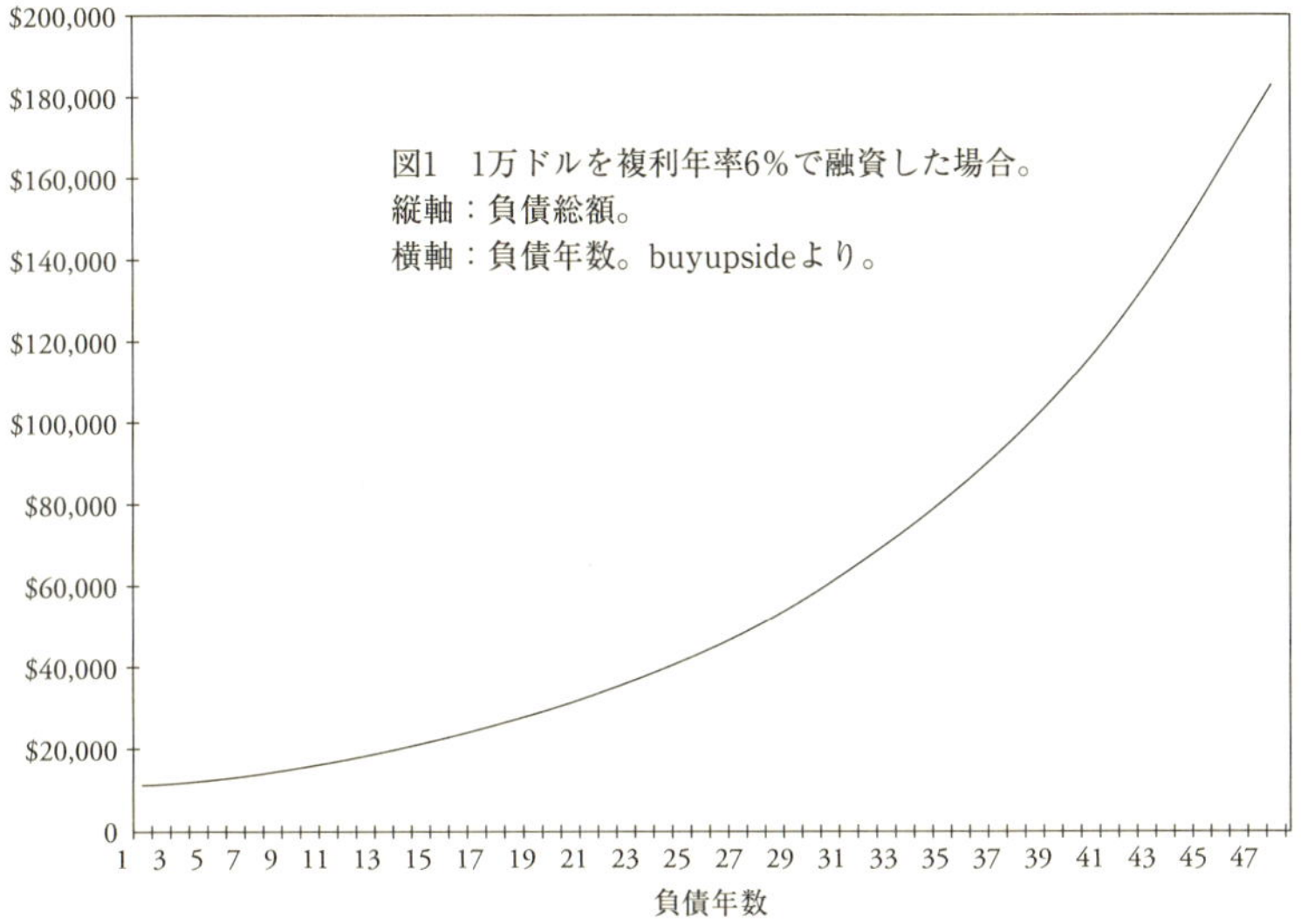

図1　1万ドルを複利年率6%で融資した場合。
縦軸：負債総額。
横軸：負債年数。buyupsideより。

前渡しをする権利を有する、ということになるらしいのである。このような前払いは際限なく繰り越し可能、更新可能である。[20]（これについては後でより詳しく述べたい。）

マネーサプライと連邦政府負債

経済のランニングマシーンを稼動させ続けるためには、マネーサプライのインフレーションが継続されるだけでなく、連邦政府負債が拡張され続けもしなければならない。その理由は、連邦準備委員会委員マリナー・エクレスが、１９４１年に通貨銀行業下院委員会において明らかにした。ライト・パットマンは、国債を買うためのお金を連邦準備銀行はどこから入手したのか、とエクレスに質問した。

「それは私たちが自分で発行しました」とエクレスは答えた。

「何に基づいて発行したのですか？」

「クレジット通貨を発行する権利に基づいて、です。」

「ということは、わが国の政府のクレジットのみを根拠としている、ということですね？」

「私たちの通貨制度そのものがそのようにして成り立っているのです」とエクレスは答弁を続けた。**「仮に通貨制度から負債が無くなってしまえば、通貨そのものもまた消えてしまうのですから。[21]」**

連邦政府負債が完済されずに膨らみ続ける理由はここにある。

いかにも、連邦政府負債は、２００年近く前にアンドリュー・

ジャクソンが大統領に就任して以来一度も完済されたことがない。1961年以後、5回（1969年と、1998年から2001年までとである）を除く全ての年度で、政府は歳出を予算内に収めることに失敗しており、「さらなる」国家負債を生んでいる。[22]経済学者のジョン・ケネス・ガルブレイスは、1975年にこう書いている。

南北戦争以後、連邦政府は毎年のように大きな財政黒字となっている。しかし、それでも連邦政府は借金を返済したり、国債発行を停止したりすることができない。国の銀行紙幣の根拠である国債が消えてなくなってしまうからである。**負債の完済は、マネーサプライの破壊を意味する。**[23]

南北戦争が終わり、国立銀行法が成立し、米国財務省に預金される国債によって根拠付けられた紙幣を民間銀行が独断で発行できるようになって以来、連邦政府負債は米国のマネーサプライの基盤であり続けてきた。（このやや複雑なごまかし術については、第9章でより詳しくみていくことにしたい。）クリントン大統領が2000年に「史上最高の財政黒字」を宣言し、ブッシュ大統領が10年後には5・6兆ドルの黒字となると予想した。多くの人たちはこれを聞いて、連邦政府負債もさすがにこれなら完済されたはずだと思ったはずである。しかし、これもまた幻想であった。5・6兆ドルの財政「黒字」は実現せず（これはそもそも、2001年の黒字見込みを10ヵ年という期間に引き伸ばしてみたときの楽観的な見込みであった）、また**この見込みは連邦政府負債の元金を全く無視していたのである。**クレジットカードの明細書に記載された最低限の利息を毎月支払いつつ、クレジット限度を「手持ち現金」と呼ぶ混乱した消費者のように、「財政健全化」を叫ぶ政治家たちは国家負債のうち利息だけを勘定に入れているのである。クリントン大統領が史上最高の財政黒字を宣言した2000年に至ると、連邦政府負債は5兆ドルを超えた。そして、史上最高の財政赤字が予想されつつも、実際には史上最大の財政黒字が実現してしまった2005年10月には、連邦政府負債は8兆ドルにまで膨らんだが、同年のM3は9・7兆ドル程度であった。このため、**連邦政府負債はマネーサプライそのものであり、後者は前者なくして存在しえない、**といっても全く過言ではないのである。商業ローンのみでマネーサプライを支えることはできない。完済され次第ゼロに戻ってしまうからである。通貨をシステム内に維持するためには、大規模な主体のうち少なくとも一者は、完済不可能な負債を負わなければならない。まさしくこの役割の担当者として、連邦政府が選ばれたのである。

連邦政府負債が完済不可能である理由の一つは上に挙げたとおりであるが、現代においてはより強い理由がさらに存在する。単純に、負債がもはや大きくなりすぎたのである。8兆ドル強の負債という金額を理解するためには、例えば7兆歩歩けば冥王星に到達することもできる。そのとき、冥王星までの距離は40億マイルにすぎない、という比喩を考えてみればよいだろう。[24]

仮に政府が毎秒100ドルを支払ったとしても、317年後にはわずか1兆ドルの負債返済を終えることしかできない。ことわっておくが、これは元金だけを考えた場合の話である。例えば、複利年率1%という少ない額の利息がこれに加わった場合、上の方法ではこの負債を返済することは不可能となる。返済の速度が負債増額の速度に追いつけなくなるからである。[25] では、8兆ドル強の負債を増税によって一括完済するのはどうかというと、これをするためには、四人家族一世帯あたり10万ドルの増税が必要となる。ほとんどの家族にとって、これは無理な話である。[26]

1980年代、政策担当者たちはこぞって「負債は関係ない」と公に宣言した。これによって、政府は「赤字歳出」を行い、負債を伸ばし続けてもよいということになった。[27] 今もなお、この戦略は政策担当者たちの賛同を集めている。しかし、この真相はというと、**そもそもこの負債は、少なくとも通貨が民間銀行への負債という形で発行されている間は完済不可能**なので、この負債を完済すべきだと考える人がいなくなったのである。政府は、利息を支払うことによって負債を「維持」していれば、元金を返済する必要がない。しかし、近年、利息もますます膨れ上がっており、納税者たちから集めた税で利息を支払うことすら不可能になりつつある。[28] 利息の支払いができなくなると、政府は負債契約を破るしかなくなり、経済全体が崩壊することとなる。

そもそも私たちはどのようにしてこの魔女の大鍋に嵌まり込んだのだろうか。また、ここから抜け出す道はあるのだろうか。初期米国植民地住民たちは、今の私たちとは少し違った、ユートピア的とさえいえる通貨システムのビジョンを描いていた。私たちが失ったものは何か、またそれはどのようにして失われたのかを知るために、黄色のれんがの道を歩いて18世紀米国まで行ってみよう。

第3章
ユートピアの実験——法貨としての植民地紙幣

ドロシーと友人たちはすばらしい都のまばゆさでくらくらしました。通りに面して美しい家が並び、どれも緑の大理石でできていて、そこらじゅうに輝くエメラルドがはめ込んであります。同じ緑の大理石でできた舗装道路を歩き、ブロックの継ぎ目にはエメラルドが一列にきっちりとはめこんであって、太陽の光の中で輝いています。みんな幸せそうで、満足して栄えているようでした

——『オズの不思議な魔法使い』「すばらしいオズのエメラルドの都」

フランク・ボームが思い描いた、太陽の光の中に輝く魔法の都は、アメリカン・ドリームそのものである。このビジョンは、後にウォルト・ディズニーが、雲の狭間に浮かぶ城という形でハリウッド的なハッピー・エンドの典型として受け継ぐことになる。アイルランド人であったボームは、あるいはエメラルドの島としての聖なるアイルランドの地を想っていたのかもしれない。エメラルドの都は、聖書の新しいエルサレムおよび「新しいアトランティス」という、フランシス・ベーコンが新世界

に与えた名をほうふつとさせもする。

米国植民地は、ユートピアにおける実験であった。未開拓の地では、新しいシステムや新しいルールを好きなように作ることができる。紙幣は英国で普及していたが、民間銀行家たちはすでにそれを私益の目的として私的に使い、その対価を国民に支払わせていた。しかし、この新しい交換媒体は、アメリカ版では地方自治体が発行および融資を担当しており、これによって得られた利益は国民に還元されていた。植民地住民たちの紙幣は、富と豊かさの時代の礎となったが、これは金銀が不足しがちな辺境の植民地にしては驚くべき偉業であった。エドワード・バークは、英国参議院の1774年答弁において、米国植民地について次のように述べている。

> 人類史上他に例のない類の進歩をかれらは遂げています。かれらの商業や、かれらの奥行きのあるおおらかな生き方をひがむわけではありませんが、しかしそれにしても、私から見ると、米国は着々と完成に向かいつつある国であるように思えてなりません。それは立て続けに起きた幸運な出来事や、数世紀にわたる産業の成果の蓄積のおかげです。文明社会から3000マイルも隔てられた荒野の、不毛と絶望の海岸にうちあげられた（派遣されたというよりも、こう言った方が事実に近いと思います）あわれな追放者たち、という見方をとることは、私にはできません。[1]

植民地という「荒野」を豊穣の地へと変貌させたのは、経済学者のデイヴィッド・ヒュームが「国民を代表する通貨」と呼び、ベンジャミン・フランクリンが「信用の証書」と呼んだ交換の媒体、植民地地方自治体が発行した紙幣通貨であった。

信用＝クレジットとしての通貨

自家製の紙幣通貨を自ら発行する自治体、という栄誉ある称号を得たのは、マサチューセッツであった。時は1691年、イングランド銀行設立の3年前である。これについては、ジェイソン・グッドウィンが『グリーンバック』という2003年作品の中で語っているが、かれによると、マサチューセッツの知事は海賊よろしくケベック州を攻撃し、フランス人をカナダから追い出そうとしたが、これは失敗に終わった。残された老兵や寡婦たちはどうにか収入を得なければならなかったが、地元の商人たちは援助の要請を断った。自分たちの持っているお金を必要としている人が他にいる、と言ったのである。

紙幣通貨というアイデアは、『豊かさへの鍵、あるいは商業を改善するための新しい方法—合法的、容易、安全、そして効果的』という著者不明の英国冊子において1650年に提案された。しかし、冊子著者が提示した紙幣通貨案は、金庫に安全に保管される貴金属と引き換えにロンドンの金細工師や銀細工師たちが発行した預かり証を原案として使った。植民地にとっての一番の問題は、金銀の不足であった。そのため、商業を営むためには、外から来た硬貨を使用しなければならなかった。輸入が輸出を上回っていたので、硬貨は英国をはじめとする諸外国へと絶えず流出し続けており、各植民地は州内の商業需要を満たすために必要な量の通貨を供給できずにいた。このため、マサチューセッツ議会は新しい類の紙幣通貨を提案した。政府の「債権」ないし「借用証明書」としての「信用証券」である。これはつまり、今日借りたお金を明日返済する約束である。マサチューセッツの紙幣通貨は、政府の「十全たる信頼と信用＝クレジット」によってのみ担保されていたのである。[2]

他の植民地も、後に続いて各々の紙幣通貨を発行した。後で「ゲンナマ」通貨（銀又は金）と交換可能な政府借用証明書を発行した場所もあれば、直接法貨として使用可能なものを発行した場所もあった。「法貨」とは、負債の返済手段として法的に認められた通貨のことである。これは商業においては「金と同等」であり、負債を伴うこともなければ、後でこうした紙幣を他の通貨形式へと変換する義務もない。[3] 新たな紙幣通貨への信頼が低下すると、当時ニューイングランドで最も有名な大臣であったコットン・マザーは、早速この通貨を擁護してこう主張した。

> 1000ポンド相当の国債ないし為替手形は、単なる紙切れでしょう。しかし、それにもかかわらず、この紙切れにはこれに相当する銀ないし金と同等の価値があると言ってよいでしょう。もちろん、決済完了に十分な担保があると仮定した場合ですが。とすると、紙幣通貨の担保は、国全体の信用＝クレジットを除いて他に何がありましょうか。[4]

こうして、マザーは通貨というものの定義を一新した。通貨は、銀又は金の総量の表示ではない。通貨とは信用＝クレジットであり、それも「国全体の信用＝クレジット」なのである。

紙幣通貨の元祖

ベンジャミン・フランクリンは、新たに登場した紙幣通貨という交換媒体を熱烈に支持したことから、「紙幣通貨の元祖」と呼ばれる。12歳でハーヴァードに入学したコットン・マザーと異なり、フランクリンの教育は独学が主であった。かれは仕事をする中で必要な知識を身につけたが、かれの職業は印刷店であった。1729年に、フランクリンは『紙幣通貨の特徴と必要性についての控えめな論考』と題された冊子を執筆し出版している。これは各植民地へと配布され、人気を集めた。おかげで、かれはニュー・ジャージー、ペンシルヴェニア、そしてデラウェアにおいて、紙幣通貨印刷の契約を結ぶことに成功したほどであった。[5]

フランクリンは、紙幣通貨が地元ペンシルヴェニアの経済を驚くほど活性化した様子を目の当たりにし、これをきっかけに上の冊子を執筆した。「紙幣通貨はわが国に大きな利益をもたらし、また今後ももたらすであろう、という点を、私たちは、理屈ではなく経験によって確信させられた」とかれは述べる。将来的な税収を担保とする紙幣通貨は、明日の裕福さを今日の通貨へと変換させる、というわけである。政府は金がなくてもこの通貨を発行することができ、諸銀行に借金をする必要もない。容易に発行可能なこの通貨は、アメリカ合衆国、この可能性に満ちた国において、貧しい人たちにも成功のチャンスを与えうる。フランクリンはこう書いている。「ビジネスの才能と知識がありながら、十分な資本が手元にない人も、すすんでお金を借りるよう奨励されることになる。また、ものの売買を行うに際しても、ささやかな利息と引き換えに通貨を得ることができるようになる。」

かれはさらに続けてこう言った。「一国の富は、金銀の量によってではなく、国内に在住するすべての人たちの労働力の総量によって表されるべきである。」 金が交換媒体として使われていた頃には、生産活動がマネーサプライを決める代わりに、通貨が生産活動を決定していた。そのため、金が増えるとモノが生産され、金が不足すると人は職を失い路頭に迷った。政府発行の紙幣通貨の利点は、産業に呼応して量を増やすことができるので、潜在的な富が実現されうる、という点である。政府は、各サービスの代金の支払いに、紙の領収書を、つまるところコミュニティ・クレジットを使用すればよかった。そうすれば、**共同体が自ら需要と供給を同時に生み出すことができるのである。**労働に見合う対価の支払いに必要な資金がない限り、農家は農業を行わず、教師は教鞭をとらず、坑夫は炭坑に出向かない。紙製の「臨時紙幣」は、それなしでは市場に出ることがなかった商品やサービスの生産を後押ししたのである。こうして、作り手と買い手さえいれば何でも生産することができるようになった。Bさんがほしいものを Aさんが持っており、CさんがほしいものをBさんが持っており、Aさんがほしいものを Cさんが持っていた場合、三人はひとつの場所に集まって商業を行うことができるようになった。秘蔵されたり、法外な高利で融資されうるような「金」＝「金貸しの金」は、もはや必要なくなったのである。

徴税なき代表制

英国銀行家とかれらの金から植民地を解放しただけでなく、紙幣通貨はさらにもうひとつ重要な役割を担った。**紙幣通貨のおかげで、植民地住民たちは、各々の地方自治体のための資金調達を、一切徴税をすることなく行うことができたのである。**スタンフォード大学フーヴァー研究所のシニア・フェローであるアルヴィン・ラブーシカは、『徴税なき代表制』という2002年論文において一連の出来事を説明している。ラブーシカによると、植民地が紙幣通貨を発行する方法は二つあったが、比率は異なるものの、両方を同時に採用した植民地がほとんどであった。一つ目は、通常「信用証券」ないし「財務省証券」と呼ばれる証券を直接発行するという方法。これは、将来的な税収を基盤とした政府借用証明書ではあったが、返済はかなり先まで延期され、場合によっては資金が財務省に返済されずに終わることもあった。下水管のない湯船のように、マネーサプライは源泉へと再帰することができないまま一方的に増え続けた。とはいえ、こうした資金は民間の外国融資者から借りたものではなかったので、少なくとも利息が発生することはなかった。むしろ、これは、ただ商品やサービスの対価の支払いを目的として発行及び利用されただけであった。

　二つ目の発行方法が実施されると、マネーサプライの再利用問題は解決された。地方の融資事務所が、**本来銀行がもつべき融資者としての役割を担うことによって、**利息からくる収入を安定して期待できるのだということに植民地議会は気づいたのである。こうして、「土地銀行」と呼ばれる政府融資事務所が紙幣通貨を発行し、低金利でこれを地元住民（農家がほとんどであった）に融資するようになった。こうしたローンは、不動産や銀食器、その他の資産を担保として保証された。フランクリンは「土地を担保として発行される証券は、いわば硬貨と化した土地である」と書いている。新たに発行され人々にこうして融資された通貨は、定まったスケジュールに従って徐々に融資事務所へと戻ってきたので、マネーサプライが過度のインフレーションに見舞われることはなくなり、融資事務所紙幣証券の対英ポンド価値も安定した。ローンに対して支払われる利息もまた役所の懐に入ったので、政府はここから新たな収入を得ることができた。このため、紙幣通貨発行の方法としてこれを採用した植民地は、ただ単に信用証券の新規発行にだけ頼る場所と比べてより安定した通貨を手にすることとなった。

　中でも成功した融資事務所の所在地として、ペンシルヴェニア、デラウェア、ニューヨーク、そしてニュージャージーの各植民地が挙げられる。皆の注目と賞賛を集めたモデルは、1723年にペンシルヴェニアに設立された融資事務所であった。ペンシルヴェニアモデルは、価格インフレーションを**引き起こさなくても**徴税なき通貨発行をする道が政府にはある、ということを示した。[i] 1723年以降、1750年代のフレンチ・インディアン戦争にいたるまで、**州政府は一銭も税を徴収しなかった。**融資事務所が州の主な収入源であり、さらに酒類の輸入税が副収入としてあったからである。また、この期間中、ペンシルヴェニアの商品価格は安定し続けた。通貨は対英ポンドで21%値下がりしたものの、ラブーシカの示すところによると、これは流通通貨の量の変化が原因ではなく、むしろ対外貿易関係の変化に起因したのである。[6]

　融資事務所が救いの手を差し伸べる以前、ペンシルヴェニアは通貨の不足が原因で事業や住民の流出に悩んでいた。新たな通貨を経済に注入することによって、融資事務所はそれまで8%の利率で民間融資者からお金を借りていた住民に、州政府公認の5%利率のローンへの借り換え、という選択肢を与えた。フランクリンによると、この通貨システムによって、ペンシルヴェニアの「住民の数は劇的に増え」、「物々交換という不便な方法は捨て去られ」、「(低金利の小額融資を起業家が受けることができるようになったおかげで）ビジネスは新たな活力を得て、未開拓地の開発を促すことに成功した」。成功の秘訣は、通貨を発行しすぎないこと、そして政府発行ローンの元金と利息の返済という形で通貨を再び政府の元へと再循環させることであった。１７７６年、アダム・スミスは『国富論』の中でペンシルヴェニアの通貨についてこう書いている。

ペンシルヴェニア政府は、金銀をまったく蓄積せずに、いかにも貨幣ではないが、貨幣の等価物を、その臣民に貸し付ける方法を編みだした。すなわち、私人に、利子付で、かつ二倍の価値の土地を担保にとって、信用証券を前貸ししたのである。この証券は、発行日付後15年の償還で、それまでのあいだは銀行券と同じく手から手へと譲渡可能であり、議会の条例によって、州の住民間のすべての支払いにおける法貨たるべきことが布告された。（中略）第三に、この方策を用いるに当って節度を守ること、すなわち、信用証券の価値総額が、もし信用証券がまったくなかったとした場合に、その流通を営むに必要なはずの金・銀貨の価値総額をけっして超えないようにすること、である。この同じ方策が、いろいろな場合に、いくつかの他のアメリカ植民地でも採用された。**ペンシルヴェニアは、紙幣の発行という点では、わが植民地のなかで他のどこよりもつねにひかえめであった。**……　**だから、その紙幣は、それがはじめて発行されるまえにその植民地で流通していた金・銀貨の価値以下にはけっして下落したことがないそうである。**[ii]

以上はペンシルヴェニアについて言えば当たっているが、ニューイングランドの植民地——マサチューセッツ、ロードアイランド、コネチケット、そしてニューハンプシャー——の紙幣通貨はこれほど安定してはいなかった。もちろん、後者もまた、融資なしでは実現しえなかったような発展と成長とを可能にした。しかし、信用証券やローンという形で過剰に発行されてしまった結果、大幅な価値変動が起きてしまったのである。さらに、各通貨の価値や用途の決定に必要な規制やルールも十分に整備されていなかった。例えば、商品購入に使うことはできても、負債の返済には利用不可能な通貨もあった。あるいは、公的な負債の返済には使用できても、私的あるいは民間の決済には使用不可能なものもあった。結果的に、こうした通貨は商業を混沌と混乱の渦中に放り込んだのである。

---

i　訳注：（French and Indian War、１７５５年-１７６３年）は、七年戦争のうち、北アメリカを舞台に繰り広げられた一連の戦闘である。イギリス領アメリカ植民地とヌーベルフランスが主な戦場となり、いずれも、本国からの援助を得て戦闘が行われた。

ii　訳注：この訳文は『国富論』（中公文庫）大河内一男監訳を引用した。

ジョージ王の入場

ニューイングランドの証券の急速な値下がりは、植民地でビジネスを展開していた英国の商人や金融家の投資にとって脅威となった。そのため、かれらはこうした通貨発行の禁止を求めて議会に圧力をかけた。1751年、ジョージ2世はニューイングランド植民地における新規紙幣通貨発行を禁止した。しかし、既に発行されている通貨の更新は許可された。この禁止令は、1760年にジョージ3世が王座を世襲してからもなお維持された。

1764年に、ベンジャミン・フランクリンは、禁令を解除するよう議会に呼びかけるためにロンドンへ向かった。かれは、植民地臨時紙幣がペンシルヴェニアの住民たちにとっていかに有益であったかを力説し、「同時期に、ニューヨークやニュージャージーも紙幣通貨を採用することによって大きな飛躍をみせている。これをみればわかるように、紙幣通貨は経済を破壊するという通説は間違っている」と聴衆に呼びかけた。しかし、上のような議論を肯定的に展開するのはなかなか厄介だ、とジェイソン・グッドウィンは『グリーンバック』において述べている。各植民地はそもそも、自分たちは満足に金銀を調達することができないほど貧乏なので紙幣通貨を発行するしかないのだ、という点を本国に対して強調し続けていた。フランクリンの報告は、植民地が紙幣通貨を発行するために用いていた建前が無効であるということを議会と英国銀行家とに示してしまったのである。そもそも本国は、植民地内の経済を活性化させる目的でこうした地域を植民地支配したのではなく、本国で天然資源を安く調達するというのが元々のねらいであったのだから。

通貨発行権を政府に与えるという考えは、政府は通貨を民間銀行から利子付で借りなければならないとする英国経済学の常識と真っ向から対立した。フランクリンの呼びかけもまた、銀行家から強い反発を受けた。禁令を解除する代わりに、議会は以前よりもさらに規制の厳しい通貨法を可決した。新しい法令は、証券の新規発行を禁じただけでなく、既存の通貨の再発行すらも禁じたのである。[7] 法令では次のように述べられている。「いかなる種類の紙幣証券ないし信用証券の創造、ないしは発行すること、またこれら紙幣証券ないし信用証券を法貨として認めることを目的とした法案、法令、決議、そして議会投票は、英国王の統治下にある植民地ないし米国農地においてこれを一切禁ずる。[8]」

それ以降、植民地住民たちは、英国への税の支払いを、金、銀、あるいはこれら貴金属によって根拠付けられている(ということになっている)英国銀行紙幣のいずれかによって行うよう強制された。植民地住民たちは金鉱を所有していなかったので、英国銀行家たちに借金をするより他なくなった。

初代米国財務大臣のアレクサンダー・ハミルトンは、アメリカ革命以前は、紙幣通貨がマネーサプライ総量の4分の3を占めていた、と言っている。自ら通貨を発行する力を奪われるや否や、植民地のマネーサプライは急激に縮小し、失業、飢餓、そして貧困が蔓延した。

抑圧された植民地住民たちは、ついに我慢の限界に達し、禁令を無視して再び紙幣通貨を自ら発行し始めた。『The Lost Science of Money　失われた通貨学』（未邦訳）において、スティーヴン・ザーレンガは、歴史家アレクサンダー・デル・マーが１８９５年に述べたことをこう引用している。

> 米国における紙幣通貨の普及を阻止しようと王室は積極的に動いたが、にも関わらず革命議会は信用証券の発行と流通を行った。これは王室にとってあまりにも我慢ならない屈辱的な仕打ちであり、許しがたいものであった。そのため、王室に残された道はただひとつ、こうした反乱行為を抑圧し処罰することであった。ここからわかるように、**この時代における信用証券は、無責任な金融政策の道具にすぎないという無知と偏見から生じることになる考えなどでは全くなく、むしろ革命の進行の度合いを計る上で最も現実的な水準であったのである。いや、信用証券は革命そのものであったとすら言える。**[9]

アメリカ革命へと結実することになる一連の出来事についてのこうした見解は、ピーター・クーパーの支持を得てもいる。クーパーはクーパー・ユニオン・カレッジの創立者であり、財務大臣アルバート・ギャラティンの元同僚でもある。１８８３年著作『善き政治の科学のための覚え書き』において、クーパーはこう述べている。

> フランクリンが植民地の繁栄の真の理由を英国政府に説明するや否や、政府はこの通貨を使った税の支払いを禁ずる法律を次々可決した。おかげで、人々はあまりにも不便かつ過酷な思いをする羽目になった。そのため、この法律はアメリカ革命の主原因であった。紙幣通貨の禁止は、Tea and Stamp Actよりも遥かに強く、人々の蜂起を動機付けたのである。

以上の見解は、歴史家のチャールズ・バロックの賛同も得ている。バロックは紙幣通貨に賛成していなかったので、かれの賛同は大きな意味を持つ。むしろ、かれは正貨（つまり貴金属硬貨）への回帰を支持していた。１９００年に、バロックは次のように書いている。

> 信用証券の発行を全面的に禁止した１７５１年と１７６４年の法律が本国と植民地との決裂のひとつの大きな引き金となったという点は疑いの余地がない。１７７６年に参議院において質疑応答を行ったとき、フランクリンは、植民地が議会の権限に対して不満と不敬を示している理由の一つとして、「紙幣通貨発行の禁止」がある、と念押ししている。この事実は、歴史家たちによってしばしば見落とさ

れてきた。各植民地では、ただこの問題のみによって、政治派閥の境界線が引かれてきたのである。[10]

革命の礎石

一世紀前のマサチューセッツの場合と同じように、植民地住民たちは資金源がないまま戦争状態に突入した。新たに設立された大陸会議は、俗に「大陸紙幣」と呼ばれる自家製の臨時紙幣を早速発行し始めた。大陸紙幣の大半は、独立政府の借用証明書ないし負債として発行され、後で硬貨に替えられることになっていた。大陸臨時紙幣は累計2億ドルも発行された。戦争が終わる頃になると、臨時紙幣はあまりにも値下がりしてしまい、もはや無価値も同然となってしまった。とはいえ、それでもなお、臨時紙幣は海外の人たちの驚嘆と羨望の的となった。これによって、植民地住民たちは、史上初の偉業を成し遂げたからである。つまり、かれらは「現金」通貨に一切頼ることなく、世界勢力を相手にとった戦争を行い、その資金調達を自分の手で行った。しかも、かれらはこれを、**人民に一切税を課さず**に行ったのである。戦時中、フランクリンは英国からこう書いている。「換金の元となる資金を用意せずに発行された紙切れによって決済を行うなどということがなぜできたのか、政治家の立場からみてもこれは全く不思議なことである。**私たちがこうして運営している通貨は、装置として実にすばらしい。**」トマス・ペインはこれを革命の「礎」と呼んでいる。

革命の架け橋を形成する石は、どれも私たちの尊敬の対象であることに違いない。しかし、中でもこれは礎石であり、その有用性を私たちは忘れてはならない。[11]

ところが、大陸紙幣の有用性は、本国が差し伸べた救いの手によって、人々の記憶から消し去られてしまった……

経済戦争——銀行家たちの反撃

英国側は早速経済戦争に乗り出した。19世紀にはリンカーンのグリーンバック政策に対して、また20世紀には他の幾多の通貨政策に対して、銀行家たちはこれと同じ手段をとることになる。かれらは、競争相手の通貨を攻撃し、その価値を下げたのである。1770年代、紙幣の増刷は容易であり、偽札を大量に市場に流し込んで通貨の価値を下げることが簡単にできた。後にみるように、現代においても、「空売り」として知られる通貨偽造によって上と同じ結果を生むことができる。

革命の最中、大陸紙幣は船単位で大量に輸入され、人々は印刷代さえ支払えばこれを好きなだけ手に入れることができた。トーマス・ジェファーソンの推計によると、2億ドル相当の偽札が流れ込み、マネーサプライを2倍に水増しした。歴史学者たちの見解では、この数字は控えめな見積もりである。ザーレンガは19世紀歴史学者のJ・W・シュッカーを引用してこう書いている。「敵の通貨を偽造することに狂った英国政府は、民間の犯罪組織と競争をしているように見えてしまう。」

大陸紙幣は、価値こそ落ちてしまったが、しかしそれでもなお通貨としての機能を保っていた。シュッカーは、英国の軍人が上官に宛てて書いた極秘の内部信書を引用している。「閣下の提案した実験はすべて実施しました。金を使った方法や、紙幣偽造の方法はひとつ残らず試しました。それにも関わらず、かれらの通貨は今なお機能し続けています。[12]」ついに大陸紙幣を撃破したのは、主に北西部から来た投機家たち、つまり銀行家、株式仲売人、そして事業家たちであった。かれらは、大陸紙幣は戦後その価値をすべて失うことになる、とふれ回ることによって、臨時紙幣をその本来の価値のほんの一部の値段で手放すよう人々を説得したのである。大陸紙幣は他の通貨と競争をせざるをえなかったため、投機による攻撃に対して弱かった。ちょうど、現代において国際市場に「浮いた」ままとなっている通貨がもつのと同じ弱点である。（これについては第21章と第22章にて詳しく取り上げる。） 大陸紙幣は、米国の紙幣と、また英国銀行家たちの金貨や銀貨と競争しなければならなかった。金銀は、革命政府の約束状などとは比べ物にならないほど価値が高いとされ、米国紙幣には税による後ろ盾があった。

大陸紙幣を唯一の正式な通貨とすることによって、あるいはこの問題を回避することもできたはずだ、と読者は思うかもしれない。しかし、大陸会議には、まだそのような法令を施行する権限がなかった。裁判所も警察もなく、また、紙幣を換金したり、マネーサプライを縮小する上で必要な税を徴収したりする権限も持っていなかったからである。各植民地は英国による徴税に対して反旗を翻したばかりであり、新しい議会から要請された重責を担う準備ができていなかった。[13] こうした弱点を突き、投機家たちは大陸紙幣を日に日に安値で買占め、ついに大陸紙幣を全く価値のない紙切れ同然の通貨にしてしまい、果ては「大陸紙幣の値打ちすらない」という言い回しが生まれたほどである。

第4章
政府が自分の通貨を他から借りるよう説得されるまでのいきさつ

子供の目をのぞきこんでみると、その背後にある魂が実に単純であることを知り、銀の靴が与えてくれるすばらしい力のことを知らないとわかりました。そこで邪悪な魔女はこっそり笑ってこう思いました。「力の使い方を知らないんだから、まだ奴隷にはできるわね」

——『オズの不思議な魔法使い』「邪悪な魔女をさがして」

ドロシーが銀の靴のもつ力に気づいていなかったように、新世界のリーダーたちもまた、トマス・ペインが「革命の礎石」と呼んだ政府発行紙幣通貨のもつ力を把握できずにいた。ジョージ王は暴力によって民衆を経済的に支配しようとし、これに失敗した。対して、英国銀行家たちは同じことを策略によって、つまり、自前の通貨ではなく銀行発行の紙幣通貨こそ必要なのだという点を米国民に納得させることによって成し遂げたのである。ジョン・アダムス大統領は、次のように言ったとされている。「国民を支配し隷属させる方法は二つある。一つは暴力による方法。もう一つは、負債による方法である。」二世紀後に、シェルドン・エムリーは、この考え方をさらに進めて、暴力による支配は被支配者側が反乱を起こす危険性があるのであまり良くない、と洞察した。負債による支配は、あまりにも静かに、そして着実に起こるので、被支配者側は、自分たちが新しい主人の奴隷となったのだということに気がつきすらしない。表面上は何も変わっていないようにみえるからである。ただ、国の管理を担当する人が変わっただけのように見えるからである。人々は、自分たちのためになることを信じて疑わないまま税を支払い、借金をし、こうして「年貢」が徴収される。エムリーいわく、「支配者たちはこうして「慈善家」「番人」などと呼ばれるようになる。人々は知らず知らずの内に支配されてゆき、自分たちの社会の各機能は、支配者へ富を運ぶために利用され、こうして支配が完了する。[1]」

17世紀および18世紀における植民地は、皆ひとつの目的を共有していた。本国の経済を潤す、という目的である。少なくとも、本国はこのような見方をとっていたが、しかし米国植民地住民は英国にマネーサプライが不可避的に流れてしまうような計画に絶えず反対し続けてきた。植民地内で流通する交換媒体を提供する手段としての土地銀行という発想を、英国はすでに1754年に検討していた。しかし、銀行が稼ぐ利子が王室のものとなるということを知った途端、植民地側はこれを拒否した。[2]英国銀行家たちとウォール街の手下たちは、アメリカ革命後に初めて、米国銀行の証券から規定の利息を取るという策略によって、この離れ業を成し遂げた。静かなる侵略は、独立政府と各州政府によって発行される臨時紙幣の信用をそぐところから始まった。革命が終わる頃には、このステップは無事完了していた。大量の偽造と投機によって大陸紙幣の価値は地に落ちてしまい、このため新国家のリーダーたちはこれを「資金なき紙切れ」と呼び、深い幻滅を味わうことになった。米国財務長官に就任したてのアレクサンダー・ハミルトンは、憲法評議会において、多数派の意見をこうまとめている。

価値の表象として資金なき紙切れを発行するなどということは、憲法の正式な一部であるべきではもはやなく、今後このようなことが許されてもならない。不正に満ちており、ペテンと詐欺を奨励するものだからである。[3]

建国の父たちは、紙幣通貨にあまりにも幻滅し切ってしまっていたため、これを憲法から除外してしまった。議会には、「硬貨を鋳造し、その価値を規制し」「米国名義で通貨を借りる」権限が与えられただけであった。こうして、法律に大きな穴が残ることになった。それまで、通貨の創造及び発行は政府の役割であるとされてきたが、憲法における「通貨」の定義は不十分なものであった。「硬貨の鋳造」とは、「通貨の発行」を18世紀流に言い換えただけのものだったのだろうか。そこには、紙幣通貨の発行も含まれるのだろうか。仮に含まれていなかった場合、紙幣通貨を発行する権限は一体誰にあるのだろうか。議会には通貨を「借りる」権限があるとされているが、これは金のみを指すのだろうか、それともここには紙幣も含まれるのだろうか。建前上は、銀行から政府が借りる紙幣は金銀によって「担保」されることになっていた。しかし、幻想で満ち溢れる金融界においては、ことの真相は表面よりももう少し深いところにあった……

裏口から流れ込む銀行紙幣通貨

建国の父たちが金銀を唯一の健全通貨として拝んでいる傍ら、急成長を続ける新国家の経済を支えるための資金を調達するには、貴金属に頼るだけでは不十分であった。戦争による国家負債は4200万ドルにまで膨れ上がっていたが、これを返済するために必要な量の金銀はどこにもなかった。あるいは、「法貨」として政府が太鼓判を押すことによってそれ自体「通貨」として通用する大陸臨時紙幣通貨を用いれば、戦争の資金を捻出しつつ負債の膨張を防ぐこともできたかもしれない。しかし、革命政府および州政府は、紙幣通貨の大半を、終戦後に返済されるべき約束手形という形で発行した。この紙幣は負債を表象しており、ついに負債の返済期限が来てしまったわけである。手形の持ち主は金が手元に来ることを期待していたが、約束は未だ果たされずにいた。これに加え、商業を営むに十分な量の通貨が流通していなかった。マネーサプライが硬貨に限定されてしまうと、たちまち恐慌が再発してしまった。1786年には、ダニエル・シェイズ率いる農民の反乱がマサチューセッツで勃発した。農家たちは熊手を振りかざし、これほどにまでたくさん紙幣が出回っているにも関わらず自分たちが借金をしなければならないのはおかしい、と抗議の声を上げた。紙幣が尽きると、負債や税は英国銀行家の「硬貨」を使って支払うより他なく、農家は農地を失った。反乱はほどなくして鎮圧されたが、無法状態の実現まであと一歩というところまで来たことによって、人々は頼れる政府と柔軟に拡大可能なマネーサプライとの必要性を強く感じるようになった。

ハミルトン財務長官が編み出した解決策は、国家負債を「貨幣化」し、負債そのものを通貨の源にしてしまうことであった。[4] かれは、銀行紙幣を印刷し政府国債とこれを交換する権限を国立銀行に与えるのはどうか、という提案をした。政府は、輸入税や公地の売却からくる収入によってこの負債の利息を定期的に支払えばよい、ということであった。しかし、兵士や農家、そして商人たちこそ、額に汗して国の借用証明書を得た人たちである。政府の負債を額面どおり容認してしまっては、かれらから借用証明書をその本来の価値のほんの一部の値段で買い占めた投機家を不当に報いることになってしまうという抗議の声を上げる反対派の人たちもいた。これに対してハミルトンは、投機家たちは「国家への信頼と忠誠」によってこの「棚からボタ餅」的な収入を正当に得たのだと反論した。政府が投機家の支持を得ない限り、新しい国家通貨も大陸紙幣の場合と同じような目に遭うとかれは考えたのである。1920年代に筆を執っていた歴史家のヴァーノン・パリントンはこう述べている。

> 財務長官として政策を組み立てていく中で、ハミルトンはお気に入りの原理を振りかざした。すなわち政府と資産家はできるだけ近しくなるべきだ、という原理である。革命

の最中、富豪たちが大陸紙幣を投機的な目的で著しく値下げしたというのは有名な事実である。ここからわかるように、富豪たちが己の利害の絡む事柄すべてに関心を示すのは当然である。よって、富裕層の私的な資源を政府の資産にするのは理にかなっている。そうすれば、「国家の利害を、国家に所属する裕福な個人の利害と深く関係付けることができる」からである。[5]

ハミルトンは、新しい国法銀行を裕福な投機家から守るためには、銀行の動向が投機家の利害につながるようにすればよい、と考えた。かれの案がうまくいけば、国法銀行が守られるだけでなく、同時に債権者たちが政府国債や借用証明書を新しい銀行の証券と取引できるようになるため、政府を負債の重圧から解放することもできる。ハミルトンの政治の宿敵であったジェファーソンは、銀行の所有権に直結するような利害関係を銀行と民間の富豪との間に作ってしまっては、両者の利害が同一化されすぎてしまうのではないか、と危惧した。そうなってしまえば、寡頭政治が実現してしまい、政府は労働者階級と戦争をすることになってしまう。利益に突き動かされる民間株主によって所有された銀行などというものは、公共機関によって所有され公的な管轄の下にあった場合に比べ、公的な必要性や要請に応じにくくなってしまうのではないか。公的な監視および統御の外で、民間銀行の株主たちは金融関連の決定を秘密裏に行うであろう。しかし、ハミルトンの計画には他にも戦略的な利点があったため、最終的にはこれが採用されることになる。連邦政府の負債を絶妙な手つきで処理し「富める人々」の支持を勝ち取っただけでなく、州の負債もまた新しい銀行の株と交換可能にすることによって、各州の忠誠を得ることにも成功した。もちろん、こうした動きは大きな論争を巻き起こした。しかし、各州の不安定な金融状況を安定化させることによって、ハミルトンは各州をこの計画に賛同させた。こうしてかれは、各州を分裂させて北部連合を設立しようと企む親英派の計画を阻止したのである。[6]

公共の福祉の推進——米国システム対英国システム

ハミルトンの一番のねらいは、強力な連邦政府の完成であった。かれは『ザ・フェデラリスト』の主著者であったが、この連作論文は憲法の批准に必要な票を集める上で大いに役立ち、また批准後の憲法の基礎となりもした。憲法序文には、公共の福祉の推進こそ新しい共和国の指針となるべき原理である、と書かれた。この理想を実現するために、ハミルトンは、関税(輸出入に課せられた税)や国立銀行が提供する簡易クレジット等の保護策をとることによって、外国へ移ろうとする産業を

i 原注：貨幣化とは、負債を示す証券（証券、債券、手形）から生じる政府負債を、物品やサービスの購入に使用可能な通貨に変換する行為を指す。

国内に留めようとした。生産活動もそれを支える資金も「内部」で賄い、外国の金融家から独立しようというわけである。ヘンリー・クレイ上院議員は、後にこれを「米国システム」と呼び、「自由貿易」[ii]を提唱する「英国システム」と区別した。クレイはマシュー・ケアリーの生徒であったが、後者はベンジャミン・フランクリンに師事した著名な出版者・印刷者である。クレイが「英国システム」と呼んだ制度は、トマス・ホッブス、ジョン・ロック、そしてスコットランド出身の経済学者アダム・スミスが語ったような弱肉強食の世界に根ざしていた。スミスは、1776年作品『国富論』において、各個人が自分の強欲にしたがって生きれば、あたかも「見えざる神の手」が働いたかのように、すべてが自動的にうまくいく、と述べた。米国システム支持派は、このレッセフェール的なアプローチを拒否し、代わりに、まだ建国して間もない若き国家をルールや規制によって導き守る道を選んだ。自由市場に経済を丸投げしてしまっては、小さな起業家たちはたちまち大きな独占勢力に呑み込まれ、国内の労働力と天然資源とは外国の銀行家や産業家によって搾取され、競争によって物価が下がり、英国の帝国主義的な利害に米国が絡めとられるのは必然である、とかれらは考えたのである。

英国モデルでは、ある個人の利益は必ず別の個人の損失と一体であると言われた。そこでは、競争相手を足掛けにして上へ上へとのぼり、頂上まで上り詰めた後は他の人を下に押し込めておくことが使命であるとされていた。対して、米国の「共通善」「コモン・ウェルス」の展望では、社会全体を一度に押し上げることによってすべての個人が同時に上へ行くことができる、とされた。共和国において主権を有する各州が互いの共通利益のために手を取り合って働き、生産、科学、産業、そして商業の推進によって皆が集団として進歩を遂げ、一致団結することによって皆の生活水準が上がり、技術もまた向上するであろう、というわけである。[7] これこそ、人徳と人間の可能性を信じるアメリカン・ドリームの理想主義的な像であった。「自由貿易」のために外国の土地や人を搾取する必要はなかった。『オズの魔法使い』のドロシーのように、人は自分の切実な願望を自分の裏庭でかなえることができた。以上がこの展望の本質であるが、しかし、それ以降数限りない妥協が政治を埋め尽くすうちにこれはどこかで失われてしまったのである。

ハミルトンが銀行を創設する

ハミルトンは、公共の福祉を推進するためには、外国の主人たちから独立した通貨制度が必要であると説いた。そのためには、米国に連邦中央銀行をつくる必要があった。この銀行こそ、巨額の戦争負債を処理し、標準通貨を創造するのである。ジェファーソンはいまだにハミルトンとかれの計画に対して疑念を抱いていたが、しかしジェファーソンは、南部、故郷のヴァージニアにこそ米国の首都が設けられるべきだとも考えていた。ハミルトンにとって、首都の所在地などどうでもよいことだったので、かれは銀行創設の許可と引き換えに、ジェファーソンの望みを受け入れた。

しかし、政府証券の利息の支払いのためにウィスキーに課税をしたのは、すこしやりすぎであった。ジェファーソンの支持者たちはこれに対して激しく憤った。そこで、今日でもなお頻繁に用いられるような政治的な妥協術を駆使し、ワシントン大統領は米国の首都をヴァーノン山により近いところへ移すのはどうか、と提案した。議会はハミルトンの法案を可決したが、まだ大統領の署名が済んでいなかった。ワシントンは、この法案は違憲であると考えるジェファーソンとヴァージニア市民たちの反対運動を気にかけていた。公衆は銀行を利用する他なくなるが、銀行は公衆の利益のために働く必要がない。悩む大統領に対して、ハミルトンは、紙幣を要求に応じて金銀に変換するための「準備金」として、銀行は一定率の金を常に手持ちにするよう規制されると述べ、説得を試みた。ハミルトンの弁舌が功を奏し、ワシントンは1791年にこの法案に署名をし、これを法律として制定した。

負債の重圧から国を解放し、経済を安定させ、政府の予算をしっかり支え、新ドル札への信頼を築き上げ、これによって米国の経済をどん底から救い出したすばらしい方策である。そして新しい銀行業計画はこうして絶大な支持を得た。もし議会が単に自分の紙幣通貨を自分で発行してしまっていたら、投機家たちがこの通貨の価値に疑問を投げかけ、革命のときと同じようにみるみる通貨が値下がりしたであろう。新通貨に対する公衆の信頼を維持し、通貨自体を安定させるためには、通貨が金によって担保されているという幻想が必要不可欠であった。ハミルトンの銀行は、共和国の頭を悩ませていたこの問題を見事に解決したのである。おかげで米国は無事再スタートを切ることに成功したが、他方で銀行の運営は民間人の手に委ねられることになり、私的な強欲によって操作されるリスクは残ってしまった。さらに具合の悪いことに、政府は本来自分で発行することもできた通貨——いや、憲法上ではむしろ政府が自ら発行するよう要請されている通貨——を手に入れるために負債を抱える羽目になった。

政府が自分の債券を他から借りなければならなくなるまでの経緯

新たな銀行の創設許可証は、初期資本を1000万ドルに設定した。この内800万ドルは民間のステークホルダーから、残りの200万ドルは政府から調達されることになった。しかし、政府は200万ドルという金額を手持ちにしていなかった

ii　原注：「自由貿易」という語は、国家間による、関税や貿易規定量等による制限を受けない貿易を意味する。批判の声として、先進国においては海外に仕事が「輸出」されてしまう一方、後進国においては労働者や自然環境が海外金融家によって搾取されてしまうというものがある。

ので、（今や正式な融資機関となった）銀行が利息付でこの金額を政府に融資した。もちろん、銀行の側にもこの金は存在していなかったのだが。要するに、まやかし術である。

残りの株は一般公開されたが、現金でこれを買う人もいれば、政府証券（革命政府及び各州政府が発行した借用証書）を使って購入する人もいた。政府は、銀行が持つ証券に対して年率6%の利息を支払わなければならなくなった。銀行の保有する証券には、通貨調達のために政府に資金を「融資」した際に対価として受け取ったものと、公開市場で民間人から受け取った債券とが含まれる。銀行の株主は、株の値段の4分の1を金によって支払うよう義務付けられていた。しかし、実際には最初の払込金計67万5000ドルのみが現金によって清算された。残りは銀行紙幣によって支払われたのである。紙幣の中には、ボストン銀行やニューヨーク銀行が発行したものもあったが、これは少量であり、残りのほとんどは新設米国銀行が自ら発行し、新たな株主たちへ融資したものである。これもすべて「部分準備」融資というトリックのなせる業である。

それから5年が過ぎると、政府はすでに820万ドルもの金額を銀行に負うようになった。追加の通貨が無から創造されたのはもはや言うまでもない。政府がこれを自ら刷る道もあったはずだが、代わりに政府は銀行に対して元金と利息を共に負うようになった。銀行への負債をどうにか軽減するために、政府は銀行株の売却を、主に英国金融家に向けて余儀なくされた。ザーレンガによると、ハミルトンは少なくともこの売却には反対しており、この点でかれの面目は保たれた。しかし、ほどなくして売却は完了されてしまい、史上初の米国銀行はほとんど完全に外国の人たちの所有下・支配下に置かれることとなったのである。[8]

命がけの政治闘争が行われた時代

ハミルトンは著作家、演説家、そして思想家としての名声をほしいままにしていたが、ジェファーソンの立場からするとかれは今もなお悪魔のような謀略家であり、己の政治目標を追求する英国の犬のように見えた。アメリカ合衆国史上初の国立銀行はイングランド銀行をモデルとしていたが、イングランド銀行モデルこそまさに植民地住民の反乱の対象そのものであった。後年、ジェファーソンは、銀行設立に同意するよう自分はハミルトンにまんまと言いくるめられたのだ、と言うようになる。ジェファーソンは常に、ハミルトンには英国王室との癒着があるのではないかという疑いを抱いており、かれの計画はすべて汚職にまみれているように見えて仕方がなかった。いかにも、ハミルトンは危険な裏切り者であるとワシントンに直接言いつけたほど、ジェファーソンの疑いは深かったのである。[9] かれはマディソンに向けて、ハミルトンの簿記法についてこう文句を言っている。

米国の金融状況の真相を明らかにしたいなどと思ったこと

は、私には一切ありません。理解不可能な形になるまで金融界をひたすら歪ませることこそ、ハミルトンの始めからのねらいだったのですから。[10]

ハミルトンの方はというと、かれもまた、ジェファーソンをあまり良く思っていなかった。建国の父二人の間での確執は、後の二党政治体制の誕生へとつながる。ハミルトン率いる連邦党は、中央集権化した連邦銀行制度によって資金を得る大きな中央政府を支持した。対して、ジェファーソン率いる民主共和党（略して「共和党」）は、各州及び各個人の諸権利の尊重に重きを置いた。権利章典を成立させたのはジェファーソンの党である。[11]

ハミルトンはニューヨーク市のアーロン・バーと手を組み、マンハッタン・カンパニーを創立した。これは後にチェイス・マンハッタン銀行となる。しかし、北部の州を合衆国から分裂させせようという計略の存在を知るや否や、ハミルトンはバーとボストン連邦派たちと手を切った。ハミルトンは、まずもって共和国に忠実であろうとしたからである。バー一派は英国の同志と密に連携していたが、かれらは南北戦争時に連合国派を支持することによって合衆国の分裂を目論んでいた。1800年の大統領選挙においては、パトリオティックな連邦派が皆そうしたように、ハミルトンもまた、バーに対抗してジェファーソンの側についた。1812年に戦争が終わり、敗者である英国側にボストン連邦党派がつく頃には、連邦党はもはや主要政党としての立場を失っていた。[12]

1801年、ジェファーソンはハミルトンの支持を受けつつ大統領に就任し、バーは副大統領となった。1804年にバーはニューヨーク州知事選に出馬したが、またしても主にハミルトンの反対によって落選へと追い込まれた。選挙中、ハミルトンは新聞記事の中でバーを「危険な男」と呼び、「政府の手綱をこの男に握らせてはならない」と書いた。ハミルトンがこれについて謝罪を拒否すると、バーはかれに決闘を申し込んだ。こうして、49歳という若さでハミルトンは他界することとなった。波乱に満ちた人物であることに違いはないが、それでもハミルトンの名はしかと歴史に刻まれている。かれはぐらついていた新経済に安定をもたらし、国の足場を固めた上、負債の「貨幣化」や銀行システムの「連邦化」といった革新的な概念を編み出しもした。また、かれは国の信用＝クレジットを回復させ、米国通貨を発明し、これを経済的に自立させた。さらに、「公共の福祉の推進」を掲げる米国独特のシステムを保護し発展させるためにと、数々の強力な連邦条項を憲法に盛り込んだのもハミルトンであった。ハミルトンのもたらした恩恵は以上であるが、しかしかれが負の遺産を遺したというのもまた事実である。己の築いた新しい国立銀行の銀幕の裏で、金融仲介業界の特権階級は、利息という形で恒久的な年貢を人々から掠め取り続けることができるようになった。通貨のため池の栓を手にしていたのもまたかれらであったため、自分たちに癒着のあるビジネスにいとも簡単に信用＝クレジットを供することができ、競争相手を払いのけ、「米国システム」が本来乗り越えるべき階級格差を持続させることになった。こうして、通貨の力は、一部の民間人の手にゆだねられた。言い換えると、それは主に外国人の手に渡ったのであり、さらに言うと、それは米国を寡頭金融家たちのエリート階級が支配する植民地にし続けようと目論む人たちの手にゆだねられたのである。

では、この外国人の金融家たちとは一体何者であり、かれらは一体どうやってこれほどの権力を手にしたのであろうか。答えを知るためには「暴利」の概念が生まれた時にまで、黄色いれんがの道の歴史をさらにたどっていこう……

第5章

富の母権制から負債の父権制へ

「体が溶ける！　なんてことなの！　この美しい邪悪な私が小娘に滅ぼされるなんて！」

――西の悪の魔女からドロシーに向けて

魔女を打ち倒すヒロインを素朴な少女に設定したとき、経済システムに内包されているジェンダー的な分岐点をフランク・ボームが考慮に入れていたとは考えにくい。しかし、この主題を真剣に考察した人として、ベルナルド・リエターがいる。『Mysterium Geld』（邦訳『マネー～なぜ人はおカネに魅入られるのか』堤大介訳、ダイヤモンド社）において、かれは二つの通貨案の発展過程を追っている。一つ目は富の共有に基づいた案であり、二つ目は不足と強欲、そして負債に基づいた案であった。前者は古代の母権社会を表し、後者は母権社会を力でねじ伏せた好戦的な父権社会を表している。[1]

もちろん、どの社会にも両方が半分ずつ含まれているので、ジェンダーそのものが問題となっているのではない。むしろ、これは二つの典型的世界観のせめぎ合いである。リエターが母権制・父権制と呼んだものを、ヘンリー・クレイは米国システム・英国システムと呼んだ。協働による豊かさVS競争による強欲、という対立である。とはいえ、このような分類もまた、正確さを欠いている上、英国人に対してフェアであるとも言い難い。というのも、英国を経済的に征服した人たちもまた国外から来たのであり、英国は高利貸したちの進出を数百年もの間阻止し続けることに成功していたのだから。アメリカ植民地で起用された「米国システム」は、実のところ、中世英国におけるタリー制によって先取りされていたのである。リエターはこの典型同士のせめぎ合いを、17世紀英国よりもさらに昔の西洋文明の揺りかご、古代シュメールにまでさかのぼっている。

通貨が繁殖した時代

シュメールは、現代ではイラクにあたる場所に位置しており、富と共有資産に基づく金融システムをもつ母権的農業経済を持っていた。シュメールのシケルは最古の銅貨として知られ、紀元前3200年にまでさかのぼる。そこにはイナンナ・イシュタールの模像が刻印されていたが、この神はシュメールの王権を司る豊穣と生死の神である。イナンナには牛の角が生えていたが、牛は聖なる動物であり、古代神話の至る所で「大いなる母」を具現化している。エジプトの文脈ではハトホルがこの神にあたるが、ハトホルもまた牛の耳と人間の顔を持ち合わせており、愛と豊穣、そして富の神であった。ハトホルの角は、大地の恵みが噴き出す「コルヌ・コピア」「豊穣の角」である。さらに強力なエジプトの母性像として、イシスがいるが、イシスも太陽の円盤に挟まれて牛の角を持つ神として描かれている。インドにもカーリーという牛女神が存在し、インド人は今日に至るまで牛を神聖視している。さらに、牛は初期の交換媒体でもあったので、通貨とのつながりも深い。シュメール語では「利子」と「子牛」は同一の単語で表される。牛の融資を返済する際にそこに子牛を加えるのが自然であるとされていたわけだが、これは交換媒体そのものが融資期間中に増殖したからである。同じことは穀物の場合にも当てはまる。穀物の貯蔵庫は神殿であった。成長期に融資された穀物は、共同体の富を増やした神への感謝の印として、収穫後にさらに穀粒をそこに上乗せして返済された。

神殿はまた公共施設でもあり、寡婦や孤児、お年寄りや障害者等への福祉提供の役割も果たしていた。労働者たちの食糧を調達するための土地や、作業場で使う羊毛を得るための羊等を、人々は神殿に寄贈した。神殿の経営は、徴税によってではなく、土地や作業場の貸し出しや、ローンの利息収入によって、自律的に賄われた。商業人たちに物資が融資され、かれらはそれを後で利息付で返済した。また、神殿は中央銀行の役割も果たしていた。「神々の負債」と刻印された「供儀硬貨」が、麦を寄贈した農家へ、感謝の印として支払われた。この硬貨は、さらに借金として融資されもした。ローンに対して利息が支払われると、この収入は共同体の経済や社会の福祉を支えるプログラムの資金として、あるいは返済不能となったローンの穴埋めとして使用された。[2]

紀元前2000年のインド・ヨーロッパ征服に至って初めて、通貨融資はあの悪名高い両替商たちの私的事業と化したのである。女神イナンナに代わってニップルのエンリルが王権を司るようになり、共同体の富の共有に基づく母権制は好戦的な父権制に無理矢理取って代わられることになった。角女神のコルヌ・コピアは雷神の雄牛角となり、男性的な権力、力強さ、精力、そして暴力を象徴するようになった。[3]

神殿制度では、融資をしたり、利息付でこれの返済を受けるのは共同体であった。これに代わる新たな制度の下では、負債から得られる利息は少数の個人の金庫へと吸い上げられ、両替商たちの私的な富の構築につながるようになった。こうして、かつては共同体の収入源であった利息は、貧困と隷属を人民や国家にもたらすための道具と化したのである。穀類や牛と違い、両替商が融資する金は無機物である。金は「繁殖」しないので、ローンに上乗せされる金利を支払うための金は絶えず不足していた。経費の支払いに必要な通貨が流通していなかった場合、農家は収穫期が来るまで借金をしなければならなかった。こうして、10の金貨を返済するために必要な11の金貨を皆求め、椅子取りゲームの敗者は負債者の刑務所に入れられる羽目となった。歴史をみると、奴隷制のほとんどは負債を起源として始まっている。[4]

高利貸しの禁止＝法外追放（プロスクリプティオ）

現代において「高利貸し」（Usury）とは「過剰な」利息を付けて金を貸す行為を指すが、この言葉は元々、通貨やその他の物品の使用に対して費用や利息を請求する行為一般を指していた。中世の終わりまで、高利貸し禁止法はカトリック教会によって厳重に実施されていた。他方で、ユダヤ教の教えはより寛大な解釈に基づいていた。キリスト教聖書の正典の始めの二部を構成するヘブライ聖書によると、高利貸は「仲間同士」でのみ禁止されていた。よそ者に対する利子の請求は、許可されていただけでなく奨励さえされていたのである。[i] 他の商業活動から疎外されたユダヤ人たちは、収税人や高利貸し銀行家として王に仕えた。ユダヤ人が汚名を着せられる一方、王はその恩恵に預かった。この類の商いにおけるユダヤ人憎悪は、後に反ユダヤ主義へと発展する。[5]

『通貨の支配者たち』というドキュメンタリー・ビデオにおいて、ビル・スティルとパトリック・カーマックは、イエスは両替商を神殿から追放したが、これはユダヤ人を守る目的で行われたのだ、と指摘している。半シェケル硬貨は、異教徒の帝王のイメージが刻印されておらず、かつ重さが保証された初めての銀貨であり、神への貢物としての神殿税の支払いに使用可能な唯一の硬貨であった。しかし、半シェケルは希少であり、市場が両替商によって囲い込まれていた。近代における銀行カルテルと同じように、両替商たちは交換媒体を独占し、これの使用する者に対して費用を請求していたのである。[6] 新約聖書の聖令があるにも関わらず、王が通貨の不足に悩まされることもあった。中世英国では、十字軍のせいで金が不足していた。1087年にウィリアム二世（ウィリアム・ルーファス）がフランスとビジネスを行うために金を必要としたとき、かれは利息

i　原注：申命記（新共同訳）を参照されたい。「多くの国民に貸すようになるが、借りることはないであろう。多くの国民を支配するようになるが、支配されることはないであろう」（第15章6節）、「同胞には利子を付けて貸してはならない。（中略）外国人には利子を付けて貸してもよいが、同胞には利子を付けて貸してはならない。」（第23章20-21節）。

が金で支払われること、その内の半分が王に支払われることを条件に、渋々金貸しを受け入れた。しかし、金貸したちは人民から富を吸い上げることによってあまりにも裕福になった。このため、教皇からの要請もあり、教会は金貸しに利子の受け取りを禁じた。１２９０年になると金貸したちはもはや王にとって利することがなくなり、ユダヤ人のほとんどは国外追放された。少数の利益のために迫害され、支配者たちの行為から大衆の目を逸らすためのスケープゴートとしてユダヤ人が利用されるというこのパターンは、数世紀に渡って繰り返されることになる。

単なる勘定記録としての通貨

他方で英国は、金が不足する中で何を通貨として使用すべきかという問題に悩まされていた。硬貨鋳造システムは、商品を基盤として成り立っていた。つまり、このシステムでは、「通貨」（金ないし銀）はそれ自体として価値を持っており、他の物品やサービスと物々交換されるものである、ということが前提とされていた。しかし、『失われた通貨学』において通貨の起源と歴史をたどったスティーブン・ザーレンガによると、硬貨の通貨としての使用の起源は、市場における商人たちの取引ではない。最古の硬貨は政府が発行しており、その価値は貴金属の値段ではなく、硬貨に直接刻印された金額によって決定された。ザーレンガはアリストテレスを引用してこう述べている。

> **通貨は自然に存在するものではなく、法によって存在するものである。**通貨は、異なる物品を比較可能にし、等価にするための尺度として機能する。そのため、通貨には、合意に基づいて定められた単位がなければならない。[7]

つまり、通貨は法の「勅令」（διάταγμα、フィアット）にすぎない。「フィアット」とは、ラテン語で「〜であれ」「〜をせよ」という意味を持つ。「法定不換貨幣」とは、政府の勅令によって法貨となった通貨にすぎない。つまりこれは「勘定記録」にすぎず、市場で取引可能な価値の単位の表示であり、物品やサービスの領収証、他の物品やサービスの支払いに合法的に使用可能な領収証である。

紙幣は唐において9世紀に発明され、唐の長期的な繁栄の資金源として大いに役立った。しかし、この通貨は過剰発行されてしまい、これによって価値を失ってしまった。この問題は、木製のタリー制度が採用された中世英国において解決された。英国タリー制度は、征服王ウィリアムの息子であり、１１００年に王座に就いたヘンリー一世に端を発する。印刷機はまだ発明されておらず、税は大地の実りを使って直接支払われていた。ヘンリー王の革新的な制度の下では、支払いは半分に割られ刻み目がつけられた木片によって記録された。木片の片一方は政府が、もう一方は支払い者が保管した。決済を確認するためには、両方の割符が「符号」するかを確かめればよいのである。全く同じように二つの木片が割れることはありえず、また刻み目は木片を貫くようにつけられていたので、タリーを偽造することはほぼ不可能であった。また、この方法は、通貨の過剰発行という問題も解決した。なぜなら、タリーは物品やサービスの量に相当する量しか発行されず、税の支払い時に政府に返納されたからである。タリー制度は、史上最古の簿記制度と呼ばれることもある。『記憶から記録へ―英国史1066年~1307年』において、歴史学者のM・T・クランシーはこう書いている。

タリーは、実用性がありかつ洗練された数値記録方法であった。羊皮紙よりも保管や貯蔵に適しており、製造も容易であり、かつ偽造が困難であったからである。[8]

今でこそタリーはたった数百個しか残存していないが、かつては数百万個のタリーが製造されていたとクランシーは言う。政府はタリーを、税の支払いのみならず、兵士の奉公、農家の麦、そして労働者の労働の対価としても用いた。納税の時期が来ると、財務大臣はタリーを税金として受け取った。13世紀に至ると、金融市場はタリーの売買や価値変動が可能になるほどにまで洗練された。さらに、負債の登録、罰金の記録、賃料の徴収、そしてサービスの対価の支払い領収証としても、タリーは個人や機関によって利用された。1500年代において、ヘンリー8世は税の支払い記録としてタリーの使用を義務付け、これによってタリーの位置づけを国家通貨にまで押し上げた。[9]

つまり、国民は皆タリーを所持するよう義務付けられたのである。『戦争サイクル、平和サイクル』において、リチャード・ホスキンズは、17世紀終わり頃になると1400万ポンドに相当するタリーが流通するようになった、と書いている。[10]また、ザーレンガは、スパフォードという歴史学者を引用して、当時英国の硬貨の総量は50万ポンドを超えることがなかった、と書いている。[11]ここから分かるように、タリー制度は、俗に言われるような小規模な通貨実験などではなかった。中世を通して、タリーは英国のマネーサプライの大半を占めていたと言えるのである。高利貸し銀行家の金本位銀行紙幣が定着する以前、タリー制度は五世紀もの間採用され続け、ルネッサンス開花にまで上りつめる繁栄と裕福の時代を支えたのであった。

修正主義者たちからみた中世史

近代歴史学の教科書は往々にして、中世を貧困と退行、そして経済的隷属の時代として描写し産業革命が起こって初めて人々はそこから解放されたのだ、という書き方をする。しかし、それ以前の歴史学の権威者たちは、これとはかなり異なる中世像を描いている。もちろん、黒死病をはじめ様々な災難や天罰が人々を襲ったが、しかし中世の経済は人々にそれなりの生活環境を提供できていたらしいのである。19世紀オックスフォードの歴史学者ソロルド・ロジャースによると、中世において「労働者は年14週間働きさえすれば、家族に衣食住を提供することができた。」14週間、つまり1年のたった4分の1である。残りの時間を使って、ある人は自主的に労働をし、ある人は勉強をし、またある人は魚釣りをしたであろう。あるいは、この時代にドイツ、フランス、そしてイギリスに次々と出現することになる大聖堂、主にボランティア労働によって建造された巨大な芸術作品だが、これに寄与することを選んだ人もいたであろう。余暇を大聖堂への巡礼に費やした人もいたはずである。いかにも、年当たり1000人もの巡礼者が、カンタベリーその他の聖地を巡り歩くだけの富と余暇とを有していたのである。権威ある『宗教改革の歴史』の著者であるウィリアム・コベットは、ウィンチェスター大聖堂は『救貧税がなかった時代、つまり、英国の労働者が一人残らず上質な毛糸の服に身を包み、皆が肉とパンをたらふく食べることができた時代に建造された』と書いている。通貨は発明や芸術を支えるために提供され、ミケランジェロやレンブラント、シェイクスピアやニュートンのような人たちの後ろ盾となった。[12]

ルネッサンスは、通説ではこの時代の花であるとされている。しかし、大学制度や議会代議員制、英国慣習法制、そして偉大なる文学・精神運動の基礎は、すべて13世紀までに築き上げられたものであり、その頃にはすでに教育が広く人々に行き届いていた。この時代のとある学者の洞察によると、

一般教育というものは私たちの時代になって初めて成立したのだ、と私たちは思いがちです。しかし、実のところ、中世時代の小さな街で人々が受けた教育は、教育による民度の底上げの形としてはその後今に至るまで比肩するものがないほどまでに理想的なものでした。13世紀では、史上他に例のないほど多くの職業訓練学校が設立されました。このような中世の街々は、大聖堂や公共建造物、王族や貴族の豪華絢爛な建物を建築していく中で、後世が惜しみなく賞賛を与え続けることになる芸術的な功績を残したのです。[13]

当時、一般の人々は、余暇、教育、芸術、そして経済的な保障を手にしていた。『カソリック百科辞典』によると、

ロジャースやギボンズのような経済史学者たちは、中世の最盛期——例えば、13世紀初頭から15世紀末まで——においては、現代の多くの都市でみられるような過酷で絶望的な貧困も、ある階級が準飢餓状態に陥るといったことも、一切なかった、と言い切っている。中世においては今で言うプロレタリアートに相当する階級、つまり、生活が保障されておらず、社会的な地位もなく、社会経済組織内の団体や機関の一部となることも拒まれているような人々の階級は存在しなかったのである。[14]

リチャード・ホプキンスは、中世において繁栄の時代が長く続いた理由として、高利貸し活動がなかったという事実を挙げ

ている。[15] 金貸しから金を借りる代わりに、人々は無利息のタリーを使って取引をした。金と違い、木製のタリーは不足することがなかった。また、紙幣と違い、タリーは詐術によって偽造されたり水増しされたりすることもなかった。この通貨は単なる測定単位以上のものではなく、取引された物品やサービスの勘定記録にすぎない。タリー制度は、金の希少性から生じる恐慌も、市場に出回っている物品やサービスの量を遥かに超える量の紙幣通貨を印刷することから生じるインフレーションも防いでいたのである。タリーは物品やサービスと一体となって発行されたので、需要と供給が同時に増幅し、このため物価が安定した。商業が拡大するにしたがって拡張し、税が納められると縮小するような有機的な通貨形態をタリー制度は提供していたのである。マネーサプライの均衡を保つ上で、銀行家たちが密室に集まって金利を設定したり市場を操作したりする必要もなかったのである。むしろ、タリーの量は、帳簿と同じように単純な算数によって均衡が保たれた。政府発行のタリー制度のおかげで、英国経済は17世紀半ばまで安定し繁栄し続けた。スチュアート朝に対する蜂起作戦の資金をオリバー・クロムウェルが探し始めるまでは……

第6章
王を牛耳る方法――金貸しが英国をのっとるまで

「オズはえらい魔法使いなので、どんな姿にでもなれるんだよ。でも本当のオズが、その本来の姿のときに何物なのかは、生きている人で知る者はないんだ」
――『オズの不思議な魔法使い』「門の守護兵」

人形と人形使いというイメージは、金融権力が政府を牛耳るさまを捉えるための比喩として広く用いられている。1868年から1880年まで英国の総理大臣を務めたベンジャミン・ディズレーリは、「世界の覇権は、舞台裏を知らない人たちが考えるような者とは全く異なる人物らの手中にある」と言った。また、1820年以降イングランド銀行を指揮したネイサン・ロスチャイルドはこう宣言したといわれている。

この「太陽の沈まない帝国」の玉座に置かれる人形が誰であるかなど、私にとってはどうでもよいことだ。**英国のマネーサプライをコントロールする者こそ大英帝国の真の支配者であり、英国マネーサプライをコントロールしているのはこの私なのだから。**

ドキュメンタリー映像『通貨の支配者たち』の作者の一人であるパトリック・カーマックは、18世紀において英国のスチュアート朝からドイツのハノーヴァー朝への権力の移行を描写するにあたって、人形の比喩を用いている。

英国は一国の主人を入れ替えた―不人気なジェームズ二世と引き換えに、王位簒奪者であるウィリアム三世という人形を裏で操る両替商の秘密結社が登壇した。両替商と英国貴族階級とのこの象徴的な関係は、今日に至るまで維持されている。王には実体的な権力が一切なく、市の支配者である両替商にとって都合の良い盾となるだけである。ロンドンの『ニュー・ブリタン』誌は、1934年6月20日号において、デビッド・ロイド・ジョージ元総理大臣の強烈な主張の言葉を引いてこう書いている――**英国はもはや国際金融連合の奴隷だ、と。**[1]

では、国際金融家たちは一体どこから現れ、どのようにしてこれほどにまで強大な権力を手にすることができたのだろうか。金貸したちは、英国のみならず、他のヨーロッパ各国からも追放された。かれらはオランダに再結集し、復権を目論んでいたが、英国の王や女王たちがそれをしっかりと防ぎ続けた。王には通貨を自ら発行する主権があったので、お金を借りる必要がなかったのである。1500年代に、わずかな期間ではあるが、カトリック教会から離脱したヘンリー八世が高利貸に関する法律を緩めたこともあった。しかし、これもメアリ女王が王座に就いた途端に再び厳重になった。その結果マネーサプライがひどく縮小してしまったが、エリザベス一世（メアリーの異母姉妹）は高利貸したちの罠を避けることにこだわったのである。この問題を解決するために、エリザベスは国庫が発行する金属の硬貨によってマネーサプライを補った。[2]

硬貨は金属製でこそあったが、その価値は国王の印章からきていた。この慣習は、1600年にエリザベス女王がアイルランドにおいて価値のない卑金属製の硬貨を法貨として発行したことを根拠として、法的に確立された。このとき、他のすべての硬貨は造幣局へと返還されなければならなかった。国内の最高裁において異議申し立てが行われると、最高裁は、領土内における通貨発行は国王の独占的な特権であるという判決を下した。国王が通貨と決めたものだけが通貨であり、**国王以外の人が通貨を発行することは反逆行為であったのである。**ザーレンガの『失われた通貨学』によると、この判決は商人階級や金細工師、そして後の英国東インド会社らから強い反発を生み、かれらはこれを何とか覆そうと絶え間なく抵抗を続けたのである。アレクサンダー・デル・マーは、1895年にこう書いている。

こうした抵抗は、国王の主権を無化し、1666年に自由造幣法を成立させることによって実行された。これによって、海外から来た一派が新しい君主を確立させ、通貨発行の特権も限られた一部の金融家たちの手にゆだねられることになった。後者は選挙によって選ばれたわけでも、一般社会を代表しているわけでもなく、その内の個人の多くは英国出身ですらなかったのである。[3]

英国は政府発行の通貨（タリーと硬貨）のおかげで繁栄し続けていたが、それも17世紀半ばにクロムウェル率いる反乱が君主の権威を失効させるまでのことであった。中産階級（商人や製造業者、そして小規模農家たち）は、ピューリタンなプロテスタントであるクロムウェルの下で議会の側についた。一方、貴族や紳士階級は王の側についた。チャールズ一世はジェームズ一世の息子であるが、後者は英国国教会、つまりヘンリー八世によって創設された聖公会の一員であった。ヘンリー八世は、表向きにはカトリック教会と離別していたものの、実人生においてはカトリックの教えを支持し、プロテスタント教会に対して強く反発した。後者はカトリックと比べて高利貸しやこれを行うオランダ人の金貸したちに対してはるかに寛容であったからである。金貸したちは、議会をバックアップするための資金提供に賛同したが、それと引き換えにかれらは英国に戻る権利とローンの保証とを条件として突きつけた。これはつまり、チャールズ王の永久退位を意味していた。なぜなら、復位しようものならチャールズ王はローンを即座に無効化し否認したと思われたからである。ローンの保証を確固たるものにする目的で、チャールズ王は当然のごとく逮捕され、裁判にかけられ、処刑された。[4]

クロムウェルの死後、チャールズ王の息子であるチャールズ二世は、英国帰国の招待を受けた。しかし、議会はチャールズ二世に、王家がかつて有していたようなマネーサプライ操縦の権利を与えるつもりはなかった。王が軍隊を必要としたとき、議会はこれのための資金創出を頑なに拒み、その結果王は英国の金細工師たちから暴利で借金をするよう強制された。王室の通貨特権にとどめを刺したのは、1666年の自由造幣法である。この法によると、造幣局に金や銀を持っていきさえすれば、誰でもこれに国王の印章を押してもらいこれを硬貨に替えてもらうことができた。こうして、数世紀にも渡って王家が独占していた通貨発行権は、民間人の手に渡ることになった。銀行家たちは、金貨の追加発行や差し止めによって、インフレーションや恐慌を思うがままに引き起こすための道具を手に入れたのである。[5]

民営の中央銀行を設立し、これに通貨発行権と通貨を政府に融資する権限を与えるなどという考えには、英国の王や女王は満場一致で反対したはずである。王家は自ら通貨を発行することができたので、そもそもローンを必要としなかったからである。しかしながら、ジェームズ二世の後継者であるウィリアム三世は、オランダ人であるだけでなく、アムステルダムの強力なウィッセル銀行の手先でもあったのだ……

オランダ育ちの王が外国の金貸したちを代表してイングランド銀行を設立する

のちにウィリアム三世となる男は、オランダ人の貴族として登場した。かれはオランダ軍大将に昇格し、オランダの金貸したちの支援を受けつつオレンジ公ウィリアム王子となった。ヨークのメアリー王女との縁組が行われたが、彼女は1685年から1688年まで英国のジェームズ二世として君臨した英国人ヨーク公の長女であった。ジェームズはその後退位し、ウィリアムとメアリーは1689年に共同統治者となった。

ほどなくして、ウィリアムはフランスのルイ十四世と戦争を始めた。この戦争の資金を調達するために、かれは匿名の金貸したちから120万ポンド相当の金を借りた。このとき用いられた画期的な手法は、現代においてもなお、各国政府が採用している。すなわち、貸し手が無期限融資を行い借り手は元金を返済せずに利息のみを支払い続ける、という手法である。[6] こうしたローンには、さらに以下の条件が上乗せされていた。

(1) 貸し手にはイングランド銀行設立の許可状が交付される。イングランド銀行は、国の通貨として有効な銀行紙幣を発行することができる。

(2) 銀行は、全体のほんの一部を硬貨で担保しさえすれば、銀行紙幣を無から思うがままに発行することができる。

(3) こうして発行され、政府に融資される銀行紙幣は、主に政府の借用証書を基礎とするが、後者は民間団体を対象としたローンを追加で作り出すための「準備金」として機能する。

(4) 政府は年率8%を利息として支払う。国家債務はこうして誕生した。

(5) 貸し手は、国家債務の返済を確実にするために、国民から直接税を集めることが許される。イングランド銀行に支払うべき利息を賄うためにと、多種多様な商品に対してただちに税が課せられた。[7]

イングランド銀行は「中央銀行の母」と呼ばれることもある。この銀行は、ウィリアム・パターソンという、アムステルダムから来たスコットランド人によって、1694年に設立された。[8] 銀行の初回公募株の買い手を募る目的で配布されたチラシには、次のような記載がある。「銀行側には、銀行が無から発行した通貨すべてに付く利息収入という強みがある。[9]」追加のローンをめぐって交渉が行われた結果、英国の国家債務は1694年の120万ポンドから1698年の1600万ポンドにまで膨れ上がった。1815年に至ると、債務は8850万ポンドにまで及んだが、これは複利が祟った結果である。貸し手は法外な利益を得ただけでなく、債権者として政治的にも大きな影響力を持つことができた。

イングランド銀行の憲章は、民間会社に国の通貨をコントロールする力を与える「部分準備」銀行制に法的な効力を与えている。つまり、紙幣通貨を無から発行し、これを政府に利息付で融資する合法的な権限をイングランド銀行は得たのである。これは、元金と利息の返済を約束する国家債券を紙幣と交換することによって成立したもので、米国連邦準備銀行をはじめ世界各国の銀行が今もなお採用しているからくりである。

タリー制度が魔女の道を歩み始める

1690年代にイングランド銀行が銀行紙幣を発行し始めて以来、政府もまた将来的な税収を基盤とした紙製のタリーを発行し始めた。その柔軟性のおかげで、紙製タリーは民間銀行紙幣通貨と競争することができた。その後一世紀にわたって、銀行紙幣とタリーとは等価で流通することになった。しかし、両者は交換手段として両立することができない。銀行主導の紙幣通貨は、クレジットが拡張すると増大し、ローンが取り消されたり「コール」（完済）されたりすると減少し、「タイト（緊縮）」通貨および恐慌と、「イージー（緩慢）」通貨およびインフレーションとのサイクルを作り出した。にもかかわらず、銀行紙幣は政府のタリーと比べて信頼性の高い通貨であるかのようにみえた。金による「担保」があるため、というのがその理由である。少なくとも、顧客が皆一度に不安に駆られて金を要求するまでは信頼性を維持できるが、一度これが起きてしまえば取り付け騒ぎとなってしまい、銀行はこれに対応するに十分な金を持っていないので、倒産に追い込まれる。他方で、政府のタリーは一定の価値を保つ安定した通貨であった。銀行主導の紙幣通貨を見劣りさせるこのタリーは、当然のごとく銀行家たちの攻撃を受けることになった。

　タリーが攻撃された理由はもう一つある。ウィリアム王の王権が論争にかけられたが、かれを支持するオランダ人金貸したちは、カトリック派が再び権力を握り金貸しを禁止してしまえば国外追放をされてしまう立場にあった。この事態を防ぐために、金貸したちは当時手にしたばかりの新しい影響力を行使し、タリーを値下げする一方で自分たちの銀行紙幣を国の法貨に設定したのである。タリーは「資金なき」負債であるとされた一方、イングランド銀行の紙幣は「資金つき」負債であるという婉曲法で表現された。近代経済史家たちは、この変化を「金融革命」と呼んでいる。ハーバード大学が２００２年に出版した学術論文によると、「タリーや政府手形は、年間税収を視野に入れつつ貸主向けに発行されたが、これはある特定の歳入源に支えられているわけではなかった。「資金なき」と呼ばれた理由はここにある。」対して、「資金つき」負債とは、「議会が利息の支払いのためにある特定の歳入を脇に置き、これによって政府に対する信頼を高めることができるものを指す。」

　しかし、ここには見落としがある。17世紀半ばに至るまで、タリーはそもそも負債ではなかったので、税による資金調達を必要としていなかった。タリーはむしろ物品やサービスの領収証であり、所持者はこれを税の支払いに使うことができたのである。税の支払い手段として許されたり義務付けられたりすることによってこそ、タリーは通貨として安定した価値を維持し続けた。クロムウェルの革命以前、王はそもそも借金をする必要がなかった。費用を清算するためには、ただ思うがままに硬貨やタリーを発行すればよかったからである。上記のハーヴァード学者たちは、１６９３年には政府債務は１００％「資金なき」（つまり、政府発行のタリーによって支払われた）ものであると述べている。「１７２０年代に至っては、政府負債の90％以上が長期的かつ資金つきであった。端的に言って、これこそ金融革命である。[10]」要するに、「金融革命」によって、通貨発行権は政府から民間銀行家へと渡ったのである。

　最終的に、タリーは魔女たちと同じ末路をたどった――火あぶりである。中世の「魔女」たちは、天然の薬草や飲み薬を駆使する村治療師であり、男性主導の医療や教会と競争関係にあった。天然の薬草による医療や「オカルト」宗教を実践していたという理由で魔女と呼ばれ処刑された女性の人数は、4万人から900万人まで様々な推測がされている。[11] 同じように、タリーもまた、人民の通貨として、高利貸し銀行家たちの通貨と競争をした。幾つかの通貨改革案が成立した後、タリーは1834年に貴族院の竈で焚かれた巨大な炎に焼き尽くされた。皮肉にも、この炎はすぐに収拾困難になり、ウェストミンスターの城と国会議事堂とを全焼させた。政府から大銀行へと権力が移ることによって、公正な商業の時代が終わったわけだが、上述の出来事はその幕引きとしてふさわしい。[12]

ジョン・ローが国家紙幣マネーサプライを提案する

銀行家創案の民間発行通貨計画が人々の賛同を勝ち得た背景には、ジョン・ローというスコットランド人の金細工師の功績があるとされているが、かれは「金融の父」と称される。1705年に出版された商業、通貨、そして銀行業に関する冊子集の中で、中世の錬金術師たちが卑金属を金に変えるために使ったとされている神話的な道具を参照しつつ、ローは、自分はついに「賢者の石」を発見したのだと主張している。ローいわく、紙幣通貨という錬金術のおかげで、人はついに紙を金に変えることができるようになったのである。かれは国家紙幣マネーサプライの創設を提唱したが、これは「正貨」(金貨ないし銀貨という形をとる硬貨)と交換可能で、かつ正式に通貨として認められた銀行紙幣のみによって構成される。硬貨と異なり、紙幣は製造が安価であり、かつ際限なく増量することができた。公衆の信頼を勝ち取るために、ローは、紙幣を清算したいと言う少数派が実際に交換をすることができるようにと一定率の金を常に準備しておくべきだ、と提案した。正貨は、そのおよそ10倍の価値の紙幣を支えることができる、という点は、金細工師たちが試行錯誤の末にすでに明らかにしていた。よって、例えば10ドルを手持ちにしている銀行は、紙幣通貨で100ドルまでを安全に融資することができた。[13] これこそ、シカゴ連邦準備銀行が「金細工師たちの秘密」と呼んだ点である。銀行は実際に手持ちにしている通貨の10倍までの量を融資することができる、なぜなら、自分のお金は安全に保管されているものだと信じている一般大衆は、紙幣通貨の10%以上を同時に換金することがないからである、というわけである(第2章参照)。

ローは、イングランド銀行をモデルとして、スコットランド国立銀行を創設しようと目論んでいた。しかし、イングランド銀行の憲章主であるウィリアム・パターソンは、この計画をスコットランドの国会で阻止した。これを受けて、ローはフランスへ移住した。かれが国を出た理由はもう一つある。破天荒な人物として悪名高かったローは、ある女性をめぐる決闘に勝利し、英国で殺人罪に問われていたのである。フランスに到着すると、ローは早速自分の銀行業理論を実践する機会に恵まれた。1716年にフランス人たちはかれを「総合銀行」の総裁に抜握したのである。イングランド銀行と同様、これもまた政府によって創設された民間銀行であり、その主な役割は紙幣という形で通貨を発行することであった。

ローが最も悪名高いネズミ講[i]を実行に移したのは、まさにフランスにおいてであった。「ミシシッピ・バブル」は、フレンチ・ルイジアナにおける商業の独占権を握っていた会社の株を、相当な量のフランス政府債務と交換することによって成り立っていた。かかる会社の株はそのほとんどがクレジットによって購入された。この取引が「バブル」と呼ばれた理由はここにある。1719年に500仏ルーブルであった株価は、爆発的な投機ラッシュによって1720年には一気に1万仏ルーブルにまで膨れ上がった。そして、1721年9月には再び500仏ルーブルにまでとんぼ返りした。狂気に終わりが来ると、あとに残された投資家たちは皆破産し、ローは再び逃亡せざるを得なくなった。

ミシシッピ・バブルがこれほど短期であった背景には、清算を求める投資家が増え、準備されていた資金を超える金額が請求されたことによって、これが詐欺であったことが明るみに出た、という事情がある。対して、ローのもうひとつのネズミ講は、より長期間持続し、人々の監視の目をかいくぐることになる。民間銀行家たちによって紙幣通貨に変換され「貨幣化」された政府負債から国家のマネーサプライを創造するという「賢者の石」である。**中央銀行は元金の返済を要求したことがなく、これによって人々はこの詐術を見落とし続けてきたのである。**仮に銀行家たちが借金の完済を要求すれば、政府は増税をせざるを得ず、人々は魔法使いの袖の下で起きていることに気が付いてしまう。よって、狡猾な銀行家たちは負債の返済を先延ばしにする一方、当たりを出し続けるスロット・マシーンのごとく大儲けを（今もなお）生む投資によって、利息を毎年懐におさめ続けてきた。

このからくりは、現代において「中央銀行制」とよばれるシステムの基盤となり、今日もなお実践されている。民間中央銀行が国家の第一銀行として創設・憲章され、国家政府に融資をする。中央銀行が本来所持すべき紙幣（印刷された紙幣通貨）を政府に融資し、政府はこれを国債（返済の約束状）と交換し、前者を国家の通貨として流通させる。政府の負債は完済されることがなく、毎年先延ばしにされ、国家のマネーサプライの基礎を形成するようになる。

20世紀に至るまで、諸銀行は金細工師たちのモデルに従い、文字通り自分の準備金を元に自分の紙幣ストックを発行してきた。後者はさらに、「部分準備制度」に従って何倍にも増刷された。紙幣には各銀行の名前が印刷され、これは一般市民や政府へ融資された。今でこそ、紙幣の印刷は連邦政府が担当しているが、諸外国のほとんどは未だに中央銀行の独断に紙幣の発行を任せきっている。米国では連邦準備銀行の要請に基づいて米国財務省印刷局がこれを担当しているが、連邦準備銀行はこれを印刷代を支払うことによって「購入」し、その後こうした紙幣を「連邦準備紙幣」と命名する。[14]しかし、現代においてはこの紙幣を換金するために必要な「準備」金は存在しない。ディズニーランドのホーンテッド・ハウスに出てくる幽霊が幻覚であるように、ドルもまたホログラムのフラクタル、存在しない何かに対する負債の映しにすぎないのである。

タリーの遺産

タリーはほどなくして帳簿から抹消され、忘却の彼方に葬られたが、それでもなお、近代の金融制度に遺産を残すこととなった。金融証券を意味する言葉「株」は、中世英語でタリー棒を意味する語から来ている。イングランド銀行の株のほとんどは、元々タリー棒によって購入された。株の持ち主は「株主」と呼ばれ、「銀行株」の持ち主であるとされた。最初期の株主の中には、2万5000ポンド相当という、当時としては莫大な金額を表す棒を使って株を購入した者もいた。後に世界で最も裕福かつ強力な企業となるこの組織の株は、木の棒によって売買されたのである！　都市伝説によると、ウォール街の立地としてニューヨークの金融区が選ばれた理由は、当時急成長を遂げていた米国株式市場にタリー棒を供給するに十分なほど巨大な栗の木がそこにあったからだ、と言われている。

株式発行という慣習は中世に発達したが、これは元々、高利貸しや利息付ローンが禁止されていたときに企業に資金提供を行うための方法であった。中世ヨーロッパにおいては、都市や地方の自治体の運営する諸銀行が、金融ベンチャーを支える目的で株式の一部を発行した。このような自治体銀行は大規模かつ強力、そして効率的な営みであり、金貸し達がひきいる民間高利貸し銀行を全力で撃退し続けた。フランスの革命政府がフランス革命（1789年～1799年）の資金調達のために国際銀行団から借金をせざるを得なくなり、政府が大きな負債を抱えることになって初めて、高利貸し銀行側がヨーロッパで勝利することになったのである。

米国では、二世紀に及ぶ権力闘争の末、連邦準備法が1913年に民間銀行の独占権を確立することになった。今日に至っては、米国銀行制度はもはや話題にのぼることがほとんどなくなっている。しかし、19世紀においては、米国銀行の是非を巡る攻防はそのまま米国政治のあり方を決定した。こうして私たちは、ジェファーソンと外国人たちの介入に対してかれが抱いていた不信感とに再び戻ることになる。

i　原注：「ネズミ講」（英語では「ポンジ・スキーム」）とは、後の投資家のお金が前の投資家への支払いに当てられるピラミッド商法のことである。気さくなポストン元受刑者であるチャールズ・ポンジは、満期の国際返信切手券から400％のリターンを得ることを約束するという触れ込みで、1920年代に600万ドルを投資家たちからだまし取った。一定の期間中は、ポンジは後の投資家のお金を使って前の投資家に支払いを行っていたが、その内支払いを行わずに一方的に集金だけをするようになった。この商法に対して、ポンジは懲役10年という刑罰を受けた。

第7章
ポピー畑で居眠りをする議会、警鐘を鳴らすジェファーソンとジャクソン

かかしとブリキの木こりは、肉でできていなかったので、花の香りに悩むこともありませんでした。「走って、この恐ろしい花畑から急いで出よう。少女は運べるけれど、君が眠ってしまったら、運ぶには大きすぎる」とかかしはライオンに言いました。

――『オズの不思議な魔法使い』「おそるべきケシ畑」

英国を占領した外国人金貸したちは、今度は米国に同じわなを仕掛けた。手口も同じであった。つまり、何度も戦争を起こそうと挑発行為をとったのである。英国金融家たちは、アメリカ独立戦争や1812年戦争においては反対勢力側に、また南北戦争においては両軍に資金を提供した。どの場合においても、戦争はインフレーションを引き起こし、政府を借金地獄に陥れ、負債を解消するためという名目で民営の米国ないし国立銀行の創設へとつながり、果ては通貨発行権を民間主体に手渡した。

他方で、少数ではあったが、銀行の創設に反対をする意識の高いリーダーもいた。

第一合衆国銀行への反対運動は第三代大統領のトーマス・ジェファーソンによって、第二合衆国銀行への反対運動は第七代大統領アンドリュー・ジャクソンによって、それぞれ先導された。二人のリーダーの間にはこれといった共通点はなかった。

ジェファーソンが土地所有紳士階級であったのに対して、ジャクソンは「荒馬大統領」の異名を持っていたが、二人は国家通貨の民営化に対する深い疑念を共有していた。二人とも外国人の手に国の銀行業制度が委ねられてしまったのではないかという強い懸念を抱いていた、という点は特筆に価する。

議会が1811年に第一合衆国銀行の憲章の更新を否決した背景には、ジェファーソンの影響があった。ジェファーソンの疑念の正しさは、銀行が破産した際に証明された。銀行の2万5000株の内、1万8000株は外国人のもの、それもほぼ英国人かオランダ人のものであった。アメリカ革命は外国人による占領支配を退ける目的で行われた闘争であったが、占領者たちは民営銀行制度によって再び国に忍び込んできたわけである。ケンタッキーのデシャ議員は、衆議院でこう宣言した——「海外資産の蓄積は市民から自由を奪う原動力である。ジョージ三世が主な株主であることは容易に想像できる。[1]」

後に議会が銀行の憲章を更新したとき、アンドリュー・ジャクソンはこれを拒否した。かれもまた、銀行の株主の大半が外国人であることに対して懸念を示した。拒否法案の中で、ジャクソンはこう述べている。

> その本質からして国のために尽くすかどうか疑わしい銀行に、我々の自由と自立を委ねてしまってもよいものでしょうか。外国勢力のしもべたちがコントロールしきっている銀行がどのような方針で動くのかは目に見えています。我々の通貨をコントロールし、公益を懐に収め、幾千の市民を依存させることになるという点では、**この銀行は敵国の軍事力よりも一層厄介で危険であると思います。**

では、銀行を掌握していた「外国勢力のしもべたち」とは一体誰のことであろうか。1936年の著書『米国の富の歴史』において、ガスターヴァス・マイアーズは英国の銀行業の王朝であるロスチャイルド家に焦点を当てた。マイアーズはこう書いている。

> ロスチャイルド家は、米国金融法に対して、水面下で長年にわたって強い影響を及ぼしてきた。法の記録によると、かれらは米国のかつての銀行の権威者であった。[2]

王（の銀行）の帰還

ドイツのハノーヴァーの王たちと同じように、ロスチャイルド銀行帝国もまた、英国に長く拠点を置いていたという意味でブリティッシュであったにすぎない。かれらはむしろドイツに根ざしていた。マイアー・アムシェル・バウアーという金貸しが18世紀半ばにフランクフルトでアムシェル・ロスチャイルドに改名し、10人の子孫の父となったとき、ロスチャイルド家が誕生したのである。かれは息子たちの内5人をヨーロッパの各首都に送り出し、一家の銀行業ビジネスの支社を設立させた。

中でも一番利口なネイサンはロンドンに行き、N・M・ロスチャイルド社という家族支社を開業した。ネイサンの兄弟はN・M・ロスチャイルドの支所をパリ、ウィーン、ベルリン、そしてナポリでそれぞれ運営した。

一家の富が急増したのは、1815年にネイサンが史上初のインサイダー取引を成功させたときであった。かれは、ウォータールーの戦いにおいてウェリントン公爵がナポレオンに敗れた、と英国投資家たちに信じ込ませたのである。これにより、英国政府国債はものの数時間で大暴落した。ガセ情報を流したネイサンは、このとき速やかに政府国債を買占め、英国の債権の大半をポンド当たりたった数セントで手にした。19世紀を通して、N・M・ロスチャイルドは世界最大の銀行にまで成長し、5人の兄弟はヨーロッパの海外ローンビジネスの大半をコントロールすることになる。アムシェル・ロスチャイルドは1790年にこう豪語したと言われている。「国の通貨を発行しコントロールすることができさえすれば、後は誰がどんな法律を成立させても私は構わない。[3]」

1811年、米国議会が第一合衆国銀行の憲章の更新を拒否したとき、ネイサン・ロスチャイルドはすでに英国でかなりの政治的影響力を持っており、米国政府をはじめ幾つかの州に融資をしてもいた。一説によると、かれは次のように脅しをかけたと言われている。「憲章の更新を認めろ、さもなくば米国は最悪の戦争状態に突入することになるだろう。[4]」なるほど、憲章が否認されると、米国はたしかに英国と再び戦争をすることになった。いわゆる1812年戦争である。

戦争は、インフレーションと莫大な政府負債とを再び生み出した。これに加え、税をこれ以上徴収することが難しくなった、という理由により、第二合衆国銀行が民間国立銀行として創設された。こうして、20年憲章が1816年にジェームズ・マディソン大統領によって署名された。この憲章は、第二銀行とその支店に、国の通貨を銀行紙幣という形で発行する権限を与え、国のマネーサプライを発行する力はまたしても民間部門に移ることになった。

ジェファーソンが政府発行の国家紙幣通貨の必要性に遅ればせながら気がつく

憲法草案がまとめられた頃、ジェファーソンはフランス革命までの波乱の数年間、米国の駐仏公使として務めており、このため国外にいた。しかし、仮に憲法執筆の場に居合わせていたとしても、かれは憲法から紙幣通貨を削除せよという多数派の意見に従ったはずである。米国負債が一気に拡大する様子を目の当たりにするや否や、ジェファーソンは1798年にジョン・テイラーに向けてこう書いた。「できれば、憲法を一箇所だけ修正し、通貨を借りる権限を連邦政府から剥奪したい。**私はここで、紙幣通貨を含むあらゆる通貨を法貨とする権力を政府から取り上げる。**[5]」

紙幣通貨がことの元凶なのではない、ということにジェファーソンが気づくのは、それから数十年後のことであった。悪いのはむしろ、紙幣通貨の仮面をかぶった民間負債、「通貨を持つふりをしている」銀行家たちに負う民間負債であった。ジェファーソンは、ギャラティン財務長官に向けて1815年にこう書いている。

財務省は、国を信頼することができず、代わりに無鉄砲で無一文な冒険者、通貨を持つふりをしている銀行家たちに首を差し出した——**その気になればいつでも一蹴することができた銀行家たちに、である。**

さらにジェファーソンは、ジョン・テイラーに向けて、1816年5月28日にこう書いている。

銀行団は常備軍隊よりも危険である、というあなたの見解に、私は心から同意します。いかにも、未来の世代が返済するから、資金調達という名目でどんどんお金を使ってよい、という考え方は、私には将来世代に対する大規模な詐欺であるように思えてなりません。

ジェファーソンは1813年にジョン・エッペスにむけてこう書いた。「**なるほど、私たちは愚かにも民間の個人に、私たちの交換媒体という領域をまんまと占領されてしまいましたが、しかしこれを奪還することはまだ可能です。各州が、紙幣通貨発行の権限を恒久的に連邦議会に委ねればよいのです。**」エッペス宛にジェファーソンはさらにこう続けた。「国は今後も、必要に応じて、流通限度内で紙幣通貨を発行してよい。現時点では、流通限度はおよそ2億ドルであるというのが通説となっている。[6]」

また、1803年にギャラティンに向けた手紙で、ジェファーソンは民営国立銀行についてこう述べている。「この機関は、憲法の精神の敵の中でも最悪のものです。仮にいくつかの緊急事態が同時に発生した場合、この銀行のような機関は政府を完全に転覆することすらありえるからです。」かれは続けてこう質問した。「そろそろ私たちは、**自分で発行した通貨を使って自分たちの銀行をつくり始めるべきではないでしょうか。**」

憲法は連邦議会に「硬貨を鋳造する権限」を与えたのみであったが、ジェファーソンはこれを修正することは可能であると論じた。かれは1816年にサミュエル・カーチェバルに向けてこう書いている。

憲法を信心深く崇敬し、聖櫃のように触れがたいものとして扱う人たちもいます。かれらは故人を人間離れした賢者のように敬い、故人たちの決めたことはもはや修正の余地がないものだという立場をとります。しかし、法律や機関は、人間の精神の進歩に適応すべきものです。精神が発展し、啓蒙が進み、新しいものごとが発見されてゆけば、当然諸機関も時代の歩調にあわせて前進すべきです。野蛮な祖先を規範とした文明社会をこれからも未来永劫維持しようなどという考えは、子供時代のお気に入りのコートを大人になってからも着続けろと言うのと同じことです。[7]

第二合衆国銀行を巡る議会審議の際、ジョン・カルフーン上院議員は、ジェファーソンの案を受け継ぎつつ、本当の意味の「国立」銀行の設立計画を提示した。政府が完全に保有する国立銀行ならば、民間銀行から借金をせずに直接国家のクレジットを発行することができる。この計画は後にヘンリー・クレイ上院議員が支持したが、その後エイブラハム・リンカーンが南北戦争を口実に通貨発行を直接することを議会に許可するまでには数十年という期間を要した。結局、1816年に創設された第二合衆国銀行は80％が民間所有となった。[8]

ジャクソンとハイドラの対決

アンドリュー・ジャクソンは1812年戦争の英雄であり、国民的な人気を誇るリーダーであった。かれこそ、ホワイトハウスにまで上り詰めた史上初の「文盲なかかし」であり、巨匠エイブラハム・リンカーン（かれはまさににかかしのような見た目をしていた）はかれの跡を継いだのである。ジャクソンは1833年にハーヴァード大学から名誉学号を得たが、これも「文法的に正しい文を一行も書くことができず、自分の名前を綴ることすらもままならない野蛮人」とかれを罵倒するハーヴァード卒業生ジョン・クィンシー・アダムズの反対を押し切ってのことであった。あるいは、アダムズの言うことにも一理あったかもしれない。それでも、「オールド・ヒッコリー」は民主的な多数派の意思を心から信頼しており、一般大衆に向けて、かれらが理解できる言葉で語り続けた。

連邦党が与党争いから脱却した後、しばらくの間は民主共和党が政局を独占しつづけた。1824年には、連邦共和党から各州より4名の大統領候補者が立候補した。アンドリュー・ジャクソン、ジョン・クィンシー・アダムズ、ウィリアム・クロウフォード、そしてヘンリー・クレイである。一般投票はジャクソンの圧勝に終わったが、選挙区投票で敗れたため大統領になることはできず、勝負は下院に持ち越されクレイがアダムズを全面的に支持したために、結果はアダムズの勝利に終わった。しかし、一般国民の心はジャクソンの側にあり続け、1828年にジャクソンはアダムズに大差をつけて勝利した。

ジャクソンは大統領と連合の力を強めることこそが善につながると信じていた。また、銀行問題に関しても、ジャクソンは銀行家たちに果敢に立ち向かった。既存の銀行は上流階級を優遇しつつ、その対価を労働者たちに払わせている、とかれは見ていた。かれは1829年にこう警告している。

政府を支配しようという既存銀行の試みは、アメリカ国民を待ち受ける運命の予兆にすぎません。このような機関を維持したり、あるいは似たような機関を設立するのは良いことであるという幻想に国民が陥った場合の話ですが。

議会が紙幣通貨発行の権利を有するか否かは不明瞭である、とジャクソンは述べた。しかし、「もし仮に議会が紙幣通貨発行権を合憲的に持っているならば、それは個人や企業に手渡すためでなく、自ら発行した通貨を自分で使うためにこそ託された権利であるはずだ」ともかれは言っている。米国の銀行についてのジャクソンの不吉な予言は、金融災害、恐慌、破産、そして失業の連鎖によって現実化することとなる。しかし、第二米国銀行は第二代総裁ニコラス・ビデル[i]の元で再び繁栄し始めた。ビデルは1832年に憲章の更新を要請する署名を議会に提出している。当時再選に臨んでいたジャクソンは、この一手に対して自分の立場をはっきりと表明した。ジャクソンは第二米国銀行を「一般人の体を喰らうハイドラ」と呼んだ。そして、この怪物と決闘し、片方が死ぬまでこれを続けることを誓った。[9]今行われても全く違和感のないスピーチにおいて、かれは第二米国銀行についてこう述べている。

私は、長い間あなたたちを監視し続けてきました。そして、あなたたちは銀行の資金を使って国の必要資源をもてあそんでいる、という結論にたどり着きました。賭けに勝った場合、あなたたちは利益を身内で山分けしますが、賭けに負けると、これを米国銀行に弁償させたのです。あなたたちの言い分では、米国銀行から私が預金を取り上げ、憲章を破棄してしまえば、幾千幾万の家族を壊滅させることになるらしい。なるほど、その可能性も否定できませんが、しかし今実際にあなたたちはまさにこれをしているではありませんか。私がもし見てみぬふりを続けてしまえば、あなたたちは幾十万の家族を滅ぼすでしょう。そして、それは私の責任となるのです。つまるところ、あなたたちは毒蛇や泥棒の巣窟なのです。**私は神に誓ってあなたたちを根絶やしに、そう、根絶やしにしてみせます。**[10]

1832年の大統領選挙において、ジャクソンは民主党候補者として、新生の国民共和党の候補者ヘンリー・クレイと闘った。国民共和党員が「国民＝ナショナリスト」と呼ばれた背景には、国家を各州の緩やかな連邦としてではなく一つの民族として捉えたという点、また州間道路の整備をはじめとする国民国家構築計画を推進したという点がある。クレイは極度に保護貿易主義的な政策を唱え、国内に生産力や金融力を留めることによって、海外からの経済攻撃を回避しつつ「自分の裏庭で」成長できる国家を目指した。このアプローチを、自由貿易型の「英国システム」と区別するために「米国システム」と命名したのはクレイである。英国システムをジャクソンは支持したが、クレイはこれに反対した。英国システムは米国を海外の金融家

i　訳注：ビデルは二番目ではなく三番目の総裁

や産業家たちによる搾取の標的にしかねないとクレイは考えたのである。これを防止するために、クレイは国内産業や議会後援による国家向上事業、そして国立銀行を優遇するような関税制度を支持した。

クレイの選挙活動には300万ドルという当時としては巨額の金が投じられたが、それでもなお、結果はジャクソンの圧勝であった。かれは一般投票にこそ勝利したが、議会の支持を得ることはできず、後者は銀行更新法を可決させようと駒を進めていた。ジャクソンはこれを速やかに阻止した。拒否議案の中で、かれは独学者でも巧みに弁をふるうことができるのだということを証明しつつこう言った。

> 政治には必要悪などというものは存在しません。悪は皆、政治権力の乱用から来るのです。平等な保護のためだけに権力を行使し、ちょうど天から雨が降ってくるように、上流階級から下流階級まで、貧困層から裕福層まで、一律に手を差し伸べさえすれば、これは純粋な恩恵となるものです。しかし、今私の前に差し出されたこの法案は、こうした正当な原理から大きく、また不必要に離れたものであるように思えます。裕福な国民の中には、平等な保護、平等な福祉では満足できないようで、議会を介してさらに富を増やそうと目論んでいる者たちがいるようです。先見の明がない法律に暗に含まれる利害に縛られているために、私たちは直ちに理想的な政府を打ち立てることはできないかもしれませんが、ならば少なくとも新たな独占権や独占的な特権、また少数の人間の昇進のために多数の人々が苦しむような形で政府が娼婦扱いされるような事態には徹底抗戦すべきです。

ジャクソンは法案阻止に成功したが、これは銀行との戦いのほんの幕開けにすぎないということも悟っていた。「汚職というハイドラはまだ死んでいない、私たちはただその出鼻をくじいただけだ」とかれは言った。そして、ハイドラの角に果敢に掴み掛かると、ジャクソンは政府預金を第二合衆国銀行から各州の州立銀行へと送金するよう新任財務長官に命令した。長官がこれを拒否すると、ジャクソンはかれを解雇し、新たな長官を雇った。二人目がまたこれを拒否すると、かれはまた別の長官を雇った。三人目がようやく命令に従うと、ジャクソンは勝ち誇って銀行業の怪物にむけてこう言った。「ついに鎖につなぐことができた。今度はこの怪物の歯を金槌で叩き落し、歯の根を残らずえぐり出してやろう。」しかし、ビデル率いる銀行は、なるほど出鼻をくじかれはしたが、決して死んではいなかった。影響力を行使しつつ、ビデルは新しい財務長官の任命を議会に阻止させたのである。その後、かれは、銀行の憲章を元に戻さなければ、国家規模の恐慌を引き起こすぞ、と脅しをかけた。ビデルはこれをはっきりと宣言している。

大規模な苦痛を引き起こさない限り、議会は言うことを聞

かない。私たちは、自分の身を守るために、着々と通貨制限を設けていくより他ない。そうすれば、通貨はまた元通りになり、米国銀行も再び憲章更新の許可が下りるに違いない。

ビデルは脅しを実行に移し、マネーサプライを急激に縮小させた。すでに貸し出されたローンは速やかに回収され、新たな融資は一切行われなかった。こうして金融界は大混乱に陥り、酷い経済恐慌が生じた。ビデルはこれをすべてジャクソンのせいにし、各新聞もこれに同調した。ジャクソンは上院の決定によって正式に監視下に置かれた。しかし、転機はすぐに訪れた。（米国銀行所在地である）ペンシルヴェニア州の知事が大統領支持を表明し、米国銀行に対して批判的な立場をとったのである。さらに、ビデルは米国銀行を使った経済破綻計画を公の場で自慢げに語るさまを目撃されてしまった。１８３４年４月、下院は１３４対82で米国銀行の憲章更新に反対し、米国銀行が破綻を引き起こしたかどうかを調査するための特別委員会が組織された。[11]

１８３５年1月、あるいはかれの人生で最も輝かしいひとときの中で、ジャクソンは国家負債の最後の分割払い金を返済し終えた。かれは、それまで一度も実行されたことがなく、またその後も誰一人として達成することがない偉業を成し遂げた。国家負債をゼロにまで引き下げ、さらに黒字を生み出したのである。[i] 翌年、第二合衆国銀行の憲章は期限切れになった。ビデルは後に詐欺罪の容疑で逮捕された。かれは裁判にかけられた後に無罪放免となったが、民事訴訟の渦中で息を引き取ることになった。

ジャクソンは米国銀行に勝利した。かれの個人秘書であるニコラス・トリストは、これを「アンドリュー・ジャクソンの一生を飾るにふさわしい栄誉であり、かれがわが国のためにした数々のことの中でも最も重要な奉仕」と呼んだ。ボストン・ポストはこれを、神殿から両替商たちを追放したイエス・キリストになぞらえた。しかし、イエスとおなじく、ジャクソンもまた、両替商との対決には数々の危険が伴うものであると考えていた。「米国銀行は私を抹殺しようとしているが、」とかれは言った、「私は先にやつらの息の根を止める！」ジャクソンは暗殺の標的となったが、暗殺者の放った2発の弾丸は両方とも的を外れた。[12]

しかし、エイブラハム・リンカーンはこれほど幸運ではなかった……

i　原注：クリントンの財政均衡化は、２０００年において5兆ドルに達していた国家負債の完済は含んでいなかった、ということを思い出していただきたい。

第8章 脳のあるかかし——リンカーンが銀行家たちの計略をくじく

「その気になればすばらしい考えを巡らせて／あなたはリンカーンにだってなれるでしょうよ／脳みそさえあればね…」

——ドロシーからかかしへ（1939年映画作品より）

しまいにはオズのリーダーとなったかかしのように、リンカーンもまた、ただ己の知恵と信念のみで、田舎者から大統領にまで上りつめ、アメリカン・ドリームを見事に実現してみせた。アンドリュー・ジャクソンの例に倣って、リンカーンはついに大学に行かずに僻地から大統領にまでのし上がった。リンカーンの母はほとんど文盲に近い人であった。ジャクソンと同じく、リンカーンもまた、通貨既得権益と命を懸けて闘った。しかし、二人の大統領は、これをそれぞれ異なる考えに基づいて行った。ジャクソンは、大銀行や外国人銀行家への不信感をあおることによって国民の想像力を味方につけた。しかし、国立銀行とこれをコントロールする外国人たちを追放することによって、ジャクソンは湯水と一緒にハミルトンの赤ん坊を流し捨てることになり、結果的に諸銀行は規制なき混沌状態となった。米国はこうして統一通貨を失い、諸銀行は正金（ないし金塊）と交換可能であるという信用性によってのみ支えられた自家製の紙幣を発行した。信用がゆらぐと、取り付け騒ぎが起こり、諸銀行は往々にして門に錠をかけることになった。銀行主導の投機によって工場の体制も大きく崩れ、連邦政府による道路や水路、鉄道線路の構築も中断され、これによって西部の開拓居住も立ち往生した。

ヘンリー・クレイ率いる国民共和党員が始めた内部運動に、リンカーンはイリノイ州議員として若干24歳で参戦した。その頃、国民共和党員は英国ホイッグ党に倣って「ホイッグズ」と呼ばれており、王と国民共和党との対立、という構図が出来上がっていた。ジャクソンはかつてないほどの権力を手中に収めており、「アンドリュー王」の異名をとっていたほどで、米国の野党「ホイッグ党」はこの延長線上で結成された。リンカーンの地元イリノイ州の「イリノイ改善プログラム」は、イリノイ・ミシガン水路と３０００マイル鉄道システムの建設を主軸としていた。その結果、ハドソン川から五大湖とミシシッピ川まで直通の交通手段が誕生した。リンカーンはさらに、米国の金融、産業、そして政治の独立性を回復しようという運動にも参加し、これの達成をねらいに国立銀行と国家通貨の再樹立を目指した。[1]

奴隷制を巡る争いでホイッグ党が解散した頃、リンカーンは共和党に移ったが、共和党はカンザス州への奴隷制の拡大を防ぐことを目的に１８５４年に結成された。この党は、南部の奴隷所有者たちによる政府への政治影響力の行使に反対し、自由市場は奴隷制に勝るという立場をとり、農家には無償の家屋敷を約束し、高等教育、銀行制度、鉄道、産業、そして都市にそれぞれ重点を置いた革新的なビジョンを前面に押し出していた。[2]リンカーンは、共和党候補者としては初の大統領であった。

ジャクソンとリンカーンは共に暗殺の標的となったが、リンカーンの場合、暗殺未遂は大統領就任以前から始まっていた。リンカーンは就任後即座に、裏切りや反乱、そして国家破綻と向き合わなければならなかった。リンカーンに対抗する勢力の強さを思ってみると、その後4年間におけるかれの業績は空前絶後であると言うしかない。リンカーン政権は世界最大の軍隊を構築し装備し、英国が資金提供をした反乱を粉砕し、奴隷制を廃止し、４００万人の奴隷を解放した。その間、米国は当時としては世界史上最大の産業国家となった。製鋼工業が始動し、大陸横断鉄道が完成し、農務省が設立され、農業機械と安価な道具類とが農業の新時代の幕開けを告げ、ランドグラント（土地付与）大学制度によって無償の高等教育制度が実現され、開拓者に土地所有特権を与えるホームステッド法によって土地開発が奨励され、あらゆる科学分野に政府が多大な援助を行い、鉱山局が組織され、西部領土にも自治体が確立され、司法制度が再構成され、労働生産力は50％から75％増加し、世界各地で生産の一律化と大規模化が推進された。

では、破産しきった財務省と、外部からの献金で首まで浸かりきった議会とを抱えつつ、リンカーンはいかにしてこうしたことを成し遂げてきたのであろうか。

リンカーンは、貧困にあえぐ植民地住民がアメリカ革命に至るまでの一連の出来事を耐え忍ぶ原動力となった礎石を使った。つまり、法定不換貨幣を発行する権限を政府に与えたのである。銀行制度は再び国家のコントロール化に置かれ、政府歳出が６００％増加し、生産業に照準を合わせた手ごろなクレジットが提供されることによって、経済は一気に急成長した。[3]一世紀後、同じ手法を使って、フランクリン・ルーズヴェルトは米国を大恐慌から救出することになるが、ルーズヴェルトのニューディール政策は借金を財源としていた。対して、リンカーン政権はどちらかというと中世タリーに近い決済システムを採用した。正式には米国紙幣と呼ばれるこの19世紀式のタリーは、俗に「グリーンバック」と呼ばれた。紙幣の裏側に緑のインクで印刷がされていたからである（これは今でもドル札の特徴として残っている）。基本的に、この紙幣は労働や物品の領収証にすぎず、共同体内で等価の物品やサービスと交換可能なものであった。グリーンバックは、借りた金の量ではなく、人間の労働の量を表していたのである。リンカーンは次のように言ったと伝えられている。「**通貨の給料よりも人間の給料の方が重要であるということに、我々は気がつかなければならない。**」4億ドル強ものグリーンバックドル札が印刷され、兵士や公務員の給料の支払いや、戦時中の物資の購入のために使用された。

グリーンバック制度自体はリンカーンが発明したものではないが、議会内でこの制度を後押しする声が高まると、かれは真っ先にこれを支持した。南部は1860年のリンカーン大統領就任直後に連合から脱退した。各州間での内紛の資金を調達するためにと、東部の諸銀行は強奪行為としか言えないようなローンを提供した。1億5000万ドルを、24％から36％という利息で一括融資したのである。リンカーンは、このようなローンは完済不可能であるということに気がついていた。[4] しかし、適当な代案もなかったので、かれは革命的な手段を選ばざるを得なかったのである。政府は、自ら通貨を印刷するか、さもなければ銀行の借金奴隷となるかという岐路に立たされていたのである。

リンカーンの影で動く魔法使い

リンカーンの経済政策顧問はヘンリー・ケーリーという印刷屋・出版者であったが、かれはマシュー・ケーリーの息子であり、ベンジャミン・フランクリンの教え子に、そしてヘンリー・クレイの師匠にあたる。クレイは「米国システム」を支持する、フィラデルフィアを拠点とする政治派閥のリーダーであった。1920年代、歴史家ヴァーノン・パリントンは、ヘンリー・クレイを「われらが初の経済専門家」と呼んだ。また、近代におけるリバタリアン文筆家のトーマス・ディロレンゾは、かれを「リンカーン（と共和党）の経済指導者」と呼んでいる。南北戦争の戦中および戦後、ケーリーは世界規模の有名人であり、かれの著作は数々のヨーロッパ言語およびアジア言語に翻訳された。

パリントンによると、ケーリーは古典的なレッセフェールの英国学派の経済学者としてキャリアをスタートさせたが、時がたつにつれ、かれは、米国の産業発展は外国人金融家たちによって押し付けられた不適切な金融政策によって成長を阻止されていると信じるようになった。金塊のみを通貨として認めてしまっては、金をコントロールする銀行家たちにマネーサプライや経済そのものを固定する力を与えてしまうことになる。金の値段は世界市場が決定し、金塊はすでに過剰な金塊を持つ世界的金融拠点へと流出する。世界中の通貨を、金融主要都市へとつながれたため池に集中させてしまっては、貧しい国々はこうした都市の奴隷と化してしまう。商業赤字は金によって清算されていたため、金は商業の決算にしたがって取引された。ということは、しっかりとした地元経済を確立させるまでの間、米国の金は絶えず外へ流れ出てしまい、内部需要に応じるために十分な量の通貨が確保できなくなってしまう。

次第にケーリーは、「自由貿易」と「金本位制」は、経済的に他国を占領することをねらう英国が生み出した金融武器であるという見解に至った。金流出問題に対してかれが出した答えは、政府発行の輸出不可能な独立国家通貨、国内の労働を潤すために地元に留まる通貨の創設であった。かれは「国民信用＝クレジット」に基づく通貨を支持し、これを「国外からの介入が防止されており、ただ政府と国民の信頼関係のみを基礎とする国家制度」と定義した。木製タリーと同じように、この紙幣通貨もまた、労働実績や商品の量を記録するための計算単位にすぎなくなる。また、ケーリーは銀導入による通貨ベースの拡張も支持した。[5]

ケーリーの理論は、ヘンリー・クレイと国民共和党が提示した「米国システム」の発展型であった。この立場の特徴は、地元産の資源と通貨を活用して地域成長を促し、外国金融資金への依存から国を解放する、という点にあった。ジャクソン率いる民主党が「自由貿易」を支持したのに対し、国民共和党は別の形での自由を模索した。強力な外国人金融家や産業家による搾取から解放される自由である。自由貿易派は、政府からの解放を望んでいた。対して、保護貿易主義者たちは、外国人略奪者からの解放を政府に求めた。クレイの保護貿易主義には以下の点が含まれていた。

- 銀行業とクレジットの政府規制によって、投機を抑止しつつ経済発展を奨励する。
- 科学発展、公共教育、そして国家規模のインフラ整備の政府援助。[i]
- 国民のニーズに民営インフラがしっかり対応するよう規制を強める。
- 小規模農家への鉄道や科学等という形をとる政府援助。
- 地元の生産活動を後押しするような税制や関税制度。
- 物理的・経済的な階級闘争、搾取、そして奴隷制の排除と、資本と労働の「利害の調和」の推進。[6]

リンカーンもまた、こうした目標を共有していた。かれは奴隷制を廃止し、国立銀行を創設し、国家義務教育や国家交通設備、そして事業や農業の連邦規模の発展に出資しこれらを実行に移した。また、かれは非常に高額な関税を課すこともした。

i　原注：「インフラ」とは、ここでは「構造全体を支えるための枠組みを提供する相互関連の構造的要素の集合」と定義される。国家における場合、それは国が正常に機能するために必要な基本的な設備のことであり、民間企業が安全かつ効率よく経営されるための基盤となる公共の枠組みを提供しているのである。

リンカーンはきわめて常識的な洞察を行っている。

関税に関する細かいことはさておき、少なくとも次のことを私は知っています。外国産の商品を輸入すると、私たちは物品を手にし、外国人たちは通貨を手にします。これに対して、地元産の商品を購入すれば、国民は物品と通貨を両方手にすることになります。

法貨法と法貨裁判事例

グリーンバック制度は、待望の「国民」紙幣マネーサプライを提供することによって、リンカーン推奨の国内発展プログラムの基礎となった。ジャクソンが中央銀行を閉鎖した後、流通紙幣通貨はすべて個々の州立銀行が民間発行していたが、これは要するに硬貨（金ないし銀）による将来的な返済を約束する紙切れにすぎなかった。対して、グリーンバック紙幣はそれ自体が通貨であった。つまり、これはそれ自体として「法貨」であり、返済不要な通貨、「金と同等」の通貨として商業活動に使用可能なものであった。金属製の硬貨と同じく、グリーンバックもまた恒久的な通貨であり、独立して流通し続けることができた。1862年及び1863年の法貨法によって、米国政府発行の「硬貨や通貨」は「公的および私的負債（の返済に対する）法貨である」とされた。政府発行の紙幣は、金銀に代わる合法的な代用品となり、それ以前に発生した負債の返済にさえ当てることができるようになった。

20世紀においては、法貨制定法（米国法典31・5103）は、上述の法貨の定義を連邦準備紙幣に適用したが、これは当初の法の意図である「**米国政府発行の通貨のみを法貨として認める**」という点を明らかに捻じ曲げている。連邦準備紙幣は連邦準備銀行が発行しているが、後者は民間銀行企業である。しかし、誰の目にも明らかなこの歪曲は、「連邦準備銀行は連邦のものだ」という煙幕のような幻想によって米国国民による吟味を逃れることになった。

グリーンバックは価格インフレーションの引き金？

リンカーンのグリーンバック制度は、南北戦争中の価格インフレーションの原因としてしばしば批判の的になる。しかし、1964年作品『グリーンバックの時代』の著者アーウィン・アンガーによると、「グリーンバック紙幣発行の有無に関係なく、インフレーションは発生していた、という点はもはや疑いの余地がない。[7]」そもそも、戦争とはインフレーションを常に伴う事業である。南北戦争時の商品価格高騰は、著しい物品不足が原因であった。ザーレンガは、歴史家J・G・ランダルが1937年に行った考察を引用してこう書いている。

価格インフレーションの兆しに対して、私たちは第一次世界大戦時よりも南北戦争時においての方が上手く対応でき

ていた。ジョン・ケネス・ガルブレイスが述べているように、「配給や価格規制、中央銀行業化といった手段を一切とらずに南北戦争時の連邦経済を管理できたという点で、チェイス財務長官の業績は驚愕に値する。[8]」

南北戦争の資金源はグリーンバックのみではなかった。国債（政府借用証明書）発行も行われ、これもまたマネーサプライの増加に一役買った。というのも、国債を購入した各銀行もまた、金不足に悩まされており、国債の代金支払いに自ら新規発行した銀行紙幣をあてるしかなかったからである。政府発行のグリーンバックと銀行発行の銀行紙幣の違いは、グリーンバックは負債フリーであり、そのため返済義務が一切つけられていない法貨であったという点にある。１９２１年にニューヨーク・タイムズ紙面で行われたインタビューにおいて、トーマス・エジソンは次のような至極まっとうな洞察を行っている。

> ドル国債の発行ができるのならば、ドル札をそのまま発行することもできるはずです。国債の品質を保証する要素は、ドル札の質もまた保証するはずだからです。国債とドル札の違いは何かといえば、国債の場合、仲買人が国債そのものの二倍の金を手にし、さらにそこに金利が上乗せされるという点です。対して、憲法が保障するような真っ当な通貨は、何か具体的に善いことをした人間の手にのみ行き渡ります。そもそも、わが国は国債を発行することはできても通貨を発行することはできない、などという考えは馬鹿げています。どちらも支払い約束ですが、一方が高利貸しを肥大させるのに対して、もう一方は国民のためになるのです。

なるほど、戦時中、グリーンバックは対金の価値を下げたが、これは容易に想定されうることであった。というのも、金の方が歴史が長く、国民の信頼を得やすかったからである。繰り返すが、グリーンバックが直面した一番の問題は、他の通貨との競争であった。国民は紙幣通貨に対する疑念を払拭できておらず、場合によってはグリーンバックによる支払いを拒否することもあった。中でも、グリーンバックは国債の利息支払い手段として使用することができなかった、という点は特筆に価する。ザーレンガが指摘するように、１８６５年12月に至ってもなお、グリーンバックは対金ドルで68セントという、当時の状況下では決して悪くない値打ちを持っていた。一方、南部連合派の紙幣はあまりにも平価切下げが進んだため、もはや紙切れ同然となっていた。南部連合は、終戦後の決済を約束してはいても法貨ではない法定不換貨幣を発行してしまう、という間違いを犯した。南部連合側の敗北が濃厚になればなるほど、その通貨の価値も急落することになった。[9]

１９７２年、米国財務省は、グリーンバックとして発行された4億ドルが代わりに銀行から融資されていたとしたら、どれくらいの利息が発生していたかを計算するよう要請された。財務省の計算によると、短い任期であったにも関わらず、リンカーンのおかげで政府は4億ドルの融資を受けずに済み、これによって40億ドル相当の利息支払いを免れたのであった。[10]

第9章
リンカーンがヨーロッパ金融界の支配者たちとの戦いに敗北するまで

「あんたらがウィンキーたちの国に入ったことを知ったら、魔女の方があなたたちを見つけて、みんな自分の奴隷にしてしまうだろうから」

「そうはいかないかも。ぼくたちは彼女をたおすつもりなんだ」とかかし。

「それなら話は別だ」と門の守護兵は言いました。

「これまで彼女を倒した人はいないので、わしはとうぜんあなたたちもほかのみんなと同じように奴隷にされるものと思ってたからな。でもご注意を。魔女は邪悪で兇暴だから、簡単には倒されないかもしれんぞ」

——『オズの不思議な魔法使い』「邪悪な魔女をさがして」

リンカーンの合衆国政府を倒そうとたくらむ勢力は、南部連合派だけではなかった。舞台裏には、戦争という人形劇の紐を密かに操る外国人金融家たちがいたのである。19世紀後半ドイツ首相のオットー・フォン・ビスマルクは、こうした人形使いたちを「ヨーロッパ金融界の支配者」と呼んだ。ビスマルクは次のように言ったと伝えられている。

> 確信を持って言いますが、アメリカ合衆国を同等の力をもつ二つの連合に分断しようという計画は、南北戦争の遥か以前に、ヨーロッパの金融界の最高権力によってすでに決定されていました。銀行家たちは、アメリカ合衆国がひとつの国民国家として一致団結したままでは、経済的および金融的に独立してしまい、こうした銀行家たちによるヨーロッパ及び世界の金融的支配にほころびが生じると考えたのです。もちろん、金融界の「内部」では、ロスチャイルド家の立場が主流でした。自立し活力みなぎる共和国を、金融家たちへの負債にあえぐか弱い民主主義自治体二つと入れ替えるということは、かれらにとってはこの上ない儲け話であったからです。そこで、かれらは早速密使を送り出し、奴隷制問題を種にして合衆国を分かつ境界に大きなくさびをうちこみました。**こうして、北部と南部の断絶は避けられなくなりました。ヨーロッパ金融界の支配者たちは、あらゆる手段を尽くして全力でこれを実現し、これを自分たちの都合のよいように利用したのです。**

この言明が果たして本物であるかどうかを疑う声も存在する。いずれにしても、『ジキル島の怪物』（邦訳『マネーを生みだす怪物』吉田利子訳、草思社）において、エド・グリフィンは、「この引用文が当時のヨーロッパの政治的陰謀団による策略の正確な評価であるという点は、疑いの余地がない」[1]と述べている。

ヨーロッパの銀行家たちは、米国を植民地へと退行させるような戦争を望んでいたが、必ずしも奴隷制を維持したいと考えていたわけではなかった。かれらにとって奴隷制とは、労働者たちに衣食住を提供する義務が主人にあるということを意味しているにすぎなかった。銀行家たちは「ヨーロッパ計画」のほうを好んだ。**マネーサプライをコントロールし、労働者に自分で自分の世話をさせることによって、資本は労働を搾取することができるようになる。**１８６２年7月、ハザード・サーキュラーという悪名高い文書の中で、この策略が明るみに出ることになった。この文書は、ヨーロッパ銀行界の既得権益がアメリカ銀行界の相方にむけて発行したものであると言われている。文書にはこう書かれている。

> 戦争によって、奴隷制は廃止され、動産奴隷制度は粉砕されるでしょう。これは私たちヨーロッパ人にとっては吉報です。というのも、奴隷制とは労働者を所有しかれらの世話をしなければならないということを意味するのに対し、英国率いるヨーロッパ計画では資本が賃金のコントロール

を通して労働をコントロールするからです。これは、通貨をコントロールすることによって達成することができます。資本家たちに有利に働くこの莫大な負債は戦争によって捻出されますが、これは通貨の量をコントロールする手段として活用されるべきです。これを達成するためには、**国債を銀行業の基礎に据えるべきです。いわゆるグリーンバックを通貨として流通させたままにしてはいけません。これをコントロールすることは私たちにはできないのですから。**[2]

銀行家たちが維持しようとしたシステムは、ヘンリー・クレイとヘンリー・ケーリーが「英国システム」と呼んだものであり、「自由貿易」と「金本位制」の二刀流によって産業発展途上国を植民地状態にしておき、英国の工場に原料を供給させるというものであった。米国南部はすでにこのようにして英国の配下に置かれていたが、銀行家たちは次に北部に目を向け、これを暴利付きの戦時ローンによって手元にたぐりよせようとしていた。しかし、リンカーンは銀行家たちの釣り針に食いつかなかった。新グリーンバック制度が銀行家たちのゲームにとっていかに脅威であったかは、１８６５年にロンドン・タイムズに掲載されたとされている——とはいえ、出所は不確かなままの——社説に表現されている。そこには次のような記述がある。

あのあざとい金融政策は、米国北部共和国から出現したものだが、これが確立され人々の間に根付いてしまえば、**北部政府は何のコストも支払わずに自分の通貨を発行できるようになってしまうであろう。**負債を完済し、負債をもはや持たなくなるであろう。商業を営むために十分な量の通貨を手にすることになるであろう。文明社会の政治史上かつてないほどに豊かになるであろう。世界中の頭脳と富は北アメリカに集中することになるであろう。この政府を打ち倒さなければ、逆に世界中の君主がこれによって打倒されることになってしまうであろう。[3]

また、ビスマルクは１８６７年にこう言ったとされている。「政府と国民とは、外国人金融家たちの罠を逃れました。かれらは、アメリカ合衆国は金融家たちの手から逃れることができると直感したのです。こうして、リンカーンの死が計画されました。[4]」リンカーンは１８６５年に暗殺された。

りんごの中の芋虫——１８６３-４年の国立銀行法

ヨーロッパ金融家たちは、暴利付きの戦時ローンによってリンカーン政権を罠にはめることにこそ失敗したが、かれらは別の手段によってこの目的を達成した。議会のある派閥がグリーンバックを使って戦争資金を捻出することにあくせくしている間、別の派閥は、ウォール街銀行家たちとかれらのヨーロッパにおける癒着団体たちが国のマネーサプライの発行権を独占することができる「国法銀行法」の準備を進めていた。国法銀行法は、新しい銀行業システムの安全を確立するという名目で推進されたが、真に国立の銀行を実現する上で重要な一歩であったとはいえ、つまるところこれは銀行家たちとの妥協の産物であった。そして書類の束に一度埋もれてしまうと、これは銀行家たちの望みをそのままかなえることになってしまった。エドワード・グリフィンは、ロンドンのロスチャイルド関連の投資信託からニューヨークの関連会社へ1863年に送られた手紙から、ロバート・オーウェン上院議員の著作を参照しつつこう引用している。

システム全体を把握できている少数の人々は、そこから得られる利潤に目がくらむか、あるいはそこから期待できる利益に依存しきるので、この階級からの反対はあり得ないであろう。一方、国民の大多数は、そもそもシステムを把握するだけの知能を持っていないので、文句を言わずに黙ってその重荷を背負うであろう。[5]

国法銀行法は、字面はいかにも真っ当な法律にみえる。通貨監査官を任命し、監査官の許可なしには国立銀行連盟所属団体は事業を始めることができないとされたからである。この法は、最低資本限度、最低準備率、最低不履行負債率、そして各種報告義務を網羅する規制を設けもしていた。監査官は、すべての国立銀行にいつでも検査官を送り、銀行の内部事情を精査する権限を有していた。米国市民しか銀行取締役になることができず、銀行取締役総数の四分の三は、銀行が営業されている州の住民でなければいけなかった。利息は州の利息法によって限度が設けられ、法律がない場合は7％の上限が設けられた。銀行は、銀行支店ビルを除く不動産を5年以上所有することが禁じられた。また、国立銀行は、自ら発行した通貨を流通させることを禁止された。代わりに、国立銀行は、資本総額の三分の一以上の米国国債を財務省に預金するよう命じられた。これと引き換えに、国立銀行は政府印刷の紙幣を受け取った。

では、問題はどこにあるのだろうか。なるほど、建前上は通貨監査官が国の銀行紙幣を新たに発行することになっていたが、これは建前にすぎず、今日において米国製版印刷局が連邦準備紙幣を印刷するのと似たようなものである。通貨には国債を購入した銀行の名前が記載され、これは銀行の要請によって印刷された。つまるところ、国法銀行法は、自分で自分の紙幣通貨を発行し融資する権限を諸銀行に与えたのである。諸銀行は国債を財務省に「預金」したが、国債自体の所有権は銀行の側にあり、しかもその対価を自分の銀行の紙幣という形で直ちに返してもらうことができた。

さらに、国法銀行法は、こうした銀行紙幣の競争相手を事実上抹消した。州立銀行の紙幣に多額の課税を行うことによって、いわばこれを廃止に追い込んだのである。[6] また、この法律はグリーンバックの競争力も弱めた。グリーンバックの発行量が限定されたのに対して、銀行家は思うがままに紙幣を発行することができたからである。財務長官のサーモン・P・チェイスをはじめとする人々は、銀行家たちは銀行紙幣を使ってグリーンバックを買い占めている、という苦情を発した。ザーレンガは、1903年に以下のように述べた歴史家デューイからこう引用している。

> 銀行は政府発行の紙幣を片っ端から吸収し、代わりに銀行紙幣を流通させ、そして自分にとって都合のよいタイミングで紙幣を国債に変換し、利息を（金という形で）得ている、という批判の声がある。[7]

政府は、当時必要としていたものを手にすることこそできた。戦争活動のための高額なローンと、成長する経済に適応することのできる流通通貨である。しかし、真の勝者は銀行であった。融資後も使用可能な通貨に対して利息を得ることができただけでなく、政府の債権者としてかなりの無理を通すことができるようになったからである。元々は銀行家を規制する目的で制定された国法銀行法は、しまいには民営銀行を次から次へと新たに設立してしまったが、こうした諸銀行は国の通貨を発行する力をすべて手にしていた。

国法銀行法は、チェイス財務長官によって議会に提案されたが、皮肉にもかれは、この法律が抹消することになるグリーンバック制度の後援者でもあった。1887年出版の大衆向けの著作『アメリカ国民を奴隷化した七つの金融陰謀論』において、サラ・エメリーは、銀行側の代表者たちと何日も会議を行い、かれらから金融的な脅しを受け続けた末に、チェイスはようやく降伏したのだ、と書いている。[8] その後、チェイスは次のように述べたとされている。

> 国法銀行法の可決までの一連の出来事への加担は、私の生涯において一番の金融的な過ちでした。それ以来、この法律は国全体のありとあらゆる利害に関わる独占体制を作り上げてしまったからです。この法律は廃止されるべきです。しかし、廃止を達成するためには、国民が一方に集い、銀行がもう片方につき、両者は未だかつて米国がみたことのないような戦いを繰り広げなければならないでしょう。[9]

1865年にリンカーンは暗殺されたが、高利貸し銀行家とその金ぴか紙幣通貨に対して長らく疑念を抱き続けてきた人々の記憶からリンカーンの無負債グリーンバック制度が抹消されるのはその実に50年後のことであった。「金ぴか時代」――南北戦争から第一次世界大戦までの期間のことだ――とは、国の通貨を誰が発行すべきで、この通貨は何から構成されるべきなのか、という問いを巡って行われた数々の戦いからなる時代であった。

通貨戦争におけるいざこざ

チェイスは1869年に再び、今度は最高裁判所の裁判長として公の舞台に舞い戻った。かれは米国判例集75・６０３「ヘップバーン対グリスウォルド」の意見を書いており、そこで法貨法は違憲であると論じている。チェイスはグリーンバック制度を、戦時中の一時的な非常手段と位置づけた。かれの記載によると、憲法は各州が「契約の義務内容を損なうような法律を」可決することを禁じており、金銀による支払いを命じる契約に含まれる主体に「ドルの支払いの約束状にすぎないもの」による支払いを認めることは「資産の、正当な法的手続き（デュープロセスオブロー）を欠いた違憲な剥奪である。」

しかし、二名の新裁判官が任命された後、最高裁判所は１８７１年に上述の判決を逆転し、法貨法は合憲的であるとした。法貨関連判例（「ノックス対リー」合衆国判例集79・４５１、ローヤーズ・エディション20・２８７、「ジュリアード対グリーンマン」合衆国判例集１１０・４２１、最高裁判所判例集４・１２２、ローヤーズ・エディション28・２０４）において、最高裁判所は、議会には各州の存続と結束強化のために「通貨を鋳造しその価値を定める」権限があるとし、「いかなる契約の義務内容も、正統な政府権限を上書きすることはできない」とした。

１８７３年、後にポピュリストたちが「１８７３年の大罪」と呼ぶことになる法律において、銀貨の自由鋳造が排除された。ジョージ王が地方発行の臨時紙幣の使用を禁止したときと同じように、この法律もまた「タイトな」通貨と苦難の時代をもたらした。ほどなくして銀行恐慌が発生し、負債を抱える西部農家が特に大きな打撃を受けた。

１８７４年、政治的な影響力をもつ農家たちは、グリーンバック党を結成することによって事態に対応した。危機状態に対するかれらの解決策は、政府が負債フリーなグリーンバックの追加発行によって道路建設をはじめとする公共事業に投資することであり、これによってマネーサプライを拡張して失業者に仕事を与え、米国をベンジャミン・フランクリンの時代にみられたような完全就職と最高の生産性を誇る国へと蘇らせることであった。また、グリーンバック通貨は連邦負債の返済にあてることもできた。「オハイオ・アイデア」によると、金銀による返済が明確に義務付けられていない政府負債はすべてグリーンバックを使って返済すればよい[10]。この計画は実行に移されなかったが、かかしは自分に頭脳があるということを証明してみせた。そして、臆病なライオンもまた、自分には組織を組んでものごとを動かすだけの勇気と集団的意志があるのだということを示してみせた。

１８７５年、正貨回復法は、グリーンバック紙幣を皆「正貨」に変換するよう財務大臣に要請した。グリーンバックは回収され、硬貨に取って代わられ、これによってマネーサプライがさらに縮小し、恐慌はさらに悪化した。１８７８年に、かかしとブリキの木こりは手を組んでグリーンバック労働党を結党した。かれらは１００万票を超える票を集め、14議席を獲得した。グリーンバックの新発行こそ成し遂げられなかったが、少なくとも既存のグリーンバック紙幣をこれ以上回収されないようにするだけの政治的影響力は持っていた。当時残っていたグリーンバック紙幣（3億4668万1016ドル相当）は、こうして国の通貨の欠かせない一部となったのである。こうしたかたわら、恐慌は悪化の一途を辿り、社会保障や失業保険といったセーフティーネットが全くない中で失業者たちが束になって次々と貧困や飢饉に陥ることになった。作物は畑で腐敗するばかりであり、収穫をする労働者に賃金を支払うための通貨も、また市場でこれを買うための通貨もなかった。米国は物質的に豊かであるにも関わらず貧困状態に直面する羽目になったが、これは商業の車輪をまわすために十分な量の通貨が出回っていなかったのが原因である。このとき米国は、リンカーンやケーリー、そしてグリーンバック派たちが熱心に推奨したような通貨流動性を切に必要としていた。しかし、銀行家たちはこれに対して、政府に自ら通貨を発行する権限を与えてしまってはインフレーションの危険性があまりにも高すぎると言い張った。かれらの言い分はこの一点であったが、批評家たちはこれを「ペテン」と呼んだ。

第10章

偉大なるペテン師——金本位制とインフレーションというおとり

「静かに、おじょうちゃん。そんなに大声を出したら人に聞かれちまう——そしたらわしは破滅だ。わしは大魔法使いだってことになってるんだから」「じゃあちがうの?」とドロシー。

「ぜんぜんちがうとも、おじょうちゃん。わしはふつうの人間じゃよ」「ふつうどころじゃないよ」とかかし。「あんたはペテン師だ」「まさにその通り!」と小男は、そういわれて嬉しいかのように手をこすりあわせました。「わしはペテン師だ」

——『オズの不思議な魔法使い』「恐ろしきオズの正体」

「ペテン師」という言葉は今でこそあまり耳にしなくなったが、「金ぴか時代」においては詐欺師やイカサマ師、だまし屋などを指す言葉として広く使われていた。ピューリッツァー賞歴史家のヴァーノン・パリントンは、1920年代における著作で、ペテンという言葉を1890年代に銀行主導の通貨制度を改革しようと試みた農家を黙らせるために、銀行家たちが用いた議論を表現するために用いている。銀行家が金を回収し通貨がタイトになったとき、その痛みを特に強く実感したのは農民たちであった。パリントンいわく、農民は「自分たちの日常的な体験を使って、銀行家の権威や各学派の教説に対抗した。」かれらの提示した単純明快な議論に対して、銀行家たちは入り乱れたレトリックの煙幕を使って防御に出た。

解説の代わりに弾劾が、議論の代わりにヒステリーが顕著になった。こうして民衆の扇動が勢いをつける中で、俗にいう知識人階級——弁護士、記者、実業家——は、恐らく誰よりも恥知らずにペテンを奨励した。「偽善的」な言動を脇においてみると、ことの本質は次の点であることがわかる。**通貨発行権、そしてそれに付随するインフレーションやデフレーションを引き起こす力は、民間人の手に委ねられるべきであろうか、それとも人々が選出した代表者の手に託されるべきであろうか。**

しかしながら、この主題が新聞や雑誌で話題にのぼると必ず、本質的な問いとは向き合わないままで話が進むのであった。銀行家たちはこの問いの検討を頑なに拒んだ。莫大な利権に関わる問いであった上に、一度これに関わる諸問題が批判的な目をもつ市民たちによって把握されてしまえば、銀行家の側には弁護の余地が残されていなかったからである。**そのため、通貨の支配者たちの出した答えは、ことをあいまいにすることであり、これはインフレーションという単一の問題を延々と議論することによって実行に移された。**[1]

貨幣数量説

金本位制と、これを正当化するために用いられたインフレーション議論は、古典的な「貨幣数量説」に基づいていた。古典的通貨論の基盤であるこの説によると、インフレーションは「過剰な量の通貨が、不足している商品を追いかけること」によって引き起こされるということになっている。「需要」(商品を買うために使用可能な通貨の量)が「供給」(物品やサービス)よりも速く増加すると、物価は上昇せざるをえなくなる。必要に応じて自由にグリーンバックドルを発行する力を政府に与えてしまっては、マネーサプライが物品やサービスの量よりも速く増加してしまい、物価インフレーションが発生してしまう。金という量の限定された商品に紙幣通貨をつなげておけば、マネーサプライは安定し、価格インフレーションを予防することができる、というわけである。

以上の理論に付随する結論のひとつに、政府は手段を尽くして予算を黒字にするべきである、というこれまた伝統的な格言がある。通貨が不足した場合は、必要な量の通貨を自分で印刷するのではなく、銀行から追加分を借りなければ、マネーサプライのインフレーションを回避することはできないらしいのである。しかし、以上の議論は明らかに「おとり」であった。誤謬を指摘すれば簡単に論破できる論であるが、議論のどこがおかしいのかをすぐに突き止めるのは、銀行家たちがまだ手の内を明かしていなかったという事実もあり、容易ではなかった。誤謬の元となっていたのは、政府が銀行から通貨を借りるときには既存の通貨が循環するだけ、という前提である。融資される通貨は銀行家たちによって初めて発行される、ということになってしまえば、議論はぼろぼろに崩れ落ちてしまう。なぜなら、政府発行の通貨と同じように、銀行発行の通貨もまたマネーサプライを拡張させる。どちらにせよ通貨はいわば魔法のシルクハットから引っ張り出されるわけだが、政府発行の通貨には、納税者が負債を負う必要がないという利点があった。さらに、黒字を維持する上で借金を重ねる必要がない。恒久的なマネーサプライの供給にもつながる。

貨幣数量説にはさらにもう一つ誤謬が含まれている。この誤謬を指摘したのは、英国経済学者のジョン・メイナード・ケインズである。通貨（つまり「需要」）を経済に追加しても、「供給」サイドが一定でない限り、物価が上がることはない。新発行のグリーンバックが新たな物品やサービスの創造につながれば、供給は需要と並行して増加することになり、価格は安定を保つ。[2]例えば、売れずじまいの靴をたくさん抱える靴屋が、ある日突然より多くの顧客を獲得すれば、かれは靴を値上げする必要がない。当然、より多くの靴を売ることができるからである。靴が足りなくなれば、工場に追加注文を出せばよいだけの話で、より多くの靴が生産される。靴を値上げしても、お客が隣の靴屋に流れるだけで、靴自体は相変わらず同様の安価で売却されることになる。経済に通貨を追加することでインフレーションが起きるのは、生産者が追加生産を行うために必要な資源や労働力が枯渇した場合だけである。これが起きるまでは、供給と需要は並行して増え続け価格は一定に保たれる。

以上のように理論を修正すれば、例えば「中国経済の謎」のようなパラドキシカルなデータにも説明がつく。中国では、安い中国製商品を買うためにと絶えず世界中の金銀やドルが国外から流れ込み続けたにも関わらず、数千年もの間この国は物価が安く保たれ続けてきた。価格安定をケインズ的に説明するとしたらこうなる、追加通貨はより多くの物品を生産するために使用され、これによって供給と需要が同時に増加したためとなるだろう。２００６年２月に、キース・ブラッドシャーは、ニューヨーク・タイムズにおいて次のような洞察を行っている。

> 中国製商品を買うためにと数世紀にもわたって金銀が中国に流れ込み続けたにも関わらず、インフレーションがほとんど起きなかったという謎は、経済史家の頭を悩ませ続けてきた。しかも、中国製の物品の多くは、銀の供給が洪水のように中国経済を水浸しにしていたにも関わらず、１８００年代に至るまで他国で生産されたものよりも安価であり続けた。**一説によれば、これは中国の生産力が貴金属の**

供給量と並行して伸び続けたからこそ実現したのだ、という考えもある。同様の現象は、ドル浸しになっているにも関わらず中国国内の物品やサービスの価格が一向に上昇しないという形で起きてもいる（とはいえ、不動産価格はほとんどすべての都市で高騰しているのだが）。[3]

２００７年に入ると、中国経済学者たちは消費者価格の上昇を嘆き始めたが、これは主に燃料と食糧の価格の国際的な高騰、そして国際市場において急速に平価切下げが進む米ドルに中国元が杭打ち（ペッグ）されていたという事実が原因であった。[4]為替相場の変化による価格インフレーションは、後で詳しくみるが「物品やサービス」に対する「通貨」の供給量の増加からくるインフレーションとは全く質の異なるものである。

驚異のガーンジー島

政府は必要な通貨を発行せずに借りるべきだと米国銀行家たちが声高に叫び続ける間、英国海岸から少し離れたところにある小さな島国では、住民たちが２００年規模の壮大な実験を静かに行っていた。この実験は後に銀行家たちのインフレーション論の欺瞞を暴くことになる。ガーンジー島は英国チャンネル諸島に属しており、大英帝国南端から約75マイル離れたところに位置している。１９９４年に、南イリノイ大学社会学教授のボブ・ブレインは、この驚異の島についてこう書いている。

１８１６年、防波堤はぼろぼろで、道路もひどくぬかるんでいた上に、たった4・5フィートの幅しかなかった。ガーンジー島の負債は1万９０００ポンドであった。歳入は３０００ポンドであったが、この中２４００ポンドは負債の利息支払いにあてられていた。当然ながら、島民はガーンジー島から離れてゆき仕事もほとんどなかった。

そんな中、地元政府は負債フリーの政府紙幣通貨６０００ポンド相当を新たに発行し融資した。およそ４０００ポンドが防波堤の修繕にあてられた。１８２０年、さらに追加で４５００ポンドが発行されたが、これもまた負債フリーであった。１８２１年には追加で1万ポンド、１８２４年には５０００ポンド、１８２６年には2万ポンドがそれぞれ発行された。１８３７年に至っては、負債フリーで5万ポンドが発行され、防波堤や道路、市場や教会、そして大学といった事業にあてられていた。こうした金額は、島のマネーサプライを13年間で2倍に増やしたが、インフレーションは一切起きなかった。１９１４年、第一次世界大戦の影響で英国がマネーサプライの拡張に制限をかける状況にあって、ガーンジー島の人々は逆にその後4年間で14万２０００ポンドを追加発行することにし、これを一目散に実行に移した。１９５８年には、インフレーションを一切発生させずに計54万２０００ポンドが新たに発行されることになった。[5]

ガーンジー島は所得税を徴収するが、比較的低額（「一律」20%）であり、かつシンプルで抜け穴もない。相続税や譲渡所得税はなく、連邦負債も一切ない。民営銀行は個人の融資者にサービス提供をするが、政府自体は負債を抱えることがない。政府は、公共事業やサービスを立ち上げたいと感じたときに、これの賃金をまかなうための通貨を自由に発行することができるのである。ガーンジー島の政府は、およそ2世紀に渡って自分の通貨を自分で発行し続けてきた。この期間中、マネーサプライは元の量の25倍にも膨れ上がったが、経済が価格インフレーションに悩まされることもなく、島は繁栄し安定し続けてきた。[6]

自分の通貨を自分で発行することに成功してきた国は他にもいくつかあるが、わけてもガーンジー島は、金稼ぎ市場を独占しようと全力を尽くす国際銀行カルテルの露骨な攻撃の対象にならず、長らくかれらの目を逃れ続けてきたという点で特別である。後で見るように、自分の通貨を自分で発行しようなどと考える政府は、ほぼ必ず、大統領暗殺やクーデター、政治的ボイコットや戦争、そして国際投機家による国家通貨に対する集中攻撃といった目にあい続けてきた。米国植民地住民たちは、統治通貨を使ってのやりくりをうまく続けていたが、英国の金貸したちは統治通貨という慣習を廃止するために議会に圧力をかけ、アメリカ革命が引き起こされた。英国もまた、王の統治通貨に基づく豊かな経済を実現していたが、それもオリバー・クロムウェルが金貸しに対して国の門戸を開くまでのことであった。1700年以降、通貨発行権はイングランド銀行に委託されたが、これは「金本位制」という詐欺まがいの制度に基づいており、これによって国庫に実際にある金を銀行紙幣という形で何倍にも複製することが許されてしまった。現代において諸政府はいわば失墜した王の立場にあり、自ら通貨を発行する代わりに、銀行に借金をするよう強要されているのである。

金というペテン

1863年、ニューヨーク銀行家のエリエイザー・ロードは、金本位制そのものを「ペテン」と呼んだ。かれによると、

俗に言う正貨基盤（あるいは金本位制）は、硬貨の海外需要が高まる度に、これは本当は単なる虚構にすぎないということ、事実上のペテンであることが露呈する。また、輸入過剰となる度に、この正貨基盤まがいは対外負債の返済のために輸出され、銀行紙幣は回収されるか無価値になるかして、通貨は一時的に抹消される。価格は下がり、ビジネスは保留にされ、負債の返済も滞りパニックと不安とが広がる。そして、積極的に事業展開をしようと試みる人々は辛酸を舐め、破産と壊滅、そして恥辱が蔓延する。[7]

銀行紙幣はある一定重量の金塊を基礎とせよ、という条件は、ロードに言わせると虚構である。諸銀行が実際に所持した金の

量は、出回っている紙幣をすべて「換金」するために必要な量には到底満たず、そもそも一国の通貨が金にリンクされる必然性もなかった。金本位制は、金をコントロールする外国人金融家による米国の支配を許しただけである。輸入が輸出を上回ると、対価を支払うために金塊が国外へ流出した。金の在庫が減ると、これに「基づく」紙幣通貨の供給量も減ったのである。

ヴァーノン・パリントンが指摘するように、本質的な問題は通貨が何でできているかという点ではなく、誰が通貨を発行するのかという点にあった。交換媒体が金であれ紙であれ、はたまた元帳上の数字であれ、一度通貨が民間の融資者の融資活動を介して創造され利息付での返済が義務付けられてしまえば、当初創造された量よりも多量の通貨が負債として残り、経済全体が負債の悪循環に陥るのは必然であった。例えば、利率6％で1ドルを借りた場合、これが複利であったとして、100年後にこの1ドルは339ドルの借金へと成長する。これは、通貨が金という形をとっても、紙という形をとっても、あるいは簿記項目という形をとっても同じことである。銀行は通貨を融資によって創造するが、負債の完済のために必要な残りの338ドルは発行しないため、一般市民は、負債依存通貨のはかない利息をなんとか用意するためにとより深い借金地獄にはまり込んでしまう。商人たちは利息という費用をまかなうために物価を上げ続けるしかなく、こうして恒久的な価格インフレーションが発生する。自分の体を少しずつ切り落とすよう魔女によって斧に呪いをかけられたブリキの木こりのように、人々もまた、働けば働くほど、自分たちの取り分が減っていくのであった。それもそのはず、完済不可能なローンをなんとか返済しようと売り手は絶えず物価を上げ続け、こうして通貨の量が縮小し続けるのだから、人々がついていけなくなるのも無理はない。

（次頁図2参照）

企業封建制への異議申し立て

かかしが、教育を受けていなくても、なお銀行家と知恵比べをする農家を代表しているのだとすると、自分の心臓を切り落としたブリキの木こりは、企業によって搾取された労働者の窮境を反映していた。こうした企業は、小規模な家族経営の会社を「自由市場」という競争の場においてどんどん打ち負かしていた。1886年、企業は「個人」と同等の権利や特権を得ることに成功したが、生身の人間と違って、企業には道徳観も良心もない。企業とはただ利益のみを追求するものであり、生身の個人がもしこれを真似すれば精神病として認定されるような一途さでひたすら私利私欲を満たし続けるものである。ピラミッド構造に組織された封建的団体である企業では、一握りのエリートが大勢の労働者を上から操作する。仕事や家等の恩恵を失うことへの恐怖に突き動かされつつ、労働者たちは足並みを揃えて行進し、上から下へと命令を伝達する。ピラミッドの頂点に君臨する少数の支配者たちのみが、ことの真相を把握している。批評家たちが指摘するように、俯瞰する眼を頂上につけ

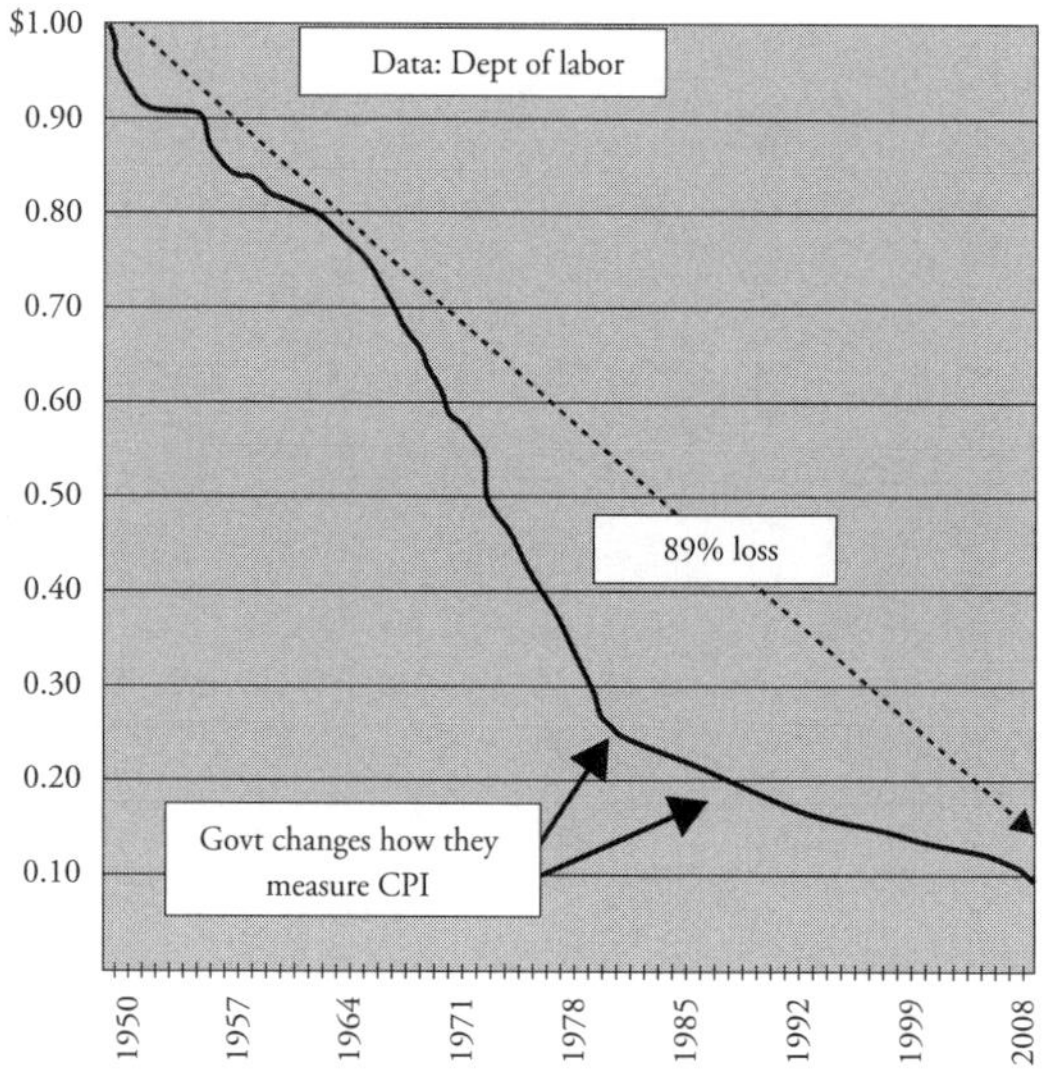

図２　1950年を1ドルとした場合のドル紙幣の推移。2008年までに89％も購買力が下がった。（米国労働省より）。

たピラミッドというシンボルは連邦準備紙幣にも印刷されている。そして、この紙幣は１９１３年に米国の国家通貨の単位となったのである。

　１８９０年にグリーンバック党や人民党を生み出した草の根市民運動は、企業や金融抑圧者たちに対抗する一般人の利益を代表していた。「ポピュリズム」は今でこそ党派政治と結びつくことが多いが、この言葉の語源はそもそも単に「人々」を意味するラテン語の単語である。19世紀において、この語は「人民の、人民による、人民のための政治」とリンカーンが宣言したものを指す言葉であった。（ボランティアによって共同運営されるオンライン百科辞典）ウィキペディアにはこう書かれている。「ポピュリズムは、右翼や左翼にはっきり区別されるような政治的アイデンティティをもつ運動ではない。ポピュリズムは、右翼や左翼だけでなく、中立派という形さえもとってきた。近年、米国では、保守派議員たちがポピュリスト的なレトリックを用い始めている。例えば、『大きな政府の重圧からあなたたちを解放します』というように。」昨今では、真の抑圧者は大きな政府であるということになっているが、19世紀のポピュリストたちがはねのけようとしていた重圧は、より黒々とした邪悪な勢力であった。かれらはまだ、憲法に示されている原理は民衆による民主的な政府によって実現されうると信じていた。かれらにとって、敵は民間の通貨の支配者たちとそこから発生した企業とであり、後者は民衆が阻止しない限り政府をのっとろうとしていた。エイブラハム・リンカーンは次のように言ったと伝えられている。

近い将来、この国に降りかかりうる惨事を想像すると、私は自国の安全が脅かされるのではないかと不安で震え上がってしまいます。企業が王座に就き、国の頂点で汚職がはびこるようになり、通貨の支配者たちは自分たちの権威をなるべく長く持続させるために、人々の偏見を盛んに利用し、こうすることで富を一握りの人間の手に集中させ、果ては共和国を破滅へと導くでしょう。[8]

リンカーンが本当にこう言ったのかどうかは定かではない。有名な引用文の御多分に洩れず、これもまた著者不明である。[9] しかし、誰が言ったのであれ、ここに示されている洞察には予言に匹敵するものがある。「米国を支配しているのは誰か」と題された２００７年記事において、ジェイムス・ペトラス教授はこう書いている――「現代においては、全世帯の２％が全世界の富の80％を所有していると言われている。少数のエリートの中でも、金融資本につながりのある一部の人間が特に、世界の資産の大半を所有しコントロールしており、合併企業の肥大化と集権化をさらに推進しているのである。」ペトラス教授はさらにこう洞察している。

金融支配階級の主要政治家は、公営または民営のエクイティ銀行、つまりウォール街の出身ばかりである――ゴールドマン・サックス、ブラックストーン、そしてカーライル・グループ等が挙げられる。かれらは二大政党と両者の選挙キャンペーンの資金提供と運営を行っている。圧力をかけ、交渉をし、世界戦略（自由貿易化と規制緩和）と派閥政治とに関する最も包括的でかれらにとって有利な法案を作り上げるのである。破産し失敗に終わったはずの投機会社を「救済」するようにと、また投機による「棚からボタ餅」的利益に対する増税は一切せずに、社会保障を削ることによって採算をとるようにと、かれらは政府に迫り寄る。こうした民営エクイティ銀行は世界中の経済のすべての部門の隅々にまで触手を伸ばしており、入手したそばから合併企業に投機を行う。米国の投資銀行が持つ投資ファンドのほとんどは、ヘッジファンド等金融支配階級の各部門を含め、そもそも製造業部門とサービス部門で働く労働者から搾り取った利益から発生していたのである。[10]

なるほど、こうしてみてみると、ブリキの木こりはたしかに東の魔女――つまり、ウォール街銀行家たち――によって心臓を奪われてしまったらしい。リンカーンやグリーンバック派、そしてポピュリストたちが予見したように……

第Ⅱ部 銀行家たちが通貨装置を制圧するまで

東の邪悪な魔女は何年もマンチキンたちをしばりつけて、
奴隷にして朝から晩まで働かせていた。

——『オズの不思議な魔法使い』「マンチキンたちとの会談」

第11章 家に勝る場所はなし——家族農場を巡る戦い

「どれほど陰気で退屈な場所であっても、血肉をもった人間である私たちはやっぱり自分の故郷で暮らしたいと思うものなのよ。他にどれほど美しい場所があったとしてもね。家に勝る場所は無いわ。」
——ドロシーからかかしへ『オズの不思議な魔法使い』

現代人ならば不思議に思うかもしれないことがある。ドロシーは、オズという七色の幻想王国に留まって遊びほうけることもできたはずなのに、なぜカンザスの陰気な農場という故郷に帰りたいと思ってやまなかったのであろうか。一方、自作農場の維持が主要な政治課題であった1890年代の読者であれば、ドロシーの気持ちを自然に理解することができた。当時、家宅の質流れや追いたては記録的な頻度で起こっていた。「1892年銀行家マニフェスト」という文書が示唆するところによると、これはすべて、農家や労働者から家と不動産とを奪い取るためにと、銀行家たちが意図的に計画したものである。この文書もまた、出所が定かではないのだが、始めに議会にこれを持ち込んだのはチャールズ・リンドバーグ・シニア下院議員であると言われている。リンドバーグは有名な飛行士の父であり、1903年から1913年まで議会に奉仕した。マニフェストには次のようなくだりがある。

ここから先、私たちは慎重を期して秘密裏に手を進めるべきです。下層の人々はすでに、不穏な動きの兆候を察知しているからです。農民同盟や労働者権利擁護組合といった団体は選りすぐりの人員を当てて監視すべきであり、私たちにとって有利にことを運ぶためにも速やかに行動を起こしてこれら団体をかき乱したりコントロールしたりすべきです。資本（銀行家たちとかれらの通貨のことだ）を死守するために、資本家は合併（つまり独占）と法律制定とを最大限駆使する必要があります。裁判所を味方につけ、負債を取り立て、国債やその他ローンはすぐにでも抵当流れ処分にすべきです。**合法的に家を奪ってしまえば、一般人はより従順になり、管理が容易になります。**帝国規模の富の中心主体である強力な政府の右腕を、金融界の統率者たちがコントロールすることになるのです。**家なき人民は、お上とのいざこざを起こさなくなるものなのです。**[1]

農民同盟と労働者権利擁護組合とは、ボームの物語においてはかかしとブリキの木こりとに相当する。これらは、当時大きな勢力として広く認められていた。目的の達成のためなら手段を選ばず、怒りで腹が煮えくり返っていたからである。このような強力な敵を分断するために、銀行家マニフェストには、現代でもなお用いられるある戦術が提案されている。

要人たちが世界帝国の確立に向けて動く間、人民は政治的な対立状態に置かれ続ける必要があります。有権者をこのように分断することによって、**私たちはかれらのエネルギーを、私たちにとって全くどうでもよい問題の議論に浪費させることができるのですから。**隠密に動くことによって、私たちはこれまで首尾よく実現されてきた潤沢な計画の賜物を所持し続けることができるのです。

有権者たちは、当時も今も、二人か三人かの候補者——皆裏では同じ人形使いによって操られているのだが——から一名を選択する権利を与えられることによって、鎮圧されてきた。インド人作家のアルンダティ・ロイが一世紀後に指摘したように、選挙プロセスには

そもそも本当の意味での選択肢が含まれておらず、いわば洗剤のブランドを選ぶ場合のような見せ掛けの選択肢があるだけなのです。アイボリー・スノーを買おうがタイドを買おうが、どちらもプロクター・アンド・ギャンブルの製品なのですから。銀行家や代表取締役のような真の権力者たちは、選挙の結果に影響を受けることがなく、そもそもすべての候補者に出資をしているのです。[2]

ボストン大学歴史学名誉教授のハワード・ジンもまた、政治プロセスへの幻滅を痛感しつつ、２００１年にこう書いている。

進歩主義運動の未来は、選挙政治という場にはありません。向かうべきは街頭闘争であり、そこには抗議運動やデモ、

市民的不服従、ストライキ、そしてボイコットが含まれます。消費者や労働者は直接行為によって政府や企業に対して力を行使するべきなのです。[3]

街頭抗議という伝統は1894年にまで遡るが、あのときコクシー軍団はオハイオからワシントンD.C.まで行進をし、グリーンバック制度の復活を求めて議会に請願を行ったのであった……

長靴をはいた請願

一般市民の間に合わせ軍隊とは対照的な「将軍」とよばれるジェイコブ・S・コクシーは、裕福なポピュリストであり、採砂場を所有し、馬の飼育にいそしみ、手仕立てのスーツを愛用する人物であった。かれは大義に燃えて参戦したのだが、その情熱の強さは、息子を「リーガル・テンダー」（法定通貨）と名づけたところからも窺い知れる。フランク・ボームと同じように、コクシーもまた、1890年に猛威を振るっていた神智学運動の一員であった。通貨問題に対する自分の解決策は夢によって告げられたのだ、とかれは言っている。[4] 夢を夢に終わらせず、かれはこれを国会議事堂の門前にまで持って行ったが、このような「やればできる」精神は後にポピュリスト運動の骨子ともなる。かれはこの抗議行進を「長靴をはいた請願」と命名した。

500名以上からなるコクシー軍団は、ワシントンD.C.に入り、ペンシルヴェニア通りを進んで行ったが、かれらは大きな脅威であるとみなされ、米国軍から1500名もの軍人がこれへの抵抗軍として配置された。[5] コクシーは国会議事堂の階段に立って演説を行おうとしたが、警察によってこれを阻止された。敷地内の芝生への不法侵入と、禁止されていた横断幕（実際には3インチ×2インチのピンバッジにすぎないものであった[6]）を掲げたという容疑によって、かれは20日間監獄に入れられた。このときコクシーが準備した演説の原稿は、後にかれの支持者たちによって議事録に収められることになる。演説は表現豊かで感動的なもので、銀行家たちがますます金持ちになる間ますます貧しくなっていった人々の絶望の深さをよく表している。コクシーはこう述べている。

この階段を上って、トラストや企業を代表するロビイストたちは、全く誰にも邪魔されることなく会議室へ通されてきた一方、額に汗して富を生産する人たちの代表者である私たちはその部屋へ行くことを禁じられているというありさまです。今日、私たちは数百万人の労働者たちを代表してここに立っています。かれらの請願は会議室の奥底にしまいこまれ祈りは届かず、かれらは誠実な報酬のある、生産的な労働を行う機会を、不正義な法案、怠け者や投機家、ギャンブラーを守るために作られた法案によって奪われました。私たちは今日、とある米国上院議員の行った宣言を議会にて再び行うために集まりました。「四半世紀にわたって、裕福者はさらに裕福になり、貧困者はますます貧しくなり、**今世紀の終わりには中産階級が抹消され、生存をかけた競争はますます激しいものになるでしょう」という宣言です。**

私たちは今日、苦渋の労働と辛い行進を続け、嵐や天変地異、そして山々を乗り越え、貧困と貧苦の試練を潜り抜けて、ここまでやってきました。私たちの国の立法府に、人々の嘆きの声を届けるためです。私たちは、働くことのできる人すべてに労働の機会が与えられるような法律を制定するようここに請願します。普遍的な豊かさをもたらし、ジョージ王の末裔への金融的な服従状態から私たちの愛すべき国を解き放つ法律を制定するようここに請願します。

私たちは、人類普遍の敵との戦い、飢餓や悲惨さ、そして絶望との戦いを続けていますが、議会にはぜひ、私たちの請願を聞き入れ、かつてこの国を最悪の戦争状態から脱出させ、国民の命を救ったあの通貨を十分な量発行していただきたい。[7]

コクシーは二つの法案を提示したが、一つ目は主に農家の救済を、二つ目は都市の労働者の救済をねらいとしていた。かれの提案した「良質道路法案」では、5億ドル相当の法貨紙幣ないしグリーンバックが発行され、米国農村部が特に必要としていた道路の建設に当てられる。また、都市部の住民に向けて、コクシーは「無利息国債法案」を提案した。この法案に従えば、州や地方の自治体は負債フリーな債券を発行することによって、連邦財務省から法貨を借りることができるようになる。一連の取引によって捻出される通貨は、図書館や校舎、水道設備や電力設備、市場等の建設を含む公共事業に当てられる。[8]

つまり、コクシーの提案はかなり斬新で革命的であった。政府事業に関する決定は政府が行い、その後これの資金として自ら通貨を発行する。国はもはや既存の通貨、つまり金に基づく銀行家支配の通貨の限度に縛られる必要がなかった。通貨とは労働力や資源の単なる領収証にすぎず、政府はこれを発行することが許され、むしろそうする義務さえ有していた。もし労働力と資源とが存在し、人々が仕事をしたいと願うならば、かれらは自ら作った領収証紙幣を使って商業を始めることができた。夢は「表現される」(Realize) ことによって実現する (Making them real) ものであるというこの考えは、正に神智学の教えの実践であった。すでに手元にある富を実現するためには、ただその潜在力を表に現せばよかったのである。

議会を説得することにコクシー軍団が失敗すると、他の「産業階級軍団」がその跡継ぎとなった。このような軍団は40団ほど存在した。およそ１２００人の抗議活動家たちは、鉄道会社や連邦保安官、米国軍や法廷禁止命令などの抵抗勢力をどうにか乗り越え、およそ１２００人の抗議者たちは１８９４年にワシントンに到着した。「ホーガン軍団」と呼ばれる人々は、行進をモンタナから開始したが、国会議事堂まで歩くには距離がありすぎたため、抗議者たちは電車を徴用した。米国保安官率いる保安員たちがかれらを阻止しようとしたために銃撃戦となり、数名が重傷を負い1名が死亡した。こうして、米国軍はようやく電車を占拠したのであった。「ホーガンの英雄」たちは逮捕され、ホーガン自身は6ヶ月を牢屋で過ごした。[9]

20世紀になると、時がたつにつれて街頭抗議の規模は大きくなっていったが、これらはコクシー軍団を手本として組織された。1913年、女性参政権支持派は、連邦政府からのサポートを受けつつ、ワシントンまで全国規模の行進を主導した。1932年、飢餓状態にあった第一次世界大戦退役軍人とその家族計20000人ほどは、ライト・パットマン下院議員が草案を書いた「ボーナス法案」を支持して行進した。この法案は、退役軍人たちに当時の時点でのボーナスを全額支払うよう定めていた。このボーナスは1924年にすでに用意されていたが、実際の支払いは1945年に初めて行われることになっていたのである。フーヴァー大統領がこの要求を拒否すると、「ボーナス軍団」がポトマック中に存在する「フーヴァーヴィル」として知られる貧民街に陣取った。ダグラス・マッカーサー、ドワイト・アイゼンハワー、そしてジョージ・パットンを含む選りすぐりのリーダーたちが率いる歩兵団がフーヴァーに送り込まれるまで、野営は続けられた。退役軍人たちは潰走し、野営備品は焼き尽くされ、3名の死亡者と数千人にものぼるけが人が出た。[10] 2004年4月25日、当時としては史上最大規模の抗議行進において、100万人以上の女性たちが国会議事堂に集い、女性の権利を請願した。その前日には、数千人もの抗議者たちが、世界銀行と国際通貨基金の政策に反対して行進を行っていた。[11]

通貨問題の普及

グリーンバック党が通貨改革に失敗した後、多くの党員は人民党に加わった。ポピュリストたちは、それ以前の政党ではなく正に自分たちこそが、建国の父の真の米国的原理を代表しているのだと感じており、わけても、国家の通貨を発行するのは政府のみに許された特権であるという根本原理が特にひどくないがしろにされていると感じていた。また、ポピュリストたちはさらに、いくつかの公共資産を連邦の手に返すことを望んでいたが、民間企業カルテルが横領した資産には、銀行、鉄道、電話、電報、そして民営鉄道やその他の独占企業へ譲渡されてしまった公地などが含まれる。

1890年代のポピュリスト運動は、国の通貨発行権を銀行が独占する体制への、最後の本格的抵抗であった。ときは1895年、瞬時に100万部のベストセラーとなった『コイン金融学校』によって、通貨問題に対する世間の関心が高まった。その著者であるウィリアム・ホープ・ハーヴェイは、一般読者でも理解できるような口調でこの問題を解説した。ハーヴェイの主張によると、銀貨の鋳造に対する規制は、ロンドンの支配下にある東部金融家を裕福にさせつつ、その対価を農民や負債者に払わせる陰謀である。かれは英国を、「世界の通貨を思うがままにし、これによって世界規模の不幸を引き起こす力をもつ勢力」と呼んだ。「1873年の罪」とよばれる銀貨の鋳造を制限する法案は、民衆の通貨である銀貨を消し去り、これを英国銀行家の通貨である金貨で埋め合わせた。ハーヴェイの洞察によると、米国は当時英国に年当たり2億ドル相当の金を、国債の利息を支払うためだけに送っており、また対金の銀の値下がりが起きたがために、米国は利息のための資金をなんとか調達するために4億ドル相当の資産を失うことになった[12]。

『コイン金融学校』は、ウィリアム・ジェニングス・ブライアンの「金の十字架」スピーチの下地となったが、聴衆はブライアンのスピーチを積極的に聞き入れたのである。ハーヴェイはブライアン大統領候補者にとって欠かせない経済顧問となった。1896年、人民党支持者と銀本位主義者たちは、民主党大会における主勢力となった。あるリポーターによると、あとかれらに必要なのは待望の「モーゼ」であった。そして、ブライアンこそ適役だったのである。しかし、共和党の対抗馬であるウィリアム・マッキンリーは、25万ドルという当時としては巨額の献金を行ったロックフェラーのスタンダード・オイル社を含む大企業を味方につけていた。選挙は接戦ではあったが、最後はマッキンリーの勝利となった。かれはさらに1900年にも勝利を飾ることになる。

ビッグ・マネー勢力を味方につけてこそいたものの、マッキンリーは同時に、外国人略奪者を追い払うためにと輸入税の増税を支持する保護貿易主義者でもあった。かれはマーク・ハンナの強い反対を押し切って、親英派のテディ・ルーズヴェルトを副大統領に任命したが、ハンナこそマッキンリーの大統領就任の引き立て役であり、後に批評家たちから「金オンス（オズ）の魔法使い」の異名を得ることになる人物である。ハンナはマッキンリーに、大統領としてのかれの使命は「かの狂人」ルーズヴェルトから国を守るためにとにかく大統領の座を維持することだ、と忠告をした。しかし、マッキンリーは1901年にこの使命を果たすことに失敗する。かれは南北戦争以後に暗殺された3人目の大統領であった。陰謀説はどれも決定的証拠が欠けていたが、疑念を抱く批評家たちは、保護貿易主義者マッキンリーの抹殺が親英派にとって有利である点を指摘した。こうして、大西洋をまたぐ強力な金融家たちが支持する英米同盟が、可能性として出てきたわけだが、これは祖国に忠実な米国人たちが英国を敵とみなしていた19世紀には考えられないことであった[13]。

マレー・ロスバード著の歴史学論文によると、マッキンリー以後の米国政治は、モーガン社とロックフェラー社という二大銀行の競り合いや闘争を中核とするようになった。個々の政党に変化はあったかもしれないが、裏で糸を引く人形使いは基本的にこの二大通貨主体のいずれかであった[14]。第三政党出身であり人々の支持を集めるような候補者が選挙で勝つ可能性がほぼ皆無になってしまった背景には、国のマネーサプライを発行する力を独占している銀行家がその他すべての切り札も一緒に独占したという現状があった。
テディ・ルーズヴェルトは「トラスト征伐者」を自称し、現に字面では反トラスト法を制定したが、ふたを開けてみると、かれの政権下では、「トラスト」と呼ばれる強力な独占企業たちはほとんど痛手を負うことがなかった。トラストやカルテルは引き続き実権を握る人形使いであり、人形政治家の糸を操り、賄賂でかれらの目を瞑らせつつ、元々は複合企業を規制するはずの反トラスト法を強力な複合企業たちが自ら操作することになった。ルーズヴェルトは1906年にこう嘆いている。

建前上の政府の裏には、人々に一切義理も責任もない影の政府が君臨しています。この影の政府を打倒し、汚職まみれのビジネスとやはり汚職まみれの政治の穢れた同盟を一蹴することこそ、今日における政治家の第一の使命なのです。

第12章 おしゃべり頭と見えざる手——秘密政府

「でも、ちょっとわかんないんですけど」とドロシーはわけがわからなくなってたずねました。「どうしてあなたは、大きな頭に見えたの？」「そりゃわしの手品の一つなんだよ」とオズは言いました。オズが指さした隅っこには、あの大きな頭が転がっていましたがそれはいろんな厚さの紙でできていて、顔が入念に描いてあったのです。「これを針金で天井からつるしたんだよ。そしてわしはあのついたての後ろに立って糸をひき、目玉を動かしたり口をぱくぱくさせたりしたんじゃ」

——『オズの不思議な魔法使い』「恐ろしきオズの正体」

「見えざる手」が市場をコントロールする、というアイデアを提示した最初の人物は、１７７６年に『国富論』を書いたスコットランド人の経済学者アダム・スミスであった。しかし、スミスの見えざる手は恵み深いものとして捉えられており、市場を自由にしておきさえすればすべてがうまくいくような神秘的な力であると考えられていた。これに対して、スミス以後の評論家が言う見えざる手はもっと陰険なものであり、秘密のねらいに従って歴史を書き、裏であやつる手であるとされた。ウッドロウ・ウィルソン大統領は、１９１３年に連邦準備法に署名をしたが、かれはこう述べている。

> 私たちは、文明社会において最も酷く統治され、かつ最も完全な被支配状態にある政府となってしまいました。もはや自由な意見交換に基づく政府でも、多数派の票に基づく政府でもなく、支配的な影響力をもつ少数の人々の見解と脅しによって動く政府となってしまったのです。

では、支配的な影響力をもつ人々とは一体誰のことであったのだろうか。ウィルソンはヒントを出すに留まっているが、かれが言うには、

> 米国においても特に大きな影響力を持つ人々、中でも商業と産業に関わる人々は、あることに怯えています。かれらは皆、ある権力の存在に気が付いており、この権力がいかに密に組織化され、巧妙であり、用心深く、網の目のような人脈を持っており、完全で包括的であるかをよく知っています。そのため、これについて批判的なことを言うとき、かれらは声を潜めなければ身の安全に関わると感じているのです。[1]

他にも多くのリーダーたちが、政府が見えざる人形遣いたちによってコントロールされているのだと示唆することを述べている。テディ・ルーズヴェルトの遠縁の従兄弟にあたるフランクリン・ルーズヴェルト大統領は、１９３３年に次のことを認めている。

> ご存知のように、ことの真相はというと、政府はアンドリュー・ジャクソン以来、集権化された金融団体によって牛耳られているのです。わが国は、ジャクソンと米国銀行との戦いを今、まさに繰り返しています。かれよりも大きな規模で、という違いはありますが。

最高裁判所判事のフェリックス・フランクフルターは、１９５２年にこう述べている。

> ワシントンの真の支配者たちは影に隠れており、表舞台の裏側から権力を行使している。

通貨銀行業下院委員会議長のライト・パットマン下院議員は、1967年下院答弁における演説でこう述べている。

現在、米国には事実上二つの政府があります。一つ目はしかるべき手順を踏んで組織された政府ですが、二つ目は連邦準備銀行内に存在する、独立し、管理の手を逃れており、かつ調和のとれていない政府であり、憲法上では議会が独占できるはずの通貨権力機関の舵取りをしているのです。

20年後、ダニエル・イノウエ上院議員は、イラン戦争反対聴聞会において、議事録に記録された演説の終盤でこう述べている。

影の政府が存在します。この政府は自前の空軍と海軍を有しており、資金調達の仕組みも持っており、国益という言葉に独自の定義を与え、権力の抑制や均衡はおろか、法律そのものからさえも解放されて国益を追求するのです。[2]

1927年、ニューヨーク市長のジョン・ハイランは、見えざる政府を「巨大な蛸」に喩えているが、これはアンドリュー・ジャクソンが対峙した「ハイドラ頭の怪物」を想起させる。ニューヨーク・タイムズ紙に掲載された演説において、ハイランはこう述べている。

セオドア・ルーズヴェルトの発した警告は、今もなお有効です。というのも、私たちの共和国に対する真の脅威は、巨大な蛸のごとく市や州、そして国そのものにねばねばと広がる影の政府であるからです。この政府は、長く強力な触手を使って、執行役や立法機関、学校や裁判所、新聞、そしてその他公共の福祉を守る目的で設立されたありとあらゆる機関を絡め取ってゆきます。

蛸の頭の部分には、ロックフェラー＝スタンダード・オイルの利権と、「国際銀行団」として知られる少数の強力な銀行とが君臨しています。この強力な国際銀行家たちの小さなグループは、利己的な目的意識にしたがって事実上米国政府を運営しているのです。

かれらは二大政党をどちらもほぼ完全にコントロールしており、政綱を執筆し、政党総裁をだしに使い、民間団体のリーダーを利用し、そのほかあらゆる手段を使って、ビッグ・ビジネスの意志に同調するような候補者のみが公的重役に立候補するよう仕向けるのです。[3]

このような国際銀行家やビジネスマンは、マシュー・ヨーゼフソンの1934年出版のベストセラー『泥棒男爵』において、まさに「泥棒男爵」と呼ばれた。[4] 泥棒男爵たちは大層無節操な輩で、「市場の支配を生き甲斐とし、企業合併を、軍事戦略を立てるような仕方で計画した。」ジョン・D・ロックフェラーの父親のあだ名には、いんちきセールスマン、でたらめ野郎、重婚者、そして準犯罪者が含まれる。有罪宣告こそされなかったが、かれは馬の窃盗から強姦まで様々な罪に問われ続けてきた。かれは自慢げにこう言ったこともある。「隙さえあれば誰でも出し抜くようにしているのさ。奴らの脳を活性化するためにね。」一度独占体制を築くと、泥棒男爵たちは価格を引き上げ、サービスの質を下げ、他の会社を倒産させるために不公平な取引活動を行う。独占権の乱用は国家規模のスキャンダルとなり、１８９０年にはシャーマン反トラスト法が上院と下院を通ったとき、反対票はわずか1票しか投じられなかったほどである。問題は法の施行であった。１８８８年、４０００万ドルの受領高を記録するボストン鉄道独占企業を監督するためにマサチューセッツ州が有していた受領高はわずか７００万ドルであった。[5]

トラストを信用（Trust）してもよいのか

トラストとは、少数の人間の手元への富の集中を指す言葉である。その語源は、預金顧客の通貨を「信託＝トラスト」された民営銀行に由来する。銀行紙幣は（ラテン語で「信用」を意味するFideになぞらえて）「信託」（Fiduciary）通貨と呼ばれたが、これは要求に応じて紙幣領収証を換金するために十分な量の金を銀行家たちは持っているはずであるという「信用」が必要とされていたことからきている。[6]こうした信託銀行は、「金ぴか時代」に台頭した巨大なトラストの形成に重要な役割を果たした。トラストは各自が各々の銀行と結びついており、後者は通貨を好きなように発行し融資する許可を得ていた。ボードゲーム「モノポリー」さながらに、かれらはこの紙幣通貨を使って競争相手を買収し、ゲーム自体をモノポリー＝独占状態に持ち込もうとしたのである。

独占権の肥大と乱用は、米国市場もっともレッセフェール的[i]あった時代、「金ぴか時代」に頂点に達する。トラストはあまりにも強力であったため、シャーマン法の成立以後、ある産業を一企業が独占するという傾向はむしろ強まってしまったほどである。１８９８年以前は、年当たり平均で46の企業合併が行われていた。１８９８年以後、これは５３１という数値にまで跳ね上がった。１９０４年に至ると、米国企業の上位４％が米国産業商品の57％を生産するという有様で、しかもたった1社が50カ国で60％以上の生産活動を支配していた。皮肉にも、トラストは連邦政府規制の最も強い支持者となった。なぜなら、かれらの独占力は、政府によって与えられる特権に依存していたからである。連邦委員会に人員を送り込むことによって、トラストは政府規制を利用し産業をより強力に支配し、競争から逃れ、高価格を維持しようとした。

銀行、そしてウォール街の台頭

泥棒男爵にも色々いるが、中でもJ・P・モルガン、アンドリュー・カーネギー、そしてジョン・D・ロックフェラーは群を抜いている。モルガンは金融業界を、カーネギーは鉄鋼業界を、そしてロックフェラーは石油業界をそれぞれ独占した。カーネギーは自分のビジネスを自らの手で作り上げる競争好きな人物であった。対して、モルガンは少し種類の異なる資本家であった。モノを作る代わりに、売買に特化したのである。かれは競争を嫌悪し、他の人のビジネスを次々と乗っ取った。１９０１年に、モルガンはカーネギーから買収した製鋼工場を使って、USスチールという史上初の10億ドル規模の会社を設立した。

ロックフェラーもまた、競争相手を買収することによって蹴落とした。かれの会社であるスタンダード・オイル社は、史上初の合併大企業であり、後に史上最大の独占企業となる。第一次世界大戦以前、米国の金融とビジネスの構造は、モルガンの金融会社や運輸会社、そしてロックフェラーのスタンダード・オイル社によって支配されていた。これら合併企業は互いに密な同盟を組んでいた。連携に基づく舵取りを行うことによって、かれらは米国の経済を隅々まで支配することができたとさえ言われている。[7]

モルガンとロックフェラーのトラストの成功劇を見るや否や、他の実業家たちもまた、競争相手を買収し同じような規模の合併大企業を作り上げることを夢見るようになった。しかし、カーネギーという例外を除いて、他のすべての資本家たちは、このような略奪活動を行うために十分な資金を持っていなかった。そのため、帝国構築を志す人たちは、資金を求めてモルガンを含むウォール街銀行に擦り寄った。大投資会社の近くに拠点を置こうと、企業はだんだんニューヨークに流れるようになった。１８９５年に至ると、ニューヨークは米国を代表する大企業や、米国の億万長者の約半数の本拠地となった。ウォール街23番地にあるモルガンの銀行は「ハウス・オブ・モルガン」の異名で知られるが、ここは数十年にわたって米国金融界の最重要地点であり続けてきた。１９２０年、銀行の門前で爆弾が爆発し、40名の死者と４００名の負傷者が出た。その後、米国金融の連合はワールドトレードセンターに移ったが、ここも２００１年に別の攻撃の標的となった。20世紀初頭、モルガンが支配していたウォール街シンジケートは、金融評論家のジョン・ムーディーに言わせると「世界市場最強の金融権力」である。モルガンは、２２０億ドル以上の資産を有する計１００社を支配していた。１９１３年、『銀行家による他人のお金の使い方』という本において、最高裁判所判事のルイス・ブランダイスは、米国経済への一番の脅威は「通貨トラスト」であると書いている。ウォール・ストリート・ジャーナルによると、「通貨トラスト」とは、世界最強の銀行の創設者であるJ・ピアポント・モルガンの別名にすぎない。英国におけるロスチャイルドと同じように、モルガンもまた米国において驚くべき政治的影響力を持っていた。モルガン族はしばしば国際通貨会合に米国政府の代表

i　原注：フランス語で「放っておく」「なるようにさせる」という意味であり、市場への介入を意図的に控える政策のことである。

として参加してきた。これは、現代においてもなお続いている。連邦準備銀行総裁を長きにわたって務めたアラン・グリーンスパンは、ロナルド・レーガン大統領によってこの役職に抜擢される前は、Ｊ・Ｐ・モルガンの法人理事であった[8]。

　モルガン率いるウォール街銀行から資金を得ることに成功した幸運な企業たちは、それぞれ各々の産業を独占することができた。では、数々の合併や買収を賄うための通貨を、ウォール街銀行は一体どこから調達したのであろうか。この問いに対する答えは、ライト・パットマン下院議員をはじめとする注意深い洞察者たちによって明かされた。泥棒男爵たちは、シルクハットから通貨を引っ張り出していたのである。かれらが私的に運営する民営銀行こそ、究極のクレジットカードであり、癒着「情婦」企業に自由に融資可能でもあり、帳簿記載をして創り出した通貨の際限なき源泉であった。こうした資金は、競争相手を買い上げたり、希少な天然資源の市場を囲い込んだり、政治献金を行ったり、議会に対してロビー活動を行ったり、世論をコントロールしたりする目的で使うことができた。

泥棒男爵を裏で操っていたのは誰か

　ロックフェラーとモルガンは、政治舞台において権力闘争を行うライバルであったが、二人とも英国金融家から手厚い援助を受けていた。ジョン・Ｄ・ロックフェラー・シニアは、南北戦争中に成立させたいかがわしい鉄道リベート契約によって一山当てた。１８９５年に至ると、かれは米国製油業界の95%を買い占めていた。チェイス銀行（国法銀行法を成立させた功績を評価され、サーモン・Ｐ・チェイスの名がつけられた銀行である）は、ロスチャイルド家に端を発する資金を使ってロックフェラーが買収した。資金は、クーン・ローブ社というニューヨーク銀行会社が融資したが、この会社は当時ジェイコブ・シフというドイツ人移民の配下にあった。シフはこのパートナーシップに同意する際に、ロスチャイルド家から資金後援を受けている。かれは後にクーンを買い上げ、ローブの長女と結婚している。マンハッタン・カンパニー（ハミルトンとバーによって19世紀の始めに設立された銀行会社である）もまた、クーン、ローブ、そしてワーブルグというロスチャイルドつながりのフランクフルト銀行名家の手によって、ロスチャイルド家の支配下に置かれた。１９５５年、ロックフェラーのチェイス銀行は、マンハッタン・カンパニーと合併し、チェイス・マンハッタン銀行となった[9]。

　モルガン一族の銀行利権は、さらに明快に英国にまでその起源を辿ることができる。１８５０年代、ジュニウス・モルガンは、後にピーボディ・モルガン社と呼ばれることになる、英国と米国の間の決済に特化したロンドンを拠点とする投資ビジネスのパートナーとなっている。南北戦争中、このパートナーシップは、連合側の第一資金提供者となった。ジュニウスの息子であるジョン・ピアポント・モルガンは、後にこの会社のニューヨーク支社の長となったが、この支社は１８９５年にＪ・

P・モルガン社に改名された。ジョン・ピアポントの息子であるJ・P・モルガン・ジュニアは、その後ロンドン支社のパートナーとなり、1898年にロンドンへ移り、イングランド銀行によって支配されていた中央銀行制度を学習した。

ロスチャイルド家は、建前上はピーボディ・モルガン社のライバルであったが、裏で両者は秘密の同盟を結んでいるのではないかという噂が流れていた。ネイサン・ロスチャイルドは、宗教的な偏見もあって、あまり他人からよく思われていなかった。モルガンの伝記著者であるジョージ・フィーラーは、1973年にこう書いている。「目を覆うような反ユダヤ主義の再燃は、もはや私たちの現実の一部となっている。おとりが必要となったからである。」南北戦争中は、オーガスト・ベルモント（旧姓シェーンベルグ）がロスチャイルドのおとり役を演じた。しかし、ベルモントとロスチャイルドのつながりが公となってしまうと、もはやこの戦術は機能しなくなった。フィーラーはこう書いている。「J・ピアポント・モルガンは、資本主義を地で行くプロテスタント的な人物であり、かれの祖先はアメリカ革命以前にまでさかのぼるまさに適役であった」。「金ぴか時代」において、金融危機が起きるたびにモルガンの銀行がトップに躍り出る理由はこれである。1873年、1884年、そして1907年に起きた銀行パニックにおいて、モルガンの銀行は不思議といつも、生存と繁栄に必要なだけの資金を調達することに成功してきた。[10]

影の政府

1879年、ロックフェラーは手持ちのスタンダード・オイル社を、「トラスト」と呼ばれる当時としては新しい媒体に変身させ、生産、製油、運送、そして配分活動を統合しようと試みた。ロックフェラー・トラストは、ロックフェラーが部分的にあるいは全面的に所有しておりかつ互いに投資し合っていた企業のネットワークから構成された。1882年に反トラスト調査によってオハイオから追放されるまで、この構図は順風満帆であった。1883年、ロックフェラーのトラストはニューヨークに移転し、全米、いや全世界の石油会社や製油会社を淡々と貪り始めた。この強欲的な活動は、モルガンからの違法な鉄道リベートによって後押しを受けたが、後者はロスチャイルド銀行からきた資金によって鉄道を買い占めていた。独立製油工場は、競争にもはやついていくことができず、多大な損失を忍んで買収に甘んじるか、さもなければ金融破綻をするかという選択を迫られた。

1890年に至ると、ロックフェラーは米国全土の独立製油工場をすべて手中に収め、世界中の石油売買を独占していた。1911年、米国最高裁判所は、スタンダード・オイル・カルテルは「危険な共謀」であり、「共和国の安全のために」解体されるべきである、という判決を下した。（「共謀」とは法律用語であり、犯罪行為を行うために、あるいは違法行為を通じて合法的な目的を達成するために、二人以上の人間が合意を行うことを意味する。）１９１４年、スタンダード・オイルは議事録において「影の政府」と呼ばれるようになった。[11] 裁判所の反トラスト指令を受けて、スタンダード・オイル帝国は38社の新しい会社へと分裂したが、ここにはエクソン、モービル、アモコ、シェヴロン、そしてアルコーが含まれる。それでもなお、これらの会社の株式の過半数を所持し決定権を占有することによって、ロックフェラーは秘密裏にこれをコントロールし続けた。

自動車とガソリンエンジンの発明によって、ロックフェラー＝モルガン・シンジケートはエネルギー産業を事実上締め付けることになった。競争に勝つことだけに全力を尽くしていたかれらは、石油を保全しつつ非効率的なガソリン燃料に代わるエネルギー源を探すのではなく、逆に無駄と消費とを奨励した。[12] 国際戦略家であるヘンリー・キッシンジャーは、後年、石油を制するものは世界を制する、と言っている。この一言は、少なくとも石油が世界を動かしている間は正しく、石油カルテルは明らかにこの状態を維持しようとあくせくしていた。20世紀初頭、天才エネルギー工学者として知られるニコラ・テスラは、一説によると、石油と配線を全く必要としない「無料エネルギー」の開発まであと一歩というところまで来ていた。[13] しかし、不運なことに、テスラに資金を提供していたのはＪ・Ｐ・モルガンであった。この新しいエネルギーに値段をつけることはできないということを悟ると、モルガンはテスラへの資金提供を打ち切り、かれが金融破綻するよう周到にことを運んだとされている。テスラはモルガンへの悲哀の手紙にこう記している。

「私は、世界史上最高の発明品を持ってあなたのところに参りました。あなたがこれを拒否することはわかりきっていました。いかにも、魂の蜘蛛の糸を使ったところで、ウォール街最大の怪物を捕らえることがどうして私にできましょう。[14]」

第13章
魔女たちの集会――ジキル島事件と1913年の連邦準備法

「わしがとてもおそれていたのが魔女たちだ。わしは何の魔力も持ってはいないが、魔女たちは本当に不思議なことができるのだということがやがてわかったからな」

――『オズの不思議な魔法使い』「恐ろしきオズの正体」

ウォール街銀行家たちが金ぴか時代における悪の魔女たちであったとしたら、かれらがその偉大なる計画を次々と練り上げていった集会はジキル島で行われた。ジョージアの海岸から少し離れたところにあるこの島は、J・P・モルガンの所有物である。この集会を1910年に主催したのは、ロードアイランドの上院議員ネルソン・オルドリッチであったが、かれはモルガンの商売仲間であり、ジョン・D・ロックフェラーの義父である。上院における共和党の「鞭」として知られるオルドリッチは、ウォール街癒着議員および大企業や銀行業の代弁者として有名であった。

会議の主催者はオルドリッチであったが、その真の黒幕はポール・ウォーバーグという名のドイツ人移民であった。かれはクーン、ローブ、そして南北戦争後のロスチャイルドの米国銀行業のパートナーであった。他の参加者には、当時のモルガンの銀行トラスト会社の部長であったベンジャミン・ストロング、モルガンの部長他二名、米国財務長官補佐、そしてフランク・ヴァンダーリップが含まれる。ヴァンダーリップはニューヨーク・シティ・バンク（現シティ・バンク）の社長であったが、これは当時ニューヨークにおいて最も強力な銀行であり、ウィリアム・ロックフェラー、クーン、そしてローブを代表していた。計画を主導したのはモルガンであった。モルガン派とロックフェラー派は長らくライバル関係にあったが、この極秘会合においては協力関係を築き、双方の利益となるような銀行業計画を練り上げた。この会議について、ヴァンダーリップは後日次のように書いている。

> 私たちは、一人ひとり順番に、極力目立たないように気をつけながら駅まで来るよう指示を受けていました。駅にはオルドリッチの自家用車が控えているから、と。本件を発覚させることは断じて許されていませんでした。私たち一団が銀行業に関する法案を執筆したということが公になってしまえば、この法案が議会で可決される可能性はなくなってしまいます。オルドリッチの連邦準備制度計画は、原案こそ否決されましたが、しかし本質的な内容は最終案にまでしっかり引き継がれることになりました。[1]

計画への議会側からの反対運動を率いたのは、ウィリアム・ジェニングス・ブライアンとチャールズ・リンドバーグ・シニアであったが、かれらは中央銀行に関する法案やウォール街通貨による支配を許す法案には断固反対の立場をとっていた。そもそもこの法案は、銀行恐慌が起きるまでは議会審議に持ち込むことすら難しかったのである。１９０７年の恐慌は、米国ニッカーボッカー銀行信託会社は破産寸前である、という噂によって引き起こされた。後日明らかにされた証拠によると、この噂の出所はモルガン一族であったとされている。噂を真に受けた公衆は、銀行に対して取り付け騒ぎを起こすことによって、噂を現実化してしまった。このとき、本格的な恐慌を避けるためにと、モルガンは高貴にも1億ドル相当の金をヨーロッパから輸入し、取り付け騒ぎに歯止めをかけようとした。催眠にかかった公衆は、恐慌を防ぐためには米国に中央銀行制度を確立する必要があると信じるようになった。[2]連邦準備法の共著者であるロバート・オーウェンは、後日議会証言において、銀行業界は、金融家にとって有利に働くような改革を要求するよう国民を煽り立てるために、意図的にこのような金融恐慌を仕組んだのだ、と供述している。[3]リンドバーグ議員はさらにこう畳み掛けている。

> １９０７年恐慌を引き起こしたのは通貨トラストです。通貨トラストを支持しない者たちは実業界から締め出されましたし、通貨トラストの思惑通りの銀行法や通貨法の改正要求を行うよう国民を脅すこともできたのですから。[4]

１９０７年恐慌は、オルドリッチ上院議員率いる議会調査を発足させ、ほどなくして内密なジキル島会議が開かれた。その結果オルドリッチ計画が発案されたが、ことの真相を見抜いた反対派はこれを周到に廃案にした。ブライアンは、自分は民営銀行によって発行される民営通貨を可能にするような法案は支持できない、と言っている。連邦準備紙幣はあくまで財務省の通貨であるべきで、政府がこれを発行し保障する必要があり、またこれを管轄する組織は大統領によって任命され、上院によって認可されるべきである、ともかれは述べた。

モルガンの手下がホワイトハウスへ向かう

議会からの反対の声に加え、モルガンはもうひとつ問題を抱えていた。かれの法案へ署名をしてくれる大統領が必要だったのである。1910年の大統領ウィリアム・ハワード・タフトは、モルガンの味方ではなかった。マッキンリーは側近の副大統領テディ・ルーズヴェルトを後継者としたが、後者はモルガン派であり、ロックフェラーのスタンダード・オイル社の分解をした人物である。ルーズヴェルトの後を継いだのはタフトだが、かれはロックフェラーの州であるオハイオから来た共和党員であった。モルガンに雪辱を果たそうと、かれは二大モルガントラスト、インターナショナル・ハーヴェスターとUSスチールを分解するための反トラスト訴訟を起こした。他方で、タフトは1912年に再選されることを心待ちにしていた。かれを大統領の座から引きずり下ろそうと、モルガンは進歩党、別名ブルムース党という新しい政党を意図的に作り上げ、当時すでに引退していたテディ・ルーズヴェルトを説得して候補者にした。ルーズヴェルトはタフトからかなりの票を奪ったが、このおかげでモルガンは1912年に民主党側から望みどおりの候補者ウッドロウ・ウィルソンを当選させることに成功した。ルーズヴェルトは自分がおとりに使われたのだということに気づきつつ舞台から退き、進歩党はほどなくして解散となった。ウィルソンはモルガンの手下たちに囲まれたが、中でもエドワード・マンデル・ハウス「大佐」はホワイトハウスに自分専用の部屋を持っていたほどである。ウィルソンはハウスを自分の「分身」と呼んだ。[5]

法案を成立させるために、モルガン派は法案の名前をオルドリッチ法から連邦準備法に改め、クリスマスの三日前、議会が休暇の準備にあくせくしている時期を選んでこれを提出した。この法案はあまりにも曖昧で不明瞭な言葉遣いによって書かれていたため、その各条項を本当に理解した議員は一人もいなかった。オルドリッチ一族は、ブライアンの支持なくしてはこの法案を成立させることはできないということに気が付いていたため、妥協を装ってブライアンの要求をのむ素振りをみせた。ブライアンは嬉しそうにこう述べている。「政府の通貨発行権は、銀行に明け渡されずに済みました。また、このように発行される通貨に対する政府のコントロール力もまた、放棄されずに済んだのです。」しかし、この考えは甘かった。なるほど、通貨を印刷するのは米国製版印刷局かもしれないが、これは政府の負債あるいは債務として発行されるので、結局は民営連邦準備銀行への利息付返済義務が生じる。また、たしかに連邦準備委員の抜てきに議会や大統領が関係することはできるが、委員会はその後、議会の監視やコントロールの届かないところから、地方銀行と連携して秘密裏に動くことができるようになる。[6]

法案は1913年12月22日に可決され、翌日ウィルソン大統領によって署名され法律となった。ウィルソンは後日、この行為を悔いている。臨終の床で、かれはこう言ったと伝えられている。「私は不覚にも自分の国を破滅へと導いてしまった。」ブライアンもまた幻滅を覚え、ルシタニア号の不審な転覆から始まったヨーロッパ戦争へのウィルソン大統領の加担に反対する目的で国務長官を辞任した。

連邦準備銀行の初期総裁としてポール・ウォーバーグが推薦を受けたが、かれはこれを辞退した。代わりにウォーバーグは副総裁となり、第一次世界大戦の終戦まで職務を全うしたが、その後利害の衝突をさける目的で辞任した。なぜなら、当時のドイツ民営中央銀行であったライヒ銀行の取締役であり、かつカイザー社の金融顧問であったマックス・ウォーバーグは、ポールの兄弟であったからである。[7]

「連準節」という呪文

1913年の連邦準備法は、国際銀行団による大規模なクーデターであった。かれらは一世紀以上にもわたって、政府の負債を貨幣化する（つまり、自分の通貨を発行してこれを政府の借用証書と交換する）独占権を持った民営銀行の設立を目指し戦い続けてきたからである。法律の序文によると、この法の目的は「連邦準備諸銀行の設立を援助し、弾力性通貨を供給し、手形の再割引を行うために必要な資源を提供し、米国銀行業のより効果的な統括を行うこと等等である。」これこそ、問題点をうやむやにする抽象的な経済学用語からなる「連準節」の始まりであった。「弾力性通貨」とは、すべての銀行が思うがままに拡張可能なクレジットを指す。「再割引」とは、銀行が未償還負債の満期を待たずしてこれを再融資し手品のように資金を増殖させる、という手口のことである。普通の言葉になおすと、連邦準備法は、無から通貨を創造し、これを利息付で政府に融資し、国のマネーサプライを思うがままに拡張したり縮小したりしこれをコントロールする力を民営中央銀行に与えたのである。下院議員リンドバーグは、この法律を「史上最悪の立法罪」と呼んでいる。かれはこう警鐘を鳴らした。

連邦準備理事会は、割引率を少し変えるだけで、市場という振り子をゆっくりと左右に振ったり、あるいは相場変動率を上げることによって急激な収縮を引き起こしたりすることができるが、どちらの場合においても、かれらは金融環境の状態に関する内部情報や、将来的な上下変動についての事前告知を受けることができる。

これほどにも奇妙で危険な利権が政府によってある特定の特権階級に授けられたことはいまだかつて例がない。**私たちの金融制度は、純粋に利益のみを追求する団体に委ねられたのである。この制度は民営であり、ただ他人の通貨**

を使って最大限の利益をあげることのみを目的に運営されるのである。

1934年、世界恐慌の真っ只中、ルイス・マクファデン下院議員はさらに一歩進み、議事録上でこう述べている。

中には、連邦準備銀行は米国政府機関であると勘違いしている人もいるようです。**本当のところ、かれらは民間独占団体であり、米国民をえじきにすることによって、自分たちや海外顧客、国内外の投機家や詐欺師、そして裕福な略奪者である金貸したちの利益を追求するのです。**闇の金融海賊団の中には、通貨を懐に入れるためなら人の首を切り裂くこともいとわない人たちがいます。あるいは、各州にお金を送ることによって票を買い取り、私たちの立法機関をのっとる人たちがいます。さらに、国際的なプロパガンダ運動を持続させることによって、私たち国民から新たな妥協の承認を得、これによって自分たちの犯した罪をうやむやにしつつ、犯罪機械を再稼動させる人たちがいます。**これらクレジット独占企業12社は、銀行家たちの詐欺的な裏切り行為を通して私たちの国に押し付けられました。ヨーロッパからやってきた銀行家たちは私たちの歓待へのお礼として米国機関を失墜させたわけです。**[8]

連邦準備制度は誰のものなのか

「連邦」準備制度は、実のところ民間所有の企業団体である。[9]この制度は各州におかれた12の連邦準備銀行から構成されているが、後者はさらに多数の商業加盟銀行によって所有されており、商業加盟銀行は各々の規模に相応の量の連邦準備株を保有している。連邦準備制度のウェブサイトには、曖昧な言葉遣いで次のように書かれている――「準備銀行は営利団体ではなく、この制度に加盟するためには、法律上、一定量の株を保有する必要がある。配当は、法律上、年6%である。」普通の言葉で言い換えると、株が100%民間保有であり、6%の配当金を保障する会社はれっきとした営利企業である。[10]

連邦準備制度の株の過半数（53%）を有しているのは、ニューヨーク連邦準備銀行である。ニューヨーク連準の最大手株主は、ニューヨーク区内最大の商業銀行たちであり、1997年の報告によると、三大加盟銀行はチェイス・マンハッタン銀行、シティバンク、そしてモルガン・ガランティー信託会社であった。2000年、（モルガン一家につながりのある）JPモルガン社と（ロックフェラーの銀行である）チェイス・マンハッタンが合併し、資産総計6680億ドルにのぼる銀行ホールディング会社JPモルガン・チェイス社が結成された。これによって、JPモルガン・チェイスはシティ・グループ（前国立ニューヨークシティバンク、ロックフェラー帝国の礎石の一つである）とバンク・オブ・アメリカに継いで米国国内で三番目に大きい銀行となった。バンク・オブ・アメリカは１９０４年にカリフォルニアで創設され、以後西部および南西部の州に集中する傾向があった。２００４年、ＪＰモルガン・チェイスはバンク・ワンを５８０億ドルで買収し、史上最大規模の銀行合併を行った。これによってモルガン・チェイスは、資産規模においても（シティ・グループが1兆２０００億ドルであるのに対し、こちらは1兆１０００億ドル）、預金総額においても（バンク・オブ・アメリカの５５２０億ドルに対してこちらは４９００億ドル）国内で二番目に大きい銀行となった。また、ＪＰモルガン・チェイスは国内の他のどの銀行よりも多くのＶＩＳＡカードやマスターカードを発行し、米国クレジットカード残高ではトップである。２００３年、クレジットカードは現金や小切手を超える交換媒体として小売店で使用されるようになった。[11]２００８年に至ると、バンク・オブ・アメリカが時価総額では最大の米国銀行であったものの、連準の権力の集中先であるニューヨーク連邦準備銀行の二大株主はＪＰモルガンとシティバンク、つまりモルガンとロックフェラーの金融帝国の礎石であった。

ワシントンにおける連邦準備理事会は、財務長官と通貨監査官という米国公務員を含む形で構成された。しかし、理事会は史実上、12の地方連邦準備銀行に対して非力であり、後者はほとんどの場合ニューヨーク連準の後に続いて独自の政策を立てていた。ニューヨーク連準の第一代総裁はベンジャミン・ストロングであったが、かれはジキル島集会の参加者の一人である。かれはロンドンの金融界の権力者たちと深いつながりを持っており、モルガン銀行の計らいによって出世をした人物である。[12]ニューヨーク連準にはおよそ５００の加盟銀行が存在するが、各銀行は地方連邦準備理事会の選出においてそれぞれ1票ずつしか投票することができない。それでもなお、ＪＰモルガンの現代表取締役はなぜかニューヨーク連準の理事会に席を獲得することができたのである。それ以来、ニューヨーク連準はモルガンにとって大変有利な決定を幾度も行ってきたが、このような利益相反は米国法典18第11章２０８節に従えば起こるべきではない。[13]

親蜘蛛

都市伝説によると、連邦準備制度は国外の強力な金融家によって支配されているということになっているが、これは公示文書を参照する限りは立証不能な仮説である。連準の12の連邦準備銀行はすべて米国商業銀行によって所有されているが、後者は株主を公表するよう法律で義務付けられており、これによると国外主体の所有はみられない。[14]とはいえ、だからといって、銀行蜘蛛はなお裏で糸を引いているかもしれないという疑念を拭い去ることはできない。（本書前書きで引用した金融内部関係者である）ハンス・シヒトによると、「親蜘蛛」はウォール街に移住した。米国銀行業および関連事業の大半は、シヒトによると、少数の人物たちからなる内部団体によって、あるいはたった一人の人物によってコントロールされている。そして、シヒトが「蜘蛛の網つむぎ」と呼ぶゲームによって、すべては秘密裏に進んでいるのである。すでに述べたように、このゲームのルールの一つに、最小人数の個人の裁量に重点を置いた管理体制と、このゲームについて部分的な知識しか持たない多数の前線部隊員とをもつ、というものがある。後者は「レバレッジ」〈企業合併、テークオーバー〈業務引継ぎ〉、ある企業が別の企業の株を手持ちにする「チェーン・シェア・ホールディング」、融資に様々な条件を付随させること等々〉を駆使しつつ、富の集中はすべて秘密にする。親蜘蛛は匿名状態を維持することによって精査の目を逃れ、後部座席に腰掛けて博愛主義者を気取るのである。[15]

第二次世界大戦以前、国際金融の手綱を握っていたのは、ヨーロッパ銀行王朝であるロスチャイルド一家であった。戦時中、支配権は大西洋を横断してウォール街の関係者へと移った。シヒトによると、親蜘蛛の役割を授けられたのはデビッド・ロックフェラー・シニアであったが、かれは父方ではジョン・D・ロックフェラー・シニアの孫にあたり、母方では連邦準備法の先駆案にその名前が使用されたネルソン・オルドリッチ上院議員の孫であった。デビッド・ロックフェラーは1949年から1985年まで外交問題評議会の取締役であり、1970年から1985年まで議長を務めもした。また、1976年には日米欧三極委員会を創設し、1944年にはブレトンウッズ会議の発足に中心的な役割を果たした。このブレトンウッズ会議とは、国際通貨基金と世界銀行が創られた会議である。さらに、かれは「ビルダーバーグ会議」と呼ばれる国際エリートグループの創設にも深く関係している。[16]

外交問題委員会は、加盟政府の外交問題に助言を行う目的で1919年に発足された。これは後に、金融界、石油界、企業エリート階級、そして米国政府をつなぐ代表的な媒体となる。四半期毎に出版される専門誌において公表される政策案は、そのまま米国政府政策となることがほとんどである。[17]

三極委員会は、国際銀行団、メディア界要人、学界要人、そして政府公務員から成るエリート集団であり、かれらは経済的な相互依存性によって結ばれる世界中心政府が率いる「新世界秩序」の実現を望んでいる。[18] これについて、元大統領候補者のバリー・ゴールドウォーターは次のように述べている。

三極委員会は国際的であり、その意図は商業や銀行業の利権の集中であり、これを達成するためには米国の政治・政府を掌握するのである。つまり、三極委員会は、四つの権力中心部——政治、通貨、学問、そして教会——を掌握し集権化するための狡猾で一致団結した運動である。

国際決済銀行

国外銀行界の影響力について言うと、米国連邦準備制度をコントロールするためには、所有という方法をとる必要はない。『悲劇と希望』において、キャロル・クイグリー教授は、スイスのバーゼルの「国際決済銀行」が舞台裏で演じた重要な役割を暴露している。国際決済銀行は、「中央銀行の中央銀行」となる目的で1930年に創設された。クイグリーはこう書いている。

金融資本主義の権力者たちは、実に壮大な構想を描いていました――各国の政治システムや世界経済全体を個人の手によって金融を通してコントロールできるような世界制度の構築です。この制度は、封建制的な仕方で、世界各国の中央銀行が度重なる秘密会議や会合にて取り決める私的な合意によって足並みを揃えて動き、コントロールを行うことになっていました。**このシステムの頂上には、スイス・バーゼルにある国際決済銀行が君臨することになっていました。これは、それ自体民間企業である世界各国の中央銀行が所有しコントロールする民営銀行です。**

『ハーパーズ・マガジン』に1983年に掲載された「通貨の世界を支配する」という記事において、エドワード・ジェイ・エプシュタインは、国際決済銀行を「世界で一番排他的かつ秘密的、そして強力な超国家クラブ」と呼んでいる。国際決済銀行は55カ国の加盟国家から構成されているが、エプシュタインによると、核となるビジネスを取り仕切るのは「6、7名程度の少数の強力な銀行家からなる、いわば内部クラブのようなもの」であり、「通貨に関するものごとについては、かれらは皆同じ穴のムジナ」である。そして銀行家はドイツ、米国、スイス、イタリア、日本、そして英国から来る。エプシュタインはこう書いている。

この内部クラブをその他の国際決済銀行メンバーから分け隔てる第一の価値は、中央銀行は自分の国の政府から独立して動くべきだという強い信念である。また、これと密接に関係する第二の信念として国際通貨システムの行方を政治家たちに託してはならない、というものがある。

1974年、G10国家の中央銀行総裁たちにはバーゼル銀行監督委員会を創設した。バーゼル委員会の委員は国際決済銀行内から抜擢され、かれらは必要自己資本比率や法定準備金等を含む国際銀行業のルールを決定する。経済評論家ヘンリー・C・K・リューの見解では、このようなルールや規定は、地元利益ではなく国際金融界に奉仕するよう国家経済を誘導したとしている。かれはこう書いている。

国家銀行諸制度は、みるみるうちにバーゼル合意という厳格な枠組みに押し込まれたが、この合意は国際決済銀行の後援を受けており、これに従わない国家は国際銀行融資を保証する際に法外なリスク保険金を支払わなければならない。こうして、国家銀行諸制度は皆横並びで行進することを強要され、各々の国家経済の発展需要を無視して、代わりに高度に洗練された世界金融市場の需要に応じるよう定められてしまったのである。国家政策はもはや民間金融機関の利益追求の一手段に成り下がり、ニューヨークの通貨本部銀行たちがコントロールし指揮する階級制度の一員となった。その結果、国家銀行諸制度はすべて民営化を余儀なくされた。金融世界化の元での国家経済は、もはや国益を追求することがない。代わりに、私的利益の名の下に、米国金融独占権を強めるよう機能するのである。就職率100%と発展を伴う成長をもたらす銀行制度こそ健全であるという論理を完全に覆しつつ、国際決済銀行の規制は高い失業率と発展の衰退とを健全な世界的民営銀行制度に見合う対価として国家経済に要求するのである。[19]

情報の独占

影で政府を牛耳っているのではないかと噂されるもう一つの民間国際クラブとして、ビルダーバーグクラブが挙げられる。BBCの2004年6月特集において、ビルダーバーグクラブは「現代において最も激しい論争の種となった同盟の一つ」と呼ばれた。「西洋知識人と権力商人たちのエリート仲間集団」であり「秘密裏に世界の運命を決定しているのではないかと疑われている」この同盟は、国際政策を操作し世界制覇を目指しているのではないかと思われてきた。[20]しかし、これらは確証を持って言えることではない。メンバーは秘密主義を貫くよう誓いを立てており、メディアはこのクラブが行う会議について何も報じないからである。

クラブの秘密主義は、銀行家の通貨独占権を使って、大手メディアや教育機関等の情報公開の媒体を買収することによって保たれている。メディアのコントロールは、20世紀初頭から始められており、ロックフェラーが大学や医療学校、そしてエンサイクロペディア・ブリタニカを買収する一方、モルガンは新聞各社を買い上げていた。1917年、オスカー・カラウェイ議員は議事録上でこう述べている。

1915年5月、JPモルガン利権、そして鉄鋼、造船、軍備利権、およびこれらの子会社は、12人の手下を新聞界のトップへ送り込み、米国において最も強い影響力を持つべき新聞を選出したり、米国の日々の新聞報道の方針をコントロールした。その結果、かれらは、トップの新聞社25社を買収すれば目的達成が可能であるという結論に達した。どの25社を買収するかについて合意が結ばれた後、密使たちは各社の国内外における報道方針の買収を行った。各社には編集者が配属され、戦争準備や軍事主義、金融政策等々、買い手の利害にとってきわめて重要と思われる国内外の問題に関して情報を操作し、この利権にとって不利に働くような情報はすべて抑圧するよう計らった。[21]

2000年に至ると、メディア業界はわずか6企業によって占有されることになったが、これら企業の取締役たちは互いに密なつながりを持っており、大手商業銀行との関係も強かった。[22]歴史学者のハワード・ジンはこう洞察している。

政権を握っているのが共和党であれ民主党であれ、**泥棒男爵たちは変わらずにそこに居座り続ける。**クリントン政権の下では、それまで他のどの政権も行ったことのないほどの数の合併が大企業間で行われた。共和党、民主党のいずれが権力の座についていても、議事堂の広間や米国大統領の耳に響く最も強力な声はビッグ・ビジネスから来るのである。[23]

『米国教育の隠された歴史』という2000年出版の作品の中で、ジョン・テイラー・ガットは、ロックフェラーやモルガンを含む金融エリートがいかにして義務教育を米国に導入するために影響力を行使し、指導を行い、資金提供をし、場合によっては強制行為に出たのか、その軌跡を辿っている。企業利益が実現されるためには、次の三つの要素が欠かせなかった。(1)従順な社員、(2)企業に依存することが保証された国民、(3)予見が容易なビジネス環境。ガットによると、近代義務教育は主にこうしたねらいの達成を目指して設立されたのである。[24]

税収基盤の整備

泥棒男爵たちは、通貨と石油の水源を独占し、情報へのアクセス権もまた独占することに成功した。しかし、モルガンの欲望は燃え続けた。かれは、銀行から政府へ行われた融資を、信用性の高い税収によって、つまり国民の所得に直接課せられる税によって担保しようと目論んだ。[25]この計画にはしかし、一つ躓きの石があった。連邦所得税は、最高裁判所によって度々違憲判決を言い渡されてきた、という躓きの石が……

第14章　ライオンを手なずけるまで——連邦所得税

ドロシーがいっしょうけんめい働いているので、魔女は中庭にいって臆病ライオンを馬のように縄につなごうとしました。ドライブにいくときに、馬車をライオンにひかせたら絶対におもしろかろうと思ったのです
——『オズの不思議な魔法使い』「邪悪な魔女をさがして」

臆病なライオンが自分たちの権力を自覚できていない民衆の比喩であるとするならば、銀行家たちの馬車にライオンをつなぐ手綱は連邦所得税である。とはいえ、ライオンの首に手綱を巻くのは容易ではない。ジョージ三世が植民地に重税を課して以来、米国民は税の重圧に絶えずあえぎ続けてきた。植民地住民は、お茶や煙草から法的文書まで、ありとあらゆる消費物に課税を受けてきた。選挙なき課税はボストン茶会事件という反乱を引き起こし、植民地住民はボストン港に茶葉を投げ捨てて、植民地の茶葉に議会が課した税に抗議した。

新しいユートピアの実現を目指して米国憲法を執筆したとき、建国の父たちは連邦所得税をそこから排除した。かれらは、私的所得という生産性の究極の源への課税は経済的な愚行であると考えたのである。過剰な徴税を避けるために、かれらはフェデラリスト論争において、各州政府と新連邦政府とは同時に同類の徴税を行うことができないという決定を下した。例えば、州が資産税を徴収していた場合、連邦政府はこれを徴税することが許されない。議会には各州から国税を徴収する義務があり、各州は州民から税を徴収する。直接税は各州の人口にあわせて

配分調整される。所得税は配分調整なき直接税であるとみなされ、憲法の条項に反するものであるとされた。

所得税の不在のおかげで、一世紀以上にわたり経済は成長し、国民の生活は豊かになった。1776年から1913年まで、戦時を除くと、連邦政府は関税や物品税[i]によってうまく資金繰りを行っていた。1812年、同年の戦争に資金供給を行うために、金、銀器、宝石、そして腕時計に、史上初の販売税が課せられた。史上初の所得税も同じ年に導入されたが、憲法の必要条件を満たすために、これは各州に配分調整が行われ、各州は資産の所有主からこの税を徴収した。1817年、戦争が終わるとこれら新しい税は廃止された。[1]

私たちに馴染みある形での所得税が初めて課せられたのは1862年であった。これもまた、戦争活動を、つまり州同士の戦争を支援する目的で導入された。当時、税率は所得のわずか1%から3%の間に設定されており、年800ドル以上の所得者にのみ課せられたが、これは当時の全米人口のわずか1%にも満たない。議会は憲法の配分調整条件を回避するために、この新しい税を間接税として分類した。なるほど、これは法律の不正適用であったが、この税は1871年になるまで一切反対を受けなかった。反対側が遅れをとったことにより、先例が確立されてしまい、議会はこれを使って憲法の規制条項を乗り越えつつ税を不正に分類することができた。

1872年、この税もまた廃止された。また別の所得税が1894年に導入されたが、支持を集めるために有効な戦争は当時皆無であり、米国最高裁判所はほどなくしてこれを廃止した。1895年、「ポロック対農業ローン&トラスト社」裁判において、裁判所は、一般所得税に関して、直接国民に課せられる税は各州の人口比に応じて徴収されるべきであるという憲法の示す方針に反するという判決を下した。この判決はそれ以降覆されたことがない。代わりに、ウォール街派は憲法を避けて迂回する道を選んだ。1913年、憲法修正第16条が、連邦準備法とセットで導入された。いずれの法律もウォール街上院議員であるネルソン・オルドリッチの支持を受けていた。修正第16条にはこう書かれている。

> 連邦議会は、いかなる源泉から生ずる所得に対しても、各州の間に配分することなく、また国勢調査あるいは人口算定に準拠することなしに、所得税を賦課徴収する権限を有する。

連邦所得税に反対の立場をとっていた裕福な実業家たちは、非課税財団を始めることで自分たちは脱税をすることができるということを知るとすぐに立場を変えた。また、この税は年間4000ドル以上の所得に対してのみ課税されたが、これは米国民の大多数の給料を遥かに上回る金額であった。しかも、修正箇条の言葉遣いは単純明快であり、所得申告はわずか1ページ、税法も全14ページにすぎなかった。よって、これは当時は無害なものであると思われていた。

小さな修正条項が強大なハイドラを育む

今となっては、税法は計1万7000ページにものぼる量の曖昧模糊とした法律用語の暗号であり、ロビイストたちを使って税を交渉するだけの財力を持つ者にとっては数々の抜け穴を提供しうるものと化した。エンロン社のような、政治的影響力を十二分に持つ企業は、かれらの利権専用の条文をここに加えた。1996年から2000年までの5年間のうち4年、エンロン社は利益を上げ続けていたにもかかわらず一銭も納税をしていない。[2] 税制度はあまりにも複雑になりすぎてしまい、何千万という納税者たちはその条項に従うために専門家の力を借りなければならないほどである。1995年に至ると、少なくとも2500億ドルがこうした専門家のサービスに費やされ、さらに内国歳入庁の運営に80億円が投入された。内国歳入庁の従業員数は14万4000人であった。これは米国内の上位36社に継ぐ従業員者数である。しかし、ここにはCIAとFBIを足した人数以上の調査員が含まれていた。さらに、連邦納税要件を満たすための諸活動には年間50億時間以上の時間がつぎ込まれた。これは、インディアナ州の全州民の全年間労働時間に匹敵する数字である。[3]

また、税法の合憲性を問う裁判は、税法そのものほどにも曖昧模糊としていることが多い。例えば、米国法典240・1（1906年）「ブルシェイバー対ユニオン・パシフィック鉄道」と題された税関連裁判にこの入り組んでごちゃごちゃとした一文をみてほしい。

> 修正条項は所得への課税を直接税として扱い、配分義務が適用されず、よって必然的に一貫性という規則に従う必要がなく、というのもこのような規則は直接的でない税にのみ適用されるからであり、すなわち、こうして当初より認識され施行され続けてきたかの偉大なる分類が破壊されてしまうという論点には根拠がなく、というのも、所得税はすべて、税収が得られうる税収源を考慮に入れた配分を行う必要がない、という修正条項の命令があるからである。ポロック裁判で適用されたような規則、それによってのみ税が、物品税や関税、輸入税等の一貫性の規則に従うべきであり、かつもう一方の、あるいは直接性の方の類に分類される税からなる大きな分類項目から除外されうる規則は、かかる種類の税への適用が禁じられている。[4]

「ブルシェイバー」裁判を読み解くのは容易ではないが、この判決は、修正第16条は「ポロック」判決を覆すものではない、と解釈されることもある。裁判所によると、修正第16条は物品税に適用されるものであり、連邦政府が配分なき物品税を新た

---

i　原注：「関税」とは、輸入品にかかる税のことである。「物品税」とは、特定の嗜好品に課される国内税のことである。

に導入する権限を明確にするものにすぎず、商業活動や投資活動から得られる収入や利益のみに適用されるものである。[5]

ハイドラに水をやる

以上のような細かい論点は、第二次世界大戦が勃発するまでは大多数の人たちにとってどうでもよいものであった。なぜなら、所得税の影響を受けた人たちの人数が少なかったからである。しかし、戦争はこの法律の適用範囲をさらに拡大する口実を生んだ。１９３９年、連邦議会は公共給料税法を可決させ、連邦公務員の所得に課税を行った。さらに、１９４０年にはバック法が可決され、連邦政府はワシントンＤＣの外で勤務する連邦公務員に対しても徴税を行う権限を与えられた。その後、ルーズヴェルト大統領は、労働者が税を分割払いできるようにする任意の税猶予プログラムを提案した。このプログラムは大成功を収め、納税者の人数は全国民のわずか3％から60％にまで増えた。１９４４年、勝利税と任意猶予法は、米国憲法の規定に従って廃止された。しかし、連邦政府は、有権者の民意を問わずに、所得税を徴収し続け、これをする権限の根拠を修正第16条に求めた。[6]

今となっては、連邦所得税は法律によって施行可能な正統な税としての地位を獲得している。この税の憲法上の適用範囲を由緒ある最高裁判所判決が制限し続けてきたにも関わらずである。また、新たな税が次から次へと導入された。これらには、売掛税、建築許可証税、譲渡所得税、業務用運転免許証税、煙草税、法人所得税、連邦失業税、食品衛生許可証税、燃料許可証税、ガソリン税、相続税、在庫税、内国歳入庁利息費、内国歳入庁罰金、酒税、嗜好品税、結婚許可証税、医療税、資産税、不動産税、サービス税、道路使用税、道路・有料鉄橋税、物品販売税、学校税、社会保障税、州失業税、電話税およびサーチャージ、トレーラー登録税、水道電気税、自動車免許登録税、自動車販売税、労働者報酬税等々が含まれる。推計によると、生産活動全体において労働者が支払っている隠れた税をすべて勘定に入れると、平均的な国民の所得の40％以上が税の支払いに当てられているかもしれないのである。[7]

修正第16条はふさわしい手順で批准されたのか

制度内の不公正に端を発する異議申し立ては税法に対してたびたび行われてきた。１９８４年、ビル・ベンソンという名の税反対運動家は、1年かけて各州の首都に出向き、はたして１９１３年に修正第16条が批准されたのかどうかを調査した。かれの調査結果によると、批准をしたとされている38州のうち、33州は実際に可決された法律にはないような文言を加えていた。このようなことをする権限が州にはないとされているにも関わらずである。ベンソンによると、修正箇条を然るべきふさわしい手順で批准したのはわずか2州のみであった。この論点を根拠に、ベンソンは己の脱税を法廷で弁護しようとしたが、これは失敗に終わり、かれは懲役処分を受けた。しかし、それでもなお、ベンソン以降の税反対運動家たちはかれの主張を繰り返した。1989年、第七巡回控訴裁判所は再びこの弁護を棄却したが、これは裁判所がデータに異議を唱えたからではなく、1913年に修正箇条の採択を宣言したときに、フィランダー・ノックス国務長官はその不備をすでに考慮にいれていたのだ、という結論に至ったからである。[8]

フィランダー・ノックスとはそもそも誰なのか

フィランダー・ノックスが影で動く泥棒男爵たちの手先であったとここで述べても、もはや読者は驚かれないであろう。ノックスは億万長者の法律顧問を務めることによって自身も億万長者となった弁護士である。かれは1894年にアンドリュー・カーネギーを民事訴訟から救い出したが、このときカーネギーは劣悪な戦艦装甲を提供し海軍を欺いたとされていた。その後、今度はペンシルヴェニア鉄道社の社長が、カーネギーは違法なキックバックを鉄道会社から度々受け取っていたのだ、と供述したときも、ノックスが再びカーネギーの尻拭いをした。また、ノックスは大学時代の学友であるウィリアム・マッキンリーを金融破綻から救い出しもした。これはマッキンリーが1896年に大統領選に勝利する以前のことである。1899年、マッキンリー大統領はノックスを司法長官に任命したが、ノックスはこれを辞退した。なぜなら、ノックスはその頃、史上最大の合併企業の構築に専念しており、カーネギー、JPモルガン、そしてロックフェラーを含む泥棒男爵たちの鉄道産業、石油産業、石炭産業、そして鋼鉄産業の各利権を、USスチールという会社にまとめあげていたのである。USスチール合併を完了させると、ノックスは猛反対を押し切ってマッキンリーからのオファーを受諾した。この任命により、ノックスは泥棒男爵たちを反トラスト法に従って訴訟するという責務を与えられたわけだが、かれらこそ正にノックスが経歴と巨富を得るうえで代表していた主体である。USスチール合併が大衆の抗議の的となると、ノックスはこれについて自分は何も知らず、何もすることができないと述べ、USスチールは無傷で表舞台に出ることになった。

1901年にマッキンリーが暗殺された後も、ノックスはテディ・ルーズヴェルトの元で司法長官を務め続け、裕福で強力な友人たちが国際商業においてより一層強大な権力と勢力を持つことのできるような連邦法令を執筆し続けた。合併企業出身の人物たちは、政府の各会議や各委員会の重役に昇進することになったが、こうした会は各レートを定めたり競争を無くすことによって商業に制約を設けた。1909年にタフト大統領はノックスを国務長官に任命したが、これはオルドリッチ上院議員が修正第16条を連邦議会で強行採決した頃のことである。修正箇条は、ノックスが国務長官を引退する直前に足早に採決された。不法性が修正箇条に含まれていたにもかかわらずノックスが見てみぬふりをしたのも、これで説明がつくかもしれない。

可決までの仕事を後継者に任せてしまっては、結果が不確かであったからである。[9]

連邦所得税は本当に必要なのか

合憲性を問う声に対して裁判所がこうした不法性を維持し続けた背景には、政府の収入源として必須であるという認識が高まっていた連邦所得税は維持しなければならない、という考えが働いていたかもしれない。しかし、この認識は正しいのだろうか。レーガン政権下でグレース委員会が出版した報告書によると、**連邦所得税歳入の大半は、膨らみ続ける政府負債の利息の支払いに当てられている**。それもそのはず、これこそこの税が導入されたそもそもの動機である。1913年に連邦所得税が施行されたとき、所得税の徴収分は全額連邦準備制度に直接送金された。2005年度、米国政府は政府負債の処理のためだけに3520億ドルを費やした。これは同年の個人所得税歳入計9270億ドルの3分の1以上に相当する。[10]

個人所得税の残りの3分の2はというと、これもまた、必要な公営費にはまわっていないという結論をグレース委員会は出した。レーガン大統領宛ての送付状には、所得税収全体の3分の1は連邦政府の無駄と能率の悪さに浪費されている、と書かれていた。さらに3分の1は脱税を埋め合わせるために費やされたが、これは脱税者や闇市場の台頭という、増税に比例して拡大した現象が引き金である。報告書はこう結ばれている。

> 全国民の個人所得税の3分の2が無駄使いされたり未徴収である中で、徴税分は連邦政府負債の利息支払いや連邦政府の移転支出に100%当てられる。言い換えると、**個人所得税からくる税収は、納税者からみて政府が当然実施すべきである各サービスに一銭も費やされないまますべて水の泡となるのである**。[11]

連邦政府負債の利息支払いにあてられる3分の1ですら、連邦議会がフランクリン＝リンカーン・モデルに従って政府自ら通貨を発行してさえいれば回避可能であった。しかし、曖昧模糊な言葉遣いで綴られた連邦準備法は、通貨発行権を民営独占銀行に授けた。その傍ら、連邦議会は、眠りに落ちた公衆と一緒に、銀行家たちの詐術にまんまと騙されたのである。大きな顔が声をとどろかせ、壁をがたがたと揺らした。魔法使いの魔術は、少なくとも催眠にかかった多数派に対しては功を奏した。まだ眠りに落ちずにいた数少ない人たちの一人にチャールズ・リンドバーグ・シニア下院議員がいたが、かれは連邦準備法が可決されたその日に次のように警鐘を鳴らしている。

> この法律によって、史上未だかつてない巨大なトラストが確立されました。大統領がこの法律に署名をしてしまえば、通貨の支配者たちによる見えざる政府がついに合法化されることになります。なるほど、国民はすぐにはことの重大さに気が付かないでしょう。しかし、最後の審判はわずか

数年先延ばしにされたにすぎません。
最後の審判は、それから16年後のことであった。

第15章　つむじ風の刈り取り――世界恐慌

ヘンリーおじさんは戸口の段に座って、いつも以上に灰色な空を心配そうに眺めていました。はるか北の彼方から風が低くむせぶ音が聞こえ、ドロシーとヘンリーおじさんには長い草が嵐を前に波打っていたのが見えました。

――『オズの不思議な魔法使い』「竜巻」

1929年、株式市場が総崩れになり、これによって以後10年間にわたる世界規模の恐慌が引き起こされた。今でこそ誰も覚えていない出来事だが、それでもなお、映画等でその酷さを垣間見ることができる。世界恐慌は、1939年映画作品『オズの魔法使い』冒頭部における不毛な白黒のカンザス旱魃のシーンで表現されている。また、毎年クリスマスになると必ずテレビ放映される1946年の映画に『素晴らしき哉、人生！』があるが、これもまた恐慌を背景とした作品である。本作の主人公である小さな街の銀行家ジョージ・ベイリーを演じたのはジミー・スチュアートであったが、かれの銀行で取り付け騒ぎが起き、街の人々が各々のお金を返すよう銀行に要求し、銀行側に返済に必要なお金が無かったとき、ベイリーは自殺をすら考えてしまう。大銀行の合併を許可すれば、苦境に陥った小規模銀行を救済することができるようになり、取り付け騒ぎを防ぐことができるようになる。連邦準備法はこの方法を約束したが、この考えは明らかに失敗に終わった。1929年の破綻は、史上最大の取り付け騒ぎであった。

事の発端は狂騒の20年代に遡り、連準が利率を低く抑えることによって通貨を豊富に保つところから始まる。一見すると通貨が豊富にあったようだが、実際に流通していたのは「クレジット」や「負債」であった。生産力が賃金よりも速く成長していたので、商品の量がこれを買うために必要な通貨の量を上回ってしまっていた。しかしながら、国民はお金を借りることができた。1920年代の終わりには、自動車や（当時は部屋の一角を占めるほどの大きな家具であった）ラジオなどを購入するとき、大半の国民がクレジットを利用した。通貨を手に入れるのがあまりにも容易であったため、人々はただ投資を行うためだけに借金を重ね、諸銀行から手軽に得ることのできる短期低金利ローンを利用した。

株式市場はその頃はあまり注目の的ではなかったが、それも泥棒男爵たちが格安で大量に持ち株を溜め込んだ後でこの市場を推進し始めるまでのことであった。かれらは、株を「マージン」（つまりクレジット）で買い占めさえすれば誰でもすぐに金持ちになることができる、と大衆にふれ回った。投資家は頭金を支払い、後で株価が上がったときに残りの代金を支払えばよく、こうして大きな利益を得ることができた。この投資戦略は、株式市場を巨大なネズミ講に変えた。投資された通貨のほとんどが実在しなかったからである。[1] 人々は次から次へと「マージン口座」を開設したが、これは株価を100％支払う能力がなかったからではなく、これによって投資にレバレッジをかけ、10％の頭金のみを支払うことで通常の10倍もの量の株を買うことができるようになったからである。[i] 人々はこの戦術に夢中になった。投機熱が最高度に達する中で、多くの人々が字義通り「農地を賭けた」のである。つまり、かれらは自分たちが所有するありとあらゆるもの——家宅、農地、生命保険等々——を担保として融資を受け続け、あらゆる手段を使って市場参入に必要な資金をかき集め、金儲けを目論んだ。持ち主の手元にあったにすぎない農地は銀行家たちの担保となり、後者はより借り手に有利なクレジット規約や利息を提供することによって火に油を注いだ。[2] このような有利な規約が可能となった背景には、連邦準備制度が再割引率をかなりのところまで下げたという点が挙げられる。再割引率とは、連準から融資を受けるために銀行家たちが支払う利率のことである。つまり、連準のこの決定のおかげで諸銀行は追加の準備金を得やすくなり、これを使って融資を行うことによってマネーサプライを数倍にも拡張することができるようになったのである。

大西洋を横断する手

そもそも、連準はなぜ米国経済に借金通貨を大量に流し込んでマネーサプライのインフレーションを引き起こそうと思った

i　原注：「レバレッジをかける」とは、借り入れ資本を使って証券を購入する行為のことである。

のであろうか。資料を見る限り、これは数名の民営中央銀行家に世界の金融システムをコントロールする力を委ねようと、当時ニューヨーク連邦準備銀行の総裁であったベンジャミン・ストロングと、イングランド銀行総裁のモンタギュー・ノーマンが行ったことである。ストロングはモルガン派であり、ノーマンと親しい仲であった。いかにも、あまりにも親しかったため、二人の関係は単なるビジネスを超えていたといわれている。1928年、ストロングが重病を患って引退をすると、ノーマンはかれに宛てて親身な手紙を綴った。「僕ら二人に何が起ころうとも、僕ら二人がそれぞれ離れ離れに暮らすことになっても、ここ数年間の出来事を自分から切り離して無視することはもはやできない。いずれまたあなたと会って、一緒に人生を送りたいものだ。[3]」ノーマンとストロングについて、キャロル・クイグリー教授はこう書いている。

　1920年代におけるかれらの目論みは、英国と米国の金融権力を利用して、世界の主要各国に金本位制の採用を強要し、政治の監視の行き届かないところで中央銀行にこれを施行させ、政府の介入なしに中央銀行間の合意のみで国際金融問題を解決するというものです。[4]

　ノーマンは、イングランド銀行総裁として、英国ポンドを戦前価格で金と交換可能にすることに全精力をつぎ込んだ。第一次世界大戦中に対金のポンド価格が急落したにも関わらずである。これによって、英国の正貨準備が大量に流出してしまった。米国への金の流出を食い止めるために、連邦準備制度はストロングの指揮下でイングランド銀行を援助し、米国における利息を低く抑え、米ドルのインフレーションを行った。高利はロンドンを投資家にとって魅力的な金の投資先にし、これによって金は米国から英国へと戻った。しかし、米国における低金利はインフレーション・バブルを発生させ、このバブルはほどなくして制御不能となった。

　エド・グリフィンは、『ジキル島の怪物』（邦訳、『マネーを生み出す怪物～連邦準備制度という壮大な詐欺システム』吉田利子訳　草思社）において、状況証拠を参照しつつ、イングランド銀行と連邦準備制度は1929年に秘密の会合を開き、市場の崩壊はもはや避けることができないので、あとは「成り行きに任せる」のが一番であるという結論に達した、と書いている。かれらはその後、お得意様たちに向けて、市場から撤退するよう事前警告書を送ったが、ここには大富豪実業家、政治家、そして重役公務員が含まれていた。『ジキル島の怪物』において、エド・グリフィンはこう書いている。

　間接的な証拠によると、1929年2月の秘密会議において、イングランド銀行と連邦準備制度は、市場崩壊は避けようがなく、成り行きに任せるのが一番である、という結論を出した。この会議の後すぐに、金融家たちは、一部の特待顧客――裕福な産業家、政治家、そして外国政府の重役たち――に、市場から撤退するようにという警告を発した。他方で、米国の国民は、市場は健全な状態にあるから安心せよ、というメッセージを受け取っていたのである。[5]

この後、連準は政府債券を公開市場で売却し始め、融資の後ろ盾として必要な準備金を減らすことによってマネーサプライを減少させた。また、銀行ローンの利率が引き上げられ、これによって仲介人ローンの利率は20%にまで跳ね上がった。こうして、大規模な流動性の逼迫が引き起こされた。いわゆる利用可能な通貨の不足である。短期ローンの金利は突然跳ね上がり、株のマージン購入が突如魅力を失った。買い手の数が減ると、株価は下がり、それ以前に株をマージンで購入していた人たちから株を新たに買い取る動機が消えてしまった。多くの投資家は、ここで「マージンコール」を行い、損失を覚悟で売りに出る他なくなってしまった。（マージンコールとは、持ち株が値下がりした後についた一定の値までの通貨を投資家のマージン口座に入金するよう仲買人が行う要求である。）パニックはすでに始まっており、投資家たちは価格を無視して次々に株を売り払った。こうして、株式市場は一夜にして崩壊した。人々は各々の貯金を、外国人たちは金を、それぞれ銀行から引き出し、マネーサプライの基盤である準備金はさらに枯渇させられた。1929年から1933年の間で、マネーサプライは3分の1にまで縮小し、全国の銀行支店の3分の1が閉店した。

1928年、ストロングは私的な書簡において、マネーサプライの過剰な縮小を防ぐためには、連邦準備制度が通貨をそこに追加しさえすればよいと書いている。しかし、米国にとっては不幸なことに、かれはこの知恵を公に生かすことなく、同年に突然亡くなっている。[6]

この強烈な負債サイクロンが通り過ぎると、後には草一本残らず、皆が飢餓と貧困、そして絶望に陥った。商品を買うために必要な通貨はほとんど出回っておらず、労働者は次々と仕事を失った。ジョージ・ベイリーのような小さな街の銀行家は、破産を免れれば御の字という有様であったが、これに対して大銀行はちょっとした富を築いていた。また、裕福な内部者も成功を収めたが、かれらは崩壊前夜に粛々と株式市場から撤退し、崩壊後に再びそこへ舞い戻って諸企業を元値のわずか数%の値段で買収した。さらに、小規模投資家が巨額の赤字を抱えて自殺すら考えていた頃、ビッグ・マネー・ボーイズは破格で取引されていた株や、株を買う上で担保となっていた不動産を次々と買い溜めしていた。米国の富は、一貫して偉大なる中産階級からビッグ・マネー勢力へと手渡されていったのである。

エイブラハム・リンカーンの時代には、ホームステッド法[ii]が

---

ii　訳注：ホームステッド法（英：Homestead Act）は、アメリカ合衆国で1862年に制定された法律であり、アメリカ西部の未開発の土地、1区画160エーカー（約65ヘクタール）を無償で払い下げるものであり、自営農地法とも呼ばれる。この法律は1862年5月20日にエイブラハム・リンカーンが署名して発効した。最終的に1862年から1986年の間に160万件の土地払い下げが認（次々頁へ）

成立したが、これは開拓者たちに移住してもらい土地を開発してもらおうというねらいがあった。米国はまさにこうした開拓者たちによって建国された。かれらは土地を配分し、各々がこれを耕し、そして外敵からこれを守った。これこそ資本主義とアメリカンドリームを支える基礎、誰にでも平等に何かを始める機会が与えられる「公平な土俵」であった。しかし、こうした公平さは、国が恐慌に襲われるまでのことであり、南北戦争あるいはアメリカ革命以後各家族が所有していた家宅や農地は負債のサイクロンにさらわれてしまい、諸銀行と金融エリートの手に渡ったのである。

貧困者には緊縮を、国際銀行団には社会福祉を

連邦準備計画は失敗に終わったが、連邦議会はこのまやかしゲームを制止することも、加害者を起訴することもしなかった。逆に、連邦預金保険公社（ＦＤＩＣ）が創設された。これは、建前上では世界恐慌が二度と起こらないようにするためである。この目的の達成のために、公社は銀行破綻の後始末をするための予備通貨を連邦政府に提供し、納税者から費用を徴収して諸銀行に保険のようなものを与えた。しかし、ＦＤＩＣはすべての銀行を救済したわけではなかった。裕福で強力な銀行を優先するよう設計されていたからである。エド・グリフィンはこう書いている。

破産した銀行を救済するにあたって、ＦＤＩＣには三つの選択肢がある。一つ目は「ペイオフ」である。これは保険加入預金者（10万ドル以下の預金を持つ人たち）に支払いを行う一方、清算人たちの意向に銀行を従わせる、というものである。政治影響力を持たない小さな銀行に対しては、ほとんどの場合これが採用される。第二の選択肢は「セルオフ」と呼ばれ、破綻銀行の実資産と債務をより大きな銀行が引き取るために手続きを踏むというものである。銀行業サービスは継続され、銀行名の変更を除けば、顧客は一連の手続きに気が付くことがほとんどない。この選択肢は、主に中小銀行の場合に採られる。ペイオフとセルオフのどちらにおいても、不良債権はＦＤＩＣが引き取り、保険加入者である預金者への支払いに必要な通貨もＦＤＩＣが提供する。三つ目の選択肢は「ベイルアウト」「救済」と呼ばれる。ＦＤＩＣ元代表のアーヴィン・スプレイグの解説によると、「救済では、銀行は閉鎖せず、全顧客が、保険の有無に関係なく保護を受ける。このような優遇措置は、一部の特権階級にのみＦＤＩＣが与えるのである。

この「特権階級」とは、破綻してしまっては共同体にとって回復不能なまでの打撃となるような銀行、「大きすぎて潰せない」とされている裕福で強力な銀行を指す。こうした銀行の場合、救済において、ＦＤＩＣは銀行の預金をすべてカバーする。10万ドル以上の預金も含めてである。海外投資家も含む裕福な

投資家たちは、このとき完全に保護される。グリフィンはこう洞察している。

> 大きな銀行へのえこひいきは色々なレベルで明らかです。救済を受けるとき、大銀行は信じられないような優遇を受けるのです。保険のかかっていない口座はＦＤＩＣが清算しますし、このための費用は小さな銀行や納税者が受け持つのですから。これは監督とは言えません。**ジキル島の計画には、大銀行に競争優位性を与えるというねらいも含まれていたのです。**[7]

ＦＤＩＣは銀行家を、自ら招きうる損益からも、他人からの損益関連訴訟からも保護した。後の国際通貨基金もまた、国規模での債務不履行に備えて同じようなバックアップ機能を果たすよう構成された。貧困者に緊縮政策や耐乏生活が押し付けられる一方、裕福者には社会福祉が与えられ、金持ち階級を己の無茶な投資活動の結末から救ったのである。

責任追及ゲーム

では、10年にも及ぶ負債と惨事のサイクロンの責任は一体誰がとるべきなのであろうか。シカゴ大学経済学教授でありノーベル経済学賞受賞者であったミルトン・フリードマンはこう書いている。

> 連邦準備制度は１９２９年から１９３３年の間で流通通貨の量を３分の１にまで減らしたが、これが世界恐慌の引き金となったのはもはや疑いの余地がない。

通貨銀行業下院委員会議長のルイス・マクファデンはさらに一歩進んで果敢にこう主張した。

> 恐慌は事故ではありませんでした。むしろ、これは綿密に計画された一事だったのです。**国際銀行団は、絶望的な状況を私たちの国において作り上げることによって、私たち皆を統べる支配者となろうとしたのです。**[8]

マクファデン下院議員はしばしば論争の種となるような人物であったが、少なくとも党派政治とは一線を画していた。かれは共和党議員としても民主党議員としてもペンシルヴェニア州民からの支持を得つつ当選し、10年以上もの間通貨銀行業委員会の議長を務め、連邦準備制度の巨大な民間クレジット独占状態のもつ大きな含意について権威ある発言をすることのできる立場にあった。１９３４年、マクファデンは連邦準備理事会に対する不信任案請願を行い、理事会を詐欺罪、共謀罪、そして不法兌換と反逆罪で訴訟した。かれは連邦議会に向けてこう言

められ、その面積は2億７０００万エーカー（１０８万平方キロメートル）で、アメリカの国土の10％に達した（ウィキペディアより）

った。

この邪悪な機関は、米国の人々に貧困と破滅をもたらし、自らも破産し、私たちの政府をもまた破産に追い込みました。こうした事態は、機関が従っている法律の欠陥、連準によるこの法律のずさんな適用、そしてこれをコントロールする通貨ハゲタカ会社らの汚職活動をとおしてもたらされました。大西洋から太平洋まで、私たちの国は、連準およびこれをコントロールする諸利権の邪悪な活動によって荒廃させられたのです。これほどまでに人々の幸福度が低く、心が絶望で満たされた時代は未だかつてありません。

近年、ある州においては、たった一日で6万もの家宅や農地が競売に出された。ミシガン州オークランド郡では7万1000もの家宅や農地が売却され、元の所有者たちが路頭に放り出された。このようにして放り出される人々は、いわば連準の消耗品、連準の被害者なのである。**奴隷制が復活する中で、かれらの子孫はあらたな競売市場で奴隷として売られるのである。**[9]

『1934年銀行家マニフェスト』と呼ばれる文書は、以上のような告発にさらなる信憑性を与えた。これは『1892年銀行家マニフェスト』の更新版であるが、一説によるとこれは『公務員年間』1934年1月号において発表された後、さらに『ニュー・アメリカン』1934年2月号に掲載され、銀行業界のトップの間で流通したという。この文書には次のような記述がみられる。

資本を死守するために、資本家は合併（つまり独占）と法律制定とを最大限駆使する必要があります。裁判所を味方につけ、負債を取り立て、国債やその他ローンはすぐにでも抵当流れ処分にすべきです。合法的に家を奪ってしまえば、一般人はより従順になり、管理が容易になります。帝国規模の富の中心主体である強力な政府の右腕を、金融界の統率者たちがコントロールすることになるのです。**家なき人民は、お上とのいざこざを起こさなくなるものなのです。**この点は、世界支配を目指して資本帝国を着々と築いている上層部の人たちにとってはもはや常識です。[10]

世界恐慌の悲観的な解釈については以上である。より寛大な解釈を行うとしたら、これは単純に連準の誤った判断が原因であるということになる。ことの詳細がどうであれ、当時の通貨政策が失敗に終わったのは明らかである。人々は変革を望んでいた。2000を超える数の通貨改革計画が提案され、ポピュリスト系の団体が再び大きな支持層を獲得した。

オズへの帰還——コクシーの大統領選出馬

オズの行進の発想の元となったワシントンの行進を先導して

から4年後、ジェイコブ・コクシーは政治の舞台に舞い戻り、農民労働党の候補者として大統領選に出馬した。コクシーほど七転び八起きを貫徹した人物は他にはいないだろう。かれは1894年から1936年の間で実に13回も選挙に出馬している。当選は2回のみであり、1932年と1933年にそれぞれオハイオ州マシヨンの市長となっている。とはいえ、かれは1932年のオハイオ大統領予備選挙において過半数の票を集めている。[11]

フランクリン・ルーズヴェルトは銀行業および鉄道業の利権の後ろ盾を受けており、ビッグ・ビジネスと一般大衆を味方につけてもいた。かれは大統領選挙に楽勝した。しかし、それでもコクシーは、政府資金提供による公共事業実施という自分の計画こそが「ニューディール」（米国を恐慌から救ったと名高いプログラムである）の骨子となるべきである、という立場を維持した。[12] これは、コクシーが1890年代に提案した計画と同じものである。経済を再活性化させるために、連邦議会は様々な公共事業をとおして「誘い水を差す」ことができ、労働力と資源を調達するための資金は負債フリーかつ政府発行のグリーンバック紙幣で賄えばよい。ルーズヴェルトの任期中、トーマス修正箇条と呼ばれる法案（農業調整法）が可決され、これによって政府グリーンバック紙幣の新規発行が許可されたが、実際には発行されなかった。代わりに、ルーズヴェルトは赤字財政支出と増税によってニューディールの資金調達をした。

1944年、生涯の功績が認められたコクシーは、副大統領と下院議長から祝福を受けつつ、国会議事堂前で演説を行った。これこそ、半世紀前に阻止されたものと同じ演説であった。1946年、92歳という年齢で、コクシーは失業と戦争を今後防ぐための計画を発表した。かれは1951年に97歳で亡くなった。[13]

帰ってきたもう一人の老ポピュリスト

忘れた頃にやってきたもう一人の大統領候補者に、ウィリアム・ホープ・ハーヴェイがいる。かれは『コイン金融学校』の著者であり、また1890年代にはウィリアム・ジェニングス・ブライアンの経済顧問を務めた。1932年にハーヴェイは自由党の候補者として大統領選に出馬した。コクシーと同じように、かれもまた知名度の低い候補者として歴史に埋もれてしまったが、かれは慧眼であった。銀行家から融資を受けるとき、人々は「通貨」を実際に借りているわけではない、とハーヴェイは強調した。そうではなく、人々は負債を借りているのであり、債権者である商業寡頭独裁者たちは後々米国の舵取りをすることになるであろう。労働者たちは借金を重ねつつ自らの会社の小売店で買い物をし、何も所有することができずに賃労奴隷となるであろう、と。

ハーヴェイはさらに、通貨を人の労働の直接の表象として捉えた。その上でかれは、高利貸しや負債を、労働と所有物との間に銀行家を仲介者として置くための手口であると説いた。負債通貨システムの中で経営を行う農家は、たとえどんなに効率よく作業を行っていても、不作に見舞われることは当然あり、中には債務不履行に陥る人も出てくる。毎年、安定して数件の担保差し押さえが起こるのは必然であり、銀行家たちは土地をこうして手に入れ、より大手の農家にこれを売る。こうして、国の不動産は徐々に少数の人間の元に集中することになる。農地や工場、そして諸事業は、少数の個人や企業の所有下に置かれることになるが、後者はさらに銀行家たちによってコントロールされ、銀行家たちは国のマネーサプライをコントロールする。ハーヴェイによると、この問題の核心は連邦準備制度に、つまり銀行が負債をあたかも通貨のように発行することが許されている状況にある。この詐術こそ、銀行家たちが国を徐々に差し押さえ、ウォール街諸銀行やブローカー会社、保険会社等へその所有権を移すことを許してしまった元凶である。究極の主犯は英国銀行システムであり、これが米国銀行システムに感染しこれを汚してしまったのである。1816年に銀通貨を廃止する一方、金をかき集めて貯蔵することによってその他すべての商品の価値を下げたのは英国人である。英国の諸銀行への負債の返済には金を使用するしかなく、金を生産できない国は英国から金を買うことによって借金返済をしなければならなかった。その結果、こうした国々が生産する商品の価値は下がり、英国銀行家がこれを事実上所有することになった。『二都物語』と題され物語化された作品の中で、ハーヴェイはバロン・ロスという名の太った英国人銀行家について書いている。ロスは米国経済と米国政府で汚職を働こうと企み、これによってかれの世界規模の銀行システムが国の手綱をとるよう仕組んだ。

ハーヴェイの示した解決策は、銀行を国有化することによって国民の手に通貨関連権力を返還せよ、というものであった。かれは、銀行以外の必要事業に関しても国有化を推進していた。それは大規模で運営され、必需品を生産するような事業のことであり、ここには水道、電気、交通、そして鉄鋼が含まれる。ここから得られる利益は国庫に入ることになり、税に代わる収入源となるため、ハーヴェイは税の廃止を訴えもした。紙幣の基礎である金にさらに銀を加えることによってマネーサプライを拡張せよ、とポピュリストたちが1890年代に声高に叫んだのに対して、ハーヴェイは金も銀も両方廃止されるべきであると考えた。国の通貨は、もはや貴金属による担保を必要としなかった。代わりに、フランクリンとリンカーンが言ったように、通貨は単純に労働の領収証として機能すればよいのである。紙幣通貨は、政府サービスによって担保されればよい。昨今ではこうした考え方は目新しいものとして映るかもしれないが、誰でも知っている先例が実は存在する。たとえば、郵便切手は、政府サービスと交換可能な通貨の一種である。郵便切手は、ある郵便物を一つの場所から別の場所まで配達するために必要な政府労働の量を示している。郵便切手は代替可能であり、貯金や取引が可能である。[14]

ハーヴェイもコクシーも政治的な夢を実現することなく去っていったが、二人の示した計画の内容の一部はそのままニューディール政策に反映されている。ドルは金本位制から解放されたが、これはハーヴェイの提案どおりである。また、失業者に仕事を与えることによって経済を再活性化することができたが、これもコクシーの考えどおりである。銀行マネーとビッグ・ビジネスの後ろ盾を受けていたにも関わらず、ルーズヴェルトはポピュリスト的な「やればできる」精神の持ち主でもあったのだ……

第16章
経済のさびた継ぎ目に油を差す
――ルーズヴェルト、ケインズ、そしてニューディール

「何かお手伝いしましょうか?」とドロシーはそっとたずねました。

「油のカンを取ってきて、関節に油を差してください。ひどく錆びてしまって、少しも動かせないんです。きちんと油を差せば、すぐに元通りになりますから」

――『オズの不思議な魔法使い』「ブリキの木こりの救出」


世界恐慌の最中、労働は非生産性へと錆びていった。生産の歯車に差す通貨という油が不足していたからである。1890年代、公共事業によって経済に「誘い水を差す」というコクシーの計画は時代を先取りし過ぎていたが、ルーズヴェルトはこれを1930年代に実行に移した。その結果、革新的なモデルとして世界に知られるようになる国家インフラが誕生した。テネシー川流域開発公社は、それまで電気とは無縁であった農村地帯に向けて水力発電を開発した。これによって洪水の制御や河川の転流が達成され、科学的な農業が可能となり、新たな産業が発達し、公共教育を広めることによって無学を改めた。また、農村電化局と並行して数万もの公衆衛生事業、病院、学校、港、そして公共施設が設立された。革命的な社会制度も導入されたが、ここには高齢者や障害者への社会保障制度、失業保険、そして労働者による組合権などが含まれる。農地と家宅の差し

押さえに歯止めがかかり、定期預金口座が元通りになった[1]。

「パリティー価格」[i]に基づく農業政策が実施され、農家が受け取る価格には諸経費と同時に適切な利益がしっかり含まれるようになった。パリティー価格を受け取ることのできない農家は、政府に生産物を買い取ってもらうことができ、これを貯蔵して後で売却することもできた。このような取引においては、政府も少しばかりの利益を上げることができ、食品価格は安定し、家族農業経営制度は国の食品供給の要として重宝されることになった。後の数十年間において「グローバリゼーション」が叫ばれると、数千世帯もの家族農家が農業界から強制追放させられることになる。農業パリティーは農業「助成金」に取って代わられたが、後者は食品輸出を奨励する一方、燃料、飼料、そして肥料の価格高騰についていくことができなかった[2]。

では、ルーズヴェルトはニューディールにおける数々の誘水プログラムに必要な資金をどこから手に入れたのであろうか。コクシーの計画が単刀直入に通貨を発行することを薦めていたのに対し、ルーズヴェルトはそこまでしなかった。政府が借金をするということすら、当時としては画期的であったのである。連邦予算はありとあらゆる手段を尽くして黒字化されなければならない、という点こそ当時のドグマであった。政府は必要に応じて資金を借りればよい、という目新しい考え方は、ジョン・メイナード・ケインズによって提案された。ケインズは権威ある英国経済学者であり、こちらの案の方が、資金の欠如を理由に緊縮的に黒字予算を目指すよりも理に適っていると主張した。ニューヨーク・タイムズ紙への公開投書において、ケインズはルーズヴェルトに向けて、「公共権力機関による支出」のみが恐慌を逆転させる力を持っていると説いた。通貨を流通させるためには、政府が支出を行う必要があったのである。ケインズはよくエリート主義者と呼ばれる。贅沢な趣味や裕福な友人、そして銀行家の支持者をもつ知識人であったからである。しかし、ルーズヴェルトのように、ケインズもまたポピュリストの「やればできる」精神を強く体現していた。伝統的な経済学者たちが皆、もはやなすすべなし、と口を揃えて唱える中で、ケインズはちょうどオズの魔法使いのような楽観主義者であった。衰退と恐慌、そして失業を耐え忍ぶ必要などどこにもない。ただでさえ仕事がない状況で、黒字化を目指すためだけにさらに雇用を削るなど、ケインズから見ると愚行以外の何ものでもなかった。再出発をするためには、袖をまくり上げて仕事にとりかかるしかない。代金はとりあえずすべてクレジットで支払えばよかったのである。

しかしながら、政府は自ら通貨を発行すべきである、という考えを支持するまでにはケインズは至らなかった。「通貨の量を増やすことは、長めのベルトを買って体重を増やそうとする

i　訳注：パリティ―価格：パリティー価格とは、転換社債を株式に転換した際の価値を示す理論価格で、株価を転換価格で除し、100を掛けた金額として算定したもの。つまり、パリティ価格とは現在の株価から算出した理論上の価格となる。

ようなものだ」とかれは言っている。[3] 印象に残る類推ではあるが的を射ているかどうかは微妙である。当時、マネーサプライは3分の1にまで縮小したばかりであった。もともとあった通貨を取り戻すためにですら、やつれた病人のような経済にかなりの量の流動性を注入して身体をしっかり太らせる必要があったのである。第二次世界大戦終戦の頃になると、ケインズはグリーンバック派のような考え方をするようになっていた。かれは「バンコール」という名の負債フリーなグリーンバック式の通貨を、（世界の諸通貨を安定させる目的で創設された基金である）国際通貨基金の準備金の役割を果たすものとして提案した。しかし、当時英国の経済的影響力は二つの戦争によって枯渇しており、米国が主導権を握ることになった。バンコールは米ドルに下駄を預け、ドルは金と並行して世界の準備通貨となった。（これについては第Ⅲ部でさらに詳しく論じる。）

古典経済理論に一石を投じる

第二次世界大戦以後の経済政策において支配的であったケインズ理論は「赤字財政支出」を是認していた。借金を重ねることによって政府は国を繁栄させることができる、という考え方は、古典経済学とは一線を画するものであった。古典的な「貨幣数量説」によると、流通している貨幣の量を増やす必要が生じることはない。マネーサプライが縮小した場合、物価や賃金も自然に下落し、すべてが元通りになるからである。オーストリア学派の経済学者であるマレー・ロスバードはこう述べている。

> **このため、マネーサプライの量は意味を持たない、**という驚くべき結論にたどり着くことになる。つまり、ある量のマネーサプライは、別の量のサプライと全く同じなのである。自由市場は、その単位である通貨の購買力や効力を変えることによって、これに自然に順応する。マネーサプライの計画的な増量などというものも、他の条件を相殺するためにサプライを上げるということも、その他人為的な基準を確立しこれに従うということも、一切必要とされない。通貨を増やしたところで、新たな資本が調達できたり、生産性が上がったり、「経済成長」が促されたりするわけではない。[4]

以上のような理論はしかし、世界恐慌において全く役に立たなかった。人々は仕事を求めており、現にするべき仕事は山ほどあり、こうした生産的な労働の実りを購入したいと願う消費者たちも存在したが、それでもなお米国は失業という重圧に喘いでいた。鶏たちは卵を産み続けたが、農家はそれを市場に出荷することができなかった。牛たちから搾り出された牛乳は地面に捨てられ、最上のりんごが実っても栽培者たちはそれを果樹園で腐らせていた。至るところで人々は失業と飢餓に苦しんでいた。それでも、農地は肥えており、工場は稼動準備万端、そして稼動に必要な原料もそこにあったのである。ケインズによると、古典経済学者たちが無意味と呼んだあるものがここでこそ必要とされた。生産の歯車を再び回すために必要な新たな通貨の注入である。

ルーズヴェルトは、ケインズの画期的な考え方の採用を躊躇していたが、恐慌が悪化するに従って、これを試してみようと心変わりした。かれは、国民向けのラジオ番組「炉辺談話」[ii]において、「私たちは、購買力の不足による消費者需要の機能不全によって苦しんでいます」と語った。第二次世界大戦に米国が参戦すると、ルーズヴェルトは国家クレジットカード論の限界に挑むより他なくなってしまったが、この呼び水的経済政策は功を奏し、その妥当性が劇的な形で証明されることになった。17%であった失業率は1%程度にまで落ち、経済は米国市場最速の速度で、マネーサプライの増量と二人三脚で成長することとなる。[5]流動性通貨を呼び水として使い、消費者の懐に追加の収入をもたらす新たな産業に資金提供をすることによって米国は恐慌から脱出することができた。

こうして、ケインズは古典経済学理論を覆した。古典派の前提によると、生産高（「供給」）は一定を保ち、物価は柔軟である。よって、「需要」（通貨）を増やしたときに上がるのは物価である。これに対してケインズは、一定の値を維持するのは物価であり、柔軟なのは生産高の方である、という立場をとった。[6]完全就業が達成されていない限り、通貨を追加しても物価は上昇しない。代わりに、生産性が上昇するからである。資源がそこにある限り、流動性通貨を求めて喘ぐ経済に通貨という水を加えてもインフレーションが生じる心配はない。代わりに、豊かさが生み出される。

以上の考え方は現実のものなり、しばらくの間機能していた。しかし、流動性通貨を調達するために借金を重ねてしまっては、通貨が発行される代わりに負債が累積されることになる。利子の支払いには、納税者たちの血税が投入される。ルーズヴェルトの案のおかげで、人々は仕事に就きより多くの通貨を懐に入れることができた。しかし、この通貨の多くは税という形で再び没収され、膨らみ続ける負債の利子の支払いに当てられた。１９３３年から１９４０年の間で、連邦税額は3倍にまで増えたのである。ニューディール政策の期間中、連邦予算赤字の平均は30億ドルであったが、このときの予算総額は60億～90億ドルであった。これは、赤字財政支出が史上最高額を記録している現代よりも高い割合である。[7]ケインズ式の赤字財政支出を全面的に是認した結果、１９３３年にはわずか２２０億ドルであった連邦負債は２００５年には8兆ドルにまで膨らんだ。わずか72年間で３６４倍もの増加である。負債と並行して、マネーサプライも増加した。M3を政府が申告し始めた１９５９年、マネーサプライはわずか２８８０億ドルであった。２００４年

ii　訳注：fireside chat。「炉辺談話」とは、ルーズヴェルト大統領が国民へ直接語りかける趣旨のラジオ番組である。１９３３年から１９４４年まで続けられた。

に至ると、これは90兆ドルに達する。[8] わずか45年間で、M3は実に30倍以上にも増加したのである。2007年、連邦負債も90兆ドルに達したが、この借金のほとんどは、インフラ整備や雇用創出には当てられない。仕事が海外に委託される一方で、納税者たちは連邦負債の利息支払いに喘ぐのである。

これと並行して、さらには物価までもが上昇した。かつては1杯10セントで買うことのできたコーヒーはいまや1ドル50セントから2ドルである。1970年には3万ドルであった家には、今や30万ドルの値段がついている。1970年には、一家の稼ぎ手が単独で家を購入することができたが、現代においては両親が共働きに出てやっと月々のローンが返済されるといった有様である。[9] このような放物線的な物価高騰は、同じく放物線的なマネーサプライ増量を反映している。では、新たな通貨は一体どこから来たのであろうか。1930年代に金本位制が廃止されて以降、米国の資産基盤に金が追加されたことはない。つまり、増量分はすべて、帳簿の項目としての銀行融資から来たのである。より正確には、これは政府負債から来たのだが、これは完済されることなく毎年繰り越され続ける。コクシー率いるグリーンバック派の計画案に従えば、通貨を魔法の帽子から取り出す銀行に融資を受けるのではなく、アンクル・サムは自分のシルクハットから通貨を取り出して負債を回避することもできたのである。

ルーズヴェルトが間に入る

経済の病の治癒法としてグリーンバックを推奨したのはコクシーだけではなかった。有力な連邦官僚の中にも、この治癒法こそ恐慌を巻き戻すものだと考える者がいた。1933年の議会演説において、ルイス・マクファデン下院議員は、アトランタ連邦準備銀行のクレジット局長であるロバート・ヘンピルが著したハースト新聞記事を引用しつつ、次のように述べている。

> 政府が追加の通貨を発行せざるをえないような状況が急速に現実のものとなろうとしています。これ以外に成すすべがなくなるのも、時間の問題です。**本当は、これこそが復興計画の第一歩であるべきであったのですが。**政府がマネーサプライを増量すべきである、という要求が再び叫ばれるようになるや否や、私たちはまたしても巧妙に作られ狡猾に流布されるプロパガンダの弾幕の餌食になるでしょう。少数の国際銀行家の一団が、実に二世紀にも渡って、必要な商業を行うのに十分な量の通貨を自ら発行することを文明社会の市民たちに躊躇させるための手段として用いてきたプロパガンダです。**単純ながら驚くべき成功を収めてきたこの手口を使って、「両替商」という、富の創造と交換に忙しい世の中における寄生虫たちは、本来の形での通貨に劣る代替物を製造する私的な独占権を維持し、物品やサ**

ービスを交換する必要に迫られる文明民族たちにこれを使用するよう催眠をかけたのです。クレジットによる復興はありえません。仮にクレジットを得ることができても、先行き不透明であり、信頼性もなく、需要に応じて拡張するものでもなく、商業や産業の要求とは全く関係のない理由で突然縮小するものですから。**私たちが今置かれている状況においては、通貨の追加発行しか道はないのです。**[10]

ヘンピルは、政府は損失の埋め合わせとして追加で負債フリー通貨を発行する必要があると説いた。ライト・パットマン議員は、さらに一歩進んで、諸銀行の所有権と運営権を政府が握るようにと政府に呼びかけた。１９３３年３月13日における議会演説において、かれは修辞的に次の問いを投げかけた。

政府はなぜ諸銀行の所有権と運営権を握る必要があるのでしょうか。ここで、米国憲法に立ち返り、これに従ってみることにしましょう。憲法によると、貨幣を鋳造しその価値を定めるのは政府である、ということになっています。つまり、人々によって公正な手続きを踏んで選出された代表者たちから成る米国議会は、銀行制度に関するこの偉大なる特権を外部委託し、一握りの強力な銀行家たちに通貨の発行と配分を行う権力を与えることが許されないのです。それでもなお、議会は今、これを実行に移そうとしています。[11]

右からはマネーサプライと銀行制度には一切手出しをしてはならないと古典的なレッセフェール経済学者たちから圧力がかかり、左からは、通貨の発行だけでなく銀行制度そのものすらも設立する権力を政府は持つべきだと急進改革派が言い張った。ルーズヴェルトはこの両者の間に入り、ケインズ的な赤字財政支出策という代案を採用した。こうしてかれは、マネーサプライを拡張する一方、民営銀行カルテルは解体しないままにしたのである。

ルーズヴェルトは、カルテルという壁を回避するために、ハーバート・フーヴァー大統領が設立した公共資金機関の力を拡張した。フーヴァーは１９３２年に「復興金融公社」を設立した。これは、融資を行うことによって商業銀行を救済する連邦所有の銀行である。しかし、フーヴァーの計画は失敗する。諸銀行はすでに負債漬けとなっており、新たな融資を必要としていなかったからである。かわりに、諸銀行は、お金を使ったり投資したりする能力のある顧客を必要としていた。フーヴァーが新設した政府所有の融資媒体を利用して、ルーズヴェルトは最も資金を必要とするところへ融資を行った。住宅供給、農業、そして産業である。このとき、復興金融公社は多くの新しい連邦機関の創立と資金繰りを行ったが、ここには「住宅所有者融資公社」や「ファニー・メイ」（連邦住宅抵当公庫、当時は政府所有の機関）が含まれる。１９４０年代になると、復興金融公社はますます勢いをつけ、第二次世界大戦を戦うために必要なインフラ設備の資金提供を行い、戦後に米国を世界の産業リーダーと位置づけることになる機械設備を作り上げた。復興金融公社は、民営の連邦準備制度を回避することのできる政府所有の銀行ではあったが、それでも、融資を行う上ではまずそのための資金をどこかから借りる必要があった。そこで、復興金融公社は公債によって資金を集め、こうして得たお金を再び他へ融資した。[12]

ルーズヴェルトは、民営連邦準備制度の解体にこそ踏み切らなかったが、これの再編に向けていくつか行動を起こしはした。1934年に、当時の連邦準備制度理事会は解散し、新たに7名の理事からなる理事会が導入されたが、これら理事は任期が14年間と定められており、米国大統領によって任命されることになっていた。理事会はそれ以前と比べてより強大な権力を与えられたが、そこには、12の連邦準備銀行の総裁をそれぞれ任命する権限が含まれる。さらに、各連邦準備銀行から1名ずつ選ばれる代表者から成る公開市場委員会が設立された。この委員会は、新たに発行された通貨を使って公債を購入し、これによって新たな通貨を経済に注入する権限を与えられ、さらには公債を売却することによって通貨を経済から消去する権限も与えられた。[13]（これについては第19章で詳述したい。）

こうした動きのおかげで、マネーサプライはたしかにより安泰になったが、連邦準備制度は相変わらず階級組織のままであり、お上の命令に下の人たちが従うという構図は変わらなかった。今日に至っては、連邦準備銀行を所有する商業銀行ですら、通常の議決権を持たない。少数の銀行制度代表者たちからなる排他的な団体によって、制度全体が秘密裏にコントロールされているのである。連準総裁は、民営銀行業界から抜擢され、この業界の利権に従うのが常である。民主主義を理想として掲げる国が、公衆のみならず連準の株主の監視さえも届かない独裁的な総裁によってその経済システムをコントロールされているというのは、なんとも奇妙な話である。[14] 現連準議長のベン・バーナンキは、銀行業体制ではなく学界の出身である。かれはしばしば、現実の経済から乖離している、と批判される。しかし、本当の問題はむしろ、銀行業体制側がかれを気球に乗せて空へ飛ばし、これがヒンデンブルグ号の二の舞になろうとしている、という点にあるように思う。しかし、これについてはまた後述したい。

金を求めて

1933年、ルーズヴェルトは、ドルを金本位制から切り離すという決断をし物議をかもした。英国のポンドは1931年に金本位制から切り離されたが、このとき外国人たちは金を求めて米国に注目したが、当時連邦準備紙幣は40％が金によって担保されていた。どういうことかというと、金と引き換えに2ドルが清算されるたびに、銀行はさらに3ドルのローンを回収しなければならなかったのである。米国の金への取り付け騒ぎは、ドルの基礎金の量を縮小させ、これによって国のマネーサプライを危機的な速度で縮小した。[15] もし人々が全員同時に手元にあるドルを金と交換しようとすれば、ドルを担保するための準備金が尽きてしまい、マネーサプライが完全に崩壊してしまうことになる。こうした異常な進展に歯止めをかけるために、ルーズヴェルトは１９３３年に米国の破産を公言し、緊急事態宣言を行った。そしてその後、大統領命令という手品を使って、かれは連邦準備紙幣を、金との交換を約束する手形から、「米国の十分な信頼と信用（クレジット）」によってのみ担保された法貨へと変身させた。その後、金は値上げされ、ドルの価値が下がり、これによってより多くの物品を海外へ売ることができるようになった。このとき、まず始めに、一般市民は金貨や金塊、金証券をすべて米国財務省に引き渡すよう命じられ、これに従わない者には罰金や懲役といった罰が与えられた。政府は、金の値段が上がったときに金の所有者が大儲けをするのを防いだのである。民間の金所有者たちは、没収された金と引き換えに、1オンス当たり20・67ドル相当の連邦準備通貨を支払われた。その直後、金の値段は1オンス当たり35ドルにまで引き上げられた。こうして、金と引き換えに一般市民が得た紙幣は、直ちに40％も平価が切り下げられたのである。連邦準備制度側もまた自らの金を引き渡したが、連準はこれと引き換えに金証券（つまり、金と交換可能な紙幣）による支払いを受けていた。

マクファデン議員はこれに大いに憤慨した。ドルはもはや金によって担保されていないのだから、国のマネーサプライを再生するに際して私的な金の貯蓄はもう必要がない、とかれは論じた。当時はまだ、国外の連邦準備紙幣保持者に対して、連準は金と紙幣を交換する義務を負っていたが、金の値上げはこうした債務の減額につながった。しかし、これは連準の問題であり、一般市民が巻き込まれる筋合いはなかった。[16] マクファデン議員は、連邦準備理事会とこれを牛耳る外国人たちは、意図的に米国財務省から金を吸い尽くそうとしている、と言い張った。「ルーズヴェルトは、国際銀行団の命令に従っている」とマクファデンは１９３４年に主張した。「かれは戦争による負債を詐欺を行って帳消しにしようとしている」と。

マクファデンの主張によると、連準は米国民に対して連邦準備紙幣を金と交換する法的な義務を負っている。そのため、準備金を外国人が掠め取るのを無責任にも容認することで、連準はこの義務を放棄したことになる。つまり、自ら行った愚かな取引によって連準はもはや破産していたのである。かれは連邦議会に向けてこう述べた。

フランクリン・D・ルーズヴェルトが大統領に就任したとき、連準の破産を除けば国家危機など一切存在しませんでした。獰猛な国際銀行団は、秘密裏に連準の負債を国民主導の財務省に肩代わりさせ、ついにはこれを国民自身に負わせたのです。かれらは、自らの泥棒行為の対価を支払うために、国中の農地や民家を略奪したのです。米国の通貨は、もはや金による保護を受けていません。国民の金を使わなければ通貨を護ることができない、などというのは不誠実な戯言以外の何物でもありません。国際銀行団の賭博のツケを一般大衆が支払う筋合いは全くないのです。[17]

ウォール街を手なずける

マクファデンは、ルーズヴェルトに対して、あなたは国際銀行団に飼いならされている、と告発をしたが、当の本人は決して資本家階級の友人たちの拍子にあわせて行進していたわけではなく、むしろ後者を落胆させていた。ルーズヴェルトは就任1ヶ月目にしてすでに、株式市場と経済とを崩壊させることになったウォール街の略奪行為と汚職を厳しく規制した。また、かれは狂騒の20年代のレッセフェール政府に乗じて再び台頭してきたトラストや独占団体にも照準を合わせた。1929年に至ると、1200件もの合併によって、それまでは独立していた企業が6000社以上も呑み込まれ、その結果米国産業の約半分が200社によって支配されることになった。ルーズヴェルトは新たな法律を制定し、義兄のテディ・ルーズヴェルトによって立案された多くの政策に再び活を入れることによって、こうした流れを逆転させる。また、かれはウォール街を厳しく規制しもした。グラス・スティーガル法が制定されたことによって投機が制限され、銀行は顧客から信頼と共に預かった預金を使ってギャンブルを行うことができなくなった。商業銀行は、株や債券を取引する投資銀行から切り離されたが、これは銀行家が株式公開を行い、この公開株の価値を誇張しつつ自らこれを引き受けたり売却したりするのを禁ずるためであった。銀行はすべて、商業銀行になるか投資銀行になるかを選ばなければならなかった。商業銀行は、政府発行の債券を除き証券の引き受けを行うことを禁じられた。悪質な投機はもまた、1933年証券法および1934年証券取引所法を通して規制された。証券取引委員会が創設され、新規の投資家に提供すべき情報要件が確立された。信用（つまり、クレジット）による証券購入、また株や債券の購入を目的とした銀行融資の規制もまた普及した。そして、「空売り」と呼ばれるいかがわしい行為に対しても規制がかけられた。（これについては第19章で詳述したい。）

ウォール街金融家たちが腹を立てたのは言うまでもない。「かれらは満場一致で私を嫌悪しています」とルーズヴェルトは堂々と述べている。「そして、私はかれらの嫌悪を歓迎します」。[18]一説によると、大手金融家や産業家の中には、不満が頂点に達し大統領暗殺を企てた者もいるほどであったといわれている。スメドリー・バトラー少将は、議会証言において、モルガン銀行一派から暗殺計画の指揮をするよう誘われたと述べている。モルガンの代表者はかれに、ニューディール政策のためのクレジット提供を停止すると言い、さらにはルーズヴェルトは「モルガンから資金を得るか、**あるいは政府の資金調達の方法を変えるかしか選択肢を持っていないが、後者が起こらないように我々は然るべき処置をとる**」と述べた。[19]

ところで、政府の資金調達の方法を変えるというのは、一体何に変えるという意味であろうか。ヘンピルは政府が自らグリーンバック式の通貨を発行するよう促しており、パットマンは銀行の国有化を唱えていた。グリーンバック式の資金調達は「トーマス修正箇条」によって実際に認可されており、連邦準備諸銀行が30億ドル相当の政府国債への資金提供に失敗した場合は、大統領自らが新たに30億ドルのグリーンバック紙幣を発行することができた。[20]この権限は実行に移されずに終わったが、それでもれっきとした選択肢としてそこに存在したのである。ルーズヴェルト暗殺計画は失敗に終わったが、スメドリーによると、それはかれがその指揮を拒否したからにすぎなかった。

連準に対してマクファデン議員が行った告訴活動はというと、結局、かれは自分の言い分を証明する機会を得られずに終わった。かれは1936年に急逝し、調査活動がこれによって打ち切られたが、実に不可解な死であった。マクファデン議員が亡くなった月に『ペリーズ・ウィークリー』誌には次のような記事が載った。

かれのような英雄的な米国愛郷者が逝った今でこそ言えることだが、肥大し続ける国際銀行団の権力をかれが公的に批判した後、友人や親族は、かれが二度も命を狙われていたということを知らされた。一度目は、キャピタル・ホテルの前でタクシーから出るときにふいに二度、かれに向けてリボルバーの発砲が行われたとき。弾丸は幸運にも的を外れ、タクシーの中に埋め込まれた。二度目は、ワシントンにおける政治会食で食事をした後、急に体調を壊したとき。会食に同席したかれの友人である医者は即座にこれを食中毒と判定し、直ちに胃洗浄器を調達し議員に応急処置を施し、これのおかげでかれは一命を取り留めた。[21]

マクファデンはその後、「胃腸の炎症」による発作ののちに「急性心不全」による不可解な死を遂げている。連邦準備理事会を詐欺、陰謀、そして不法兌換および反逆で訴える弾劾条項請願は、ついに実施されなかった。しかし、マクファデンが潰えた後、かれのバトンはライト・パットマンに手渡されることになる。

第17章 ライト・パットマンが通貨機械のからくりを暴露する

トトはとびのいて、すみっこのついたてを倒してしまいました。それがドシンと音を立てて倒れたのでみんなはそちらを見て、次の瞬間、みんなあっけにとられてしまいました。というのも、ついたてに隠されていたまさにその場所には小さな老人が立っていて、頭ははげて顔はしわくちゃで、その人もこちらに負けず劣らずびっくりしていたようだったのです。

「我こそはオズ、偉大にして恐ろしき存在である」とその小男はふるえる声でいいました。

――『オズの不思議な魔法使い』「恐ろしきオズの正体」

ライト・パットマンを『オズの魔法使い』の登場人物になぞらえるならば、恐らくドロシーのやんちゃな飼い犬・トトが適役であろう。トトは、悪の魔女のかかとに果敢にかみつき、閉まる跳ね橋を臆せず飛び越えて飼い主の命を救い、カーテンの裏で偉大なる雷帝を気取る男の正体を暴いた。パットマンは、かれの選挙区であるテキサスの農家や小企業主たちを攻撃しているとみられていた悪の諸機関に向けて、実に50年もの間吠え続けた。そこには、大企業、チェーン店、脱税財団、そして、最も邪悪な機関として、連邦準備理事会が含まれていた。特に最後の相手について、パットマンは、メインストリートの利益よりもウォール街の利益を優先する制限だらけの通貨政策を実施しているものとみていた。[1]

パットマンが初めて議会に当選したのは1928年であり、その後、かれは24回も再選された。そして、下院銀行通貨委員会の委員長を1963年から1975年まで務め、1976年に亡くなるまで議会に奉仕した。パットマンは「経済ポピュリスト」の異名をとった。1932年にはワシントンでの大規模な抗議行進の火付け役を演じたが、この行進では第一次世界大戦の退役軍人たちがパットマンの著した「配当法案」を請願した。また、1970年のペン・セントラルのみならず、1972年のウォーターゲートの捜査を呼びかけた最初の人物もまた、パットマンであった。ある批評家は、パットマンの人物像をこう描いている。

年々上品かつ洗練されたものとなってゆくワシントン政治界において、かれは風変わりな異端児として孤立していたが、だからこそ重要人物たりえた。というのも、よそ者としての立場を利用して、かれは、他の政治家が重要視しなかったり、あるいは声を上げる勇気がでないような諸問題を国家規模の争点にまで高めることができたからである。[2]

下院銀行通貨委員会の委員長として、パットマンは連準用語をかいくぐり、その裏で起きていることの真相を暴いた。連邦準備制度を精査したのち、かれは次のように告発した。

連邦準備制度の公開市場委員会は、米国の通貨、つまり連邦準備紙幣を米国製版印刷局から得る権限を有しており、現にこれを得てもいます。こうして印刷された紙幣には当然ながら利息はありません。連準はこれを使って、利息付の米国政府国債を購入するのです。取引成立後、利息付の債権は12の連邦準備銀行が管理し、これら国債から得た利息収入はやはり12の連邦準備銀行の資金の一部となります。この資金は、議会から然るべき承認を得ないまま様々な用途に使用されるのです。[3]

公開市場委員会は1934年に「公開市場操作」を管理するために設立されたが、これはつまり、連準による政府証券（政府が融資を受けるに当たって購入する手形、債券、そして紙幣）の売買のことである。今と同じように、当時もまた、公開市場委員会は印刷代のみを支払うことによって、連邦準備紙幣を連邦製版印刷局から得ていたのである。現在、その平均コストは1枚当たり6セントである。[4] そして、トランプの魔術師よろしく、このドル札は「財務省証券」と印字された紙の束と交換される。財務省証券（つまり負債）を「通貨」（つまり連邦準備紙幣）に変換する操作は、負債の「貨幣化」と呼ばれる。政府はこの通貨を連準に負債として負うわけだが、連準は自分の懐からお金を貸すわけではなく、通貨を追加で印刷してその所有権を主張しているにすぎない。『通貨入門』と題された明晰な論考において、パットマンはこう結論づけている。

連邦準備制度は、純然たる「通貨製造機械」です。つまり、通貨や小切手を思うがままに発行できるのです。小切手の清算に苦労することもありません。必要に応じて、5ドル札や10ドル札を財務省の製版印刷局に印刷してもらうことができるのですから。[5]

上の点は、当時連邦準備理事会の理事長であったマリナー・エクレスが1935年の下院銀行通貨委員会における証言で承認した。エクレスはこう認めている。

公開された政府国債を購入することによって、銀行制度は全体として新たな通貨を、つまり新たな銀行預金を発行します。例えば、銀行が10億ドル相当の政府国債を購入したとすると、財務省の銀行預金口座には10億ドルのクレジットが追加されます。その上で、銀行はさらに、各々の政府国債口座に計10億ドルを追加します。つまり、**帳簿の項目として、新たに10億ドルを創造するのです。**[6]

経済学者のジョン・ケネス・ガルブレイスは、「銀行が通貨を発行する手順は、気味が悪くなるほど単純である」と後に言っている。なぜ気味が悪くなるのかといえば、その手順はそもそも詐術であり、私たちが教わってきたことと全く異なるからである。「認知的不協和」と呼ばれる現象が起こると、私たちは目の前にある文章を読みつつも、そこから読み取ったことが本当にこの文章の言わんとすることなのかを疑い続ける。この疑念を晴らすためにも、さらにもう一つ、信憑性のある文献から引用したい。

1993年、「ナショナル・ジオグラフィック」誌は、副編集長ピーター・ホワイトによる記事「銀行は本当に無から通貨を創造するのか」を掲載した。ホワイトはまず、私たちのマネーサプライの92％はお札や硬貨ではなく、小切手その他の無形通貨によって構成されている、という点を確認している。そして、この無形通貨が一体どこから来るのかを解明するために、ホワイトは連邦準備制度の公務員にこの点を尋ねた。これに対して、公務員は、ニューヨーク連邦準備銀行は、大手銀行や株式仲介業者から毎日米国政府国債を買っているのだ、と答えた。これは、連準がマネーサプライを拡張する場合の話である。マネーサプライを縮小する場合、連準は政府国債を売却する。ホワイトはこう書いている。

例えば、連準が今日、1億ドル相当の財務省手形を大手証券会社から購入したとしよう。連準が証券会社に支払いを行うと、1億ドルが国のマネーサプライに新たに追加されることになる。なぜなら、証券会社は自分の銀行口座にその金額分の通貨を加算されるわけだが、このときこの銀行の預金はそれだけ増えるからである。では、連準はこの１億ドルをどこから調達したのであろうか。「自分で発行するのですよ」とある連準公務員は私に明かした。つまり、中央銀行が小切手を切るたびに、通貨が新たに発行される、という意味である。「それは、それまでは存在しなかった通貨なのです」とかれは言った。では、発行できる量に上限はあるのであろうか。「上限はありません。連邦準備制度で働く、責任感のある人々の良心と判断力のみがこれを制限するのです。」では、こうした人々はどこからこの強大な権力を手に入れたのか。「１９１３年の連邦準備法によってですが、これはさらに憲法第一章第八条に基づいています。そこには、「連邦議会は、貨幣を鋳造し、その価格を規制する権限を有する」とあります。[7]

アンドリュー・ジャクソンならば「毒蛇、泥棒！」と叫ぶところである。かれは、憲法は連邦議会に貨幣を鋳造する権限のみを与えており、さらに、「鋳造」が「発行」を意味するならば、その権限は連邦議会のみに与えられるものである、という点を強調した。修正第10条によると、米国連邦又は州に付与されていない権限は、それぞれ各州ないし国民の元に留まる。１９３５年、最高裁判所は、「連邦議会は自らの正統な役割を放棄したり第三者に譲渡してはならない」（「シェヒター家禽会社対アメリカ合衆国」合衆国判例集29巻４９５項、55巻８３７項、８４２項）という立場をとった。

真の棚ボタ

パットマン率いる委員会の止めどない扇動の末、連準はようやく、政府国債から得た利息収入の大半を米国財務省に払い戻すことに合意した。初期連準監視人の一人であるジェリー・ヴォーリスは、この合意は連準にはこの利息収入を得る権利がないということを暗に認めていると述べた。自分の通貨を融資しているわけではないので、利息を得る権利もない、というわけである。[8]今日、連準擁護者たちは、利息の大半はすでに政府に払い戻されたので連準には何も利益が残っていない、と論じる。[9]しかし、こうした議論は、連準の所有者であり真の権能者である銀行が得た多大な儲けを見落としている。事実上無料で入手された債券は、連準の「準備金」の基礎となる。商業銀行が融資という形で何重にも貸し付けることになる幽霊通貨である。

今日流通している通貨のほぼすべてが、連邦準備制度と銀行制度が「貨幣化」した政府負債に端を発する。その後、こうした通貨は銀行融資という形で何倍にも増量される。[10]２００６年、M３（マネーサプライの単位として最も広範なもの）は10兆ドルにものぼり、連邦準備制度所有の財務省証券はそのおよそ10分の１であった。ということは、連邦準備制度が貨幣化した連邦負債は約10倍にまで拡張されたわけだが、**この通貨拡張は全額銀行融資であり、銀行はそこからしっかり利息収入を得てい**

たのである。[11]　連邦準備制度への利息ではなく、銀行への利息こそ、銀行にとっての真の棚ボタであった。さらに、銀行は「部分準備」融資という計略がうまくいかなかった場合にいつでも後ろ盾となってくれる通貨製造機械を手に入れもした。ジキル島計画はこうして実に鮮やかに実現した。銀行家たちは、困ったときにいつでも利用することのできる無限の資金を得たのである。こうした計略を極秘にしておくために、銀行はこの通貨製造機械を連準用語の裏に隠した。これによって、この話題は、入門者にとっては面倒で理解不能なものとなり用語を理解したつもりになっている人々にとってすらも勘違いの宝庫となった。

『ジキル島の怪物』（邦訳『マネーを生み出す怪物』草思社）において、エド・グリフィンはこう書いている。「近代における通貨は、金融と政治の魔術師たちによって編み出された壮大な幻想である。」かれによると、連邦準備制度の役割は「負債を通貨に変換すること、ただそれだけである。」初見には、そのからくりは複雑に思えるかもしれないが、「一連の手続きは論理的に必要とされているわけではなく、ただ人々を混乱させ果ては騙すためのものであり、この点を覚えておけば大丈夫である。」連準が負債を通貨に変換する手続きは、政府国債が一般市民に向けて競売に出されるところから始まる。グリフィンはこう説明している。

連準は、一般市民が買わなかった政府国債をすべて引き受け、これと引き換えに連邦議会宛の小切手を切る。この小切手を担保する通貨は存在しない。この偽ドルは、国債を購入するために連準がその場で発行するのである。これら国債を「準備金」と呼ぶことによって、連準はさらにこれを、国債購入のために発行された1ドルあたりさらに9ドルを追加で発行するための基礎として使う。国債購入のために発行された通貨は政府が使用するが、この国債ドルを基礎としてさらに追加発行される通貨はすべての銀行融資の基礎となり、国内の企業や個人に融資される。**俯瞰してみると、この手続きは通貨を単に印刷することによって追加発行するのと同様であるが、そうではないという幻想はこの場合、印刷に関するトリックではなく簿記のトリックに基づいているのである。**[12]

なるほど、これは単なる紙幣増刷と同じ結果を生むが、しかし一つ特筆すべき相違点がある。ほとんどの人は、増刷通貨は政府によって発行されているのだと勘違いしている。しかし、実のところ、**米国のマネーサプライの99％を占める簿記トリックは、民営銀行による詐術なのである。**

魔法の増殖準備金

17世紀の金細工師によって考案された目くらましは、今では「部分準備」銀行制度と呼ばれている。未返済の銀行ローンの内、銀行が「準備金」として手元に保持しなければならない部分は「必要準備率」と呼ばれ、その割合は連準が決定する。今ではもう公式ウェブサイトから削除されてしまっているが、2004年にニューヨーク連邦準備銀行は通貨発行の流れをこう説明していた。

必要準備率は、諸銀行が連邦準備銀行の口座に現金あるいは銀行預金として保持すべき預金の割合として算出される。2006年12月現在、必要準備率は、取引預金に対しては10%であり、定期預金に対しては0%であった。例えば、必要準備率が10%である場合、100ドルの預金を受けた銀行はこのうち90ドルを融資することができる。そして、借り手がこの90ドルを小切手で送金し、受け取り手がこれを換金すると、これを受け取った銀行はさらに81ドルを融資することができる。この手順を繰り返すことによって、銀行制度全体で始めの預金100ドルは1000ドルにまで拡張されうる（100ドル＋90ドル＋81ドル＋72・9ドル＋…＝1000ドル）[13]

一目には筋が通っているようにも見えるが、より慎重に考えてみよう。まずは、いくつかの定義を確認したい。「定期預金」とは、預金時に設定された日付までは引き出すことのできない銀行預金を指す。「取引預金」とは、連邦準備制度において「小切手によって送金可能な預金」およびその他引き出し限度や制限のない現金口座を指す。取引預金は「要求払預金」とも呼ばれ、予告なしでいつでも必要に応じて引き出すことのできるものである。当座預金口座の預金はすべて要求払預金である。貯蓄口座の中には資金がある一定の期間引き出し不能なものもあるが、ほとんどの場合、貯蓄口座内の資金は自由に使うことができる。[14]通貨を引き出しに来る預金顧客たちの必要を満たすだけの「準備金」が用意されている限り「取引預金」は何重にも融資されうる。銀行が融資する金額の内90%は再び預け入れられ、そのうちの90%は再び融資され、この手順が20回ほど繰り返されると、始めの100ドルは1000ドルに化ける。

しかし、である。この資金はそもそも預金顧客の所有物であり、必要に応じていつでも利用できるようになっているはずである。では、預金顧客にとって使用可能な状態でありながら、一体どうやってこの通貨は同時に他の人に融資されうるのであろうか。答えは簡単、同時に二つを行うのは無理なのである。融資の際に使われる通貨は詐欺の産物である。要するに、この通貨は融資という形で偽造される。

以上が事実であるということは、シカゴ連邦準備銀行出版の冊子『近代における通貨の仕組み』の11ページを見れば確認することができる。この冊子では、部分準備に基づく融資活動がいかにして通貨を「拡張」させるのかが詳しく説明されている。（第2章参照）そこでは、図を使って、始めの預金（シカゴ連準の例では1万ドル）は実際には「融資」されるわけではなく、拡張の最中で常に銀行に留まり続けるのだということが解説されている。実際に融資されるのは、始めの預金の90%の価値を

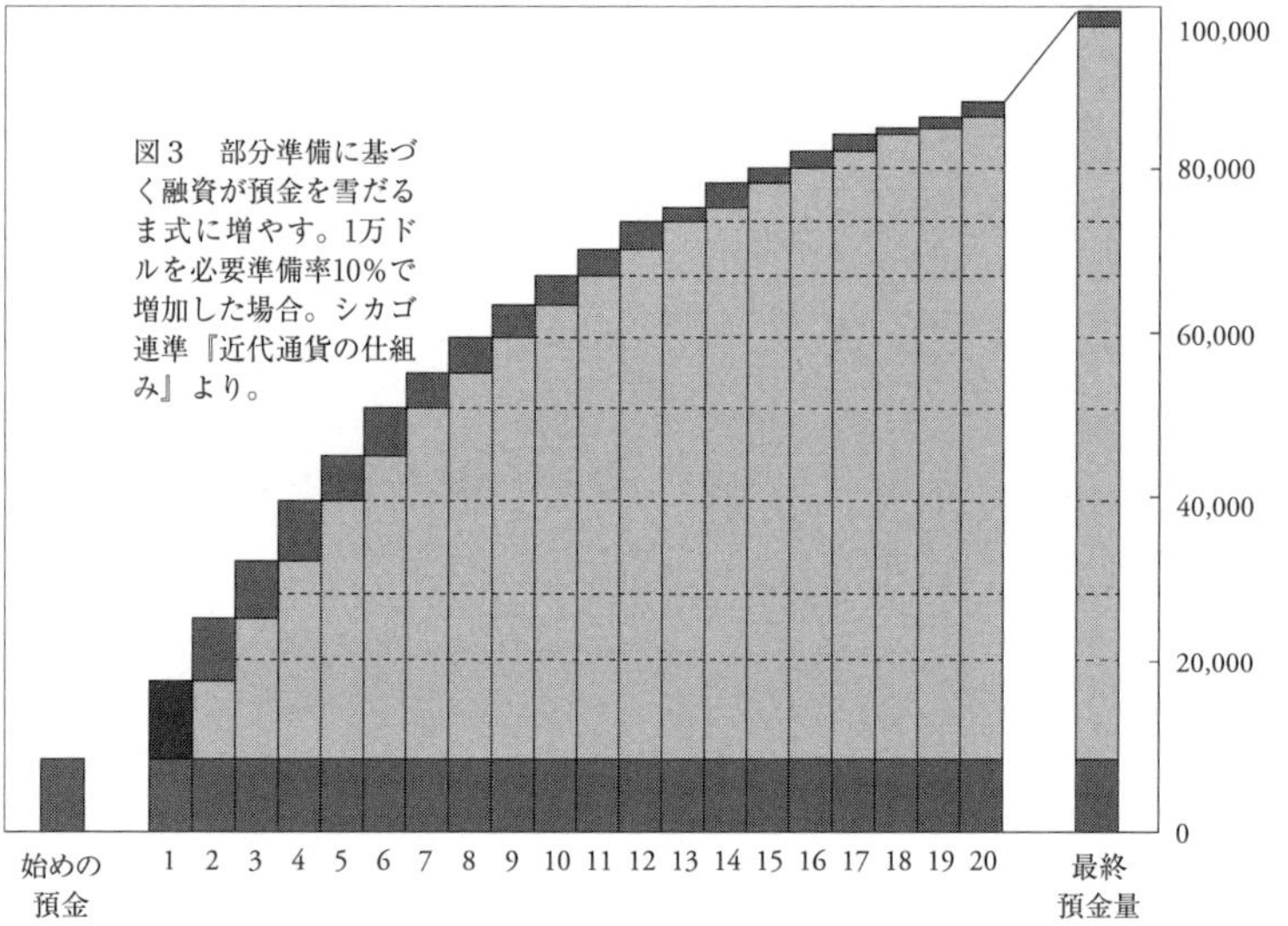

図３　部分準備に基づく融資が預金を雪だるま式に増やす。1万ドルを必要準備率10%で増加した場合。シカゴ連準『近代通貨の仕組み』より。

もつ追加の通貨である。そして、その後後者の預金の90%に相当する通貨が融資され、これが繰り返されると、結果として始めの預金、つまり1万ドルの10倍の金額が産出される。

諸銀行に課せられたこの10%という必要準備率は、17世紀の金細工師たちにその起源を見出すことができる。金細工師たちは、試行錯誤の末、預金顧客は一度に10%以上の通貨を引き出しには来ないものだということを発見した。そのため、同じ通貨は9回までならば誰にも気づかれずに融資することができる。現代においては、多数の銀行が関与するため、このプロセスはうやむやにされがちだが、全体としての結果は同じである。計１００万ドルの預金を受け取った場合、銀行は90万ドル（１００万ドルの90%）を「融資」することができるだけでなく、コンピュータによって産出された資金計９００万ドルを「融資」できるようになる。まもなく詳述するが、「準備金」はすでに時代遅れになってきているため、実際の倍数はこれよりもさらに大きい。しかし、簡略化を計るために、とりあえずはこの数字を使って話を進めたい。次の例を考えていただきたい。

あなたの住んでいる市内には銀行が一つしかない。あなたは自宅を10万ドルで売り、そのお金を地元の銀行の普通預金口座に預け入れる。銀行はこの通貨のうち90%、つまり9万ドルをホワイトさんに融資し、ホワイトさんはこのお金を使ってブラックさんから家を買う。その後、銀行はホワイトさんから元金と利息を回収する。このとき、利息が６・25%であるとしよう。9万ドルの６・25%は、30年間で10万９４９０ドルである。結果的に、ホワイトさんは元金と利息をあわせた19万９４９０ドルを返済する義務を負うことになる。通貨の元々の持ち主であったあなたにではなく、銀行に返済する義務である。[i] ホワイトさんは、法的にこそ家の所有権を保持しているが、ローンが完済されるまでは、家は事実上銀行の所有物である。

　ブラックさんは、家と引き換えにホワイトさんから受け取った9万ドルを持って地元の銀行へ行き、これを自分の普通預金口座に預け入れる。銀行はこうして連邦準備銀行における準備金残高に9万ドルを追加し、この金額の90%、つまり8万１０００ドルを、今度はグリーンさんに融資する。グリーンさんはちょうどグレイさんから家を買おうとしていた。それから30年の間、グリーンさんは元金の８万１０００ドルに加え9万８５４１ドルの利息を、つまり計17万９５４１ドルを銀行に負うことになり、銀行はこのローンが完済されるまでは、さらにもう一つの家を事実上所有することになる。

　こうして、今度はグレイさんが、グリーンさんから受け取った通貨を自分の普通預金口座に預け入れる。この手順は、銀行が90万ドルを「融資」し、元金90万ドルと利息98万５４１０ドルの計１８８万５４１０ドルを銀行が回収するまで繰り返される。つまり、銀行はたった10万ドルの預金を駆使して、何もないところから90万ドルを創造し、少なくともローンが完済されるまでの間は家々をすべて所有し、さらにはこの融資に対して98万５４１０ドルの債権を握ったのである。ローンが完済されると、90万ドルという元金は元帳の貸方の項目によって帳消しになる。しかし、どこからともなくやってきた２００万ドルの内、残りの半分、つまり利息分は、銀行の金庫にしっかりと収まったままである。さらに、借り手の中に債務不履行に陥る者が出た場合、銀行はその人の抵当物件の所有者となる。

　家の代わりに、今度は『ナショナル・ジオグラフィック』誌にあったような例を使ってみよう。どこからともなく湧いて出た1億ドルという簿記項目通貨を使って、連準が財務省手形１億ドルを買ったと想定しよう。10%という必要準備率にのっとると、1億ドルならば9億ドルまで融資を行うことができる。仮にこうした融資の利率が5%であったとすると、9億ドルの融資は初年度で４５００万ドルの利息収入を融資主の銀行へもたらすことになる。これが複利であるとすると、どこからともなく湧いて出た通貨1億ドルの「投資」は、たった2年間で2倍に増えるのである。

会計検査か廃止か

連準の報告によると、連準の利益の内95%は現在米国財務省

i　原注：実際には、利子のつかない銀行口座に10万ドルを貯金する人などいないはずであり、恐らくどこか他の場所へ投資をするのが自然であろう。しかし、銀行が普通預金口座内の預金の総体を元に融資を行うとき、まさにこれと同じことが起きる。利子が銀行の懐に入るからである。

に還元されている。[15] しかし、インターネット上でみることのできる連準の貸借対照表を見直してみると、利益として計上されているのは、準備金として保持されている連邦証券から得た利息のみであるということが明らかになる。[16] 連準の企業所有者である諸銀行が得る多大な棚ボタ的利益については一切記載がない。証券を「準備金」として使い、融資という形でこれが何倍にも増量されるにも関わらず、である。連邦準備制度は、自分はプライス・ウォーターハウスと政府会計局（連邦議会の右腕である）とによって毎年会計検査を受けている、と述べている。しかし、連準の活動の中には、政府会計局の監視の目の届かないものもある。そこには、海外の中央銀行との取引や、公開市場取引（会計媒体を通して通貨が発行されるような取引）が含まれる。[17] ということは、連準の活動の中でも、最も重要かつ最もいかがわしいものが公共の目を逃れていることになる。

ライト・パットマンは、公開市場委員会を廃し、かつ連邦準備制度を国営化することによって、つまり連邦議会主導の真の「連邦」主体とすることによって、帳簿の浄化をすべきであると提唱した。こうすれば、連準が発行するドルは政府ドルとなり、負債によって国にかかる重圧を増やさずに負債フリーで発行することができるようになる。ジェリー・ヴーアリスもまた、仲介人たちを排除して政府が自ら直接自分の通貨を発行するという考えを支持した。しかし、どちらの案も、連邦議会で可決されなかった。逆に、パットマンはこの立場を12年間とり続けた結果、下院銀行通貨委員会の委員長の座から引きずり下ろされた。ヴーアリスもまた、カルフォルニア州連邦議員選挙において、米国銀行協会提供の容赦ない誹謗中傷キャンペーンの的となった後、リチャード・ニクソンに敗れた。[18]

昔は、金塊が銀行の「準備金」であり、これは金庫に保管され、預金顧客が銀行紙幣を持ってやってきた場合にこれと交換できるようになっていた。「部分準備」銀行制度は、金と交換可能な紙幣すべてを一度に換金することはできない、という事実を隠蔽した。今日に至ると、連邦準備紙幣は、古い紙幣が擦り切れてしまった場合に新しい紙幣と交換できるだけである。にも関わらず、銀行は依然として「部分準備」制度の下で営業を行い、実際に「準備」されている通貨を遥かに上回る量の融資を行っている。

必要準備率という考えそのものすら、今では廃れてきている。連邦準備理事会が２００５年10月４日に発表したプレスリリースによると、取引口座預金のうち始めの７８０万ドルに対しては準備金が一切必要とされない。準備率０％となると、預金が再融資される回数に限度はない。とはいえ、ニューヨーク連邦準備銀行が公式ウェブサイト上で述べているように、限度など元から無かったのであるが。１００ドルの預金が１０００ドルの融資通貨に化けるまでの流れを説明した後、ニューヨーク連準は次のことを渋々認めた。

この例ほどに必要準備率と通貨発行とがしっかり関連付けられるケースは、実際にはほとんどない。連準の機能の一つは、通貨市場からの需要に応じるために必要な準備金を、時価で（つまりＦＦレートで）それを借りることに合意した銀行に与えることである。ここからわかるように、**必要準備率は、米国の通貨発行において比較的限られた役割しか果たしていない。**

どうやら、銀行はいつでも好きなだけ通貨を湧き上げることができるようである。準備金の底が尽きたときには、他の銀行や連準からそれを借りればよく、こうして融資される準備金は「公開市場操作」によってどこからともなく発行されるのである。これまでの考察に添う限り、以上は疑いのない結論にも思えるが、さらに深い確証を得るために今度は最も信頼性の高い資料、連邦準備制度そのものに当たってみることにしよう。

第18章
連準の脚本を拝見

「忠告しておきますが、もし私の言っていることが明解だとお思いならば、あなたは恐らく私の言わんとすることを誤解しています。」
——連邦準備制度議長アラン・グリーンスパン、1998年。ニューヨーク経済クラブに向けたスピーチより

連邦準備制度出版の『近代における通貨の仕組み』は、多くを明かす文書であり、1992年の改訂版を最後に絶版となった（恐らく、あまりにも多くのことを明かしすぎたからであろう）が、インターネット上でこれを読むことはできる。[1] シカゴ連邦準備銀行がこれを公開したわけだが、連邦準備制度のご多分に漏れず、この文書もまた連準用語で書かれており、内容を紐解くにはそれなりの忍耐が必要とされる。しかし、辛抱強くこれを読み解けば、内部情報の金鉱という褒美が手に入る。

冊子の冒頭には、「通貨発行の実際のプロセスは、まずもって銀行の中で起きる」とある。通貨発行が起こるのは、「銀行による融資から発生する収益が借り手の口座に加算されるとき」である。冊子にはさらにこう綴られている。

もちろん、**銀行は融資のための資金を預金として預かった通貨から調達するのではない**。仮にこれをしていれば、新たな通貨が発行されることはない。融資の際に何が起こるのかというと、銀行は借り手の取引口座へのクレジットと引き換えに約束手形を受け取る。つまり、ここで預け入れ

られるクレジットは、銀行制度全体の預金総量へ新たに追加されるのである。

銀行による「融資」は、他の顧客の預金を再利用して行われるのではなく、単なる「預金クレジット」であり、借り手の返済義務を担保として前払いされるわけである。冊子にはさらに続けてこう書かれている。「銀行は融資や投資の量を増やすことによって預金を蓄積することができる。」預金を蓄積するためには、帳簿項目にすぎない資金を融資するか、あるいは新たに発行された預金を自らの口座に投資すればよい。（この驚くべき事実については、後で詳述する。）シカゴ連準は続けて次の問いを立てている。「**預金通貨を発行するのがこれほど簡単なのであれば、銀行による過剰な通貨発行を阻止する手段はあるのであろうか。**」自問自答はこう続く。

> 銀行は法的に定められた準備金を保持していなければならないが、これは金庫内の現金ないし連邦準備銀行口座の残高でなければならず、かつ預金総量の一定率に達していなければならない。各銀行は準備銀行の準備金残高と金庫内の現金とを保持すべきであり、それは必要な準備金の量に達している必要がある。

必要準備金は、銀行が金庫に手持ちにしている現金と、「準備銀行の準備金残高」なるものから構成されるらしい。後者は一体何を指しているのであろうか。「銀行準備金はどこからくるのか」という見出しのもとで、シカゴ連準はこう書いている。

> 銀行準備金の増減は、後に挙げるいくつかの要因によって引き起こされる。しかし、通貨発行という立場からみると、ことの本質は、銀行の準備金はほとんどの場合連邦準備銀行の債務であり、これに起こる変化は連邦準備制度の活動によって概ね決定される、という点である。**連邦準備制度の主要な責務の一つは、経済の通貨需要に適う量の準備金をそれなりに安定した価格で提供することである。**

仮に「準備金」が預金顧客から来ていれば、連準はこれを「それなりに安定した価格で」提供する「責務」を負うことはない。銀行の金庫や帳簿にすでに準備金が用意されているはずだからである。ニューヨーク連邦準備銀行がウェブサイト上で述べたことを思い出していただきたい。「連準の機能の一つは、通貨市場からの需要に応じるために必要な準備金を、時価で（つまりFFレートで）それを借りることに合意した銀行に与えることである。」

要するに、銀行は融資をする以前に融資に必要な額の通貨を手持ちにしていなくても問題ないのである。資金不足になっても、銀行は必要な準備金を連準から調達したり、FFレートで通貨市場から得ることができる。シカゴ連準はこう述べている。

顧客の要求に応じつつ投資量を最大化するために、銀行は、預金ないし通貨市場からの将来的な資金流入を期待しつつ融資を行うことがしばしばある。

第2章で引用した「通貨─その正体と仕組み」というウェブサイトにおいて、ウィリアム・ハンメルは上記のからくりについて例を用いて解説している。ハンメルはこう書いている。

十分な資本を持っていれば、銀行は十分な準備金が手元になくても融資をすることができる上、現にそうするものである。信用に足る、クレジットを与えるに足る顧客が現れ、そこに利益を上げる機会がある限り、**銀行は融資を行い、その後で必要な準備金を通貨市場から借りるのである。**[2]

ハンメルの例には、1億ドルの要求払預金と1000万ドルの準備金を持つ銀行が登場する。この準備金は、必要準備率である10％（通貨を引き出しに来た預金顧客に支払いを行うために必要な率）をぎりぎり満たしている。このとき、この銀行は、新たな住宅建設企画に計500万ドルの融資を行おうと計画する。さて、この銀行は、これ以上準備金を得ないでこの融資を決行できるのであろうか。ハンメルの答えは「できる」である。なぜなのか。新たに発行された融資通貨を、銀行は帳簿に預金として記入することができるからである。こうして、銀行の資産と債務とが同時に等しく増量され、必要準備率が守られる。

その後、借り手が取引を行うと、この通貨は別の銀行へ送金され、始めの銀行は準備金を元の量に戻すために新たな通貨を調達しなければならなくなる。銀行はこれを、連準やその他の通貨市場資金源から負債として調達する。他方で、500万ドルを受け取った諸銀行は、この預金を使ってまた新たな融資を行うことができる。新たに手に入れた預金を担保するためにはその内の10％さえ保持していればよいので、諸銀行は計450万ドルまで融資を行うことができ、その分だけマネーサプライが増量され、この手順は際限なく繰り返される。[3]

まとめよう。銀行は、自分のものではない通貨を融資し、新たにこうして融資された通貨は「預金」に変わり、帳尻合わせに一役買う。（一般に「複式記帳法」と呼ばれる手法である。）借り手がこの通貨を使用した場合、元の銀行は連準やその他の通貨市場から借金をして準備金の埋め合わせを行うことができ、不足分を補うのに十分な預金が再び舞い込んでくるまで待つのである。ここで、銀行は預金から融資を行うのではない、というシカゴ連準の言葉を思い出していただきたい。スミスさんの預け入れとジョーンズさんの借金との間には何のつながりもない。スミスさんは自分の要求払預金が融資に使われることに同意していないからである。顧客が預け入れたり、他の銀行が融資したりして集まる要求払預金は、小切手を清算するための必要準備率を満たすためだけに必要なのであり、銀行が自ら帳簿上で通貨を新たに発行しているという事実をうやむやにしている。シカゴ連準はこう述べている。

融資は、準備金ではなく銀行預金を増加させる。追加の準備金がみつからない限り、銀行は新たな預金に対する必要準備率を満たすだけの準備金を持つことができない。同じように、個々の銀行もまた、予期せぬ預金流出が起き、適宜準備金を失うことによって、損失を被る可能性がある。この預金を受け取った他の銀行は適宜融資の量を増やすことができるが、他方でこの預金を失った銀行は、未回収の融資や投資を減らして期限内に必要準備率を再度満たすことができないかもしれない。どちらの場合においても、銀行は一時的に準備金を準備銀行から借りることができる。

つまり、連準が銀行の尻拭いをするわけだが、では連準の準備金はどこからくるのであろうか。ここで登場するのが「公開市場操作」である。サンタクロースと同じように、連準は準備金を自ら創造するので、準備金不足の心配は皆無なのである。

その手順は、シカゴ連準が次の仮想例を用いて解説している。とはいえ、以下の解説が難解で支離滅裂なものに思えても、どうか落ち込まないでいただきたい。現にこれは難解で支離滅裂な詐術なのだから。重要なのは最後の一行である。「この準備金に対しては、それまで存在していなかった預金が新たに与えられる。」シカゴ連準の記述は以下のとおりである。

公開市場取引は、どのようにして銀行準備金や預金を増やすのであろうか。例えば、連邦準備制度が、ニューヨーク連邦準備銀行の取引部署を通して、1万ドル相当の財務省紙幣を、米国政府証券という形でディーラーから買い取ったとしよう。金融取引がデジタル化した現代において、連邦準備制度は自ら振り出した「テレクトロニック」小切手によって証券の対価を支払う。「連準振り替え」送金ネットワークを介して、連準はディーラーの銀行（A銀行）に、証券の代金をA銀行のディーラーの口座に振り込むようにと指示を出す。連邦準備制度は1万ドル相当の証券を資産に加え、その代金は銀行準備残高という形で自らに対する債務を発生させることによって支払う。**A銀行の帳簿に加えられた準備金に対しては、それまで存在していなかった預金1万ドルがディーラー名義で新たに与えられる。**

その後何が起こるかは、『部分準備銀行制度』においてムレイ・ロスバードが解説している。ロスバードは、連準が用いたものよりも幾分かわかりやすい仮想例を用いている。かれの例では、連準は証券ディーラーから証券1000万ドルを購入し、ディーラーはこの通貨をチェース・マンハッタン銀行に預け入れる。1000万ドルは会計項目という形で発行され、マネーサプライはこの金額だけ増加する。ロスバードによると、これはインフレーションと通貨偽造の連鎖の第一歩目にすぎない。

連準から小切手を受け取ってこの上なく愉快になったチェース・マンハッタン銀行は、早速これを自分の連準普通預金口座に清算し、残高が1000万ドル増える。しかし、この預金口座は諸銀行の「準備金」なので、米国銀行の準備金はこうして1000万ドル増えたことになる。つまり、チェース・マンハッタン銀行はこの準備金を使って新たに預金を発行することができるということになる。小切手と準備金がこうして他の銀行に行き渡るにつれて、各銀行はさらにこの上にインフレーションの種を各自加え、結果的に銀行制度全体で要求払預金が1億ドル増量される、**すなわち連準が購入した資産の10倍の金額である。銀行制度は、預金の10%の金額の準備金を保持していればよく、「貨幣乗数」（銀行が準備金を基礎として拡張することのできる預金の量）は10である。**こうして、連準による1000万ドル相当の資産の購入は、瞬く間にその10倍の1億ドルという額の、銀行制度全体のマネーサプライ増加へとつながった。興味深いことに、**この流れの仕組みについて異論を唱えるエコノミストは一人もいない。**もちろん、この流れが果たして道徳的であるのかどうか、あるいは経済的にどのような効果があるのかといった問いになると、見解の相違がはっきりとみられるのだが。[4]

連準は以上のような離れ業をやってのけるために、いくつかの単語の意味を歪曲するしかなかった。例えば、「準備金」という単語は、顧客の支払要求に備えて金庫にしまっておく金などの通貨、という意味では使われていない。「通貨と神話」と題された記事において、カルメン・ピリターノは、「準備口座」は連邦準備銀行が管理するもう一つの帳簿にすぎない、と書いている。そのため、シカゴ連準の例の場合、ディーラーは政府から証券を受け取った後、連邦準備制度にこれを払い込み、後者はこれをディーラーの口座への入金によって「清算」し、その結果あたかも手品のように新しい通貨がディーラーの口座の数値として発生する。この新たな「預金」は、その後その銀行の所属する連準の「準備金残高」に加算された。この準備金は、商業銀行が預金顧客に支払いを行うために使う「本当の」通貨ではない。ただ連邦準備銀行の帳簿における債務としてのみ存在するのである。ピリターノによると、連邦準備銀行が管理する準備口座は、商業銀行が発行している通貨の量を記録するためのシステムであるにすぎない。こうした通貨拡張には限度がなく、顧客が新たな融資を受け続ける限り銀行はこれをどこまでも行う。（もっともこれは、スイス・バーゼルの「銀行家のための銀行」国際決済銀行が、1988年に「自己資本比率規制」を導入するまでのことである。これについては第20章で詳述したい。）ピリターノはこう洞察している。

『連邦準備制度のねらいと役割』には、連邦準備制度は（1980年現在）すべての銀行に「預金の内一定の割合を、金庫内の現金、あるいは連邦準備制度の無利息残高として保有すること」を義務付けている。「連邦準備制度の無利息残高」という言い回しは、「準備口座」が簿記上の記録にすぎないことを示しているが、この記録は加盟諸銀行の預金口座残高の一部のことであり、これを基盤として銀行は新たに通貨発行型クレジットを拡張することができる。加盟銀行が連邦準備銀行支店の準備口座に要求払預金口座残高の一定割合を物理的に送金（つまり「預金」）することはない。**私の見解では、以上のような「口座」は、賢明な銀行業を「強要」しようと連邦準備制度がお墨付きを与えた巨大な「準備金」システムの知名度を高めるために設計された。**[5]

少し意地悪く言い換えるならば、準備口座とは詐術であり、これを使って銀行は、融資に使う通貨を無から創造しているのだということ、またやはり無から通貨を創造する他の銀行や連準から「準備金」を好きなだけ借りているのだということをごまかしている。銀行は、信用に値する顧客が見つかる限りいくらでも融資を行うことができる。（これは１９８８年以降は必要自己資本比率の導入によって変わったが、これについては後述する。）融資は借り手の口座で預金に変身する。この口座に対して小切手が切られ、このお金が銀行を離れると、銀行は出金された分を埋め合わせるために新たな預金を入手しなければならない。しかし、ある批評家が言ったように、こうした預金は「銀行には実は融資に使うことのできる通貨があったのだと言って、せっかちな見物人を納得させるためだけのものである。」[6] オーストラリアのニューキャッスル大学経済学部教授のビル・ミッチェルは、こう説明している。

銀行は預金を受け取って準備金を蓄積し、これに利幅を上乗せして融資を行い利益を上げている、という幻想がある。これは銀行の運営実態の描写としては全く的外れなものである。銀行融資には「準備金による制限」などかかっていない。実のところ、銀行は信用に足る顧客がいる限りいくらでも融資を行い、準備金の状況については事後的に始末をつけるものである。（銀行の準備口座は毎日黒字でなければならず、国によっては中央銀行が一定の準備率を定めている。）準備金が不足した場合、銀行は銀行間取引（インターバンク）市場において互いに貸し借りを行うか、最終的には中央銀行の「割引窓口」からこれを借りるのである。[7]

銀行は新たな通貨を融資として発行し、小切手が銀行から離れる瞬間にこれは一般の通貨プールへと追加される。その後銀行は、帳簿が黒字になるために必要な新たな預金を、必要に応じてここから借り戻すのである。なかなか鮮やかな詐術だが、この話にはまだ続きがある。

銀行が投資通貨を自ら発行する方法

シカゴ連準は、Ａ銀行の例を使ってさらにこう続けている。

もしこのプロセスがここで終わっていれば、「倍率増加」が起きることはありえない。つまり、預金と銀行準備金とが同額増えるだけで終わるはずである。しかし、銀行は実のところ、預金の一部を準備金として保持するよう義務付けられているだけである。一部を除く預金は、収益資産の増大のために使うことが許されている。融資と投資である。

繰り返すが、A銀行の預金は、連準が「銀行準備残高という形で自らに対する債務を発生させる」ことによってこれをどこからともなく発行するまでは「存在しなかった」ものである。必要準備率が10%であった場合、こうして新たに発行された預金の内10%が「準備金」として脇に置かれる。残りの90%は「過剰準備金」であり、「収益資産の増大のために使うことが許されている」が、ここには「融資」だけでなく、銀行に見返りのある「投資」も含まれる。

シカゴ連準によると、事業活動が活発である限り、過剰準備金を抱える銀行はこれを融資する機会を得ることができるはずである。しかし、借り手がつかなくなると（のみならず、借り手がいるときでさえ）、銀行は投資という道を選ぶこともできる。銀行は事実上、会計項目として発行された通貨を借りてこれを自分たちの口座に投資しているのである。シカゴ連準はこう述べている。

> **預金拡張は、融資だけでなく、投資によっても引き起こされる。**融資需要がゆるやかに下がってきている場合を考えてみたい。このとき、**銀行は証券の購入に出るはずである。**恐らく、銀行はディーラーを介してこうした証券を購入し、**自分名義の口座、あるいは然るべき準備口座名義の小切手を使ってその対価を支払う。**その後、この小切手は売り手の銀行にて換金される。**銀行制度への影響を見てみると、以上は融資活動の場合と全く同じなのである。**

銀行が融資を行った場合に出る影響とは、預金の拡張である。ということは、銀行が自らの口座に投資を行った場合に出る影響もまた、預金の量の拡張、つまり通貨の発行であるにちがいない。では、銀行に振り分けられる「準備金残高」の内、一体何割が融資ではなく投資に費やされるのであろうか。ピリターノは『連邦準備制度統計報告（H.８）』を引用しつつ、地方銀行の資産と債務を詳しく調べ、融資対投資の比率は7対3であると推定している。ということは、ムレイ・ロスバードの挙げた例に従うと、連準が１０００万ドルを発行し、これが右から左へ動く内に1億ドルにまで膨れ上がったとき、顧客への融資７０００万ドルと、銀行への投資３０００万ドルが作り出されたことになる。

取引業者としての銀行

商業銀行には政府証券に保守的な投資を行うという伝統があ

るが、投資銀行はこれの例外である。商業銀行と投資銀行は別々の機関で運営されるべきである、という趣旨のグラス・スティーガル法は、1999年に廃止された。このとき、二つの銀行機能は「内部情報隔壁」によって分断されるので大丈夫、ということになっていた。[i] しかし、この隔壁は紙のように薄いものである上、商業銀行と投資銀行との間には大きな相違点がいくつもあり、事業提携者としてはぎこちない関係にある。[8] 商業銀行は元来、預金を受け取り商業融資を行うことによって、顧客に奉仕してきた。対して、投資銀行には、預金を受け取ったり商業融資を行う許可がない。代わりに、投資銀行は株式の発行や売却を管理することによって、顧客への支払い金を賄うのである。さらに、今日に至ると、より重要な事業として「自己勘定売買」が台頭してきている。ウィキペディア[ii]によると、自己勘定売買とは「投資銀行業で用いられる用語であり、銀行**が顧客の通貨ではなく自らの通貨を使って株式や債券、選択売買権や商品先物その他の商品の取引を行い、これによって自ら利益をあげることを意味する。**」この記事はさらにこう続く。

> 投資銀行は資本市場において（株式や債券を売ることで）資金を調達し、他の事業を援助するものである、という定義が一般的だが、実のところ、取引活動を通じて生み出される利益の大半は大手の投資銀行に行くのである。

こうした利害の相反が起きる可能性が特に顕著になったのは、2007年のことである。この年、ゴールドマン・サックスは、サブプライムローン市場において債務不履行の側に大金を賭けつつ、他方ではサブプライム債権を組み合わせて作られた「複合性投資媒体」（Structured Investment Vehicles）を顧客に売ることで大儲けをしていた。[9]

利益相反については、2006年1月に『ビジネス・ウィークリー』に掲載された記事「ウォール街リスク取り文化に潜入――いまだかつてない規模の賭けを行い、無敗のままの投資銀行」において、エミリー・ソーントンが議論している。新たに到来した銀行取引ブームについて論じた後、ソーントンは、投資銀行の魔術師たちが不自然なほど負け無しであるため、「あるいはこうした銀行取引業者は非公開の顧客情報に基づいて動いているのではないか、という疑念が広まっている。」銀行が自らの口座に対して取引を行うというのは、倫理的にみて問題

---

i　原注：「内部情報隔壁」とは、ウィキペディアによると、「ある企業において、内部情報を保護し、不正取引を防止する上で、投資決定を行う人々をこうした決定に影響を与えうる未公開情報に関知している人々から分け隔てる目的で、企業内に設けられる情報隔壁」である。

ii　原注：ウィキペディアの信頼性を疑う声もある。ボランティアによる研究によって成り立っているからである。しかし、擁護派は、不正確な情報は他の研究家によってすぐに修正される、という点を指摘している。その上、ウィキペディアには、他では手軽に入手することができない情報を提供し、誰でもアクセス可能なオンライン百科事典である、という利点もある。

があるというだけでなく、銀行を巨大なリスクに晒すという意味でも危険である。ソーントンはこう書いている。

安価な通貨という油をさされたこの取引ブームは、過去の例とは根本的に異なるものである。１９９０年代半ばに取引業者がウォール街を支配したときは、自らの貸借対照表をリスクにさらした銀行はほとんど存在せず、顧客間の取引を手配する仲買人として振舞う場合がほとんどであった。**対して、今に至っては、ほぼすべての銀行が自らの資産を使って巨大な賭けを多方面において行っており、これにさらに巨額の負債通貨をつぎ込むことによってリスクをさらに肥大させている。**

では、この「巨額の負債通貨」は一体どこから来るのであろうか。投資銀行は、預金を受け取ったり「部分準備」に基づいて架空の通貨を融資したりすることはできないが、商業銀行はこれをすることができる。グラス・スティーガル法が廃止されたおかげで、二つの銀行業形態の間の境界線があいまいになった。銀行取引業者がこれによって特権的な融資を受けられるようになったということは、容易に想像がつく。ソーントンはさらにこう続けている。

今、多くの投資銀行が、取引の量ではほとんどのヘッジファンドを追い抜いているが、後者は規制の甘い投資プールであり、１９９８年にはロングターム・キャピタル・マネジメント社の破綻によって金融システム全体が崩壊の危機に晒されたほどである。**さらに、諸銀行は未公開株（エクイティ）の領域にも踏み込んでおり、数十億ドルを費やして経営困難な企業を買い取りに遠く中国にまで赴き、経営回復をした後にこれを再売却して大きな利益を上げようと目論んでいる。**

「エクイティ」とは企業の所有持分のことであり、エクイティ市場とは株式市場のことである。こうした銀行は、商業銀行がするように短期財務省証券に投資をし、ささやかな利息を得るだけでは飽き足らず、借金を使って事業を丸ごと買占めるのである。**しかも、これは事業のもつ潜在的な生産性を引き出すためにではなく、再売却によって簡単に利益を上げようという意図で行われるのである。**

ソーントンいわく、こうした新天地において先陣を切っているのは、数々の成功を収めてきた大手投資銀行、ゴールドマン・サックスであるが、これを率いるヘンリー・ポールソン・ジュニアは、２００６年6月に会社を去り、米国財務長官に就任している。ポールソン率いる会社ではなくなった後も、ゴールドマンとその仲間たちは一向に落ち着く気配がない、とソーントンは述べている。

２５０億ドルの資本を管理するゴールドマンの未公開株部

門は、それだけでも**世界で五本の指に入るほどの巨大な株式独占売買企業である。**かれらは皆、いわゆる自己勘定取引者と呼ばれる、**銀行自らの通貨を使ってゲームを行うチームを拡大している。**銀行もこれに気前良く応じており、一人のトレーダーに年間1000万ドルから2000万ドルも支払うこともある[10]。

利益を搾り出す目的で企業を丸ごと買い占める行為は、単刀直入に「ハゲタカ資本主義」と呼ばれる。この呼び名がいかに適切であるかは、ショーン・コリガンが2006年1月に発表した記事「帝国晩年における投機」ではっきりさせている。

買占め商人や未公開株組合は、安価かつ課税が軽減された負債を事実上好きなだけ借りることができ、これを使って企業株主たちを皆蹴散らして買占めを行う（このとき、売り手は必ずしも好意的に売り決定を行うわけではない）。その後、特例配当金の支払いを命令したり、ジャンク負債を蓄積することによって、かれらは標的の企業の貸借対照表を瞬時にボロボロにし、最短距離で再び資金を手元に引き戻す。経済的な効率を上げるための誠実な事業発展を行う素振りすらみせず、かれらは露骨に金銭的な欲望をさらけ出す。そして、さらに大規模な略奪を行うために、負債まみれの惨めな後続者に企業を速やかに売り払う。（恐らく、かれらは周到に誇張宣伝された新規株式公開を通じて、弱者である個人のささやかな退職金に目をつけるのである。）その過程で、かれらは惜しみなく経費や手数料（そして「政治献金」）を振りまくこともできる。ここまでくると、理性は通用せず、これ以上妥協をする余地も私たちには残されていない[11]。

2005年にゴールドマン・サックスで3000万ドルを稼いだヘンリー・ポールソンを含め銀行取引者の「法外な」収入に言及しつつコリガンはレトリカルにこう問う。

> 農家や薬理学者になる訓練を受ける理由などどこにあるのであろうか。メリル・リンチに就職し、他人の「資本」を使い、私たちの日常を取り巻くネズミ講の内部者としての特権を生かせば、20代で億万長者になることもできるのに。

現代においては、ほぼすべての産業分野が、舞台裏で大手金融機関によって操作されうると考えられており、こうした操作の大半はコリガンが「架空通貨」と呼ぶものによって行われる。『バロンズ』誌に2006年に発表されたある記事によると、昨今の債券市場は銀行や政府機関によって支配されており、債券は利息収入目当てで購入されるわけではない。むしろ、「**実際には、通貨の操作と市場工作のみを意図してこれが行われる[12]。**」

舞台裏でのやりとりを本当に理解するためには、巨大通貨産業が市場を操作するために採用する道具をまずは理解しなければならない。次章では、「空売り」と呼ばれる投資媒体について詳しくみていく。空売りは「デリバティブ」として知られる、より複雑な道具の基礎を成している。膨大な量の空売りが行われた結果、狂騒の20年代は世界恐慌へと転じたのである。似たような操作は、昨今でもなお手を変え品を変え淡々と続けられている。

第19章
売り崩しと空売り――資本市場をクマなく貪り食う

「ライオンにトラにクマ！　ライオンにトラにクマ！」
――『オズの魔法使い』森の中で迷子になったドロシー

世界恐慌の引き金となった「崩壊」は、一度きりの事件ではなかった。１９２９年以後、市場の急騰のみならず急落にすら便乗して大儲けをした投機家が火に油を注いだことによって、恐慌は実に四年間弱に渡って延々と続いたのである。「野放しにされた金融搾取活動こそ、私たちの現在の惨状の大きな原因の一つです」とルーズヴェルトは１９３３年に嘆いている。四年間に渡る業界全体を巻き込む売り崩しによって（主要な株水準の一つである）ダウ工業株水準は元の価値の実に10％にまで落ち込んだ。「売り崩し」とは、手早い利益や企業乗っ取りを目的としてある株式の占有を目指す活動を指す。１９２９年の崩壊以後、市場が回復の兆しを見せるたびに投機家たちは舞い戻り、自ら所有しているわけではなく売却目的で「借りた」だけの株式数百万ドルを「空売り」と呼ばれるからくりを使って売りさばいた。規模の大きさが十分であれば、空売りは相場を引き下げ、その結果資産が特価で購入可能になる。

　その仕組みはこうである。まず、売り手と買い手とを結ぶのが仕事の取引業者（テレビで大声をあげながら互いに手を振ったりサインを送ったりしている人たちである）が、取引所内で株価を定める。売れるならば価格は何でもよいという空売り人たちは、低価格で買おうという買い注文と合わせられる。株価は需要と供給によって決まるので、売り注文が買い注文を大きく上回ると、価格が下がる。空売り人たちはその後株を低価格で再度購入し、差額をせしめるのである。昨今においては、投機家たちは「損切り注文」[ii]や「マージンコール」[i]を大きな投資信託やヘッジファンドに対して引き起こすために必要な値下げを行えばよい。そうすれば売り注文の連鎖が発生し、株価が急落する。

市場分析家のリチャード・ガイストは、単純なたとえ話を使って空売りの仕組みを解説している。

例えば、あなたがお隣さんから芝刈り機を借りたとしよう。親切なお隣さんは、ちょうど数週間休暇で旅行に行く予定だから芝刈り機を持っておきなさいと親切にあなたに言う。一方、あなたは前々から芝刈り機を買わなければと思っており、値段を調べてみたところお隣さんの持っている芝刈り機は５００ドルのところ値引きされて３００ドルで購入可能であった。さて、ある日、あなたが芝を刈っていると、通りすがりの人が４５０ドルで芝刈り機を買いたいと言ってきた。あなたは芝刈り機をその人に売り、同じものを３００ドルという割安な値段で買い、帰ってきたお隣さんにこれを返却する。こうして、あなたは１５０ドルを儲けることができる。

このたとえ話を株式取引の例に当てはめて、ガイストはこう続けて書いている。

あなたは、アマゾン社の株が過大評価されていると感じ、その内値段が下がるはずだと予測する。空売り人であるあなたは、ちょうど芝刈り機の場合と同じように、ブローカーからアマゾン株を借りてこれを市場で売る。アマゾン社の株式１００株を借り、これを１株50ドルで売ることで、あなたは手数料無しで５０００ドルの売り上げを手にする。あなたの市場調査は功を奏し、アマゾン株は数週間後に１株35ドルで取引される。あなたはアマゾン株１００株を３５００ドルで購入し、ブローカーに株を返却する。こうして清算が完了し、あなたは１５００ドルを儲けることになる。[1]

たとえ話の危険性

たしかに、お隣さんの芝刈り機を「親切に甘えて」借りるだけなら、人畜無害な話である。しかし、空売り人が自分のものではない株式を売るとき、かれらは株の持ち主に許可をとらずにそうするのである。さらに、お隣さんの芝刈り機を売りに出しても、シアーズの芝刈り機の販売価格が変わることはない。対して、株式市場では、株価は絶えず変動しており売りに出されている株の数量によってこれが決定されている。数百万もの株式が、元々の所有者の手元を離れずに「売り」に出されると、こうした「架空の」売りは株価の下落を招くことがある。こうした値下がりを正当化するような変化が資産に一切起こらなかったとしてもである。むしろ、ある株式についての評価が良いと投機家たちはその株価を引き下げるために動き、その結果上のようなことがよく起こる。株価は「自由市場の力学」に反応しているのではなく、売り注文で市場を圧倒する力を持つ共謀投機家たちによって決定されているのである。売り注文といっても、売り手自身が株を所有しているわけではないので、いかがわしいものではあるのだが。同じ「準備金」が何重にも融資される部分準備融資の場合と同じように、空売りもまた、株主や会社自体に損害をもたらす「詐欺」としてみられることがある。分析家のデヴィッド・ナイトはこう解説している。

空売りは一種の偽造である。[iii] 会社が設立されると、これに伴って必ず株式が発行される。会社の企業価値は一定量の株式によって完全に決定されるのである。投資家がこの株式の一部を購入し、ブローカー名義でこれを登録した場合、第三者がこの同じ株を空売りできるようになる。**一度空売りが行われると、同一の株が二人の投資家によって二重に所有されることになる。**

株式の価格は市場の力学によって、つまり需要と供給によって決定される。一定量のものが供給されると、需要が満たされるまで価格が調整される。しかし、供給が一定でない場合、つまりそのものが偽造されている場合供給が需要を追い越し、価格が下がることになる。供給が需要を上回って拡張し続ける限り、値段は下がり続ける。さらに、価格の下落は供給の拡張に線的に対応するわけではない。供給が需要を上回り続け、これがある限度を超えると、「底が抜けて」価格が急落するのである。[2]

顧客から信頼と共に預かった株式を他人に貸し付ける、というブローカーの行為には、預金顧客から信頼と共に預かった金を貸すという金細工師たちの行為に通ずるものがある。ブローカーの顧客たちは、仲買契約書の文面上では第三者への持ち株貸付を認めているのであろうが、そのことを自覚できている顧客は恐らく少数である。株を物理的に手元においておけば、第三者への自分の持ち株の貸付を阻止することもできる。しかし、ブローカーに株を預けている限り（そして、現に大多数の人たちがそうしているはずである）、株は「証券業者名義」となり、株の持ち主の知らないところで貸し付けられたり「売却」されたりしうる。当の持ち主は、会社に対して誠実な期待を抱いており、この会社の株式で市場を埋め尽くす意図などないにも関

i　原注：「損切り注文」とは、価格が一定の値に達したときに行う売り注文のことである。「マージンコール」とは、「マージン」による取引（信用または借り入れ資本による取引）を行う顧客に対して、頭金として連邦規制が定める対株価比率までマージン口座残高を上げるために資金や証券を追加するようブローカーが要請することである。ほとんどのトレーダーは、追加の代金を支払う代わりに株を売却する方を選ぶ。

ii　原注：「投資信託」とは、多数の人々からお金を集めてそれを投資する会社のことである。「ヘッジファンド」とは、借金や空売りのような高リスクなテクニックを使って、投資家のために驚くべき額の売却益を上げることを目指す投資会社のことである。

iii　原注：「偽造」とは、詐欺を目的として模造物をつくること、あるいは欺瞞を継続することである。

わらずである。

『ブルームバーグ・マーケット』誌に2006年4月に掲載された記事では、空売りのもう一つの大きな問題点が指摘されている。空売り人は、株主総会において株式議決を行うことができてしまうのである。ことの実態を隠蔽するために、ブローカーたちは持ち主本人の代理人を総会に送り込む。つまり、一つの株に対して複数の代理人が出席することになるのである。銀行の場合、同時に多数の顧客が現金を求めてやってくることはないであろうという考えの下に、同じ通貨を何重にも融資するが、これと同じように、ブローカーもまた多くの株主たちはわざわざ株式を議決しに行くことはないであろうと考えている。仮に代理人が多く出席しすぎた議決があった場合、投票総数は「適当な」数にまで削減される。その過程で、当の株主たちの議決権が捨て去られてしまうこともある。ヘッジファンド業者の中には、敵対的企業買収等ある議決に票を投じるためだけに空売りを行うところもある。多くの株主たちは代理人を総会に出席させないので、空売り人たちは、企業に実質的な投資を行っている人たちにとっては好ましくない方針を可決させてしまうこともあるのである。[3]

空売りの弊害のうち幾つかは、1933年の証券法によってある程度緩和された。「値上げ」ルールが設けられ、「純」空売りが禁止されたのである。値上げルールに従うと、株が最新の売値よりも高値でない限り空売りをすることは許されず、これのおかげで株の値下がりに伴う空売りの連鎖は阻止される。しかし、ヘッジファンド業者たちはこの規制を回避するために、規制なき脱税国（offshore）にて取引を行うようになった。（第20章参照。）追い討ちをかけるように、2007年7月には値上げルールが廃止された。[4]「純」空売りとは、株の持ち主でも借主でもない者が行う株式売却のことである。ルーズヴェルトのニューディール政策にて導入された数々のルールの御多分に洩れず、この規制もまたかなりのところまで損なわれてしまった。

偏在する極悪非道な空売り

2005年11月の『タイムズ』誌上のある記事にはこう書かれている。

純空売りは違法であるが、**市場の秩序を保とうという意図を持ったブローカーはこの例外である。**純空売りとは、株を借りずに売却することである。証券取引委員会は、昨年の報告書において、この慣習の「受動性」を特記している。**取り締まられない限り、このような売り行為には限度がなく、売り手は株価を急落させることができる。**[5]

2004年5月のダウ報告書によると、純空売りは「企業株価を急激に下げうるような策略的な行為」である。[6]しかし、2005年7月の証券取引委員会における判定は、「値付け業者」

に純空売りの許可を与えてしまい、規制をみせかけだけのものにしてしまった。「値付け業者」とは、特定の株を公示の株価で持続的に売買する意図を持った銀行又は仲買業者である。**しかし、この話には落ちがある。昨今、株式売買を行うブローカーの大半は値付け業者なのである。**現在、空売りの95％はブローカー仲買人や値付け業者によって行われている。[7] また、値付け業務は、「通貨センター銀行」と呼ばれる米国10大銀行の最も潤沢な事業の一つであるが、かれらは米国の銀行資産の半分近くを所有している。（これについては第34章で詳述したい。）

２００５年３月に『フィナンシャル・ワイヤー』誌の掲載されたある話は、純空売りがいかに広く浸透しており、いかに有害であるかを物語っている。ある日、ロバート・シンプソンという人物が、グローバル・リンクス社という名の企業の発行済み株式計１００万株余りを買占めた。かれはこの株をすべて箪笥の中の靴下の引き出しにしまいこみ、その後二日間にわたって同社の株式が実に６０００万株も取引されるところをじっくりと見物した。**靴下たんすにしまってあったにも関わらず、発行済み株式は二日の間で一つ残らず平均60回も売買されたのである。**この一件によって、ブローカーが純空売りによって多量の「架空」株式を取引しているのだという仮説が実証された。空売り人たちの本来の役割は、株式を再び購入して市場に再投入することによって「カバー」すること、という建前である。しかし、シンプソンの一件における６０００万株は明らかに再購入されたものではない。そもそも売りに出されていなかったからである。同じようなことは、市場全体で行われている可能性が濃厚である。[8]

値付け業者たちの本来の役目は、市場に流動性をもたらし、買い手と売り手とを取りつなぎ、買い手に株式がしっかり供給されたり、売り手が滞りなく株式を手放せるようにすることである。かれらが特例的に純空売りを正当に許可される理由として、競合相手の登場を待たずに売り手と買い手が注文を行うことができるようにするために必要だとする見方もある。しかし、例えばあなたがジャガイモや靴を買いに出かけ、地元の店ではもう売り切れになっていた場合、あなたは再び商品が入荷されるまで待つしかない。では、なぜ株式投資業の場合は同じ理屈が通用しないのか。

株式市場における高い流動性の維持は、企業の資金調達と成長を支える上で欠かせないものである、という議論がある。問題の通貨が企業にしっかり渡っているのであれば、あるいはこのような議論にも一理あるが、**実際は通貨はこのように配分されはしない。**発行主である企業は、株式公開（ＩＰＯ）時において株が購入された場合にのみ通貨を手にする。株式取引市場はあくまで「二次的」なものである。そこでは、投資家が株主から株を買い、購入時の値段よりも高く株を売ることを目指す。一言でいうと、これはギャンブルである。買った株を容易に売却できると買い手が思ってくれている場合、新規株式公開（ＩＰＯ）による資金調達は企業にとってそれほど難しいことではない。しかし、現代のコンピュータ化した世界市場においては、当の買い手たちは、ブローカーが他人の株を不要に売りさばく前に市場に駆けつけなければならない。

空売りの正当性と必要性を主張するためのもう一つの議論として、人気のある株式を危険な「バブル」にまで膨れ上がらせるような「不合理な横溢」に歯止めをかけるために空売りは必要である、というものがある。しかし、もしこのような横溢が正常な市場において必然的に起こることなのであれば、空売りは株式だけでなく自動車やテレビ、コンピュータ等の市場においても頻繁に行われるはずである。いうまでもなく、このようなことは現実には起きていない。株式と違って、他の商品はコンピュータの画面上で「質入れ」されたり複製されたりできないからである。部分準備融資と同じように、空売りもまた、物理的なものを動かすのではなくコンピュータのモニター上でブローカーが数字をいじっているだけであるからこそ可能となる。空売りによって生じるとされている流動性から企業が得る恩恵は、この詐術によって売り崩しの標的とされた企業が被る損害に比べると全く取るに足らないものである。

ストックゲート・スキャンダル

純空売りが引き起こす惨事が明解にされた事例として、2004年7月の『インベスターズ・ビジネス・デイリー』誌に掲載された「ストックゲート・スキャンダル」という記事に、値付け業者たちと、かれらの清算機関である証券預託会社（DTC）とが絡んだスキャンダルが暴かれている。DTCは、証券を保管し、証券決済取引の領収、引渡し、そして清算を担う機関である。DTCは証券預託清算会社（DTCC）の傘下にあるが、後者はブローカー仲買人や銀行家によって共同所有された民営複合企業である。「ストックゲート」と命名された訴訟では、ヘッジファンド業者、ブローカー仲買人、そして値付け業者たちによる、中小企業の価格を急落させようという共同戦略があったという申し立てが行われた。証券取引委員会における弁論で、原告側の訴訟コンサルタントであるC・オースティン・ビュレルは、「違法な純空売りによって、米国の投資家たちは数千億ドルもの、いや、あるいは数兆ドルもの損害を被った」と述べている。かれによると、2004年までの6年間で、株式会社7000社以上が「空売りによって抹消」された。ビュレルいわく、1兆ドルから3兆ドルもの損害が空売りによって生じ、1200以上のヘッジファンド業者や脱税国口座がこのスキャンダルに絡んでいた。

DTCの役割は、200万以上の新規発行証券を預かり、その大半を大量の紙束から電子ファイルへと変換することによって「非物質化」し、これによって証券産業を安定させることであるとされている。一度「非物質化」されると、証券は「再質入」されうる。ストックゲートの原告に言わせれば、この言葉は「偽造」の小奇麗な言い換えにすぎない。また、「証券借入制度」に記入が行われるたびに手数料を受け取るDTCCは、空売りという仕組みから金銭的な利益を得ているとも原告は申し立てている。申し立てによると、ＤＴＣＣは証券借入制度によって年間10億ドル弱を得ており、そこでＤＴＣＣは実際に株によって担保されている証券を何重にも貸し付けている。さらに酷いことに、証券取引委員会もまたこの制度にあやかっており、こうした架空の証券が貸し付けられ決済が行われるたびに決済費用を得ている。そもそも、このような汚職を防ぐためにこそ、証券取引委員会は世界恐慌後に設立されたはずである。『インベスター・ビジネス・デイリー』誌はこう洞察している。

ほぼ全く規制されていないＤＴＣは、米国市場システム全体を統治する事実上の皇帝となっている。また、７月28日の証券取引委員会の判決が示すように、電子取引システムの独占権をＤＴＣは保障されているようにすらみえる。証券預託清算会社の友好的な二大株主はニューヨーク証券取引所とＮＡＳＤとであるが、後者はナスダックだけでなく米国証券取引所すらも所有しているのである。証券取引委員会と取り締まり役人とが企業統治を最優先事項としている昨今において、ＤＴＣＣはお世辞にも良い手本であるとはいえない。後者の21人の理事は、数え切れない量の利益相反を体現している。**このスキャンダルは数百もの企業と多くのブローカーや値付け業者を、国際的な陰謀、仕組まれた空売り、そして横断的な行動や否認の蜘蛛の網へと巻き込んだのである。**

国際的な陰謀と巧妙な共同市場操作の蜘蛛の網、こうしたイメージは、ハンス・シヒトの「蜘蛛の網つむぎ」を彷彿とさせる。ストックゲートの原告は、未登録の証券の「質入」、つまり偽造は、「未登録の証券の販売」を禁止する１９３３年証券法に違反すると論じている。ビュレルによると、１９３３年および１９３４年の証券法に空売り規制が盛り込まれた背景には、**「１９２９年以降の数々の崩壊の規模の大きさは、暴力的な空売りによって米国市場が意図的に操作された結果である」**とする証拠の出現がある。ビュレルは続けてこう主張している。

一つの証券が数十回以上も貸し付けられたという事例は数多く存在し、市場崩壊以前の偽造紙幣と同じように、ＤＴＣＣは電子的な偽造を行っていたのだという告発につながった。証券を電子的に発行・偽造・捏造するに際しては、然るべき登録書を提出しなくても、担保である企業がそのような証券が取引されていることも、いや存在していることさえ知らなくてもよいのである。[9]

ストックゲート・スキャンダルを専門的に扱うウェブサイト『フォークの真相』において、マイケル・フォークは２００６年４月に、度重なる訴訟や捜査要求の努力はほとんど実っておらずメディアはこれを無視し続けてきた、と書いている。証券取引委員会は違反行為に対して取るに足らない程度の罰しか与えておらず、被告側はこれを必要経費として割り切っている。[10]

「金ぴか時代」における反トラスト法と同じように、証券取引委員会という鶏小屋にもまた狐が潜入したようである。規制の対象であるはずのビッグ・マネーカルテルは、もはや当の規制機関を裏で牛耳るようになったのである。

パトリック・バーンが率いる企業Overstock.comは、純空売りの標的とされた会社の一つである。『鏡の影――私たちの資本市場にはびこる汚職』と題された明晰なプレゼンテーションにおいてバーンは、証券取引委員会は純空売りの量に関するデータを持っているが、具体的な数字や、そこに関わっている主体の名前、あるいはかれらの手口については一切公表しないと述べている。それはなぜなのか。そもそも、こうした情報は国家機密とは到底呼べないものである。証券取引委員会はこれを「企業秘密情報」と呼び、一度公表されてしまえば空売り人たちの戦略が暴露されてしまうとしている。バーンの解釈によると、これはつまり一度名前がばれてしまえば泥棒たちはもはや窃盗を続けることができなくなる、という意味である。では、規制機関はなぜ泥棒たちを擁護しているのであろうか。バーンは二つの説を候補として挙げている。一つ目は、規制担当者たちは再び民間企業に復帰したときに自ら泥棒になることができるようにと今から足場を固めているという説。二つ目は、一度内部告発を行ってしまえば、裏取引を仕切っている銀行を含む経済全体が壊滅してしまう恐れがあるからという説である。[11]

金融大量破壊兵器?

空売りとは正に、1770年代に大陸紙幣を壊滅させた偽造戦略の近代版である。空売りされると、ちょうど追加の紙幣通貨で市場があふれかえった場合と同じように、通貨の価値は薄められてしまう。空売りは、「デリバティブ」と呼ばれる複雑な取引形態の基礎であるが、後者は寄生虫的な企業合併や企業買収を駆使して競争相手の息の根を止めるための武器となっていった。億万長者ウォーレン・バフェットは、デリバティブを「金融大量破壊兵器」と呼んでいる。[12] この呼び名は適切である。投機的な賭けが投資家を高いリスクに晒すからだけでなく、大手機関投資家たちがこれを使って市場を操作し、大規模な通貨平価切下げを引き起こし、無防備な小規模国家を服従させることができるからである。デリバティブは競争相手国家の通貨の価値を地に落とし、国家資産を破格で手に入れる機会を作り出すが、これはちょうど1929年の崩壊以後に米国の公共資産が内部の大富豪たちによって買い占められたときと同じである。自由市場を擁護する人たちは、自らの経済をうまく回すことができていないとして第三世界国家[iv]にぬれぎぬを着せたがるものであるが、真の問題は通貨の仕組み自体にある。つまり、海外の銀行からの融資によって発行された「架空の通貨」の洪水にあやかる海外投機家たちが、こうした国家の通貨の価値を操作できてしまうこと自体が問題なのである。

以上の論点をはっきりと理解するために、次は「金融資本主義」という名の洞窟へと寄り道をし、デリバティブと、これを駆使して取引を行うヘッジファンド業者とに関する謎めいた領域へと足を踏み入れることにしよう。

iv　原注：「第三世界」という語は、「第二世界」（つまりソ連圏）がなくなった今、時代遅れである。それでもあえてこの語をここで用いたのは、一般的に通用する意味がまだこの言葉にはあり、今もなお広く使用されており、またこれに代わる語――「発展途上国」「後進国」――では誤解を招く恐れがあるからである。古代より存続する「第三世界」文明の市民の間では、「第一世界」の文化よりも自分の文化の方が「先進的」であるとする傾向がある。

第20章 ヘッジファンドとデリバティブ――違う色の馬

「この馬は何？　こんな馬は見たことがないわ！」「これこそ、あの話題の違う色の馬です。」

――門番からドロシーへ『オズの魔法使い』

ペンキを塗られた馬が結局はただの馬であるように、デリバティブとこれに特化したヘッジファンドも、また単なる隠れ蓑にすぎず、「何が起きているのかを人々に悟られないように、以前とは異なる見た目を装った」だけのものであるとされている。『フィナンシャル・タイムズ』紙において、ジョン・トレインは色鮮やかな喩えを用いている。

それはちょうど、いかがわしいナイトクラブでのフロワー・ショーに似ている。女の行列が颯爽と登場し、最初はアパッチ族、続いてバレリーナ、今度はカウガール、といった具合に続いてゆく。しばらくたってようやく、愉快な見物人たちは、同じ女たちが毎度少し異なる衣装を身に着けて繰り返し出てきているだけなのだということに気がつく。ヘッジファンドとは、つまるところ証拠金勘定をさぼる言い訳でしかなかったのである。[1]

「ヘッジファンド」とは、裕福な投資家の資産を一箇所に集めることによって「絶対的な見返り」を得ること。つまり、市場が上向きでも下向きでも利益をあげることをねらいとする民間ファンドである。利益を最大化するために、ファンドの資産を担保として借り入れられたクレジットが投資の「レバレッジ」として用いられる。レバレッジとは、借りた資金を使って購買力を高めることを指す。レバレッジが高ければ高いほど、潜在的な収益（ないし損失）は大きくなる。先物取引では、レバレッジは「マージン取引」と呼ばれる。マージンを使ったレバレッジや、借金によるレバレッジによって、投資家たちは通常価格を支払った場合と比べて遥かに多くの賭けを行うことができる。

1920年代、裕福な投資家たちは「共同受託」を積極的に行った。つまり、資産を組み合わせることによって、市場を自分たちにとって都合のよいように動かそうとしたのである。トラストや独占権と同じように、共同受託もまた、市場の基本である需要と供給の力学への謀略的な介入であるとみられた。ヘッジファンドは、こうした策略の近代版に他ならない。その多くは、規制を逃れるために、ケイマン諸島をはじめとするオフショア[i]銀行業中心地において運営される。オフショアファンドには、クレジットを使った取引を制限するマージン規制や、空売りを価格上昇中の資産に限定する値上げルールの手が届かない。

ヘッジファンドは元々、投資家たちの賭けを「ヘッジ」し、為替や利率の値動きに対する保険として機能するようにと設立された。しかし、これが市場操作と支配の道具として使われるようになるまでに、そう時間はかからなかった。大手ヘッジファンド業者の多くは、銀行や投資銀行のディーラー出身であり、以前の雇用主たちからの温かい後押しを受けつつ職場を移っていった。その後、これら銀行の投資金はこうしたヘッジファンドに預けられ、後者は銀行では入れないような無規制地帯でこの金を運用する。2005年に至ると、**ヘッジファンド業者はその日のエクイティ取引の半分以上を執り行うことがしばしばあったが、これはこうした業者の大きさと資本金の多さとによって可能となっている。**[2] このため、かれらは市場の展開をかなりのところまで支配することができた。2006年秋には、世界のヘッジファンド業者9800社の内8282社が、人口わずか5万7000人の英国領土であるケイマン諸島に登録されていた。ケイマン諸島金融管理庁は、登録時にヘッジファンド業者に100年の完全免税を保障し、ファンドの活動を公的な隠れ蓑で守り、ファンドに自己規制を認め、他の国家がこうしたファンドを規制するのを防止するのである。[3]

デリバティブは、ヘッジファンドにとって欠かせない投資ツールである。デリバティブとは、要するに元となる投資（株、商品先物、市場等々）の価値の増減に対して行う賭け行為である。資産を実際に買うわけではないので、これは「投資」ではない。資産の動向に対して外から行う賭けにすぎないのである。デリバティブはすべて先物取引の応用であり、先物取引はすべてつまるところ投機であり、ギャンブルである。中でも一般的なデリバティブとして、「プット」（資産の価値低下に賭けること）と「コール」（資産の価値上昇に賭けること）がある。しかし、銀行が現在保有しているデリバティブの90％以上は、

i　訳注：offshore、オフショア。税金を全く徴収しなかったり、極端に低い税率しか適用されないような国や州などを指す言葉である。このような地域は「タックスヘイブン」（租税回避地）とも呼ばれる。

「店頭」デリバティブである。これらは金融機関専用に仕立てられた投資機器であり、往々にしてエキゾチックかつ大変複雑な内容を含み、通常の市場では取引されない。また、これは規制されておらず追跡が困難であり、把握することもまた大変難しい[4]。理解不能であるのは、そもそも投資家を騙すためにわざと複雑で不明瞭に作られているからだ、という批判の声もある[5]。

以上のような投機が厳重なルールによって規制されていた時期もあった。ニューディールの一環として可決されたグラス・スティーガル法は、商業銀行を証券取引から切り離した。1974年には商品先物取引委員会が設立され、これによって商品先物やオプション市場が規制され、市場参加者は価格操作や暴力的な売り行為、そして詐欺から保護された。しかし、投機家たちがルールをかいくぐり始めるまでに、そう長くはかからなかった。デリバティブの取引人たちは、自分たちは何も交換をしていないので、「証券」や「商品先物」には一切関与していない、と言い張った。念を入れて、かれらはこの点について商品先物取引委員会から例外を承認してもらうよう連邦議会に働きかけ、その上でさらに、脱税国に小規模かつ未登録かつ無規制のヘッジファンドを設立したのであった。

ネズミ講が生んだバブル

ジョン・ホーフルは、1998年に行ったインタビューにおいて、デリバティブ現象を解説するにあたって鮮やかなたとえを用いている。

> 1980年代には、巨大な金融バブルが生み出されました。それは、犬の胴体の上に取引帝国を築いた蚤《のみ》の群れにも似ています。取引を続けるために、蚤たちは犬の血をどんどん吸いますが、そのうち、蚤が取引している血の量が、犬を殺さずにその胴体から吸い上げることのできる血の量を超えてしまいます。こうして、犬は病気になってしまいます。すると、蚤たちは頓知を働かせて「先物血」の取引に重点を移します。実際にそこにある血と、取引できる血との間にはもはやつながりがなくなるので、取引が爆発的に増えることになります——これがデリバティブ市場です。先物血の取引が爆発的に増えた結果、犬はもはや瀕死の状態となったのです。デリバティブ市場の本質はここにあります。**それは、金融バブルの断末魔の叫びなのです**[6]。

デリバティブは資産ではないので、「実際にそこにある血と、取引できる血」との間のつながりが壊された。資産の動向についての賭けにすぎないので、小額の「本物の」通貨さえあれば賭けを行うことができた。この通貨のほとんどは、融資と同時にコンピュータの画面上に通貨を発行する銀行から借りたものである。現実との乖離があまりにも進んでしまったため、店頭デリバティブ市場は世界のマネーサプライの数倍にまで膨れ上がっている。民間におけるこうした賭けは報告も規制もされていないので、その総額を知る者はいない。しかし、国際決済銀行は、2006年前半期にはデリバティブ取引の「想定元本」は370兆ドルという記録的な高さにまで舞い上がったと報告している。2007年12月になると、この数値は圧巻の681兆ドルにまで上がっている。

「想定元本」とは、「契約の基礎となる資産の単位数を、資産のスポット価格で掛けた」仮想数値である。「想定」の同義語として、「空想的な、事実に基づかない、疑わしい、架空の」等が含まれる。こうした価値がどれほど空想的であるかは、数値を見れば一目瞭然である。[7] **681兆ドルとは、米国経済全体のGDPである13兆ドルの実に50倍である。**2006年、世界全体のGDPは66兆ドルでしかなかった。2007年のデリバティブ取引の「想定元本」の10分の1である。2006年9月の『マーケットウォッチ』誌上の記事において、トーマス・コスティゲンはこう述べている。

> **これほどまでの量の余剰価値が、その実、偽物でしかない装置から一体どのようにして引き出されるのか、一考の価値アリである。**ウォール街ではこのような商品が製造され、一般の投資家たちには見えないところで取引がされる。エクイティ・デリバティブの価格は、例えば普通の新聞の株価欄には載っていない。将棋倒しに市場に災難がふりかかるのも時間の問題である。しかも、**ここには何の対策もないのである。**証券投資者保護公社(SIPC)は、ブローカー会社倒産に備えてブローカー口座に保険をかけるという役割を担っているが、SIPCは最近、準備金の金額が13・8億ドルであることを公表した。一見すると大きな金額に思えるかもしれないが、500兆という量の隣においてみると全く頼りない金額である。恐ろしいことだが、事実である。[8]

そもそも、こうした天文学的な金額はいかにして存在しうるのであろうか。繰り返すが、デリバティブは単なる「賭け」であり、ギャンブラーが賭けることのできる金額に制限はない。複雑な問題を単純明快に説明することを専門とするウェブサイト運営者に、ゲアリー・ノヴァックという人物がいる。ノヴァックによると、「これは、二人の人間が1兆ドルを賭けてコイントスを行った後、勝者がそれまで存在しなかった1兆ドルを手に入れるのと似ている。[9]」かれはこうした金を「ファニー・マネー」、つまり「偽金」と呼んでいる。ミシシッピ・バブルのように、デリバティブ・バブルもまた、実在しないものの上に構築されている。先物に対する賭けに負けた敗者が返済不能になると、この仕組みは崩壊せざるを得ない。それを回避するためには、納税者たちが史上最高金額の請求書を肩代わりしなければならないのである。

1994年に下院銀行・住宅・都市問題委員会からの要請があって発表された報告書において、クリストファー・ホワイトは、さらに別の鮮やかなイメージを用いてデリバティブ難儀を描いている。ホワイトはこう書いている。

> デリバティブ市場は、史上最大のバブルである。これに比べると、フランスのミシシッピ・バブルも、英国の南海会社バブルも取るに足らないものである。このバブルは、まるで癌のように、私たちの銀行業・クレジット業制度全体を蝕んでいる。主要な商業銀行、投資銀行、そして投資信託会社等々の内、デリバティブに依存していないものは一つとしてない。**デリバティブは、私たちの経済の生き血を啜るのである。私たちの農場、工場、国家インフラ、そして生活水準は、金利や配当金を含むバブル収益の支払いにすべて吸い尽くされるのである。**[10]

デリバティブへの投機が地元の生産的な産業から貴重な資本を吸い尽くす様子を、ホワイトは新たなたとえを用いて説明している。

> それはまるで、競馬場に行き、馬ではなく掛け金の総量に賭けるようなものである。これでは、もはや馬を馬屋からスタートラインまで連れてくる必要すらなくなる。
>
> どの馬が勝とうと知ったことではないので、ギャンブラーたちは馬に餌を与えず、飼育係も雇わない。通貨が通貨を生めば、後はどうでもよいのである。現代においては、企業の成長に投資するよりもデリバティブに投機した方が低リスクで高収益が期待できる。特に、賭けの行方に影響を与えることができる大銀行にとってはこれが当てはまる。通貨監査局の報告によると、2006年半ばには9000弱の商業貯蓄銀行が米国には存在したが、米国銀行所有のデリバティブは97%がたった5銀行に集中していた。トップ2には、JPモルガン・チェイスとシティバンクが君臨する。モルガン＝ロックフェラー帝国の砦である。[11]

デリバティブ戦争

デリバティブ新兵器のもつ恐るべき威力が明らかになったのは、1992年、ジョージ・ソロス率いる巨大ヘッジファンド「クォンタム・グループ」が、シティバンクをはじめとする強力な投機機関の後押しを受けつつ、わずか1日で英国とイタリアの通貨をデリバティブで破綻させたときであった。これに伴って、欧州通貨制度もまた倒壊した。ホワイトはこれについてこう述べている。

> かれらはその日、投機癌が通貨官庁の手に負えないほどにまで成長してしまったということを示した。商品先物市場の空売り人たちによって破滅に追い込まれた農家たちは、そのことを特に強く実感している。他人の所有物を売却し、これを後々低価格で買い上げる……**これは金融戦争の道具**

であり、国家や国民を攻撃するために使われる。ちょうど商品先物市場の空売り人たちが農家を破綻させたのと同じである。[12]

実に６００億ドル以上が、１９９２年の欧州通貨への総攻撃に用いられたが、その大半は大手国際銀行から受けた融資である。国際通貨基金の調査団による１９９７年報告書によると、ヘッジファンド業者たちは、銀行の後ろ盾がなければ投機攻撃のための戦力を調達することもできなかった。このような規模の高リスク投資を行う能力と意志を持った民営主体はほとんど存在しなかったからである。[13]１９９７年には、ヘッジファンド業者の資産は約１０００億ドルであると推計されていたが、これを5倍から10倍にまでレバレッジすることで、最大1兆ドルの攻撃力を手にすることができた。『エコノミスト』誌の記事には次の洞察がある。

ヘッジファンド業者が資本をレバレッジした場合特に、これは巨大な金額に思えるかもしれない。しかし、裕福国の投資機関の資産は20兆ドルを超えることもある。**銀行や投資信託、年金基金等も全く同じ投機を行っているが、それに比べればヘッジファンド業者は脇役的な存在である。**[14]

ジョージ・ソロスも、かれのヘッジファンドが１９９７年から１９９８年までのアジア通貨危機の容疑者に挙げられたとき、このような弁護を行った。『世界資本主義の危機』の中で、ソロスはこう書いている。

ヘッジファンドが金融制度を不安定にさせているという点について活発な議論がある。しかし、私はこの議論自体が的外れであるように思う。そもそも、**レバレッジを行っているのはヘッジファンドのみではない。商業銀行や投資銀行の自己勘定売買部門こそ、デリバティブやスワップの取引における主要プレーヤーなのである。銀行やブローカー業者の自己勘定売買部門の方がヘッジファンドよりも大規模である。**[15]

１９９６年から２００５年の間で、ヘッジファンドの数は２倍以上に増え、資本も２０００億ドルから1兆ドル以上にまで成長した。１９８７年から２００５年の間では、国際利率や通貨に賭けられたデリバティブは８６５０億ドルから２０１兆４０００億ドルにまで増えた。デリバティブ賭博の爆発的な成長には、リスクの爆発的な増大が伴った。巨大企業や債務者国家が破産すると、その賭博をデリバティブを介してヘッジしている銀行もつられて破産する可能性がある。例えば、ロシアが債務不履行に陥ったとき、ロングターム・キャピタル・マネジメント社（長期資本管理会社）は破産し、関連する投資業者も道連れにするところであった。２００５年11月のブルームバーグ記事は次のように警告している。

12兆4000億ドルにのぼるデリバティブ市場は、あまりにも少数の銀行によって支配されているため、企業の債務不履行に対する保険契約を決済できなかった場合に危機が引き起こされる可能性が高い。JPモルガン・チェイス、ドイツ銀行、ゴールドマン・サックス、そしてモルガン・スタンレーの4社が最も頻繁に市場取引を行っているが、かれらを含む上位10社が負債保険契約の売買の実に3分の2を行っているのである。[16]

ジョン・ホーフルはすでに2005年に、もはや犬の身体には血が残っていないということを指摘していた。かれはこう書いている。

私たちは今、未曾有の金融崩壊の一歩手前に立っている。それは世界恐慌よりも、南海会社バブルよりも、チューリップバブルよりも大規模なものである。シティコープやモルガンを含む大手ニューヨーク銀行がもはや後戻りできないほどに深くのめりこんでしまったデリバティブ・バブルは崩壊寸前である。連準、ジョージ・ソロス、そしてシティコープ率いる通貨戦争活動は、数十億ドルもの利益を上げたが、**その過程で金融制度を破壊することもした。蚤が犬を殺し、果ては自分たちをも殺したのである。**[17]

銀行が破産するのはなぜか──国際決済銀行と必要自己資本比率

しかし、とあなたはここで問うかもしれない。そもそも、こうした銀行はどのようにして破産しうるのか。何も無いところから通貨を創造する力を持っているのではなかったのか。返済不能なローンを帳簿に抱えた銀行は、なぜそれを帳消しにして次へ進むことができないのか。

英国経済学者のマイケル・ロバウサムの解説によると、商業銀行の会計規則では、資産と債務を等しくし帳尻を合わせる義務がすべての銀行にある。つまり、銀行は借り手がみつかる限り通貨を発行することができるが、借金が返済されなかった場合、損失を計上しなければならない。そして、負債を取り消したり帳消しにした場合、資産総額が減少してしまう。資産を債務と等しくして帳尻を合わせるためには、利益か、あるいは銀行の所有主による資金投資から必要な通貨を調達しなければならない。そして、損失が銀行やその所有主にとって持続不能となった場合、銀行は破綻する。[18]

1988年以前、米国の諸銀行が発行することのできる通貨の量を制限していたのは必要準備率だけであった。しかし、この規則は徐々に削り去られ、銀行はこれを回避する術を発見していった。そこで、国際決済銀行（スイス・バーゼルにある、「中央銀行のための中央銀行」）は新しい規則を設けた。通貨発行を制限するのは、もはや他の人たちの預金という形をとる「準備金」だけではない。バーゼル銀行監督委員会は、「バーゼル1」と呼ばれる**最低所要自己資本比率規制**を公表した。委員会によると、融資はリスクの程度によって分類されるべきであり、銀行はこのような「リスク格付け」資産の約8％にあたる「資本」（預金顧客ではなく、自ら調達した通貨）を持たなければならない。銀行資本は、投資家から受け取った通貨と累積利益であると定義される。これは銀行の純資産、つまり資産から債務を引き去った値なのである。

必要自己資本比率の算定方法は、必要準備率の算定よりもさらに複雑であるが、これを単純化すると次のようになる。バーゼル1によると、資産は「リスク格付け」され、リスクの程度によって仕分けされる。普通融資の「リスク格」は1である。必要自己資本規則にのっとると、銀行の資本と、リスク格1の資産との比率は最低8％でなければならない。つまり、100ドルの普通融資に対して銀行は8ドルの資本を持っていなければならないのである。連邦国債のリスク格は0である。これはドル通貨そのものと同じくらい安全であるとみなされており、そのため資本による担保を必要としない。（不動産によって担保される）担保ローンのリスク格は0・5である。つまり、100ドルの融資に対してたった4ドルしか必要としないのである。リスク格付けが行われるその他の銀行資産には、デリバティブや外国為替契約等が含まれる。[19]

必要自己資本比率を満たせなくなると、銀行は新たな融資を行うことができなくなる。「ゾンビ」銀行となるのである。そして、古いローンが債務不履行に陥ると、帳簿の資産の側が縮小し、銀行は破綻へと突き進むことになる。

民営銀行の利益はリスクの大きさに比例すべきではないのか

クレジットを提供するたびに銀行は明白にリスクをとっている。そのため、銀行家の言い分では、こうしたローンから利息を得る資格がかれらには当然ある。たとえ融資された通貨がどこからともなく引っ張り出されたものであったとしても。そもそも、国のマネーサプライは誰かが発行しなければいけない。民営銀行がその役割を担って一体何が悪いというのであろう。既存の銀行制度のどこがいけないというのか。

既存の制度の問題の一つとして、無から創造された通貨を借りてこれに対して利息を支払うという慣習に政府自体がとりこになってしまっており、自ら負債フリーかつ利息フリーな資金を発行するという選択肢がとられていない、という点がある。政府への融資に関しては、銀行は事実上全くリスクをとっていない。政府は常に利息を支払うものだからである。こうして、回避可能であったはずの負債の重圧に納税者たちが喘ぐことになる。

部分準備制度のもう一つの問題は採算である。硬貨を除く通貨は残らず全て民営銀行への負債という形で作られる一方、銀行は融資を行う際に元金しか発行しないので、国全体の負債の元金と利息を完済するために必要な通貨が経済に出ることはありえないのである。マネーサプライが金につながれていた頃には、定期的に恐慌と債務不履行が起こることによって貸借が白紙に戻り新たなサイクルが始められ、これによって右の問題が解消された。たしかに、この制度はその餌食になった農家や労働者にとっては実に残酷なものであり、生産的な人々が貧乏になる一方、金融階級に属する人々が肥えていったが、少なくともマネーサプライがそれなりに安定してはいた。それに比べ、現代では連準が恐慌防止の役目を担っており、経済にクレジット通貨を垂れ流しにしているが、これは完済不能な巨額の連邦負債に資金を投入することによって行われている。このとき、クレジット通貨は利息付で政府の手に渡るのである。このままゆけば、その内利息の請求書すらも納税者の力では支払うことができなくなるであろうが、これはそう遠い先の話でもない。経済を維持するためには、私たちは自分たちの常識を根本から問い直さなければならない状況に直面しているのである。

既存の制度の第三の問題として、巨大国際銀行が今や貸し手としてだけではなく投資家としても世界市場で幅を利かせているという点がある。あまりにも多くの通貨にアクセスできるため、銀行は賭けの行方を左右する力を持っており、そのためゲームの公平が保たれず有利にことを運ぶことができてしまう。個人の投資家が株を空売りしても、株価にはさしたる影響が出ない。対して、メガバンクとその協賛者たちはあまりにも多くの量の株を空売りすることができるので、株価を暴落させることができる。そして、もしこうした銀行が幸運にも「大きすぎて潰せない」機関として認定された場合、もはや賭けに負ける心配をする必要すらなくなる。連邦預金保険公社と納税者たちがかれらの愚行の後始末をしてくれるからである。国際融資に関しては、国際通貨基金が救済に来てくれる。ショーン・コリガンはその様子を鮮明に描写している。

金融家や取引人たちが、架空の資本を使って全く非対称的なリスクをとっている——つまり、連準や連邦預金保険公社のような政府機関が保証にまわる形でリスクをとっている——ことについて、クロイソスに文句を言わせるほどの収益を挙げているというこの状況は、公平なゲームであるとはとてもいえない。[20]

架空の資本を使ったこのゲームでは、勝者の数だけ敗者が存在する。わけても大敗を喫した敗者として、第三世界の国々が挙げられる。かれらは誘惑に負けて金融市場に通貨操作人たちの介入を許し、これによって投機家から強烈な奇襲を受け、通貨や経済を破壊されることになってしまったのである。リンカーンの経済顧問であったヘンリー・ケーリーは、英国帝国は世界を植民地化するために「金本位制」と「自由貿易」の二刀流を用いた、と述べている。次章でみていくように、金本位制は現代では石油ドル本位制に化けた。あとは、基本的に今でもなお同じゲームが行われているのである。つまり、外国市場の門を「自由貿易」の大義名分の下にこじ開け、地元通貨を崩壊させ、国民の資産を超大特価でセールにかけるというものである。そのプロセスの第一歩目は、海外融資や海外投資を受け入れるよう、かかる国家に働きかけることである。融資通貨はほどなくして雲散霧消するが、それでもなお国家はローンを返済しなければならない。ブラジル大統領のルイス・イナシオ・ルーラ・ダ・シルヴァは痛烈にこう言っている。

第三次世界大戦はすでに始まっています。この戦争は、ブラジル、ラテン・アメリカ、そして第三世界そのものをずたずたにしています。兵士が戦死する代わりに、子どもが死んでいるのです。それは第三世界の負債を巡る戦争であり、その主要な武器は利息です。それは、原子力爆弾よりも大きな破壊力を持ち、レーザービームよりも鋭い武器なのです。[21]

第三世界は、この戦争は第一世界が始めたものであると思っており、その中で必死に抗戦している。しかし、実際には第一世界の政府もまた被害者なのである。クイグリー教授が明らかにしたように、国際銀行団の成功の裏には、国家の通貨制度を支配しつつ表面上ではそれがあたかも政府によって管理されているかのようにみせることができたという点がある。[22]米国政府自体が見えざる傀儡子の人形なのである。

第III部

負債による奴隷化
――銀行家たちの網が地球を包み込むまで

「おまえを縄につけられないなら、飢えさせてやろう。こっちの言うことをきくまでは何もたべさせないからね」と魔女は、門の鉄格子の間からライオンに言いました。

――『オズの不思議な魔法使い』「邪悪な魔女をさがして」

第21章

黄色いれんがの道よ、さようなら——金準備から石油ドルへ

首領は語り始めました。「むかしむかし、われわれも自由で、大森林で幸せに暮らし、木々の間を飛び、木の実や果物を食べ、だれをも主人とあおがずに勝手気ままにすごしていたのです。それが今となっては、金の帽子の持ち主に対し、だれでも三回は奴隷をつとめなくてはならなくなったのです」

——『オズの不思議な魔法使い』「翼ザルたち」

金の帽子は、19世紀に先住民族を植民地化するために国際金融団が用いた金をほうふつとさせる。銀行家たちの「部分準備」融資計画に正統性を与えるにあたって金本位制は必要不可欠であったが、この策略のボロが出るのも時間の問題であった。エリエイザー・ロードは、１８６０年代にこの問題の核心に迫る発言を行った。海外負債を返済するために国内の金が外へ流出したとき、この金に建前上「担保」されていた大量の流通紙幣もまた、回収されなければならなかった。その結果、通貨が縮小し、恐慌が引き起こされた。ロードはこう述べている「通貨が一時的に抹消されると、物価が下がり商いが立ち往生し、負債は未返済のまま放置され恐怖と不安が広がり、積極的に事業を営む人々は挫折し、破綻と破滅、そして恥辱が支配的となるのである」。ルーズヴェルトが世界恐慌の最中で向き合うこととなったマネーサプライの内破はまさしくこのようなもので

あり、経済の崩壊を防ぐためにはドルを金本位制から切り離すほかにかれには選択肢がなかった。1971年には、ニクソン大統領が同じことを国際的な規模で実行したが、これは海外債権者がドル紙幣を金に換えることで米国の金準備を枯渇させようと脅しをかけたからであった。

ケネディの最後の抵抗

『ウォール街との戦い――ケネディ大統領の遺産』において、ドナルド・ギブソンは、ケネディこそウォール街ビジネスの既得権益に対して本格的な闘いを起こした最後の大統領である、と述べている。ケネディはハミルトン派であり、「自由貿易」推進派に反対し、産業はまずもって国家のためにあるべきであると説いた。また、かれは、安価なエネルギー源の開発によって米国は独立国家としての立場を堅固にすべきであると強く信じてもいた。この信念は、石油＝銀行カルテルを敵に回すものであった。後者は石油価格を手の届かないところまで「上げる」ことによって、世界を負債の網に絡めとろうとしていたからである。

ケネディは「無鉄砲な軍国主義」「執拗な反共産主義」という批判を受けることもあったが、ギブソンによると、共産主義の魅力を中和しようというかれの計画はこれよりもだいぶ穏やかなものであった。ケネディは、植民地主義と帝国主義に基づいた経済政策の代わりとなる経済発展計画を提示し、低金利ローンや海外援助、国際協力や一定の政府事業計画等を盛り込んだだけである。一方、ウォール街銀行家たちは明らかにこれとは別の考え方を支持していた。ギブソンは、第一米国シティバンク（現シティバンク）の総裁であったジョージ・ムーアを引用している。

> ドルが国際通貨を先導し、米国が物品やサービス、そして資本の貿易国として世界一である今、かつて19世紀において英国銀行が果たしたのと同じような役割を米国銀行が担い始めるのは自然である。

英国の大手金融機関は、発展途上国を原料の輸出に特化した後進国という地位に落とす上で重要な役割を果たした。これこそまさに、ケネディの外交政策が廃止しようとした類の搾取である。銀行家たちが後押しする政策を拒否したラテンアメリカの国々へ海外援助を送ることによって、ケネディはさらに銀行コミュニティと国際通貨基金との間の溝を深めていった。ギブソンはこう書いている。

> ケネディは、第三世界における経済発展と国家独立を支持し、政府による経済計画を認め、米国利権が己の所有物を手放さなければならなくなることすら厭わなかった。だからこそ、ケネディは米国エリートだけでなく海外のエリートとも度々衝突することになったのである。[1]

さらには、銀本位の通貨、つまり銀行家やかれらが私的に所有する連邦準備制度から独立した通貨を復興させようとしたことによって、ケネディはまたしても銀行家たちに喧嘩を売った、とする資料も存在する。とはいえ、この点ははっきりしない部分もある。ケネディはこの計画を実行に移す前に思いがけない形で大統領の座を退いたからである。[2] もっとも、かれが米国財務省公認の銀証券の発行を財務大臣に許可したのは事実であり、またかれは自由に流通する米国紙幣（グリーンバック紙幣）を発行した最後の米国大統領でもあった。副大統領のリンドン・ジョンソンは、後に大統領に就任すると、真っ先に米国紙幣を連邦準備紙幣に置き換え、連邦準備紙幣は銀とは交換できないと宣言したのであった。また、ジョンソンは、「法貨」との交換がもはや保障されていない新しい連邦準備紙幣を発行した。さらに、1968年にかれは、連邦準備銀証券すらも銀との交換が認められないとする布告を行った。それまでは銀証券であったドル札は、こうして連邦準備紙幣に変身し、もはやいかなる硬貨とも交換不可能となったのである。[3] 1878年のグリーンバック法に従うために、1966年には米国紙幣100ドル札が発行されたが、そのほとんどは財務省の物置にしまいこまれ、実際に流通することはなかった。1990年代には、グリーンバック法が丸ごと廃止され、これによって代用貨幣の発行すらも不必要となった。

城門の内側の野蛮人

ケネディ暗殺を企てた傀儡子たちの正体は公式には暴露されていないが、捜査官の中には、かれもまた国際企業＝銀行業＝軍事カルテルの被害者の一人なのではないかという結論に至る者もいた。[4] アイゼンハワー大統領は、1961年の離任演説において、軍産複合体の台頭に対して警鐘を鳴らしている。ギブソンならば、そこにはさらに石油カルテルやモルガン＝ロックフェラー銀行業界が密接に関わっている、と付け加えたであろう。これらすべてに、ケネディは勇敢にも立ち向かったのであった。

ケネディがCIAや米国軍に対抗するさまは、ジェイムス・バムフォードの著作『すべては傍受されている』に詳しく描かれている。（この作品は、世界貿易センターを襲った災難のわずか2ヵ月後である2001年11月にABCニュースにて取り上げられた。）本作によると、ケネディは1962年に「ノースウッド計画」というコードネームの極秘軍事計画の存在を知った後、CIAから極秘活動を行う権利を剥奪する構えをとった。この軍事計画は米国の最高軍事指導者たちによって書かれたものであるが、そこには、キューバ戦争への世論の支持を得るためには米国内の市街で一般市民を殺害したりテロ行為を行いたい、というような、めちゃくちゃな計画が並んでいた。他の活動案として、飛行機のハイジャック、キューバ亡命者の暗殺、海上におけるキューバ難民船の撃沈、米国船の撃沈、米国市街における残虐なテロ行為の指揮、そして米国兵士の戦死の工作などがそこには含まれていたが、これらはすべて、当時キューバの新共産主義指導者であったフィデル・カストロを失墜させるための戦争を支持するよう米国公衆と国際共同体とをだますためのものであった。計画案の内容によると、「グアンタナモ湾で米国船を撃沈し、キューバにその濡れ衣を着せ」たり、「米国新聞各社に戦死者リストを載せれば、国家規模の憤りを都合よくあおることができる」らしい[5]。

いうまでもなく、ケネディは大きなショックを受け、すぐさまこの計画の実行を拒否した。こうして、当時の米国統合参謀本部長は速やかに異動させられた。その翌年、米国史上最も若い大統領は暗殺されたのである。ノースウッド計画がこれに関連していたかどうかは定かではないが、しかし舞台裏で動く「影の政府」の存在を裏付ける証拠の一つであることは確かであった。理不尽なこの暗殺事件は、同世代の活動家たちにとっては戦いの火蓋を切る狼煙であった。エメラルドの都はもはや緑色ではなくなっていた。魔女とその手下たちが城門の内側に潜入したのである。

ブレトン・ウッズ——国際金本位制の隆盛と衰退

リンドン・ジョンソンの後を継いでホワイトハウスに入ったのは、1960年にケネディに負けた候補者、リチャード・ニクソンであった。1971年に、ニクソン大統領はドルを金本位制から切り離した。その結果各通貨は市場に「浮遊」し、あたかも商品のように互いに競争しなければならなくなった。こうして、通貨市場は巨大なカジノに化け、ヘッジファンド業者や多国籍銀行をはじめとする大手通貨投機家の遊び道具となった。『ロックフェラーの完全支配——ジオポリティクス(石油・戦争)編』の著者であるウィリアム・イングドールはこう書いている。

この段階にくると、通貨政策の決定権は事実上民営化され、シティバンクやチェイス・マンハッタン銀行、バークレイズ銀行等の大手国際銀行が、金本位制における中央銀行に相当する役割を担うようになった。**金が全くない状況において、**である。こうして、ドルの価値は「市場の力学」が決定することとなった。実際に、これは容赦なく実現する[6]。

変動為替相場はこれ以前にも試行されていた。例えば、1930年代には英ポンドと米ドルが金本位制から切り離されたが、その実験結果は実に無残なものであった。平価切下げ競争が加速し、世界恐慌が悪化の一途を辿ったのである。この問題を解決するために、第二次世界大戦後、ブレトン・ウッズ協定が結ばれた。外国為替市場は国際金本位制によって安定化され、各国の通貨価格は金の価格によって固定された。そして、各通貨はこの「杭」から1%前後までしか価格変動することがなかった。為替相場を決定する目的で国際通貨基金が設立され、さらに戦火の渦中にある第三世界国へのクレジット提供を目的に国際復興開発銀行が設立された。[7]

ブレトン・ウッズ協定の枠組み作りを主導したのは、英国経済学者のジョン・メイナード・ケインズと、米国財務次官補のハリー・デクスター・ホワイトであった。ケインズは、「バンコール」と呼ばれる通貨を発行することで自ら準備金を作り出すことができる国際中央銀行を発案した。しかし、１９４４年に世界唯一の金融超大国となったばかりの米国は、この案を受け入れる準備ができていなかった。対して、国際通貨基金に基づく制度はホワイト主導で創案されたが、この案は米ドルのもつ権力を反映したものであった。金本位制が失敗に終わった原因は、大英帝国と米国、つまり世界銀行家たちの手から金が枯渇してしまったからであるとされた。ホワイトの計画に基づけば、金は米ドルによって担保されるが、米国は金1オンス当たり35ドルの換金を保障することに合意したため、米ドルは「金同然」のものとして扱われた。人々のドルへの信用が持続される限り、金の枯渇を心配する必要はない。そもそも、**金の現物が用いられることがないからである。**ハンス・シヒトが指摘するように、そもそもブレトン・ウッズ会議を召集したのは「親蜘蛛」デイヴィッド・ロックフェラーである。[8]世界銀行家たちは、世界規模での米ドル負債の拡張を目指しており、その口実として建前上の金本位制を必要としていたが、会議参加者たちはかれらの思う壺となったのである。

しばらくの間、ブレトン・ウッズ金本位制は正常に機能したが、それは単に米ドルを金に換える国の数が少なかったからである。貿易勘定はほとんどの場合米ドルで清算された。これは戦後の米ドルが持つ特別な地位のおかげであった。しかし、海外投資家たちが米国の支払い能力に対して疑問を抱くようになると制度のボロが出始めた。１９６５年に至るとベトナム戦争が米国に大きな負債を生むことになった。フランス大統領のシャルル・ド・ゴールは、米国の支出が手持ちの金準備の量と比べてはるかに多いことを見るにつけて、フランス所有の米ドル3億ドルを、それを担保していることになっている金に換えようとした。その結果、米国の金準備は深刻に枯渇する。１９６９年、国際通貨基金は穴埋めとして「特別引き出し権（ＳＤＲ）」を導入する。国際通貨基金が与える、グリーンバック式のクレジットである。しかし、これは応急処置でしかなかった。１９７１年イギリスは史上最悪の貿易赤字を記録し、３０００億ドルの融資を国際通貨基金に求めたがこれを拒否されてしまった。そこで、英国はフランスの例に従って手持ちの金本位米ドルを換金しようとした。そのときの金額は、米国の金準備の総量の実に3分の1であった。金の価格を上げれば、急場をしのぐこともできたかもしれないが、それでは制度の基本的な方針に反することとなってしまう。金の価格は1オンス35ドルに無理やり固定され、ニクソン大統領は金本位制をご破算にするしかなくなり、「金取引窓口」は店締めになった。ミルトン・フリードマンが１９６８年からしきりに金本位制を廃止するよう呼びかけていたにも関わらずぎりぎりまでこれを実行に移さなかったという点では、ニクソンは立派であった。[9]

ドルを金本位制から切り離した結果、ドル札の印刷に歯止めがかからなくなった。法定不換貨幣としてのドルは、世界がそれを受け入れる限り際限なく産出され流通されうるようになった。ウォール街の魔女たちは、「部分準備」銀行制度に基づく世界金融帝国の構築に向けて動き出した。ただし、伝統的な金の代わりに、今度は銀行発行のドルの紙切れが用いられたのだが。こうして、ドルは、国際銀行カルテルへの負債の世界規模の網の準備通貨となったのである。あまりにも銀行家たちにとって有利にことが運んだため、これはこうなるように仕組まれていたのではないかという疑念を抱く懐疑的な批評家が出てくるほどであった。２００５年５月の『アジア・タイムズ』紙に掲載された記事において、アンタル・フェケテ教授は、金本位制からのドルの切り離しは「史上最悪の責任転嫁行為」であると述べている。フェケテはさらに続けてこう論撃している。

> 米国は１９７１年にドルを「自由浮遊状態」に置いた、という主張は誠実ではない。本当のところ、米国は価値の尺度そのものを捨て去ったのである。物理学や化学においては尺度のもつ正確性が数十億人もの人々の物理的な繁栄と身体的な健康を支えているわけだが、この科学の時代において、見るも無残な通貨学問が価値の正確な測定の可能性を消し去ることによって世界を暗黒時代に逆戻りさせているとは、言語道断である。もはや、価値を測る上で信頼の置ける尺度は消えてなくなった。傍ら、このような尺度がない状態でどのように経済をまわしていけばよいのか、といった議論は全く行われなかった。[10]

金本位制からのドルの切り離しがはたして本当に意図的な責任転嫁行為であったのかどうかについては、議論の余地があるだろう。しかし、価値を測るための世界規模の尺度としての役割を十分に担うことは金にはできなかった、という点は事実である。金の価格は実に大幅に変動し、投機家による介入の対象にもなりえたのだから。さらに、金は世界規模の準備通貨としても不適切であった。すなわち、この役割を担うに十分な量が存在していなかったからである。仮に一国の物品輸入量が輸出量を上回ってしまい、このためまだ未払いの請求が残っていた場合、この差額は国から国へ金準備を移動することによって埋め合わせされた。これに必要な金を調達する目的で、債務国が米ドルを金に換えたため、米国の金準備は枯渇してしまった。このため、米国政府（つまり世界銀行家たち）が金の不足に悩むのも時間の問題であった。こうした弱点を克服しつつ、かつ金本位制のもつ利点を維持した為替相場固定制度案については第46章で議論したい。

国際通貨カジノ

金本位制には様々な不備があったが、しかしこれに代わる「浮動」為替相場制度はさらにひどいものであった。特に第三世界国についてこれが言える。ここに至ると、通貨の価値は「自由」市場における相対的な為替相場によってのみ決定されることになった。外国為替市場は巨大なカジノに化け、投資家たちはただひたすら各通貨の相対的なポジションに対して賭けを行うようになった。小国は主要なプレーヤーの――つまり、他の国や多国籍企業、多国籍銀行等の――言いなりになる他なく、後者は国際市場において一国の通貨を大量に空売りすることによってその平価を急激に切り下げることができた。このような通貨操作はあまりにも強烈であったため、標的となった経済圏を手玉にとることができたほどである。実例として、1997年から1998年にかけてのアジア危機が挙げられる。このとき、通貨の空売りは、タイ、マレーシア、韓国や日本に対して、世界貿易機関の規則や規制の厳守を「促進」するために用いられた。[11]（詳しくは第26章を参照。）

外国為替市場があまりにも不安定になってしまったため、経済ニュース界における噂話や人々の見解の変化といったささいな要因ですら危機が引き起こされてしまうほどになった。外貨の価値の急変動による商業リスクは、今や国際貿易による政治や市場のリスクよりも重大であるとされている。[12]このようなリスクを打ち消すためにと、巨大なデリバティブ市場が開発された。ヘッジをする側は、通常丁半の両方にそれぞれ賭けを行い、市場がどちらへ向かっても大丈夫になるようにする。しかし、そもそもデリバティブ自体が高リスクかつ高価格であることも多く、市場の不安定性がこれによってさらに増幅することもある。

浮動為替相場制度は、1930年代に実験的に採用され悲惨な末路をたどったあの制度と同じものである。しかし、金本位制からドルが切り離された今、他に適当な代案もなかったのでほとんどの国がこの制度を採用することになった。これに抵抗する国も制度への参加を債務免除の条件とすれば説得することができた。いかにも、1974年に石油価格が4倍にまで上がると、債務免除は多くの国々にとって死活問題となった。実にいかがわしいこの価格高騰は、米国利権主体とOPEC最大の石油生産者であるサウジアラビア王室との間で石油商談が成立した直後に発生した。この商談を推したのは当時の米国国務長官、ヘンリー・キッシンジャーであった。これによると石油売買にOPECが使用できる通貨をドルに限定する一方で、米国は秘密合意に基づいてサウジアラビアに軍備を提供し、サウード家の権力を維持する。『エコノミック・ヒットマン――途上国を食い物にするアメリカ』（邦訳、古草秀子訳、東洋経済新報社）という名作の著者であるジョン・パーキンズによると、以上のやりとりは基本的に保護通貨をねらいとして行われたものであり、これによってサウード家がイランのモサッデク首相の二の舞にならないようにしたわけである——後者はＣＩＡが工作したクーデターによって１９５３年に失墜している。[13]

以前は金によって担保されていた米ドルは、今度は石油によって「担保」されることとなった。この必需品を購入するためには、どの国も連邦準備紙幣を調達しなければならなくなったのである。世界中の石油輸入国は、こうして高額な石油輸入費用を賄うためのドルを手に入れるために物品を生産し輸出しなければならなくなり、自国民への衣食住の提供が後回しとなっていった。物品の輸入量が輸出量を上回ってしまったがために「マイナス貿易収支」に陥った国に対して、世界銀行と国際通貨基金は通貨をドルから切り離して通貨市場に「浮動」させるよう助言を行った。当時の理論によると、「過大評価された」通貨はこうして自然に平価が切り下げられ、ほどなくして「本来の」レベルに落ち着く。そうすれば、輸出品が安くなる一方で輸入品は値上がりし国はより多くの物品を売ることができるようになり、その結果プラス貿易収支を実現することができるということになっていた。以上のような理論があったわけであるが、マイケル・ロバウサムが指摘するように、これは実践に移してみるとそれほどうまくいかなかった。

> 明白であるにも関わらずしばしば見落とされる点だが、通貨の価値を下げることによって確かに輸出を促進することができても、それは同時に輸出にかかるコストを上げることにもなる。なるほど、こうなればものを輸入しづらくなるのも事実かもしれない。しかし、もし輸入品に対する需要に弾性がなく、それが生活必需品に対するものであった場合、輸入純支出は下がるどころか逆に上がってしまうかもしれない。また、確かに輸出品の量こそ増えるかもしれないし、一見するとそれはより多くの収益を約束するもののようにも思えるかもしれないが、**しかし輸出品の単位当たりの利益は減るのである。**世界中の国々は次から次へと通貨の平価切下げを行い、それによって輸出入の量がいくばくか変化したが、しかし国自体の貿易収支にはそれほどの影響がみられなかった。[14]

通貨の浮動にはほとんど利点がないが、他方でこれには重大な欠点がある。投機家による好き勝手な操作に通貨がさらされてしまうのである。その結果、特に第三世界国においては、災難が次から次へと津波のごとく押し寄せることになった。今日、通貨取引の大半は投機による利益を目的として行われる。通貨の価格の増減は、その日に行われた取引の量によって決定されるのである。『通貨の未来』（邦訳、『マネー崩壊―新しいコミュニティ通貨の誕生』小林・福元訳、日本経済評論社）において、ベルナルド・リエターはこう書いている。

> あなたの持っている通貨の価値は、史上最大規模の世界カジノによって決定されているのである。外国為替相場の一日あたりの取引額は2兆ドルにものぼるが、**これは世界中**

の株式市場の取引総額の実に100倍である。その内、わずか2％が物品やサービスの売買が反映された「実」経済における取引であり、残りの98％は純粋な投機である。このような世界規模のカジノが引き起こした外国為替危機に攻撃された国として、1994年から1995年にかけてのメキシコ、1997年におけるアジア諸国、そして1998年のロシアが挙げられる。[15]

通貨を浮動させる代わりに、国家政府は通貨を米ドルにしっかりとくくりつけておくこともできたが、この道を選んだ政府にも他の災難が待ち構えていた。こうした国の通貨は米国の通貨政策に対して無防備となる。その上、もしこの「杭」が正しく打たれていなかった場合、こうした国もまた通貨襲撃の的となってしまう。「自由貿易」の名において、各国政府は通貨をいつでもドルに両替可能な状態にしていた。つまり、為替市場における剰余金を吸収したり、不足金を埋め合わせたりせざるを得なかったのである。そうするためには、自国通貨の売り手から通貨を買い戻すために必要な準備金をドルという形で常に十分に持っていなければならなかった。もし政府が的外れな予想に基づいて通貨の杭を高めに打ってしてしまい、もはやその通貨の購買力が同額のドルよりも低くなってしまった場合、ドルの価値が上がるため、自国通貨からドルへの「キャピタル・フライト」、つまり「資本離脱」が生じてしまう。（後述するように、投機家たちはその気になれば杭の位置が高くなくても資本離脱を引き起こすことができる。）資本離脱は、通貨の杭を「防衛する」ために準備ドルを費やすよう政府に強いる。そして、準備金が尽きると、政府は債務不履行に陥るかあるいは通貨を平価切下げするしかなくなる。通貨の価値が下がると、その通貨が関わるすべてのものが同時に値下がりする。そうなれば、国家資産は「ハゲタカ資本家」によって原価のわずか数％の価格でひったくられてしまうのである。

以上の流れをすべて把握するのはなかなか大変かもしれないが、要するに、小さな第三世界国にはもはや安全な道は残されていないということである。浮動していようが、ドルという杭をしっかり打たれていようが、かれらの通貨は今でもなお投機家たちの標的となりうるのである。第三の道として、ほとんどの国がまだ採用していない策がある。自国通貨にドルという杭を打ちつつかつ他の通貨との自由な両替を許可しない、という立場である。[16]少し前に参照した中国系アメリカ人のヘンリー・C・K・リュウ教授は、中国は正にこのようにして1998年の「アジア危機」を免れたのである、と述べている。かれはこう書いている。

中国元は自由両替ができなかったが、まさにそのおかげで、中国はこのジレンマから解放されたのである。**かなり根本的な話になるが、中国の過去5年間における奇跡は、固定為替相場と通貨管理とによって初めて可能となったのである。**

とはいえ、中国もまた、通貨を浮動させるようにと圧力をかけられてきた。リュウ教授は自国に対して、教授自身の先祖たちに気をつけるようにと呼びかけている。

過去30年間を見る限り、新自由主義イデオロギーによって支配された経済圏は一つ残らず焦土にされている。中国もまた、元を変動相場で自由に両替可能にしてしまえば、同じ結末を免れえなくなるであろう。[17]

この問題の解決は、世界規模で通貨改革を行わない限り無理である。第27章では、中国の通貨制度を詳しくみてゆきたい。その後、第46章では国際制度の改革案をみてゆく。

負債というわなを仕掛ける――石油ドル融資の「新興国市場」

1970年代に石油価格が4倍にまで高騰すると、OPEC加盟諸国には米ドルがすぐさま洪水のごとく流れ込んだ。この「石油ドル（ペトロダラー）」はロンドンやニューヨークの銀行に預金されるのが常であった。巨額の棚ボタ金を手に入れた銀行は、石油を輸入するためのドル融資に飢えていた第三世界諸国にこれを低金利で貸した。商業銀行が行う融資のご多分に漏れずこのローンもまた、顧客から受け取った預金を使って行われたわけではなかった。預金は単なる「準備金」としての機能を果たしたにすぎず、融資は「乗数効果」によってどこからともなく作り出されたのである。[18]部分準備融資という魔術によって、アラブのシャイフが所有するドルは帳簿項目融資という形で何倍にも膨らむこととなった。「新興国」は新たに誕生した国際金融資本の「新興市場」と化したのである。このようにして、数千億ドルもの融資通貨が産出された。

1973年以前は、第三世界諸国の負債は管理可能なレベルに抑えられていた。そして、返済資金は主に公共機関が提供していた。例えば、社会経済的な成功を目的とした様々な事業に投資を行った世界銀行が挙げられる。[19]しかし、民営商業銀行がこのゲームに参加すると事態は一変した。諸銀行は一国の「発展」に興味がなかったからである。代わりに、かれらは融資仲買を専業としていた。「ヤミ金」の異名が用いられることもある。諸銀行は「安定した」政府を顧客とすることを好んだ。ほとんどの場合、これは独裁者が支配する政府を意味していた。どのようにしてこうした独裁者が権力を手にし、新たな通貨がどのように使われたのか、といった点は、銀行の立場からすると当面の問題ではなかった。フィリピン、チリ、ブラジル、アルゼンチン、そしてウルグアイは、皆融資の恰好の目標であった。多くの場合、独裁者は私腹を肥やすために通貨を使用し人々の生活水準の向上は後回しにしていたが、それでもなお、そのツケを払うのは人民であった。

さらに、1979年にはネジがさらにきつく締められた。ポール・ボルカー議長率いる米国連邦準備制度が、金利を破滅的なレベルにまで一気に引き上げたからである。イングドールによると、これはカーター政権の外交政策に抗議するために海外のドル保有者たちがドルを放り捨て始めた後で行われた。ほどなくして、ボルカーは米国金利をなんと3倍にまで引き上げた。利率は20%を超え、世界の金利もつられて急上昇し、世界的な不況と大規模な失業が発生した。[20] 1982年に至ると、世界の準備通貨としてのドルの地位は保たれたが、第三世界全体が石油ドル融資の高利に首を絞められて破産寸前にまで追い詰められていた。

国際通貨基金がゲームに参戦したのはまさにこの時点においてであり、ロンドンとニューヨークの諸銀行によって「負債警察官」の役割を任され、あくまで負債返済を強いた。債務国は医療や教育、社会福祉のための予算を大きく削がれ、石油ドルへの利息を期限内に銀行に支払うようにという国際通貨基金の命令に従った。諸銀行もまた、無茶な融資が招いた事態から自分たちを救済しろ、そのために国民の血税を使え、と米国政府に圧力をかけた。こうして、諸銀行に生活保障を仕送りするために第三世界諸国は緊縮政策に、米国の労働者たちは増税にあえいだ。一方、諸銀行はさらに堂々と無茶な融資を行うようになった。債務者が債務不履行に陥っても、また救済してもらう自信があったからである。

米国国民にとってはさらに具合の悪いことに、米国自体もまた借金大国となってしまった。石油はどの国にとっても必要不可欠な商品なので、石油ドル制度は各国に対して石油の購入に必要な余剰ドルを貯めるために多大な貿易黒字を生むことを強いる。こうした国々は、ドル残高を黒字に保つためにドルによる輸出を輸入よりも遥かに多くしなければならない。しかし、ドルを支配し思うがままに発行できる米国だけはその例外である。より正確に言うならば、連邦準備制度とその支配者である民営商業銀行制度とがドルを支配し、思うがままに発行しているのであるが。米国の経済支配権はドルの循環プロセスにかかっているため、米国は「命綱としての輸入国」の役割を担うことになったのである。その結果、米国の貿易赤字、つまり「経常赤字」は膨らみ続けた。2000年に至ると、米国の貿易赤字及び対外債務は国内総生産の実に22%にまでのぼった。2001年には米国株式市場が破綻し、減税と連邦政府支出の増加によって、過去の連邦政府黒字はみるみるうちに巨額の財政赤字と化していった。2000年以降の3年間において、米国の純負債はおよそ3倍にまで膨らんだ。

こうして米国は負債の利息を支払い、ドルの再循環ゲームを続けるためだけに、なんと一日当たり14億ドルもの海外資本を毎日欠かさず調達しなければならなくなった。2006年に至ると、これは一日当たり25億ドルにまで増えた。[21] 米国国民は、第三世界諸国の人々と同じように、民営国際カルテルの銀行制度を維持するためだけに負債漬けになってしまったのである。

第22章
テキーラ・トラップ——不法移民の侵略の真相

魔女はドロシーにおなべややかんを洗わせて、床を掃かせ、火にたきぎをくべさせたのでした。
ドロシーは元気なく仕事にかかり、とにかくがんばって働こうと決心しました。魔女に殺されないだけましだと思ったのです。
——『オズの不思議な魔法使い』「邪悪な魔女を探して」

米国の国境を越えて、移民の大波が仕事を求めてメキシコから押し寄せており、不法移民問題が深刻化している。国境警備自警団はこうした移民を潜在的なテロリストとみなしているが、実のところかれらは難民であり、経済戦争によってすべてを失い民営世界銀行カルテルへの負債によって隷属状態となった人々なのである。メキシコが1520年に占領されたとき、偉大なるアステカ王国は温和で懐の深いモクテスマ王によって統治されていた。金に目がくらんだスペインの将軍コルテスは、戦乱と暴力、大量虐殺によって征服を行った。それに比べ、20世紀におけるメキシコ陥落は、目に見えにくい形の暴力、国の通貨の急激な平価切下げによってもたらされた。

モクテスマの呪いが豊富な金の蓄えであったとすると、20世紀のメキシコのそれは豊富な石油の蓄えであった。ウィリアム・イングドールは、政治歴史学の名著『戦争の世紀』においてその詳細を語っている。かれによると、元祖メキシコ憲法は1917年に政府に「すべての鉱物、石油、そして炭化水素の直接的所有権」を与えた。しかし、その後英国と米国の石油利権団体が舞台裏で激しく攻撃を続けたため、メキシコは海外石油持株会社をすべて国有化せざるを得なくなった。この一手に対して、英国および米国の大手石油団体はメキシコの石油をその後40年間にもわたってボイコットすることになる。１９７０年代に新たな油田がメキシコに発見されたとき、ホセ・ロペス・ポルティーヨ大統領は壮大な近代化・産業化プログラムを実施し、メキシコは発展途上国としては最速の経済成長を遂げた。しかし、米国の南側の国境に強力な産業大国としてのメキシコが登場することを、英米の一部の利権は良しとせず、メキシコに海外負債の厳格な返済を強いることによって産業化をサボタージュした。金利が3倍に引き上げられたのはこのときであった。第三世界諸国は特にこうした操作に対して無防備であった。往々にして、浮動金利ないし変動金利が適用されていたからである。[1]

では、そもそもなぜメキシコは海外融資者のお世話になる必要があったのであろうか。メキシコは大量の石油を持っていた。それ以前には発展のための融資をいくばくか受けていたが、その返済はほぼ完了していた。メキシコの真の問題は、国の通貨を浮動させることを拒んだという点にあった。１９８０年代の投機襲撃によってメキシコの準備ドルは枯渇し、**ペソの価値を維持するためだけ**に借金を余儀なくさせられたのである。[2] ヘンリー・リュウは、『アジア・タイムズ』紙において、メキシコの誤りは、ペソをドルに自由に両替できるようにしてしまい、そのためペソの買戻しを賄うために必要な準備ドルを用意する必要が生じてしまったという点にある、と書いている。そのため、準備ドルが干上がるとメキシコは通貨杭を保つためだけに国際市場からドルを借りなければならなくなった。[3]

１９８２年、ポルティーヨ大統領は、「影の利権主体」がパニックを誘う風評によって国からの資本離脱を引き起こしメキシコを不安定にしようとしている、と警鐘を鳴らした。投機家たちはペソを換金してドルを買い、政府の準備ドルを吸い上げてペソの平価切下げに備えた。資本離脱を食い止めるために、政府はついに腰を折りペソの平価を切り下げた。しかし、ペソは直ちに30％も安くなったが、暴力的な投機の勢いは収まらなかった。メキシコは「高リスク国」に認定されてしまい、国際融資者たちはローンの借り換えを拒み始めたのである。ペソの平価切下げ、資本離脱、そして負債の借り換えの拒否という事態に直面したメキシコ経済は完全に混沌としてしまった。国連総会において、ポルティーヨ大統領は世界銀行団の課した耐え難く高い金利によって引き起こされた「暗黒時代への逆行」を防ぐようにと呼びかけた。

なんとか安定を取り戻すために、大統領は直接銀行を管理するという大胆な動きを見せた。メキシコ銀行およびその他の国内民営銀行はすべて政府の管轄となり、各銀行の所有者たちは相応の対価を受け取った。これは、国際銀行カルテルを慌てさせようという計算された一手であった。銀行の国有化が世界規模で行われてしまえば、カルテルの銀行帝国は一夜にして滅びてしまうことになる。かれらは銀行の民営を望み、自分たちの手で銀行を支配し続ける道を望んだ。当時の米国国務長官はジョージ・シュルツであったが、かれは1971年のドルの金からの切り離しにおいて中心的な役割を果たした人物である。かれはこのとき、国際通貨基金を負債警察官に任命することで、ウォール街銀行帝国を救済しようという計画をもって応じた。その計画の創案はヘンリー・キッシンジャーのコンサルティング会社に委託された。イングドールによると、これは「近代史上最も協調性のある集団的な略奪事業」であり、「1920年代のヴェルサイユ条約以来最悪の負債返済規約」がそこには盛り込まれていた。ドイツを第二次世界大戦に引きずり込んだとされている負債返済計画である。[4]

こうして、メキシコの国有銀行は再び民間の所有下におかれたが、売却はメキシコ国民である買い手に対してのみ行われた。北米自由貿易協定が導入されるまでは、国際競争は部分的にすら許されていなかった。カナダ、メキシコ、そして米国によって署名された北米自由貿易協定（NAFTA）は、1994年1月に北米に「自由貿易圏」を確立した。協定に参加するにあたって、カルロス・サリナス前大統領は、メキシコにおいて数十年間維持されてきた高い関税を基調とする政策に終止符を打ち、米国企業との競争から国有産業を守ろうとした。

1994年に至ると、メキシコは投資家の信頼を回復した。予算は均衡を保っており、成長率は3％を超え、株式市場は5倍にまで増えた。1995年2月、「ニュー・アメリカン」誌において、ジェーン・イングラハムは、「メキシコの財政政策は、あるいはワシントンという派手な無駄遣いのサーカスよりもはるかに優秀で理にかなっている」と述べている。ラテン・アメリカにおいて最も期待値や安定度が高い市場として注目されると、メキシコは巨額の海外投資を受けることになった。そのため、エルネスト・ゼディージョ新大統領が突然ペソの13％平価切下げを宣言したときには、投資家たちはショックを受け、驚きを隠すことができなかった。そもそも平価切下げを行う必然性が見当たらなかったからである。その翌日、ゼディージョはそれまでしっかり管理されてきたペソをドルと自由に両替可能にした。すると、ペソは直ちに39％も値下がりした。[5]

一体何があったのか。1994年、北米自由貿易協定に関する米国連邦議会予算局報告は、ペソは20％も「過大評価」されているという判定を行った。メキシコ政府には、この通貨を杭から外し、その「本来の」価格にまで値下がりさせるよう助言が行われた。理論上は、通貨は20％までしか値下がりしないはずであった。しかし、そううまくはいかなかった。投機家たちはペソをあまりにも急激に下落させ、その価値を崩壊させてしまった。[6] 崩壊の責任は、「投資家の信頼」を失わせたメキシコの貿易赤字になすり付けられた。しかし、イングラハムが指摘するように、崩壊の直前まで投資家の信頼はかなり高くあり続けていた。貿易赤字だけで通貨が大幅な平価切下げとハイパーインフレーションに突き落とされてしまうのであれば、そもそも米ドル自体がとっくにこの災難に見舞われていたはずである。

２００１年に至ると、米国の公的および私的な負債は、第三世界諸国の負債総額の実に10倍に及んでいたのだから。[7]

ペソの破綻は少なくとも建前上は想定外ということになっていたが、破綻が起こるわずか20日前に40億ドルもの米ドルが不思議とメキシコから撤退している。そして、その6ヵ月後には、この40億ドルのメキシコにおける購買力は2倍になっていた。後になって、ペソからの大規模な撤退は、内部情報を持っていたリーダー格の投資家たちによって仕組まれたものであると言う批評家もいた。[8] 同じ投資家たちが、メキシコ救済の際に大きな利益をあげていたのではないかという疑いがあったからである。債権者への支払いのための米ドルがメキシコの銀行（そのほとんどは米国銀行である）から尽きてしまったとき、米国政府は納税者から得た米ドルを抱えて救済に向かった。メキシコ救済の指揮をとったのはロバート・ルービンであったが、かれは米国財務長官となる前はゴールドマン・サックス銀行の長であった。当時、ゴールドマン・サックスは、米ドル建てのメキシコ国債に多額の投資を行っていた。救済は、ルービンが財務長官に就任したその日に実行された。米国納税者たちが提供したこの通貨は、メキシコへは届かず、一目散にゴールドマン・サックスやモルガン・スタンレーをはじめとする大手米国融資者たちの金庫に吸い込まれた。かれらの高リスクな融資が危機に瀕していたからである。[9]

故ジュード・ワンニスキーは、『ウォール・ストリート・ジャーナル』の元編集者であり、レーガン大統領の顧問を務めたこともある保守派エコノミストである。ワンニスキーは銀行家によるクーデターについて、皮肉交じりにこう洞察している。

> メキシコのペソの平価切下げが起こった夜、モルガン・スタンレーでは盛大なパーティーが開かれ、ウォール街中の人々が招待され、かれらはシャンパンを飲み、葉巻を吸い、絶妙な戦術で一山当てたことを大いに祝った。**奴らは海賊、国際海賊である。**[10]

戦利品を受け取ったのは、正しい方に賭けたギャンブラーたちだけではなかった。海賊たちは、メキシコの銀行の支配権も得たのである。北米貿易協定の規則のおかげで、メキシコの国有銀行制度の一部はすでに米国銀行にむけて開かれており、18の大手銀行と16のブローカー（ゴールドマン・サックスを含む）にメキシコのライセンスが与えられていた。しかし、海外銀行は当時はまだメキシコの制度内の資本総量の20％までしか持ち込みが許可されておらず、融資や証券ホールディングスの市場シェアが制限されていた。[11] この制限は２００４年に解除される。一社を除くすべてのメキシコの銀行が海外銀行に売却され、海外銀行はそれまで閉ざされていたメキシコ銀行市場への完全な介入ができるようになったのである。[12]

ペソとメキシコ株の価値の破綻が起きたのは、売り注文が殺到したにも関わらず買い手がつかなかったからだ、ということになっている。しかし、実際には多額の資金を抱えた買い手が外野にひしめいており、平価を切り下げられた株が奮発セール価格で売り叩かれるのを今か今かと待ち受けていたのである。その結果、国内経済に流れていた富は海外の通貨細工師たちがせしめることになった。また、平価切下げは民営化（公共資産を民営会社が買収すること）の波を引き起こしもした。悪化の一途を辿る負債危機をメキシコ政府がなんとか食い止めようとしていたからである。１９９６年2月発表の「好戦的資本主義」と題された記事において、デヴィッド・ピーターソンは、空売り人たちによるペソに対する総攻撃こそがメキシコの大敗の原因であるとした。ピーターソンはこう書いている。

外国為替市場における空売り人たちによるペソへの総攻撃が昨年冬に決行され、その焼け跡に入ってきた米国政府と国際通貨基金はメキシコ国民に緊縮政策を強制したが、これは注目に値する現象である。というのも、メキシコの人々はほぼ一夜にして多くのことを甘受するよう迫られたからである。政府歳出の大幅削減、逆進物品販売税の大幅増税、（控えめに見積もっても）１００万人以上の解雇、負債の利息支払いを不可能にするような金利の大幅引き上げ（これによって、負債の再計画を求めつつ担保の質流れに抵抗する小規模債務者たちから成る国民運動「エル・バルソン」が発足された）、年半期末までに消費者支出の25％の減少、経済活動全体の10・5％の縮小等が挙げられるが、この先もこのような傾向が続かざるをえないであろう。[13]

１９９５年に至ると、メキシコの海外負債は以前のなんと１５０年分の負債返済額と同額となっていた。世帯所得は前年比で3分の2に落ち込み、メキシコの購買力は50％以上下がってしまった。[14] こうして、メキシコは10年間以上続くことになる国家恐慌に突き落とされたのである。１９３０年代の米国恐慌と同じように、メキシコの企業や資産の価値自体は投機家が引き起こしたこの危機の間にもほとんど変わらなかった。変わったのは通貨の量のみであり、投資家たちは通貨を国から吸い上げ、メキシコの株式市場から一目散に脱出した。その結果、労働者に支払う賃金や、原料を買うためのお金、融資の元手、そして国を営むために必要な資金は、もはや国内にほとんど残されていなかった。空売りが許されてしまうと「需要と供給」から成る市場の仕組みによってではなく、通貨投機家たちによる団体的な運動によって通貨はハイパーインフレーションに追い詰められてしまう。メキシコの一事は、この点を証明する恰好の一例である。逆もまた然りである。急降下を続ける貿易赤字を抱えているにも関わらず、米ドルが強力であり続ける背景には、連準による細工がその価値を人為的に高く保っているという現状がある。（これについては第33章で詳述する。）自由市場の力学ではなく、市場細工師たちが実権を握っているのである。

浮動通貨の海をうろつく国際海賊

メキシコがまんまとはまってしまったこの罠には、他にも多くの国々がかかってしまっている。ヘンリー・C・K・リュウはこれを「テキーラ・トラップ」と呼んでいる。あるいは、「ネズミ講の序盤にも似た、目もくらむような急成長という仮面をかぶった自滅的な政策」ともリュウはこれを呼んでいる。罠には、巨額な米ドル投資の約束という餌が仕込まれている。始めこそ大きな報酬があるが、ネズミ講のご多分に漏れず報酬は時間と共に大幅に下がり国民は海外銀行家たちに大きな借金を負う羽目になり、銀行家は人々の新たな主人として国の経済を支配するようになる。[15]旧ソヴィエトの各州、東南アジアの「虎」経済圏、そしてラテン・アメリカのバナナ経済圏は、いずれも皆上記の強欲な略奪戦術にまんまとひっかかった。国内要人の力不足や政治家の汚職等が往々にして非難の的となるが、真の主犯はコンピュータの画面上に産出された津波のような巨額の「クレジット」で武装された国際銀行投機家たちである。標的国が受けるアドバイスは次のようなものである。海外投資を引き寄せるためには、自国の通貨を米ドルと「浮動」為替相場で自由に両替可能にすべきであり、また一方の通貨を他方に替えたいと願う人の要求に応じるために必要な米ドルを常備していなければならない。わなの設置が完了すると、投機家たちは行動を開始する。投機活動は、通貨や国家経済をたった一日で崩壊させることもある。オタワ大学経済学部教授であるミシェル・チョスドフスキーはこう書いている。

> メディアは、国内の制度の欠陥や政治の弱点、あるいは汚職を通貨危機の原因として挙げるのが常である。国際金融とのつながりはぼかされることが多い。**しかし、実のところ、一国の中央銀行の準備金が民間の投機家たちによって文字通り没収された背景には、投機戦術を駆使した通貨投機が存在するのである。**[16]

「浮動」為替市場の財政的な利点や欠点についてエコノミストたちが議論にいそしむ傍ら、法律的な観点からこの制度を眺めてみると、これは安定した交換媒体の有無が生死を決定するような境遇にいる人々に対する露骨なまでの詐欺である。いかにも、一方の皿に岩が載った天秤を八百屋が使った場合と同じように、これもまた詐欺なのである。昨日は30米セントの価値があった八百屋のペソが今日は5米セントの値打ちしかないのだとすると、八百屋の12個一組の卵が今日は卵2個分の価値しか持たなくなり、12個一組のリンゴはリンゴ2個分の価値になってしまう。そもそも、国家が自国の通貨を「防衛」しなければならないという状態自体がこの制度の間違いを物語っている。インチはミリメートルから自らを防衛する必要はなく、両者は定規の上で平和に共存することができる。統治国家は、国民にとって購買力の安定的な尺度となるように自国の交換媒体を調整する義務と権利を持っている。安定した国際的な通貨の尺度の作り方については、第Ⅳ部で考えることにしたい。

テキーラ・トラップと「自由貿易」

「テキーラ・トラップ」は、ヘンリー・ケーリーと米国国家主義者たちが19世紀に警鐘を鳴らした「自由貿易」に国境を開いた場合の危険性の現代版である。ケーリーは、統治国家は自国の通貨で負債を返済すべきであり、この通貨はグリーンバック式に政府が自ら発行すべきであると説いた。リュウ教授もまたこのアプローチを支持しており、これを「統治クレジット」と呼んでいる。ケーリーはこれを「国民クレジット」と呼んでおり、「政府への国民のクレジット＝信用のみを基盤とし、海外からの介入に対して完全防備された国家制度」と定義している。ケーリーはさらにこれを、自由貿易に基づく「英国システム」と区別するために「米国システム」と呼んだ。

エイブラハム・リンカーンは、このような革命的なモデルを実施していた最中に暗殺された。また、英国を掌握した銀行利権主体が米国にも手を伸ばし始めていたことに気がついたケーリーとその一派は、米国システムの種を海外にまくことによって、迫り来る脅威に対するとりでを作り始めた。20世紀においては、英国システムが米国を支配することになった。しかし、他方で米国システムは海外に着々と根を張っていたのである。

第23章
黄色のウィンキーの解放――海外で花開いたグリーンバック制度

臆病ライオンは、邪悪な魔女がバケツの水でとけてしまったと聞いて大喜びでした。そしてドロシーはすぐに牢屋の門の鍵をあけてライオンを外に出してあげたのです。二人は城にいって、ドロシーがまずやったのは、ウィンキーたちみんなによびかけて、もう奴隷じゃなくなったと教えてあげることでした。

黄色いウィンキーたちは大喜びでした。というのも、邪悪な魔女のために何年にもわたってつらい仕事を強いられてきたのですから。魔女はいつもみんなをとても残酷に扱ったのでした。

――『オズの不思議な魔法使い』「救出」

批評家たちによると、フランク・ボームが描いた黄色のウィンキーは、世界中で搾取され抑圧されている人々の象徴である。19世紀後半、米国はフィリピンに対して帝国戦争を仕掛けていたが、ポピュリストあがりのライオン、ウィリアム・ジェニングス・ブライアンはこれに強く反対していた。中国人たちもまた、アヘン戦争においてひどく搾取され、中国人移民は米国西部の鉄道建設において奴隷のように働かされた。ヘンリー・ケーリーからみると、かれらは皆、「自由貿易」と「金本位制」に基づく政治経済「英国システム」の被害者である。ケーリーは1851年の作品『利害の調和』においてこう書いている。

> 世界には二つの制度が存在する。一方は、インド人に重労働を課し（公正な賃金を払わず搾取すること）、同じことを世界中に広めようとしている。他方は、世界中の人々の水準を私たちのそれにまで高めようしている。一方は、極貧と無知、人口減少と野蛮主義を基調としている。他方は、富の増大、快適な生活、知能の向上、積極的な行動、そして文明社会を基調としている。一方は世界戦争を目標とし、他方は世界平和を目指す。**一方は英国システムであり、他方は、私たちの誇る米国システムである。**というのも、世界中の人々を上へ上へと引き上げつつ、かつ平等を保障しようとする傾向は、私たちのシステムが歴史上初めてだからである。

また、1853年に発表された著作『奴隷貿易――国内と海外の事例』において、ケーリーはこう書いている。

> 英国システムである「自由貿易」を採用してしまうと、私たちは、アイルランドやインドを破滅に追い込み、今では中国人を中毒にかけて隷属させている人たちに協調することになる。もう片方のシステムを採用すれば、私たちは、自国の国民を向上させるだけでなく、英国諸島やインド、イタリアや米国等の奴隷を解放してもいる人たちと足並みを揃えることになる。

アイルランド国民やインド国民、中国国民を襲った悲劇から米国国民が辛くも逃れることができたのは、リンカーン大統領が銀行相手に立ち上がり、高利ローンを拒否して政府発行のグリーンバック紙幣を支持したおかげである。リンカーンが支持した政府プログラムによると米国は国内の原料を自ら製品に加工しあげ、自ら通貨を作り出すことによって自国の発展を自分の手で支え、海外や国内の中間管理者に隷属したり利息を支払ったりする必要がない。リンカーンが暗殺され、英国システムが優勢となると、ケーリー率いる米国ナショナリストたちは差し迫る脅威に対して一致団結した同盟を組む必要を悟った。そこで、かれらはロシアや日本、ドイツやフランスの様々な政治派閥に対して、政府をリンカーンの政策に準ずるような方向へ導くよう働きかけ、大英帝国の金融覇権を打ち破るような同盟を築こうとした。この同盟は、後に二つの世界大戦によってかき乱されることになるが、少なくともその基盤は確立されることになる。[1]

アメリカ独立革命の100周年を記念して、1876年にヘンリー・ケーリーとその一派はフィラデルフィア万博を主催した。これは世界規模の行事であり、人間の自由を称え、科学技術や交通、電信等を共に協力して発展させる可能性を祝うものであった。ケーリー派はトーマス・エジソンの「発明工場」に出資し、そのおかげで１００周年記念万博では史上初の電報機械が展示されることになった。後日、エジソンはケーリーのフィラデルフィア支部から電気の発明をするよう挑戦状を突きつけられた。エジソンの相方はほどなくして電気路面電車や地下鉄電車を発表する。フィラデルフィア万博では、他の各国も独自の展示を行った。例えば、フランスは自由の女神像を寄贈した。そして、世界中から数百万人もの人々がこの行事に参加した。外国の代表者たちは、フィラデルフィア支部と会合を開き、フランクリンやリンカーンが思い描いたような産業化と経済制度の発展とを自国で実現するための方法を議論した。[2]

トマス・ペインは、負債フリーの政府発行通貨を「アメリカ独立革命の礎石」と呼んだ。この礎石は、米国では拒否されてしまったが、海外の進歩的な指導者たちはこれを吟味し、中には海外金融家による民間発行通貨を拒絶し代わりに自国発の通貨を採用する者もいた。ウォール街が米国政治と米国メディアを支配するようになると、このような「国有」銀行制度は「非米国的」「米国の精神に反する」と揶揄されるようになる。しかし、実のところこうした制度は米国において創造されたのであり、フランクリンやリンカーン、ケーリーをはじめとする米国のグリーンバック派を手本としているのである。ロシアや中国もまた、19世紀に米国を手本とした国有銀行制度を開発しているが、これは共産主義革命が王家を転覆させるはるか前のことである。皮肉にも、後にこうした国が採用することになるマルクス主義政治制度は大英帝国で創造されたものであり「英国システム」の階級構造が維持され、そのため少数の金融エリートが多数の労働者を支配することとなった。[3] フランクリンやハミルトン、そしてリンカーンの米国システムは、これとは異なるものであった。そこでは民間事業と起業精神が奨励される一方、共同体でインフラ整備を行うことによって競争力の高い資本主義が栄えるはずであった。政府による保護の傘があるおかげで、様々な権力の抑制と均衡が保たれ、独占主体や海外利権団体による搾取が防止され、科学技術が花開き「公共の福祉」に貢献するような企画に資金が提供され、国民のクレジットを使うことで共同体としての人間の現状が向上された。

ロシアの場合

米国のロシアとの同盟は１８５０年代にまで遡るが、このときヘンリー・ケーリーは、ロシアにとって好意的な世論を米国内に醸成するための新聞記事を書いていた。ケーリーは、米国はクリミア戦争においては英国に対抗してロシアを支援するべきだ、という立場をとった。これと引き換えに、ロシアはリンカーンに軍艦を提供し、英国が支援する連合国派に対抗する手助けをした。また、米国の経済システムは米国大使がサンクトペテルブルグにて導入した。１８６１年、ツァーリ・アレクサンダー二世は農奴制を廃止し、新たな経済計画を発進させ、農業科学や電信、鉄道を含むインフラを発展させた。このとき、ロシアの産業化を助けるために、米国は科学技術のノウハウを提供している。1862年、ロシアは一律の国家通貨や国家課税制度、そして国有中央銀行を確立した。[4] 第一次世界大戦の開戦時に至ると、ロシアの国立銀行はヨーロッパで最も影響力を持つ融資機関の一つにまで成長していた。大量の金準備を手持ちにし、産業や商業を支援するために積極的にクレジットを提供し、ロシアの戦争活動のための主要な資金源となっていたのである。[5]

ケーリー一派が促進していた米国システムを真似ようと、ロシアの起業家の一団は努力を続けたが、国際銀行利権団体の支援を受けていた土地所有貴族はこれを頑として受け入れなかった。ツァーリが農奴を解放した後も、貴族がかれらの自由に重い枷をはめたため、かれらはなお搾取と抑圧を甘受するしかなかった。農民たちは以前の主人に対して多額の「償還手数料」を納めなければならない一方、生活を営むには不十分な広さの土地しか与えられていなかった。農民たちはさらに、第一次世界大戦によって多くの重圧に押しつぶされることになる。働くことのできる男性の大半は戦争に駆り出され、残された労働者たちは農奴のような条件の下で過酷な長時間労働を強いられた。人々は無理矢理自分たちの土地から追放され、向かった先の都市は人口過密であり飢餓が発生した。なるほど、ロシア革命を立ち上げたのは農民ではなかったかもしれない。しかし、マッチが擦られたとき、火口を提供して大きな炎を燃え上がらせたのは農民たちに他ならなかった。

革命を転覆させるまで

ロシア革命もまた、ユートピア実験の一種であったが、米国独立革命の場合と同じように、これもまた別のねらいへと方向がそれてしまった。『ジキル島の怪物』（邦訳、『マネーを生み出す怪物』草思社）において、エド・グリフィンは、ロシア革命は二つ存在したと主張している。一つ目は2月革命と呼ばれ、そこではツァーリからアレクサンダー・ケレンスキー率いる自由主義者や社会主義者たちへ権力が淡々と移った。このときケレンスキーらは、民主主義的な大枠に従った政治改革を始動させようとしていた。この反乱の後で、全く次元の違う暴力的な10月革命が起こった。では、二つ目の革命はなぜ必要であったのだろうか。理由は複雑を極めるが、グリフィンは通常の歴史教科書には書かれていない理由を一つ提案している。かれによると、10月革命は本質的にはクーデターであり、レフ・トロツキーの後押しを受けつつニューヨークから多額の資金援助を受けていたウラジミール・レーニンがケレンスキーを転覆したのであった。[6]

トロツキーは一般的にはロシア革命の英雄として知られている。かれはレフ・ブロンシュテインという名でロシアに生まれた。1916年、反戦運動が原因でフランスから追放されたとき、トロツキーはニューヨークに向かった。1917年にかれがロシアに帰国することができた背景には、不透明な主体からの資金援助があったが、これは恐らく、南北戦争後ロスチャイルド家の米国における右腕であったクーン・ローブ社のジェイコブ・シフではないかと言われている。シフは、連邦準備法を設計したドイツ人移民のポール・ワーブルグの事業仲間であった。1949年2月3日に『ニューヨーク・ジャーナル・アメリカン』誌に掲載された記事には、シフの孫の言葉が引用されている。かれによると、祖父はロシアにおける共産主義の勝利のために2000万ドルの寄付を行った。1904年に、シフはロシアの軍艦をじゅうりんする手助けをするために、日本に多額の戦時融資を行っている。そのときのかれの貢献を称え、1905年には天皇がかれに記念メダルを贈呈している。[7]

ウォール街がロシアにおける革命を援助する様子は、1911年に『セント・ルイス・ディスパッチ』紙でロバート・マイナーという名のボルシェビキが描いた漫画で取り上げられている。漫画には、ウォール街で歓声をあげる大衆に囲まれたカール・マルクスが描かれており、かれに握手を求めてジョン・D・ロックフェラーやJ・P・モルガン等の大物銀行家が我先にと競い合っている。[8] では、とグリフィンは問う。ウォール街銀行家たちはなぜ共産主義革命を支持したのであろうか。銀行家は「資本主義者」であり、社会主義や共産主義には強く反対するものではないのか。グリフィンは、革命期間中にロシアに滞在していたジャーナリストのユージーン・ライオンズを引用している。ライオンズはこう書いている。

レーニンやトロツキーの一派は君主制を転覆したのではない。かれらが転覆したのは、1917年3月の革命、本当の意味で人民による革命から生まれた、ロシア史上初の民主主義社会だったのである。

ロシアの急進運動の中でもレーニンやトロツキーのそれは特に小規模のものである。しかし、かれらの運動は規模や人数といったものを嘲笑し、本当のところ大衆を信頼しないものであった。レーニンはいつも、「大衆基盤」を巡って競い合う社会主義団体をあざ笑っていた。かれはよくこう言ったものだ。「革命のプロからなる団体さえあれば、ロシアをひっくり返すのはたやすい」と。

権力の座に就いて数ヶ月後、当初レーニンが糾弾していたツァーリ的な慣習の数々は結局再実施され、しかもそれはより険悪な形をとった。政治犯、裁判や形式ばった告訴を省いた有罪判決、異議申し立てをするものに対する野蛮な迫害、そして、他のどの近代国家よりも多種多様な罪に対して言い渡される死刑判決等がそこには含まれる。[9]

ロシアを掌握していたエリート集団、共産党は、ロシアの商業を「自由貿易」に向けて開き、また銀行制度の民間人による操作を可能にしていた。1917年、国の銀行制度は、ロシア共和国人民銀行によって国有化されたが、1920年にこの制度は「通貨なき経済」という共産主義の理念に反するものであるとして廃止された。[10]

1922年、ソビエトは最初の国際銀行を設立した。**しかし、共産主義理論に従って国有化・国営化される代わりに、これは民間銀行の企業組合として結成された。**そこには、元ツァーリ銀行だけでなく、ドイツやスイス、そして米国の銀行の代表者たちも含まれた。海外資本のほとんどは英国から入ってきており、資本提供者の中には英国政府も含まれていた。新しい銀行の海外部門の部長にはマックス・メイが抜擢されたが、かれはニューヨークのモルガン・ギャランティ・トラスト社の支社長であった。10月革命後の数年間、ソビエトは米国や英国の企業に対して、大規模かつ潤沢な（つまり競争外の）契約を定期的に結んだ。米国、英国、そしてドイツの狼たちは、新たなソビエト体制に向けて販売を行うことで、利益の鉱脈を掘り当てたのである。[11]

冷戦

もしこうした構図が英米の実業利権団体にとってこれほどまでに潤沢であったのだとすると、第二次世界大戦後、米国はなぜ冷戦の敵国としてソビエト・ロシアを選んだのであろうか。いうまでもなく、1924年のレーニンの没後、国際銀行団の計画が狂ったからである。ソビエトの新たなリーダー役にはトロツキーが控えていたが、代わりにスターリンが権力の手綱をとることに成功してしまった。こうして、トロツキー派はスターリン的共産主義を敵視するようになった。トロツキーは1928年にソビエト・ロシアを追放され、一時的にニューヨークに戻ったが、1940年にソビエトの調査官によってメキシコで殺された。冷戦に最も頻繁に関連付けられる団体である「ネオコン」（ネオ・コンサーバティブ、新保守主義者）は、1930年代のトロツキー派に端を発する。[12]その後20世紀の終わりに至るまで、ネオコンはロシアにおける支配権を再確立しようと必死に戦い続けた。

スルジャ・トリフコビッチは「古保守主義者」（「新右翼」に対する「旧右翼」）を自称するジャーナリストである。トリフコビッチによると、ネオコン派は、1930年代後半および1940年代初頭において反スターリン主義の極左翼から派生したときに「被害妄想的左翼から被害妄想的右翼」に転じたにすぎない。[13]かれらは、社会主義よりも資本主義の方が自分たちの目的にかなうということを悟った。その後も、かれらは自分たちの目的に忠実であり続けロシアの体制を席捲し、世界を経済的にまた軍事的に支配することになった。ロシアの場合、1989年にソビエト経済がようやく崩壊したときに、そのねらいは達成された。ロシア連邦中央銀行は、こうして連邦および地方自治体から独立して運営される中央銀行の一団に1991年に加わった。[14]

ロシアとその衛星国の経済的な破壊がその後開始された。先ほど言及したレーガン時代の内部者であったジュード・ワンニスキーは、1989年以後、旧ソビエト各国には「ショック療法」が適用され冷戦が形を変えて意図的に継続されたと言う。2005年2月、生前最後のインタビューの一つにおいて、ワンニスキーは自分もいっときはネオコンであったと認めているが「鉄のカーテン」が崩壊した後はネオコン政策の支持を止めざるを得なくなったとも言っている。かれはこう暴露している。

私たちは皆「冷戦士」であり、モスクワと北京の共産主義に対する難しい戦いにおいて一致団結していました。私たちは冷戦を共に戦い、原爆投下に至らずに冷戦を終結させたことを誇りに思っていました。しかし、冷戦が終わってみると、ロシア人たちは私をモスクワに招待し、共産主義体制を市場経済に転換させるためにはどうすればよいのかと助言を求めてきました。**私は無償でこれを快諾しましたが、このとき古き戦友たちと決別しなければなりませんでした。友人たちは、ロシアはまだ十分に叩かれていない、攻めて攻めて攻め潰さなければならない、悪質な経済的アドバイスを与え、「ショック療法」を適用しなければならない、と言っていたからです。**[15]

「ショック療法」には「緊縮政策」が含まれていたが、これは国際通貨基金と、姉妹機関である世界銀行からの金融補助を受ける代わりに甘受すべき政策であるとされた。「構造調整」とも呼ばれるこの節約政策には、食糧補助プログラムの排除、賃金の削減、企業利益の増加、そして公共産業の民営化が含まれた。カナダ人作家のウェイン・エルウッドによると、構造調整とは「経済的な世界化および民営化の婉曲語句である。それは、国家の力を縮小し、民間投資家にとって都合の良いように経済を変えることをねらいとする公式である。」[16]

経済政策研究センター共同所長のマーク・ウェイスブロートは、1989年以降のロシアの急激な衰退の直接的な原因は国際通貨基金の残酷な政策であり、こうした政策は「国際金融市場の恣意に「新興国」の国内経済を従属させる」ための道具である、と1998年に証言している。かれは連邦議会で次のように述べている。

国際通貨基金は、近代史上最悪の経済衰退の一つを指揮しました。ロシアの生産量は1992年以降40%も落ち込みました。わが国の恐慌よりもひどい惨事です。数百万人もの労働者が賃金の支払いを受けておらず、かれらに負う金額は120億ドルを超えます。これはすべて、1992年に国際通貨基金が導入したプログラムである「ショック療法」によって引き起こされたのです。導入後直ちに、物価統制が解除され、後の3ヶ月間で520%ものインフレーションが起こりました。こうして、数百万人もの人々の貯金や年金が紙くず同然となったのです。[17]

国際通貨基金は、ロシアのハイパーインフレーションを政府の赤字財政支出のせいにしたが、ウェイスブロートによると、これは間違った見解である。真犯人は、「タイト通貨」を強行した国際通貨基金である。

「ショック療法」の始めの4年間において、政府は国際通貨基金の目標幅内におさまっていました。しかし、経済崩壊が進行するにつれ、徴税が日に日に困難になってゆきました。さらに、潜在的に「効率のよい」企業が近代化するために必要な資本も用意されていませんでした。資本提供の手段として海外直接投資は大きな役割を担うことになっていましたが、経済の不安定性を口実に、これはついに実現せずに終わりました。「ショック療法」の初めの2年間において、資本の流出量は流入量の実に2倍から4倍にまで上りました。**ロシアの国内産業をすべて破壊しなければ、海外投資を基盤とした新たな出発は可能とならない、という考え方そのものが、そもそも間違っていたのです。**

ウェイスブロートによると、産業を後押しする資本を提供する代わりに国際通貨基金は急落するルーブルに対して50億ドルを無駄遣いし、なんとか1ドル6ルーブルという相場を維持しようと空しい努力をした。その結果、50億ドルが投機家の懐に入る一方、パニックによる買い注文の嵐と新たなインフレーションとが引き起こされた。では、国内通貨をドルと交換可能にし続ける意味はどこにあったのであろうか。「国際通貨基金の主張によると、それは海外直接投資を誘引する上で有利に働くような環境を整えるためでした」とウェイスブロートは言っている。「しかし、誘引された資本の大半が投機的であったロシアの場合、これは明らかに割に合わないものでした。これこそ、国際通貨基金の歪んだ優先順位感覚の一例であり、このせいでロシアの経済と政治はもはや収拾が付かなくなってしまったのです。」

19世紀に英国金融利権団体による米国征服を許した「自由貿易」政策に、ロシアもまたここで屈服したのであった。ロシアは、自ら通貨を発行する代わりに部外者が発行した通貨への依存を招いてしまった。いかにも、国際通貨基金による「ショック療法」という名の狼が忍び込む前まで、ロシアは現に自ら通貨を発行していたのである。

ソビエトの経済計画は失敗に終わったが、それは銀行制度のせいではないとされた。エコノミストたちは、市場の力学に任せる代わりに国家が物価や雇用を決定すべきとするマルクス主義理論がいけなかったのだ、と言う。そのせいで、個人の独創力や主導権がもみ消され、自由市場による物価決定と資源配分のメカニズムが排除されてしまったのだ、と。ヘンリー・ケーリーを始めとする米国ナショナリストたちが提唱した「米国システム」はこれとは大きく異なり、そこでは自由市場や個人の独創および主導は人々が一緒に成長できるような集団的なインフラを基礎として奨励されるはずであった。米国システムの種は、ロシアという土壌においては正しく成長する機会を得られずに終わった。海外の他の平原において、それはよりしっかりと根を下ろすはずであった……

第24章
破滅の嘲笑——破産したドイツが通貨なき復興に資金提供する

怖いかって？　きみたちの前にいる男は、死に直面してもなお笑い、破滅を嘲笑し、大惨事にも笑みを送ったのだぞ。そのとき、私は茫然自失としていた。すると突然、風向きが変わり、気球はこの高貴な都にたどり着き、私は初代偉大魔法使いに任命されたのだ。不況だったこともあって、私はこの仕事を承諾したけれど、万が一に緊急脱出するために、気球は手元に置いておくことにした。

——『オズの魔法使い』ＭＧＭ提供の映画

第一次世界大戦後のドイツこそ、破滅の嘲笑の代名詞である。破産状態から脱出して世界を相手に第二次世界大戦を始めたその大胆不敵な魔術は、オズを魅惑したカンザス出身の気球操縦士の厚かましさにも匹敵する。ヴェルサイユ条約は、ドイツにあまりにも酷な損害賠償請求を行った。ドイツの人々は、戦争に参加したすべての国の費用を賄うよう命じられたのである。**その金額は、国内資産の総額の実に3倍であった。**ドイツマルクへの投機はこの通貨の価値を急落させ、近代史上稀に見るほどの悪質な超インフレーションを加速させた。最悪の場合、手押し車一杯の１００マルク札を持っていってもパン一斤すら買うことができなかったほどである。国庫は完全に破綻しており、想像を絶する数の住宅や農地が銀行や投機家の手に渡った。人々は家畜小屋に寝泊りし飢えていた。このようなことは前代未聞であった。国家通貨の完全破壊によって、人々の貯金や事業、そして経済そのものが抹消されたのである。

次の一手は悩ましかった。ドイツ政府は、米国のグリーンバック派の例に倣い自ら法貨を発行し始めた。当時ドイツ中央銀行の総裁であったヒャルマル・シャハトの言葉は、ドイツ版の「グリーンバック」の奇跡の真髄を捉えたある冗談の中で引用されている。米国のとある銀行家が、「シャハトさん、アメリカに来ればいいじゃないですか」と言った。「通貨がたくさんあります。これこそ、本当の銀行業です。」これに対して、シャハトはこう言った。「あなたこそベルリンに来るべきです。通貨なんてどこにもありません。それこそ、真の銀行業ですよ。」[1]

ドイツの人々はあまりにも絶望的な状況にあったため、国の舵取りを独裁者に任せたが、このときかれらは、民主主義的に統治される共和国を基調とする「米国システム」からは明らかに逸脱した。しかし、独裁権力は、米国グリーンバック派たちが夢見ることしかできなかったあるものをヒトラーに与えた。それは経済の完全支配である。ヒトラーはグリーンバック派の理論を実際に試すことができ、それが実践的にもうまくいくことを証明した。

リンカーンの場合と同じように、ヒトラーもまた完全なる負債隷属状態を選ぶか、あるいは自ら法貨を発行するかという岐路に立たされていた。そして、リンカーンと同じく、ヒトラーもまた法貨発行という道を選んだ。かれは、1890年代にジェイコブ・コクシーらが提唱していた類の公共事業計画を実施した。資金提供の対象となった事業には、洪水調節装置、公共施設や民間住宅の修繕、そして新たな建物、道路、橋、運河、港施設等の建設が含まれていた。こうした計画の費用は、新たな国家通貨1億単位として固定された。その後、「労働財務省証券」と呼ばれるインフレーション防止のための為替手形が1億枚発行され費用を賄った。こうした事業のおかげで数百万人もの人々が再就職し、労働者たちは財務省証券という形で給料を得た。労働者たちはこの証券を物品やサービスの購入に使い、さらに多くの雇用が生まれた。こうした証券はメフォ手形、あるいは「フェーダー通貨」と呼ばれることもあった。これは実際には負債フリーではなく、国債として発行され、政府はこれに対して利息支払いを行った。それでも、これは通貨として流通し恒久的に再生可能であり、国際融資者から借金をしたり国際負債を返済する義務を回避することができた。[2]

わずか2年で、失業問題は大方解決された。安定した通貨が出回っており、国は再び独立することができていた。一方、米国をはじめとする西洋諸国では多くの人々が未だに失業状態にあり、生活保護をあてにして生活していたのである。ドイツは海外貿易の再興もまた達成していたが、海外クレジットを得ることこそできず、また経済的不買運動の対象にもなっていた。

ドイツはこれを、物々交換制度によって実行した—設備や商品は、国際銀行を介さずに直接他国のそれと交換された。このような直接交換制度は、負債や貿易赤字を生まずに成立した。なるほど、ドイツの経済実験はリンカーンのそれと同じように、短い間しか続かなかったかもしれない。しかし、それでもなおそこには後世に残るような功績がみられる。例えば、世界初の長距離高速道路として有名なアウトバーンが挙げられる。[3]

スティーヴン・ザーレンガは『失われた通貨学』において、ヒトラーが法貨解決法に出会ったのは、第一次世界大戦後にドイツ労働党を監視するようアプヴェーア（ドイツ軍事諜報機関）から命じられたときである、と書いている。ヒトラーに深い印象を与えることになるとある会議では、ゴットフリート・フェーダーの見解が提議されていた。

> フェーダーの理念の骨子は、国は国有中央銀行によって自ら通貨を発行し制御すべきであって、民間銀行に通貨発行を任せつつ利息を支払うのはよくないという点である。この見解からは、金融業は国から通貨制御権を奪い取り国民を隷属状態に陥れた、という結論が導かれた。[4]

政府は自分の通貨を自分で発行すべきである、という考え方は、ザーレンガによると米国グリーンバック運動を研究したことのあるドイツ人理論家たちにまでさかのぼる。グリーンバック派からヒトラーやフェーダーが逸脱したのは、国民を隷属させた金融家たちを当時の大手銀行家の民族人種に結びつけた点においてであった。これにより、反ユダヤ主義が大波のごとく奨励されドイツは暗闇に包まれ、独裁者の名前が穢れたものとなった。19世紀のグリーンバック派は、自分たちの真の敵が誰であるのかをより明晰に把握していた。それは民族人種などではなく、通貨を発行する力を集団としての人民から民間銀行業エリートへと移した金融構図そのものである。「米国システム」にあくまで忠実であり続け、人々の手に権力の手綱を握らせ続けておけば、ドイツが陥ったあの最悪の人権侵害を避けることもできたかもしれない。

その軍事活動や人種迫害を見る限り、ヒトラーは当然恥辱を受けて然るべきである。しかし、一時的にではあれ、かれが当時ドイツ国民の絶大な支持を得ていたこともまた事実である。ザーレンガによると、それはヒトラーがドイツを一時的に英国経済理論から救出したからである。その英国経済理論とは、通貨は民間銀行業カルテルの持つ金を基礎として借りるものであって政府が直接発行してよいものではない、という理論である。繰り返すが、戦争が勃発した原因は複雑なものである。とはいえ、ザーレンガが仮定する原因は、歴史の教科書にはほとんど書かれておらず、興味深い。

> ドイツは、あるいは海外から金を借りるよう要請されていたのかもしれないが、だとするとドイツは国内政策を外部者に支配させることになってしまう。金の代替物を使おう

というドイツの決定は、国際金融団にとって国際金本位制に基づく支配をドイツに対して行うことができなくなってしまう、ということを意味していた。こうした事情から、かれらは代わりにドイツを戦争によって支配しようとしたという可能性もある。[5]

カナダの研究家であるヘンリー・メッコウは、以上の理論にさらなる証拠を与えている。メッコウは、C・G・ラコフスキーに対して1938年に行われた尋問を引用しているが、ラコフスキーはソビエト・ボルシェヴィズムの創始者の一人であり、トロツキーの同胞でもあり、スターリンのソビエト連邦が行う公開裁判にかけられた人物である。ラコフスキーは、ヒトラーはヒャルマル・シャハトを通じて国際銀行団から資金援助を受けていた、と証言した。その目的は、トロツキーから権力を奪っていたスターリンを制御することであった。しかし、ヒトラーはスターリンよりもなお大きな脅威となってしまった。自ら通貨を発行するために大胆に動いたからである。ラコフスキーはこう述べている。

ヒトラーは、物理的な貨幣だけでなく金融関連の通貨をも製造する力という特権を手中に収めました。そして、欺瞞に満ちたこの装置をそのまま引き受け、国家の利益になるように活用したのです。仮にこの動きが他の国にも広まり、絶対主権の時代が訪れた場合どうなっていたか、皆さん想像できますか。もし想像できるのであれば、それが持つ反革命的な機能をもまた想像できるでしょう。[6]

「絶対主権」とは、輸入の必要性を排除し、完全なる自給自足を目指す国家経済政策である。英国首相のウィンストン・チャーチルは、ロバート・ブーズビー卿に向けて次のような手紙を度々書いている。

第二次世界大戦前にドイツが犯した最も大きな犯罪は、己の経済権力を世界の商業システムから離脱させ、自前の交換メカニズムを創始し、これによって世界の金融家に利益を上げる機会を与えなかった点である。[7]

『西洋の戦争史』(1957年)において、英国歴史学者のJ・F・C・フラーは次のように書いている。

ヒトラーは、国際通貨制度が金本位制に基づく限り、金を独占する国が金を持たない他国を意のままに操ることができると考えていた。他国の交換媒体を枯渇させ、利息付の融資を受けるよう強要することによって、これは達成された。

そこでヒトラーは、次のことを決定した。(1)海外からの利息付融資を拒否し、ドイツ通貨を金ではなく生産高によって担保すること。(2)輸入は物々交換によって確保すること。（3）いわゆる「為替取引の自由」に終止符を打つこと。つまり、通貨を使って賭けを行い、政治状況に従って国から国へと私有の巨富を移動することを止めさせること。（4）労働に必要な人や資源がある限り通貨を発行し、負債を避けること。

国際金融界はそもそも、経済的に困窮している国家に利息付融資を行うことによって成立しており、よってヒトラーの経済政策は国際金融界にとっては没落を意味していた。ウィンストン・チャーチルは、1936年に米国のロバート・E・ウッド元帥に向けてこう言ったとされている。「ドイツは強力になりすぎている。そろそろ叩き潰さなければならないだろう」と。[8]

1938年に至ると、ドイツの資源は戦争と全体主義的支配に投じられるようになった。しかし、ドイツ経済の強大さは、戦前の一大現象であった。エコノミストのヘンリー・C・K・リュウはこう洞察している。

ナチスが権力の座に着いた1933年、ドイツは国内経済が完全に破綻しており、法外の戦争賠償金を負う一方、海外投資やクレジットを得る見込みは全くないという状態にあった。それでもなお、統治クレジットを主軸とする独立した金融政策と、完全就職公共事業プログラムとを通して、第三帝国は、もはや搾取の対象となる外国植民地を持たないドイツを、たった4年間で、しかも軍備拡張支出が始まる以前にヨーロッパで最も強力な経済圏に変貌させた。[9]

『銀行には巨万の富を、人々には負債を』（1984年）において、シェルドン・エムリーもまた、ドイツが不死鳥のごとく灰から蘇った原動力を通貨の自給に見出している。エムリーはこう書いている。

ドイツは、1935年から1945年までの間、政府や戦争関連の出費をすべて金も負債もなく賄うことに成功し資本主義圏と共産主義圏が全力を挙げることでやっとヨーロッパに対してドイツが振るっていた猛威は鎮圧され、ヨーロッパは再び銀行団の飼い犬になったのである。このような通貨史は、もはや（政府）公立学校の教科書には触れられてさえいない。

近代の教科書に掲載されているのは、1923年にワイマール共和国（ドイツを1919年から1933年まで統治した共和国の通称である）が被った過酷なハイパーインフレーションである。ドイツマルクの急激な平価切下げは、政府が通貨を思うがままに発行する力を与えられた場合どうなるのかを示す典型例として引用される。たしかにこう引用されてはいるのだが、しかし現実世界の経済は複雑であり、ことの真相は見た目とは異なる場合もある……

ワイマールのハイパーインフレーションに対する別の視点

ワイマール金融危機は、ヴェルサイユ条約が要請する無理な賠償請求に端を発する。当時共和国の通貨長官であったヒャルマル・シャハトは、次のように嘆いている。

ヴェルサイユ条約は、ドイツを経済的に破壊する狡猾な手口の好例である。銀行紙幣を刷り続けるという手筋はインフレーションを招くが、これ以外に帝国が黒字を保つ道はなかったのである。

マイケル・ハドソンは、ハイパーインフレーションを深く研究したエコノミストである。ハドソンの主張によると、「歴史上、ハイパーインフレーションは例外なく外国為替市場から発生する。つまり、対外負債を支払うために十分な量の通貨を政府が市場に投げ込むことによって起こるのである。[10]」

ワイマールの金融破綻を加速させたのは正にこれである。しかし、この話には続きがある。ザーレンガによると、シャハトは1967年の著作『通貨の魔法』において、「ドイツ語で種明かしをしており、ドイツのハイパーインフレーションに関して金融界が普及させていた通念を打ち砕くような、本当に驚くべき告白をしている。[11]」シャハトいわく、経済に新たな通貨を注入した主役は帝国銀行であった。1922年以前、帝国銀行は公営の私有銀行という形をとっていたが、連合国側はこれをさらに独立させるようにと迫った。マルクの劇的な平価切下げが始まったのは、ドイツ通貨の完璧な民間支配を強要する1922年法案が可決した後のことである。戦時インフレーションをハイパーインフレーションに悪化させたのは、マルクの値下げに賭けた投機活動であるとシャハトは言っている。そして、かれはこう書いている。「このような投機は、帝国銀行が惜しみなく提供する融資か、あるいは自ら印刷した緊急通貨と交換されたライヒスマルクを使って行われた。」ザーレンガはさらにこう記している。

シャハトは、マルクに対する過剰な投機（マルクの空売り）は、民営の帝国銀行が惜しみなく提供する融資から資金を調達していたのだという点を強調している。対マルク投機家たちがマルクを攻撃する上で満たすべき必要マージンは、民営の帝国銀行によって提供されたのである。[12]

帝国銀行を厳しい政府規制に従わせ、容易に入手可能な融資へのアクセスを絶つことで投機を止めさせることによって、なんとか惨事に収拾をつけることができた、とシャハトは言った。その後、ヒトラーは政府発行のメフォ手形を使って、国を立て直した。シャハトは実はこのフェーダー通貨を否認しており、その発行を拒んだことが原因で帝国銀行総裁を辞めさせられているが、かれがニュルンベルク裁判で釈放された理由はこれかもしれない。しかし、シャハトは後に著した回顧録において、フェーダーの理論はうまくいっていたという点を認めている。必要な通貨の発行を政府に許しても、古典経済理論が予測するような物価インフレーションは発生しなかった。シャハトは、それはそれまで工場がほこりを被っており、人々が失業していたからではないかと推測した。この点で、かれはケインズと同じ立場をとっていた。生産性を高めるための資源がすべてそろっている場合、経済に通貨を追加しても物価は上がらない。上がるのは物品やサービスの量である。需要と供給が同時に増えるので、物価は影響を受けることがない。以上のような新たな事実を考慮に入れると、近代史上悪名高いあのハイパーインフレーションに対する見方も変わるはずである。

第25章 インフレーションというまやかしの再考——ハイパーインフレーションの「典型」の再検討

既存の社会の基盤を崩す方法として、通貨の価値の無化ほど巧妙かつ確実なものはない。その過程では、経済の諸法則に潜む力が破壊に向けて総動員され、しかもその実態が誰にも解明されないような仕方でこれは行われるのである。

——ジョン・メイナード・ケインズ『平和の経済的帰結』（1919年）

第三世界国に顕著なハイパーインフレーションは、困窮した政府が経済問題を解決しようと紙幣を刷りすぎるから起きるものだと言われるが、実態をより注意深く調べてみると往々にしてその原因は他のところにあることがわかる。販売者が物価を上げるのは、マネーサプライが新たに発行された通貨によってかさ増しされ物品を巡って消費者の間で競争が起き、それによって突然通貨の洪水が流れ込むからではない。むしろ、その原因は、国内通貨の急激な平価切下げによって販売者の側のコストが上がるからなのである。そして、この平価切下げは、その通貨の浮動為替相場の操作に帰することが多い。以下は、その主な事例である。

ソビエト崩壊後のロシアにおけるルーブルの破綻

鉄のカーテンが崩壊した後にロシアとその衛星国を襲った急激な超インフレーションについては、政府が自ら通貨を発行したために、マネーサプライが水増しされてしまい物価が上がったという説明が一般的である。しかし、『戦争の世紀』においてウィリアム・イングドールが示しているように、以上の説明は実態と異なる。実のところ、ハイパーインフレーションの直接の原因は、通貨を外国為替市場に浮動させたことである。イングドールはこう書いている。

> 1992年、国際通貨基金はロシアルーブルの自由浮動を「市場志向」改革の一貫として要求した。**ルーブル浮動の結果、消費者価格は1年以内に9900%も増加し、実質賃金は84%も急落した。**1917年以来、少なくとも平和時においては初めて、ロシア国民の過半数が実存的な貧困へと叩き落された。皆が望んでいた米国式の繁栄と「全世帯自動車2台保有」資本主義がもたらされる代わりに、ロシアの一般国民は経済的な惨状に陥った。[1]

ベルリンの壁が崩壊して以来、国際通貨基金（ＩＭＦ）は、市場改革を主導し旧ソビエト諸国を民営連邦準備制度と民営米国銀行のドルによって支配されていた西洋資本主義経済に統合するという役割を担うことになる。ソビエトの人々はこれを受け入れたが、それは米国映画に描かれているような経済的繁栄の夢をかれらが見ていたからである。イングドールはこれを欺瞞として一蹴している。

> 旧ソビエト連邦におけるワシントン主導の国際通貨基金式「市場改革」は、野蛮なまでに単純なねらいを秘めていた。ソビエト連邦の各部に対してモスクワが持っていた経済的なつながりを断ち切るというねらいである。**国際通貨基金によるショック療法は、ロシアの辺境に脆弱で不安定な経済圏を作り上げ、これを西洋資本とドル流入に依存させることを意図していた。これは、まさに一種の新植民地主義である。**こうして、ロシア人たちは第三世界国民としての扱いを受けることになった。国際通貨基金が提示する条件とは国民の貧民化である。極少数のエリートがドル水準で極端に裕福になり、ウォール街銀行家や投資家の言うことに素直に従うようになった。

こうして、冷戦は形を変えて継続され、経済的な敵を帳簿項目通貨を使った融資によって、わなにはめたわけである。その後、利息は支払い不可能なレベルにまで引き上げられ、国際通貨基金は、債務免除と引き換えに海外主体による国内経済の搾取を可能にするような「改革」を先導することになる。イングドールはこう書いている。

西洋、特に米国はロシアの脱産業化を強く望んでおり、これによってソビエト連邦の経済構造を完全に分断しようとしていた。70年以上もの間ドル圏の手の届かないところにあった、世界経済の主要な領域が、こうしてドルの支配下に置かれるはずであった。新たな寡頭者たちは「ドル寡頭者」とでも呼ぶべきである。

ユーゴスラビアとウクライナの崩壊

ユーゴスラビアの場合はさらにひどく、史上最悪と言われるハイパーインフレーションが1993年から1994年にかけて起きている。ここでもまた、教科書的な説明では政府が通貨を印刷しすぎたのが原因であるということになっている。経済学部のとある大学教授は次のように説明している。

（1980年までユーゴスラビア共産党党首を務めた）チトーの下で、共産党は次々と不合理な経済政策を打ち出していった。こうした政策に加えユーゴスラビアの分断もあり、政府や社会主義経済を運営するための資金調達は、通貨の印刷や発行に大きく依拠することになった。これがハイパーインフレーションを生んだのである。[2]

以上が常識的な見解だが、イングドールによると実態はむしろこれの逆である。ユーゴスラビアが崩壊したのは、国際通貨基金が政府に対して国内中央銀行から自ら必要なクレジットを得ることを禁じたからである。通貨の発行やクレジットの調達ができなくなった結果、政府は社会福祉プログラムに出資をすることができず、各区を束ねて統一国家を維持することもできなくなってしまった。国家にとって問題であったのは、国内経済の脆弱性ではなく、むしろその強靭さであった。資本主義と社会主義を混ぜた「混合モデル」はあまりにも大きな成功を収めたため、国際通貨基金のショック療法モデルにとって脅威となったのである。イングドールはこう述べている。

40年以上もの間、ワシントンは隠密にユーゴスラビアとチトーの混合社会主義モデルを支持し続け、ソビエト連邦への緩衝国としていた。モスクワ帝国が崩れ始めたとき、ワシントンはもはや緩衝国を必要としなくなった。特に、経済的に成功を収めた国家主義国を緩衝国とすることは、東ヨーロッパの隣国に、国際通貨基金のショック療法に代わる中道が存在することを示してしまいかねない。ただこの一点の理由のみで、ワシントンの戦略家たちはユーゴスラビアのモデルをなんとしても解体しなければならないと考えた。また、中央アジアに潜む石油資源への道を開く上でユーゴスラビアが重大な中継地点であったということも、火に油を注いだ。[3]

ユーゴスラビアは、テキーラ・トラップの被害国の一つである。ここでもまた、富と発展を餌に一国が経済を開き、海外からの投資や融資を許してしまった。ラジオ・フリー・ヨーロッパが1984年に発表した報告によると、チトーの誤りは輸出を上回る輸入を行うという「贅沢」を国にさせたり、利益を生まずに終わった工場数百軒を建設するための巨額の融資を海外から受けたところにある。こうした融資を返済するためのドルが不足したとき、ユーゴスラビアは債務免除を求めて国際通貨基金に行くしかなかった。くじらの口が開いたのはこのときであり、ユーゴスラビアはその暗闇の中に呑み込まれてしまった。

債務免除の条件として、国際通貨基金はユーゴスラビアの国有事業の完全民営化を求めた。その結果、1100社を超える企業が倒産し失業率が20%を超えた。国際通貨基金の政策はインフレーション率を劇的に悪化させ、1991年にそれは150%にまで到達した。また、各州を統一するために必要な通貨を発行することが政府に禁じられてしまったため、州は互いに生存を賭けて戦うことになってしまった。イングドールはこう述べている。

国際通貨基金のショック療法とワシントンによる不安定化という二刀流に反応して、ユーゴスラビア大統領でありセルビア国家主義者のスロボダン・ミロシェヴィッチは1990年11月に新しい共産党を結成し、連邦化したユーゴスラビア共和国の分断をなんとか防ごうとした。その後10年にわたって続き、20万人もの死者を出すことになる陰惨な地域民族紛争の土壌がこうして整えられたのである。

1992年、ワシントンはユーゴスラビアに対して完全通商停止を行い商業をすべて凍結して経済圏を混沌に陥れ、その結果ハイパーインフレーションと70%の失業率が引き起こされた。西洋の公衆、特に米国は体制メディアから、ベオグラードの汚職まみれの独裁政権がすべて悪いのだという風に言い聞かされていた。

似たような介入活動は、ウクライナにおいてもハイパーインフレーションを加速させた。ウクライナの場合、国際通貨基金の「改革」は外国為替規制を取り払うよう1994年に要求するところから始まる。その結果、ウクライナの通貨は瞬時に破綻した。パンの価格は300%も高騰し、電気代は600%、公共交通機関料金は900%も急上昇した。銀行クレジットを得ることのできなかった国家産業は倒産を余儀なく迫られた。その結末をイングドールはこう描いている。

海外投機家たちは、瓦礫の山の中から宝石を激安価格で採集することができるようになった。その結果、かつては「ヨーロッパのパンかご」であったウクライナは、米国に食糧援助を乞うことを強いられ、米国はこれを受けて余剰の穀物をウクライナに大量投下し国内食物自給をさらに滅茶苦茶にした。ロシアをはじめ、旧ソビエト連邦に属していた国家はコンゴやナイジェリアのように、恐らく世界最大規模の安価な原料の供給源として扱われた。国土に眠る鉱石という富は、1917年以降初めて西洋の多国籍企業の手の届くところにまで来たのである。[4]

アルゼンチンの場合

旧ソビエト経済圏をのみ込んでいた負債怪獣は、ラテンアメリカでもまた資産を食いあさっていた。1980年代後半のアルゼンチンにおいて、インフレーションは5000%にも噴き上がった。この巨大なハイパーインフレーションの場合もまた、狂ったように通貨を刷った政府が悪いと言われるのが常である。しかし、事実はまたもやこれとは異なる。

1947年にファン・ペロンが権力の座に就いて以来、アルゼンチンはインフレーションに悩まされ続けてきた。ペロンはポピュリストであり労働者や貧困者のために数々のプログラムを実施したが、かれはグリーンバック式に通貨を発行する代わりに、巨額の赤字財政支出と徴税という方法をとった。[5] ペロン以降アルゼンチン経済に起こった一連の出来事は、ブエノスアイレスCEMA大学国際研究機関所長のカルロス・エスクデーが2006年に発表したタフツ大学記事に詳しく描かれている。エスクデーいわく、1974年にペロンが亡くなってからの8年間に至るまで、インフレーションは国家危機とはなっていなかった。その後、インフレーション率は、7倍の「驚くべき」206%にまで上がった。しかし、エスクデー教授によるとこのジャンプの原因はペソの大量印刷ではない。むしろ、それは新政権による通貨の意図的かつ急激な平価切下げと、石油価格の175%増とが原因である。

平価切下げは、ペソのドル杭をそれ以前の価値のほんの一部にまで下げることによって実行された。そして、ある内部者によると、これは経済的な混沌を引き起こすことをねらって意図的に行われたのである。ある資料にはこう書かれている。「**考えとしては、インフレーションの大波を起こすことによって民営会社の負債を軽減し、1973年以降維持されてきた物価規制を打ち砕き、平価切下げによって特に輸出側に恩恵をもたらそうというものであった。**」経済的混沌は市場資本主義者たちによって歓迎されたが、かれらは旧政権の介入政策は非生産的であり、経済は自由市場に任せておけばよいのだという考えの証拠としてこの事例を挙げた。投機家たちもまた経済的混沌を歓迎したが、かれらの立場からすると「金融不安定性や捻じ曲がった動機、効率良い投資を阻む障害等によって形成された経済の中では真面目に投資をして生産性を伸ばし競争をするよりも、単に暴利をむさぼっていた方が安全に金儲けをすることができる。」

それからというもの、「天文学的に高いインフレーションは、アルゼンチンの金融界の象徴となる投機的金融構造の蔓延へとつながった」とエスクデー教授は書いている。政府が採用した自滅的な政策の一つに、海外からの金融援助を求める民営会社向けの「為替保険」がある。これによって、為替相場変動に付随するリスクは民営事業から政府に手渡され投機的な計画が奨励され、通貨のさらなる平価切下げを強いることになった。もう一つの悲惨な政府政策では、国家と契約を結んでいる民営会社は、契約期間中金融不安定性その他の予見不可能な困難によって損害を被るのは不公平であるとされていた。この場合もまた、リスクは国家へと手渡され略奪家契約業者たちは政府を欺き搾取する動機を与えられた。民営契約業者のロビー団体はあまりにも強力となってしまったため、政府がついに民間の外部負債を「国有化」する（あるいはその債務を肩代わりする）ことに同意してしまうほどであった。その結果、強力な民営事業会社の負債は納税者たちが肩代わりすることになった。1980年代に利率が急上昇すると、政府はこの負債に「流動化」で対処したが、これはつまり通貨の価値低下によって民間の債務を下げようということである。この場合も、ハイパーインフレーションは政府が経費の捻出のために通貨を大量印刷したから発生したのではない。むしろそれは、政府を支配する民営暴利業者の負債を軽減するためにと意図的に通貨が平価切下げされた結果である。[6]

さらに都合の悪いことに、アルゼンチンは国際融資家たちによって巨額の石油ドル融資の標的国の一つに選ばれていた。1980年代に急騰した利率のせいで融資が返済不可能となり、国際通貨基金の言いなりになってしまったアルゼンチンは妥協をせざるを得なくなった。1990年代、新政権の下でアルゼンチンは支出を切り詰め、国際通貨基金の指示になんとか従おうとした。壊滅的な通貨平価切下げをなんとか緩和しようと1991年には「通貨委員会」が設立され、アルゼンチンペソと米ドルとの比率が1対1に固定された。アルゼンチン政府と中央銀行は、海外準備金として用意されたドルの量を超えるペソの印刷をなんと法律によって禁止されたのである。[7]この策略によって、通貨平価切下げこそ阻止されたが国家は国際市場で競争するための柔軟性を失った。マネーサプライは固定され、限定され、全く柔軟ではなかった。その結果、1995年と2001年にそれぞれ国家破産という惨事が起きている。

海外クレジットなくしては経済が破綻してしまうという悲惨な予言がなされていた中、アルゼンチンは債権者を無視して負債を自ら帳消しにしてしまった。国債保有者を満足させる代わりに、政府は限られた資源を国内生産と消費の活性化にあてたのである。債権者たちは、その他大勢と同じ列に入るよう促された。その結果、アルゼンチンへの資本流入はほぼ完全に止まってしまった。「世界から見放された」のである。それにも関わらず、2004年秋、1000億ドルを超える負債の債務不履行から3年後、アルゼンチンは回復の道を着々と歩んでいた。しかも、これは海外からの援助なしに達成されたのである。アルゼンチンの経済は2年連続で8％の成長を記録した。

「これは驚くべき史実であり、25年間失敗し続けてきた政策に一石を投じるものです」と、マーク・ウェイスブロートは、『ニューヨーク・タイムズ』紙において引用されたインタビューにおいて発言した。「他の国々の経済が伸び悩んでいる中、アルゼンチンは健全な成長を続けている。この成長は十分持続可能なものであり、しかも、海外資本の流入を促すための妥協を一切せずにこれを達成したのである。」[8]

それ以来、アルゼンチンの負債のほとんどが、元々の金額の35％から60％の間で再構成された。しかし、国際通貨基金への負債計98億1０００万ドルは完済された。では、ネストル・キルチネル大統領は一体どこから米ドルを調達したのであろうか。アルゼンチン中央銀行はドルを買うために必要なペソを常時発行しており、ペソのドル価格が落ちないようにしていた。このようにして、アルゼンチン中央銀行は２００６年までに２７０億ドル以上もの米ドルを貯めこんだ。[9]キルチネルはこのドル準備金の3分の1を入手するために銀行と交渉し、これを使って２００６年1月に国際通貨基金へ負債を完済したのである。[10]

銀行がペソを「発行」していたということは、通貨を無から作り出していたということである。しかし、インフレーションは、少なくともすぐには起きていない。２００６年12月に『エコノミスト』誌に掲載された記事によると、新たに発行されたペソは経済を活性化しただけであり、アルゼンチン国内で通貨に飢える事業が切望していた流動性を供給したにすぎない。しかし、２００4年に至るとそれまで余っていた生産性が総動員され、インフレーションは再び問題となった。このとき、キルチネル大統領は物価規制と輸出禁止令とによって介入し、インフレーションを制御した。批評家たちは、こうした介入は投資活動に歯止めをかけてしまうとして批判したが、『エコノミスト』誌にはこう書かれていた。

批評家たちは今のところ間違っている。なるほど、アルゼンチンは海外投資をあまり受けていない。しかし、国内の中小企業は、需要に対応して急速に生産力を上げげた。ＧＤＰ比率としてみた場合、投資全体は２００２年以降2倍に増えており、11％から21・4％にまで上がっているが、これは年当たり４％の成長を持続させるのに十分な数字である。[11]

２００６年に国際通貨基金の負債を完済したとき、キルチネル大統領は中央銀行のドル準備金を負債フリーにすることを望んでいた。しかし、かれの計画はいくつかの「国際ファンド業者」によって阻止された。とあるアルゼンチン批評家は、失望感を込めてこう書いている。

キルチネルは最後まで、中央銀行の資金を剰余金として扱い借金を回避しようとしたが、国際ファンド業者たちは、これを実行したらアルゼンチンペソに対して全力を挙げた投機が引き起こされるぞと言ってかれに迫った。キルチネルはポーカーさながらに手札を放棄し、国家をさらに高い利率で再び負債国にしたのである。[12]

通貨への投機攻撃をほのめかした「国際ファンド業者」は、いわゆる「ハゲタカファンド」であり、場合によってはその公称値のわずか20%でアルゼンチンの公債を買い上げた者たちである。「ハゲタカファンド」とは、悲惨な状態にある証券を買うことに特化した国際金融団体のことであり、かれらはその後急速に衰える債務側の死体にありつく頃合いを待ちつつ上空をハゲタカのように旋回するのである。このようなファンドの投機攻撃から通貨を守るために、アルゼンチン政府は１１０億ドルもの公債の発行を余儀なくさせられ１００億ドル以下の負債を国際通貨基金に返済するためのドルを買うために発行されたペソを吸収した。とはいえ、キルチネルにとって、これは国際通貨基金の手から逃れるための対価として妥当であった。かれによると、国際通貨基金は「要求に継ぐ要求」の温床であり「アルゼンチンの国民の間に貧困と苦痛を蔓延させるような政策」を強いる機関だったからである。[13]

国際通貨基金への支払いの一部にはベネズエラが貢献していた。ベネズエラは、70億ドル以上にのぼることになるアルゼンチン国債を購入したのである。しかし、利率はとても高くアルゼンチンはほどなくして再び負債のわなにかかってしまうことになる。[14]

ジンバブエの場合

旧ソビエト連邦やラテンアメリカでせわしなく巣を編んでいた負債蜘蛛は、アフリカでもまた活発であった。最近ニュースになった例として、ジンバブエが挙げられる。２００６年8月に、ジンバブエは悲惨なハイパーインフレーションに苦しめられており、その原因は通貨を止めどなく発行する政府にあると報道されていた。なるほどこの場合、政府の印刷所はたしかにフル稼働していた。それでもなお、通貨の急激な平価切下げの主犯は投機家たちであり、政府が印刷をより賢明に行っていればあるいはこの事態を回避することもできたはずであった。

危機は、２００１年にジンバブエが債務不履行に陥り、国際通貨基金が再融資や債務免除といった妥協を行うことを拒否したところから始まる。裕福な土地所有者から土地を回収するといった内容の農地改革措置を含む、国際通貨基金が賛成できない政策を採用した国は罰する必要があると考えたわけである。ジンバブエのクレジットは崩壊しており、もはやどこからも融資を受けることができなくなっていたため政府は自ら通貨を発行せざるを得ず、その通貨を使って米ドルを外国為替市場で買うしかなかった。このドルはその後国際通貨基金への返済に使用され、国のクレジット貸付格付けの回復に役立つはずであった。[15]しかし、アルゼンチンの場合とは異なり政府はドルを得る前に手の内を明かさなければならず、投機的操作に対する隙が通貨にできてしまった。ジンバブエ中央銀行の声明によると、ハイパーインフレーションは米ドルに対して暴利を請求した投機家たちによって引き起こされたのであり、これによってジンバブエの通貨の平価切下げが一気に進んでしまった。

しかし、政府の犯した本当の間違いは、そもそも国際通貨基金の提示したゲームに参加したこと自体であったかもしれない。国の通貨を海外の法貨を買うために使い、これをさらに海外の債権者への返済に使うのではなく、代わりにエイブラハム・リンカーンやガーンジー島民の例に倣って自ら通貨を発行し、自国民のための物品やサービスの生産に自ら資金提供すればよかったのである。こうすればインフレーションを回避することができたのである。なぜなら、新たに作り出された「供給」(物品やサービス)は「需要」(通貨の供給量)に相当し、発行された通貨もまた、投機家によってかすめ取られる代わりに国内経済の役に立つからである。以上の解決策はガーンジー島でこそうまくいったが、ガーンジー島はそもそも辺境の島であり、ジンバブエを恰好の蜘蛛の餌にした金のような、売れ行きの期待できる資源がなかった。一度海外負債のわなにかかってしまうと、そこから国家が脱出するのは容易ではない。一時は世界で7番目に裕福な経済圏であったあの強力なアルゼンチンでさえ、国際通貨基金や「ハゲタカファンド」に対してそう長い間あらがうことはできなかった。

ここに挙げた国々はすべて、テキーラ・トラップの餌食となった。海外からの融資や投資の魅惑に負けて、自国の通貨に対する投機的操作を許してしまったわけである。ヘンリー・C・K・リュウいわく、海外資本の誘惑は「金融の催眠材であり、これに比べると1840年のアヘン戦争は取るに足らないものであるようにすら見えてしまう。[16]」1990年代には、東南アジアの各経済圏がやはり同じ結論に苦悩の末にたどりつくことになる。

第26章 ポピー畑、アヘン戦争、そしてアジアの虎

さて、こうした花がいっしょにこれだけあると、その香りがあまりにも強すぎて、吸い込んだらすぐに寝てしまい、寝た人をそこから運び去らないと、いつまでも目を覚まさないということはよく知られています。

——『オズの不思議な魔法使い』「おそるべきケシ畑」

ドロシーとライオンを捕らえた死のポピー畑が言及しているのは19世紀に起きたアヘン戦争であり、英国はこれによって中国に対して経済的な帝国支配を行った。国内で急速に増える中毒者の数に危機を感じた中国政府は、アヘンを違法にし英国東インド会社による販売を阻止しようとした。これに対して、英国は軍事介入を行い、その過程で香港を占領した。日本人にとって、これは「自由貿易」の危険性を事前に学ぶ機会であった。日本人は同じ目に遭うことを避けるために、かれらは国境を厳重に閉ざした。後で開国を行うとき、日本はそれを英国にではなく米国に向けて行った。１８６８年の明治維新は、ヘンリー・ケーリー率いる米国国家主義者たちに学んだ日本人たちが先導したのである。これは「米国システム復興」とも呼ばれ、その知的指導者であった福沢諭吉は「日本のベンジャミン・フランクリン」と称されることもある。封建的な武士たちは転覆させられ、近代的な中央政府が結成された。新政府は、侍貴族による日本の国土所有を廃止し、国民に土地を返還するのと引き換えに貴族に一定の金額を支払った。[1]

では、この大掛かりな買収の資金は一体どのようにして調達

されたのであろうか。ユリシーズ・S・グラント大統領は、1879年に日本を訪れた際に、海外からの融資は避けるようにと助言している。かれいわく、「貧しい国にお金を貸すことを喜ぶ国もあります。こうしてかれらは権力を振りかざし、貧困国民を甘い餌で釣るのです。かれらが通貨を融資するのは、それによって政治権力を入手するためです。」

大英帝国は、占領した国の中央銀行を自ら所有するという政策をとっており、中国の香港銀行や上海銀行がその例として挙げられる。このわなを回避するために、日本はアジアで初めて独立した国家銀行を自ら創設した。この銀行は新たに法貨を発行し、法貨は新たな産業を創出するために使われた。こうして、産業化に必要な費用はすべて賄われた。税収額をはるかに超える量の通貨が発行されたのである。そもそも、こうした資金は政府クレジットでしかない。それは内的に作られた通貨であり、海外融資者の負債ではなく国内政府のクレジット＝信用に基づくものであった。[2]

20世紀に日本で発達した経済モデルは「国家先導市場システム」と呼ばれる。政府が優先順位を定め、仕事を依頼し民営事業主を雇ってこれを実施するのである。このモデルは、資本の所有権や支配権を政府に与えてしまった共産主義の不備を乗り越えていた。日本政策研究所の所長であるチャルマール・ジョンソン[i]は、日本モデルに最も近い米国機関は軍産複合体であると1989年に書いている。政府がプログラムを組み、それを実施するために民営会社を雇う。米国の軍産複合体は一種の国定資本主義であり、国内で最も潤沢かつ成功した産業の一つを生んだ。[3] これに対して、日本モデルはこのような結果を、戦争という口実を用いずに実現した。日本人は武士階級をうまく実業家に変換し、建国と産業発展という平和的な営みにかれらの視点を移すことに成功した。こうして、封建時代の日本の名家は、今日有名な多国籍日本企業になったのである。そこには、三菱、三井、住友等々が含まれる。

ウォール街投機家による襲撃

日本の国家先導市場システムはあまりにも効果的かつ効率的であり、1980年代の終わりには日本は世界一の経済銀行権威として認知されていた。通商産業省は国の経済発展の舵取りをする上で重要な役割を担った。同じモデルは、「虎」経済圏（韓国やマレーシアをはじめとする東アジア諸国）においても大きな成功を収めた。東アジアは1970年代から1980年代にかけて発展したが、これは日本からの開発援助に加え、ほぼ完全な民間投資と通商産業省からの援助とのおかげであった。ソビエト連邦が崩壊したとき、日本はこのモデルを他のソビエト経済圏にも提案し、その中の多くの国は日本や韓国を米国自由市場システムに代わる良い規範例としてみるようになっていった。国家先導資本主義は、資本主義的な動機を壊さずに公共の福祉に貢献した。イングドールはこう書いている。

虎経済圏は国際通貨基金の自由市場システムにとって大きな屈辱であった。大きな経済的役割を担う国家と民間事業とを混ぜることに成功されてしまうと、国際通貨基金の自由市場布教がうまくいかなくなってしまうのである。国家が大きな役割を担うようなモデルによって虎たちが成功を収めている限り、旧共産主義国をはじめとする国々は皆、国際通貨基金の提示する極端な道筋に反論することができてしまう。１９８０年代の東アジアにおける年７％から８％の経済成長、社会福祉の向上、普通教育、そして労働者の高い生産性は皆国家による先導と計画が支えており、なおかつ市場経済において成されたのである。これはアジア式の慈善父権主義であった。[4]

高度経済成長、社会福祉の向上、そして普通教育を市場経済において実現する。まさに米国建国の父たちが支持したような「共和国＝共有財産」である。しかし、このモデルは、負債通貨と国際通貨基金融資に基づく国際銀行団のシステムにとって大きな脅威であった。この脅威を緩和するためにとワシントンは日本銀行に向けて、対ドルの円価格を上げるような措置をとるようにと圧力をかけた。建前として、それは日本が有する巨額の余剰資本（輸入量に対する輸出量の余剰分）を減らすためにこの平価切上げは必須であるということであった。これに対して、日本の大蔵省は、剰余金は問題では全くなくむしろ冷戦後鉄道をはじめとするインフラ整備のために数千億ドルを必要とする世界各国が早急に必要とするものであると反論した。しかし、しまいにはワシントン軍団に軍配が上がり、日本はそのプログラムに従った。１９８７年に至ると日本銀行は利率を２・５％にまで切り詰めた。これによって「安価な」通貨の洪水が起き高騰する東京株式市場において手っ取り早く収益を上げる人たちが続出し、巨大な株式市場バブルが形成された。日本政府は利率を上げることで慎重にこのバブルを縮小しようとしたが、これを見たウォール街銀行家たちはすかさず攻勢に転じ新開発された「デリバティブ」ツールを使って空売りを行い、市場を崩壊させた。イングドールはこう書いている。

> 投機熱を冷ますために東京が腰を上げるや否や、モルガン・スタンレーとソロモン・ブラザーズ率いる大手ウォール街投資銀行はエキゾチックな新デリバティブその他の金融装置を駆使し始めた。**少しずつ着々と縮小していた東京市場は、かれらの介入によってほぼ完全な売り騒動と化し、**

i　訳注：チャルマール・ジョンソン：１９３１年、アメリカ・アリゾナ州フェニックスに生まれる。53年カリフォルニア大学バークレー校経済学部を卒業。朝鮮戦争に従軍し、横須賀に滞在中に日本に関心を持つ。帰国後、同校に戻り、57年政治学修士号、61年政治学博士号を取得、アジア専門の政治学教授となる。87年にカリフォルニア大学サンディエゴ校に移り、92年に退職して日本政策研究所を設立。多くの著作の中でも特に『中国革命の源流』と『通産省と日本の奇跡』が有名。２０１０年11月死去

その過程でウォール街銀行家たちは東京株式の空売りによって一山当てたのである。数ヶ月間で、日本の株式は5兆ドル近くの損失を被った。[5]

「ガチョウの親玉」である日本はこうして深手を負った。ワシントンの官僚は「日本モデル」の終焉を宣言し、その後を追って飛翔する他の虎経済圏の一団に照準を合わせた。

虎経済圏の撃墜――1997年アジア危機

そのときまで、東アジアの経済圏はほぼ完全に負債を負っておらず国際通貨基金の融資や海外資本への依拠は避けており、生産工場への直接投資のみを受けつけていたが、それも長期的な国家目標の一貫としてであった。しかしそれも、それまで規制されていた金融市場を資本の自由な流出入に開きなさいと、「同じ土俵」という建前でワシントンが虎経済圏に要求するまでのことであった。日本と同じように、東アジア諸国もまたこのプログラムを受け入れた。機関投機家たちは、シティグループを含む国際銀行からのクレジットの後ろ盾で密かに武装しつつ攻勢に転じた。

最初の標的はタイであり、かれらはタイが平価切下げを強要されてドル杭から離脱せざるを得なくなるという方に賭けた。タイは白旗をあげ、通貨は浮動し国際通貨基金に助けを求めるより他なくなってしまった。他のガチョウたちもタイの後に続いた。『ロサンゼルスタイムズ』紙に1999年6月に載った記事において、チャルマール・ジョンソンはこう書いている。

ファンド業者はタイ、インドネシア、そして韓国をいともたやすく強姦し凍える生存者たちを国際通貨基金に手渡したが、これは被害者を救済するためではなく、破壊された国々にある西洋銀行が延滞ローンを抱え続けないようにするためであった。[6]

マーク・ウェイスブロートは連邦議会でこう証言している。

「この事例において、国際通貨基金は金融危機を加速させただけでなく、地域経済を撃沈するような政策を処方してもいたのです。」国際通貨基金の処方箋には、資本規制の解除と海外投資家による投機へアジアの市場を開くことが含まれていたが、こうした国々が本当に必要としていたのは投機的な通貨略奪から自分を守るために必要な外国為替準備金の供給であった。1997年、各国財務大臣による会合において日本は、アジア通貨基金を設立することによって国際通貨基金よりも緩い条件で流動性を必要国に提供するのはどうかと提案した。西洋銀行家主導の国際通貨基金に真っ向から競争を挑むはずであったアジア通貨基金は、しかし、米国財務省からの激しい反発に遭い結局頓挫してしまった。他方で、国際通貨基金は十分な準備金を提供せず、高金利と「財政緊縮」を強調するのみであった。結果として流動性危機（使用可能な通貨の不足）が引き起こされ、深刻な国内恐慌へと悪化していった。ウェイスブロートはこう証言している。

> **この恐慌の人的被害は絶大でした。**数年にもわたる社会経済的な進歩が帳消しにされ失業者たちは以前ならばきっぱり断っていたはずの搾取工場での仕事を取り合い、地方の貧困者は葉っぱや木の皮、虫等を食べてなんとか生き延びているという有様です。インドネシアでは、必要最低限の米を買うために必要な金額にすら満たない月給を得ている家族が大半であり、1億人近くが——つまり、人口の半分が——貧困線を切っているのです。[7]

1997年には、アジアの現金通貨1000億ドルがものの数ヶ月で民間金融家の手に渡った。通貨平価切下げを受けて、実質所得や就業率はほぼ一夜にして急転直下した。こうして、それまでは着々と社会経済的な進歩を重ねていた国々には、貧困が一気に広がった。国際通貨基金は、国家通貨であるルピアの劇的な下落が起こるわずか3ヶ月前に、インドネシアにドルからの離脱を命令している。『通貨改革』誌の1998-9年冬号に掲載された記事において、ミシェル・チョスドフスキー教授はこう書いている。

> 強力な主体によるこうした市場力学操作は、**一種の金融経済戦争である。**かつて手放した領地を再び植民地化したり、侵略軍を送り込んだりする必要はもはやない。20世紀末において、公然とした「国々の侵略」つまり生産的な資産や労働、天然資源や機関の支配は、企業の重役会議室から匿名で実行されうる。コンピュータ・ターミナルや携帯電話から指令が送られてくるわけである。関連データは瞬時に主要金融市場に配信される。そして、往々にしてこれは国家経済の正常な機能を直ちに妨げるのである。また、「金融戦争」では、複雑な投機装置が用いられもするが、そこにはあらゆる種類のデリバティブ取引、先物外国為替スワップ、通貨オプション、ヘッジファンド、指標債等が含まれる。**投機装置の使用の最終的なねらいは、金融財産の掌握と生産的資産の支配とである。**

チョスドフスキー教授は、米国の億万長者であるスティーブ・フォーブスのレトリカルな問いを次のように引用している。

> 国際通貨基金は危機を加速させたのであろうか。この機関は、国家経済の開放性と透明性を提唱しているが自分の動向となると話は別で、中央情報局（CIA）にも比肩するほどの秘密主義者である。例えば、悲惨な出来事の連鎖を引き起こした平価切下げを支持したとき、国際通貨基金はタイと秘密裏に会談していたのであろうか。国際通貨基金の処方箋は、病気をむしろ悪化させたのではないか。こうした国々の通貨は、異常なまでに低い価値にまで叩きつぶ

されたのである。[8]

チョスドフスキーは、アジア危機は国家の経済統治権を排除し、国家経済の安定性を護るブレトン・ウッズ機関の解体を意味しているとして警鐘を鳴らしている。国民国家はもはや自国の通貨の発行を自ら制御する力を持っておらず、この力は略奪が十八番の海外銀行によって横領されてしまったのである。[9]

マレーシアの反撃

アジアのガチョウたちのほとんどはこうした戦略につけこまれてしまったが、マレーシアはなんとか持ちこたえた。マレーシアのマハティール・モハマド首相は、国際通貨基金は金融危機を利用して巨大国際企業による第三世界国の占領を進めていると言った。モハマド首相はこう述べている。

かれらは、私たちの直面している問題を私たちに特定の体制を受け入れされるための道具、私たちの市場を海外企業に無条件で開放するための道具として見ています。国際通貨基金は、経済を開放すれば通貨を与えようと言いますが、そうしてしまえば私たちの銀行や企業産業はすべて海外の人たちに占有されてしまうでしょう。かれらは改革を声高に叫びますが、改革を実行してしまえば数百万人の失業者が出てしまうでしょう。私は国際通貨基金の重役に向けて、もし企業が倒産してしまえば労働者が切り捨てられてしまうと言いましたが、かれは、赤字企業は倒産すべきなのでこれは特に問題ではないと答えました。私はこれに対して、企業は外的な要因で赤字になったのであり、かれらに責任がないのにも関わらず倒産をさせるのは良くないといいました。しかし、国際通貨基金はこうした企業を倒産させたくて仕方がないのです。[10]

マハティールは、自分の政権は決して落第したわけではないと言い張った。むしろ、この地域の他の国々と共に、かれの政権もまた被害者にされてしまったのである。マハティールは、アジアの通貨の崩壊を、巨大国際ヘッジファンド業者による一致団結した攻撃のせいにしている。資産価値の小さな変動から利益を得ている投機家たちは、大規模で制御不能な資本流出を瞬時に引き起こし資本離脱によって国家経済を難破させることも厭わなかった。マハティールはさらにこう熱弁した。「純粋な利益の追求にとりつかれた通貨トレーダーによる一国の通貨の意図的な平価切下げは、独立国家の権利の深刻な侵害である。」かれは通貨取引を規制するよう国際諸機関に働きかけたが、効果がなく、よって問題を自らの手で解決するより他なくなってしまったと言う。マハティールは資本規制と為替取引規制を導入し、海外資本への奉仕ではなく国内産業発展の奨励へと重心を移そうとした。かれはリンギット（マレーシアの国民通貨）の為替相場を固定し、マレーシア国内でのみ取引可能にするよう命令をした。かれいわく、真っ当な投資家はこうした動きの影響を受けることはなく、海外から資金を集めた後で国内投資に使うためにこれをリンギットに両替し、必要に応じてリンギットを外国通貨に両替するよう中央銀行に申し出ればよいのである。

西洋のエコノミストたちは、経済惨事が起きるのも時間の問題であると考えており、今か今かとそれを待ち受けていた。しかし、資本規制はむしろシステムそのものを安定させた。規制が導入される前は、マレーシアの経済は7・5%も縮小していた。規制導入から1年後、成長予測は5%にまで上った。世界銀行のチーフエコノミストであったジョセフ・スティグリッツは、世界銀行はマレーシアの功績を見て「謙遜させられた」と1999年に認めている。つまり、世界銀行の見解は間違っていたということを暗に認めたのである。[11]

ダビデがゴリアテに立ち向かったわけであるが、国際銀行団にとっての真の脅威は、マレーシアの北に位置するはるかに強力な隣国であった。中国龍はいまだ健在であっただけでなく、炎を吹いてもいたからである。

第27章
眠れる巨人の目を覚ます
——リンカーンのグリーンバック制度が中国へ

花は巨大な獣にも強すぎて、ライオンはついにあきらめてしまい、ケシ畑の終わりまであと少しというところで眠ってしまったのです。

「ライオンにはどうしてあげることもできない」とブリキの木こりは悲しそうに言いました。「持ち上げるには重すぎる。ここでいつまでも眠り続けるまま残すしかない」

——『オズの不思議な魔法使い』「おそるべきケシ畑」

ナポレオンは中国を「眠れる巨人」と呼んだ。「眠らせておけばいい」とナポレオンは言った。「一度目覚めてしまえば、世界を揺るがすに違いないからだ。」今日、中国は目覚めており、いかにも世界を揺るがしている。龍は経済的にあまりにも強力になったため、米国では国家安全保障に対する最も大きな脅威であるとされており、米国貿易財政赤字の相手国の中でも最大の差額を記録している。[1]こうした貿易収支問題は、決して新しいものではない。すでに19世紀初頭に英国が同じことについて不平を言っていた。そして、インドから中国へアヘンを輸出すれば、赤字貿易収支を相殺しつつ中国の金融制度の制御権を握ることができることに気がついた。英国に対して多額の損失を中国が被っていることに気がついた中国皇帝は、アヘン貿易の禁止という形でこれに応じた。すると英国は宣戦布告を行い1840年のアヘン戦争を開始させた。中国国民はこうして二組の帝国主義的支配者に対処しなければならなくなった。すなわち、英国と中国のそれである。[2]

2000年間も続いてきた中国の帝国支配を転覆した革命を主導したのは孫文博士であったが、かれは今では近代中国の父として国家主義者からも共産主義者からも崇敬されている。1860年代の日本における明治維新の主導者たちと同じように孫文もまた、リンカーン＝ケーリー派の米国国家主義者の申し子であった。孫文の基本原理は「三民主義」として知られているが、これはリンカーンがゲティスバーグ演説において提示した概念から来ている。「人民の、人民による、人民のための政治」である。孫文はハワイで教育を受けたが、そこでかれは、フランク・デイモンの家で自らの革命組織を構築した。フランク・デイモンの父のサミュエル・デイモン牧師は、1876年のフィラデルフィア万博におけるハワイ代表団を指揮した人物である。フランク・デイモンは、孫文の組織に資金や軍事訓練などの援助を行った。こうして、ハワイは中国の革命運動の基盤となったのである。[3]

中華民国が成立したのは第一次世界大戦の直前であった。孫文の死後、国家主義者たちは中国大陸を中国共産党に明け渡し後者は1949年に中華人民共和国を築く。それでも、共産主義者たちは通貨制度を作るにあたって「米国システム」の要素の多くを維持し、これはリンカーンのグリーンバック計画の中国的な変奏となった。それ以前は、銀行紙幣は民営銀行によって発行されていた。1949年以降、このような銀行紙幣は回収され、人民元（つまり、人民の通貨）が唯一の合法的通貨となり、完全に政府所有である中国人民銀行がこれを発行するようになった。1950年代、米国をはじめとする西洋諸国は中国に対して通商停止を言い渡し、ソビエト圏を除く世界各地と中国との貿易を阻止した。これに対して、中国はソビエト式の中央計画経済を採用した。しかし、1978年以降中国は開放市場政策に切り替え、市場経済へと変貌した。[4]今日、民間産業は中国において栄えており、銀行制度には民営化の翳りが出ている。それでもなお、中国には依然として国有銀行があり国内発展のために国家クレジットを発行することができる。[5]

2004年に至ると、中国は経済生産性では世界をリードするようになり、年率9％で成長していた。2007年第一四半期では、11・1％もの経済成長を記録しており、特に小売業では15・3％もの売り上げ増を見せた。こうした驚くべき成長は、中国人はいわば奴隷賃金で働くこともいとわないからこそ実現したのだ、というのが一般的な説明である。しかし、アフリカやインドネシア、ラテンアメリカにおいて飢える貧困者たちもまた同じ境遇にあるが、かれらの経済圏は衰える一方である。

ということは、中国の特徴は何か別の要素なのである。一つ重要な相違点は、銀行制度である。中国は、政府発行の通貨と国民の過半数によって所有される国有銀行制度を持っている。[6] ウィキペディアによると、中国人民銀行は「通貨ではなく国そのものに焦点を絞って動いているという点で独特である。」民営の「中央銀行業」に対する「国家銀行業」という考えは、リンカーンやケーリー率いる米国国家主義者たちにまでさかのぼる。この二つのシステムの違いをヘンリー・C・K・リュウはこう説明している。国有銀行が国や国民の利益のために動くのに対して中央銀行は民間の国際金融家に奉仕するものなのだと。リュウはさらに続けてこう書いている。

国有銀行は、政府からの独立を求めない。中央銀行が独立を叫ぶとき、それは機関として国の経済の繁栄に忠誠を誓う代わりに、世界金融構造の円滑な稼働への忠誠を誓うことを意味している。今日では、それは米ドルの発行者たちを肥やす金融食物連鎖のために、地域や国の経済をいけにえに捧げることを意味する。これはいわば、グローバリゼーションが生んだ略奪の通貨版である。

歴史上「中央銀行」という言葉は「国有銀行」という語と同義であった。しかし、ここ数十年における金融市場の世界化によって中央銀行は国有銀行とは根本的に異なるものとなってしまった。

国有銀行の任務は、国家経済の持続可能な発展に資金提供をすることである。近代中央銀行の任務は、世界化した金融市場において国の通貨の価値を守ることであり、必要とあらば景気後退や負の成長等もいとわないことである。中央銀行業という文脈での最善の通貨政策は、個々の国家の経済要求や政治問題を度外視しつつ、価格安定性という普遍の規則によって決定される。[7]

1995年、中国で可決された中央銀行法は、中国人民銀行に中央銀行としての地位を与え、それまでの国有銀行としての役割から銀行を遠ざけた。しかし、リュウによるとこの転換は実質的というよりもむしろ名前だけのものであった。

中国人民銀行は依然として中国政府の指示に従っていると言ってよい。米国財務省とは距離を置いている連準と異なり、中国人民銀行は財務省を財政の右腕として管理している。近年の中国の政策はポピュリスト的な傾向へと回帰しており、貧困にあえぐ発展途上の田舎や大陸部に積極的に資金援助を行い非道な所得格差や経済的・地域的な不平等を再びなくそうとしている。もちろん、このような政策転換は、資本主義の西洋の視点からすると中国人民銀行は政治的に独立しているのか、という疑問を生むであろう。銀行の利益が最大化できる地域に出資する代わりに、国が最も必要としている場所に通貨を注ぎ込む中国人民銀行を見て、西洋の新自由主義者たちが批判の声を上げるのは目に見えている。[8]

「ポピュリスト的な」銀行制度に加え、中国は国際通貨基金と国際銀行カルテルの負債の網の外にいるという点でも独特である。また、通貨の浮動を拒否することで国際投機家による通貨操作をはねのけているという点でも中国は特別である。人民元の価値はドルに杭打ちされている。また、1990年代のメキシコとは異なり、中国はあまりにも巨大なドル準備金を抱えているため投機家たちの襲撃に対しても全く動じない。2005年、中国は西洋からの圧力に負けて「管理浮動」に合意し、狭い取引枠内で人民元を取引させることを許した。それでもなお、人民元は対応するドルにつながれたままであり、その価値を制御する力は政府の手に留まっている。

中国の生産力という謎

18世紀において、ベンジャミン・フランクリンは米国植民地で繁栄する経済の話をして英国の聴衆を驚かせたが、かれはこれを、地方政府によって発行された負債フリーの法定不換紙幣の功績であるとした。このような話の近代版は、訪中後にグレッグ・グリロが2005年5月に発表した記事「呉さんの謎」に含まれている。かれはカリムという名の相棒と一緒に元設計士の呉さんにインタビューをし、呉さんの生活水準について質問をした。「ここ20年間で、あなたの生活水準はどのように変わりましたか。」通訳者は呉さんの答えをこう訳した。「13年前、呉さんの年金は月250元でした。今ではそれは2500元です。最近、かれが50年間住み続けてきた自宅には30万米ドルという現金オファーが付きました。」カリムは相棒に向けてこう言った。「グレッグ、何かおかしいと思わないか。かれは年金が13年間で900％も上がったと言っているが、インフレーションは年率2％から5％にとどまっている。政府はこんな金額をこれほど短期間でどうかれに支払ったというのさ。」

グリロはこれについてこう付け加えている。

旅をすればするほど目に付くことだが、こんなにも多くの人々がこれほどの量の物品をこんなにも安く生産し、しかも生産費以下の値段で売ることができるのはなぜなのか、その理由を知る者はおらず、これについて疑問を持つ人もいない。中国の奇跡のからくりは一体何なのか。中国人は何か経済的に大きな危険を冒しているのであろうか。北京では、どこへ行っても、生産にかかった費用よりも明らかに安い値段でものを売っている人たちがいる。

カリムと私は、中国のある鉄鋼会社の帳簿を開いてみた。総売上高は毎年着々と増えていたが、売り上げが増えているにも関わらず、負債は常に売り上げよりもわずかに速く増えていた。そのため、利益もまた時間と共に少しずつ減っていた。しかし、会社はどうやら負債をしっかり返済したこともないらしいということが見えてきた。負債を返済ししていないのだとすると、中国人に向けて諸銀行が行うことのできる融資の量に限度はあるのだろうか。そもそも、こうした諸銀行は一体何者なのだろう。

謎を解く鍵はどうやらここにあるらしい。**世界最高峰の資本家たちが集う国、中国において、自由市場が全く関わっていない産業が一つだけ存在する。それは銀行業である。単純に言うと、銀行と政府とは一体となっているのである。**近代の米国銀行と同じように、中国の銀行（つまり、中国政府）もまた、生まれたての小規模事業であれ、既存の大手企業であれ、誰に対しても自由に融資を行うことができる。**しかし、近代の米国銀行とは（少なくともその大半とは）異なり、中国の銀行は融資した通貨を事業から回収しようという期待は抱いていないのである。**

どうやら、中国の国家銀行業の秘密が明かされたようだ。政府銀行は帳尻を合わせていないらしい。グリロは、これは危険なゲームであると結論付けている。

たとえそれが意図的な政策であったとしても、資本の配分を意図的に効率悪くする経済圏はあってはならない。ものには値段というものがある。ほとんどの場合、ものの値段は、それを作るための原料の値段を下回ってはならない。つまり、全体は部分の集積よりも小さくなってはいけないのである。多少ねじ曲げることはできても、中には壊すことが許されない経済法則というものも存在する。さもなければ、大変なことが起こるかもしれないのである。[9]

ベンジャミン・フランクリンに耳を傾けていた英国人の聴衆もまた、米国植民地の先進的な通貨制度に対して同じことを言ったに違いない。あるいは、リュウ教授の言う通りなのかもしれない。つまり、「地球は静止しておらず、また宇宙の中心でもないのだと気がついたときに、私たちが物理学を再編しなければならなかったのと同じように」、この場合もまた私たちは経済観を再編しなければならないのかもしれない。[10]

すべての企業が国有化されていた頃には、中国政府は費用を算出した後これを賄うために通貨を発行した。通貨は基本的に単なる簿記道具にすぎず、支払いを記録するための装置にすぎなかった。そもそも、制度全体が非営利であった。利益は国家に戻ったからである。民間利益という考えが導入されると、政府からの資金は返済義務を伴う融資に形を変えた。しかし、仮に返済されない融資が出た場合も、国有銀行はいくつかの債務不履行融資を帳簿に記録する余裕を持っていた。これに比べ、米国政府は、もはや誰もが返済不能であると信じている連邦負債数兆ドルを抱えている。１９８１年まで、中国政府は一銭も負債を負っていなかった。必要な通貨を印刷する力を持っていたので、借金をする必要がなかったのである。しかし、西洋との貿易を行い始めてからは、西洋の慣習に従う素振りを見せた。国家発展のために提供されるクレジットは「不良債権」と呼び直されたが、これは英国のタリーが17世紀の終わりに「資金なき負債」と呼び直されたときに似ている。こうして、今日の中国は連邦負債を抱えることになったが、それでもなお、その金額は米国の連邦負債に比べはるかに低い[11]。

中国であれ米国であれ、融資されたまま返ってこない通貨が存在するわけだが、通貨をより効果的に再循環させているという点では中国の仕組みの方が勝っているかもしれない。中国の融資によって新たに発行される通貨の方が、労働者の懐に入る割合が高く、賃金や年金が上がり、物品を生産したり購入したりするための通貨が増える。対して、21世紀の米国では、経済は主に「通貨が通貨を生む」ことで成長している。収益は投資家たちの懐に入るわけだが、かれらはすでに通貨を持て余しており、これ以上消費をすることができない。米国においては、免税もまたこのような非生産的な投資家たちに施されることが多く、対して米国の労働者は重税にあえいでいる。他方で、中国政府は労働者の税を軽減し、所得を増やし、これによって自動車や家電製品等の購入を促した。さらに、２００５年に中国政府は地方税を廃止している[12]。

もちろん、だからといって中国での生活が薔薇色であると言っているわけではなく、労働者階級は特にそうである。人権侵害は全力を挙げて対処すべき深刻な事態にあり、また西洋化の流れは貧困者に様々な苦難を強いてきた。１９９８年のアジア危機に応じて、朱鎔基首相は政府支出を大幅に切り詰めたが、そこには多くの国有事業の民営化、住宅、医療、そして高等教育等が含まれていた。中には、血みどろの「文化革命」を率いていたにも関わらず、毛沢東の時代を懐かしむ人たちもいる[13]。少なくとも、日々の生活に困ることはなかったからである。

しかし、このような留意点を除けば、中国の通貨政策は機能しているようである。実際、中国人は9世紀にすでに法定不換紙幣を発明していたが、エイブラハム・リンカーンのグリーンバック紙幣の成功を受け、さらに孫文博士のお墨付きもあり、再びこのアプローチを試してみようという気になったのかもしれない。

貨幣数量説への追撃

２００６年3月、中国人民銀行はＭ２マネーサプライが前年比で18・8％も増加した、と報告した。古典経済理論にのっとると、この爆発的な成長は制御不能な物価インフレーションを引き起こして経済を壊滅させるはずである。しかし、実際にはそうならなかった。２００７年初頭、中国の物価インフレーションはわずか2％から3％であった。２００６年、中国はフランスと英国を追い抜いて世界第四位の経済圏となり、国内小売売り上げは13％、産業生産量は16・6％も成長した[14]。先述したように、中国は数千年にもわたって商品の値段を低く抑えてきたが、他方でマネーサプライは安価な商品の対価を支払うために絶えず流れ込む新しい通貨であふれ続けていた[15]。中国の「経済の謎」を説明するためには、ケインズ的な洞察を思い出してみるとよいかもしれない。つまり、生産力を上げるための労働者や原料がそこにあるときは、通貨（つまり「需要」）をそこに加えても物価は上がらず、物品やサービスの量が増えるだけである。供給は需要と並行し、物価はそのままの状態を保つわけである。

　すでに見たように、ハイパーインフレーションの主な引き金は勝手気ままに増えるマネーサプライなどではなく、通貨市場における投機によって引き起こされる通貨の突然の平価切下げである。リュウ教授は、中国はたしかに通貨を易々と投機にさらすようなことはしなかったが、西洋の政策に従うよう圧力をかけ続ける海外投資家との間で危険な駆け引きを行っていたと2004年に書いている。中国は「催眠薬的な中毒には陥らずに、市場原理主義がもたらす幸福感だけを味わおうとしていた」が、「中毒者は皆、自分は中毒にならずに麻薬を使うことができるという自信と共に薬に手を出すものである。[16]」リュウはこう書いている。

> 新自由主義市場経済に向けて25年間にもわたって経済改革を続けたにも関わらず、中国はいまだに、ナチスドイツがわずか4年で成し遂げたような経済再構築を達成することができていない。輸出に頼らない統治クレジットから資金を得る、完全就業の活気ある経済、当時の超大国であった英国の経済に挑戦状を突きつけるような経済である。**中国は自ら統治クレジットを使う代わりに海外投資に頼ってしまったのである。こうして中国は、元々不必要であった海外資本の対価を払うために、国内で生まれた富をすべて輸出するという罰を受けることになった。**[17]

国際負債危機に対するリュウの解決策は、リュウが「統治クレジット」と呼び、ヘンリー・ケーリーが「国家クレジット」と呼んだものである。統治国家は、自らの政府が発行した自国通貨で負債を返済するべきなのである。リュウはこう洞察している。

> 自国通貨による統治負債は、通常、債務不履行のリスクを含まない。これを発行している政府に、国内負債の返済のために自国通貨を発行する権限があるからである。統治負債の債務不履行リスクは海外通貨負債とその通貨為替相場への影響とに限定されている。このため、**海外負債を引き受ける政府は皆、外部から来る余分なリスクを自国経済に無謀にもさらしているのである。**[18]

発行元の政府は、リュウが言うように自国通貨を発行して国内負債を返済する権限を持っている。しかし、現代の米国においては新たに発行されるドルは米国財務省から来るのではない。民間所有の連邦準備制度か、あるいは民営商業銀行から来るのであり、かれらは融資という形で通貨を発行する。「海外負債を引き受ける」政府と同じように、米国政府もまた、現行制度の下では悪化する負債危機を打開することはできない。打開策としては、両大陸をまたぐ中国系米国人であるリュウ教授が描いてみせるようなコペルニクス的発想転換が求められている。

龍と鷲

海外資本投資家と駆け引きをする傍ら、中国は今のところ自ら自国通貨を発行する権限を保持することに成功してきた。一説によると、中国はこの統治権力を使って人民元を発行し、これを中国企業を通して米ドルに両替しさらにこの米ドルを使って米国の証券や技術、石油等を買い上げている。[19] しかし、ワシントンがこれに文句をつける筋合いはない。米国政府が負債を管理する上で、中国人たちは実に手厚い支援をしてきたからである。日本人もまた似たような活動を行っており、しかもこれは米国側からも奨励されている（第40章参照）。海外の中央銀行が発行した法定不換紙幣で米国の財政赤字支出の資金繰りをすると、米国の競争相手にレバレッジを与えてしまい問題である。2005年1月の『アジアタイムズ』紙の記事が示すように、「北京はただ、売り注文が電信される可能性をほのめかせばよいのである。米国経済は、原子爆弾投下よりもさらに大規模に破壊されてしまうであろう。[20]」会計項目として発行された通貨を使って誰かが米国証券を買わなければならないのだとしたら、買い手は米国政府自身であるべきである。こちらの方が現状よりもインフレーション率が低くなるという点については、第39章で詳しく議論したい。

皮肉にも、鷲の覇権に挑戦状を突きつけた虎は、他ならぬ米国で生まれた通貨の仕組みを採用していた。世界というカジノで失ったチップを取り返すためには、米国はルーツに立ち返り、かつての建築家たちが拒絶した金融の礎石を採用するべきかもしれない。そうするべき理由はもう一つある。負債まみれの経済が崩壊寸前のところまで来ているからである。1860年代のリンカーンの場合と同じように、解決の道はグリーンバック制度を除いて他にないかもしれない。こうした課題については第Ⅳ部でみていくが、その前にもう一つだけアジアにおける興味深い現象を検討したい。

第28章

大英帝国の宝石の奪還——人民運動がインドを取り戻すまで

もちろん荷車は、ひっぱるネズミのだれよりも千倍も大きかったのですが、ネズミがみんなでひっぱると、楽々と動きました。

——『オズの不思議な魔法使い』「野ネズミの女王さま」

古代よりのまどろみから覚めようとしている巨人がもう一人いる。インドである。大英帝国の王冠の宝石と呼ばれたこともあるインドは、帝国主義の象徴そのものである。現代においてインドと中国の組み合わせは、21世紀の経済成長の原動力と呼ばれる。二国を合わせると、世界人口の5分の2がそこに含まれる。マハトマ・ガンジーは１９４０年代にインドの人々の集団としての力を呼び覚まし、英国人に対する大規模な非暴力抵抗運動を指揮することで国の独立に貢献した。１９４７年、インドは独立と自由を祝う。しかし、その後の半世紀では、既得権益富豪たちが別の手段によって支配を再開することになる。

『司令塔』と題されたＰＢＳドキュメンタリーによると、１９５０年代のインドはエコノミストたちのメッカであり、かれらは世界中からインドになだれ込み、規範的な経済圏の立ち上げ方をインド政府に助言した。その大筋は、インドは国家主導の産業成長モデルにのっとるべきであり公共ないし政府部門が経済の「司令塔」として位置づけられるべきだ、というものであった。ガンジーが理想とした経済は、自給自足の村からなる簡素なインドであった。しかし、インドの初代総理大臣パンディト・ネルーは産業化を望んでおり、英国式の議会民主制とソビエト式の中央計画制を組み合わせようとしていた。その結果生まれた原型では、重工業の諸分野（鉄鋼、石炭、工作機械、資本財）はすべて政府所有となった。その上でさらに、インドは議会と総理大臣からなる民主的に選出される政府をそこに加えた。こうして、インドは他の独立したての国々にとって経済発展の規範となり、計画や政府所有、そして制御という面で第三世界を先導することになった。[1]

ネルーとその後継者のインディラ・ガンジーの経済観の練り上げを1960年代に助けていた人物として、高名な米国経済学者のジョン・ケネス・ガルブレイスがいる。かれはジョン・F・ケネディ大統領によってインド大使に任命されていた。ガルブレイスは、政府は公共支出によって積極的に経済を活性化させていく責務があると信じていた。かれは公共部門の諸機関に向けて文書を書き付けたり助言を行ったりしており、その中で銀行や航空会社等の諸産業の国有化を推奨していた。インドの諸銀行は1969年に国有化された。

インド独立という約束に対する幻滅の兆しが現れたのは、植民地時代のインドを支配していた民間利益団体が新インド国家をも引き続き牛耳っていたからであった。1973年、インドは貿易収支黒字を記録したが、それはOPECが石油を米ドルのみと引き換えに売ることに合意する前の話である。1974年、石油価格は突然4倍に上がった。インドはたった6億2900万ドルの外国為替準備金で12億4100万ドルという年間の石油価格を支払わなければならなかったが、これは使用可能な準備金のほぼ2倍である。よって、インドは米ドルを調達せざるをえなくなり、そうするためには海外負債を背負いつつ、農業をはじめとする各産業の製品を海外市場で売れるものへと切り替えざるをえなくなった。1977年、インディラ・ガンディーは選挙に余儀なく巻き込まれたが、そのときの主要課題には、国際通貨基金との関係や国際融資と引き換えに国際通貨基金が常に押し付けてくる国内「緊縮」政策が含まれていた。インディラはついに首相の座から引きずり下ろされ、世界主義派の展望に好意的な体制に取って代わられた。イングドールいわく、「このとき、ヘンリー・キッシンジャーの影響力が、英国との密な連携を保ちつつ介入していた。[2]」

インドのその後の経済史は、政治経済研究所（R.U.P.E.）という、インドのムンバイに拠点を置く第三者研究団体が2005年に発表した記事において詳述されている。それによると、インドの発展は当初は海外や国内の強力な民間利益団体の影響が及ばないところで進められることになっていた。しかし、インドの経済圏は結局こうした団体の利益にかなうよう仕立てられてしまった。記事の著者たちは、こうした団体を黒々と描写している。「国内及び海外の巨大な資本家。地主をはじめとする封建的な諸部門。巨大な商社や、その他の寄生虫的な勢力。」である。政府は、対外および対内負債を増やすことで投資を進めるという政策に乗り出した。必要がない場合でも、国際通貨基金から融資金を受け取った。年間経済成長率は上がったが、そのほとんどは金融や国防といった「非生産的」産業における成長であった。1980年には190億ドルであった対外負債は膨らみ続け、1985年には370億ドル1990年には840億ドルとなり、1990年から1991年にかけての国際収支危機と国際通貨基金の悲惨な「構造調整」ローンにおいて絶頂をむかえる。1995年以降、世界銀行が打ち出した政策は新たに組織された世界貿易機関の厳しい規制によって強化された。R.U.P.E.はこう述べている。

一般国民にとって、こうした一連の出来事は悲惨なものであった。一部の部門のもつ安定性——中層農民、組織部門の労働者たち、教養のある働き手や教師たち——は雲散霧消してしまい、すでに不安定な毎日を送る人々はさらに低いところに叩き落された。現実に起こっているのは単なる個人的な悲劇の連なりなどではなく、公式の政策からくる広範な社会的惨事であるという見解に人々が達するまではかなりの時間がかかった。一度こうした見方が一般的になると人々は怒りを表現するためにあらゆる手段を尽くしたが、ほとんどの場合それはそのときに権力の座についている政党を蹴り出すことによってであった。

しかし、新政権は前政権の政策を引き継ぐより他ない。ことの進展に歯止めをかけるような試みは、帝国主義の諸外国や国内の企業部門からの反発や圧力に遭う。いかにも、今となってはかれらは直接手を下す必要すらない。ここ14年間における金融自由化によって、インドはボラティリティのある資本流出入に対してあまりにも無防備となってしまった。ただこの一点のみで、有意義な人民運動はすべて鎮圧されてしまう。というのも、こうした運動に必要な資金は増税か財政赤字によってでしか調達できないが、どちらも海外の投機家を疎外してしまい直ちに資本の流出を引き起こしてしまいかねないからである。[3]

投資家には奇跡を、労働者には貧困を

他の第三世界国と同じように、インドもまたわなにかかってしまった。海外融資や投資を受け入れることによって突然の資本流出入に対する免疫が弱まり、海外金融勢力の恣意や要望に従わざるを得なくなったのである。このわなにはまった国は国際通貨基金に資金援助を請うことになるが、こうして「緊縮政策」が債務免除の条件として課されてしまう。こうした緊縮策には食糧プログラムへの助成金の廃止、賃金の削減、企業利益の増加、そして公共産業の民営化等が含まれる。実に多種多様な公共資産が競売にかけられる——電力、港、航空、鉄道、そして社会福祉さえも。カナダ人批評家のウェイン・エルウッドはこの「民営化トラップ」についてこう書いている。

世界中の多くの国々や実に多くの公共事業がこの狂乱に巻き込まれてきており、そのほとんどは選択の余地のない状態でそうなった。負債によって背水の陣に追い込まれた国は、威圧と脅迫の組み合わせによって民営化トラップの中に押し込まれる。貧困国には、調整政策を拒否したり自ら作ったりする力が一体どのくらいあるというのであろうか。

ほぼ皆無であろう。**国民を代表して政府が統治決定をする権力、民主主義の基盤である権力は、軽々と投げ捨てられてしまうのである。**[4]

理論上は、こうした構造調整プログラムは国内の人々にとっても有益となるはずで、投資や通商の国際競争に参加することによって国内生産の効率が上がるということになっていた。しかし、こうしたプログラムの実際の効果はというと、人々に巨大な重圧をかけるだけであった。食糧や交通機関への助成金の廃止、公共部門における解雇、政府支出の切り詰め、高金利や増税は貧困者に特段大きな害を与える。[5]「社会的責任のための医師団」の共同創設者であるヘレン・カルディコット医学博士はこう書いている。

国際通貨基金のこうした政策の矢面に立つのは往々にして女性である。彼女らは贅沢作物の生産量を上げるためにと機械も近代設備も持たずに、畑を自分の手で耕すことに日々時間を奪われる。海外負債の返済は彼女らに任されたわけだが、そもそもこうした女性たちは融資による恩恵を全く受けていない。第三世界国の商品売り上げから得られる利益のほとんどは、第一世界の小売業者や仲介業者、そして株主に行くのである。ユニセフ（ＵＮＩＣＥＦ）の推計によると、毎年50万人の子供たちが負債危機のせいで亡くなっている。[6]

貧困率が上がっているにも関わらず「経済的奇跡」と呼ばれる国々は多い。この「奇跡」は、統計学の尺度を切り替えることによって達成される。旧来の尺度は、国民総生産すなわちＧＮＰと呼ばれ通貨を受け取った国に利益を計上した。ＧＮＰは、国内総生産すなわちＧＤＰ（国境内で生産された製品、所得、そして消費の総額）と海外投資や海外労働から得た所得との組み合わせである。対して、新しい統計学の尺度は、ＧＤＰのみに着目する。利益は、工場や鉱山、金融機関などの所在国に計上されるが、これは海外の富豪事業主たちに通貨が渡っているために国にとって何の利益もない場合でもそうされる。[7]

１９８０年、最も裕福な上位10％の国々の所得中央値は、下位10％の国々の77倍であった。１９９９年に至ると、この溝は１２２倍にまで増えた。２００６年12月、国連は『世帯財産の世界配分』という報告書を発表し、**世界人口の50％が世帯財産のわずか1％しか所有していない**、という結論を出した。対して、最も裕福な上位１％は世界資産の40％を所有しており、その構成要員である３７００万人の人々の１人あたりの純資産は50万ドル以上である。最も裕福な成人の上位10％は、世界の財産の実に85％を握っている。現況では、貧困国の負債は返済される見込みがなく膨らみ続けるであろう。**現代においては、第一世界に利息支払いという形で流れ込む通貨の量の方が、融資という形で流れ出す通貨の量よりも多いのである。**２００１年に至ると、第三世界諸銀行から第一世界諸銀行へは、融資の元金返済に必要な金額の６倍もの通貨が流れ込んだ。しかし、このような決済のほとんどが利息によって食いつぶされてしまったため、同期間で負債総額はむしろ4倍にまで増えてしまったのである。[8]

先陣を切る中国とインド

第三世界国に関する統計は、通常かなりひどいものであるがその中でもインドはそれなりにうまくやっている方である。中国は、政治的には共産主義なので厳密には「第二世界国」であるが、しかし中国もまた貧困にかなり深刻に悩まされ続けてきた。自由市場戦略を支持する者たちは、このアプローチが貧困の減少につながることを示すために中国やインドのデータを引き合いに出すが、これに対しては2002年の社説において クリスチャン・ウェラーとアダム・ハーシが次のように洞察している。

国際通貨基金と世界銀行が推す自由化のイメージキャラクターとしてインドと中国を使おうなどとは笑止千万である。**二国はいずれも世界的な投機活動の重圧から自国通貨を保護してきた（国際通貨基金にいわせればこれは大罪である）**。また、両国とも保護貿易主義を貫いてきた（インドは、レッセフェールにせよという世界貿易機関からの圧力に抵抗する発展途上国圏のリーダーである）。さらに、どちらの国も国家主導の発展に深く依拠しており、しっかりと条件を交渉した上でしか海外資本に市場を開放していない。[9]

中国やインドにおける貧困の減少は、その大部分が1990年代に海外投資と貿易が加速する前に起きている。この二国の経済的なしぶとさを支えているのは何か他の要素であり、一つ候補を挙げるとしたら、それは投機家から各々の自国通貨を守ることに成功してきたという点である。また、どちらの国も1990年代のアジア危機から隔離されていたが、それは海外投機へ自国通貨を開放することを政府が拒否したおかげである。中国の場合と同じように、インドにおいてもまた民営銀行業がそれなりに台頭してきている。しかし、2006年にはインドの銀行の80％は未だに政府の所有下にあった。[10] また、政府の所有は、こうした銀行の効率や競争力を下げはしなかった。2001年に行われた顧客満足度調査によると、インドステイト銀行は全項目で1位であり、他のすべての国内および海外の銀行や金融機関を差し置いていた。また、2007年の調査結果においても、インドの公共部門銀行は国内の民間部門銀行よりも優れていた。[11]

多くの州と不均衡からなる国

インドの発展に対する評価が分かれる原因として、そもそもインドは多くの州へと分かれる大国であり、各州はそれぞれ別の経済政策をとっているという事実がある。ロンドンの『オブザーバー』紙に2005年6月に載った記事において、グレッグ・パラストは、世界化主義的な通商政策が採用された州においては、労働者たちは搾取工場のような条件で働いているが、これは組合の保護がない中で殺人的な競争にさらされた結果であると述べている。しかし、マイクロソフトやオラクルのような会社が技術力の高いコンピュータ系の逸材を雇っているのは、上記の州においてではない。パラストによると、その他の州では社会主義的な福祉モデルが花開いている。

> （カルナータカ州の）バンガロールやケララ州に居るコンピュータの魔術師たちは、手厚い資金援助を受けている州教育制度の産物であり、米国の場合とは異なりどの子も置き去りにされていない。州有ないし州営の産業、再分配主義的な税制度、電力から食糧まで様々な必需品への助成金、厳しい政府規制、そして下位カースト所属者への積極的優遇措置からなる巨大な組織のおかげでオラクルやマイクロソフトが心地よく入っていけるような環境が整っているのである。
>
> 　こうしたことを可能にしたのは資本主義的な競争本能などではなく（そもそも、民間「起業家」などここにはいない）、普通教育への州からの投資と、幸運な少数派ではなく共同体全体が機会を得られるような発展への村全体の専心のおかげであった。村民は全員読み書きができ、全員が組合に加入しており洗練されたクレジット組合金融システムを通して全員が資源の共有に専心していた。[12]

　これに比べ、アーンドラ・プラデーシュ州では事態が全く異なる。そこでは、農業が英国による「貧困撲滅」プログラムの標的となった。アーンドラ・プラデーシュ州はインドで最も農家の自殺者数が高い。このような悲劇が起こるたびに返済不能な負債が蓄積されていったが、これは輸出用の作物のための高価な種や薬品の購入をするための負債であり、こうした作物は期待通りの収益を上げはしなかった。英国の『持続可能な経済学』誌に2005年4月に掲載された記事は、「VISION2020」と題されたプロジェクトにまで諸悪の根源をたどっている。

> 英国の国際開発省と世界銀行が資金提供していたプロジェクトにVISION2020というものがあるが、これはかかる州を輸出を主軸とし、企業によって支配された産業農業モデルへと変貌させ2020年までに2000万人もの人々を退去させうる可能性のあるものであった。こうして解雇され退去させられる数百万人の人々の今後については一切考えも計画も提示されず、そしてこのような根本的かつ重大な激変が食糧システムに起きるところであったにも関わらず、地元の小規模農家や田舎住民はこうした政策の内容決定にほとんど関与させてもらえなかった。

VISION2020は世界銀行からの融資によって支援されており、英国もまた国際開発省のインド予算の60%にあたる1億ポンドを出資することになっていた。2004年5月の選挙に至るまでの4年間で、アーンドラ・プラデーシュ州では3000人もの農家が自殺しており、選挙後にはさらに1300人が自ら命を絶っている。[13]

後日発表された報告書によると1997年から2005年までの農家自殺者数は15万人であるとされた。[14] 全人口の70%を占めるインドの農家は、既存の連立政権を2004年5月の選挙で崩した。しかし、新たに政権を握った政党、統一進歩同盟は、やはり世界銀行や世界貿易機関、そして多国籍企業の指令に従わざるをえなかった。『持続可能な経済学』記事は、貧困者から種や食糧、健康や収入源を奪い取るような法律や政策が立法府で強行採決されてきたことを指摘している。そこには次のものが含まれる。

- 新たな特許条例。これにより、種や医薬品の特許をとりこれらを一般人の手の届かないものとしてしまうことができるようになった。特許独占状態の下では、商品価格は10倍から100倍にまで上がりうる。また、インドはアフリカのための低価格ジェネリック医薬品の生産者でもあるので、インドにおける特許独占権の導入は、世界的に負債や貧困を増やす可能性がある。
- 水の民有化をねらう新たな政策。そこにはデリーの水の供給の民有化が含まれ、水道料金が10倍から15倍も引き上げられた。この政策は貧困者から水の権利を剥奪しかねず、運営管理にかかる費用を賄うために必要な金額の10倍もの水道料金を支払うために貴重な収入をつぎ込まなければならなくなる。
- 物価や生産量に関する規制の排除。これによって巨大企業が民間市場を開拓することができるようになり、地域の市場や生産者が破壊される。インドでは数千種もの作物が数百万もの農場で生産されているが、農業関連産業はたった数種類の商品しか取り扱っていない。規制が大幅に緩和された新しいインド市場においてこうした産業が中心的な役割を担ってしまうと、多様性が破壊され、小規模生産者や取引業者が解雇されてしまうことが予想される。

しかし、インドの貧困者たちは以上のような事態を黙って受け入れてきたわけではない。抑圧的な英国法律への大規模な不服従を行ったガンジーの例にならい、かれらもまた、特許条例に対して全国的な運動を立ち上げた。各共同体はそれぞれ「自由区域」を設け、遺伝子組み換え種子や殺虫剤、不公平な契約や独占市場からなる企業による侵略から自分たちを守ってきた。

国内・国際クレジット危機

インド農業において長らく続いてきた危機の背景には、19

90年代以降のクレジット不足がある。これは特に小規模農場や小規模事業の所有者に関して当てはまる。1969年にインドによって国有化されて以来、諸銀行は様々な人たちにクレジットを提供してきたが、そこにはそれまで「投資不可能」といわれてきた人々、特に農家や小規模事業主などが含まれていた。しかし、2007年に至ると農家の90%は未だに銀行ネットワークの外に投げ出されており、またクレジットを受け取ることのできる農家や小規模事業主たちも、大規模産業の約2倍もの利息を支払っている。[15]

繰り返すが、これもまた海外から押し付けられた政策が招いたことである。小規模事業部門への銀行クレジットの衰退を促した主要因として「バーゼル合意」があるが、これはスイスのバーゼルにある「中央銀行のための銀行」国際決済銀行が1980年代に商業銀行に課したものである。国際決済銀行は必要自己資本水準を定め、民間の借り手への融資には「リスク格付け」が施され、リスクの度合いは民間格付け会社によって定められた。小規模事業主は格付け会社の請求する費用を賄うことができなかったので、銀行はかれらに対する融資のリスクを100%に設定した。そうした後で、このような「高リスク」な借り手への融資を銀行は躊躇した。融資を賄うためにはより多くの資本が必要とされたからである。インドの農家による自殺が相次いだことによって国の良心が呼び覚まされたとき、統一進歩同盟政権は、商業銀行による農家の無視を嘆きつつ、弱者の「金融的排除」に終止符を打つ政策を確立した。しかし、この一手は実際の融資活動にはほとんど影響を与えることができなかった。これは主に海外から押し付けられた枠組みの厳しさが原因である。

「自由貿易」と民営化を叫ぶ改革路線は1990年代以降かなりのところまで台頭してきており、新自由主義者たちはインドの公共部門銀行が利益計上よりも顧客サービスを優先しているという事実を絶え間なく非難し続けてきた。しかし、調査結果によると、インドの公共部門銀行は利益という点でも民間部門銀行に勝っており、しかもそれは、好戦的な民営国際銀行に特に大きな打撃を与えた現在のクレジット危機が起きる以前のことである。現在、顧客は安心なインドの公共部門銀行に押しかけており、こうした銀行はクレジット崩壊後もほぼ無傷であった。[16] 1930年以来最悪の金融危機に米国市場が見舞われている中で、インドの金融産業が堅固であり続けているのは公共部門銀行の功績である。インドの国家主導かつポピュリスト路線の民主主義モデルは、公共の福祉への奉仕は効率の良さや利益の増大、そして成長と共存し得るということをこれから先私たちに示してくれるかもしれない。

世界貿易機関と新世界秩序

西洋式の企業利益団体に対するインドの草の根運動は、1995年に世界貿易機関の創設へとつながることになるGATT（関税及び貿易に関する一般協定）の再考を呼びかけてきた。

世界貿易機関は、加盟国の法律を機関のそれと合致させる力を持っており、また経済制裁によって規則遵守を強制することもできる。米国も世界貿易機関の加盟国である。批評家の中には、米国の街道に国際軍の軍隊が行進し始めるのも時間の問題であると警鐘を鳴らす者もいる。冷戦後に布告された「新世界秩序」は、調和のとれた世界村であるはずであり貿易規制もなく、麻薬取引摘発やテロリズム対策、軍縮などを協力して進めることになっていた。しかし、悲観主義者の立場からするとこれは多国籍企業による世界統一政治であり、公衆を軍事的に抑圧する一方で個人の自由を制限するものである。ボブ・ジョルジュビッチは、旧保守主義雑誌『クロニクルズ』へ寄稿した記事において、新世界秩序を旧大英帝国と比較している。

大英帝国と新世界秩序帝国との間には目を見張るような類似点がみられる。主な違いは、英国王室はねらいの達成のために暴力を使ったのに対し、新世界秩序のエリートは金融テロリズムを基調としたという点である。また、大英帝国は、他国を植民地化し、天然資源を奪い、英国実業家たちの工場までそれを船で運ぶことによって建国されてきた。「赤コート兵」侵略の後で、地域文化はぼろぼろにされ、「より進んだ」英国式の生き方に取って代わられた。

対して、ウォール街が支配する新世界秩序帝国は、他国を海外融資や投資で植民地化することによって建国されている。魚をしっかり釣り針にかけた後、新世界秩序の金融テロリストたちは栓を抜き被害者は何の前触れもなくいきなり乾いたところに宙吊りにされ助けを乞う。そこで登場するのが国際通貨基金である。かれらの救済レシピである民営化や貿易自由化を含む緊縮改革は、標的国の天然資源やその他の資源の強奪に相当し、これは新世界秩序のエリートたちの手にわたる。それは大英帝国がより粗野な方法で実現させたのと同じ結果である。

米国の国民は、米国に住所を置くウォール街銀行や多国籍企業に対して親しみを覚えがちだが、国際カルテルは必ずしも米国人の味方ではないとジョルジュビッチは警告している。逆に、米国のメインストリートこそ、かれらが次に目をつけた獲物であった。

第Ⅳ部

負債蜘蛛が米国を捕獲する

トラは答えました。「われわれみんな、最近この森にやってきた凶暴な敵におびやかされているのです。実に巨大な化け物で、大きなクモのようで、胴体はゾウのように大きく、脚は木の幹のように長いのです。この怪物は、森の中を這いまわって、脚で動物をつかまえて口元に運び、クモがハエを食べるように食べてしまうのです。この凶暴な生き物が生きているうちは、われわれだれも安全ではありません。」

――『オズの不思議な魔法使い』「ライオン、獣たちの王に」

第29章
ブリキの木こりの骨を折る――米国労働者の負債農奴化

私は前にもまして仕事に精を出しました。でも、敵がどれほど邪悪か見くびっていましたよ。魔女は、また斧をすべらせました。こんどは胴体が切りさかれ、からだがまっぷたつになってしまいました。

――『オズの不思議な魔法使い』「ブリキの木こりの救出」

強大なる米国は、２世紀以上にもわたって銀行蜘蛛の眼中にあり続けてきた。そして、米国もまた今では蜘蛛の網にかかっており、何もないところから紡ぎ出された負債によってがんじがらめにされている。現代において、米国の負債レベルは第三世界国のそれを追い抜いている。２００４年には、米国政府の負債は7兆６０００億ドルに達したが、これはすべての第三世界国の負債総額の3倍以上である。クレジットカードを最小限清算することによって踏みとどまる自己破産寸前の消費者のように、政府もまたこの怪物のような負債の利息のみをなんとか支払い続けることで破綻を免れてきた。しかし、増大の一途をたどるこの請求書ですら、いずれは政府の支払い能力を超えてしまうであろう。[1] 負債が米ドル建てであるうちは、政府は紙幣印刷によって債務超過から脱出することができる。（これについては第38章で詳述する）しかし、もしドルが世界準備通貨という地位を失うようなことがあれば、米国は別の通貨建ての負債に絡めとられることになり、破綻の道を歩み始めることも十分ありえる。

アル・マーティンは、退役海軍士官であり大統領経済諮問委員会の委員でもあり、また『環状道路の舞台裏』という週刊通信への寄稿者でもあった。2005年4月の通信においてマーティンは、米国負債総額（公共と民間を含む）の国内総生産（GDP）との比率は2005年4月の時点で308％にまで膨らんだと指摘している。国際通貨基金によると、負債の対GDP比が200％以上の民族国家は「解体された第三世界民族国家」である。マーティンはこう書いている。

「解体された」というのは、一国の政治体制が詐欺や虐待、移植や汚職、そして不始末に長い間さらされ続け、これがついにはその国の経済を破綻に追いやったという意味である[2]。

評論家の中には、第三世界国で試された「ショック療法」が今度は米国に対する次の一手として用意されていると警告する者もいた。『カウンターパンチ』誌の寄稿者マイケル・ホイットニーは、2005年4月にこう書いている。

山積みの国家負債と目もくらむような貿易赤字とによって、米国は窮地に陥っており、中産階級の米国人たちの富や幸福に天変地異が起こるときが日に日に迫って来ている。米国は意図的に略奪されてきたのであり、いずれは債権者たちの手中に収まってしまうであろう。同じようなネズミ講は国際通貨基金と世界銀行によって世界中のいたるところで繰り返し実施されてきた。**破産というのは、国から統治権を剥奪し、実業家一味に貴重な公共資産や資源を提供する方法としてはわりと簡潔なものである。**国をうまく極貧状態にまでもってゆけば、人々の代表者ではなく債権者たちが公的な政策判断を行うことができるようになる。中産階級の米国人が直面する大惨事を、エリートたちは気軽に「ショック療法」と呼んでいる。突然大きな揺れが起きその後システムが根本的に変わる、というわけである。そう遠くない将来私たちが目にすることになる政策には、税制改革や財政規律、規制緩和や資本流出入自由化、関税削減や公共サービスの縮小、そして民営化といったものが含まれるであろう[3]。

キャサリン・オースティン・フィッツは、あるウォール街投資銀行の元常務取締役であり、ジョージ・ブッシュ・シニア大統領の下で米国住宅都市開発省副長官を務めたこともある。彼女は、国内経済に起きている現象を「レバレッジを駆使した犯罪的な米国買収行為」と呼び、この一節を「一国をその国の通貨を使って安く買収し、その後賃料や費用を急激に増額することでその他すべてのものを奪い取ること」と定義している。フィッツはこれを「米国条虫モデル」とも呼んでいる。

米国条虫モデルとは、単純に、戦争や通貨輸出、財務省・連邦クレジット融資や国内「裁量」支出削減等によって連

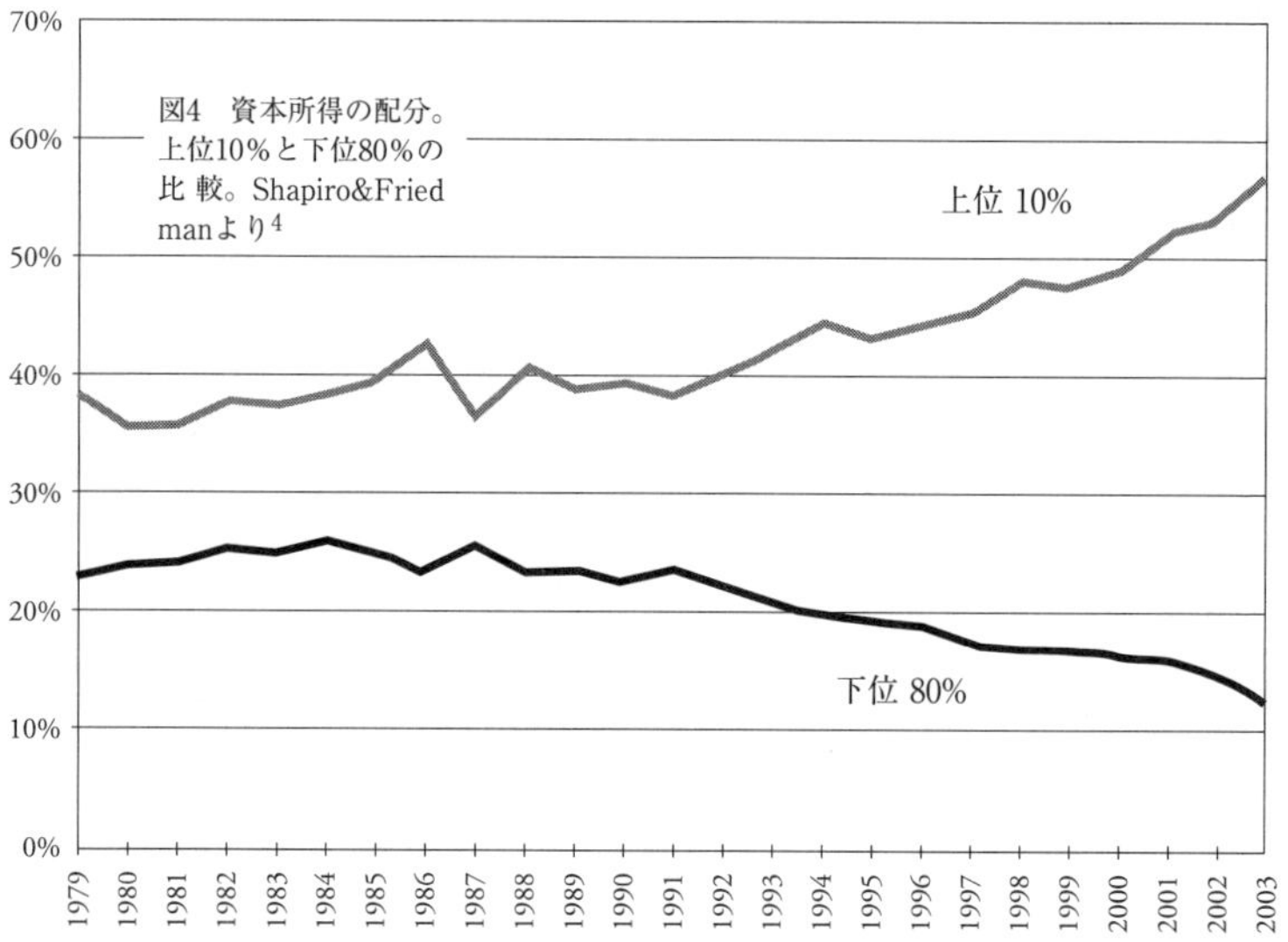

図4　資本所得の配分。上位10％と下位80％の比較。Shapiro&Friedmanより[4]

邦負債を処理するというものである。これによって、地方自治体や地方の指導者たちは非常に無防備な状態に置かれることになりより大きな資源削減を促すような議論、でたらめではあってもどこか高尚な響きを持つ議論に説得され易くなる。その後、「債券の格付けと債権者の権利を維持する」ためにという名目で、私たちの指導者は、水や天然資源、インフラ資産等を、その本来の価値のほんの数割という大特価で世界投資家たちに売却するよう説得されるのである。これはすべて、財政基盤を整えて「米国を救済する」ための計画の一部であるとされるであろう。実のところ、この一連の流れは、米国から他の大陸へ、また下層階級や中産階級からエリート階級へと資本をどんどん移し続けるだけのことである。[5]

偉大なる米国中産階級の破滅

１８９４年、ジェイコブ・コクシーは、偉大なる米国中産階級の破滅について警鐘を鳴らした。かれの予言はものの見事に的中しており、貧富の差は開く一方である。連邦準備制度は２００４年に次の点を報告している。

- 最も裕福な上位１％は国内の財産の33・４％を所有しており、これは１９８９年の30・１％よりも高い。また、上位５％は財産の55・５％を所有している。
- 最も貧しい下位50％は全財産の２・５％しか所有してお

らず、これは1989年の3・0%よりも低い。

- 最も裕福な米国人上位1%（全財産の33・4%所有）は、下位90%（全財産の30・4%所有）よりも多くの財産を占めている。また、前者は国内の実業資産を62・3%も所有している。
- 最も裕福な上位5%は債券の93・7%、非住宅不動産の71・7%、そして国内株式の79・1%を所有している。[6]

『フォーブス』誌の報告によると、最も裕福な米国人上位400人の財産は、1997年から1999年の間で一人当たり平均9億4000万ドル、つまり一人当たり一日130万ドルも増えた。[7] 断っておくが、このようなリストには、ロスチャイルド家やワーブルグ家、また多数の王家のような世界において真に最裕福であるといえるような家族は含まれていない。趣味が悪いと思っているからなのか、はたまた財産ピラミッドの底辺からの逆襲を恐れているからなのか、このようなスーパーエリートたちは自分の財産総額を公表しない。

負債懲役制度――破産法の保護を侵食する

超富裕層が小国にも比肩する富を抱え込む一方、米国の低所得層は食費や医療費の支払いに苦労している。個人の破産申告は1995年から2005年の間に2倍に増えたが、2005年は連邦破産法が改正された年である。2004年には、110万人以上もの消費者たちが同法第七章に従って破産申告を行った。第七章破産は申告日から10年間債務者側のクレジット記録に残るが、少なくとも負債を帳消しにしてくれた。しかし、新たな連邦破産法に盛り込まれた条項は適用範囲が広く、多くの人々が第十三章に従って申告を行うように定められたが、これでは負債は帳消しにされず裁判所が命令する3年間から5年間の返済予定に従って返済されなければならない。

従来では、家屋差し押さえ免除が住宅を破産質流れから守ってきた。しかし、すべての州がそうしているわけではなく、また法律では住宅の価値のほんの一部しか保護されない。さらにひどいことに、新たな破産条項では、特例に該当するためには最低40ヶ月間住宅を所有していなければならない。つまり、例えばあなたが住宅購入から3・3年後に破産申告を行った場合、債権者たちはあなたの住宅に手をつけることができる。[8] 極端な場合、住宅所有者は住宅を失うだけでなく、その上でさらに「不足金」、つまり払い残り金額を債権者が再売却を行ったときに回収できなかった差額分の負担をしなければならない。この金額は、5年間にわたって債務者の給料から差し引かれうる。「反不足金」法がこれを防いでいる州も中にはあり、購入者が払い残り金を支払わずに済む場合もある。しかし、ここでもまたすべての州がこうした法律を備えているわけではなく、法律自体も住宅に元々かかっていたローンにしか適用されない。もし購入者が再度ローンを組んだり、あるいは住宅を担保としたエクイティ[i]の借り入れを行った場合、反不足金法は適用されないこともある。住宅所有者にエクイティ融資を受けるようしきりに圧力をかける動きがあったが、これは１９２０年代に人々が自分の住宅を担保として借金をして株式市場に投資するよう説得された勧誘運動をほうふつとさせる。株式市場が崩壊すると、人々の住宅は銀行の所有物となった。医療費や医薬品費に苦しむ高齢者たちは特にこうした戦術に弱い。

連邦破産法に施されたもう一つの狡猾で陰険な変更は、破産事業に関するものである。旧来の法律では、破産管財官として第三者を指名することが許されており、こうして指名された管財官は事業経営を継続させつつ労働者の仕事を保存する責務を担うものであった。１９７０年代にこの法律は変えられ、破産後の再編成は資金提供や構造調整を行う銀行が計画することになった。こうして債権者が優先されるようになり、労働者は後に残されたパンくずを拾う羽目になった。ほどなくして、航空産業や製鋼産業、そして自動車産業が縮小され大量の解雇を加速させた。[9]

通常であれば、このような個人レベルでの惨事に備えて国民にセーフティーネットを用意するのは国家の役割であるが、肝心の国家もまた破産寸前に追い込まれていたのである。制御不能な連邦支出に州の予算が吸い取られてしまい、州は予算危機に追い込まれ第三世界国にみられるような耐乏を余儀なくさせられた。社会福祉は、それを経済衰退時に最も必要とする人々から特に容赦なく奪われたが、そこには育児や医療保険、所得補助、職業訓練、そして教育サービス等が含まれる。予算編成の際、社会福祉は「自由裁量」項目であり、債権者の固定利息収入への優先的な支払いの犠牲にされた。[10]

ウォーレン・バフェットは、米国は「所有社会」になる代わりに着々と「分益小作人社会」になってきている、と警告している。また、２００５年に『ニューヨーク・タイムズ』紙社説において、ポール・クルーグマンは正しい呼び方として「負債懲役」社会という言葉を提案しているが、これは債務者が債権者によって強制労働をさせられた南部において南北戦争後に支配的となったシステムである。米国企業は、雇用に付随する医療保険制度等の手当てのおかげで第三世界国に見られるような安価で非流動的な労働力を確保することができる。どれほど仕事に不満を抱えていても人々が辞職をする決心がつかない背景には、保険のない状態で健康に万が一のことがあった場合どうしようもないからであり、自己破産という脱出路がかなり狭められてしまった今では一層この恐怖が強くなる。個人の自己破産の大半は、医療緊急事態や失業、離婚等、大きな不幸の結果である。２００５年の破産改正法は、それ以前までこうした予期せぬ惨事に対して政府が用意していた防波堤を侵食し、労働者を個人負債という踏み車に閉じ込めておくことになった。他方で、この法律には富裕層や企業向けの抜け穴も用意されており、かれらは倒産しても債権者から資産を防護することができる。[11]

移植と強欲のクレジットカード業界

２００５年破産法はクレジットカード業界によって同業界のために書かれたものである。２００３年までの間、クレジットカード負債は７３５０億ドルにまで積もったが、これは１９８０年の11倍である。現在使用されているクレジットカードの内約60％は月々の支払いが清算されていない。こうした利用者のカードの負債額は平均1万２０００ドルである。このような「サブプライム」市場を、銀行やクレジットカード会社は積極的に狙い撃ち、貧困者やワーキング・プア、あるいは経済的に困窮している人たちが負債を返済できないことを頼りにしている。エリザベス・ウォーレンが、娘のアメリア・ウォーレン・ヤギと共同で２００３年に出版した著作『共働きの罠』には次のように書かれている。

> クレジットカード会社の利益の75％以上は、小額で必要最低限の月極め決済を行う人たちから来ている。では、利息26％で最低月極め決済を行っているのは誰なのか。遅滞手数料や限度額超過手数料、そして現金前貸し費用を支払っているのは誰なのか。答えは、家計の帳尻を合わせるのに精一杯な家庭、経済的な生存と完全な破綻との間を不安定にさまよう家庭である。融資産業はこのような家庭に照準を合わせ、特価キャンペーンや個々人に特化した広告、自宅へのセールス電話等を絶え間なく行うが、その目的はただ一つ、より多額の借金をしてもらうためである。

最近では、小額の「給与明細前払い」ローンを提供する「給与日」融資事業が急速に増えてきている。これは貧困共同体や少数派共同体において特に人気があるが、５００％にも達しうる暴利付きである。負債危機の原因として、嗜好品を後先考えずに買いすぎる人々の金銭感覚が批判されることもある。しかし、ウォーレンとヤギの洞察によると共働き家族の支出を一世代前の単身労働者家族と比較してみると、衣類では21％、食糧では22％、そして家電製品では44％も低くなっている。その理由は、共働き家族は一世代前よりもはるかに高い金額を、価格高騰が続く住宅や医療に費やしているからである。[12]

２００３年には、平均的な家族はその前の世代に比べ、住宅ローン返済による支出がインフレーション調整後の金額で69％も増えており、医療関係の支出も61％増えている。同時に、実質賃金は持続ないし減少してきている。ほとんどの人たちが、より少ないお金で頑張ることを強いられ、帳尻を合わせるためにはクレジットカードに手を出す他なかったのである。クレジ

i　訳注：エクイティ。株式等によって調達された返済義務のない資金のこと。株式以外にも、株式に関係する金融商品全般をさすことがある。例えば、株式、株式投資信託、転換社債、ワラント債などを総称してエクイティ商品と言うこともある。

ットカード会社や関連銀行は、貧困者や労働者の底辺から収益をあげるために返済能力がないとわかっていても借り手に契約書署名を迫り、その後利息を急上昇させたり顧客に融資に対する「保険」を買わせたりする。[13] クレジットカード請求書を見て最低月極め決済を行うことしかできない人たちは、銀行に対して負債懲役を強いられる。このような筋書きは、南北戦争中に発行されていたといわれる『ハザード・サーキュラー』紙に載った不吉な洞察を彷彿とさせる。

> 奴隷制度とは労働者の所有のことであるが、そこには所有物の適切な管理が含まれている。対して、**英国主導のヨーロッパ案では、資本が賃金を介して労働者を支配する。これは、通貨を支配することによって達成される。**そのための巨額の負債は戦争によって生み出され、資本家たちはその恩恵を受けつつこれを使って通貨の量をコントロールするわけである。

南北戦争以前の南部においては、食糧等の生活を奴隷に保障しなければならなかった。これに対して、負債によって奴隷化された人たちは、食糧や住居を自ら調達しなければならない。

架空通貨の暴利融資

貸し手は市場が許す限りどのような暴利を請求してもよい、という考えの建前上の正当性は、通貨の時間的な価値であるとされている。この説によると、貸し手はあるまとまった額の使用権を一定期間放棄するので、こうした手数料を受け取る権利を持つということになっている。仮に貸し手が元々自分のものであったお金を融資しているのならば、こうした議論にもそれなりの正当性があるであろう。しかし、クレジットカード会社やその他の商業銀行から来る負債の場合、事態が異なる。**かれらは、預金顧客の通貨を貸しているわけですらなく、借り手のクレジットそのものを融資しているにすぎない。**この点は、シカゴ連準の『近代通貨の仕組み』からはっきりと見て取ることができる。

> もちろん、銀行は預金として受け取る通貨を融資に使っているわけではない。そうでなければ、追加の通貨が発行されることはないからである。**融資が行われる際に実際に何が起こっているのかといえば、銀行は約束手形と引き換えに借り手の取引口座にクレジットを追加するのである。**このとき、融資（資産）と預金（債務）との両方が（同じ額だけ）増える。[14]

クレジットカードという策略の仕組みはこうである。お店でクレジットカード支払い伝票にサインをするとき、あなたは「有価証券」を作成している。有価証券とは、署名がされており、かつ通貨と交換可能ないし通貨として使用可能なもののことである。商社はこの有価証券を小売店の当座預金口座に預け入れる。当座預金口座とは、クレジット決済を認めるにあたって事業が開設を義務付けられる口座である。口座残高は伝票に記載された金額だけ増え商社は支払い完了を確認する。支払い伝票は（ＶＩＳＡやマスターカード等の）クレジットカード会社へ送付されるが、会社側は支払いをまとめて銀行に送付する。これを受けて銀行はあなたに明細を送り、あなたはこれを小切手を使って清算し、取引口座から然るべき金額が引き落とされる。この手順では、銀行は自分の通貨や預金顧客の通貨をあなたに一切融資していない。それでもなお、あなたの支払い伝票（つまり有価証券）は、クレジット拡張をするための「資産」と化する。銀行は、あなたの借用証明書ないし支払い約束を「貨幣化」したにすぎない[15]。

　誰かに自分の通貨を貸した場合、借り手の資産の増加分だけあなたの資産は減るはずである。しかし、銀行があなたに通貨を貸す場合、銀行の資産はむしろ増えるのである。もちろん、預金は債務として計上されるので、銀行の債務もまた増える。しかし、通貨が実際にそこにあるわけではないのである。それは単なる債務に、つまり預金顧客に対する債務にすぎない。銀行はあなたの支払い約束を同時に資産と債務にするのであり、それ以前に持っていた通貨をあなたに送金することは一切なく帳尻を合わせる。

　経済的に困窮する人たちに対して、そもそも貸し手が持っていたわけではないものを借りるために暴利を課すこの負債循環の罠は、はっきり言って借り手に対する詐欺である。２００６年、米国クレジットカードに関連する利息や遅滞手数料からくる利益は計９００億ドルであった。不要な仲介人たちからなる寄生虫的な階級に餌を与えずにクレジットカード制度の利点を維持するような代案を第41章で提示したい。

第30章 消費者負債のわなの魅惑的なおとり——住宅所有という幻想

何にも代え難い我が家、何にも代え難い我が家、何にも代え難い我が家…

第三世界国を銀行家たちの負債の網にかけたおとりが海外融資や投資の約束であったとすると、21世紀の始めの10年間における米国の人々にとっての餌は、住宅所有の魅惑と住宅エクイティローンによって手軽に手に入ることを約束された現金であった。住宅所有率の上昇は、労働者が苦心の努力を続ける経済において、労働階級側にとっての一筋の希望の光としてあがめられた。2004年、住宅所有率は69%を記録し、これは史上最高の数値として大々的に宣伝された。[1] しかし、この数字は多くの誤解の種であった。いうまでもなく、69%の個人がそれぞれ個々に住宅を所有していたわけではない。この数字は「世帯」を対象としている。また、法的所有権は住宅の買い手にあるかもしれないが、住宅を世帯が実際に「所有」するためには、まず住宅ローンが完済されなければならない。実際、「担保設定なく」所有されていた住宅はわずか40%であり、しかもここには、第二の住宅や別荘、また住宅を所有できていない人たちに向けて賃貸をする目的で大家が所有していた住宅が含まれる。また、一時は担保設定なく所有されていた住宅も、融資業者からの誘惑に負けて所有者が住宅エクイティローンを受けてしまえば再び担保となってしまうこともある。借り換えや居住地移動性の影響で、一戸建て不動産の住宅ローンのほとんどは返済済み年数が4年以下であり、完済まではまだまだ時間が必要とされていた。[2] さらに、ローンの返済済み年数が3・3年以下であった場合、住宅は家屋差し押さえ免除の対象外となる。この場合、困窮した債務者が破産申告を行った場合でも、銀行は

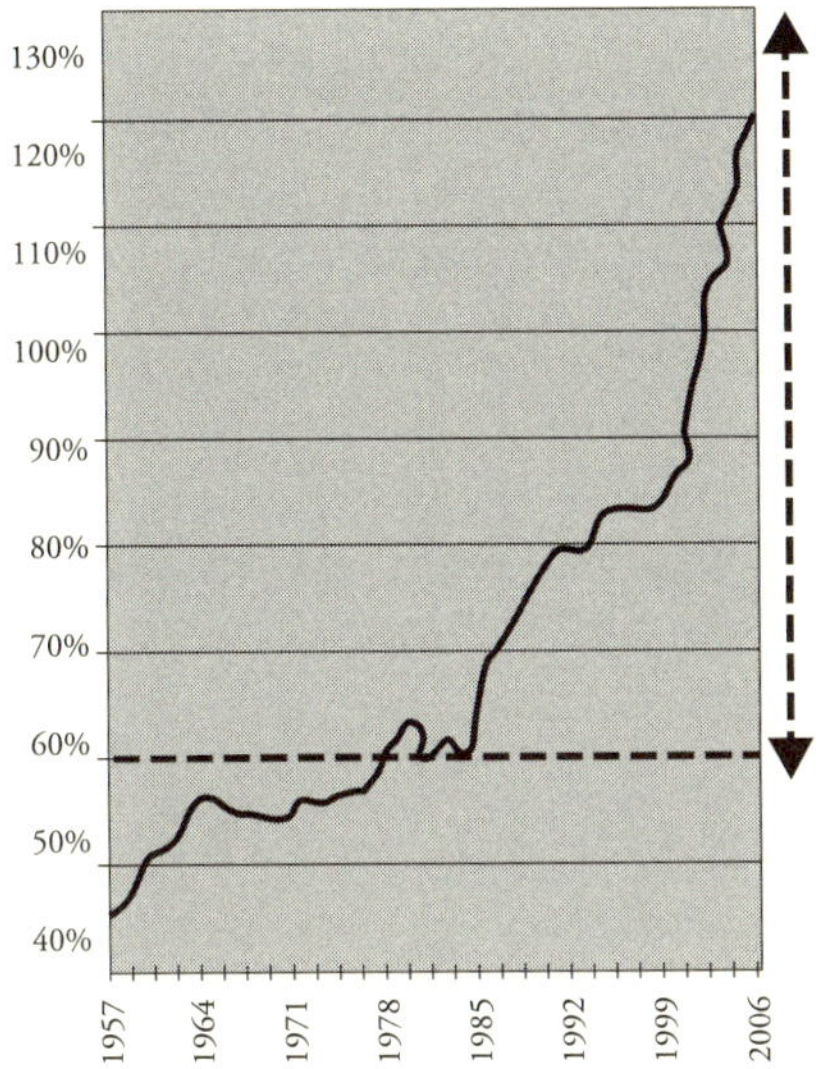

図5　世帯負債比率。縦軸：負債率と国民所得。横軸：年。

家屋を没収することができるのである。

あれほど大々的に宣伝された「住宅所有」増加は、実は負債の増加を意味していたのである。各世帯は、いまだかつてないほど高額な可処分所得比負債を抱えることになった。2004年後半、住宅ローン負債は可処分所得の85%にまでのぼったが、これは記録的高額である。このとき、金利は史上最低を記録していたので一見すると返済計画の目処が立っているようにも思えたが、しかし平均的な家族にとって金利の低下は負債の増加に追いつかなかった。そのため、世帯が住宅ローンの返済に使う収入の割合は上がったのである。米国の住宅ローン負債の総額は1991年から2001年の間で80%、2001年から2005年の間でさらに50%上がった。また、2001年には5兆3000億ドルであった未返済住宅ローン負債もまた2005年には8兆9000億ドルにまで上がったが、これは負債の拡張金額としては史上最高である。2004年、米国の家計負債は可処分所得の2倍以上の速度で増えた。新たな負債通貨の大半は、住宅市場から来たものである。住宅所有者たちは、住宅販売や借り換え、住宅エクイティローン等によって住宅からエクイティを得たが、その総額は2004年には7000億ドルであり、1999年の2660億ドルと比べて2倍以上である。また、家屋ローン関連の負債は8兆1000億ドルに達したが、これは同年7兆6000億ドルに達したもはや制御不能な連邦負債をもしのぐ金額である。[3]

罠に餌を仕掛ける──魅惑的に低い利率と「ティーザー金利」

住宅バブルもまた、連邦準備制度と銀行業界が経済に会計項目通貨を注入するための策略であった。1980年代、連準は株式市場危機に応じて利率を下げ、投資通貨の入手を容易にし、1990年代にいまだかつてないほどの株式インフレーションを引き起こした。2000年に株式市場が頂点に達しその後下降を始めたとき、連準は成り行きに任せて自然に市場是正を待つ方針をとることもできた。しかし、この選択肢は政治的にあまり人気がなく、また連準の所有主である諸銀行が重大な損益を被ることが予想されていた。そのため、代わりにさらに利率を下げることによって市場に支柱を立てるという決断がなされた。FFレート（連邦国債金利）は1・0％にまで落とされ、1990年代のそれをしのぐようなクレジット拡張を引き起こし、株式と不動産に対するさらなる投機をあおった。[4]

連準が布石を打つと、銀行その他の商業融資主体は住宅バブルの炎を燃え立たせたが、このとき住宅ローン商品に加えられた高リスクな変更には餌に手を出した人ほぼ全員が住宅購入の資格を得られるような変動金利ローンが含まれていた。2005年に至ると、米国住宅ローンの約半数が「調整」金利であった。買い手は「ティーザー」金利の催眠にかかり、住宅ローンを組むことができるかのような錯覚に陥ったが、こうしたローンは実際にはかれらを借金地獄や破産に追い込むものであった。不動産価格があまりにも高騰していたため、若い夫婦が住宅所有者になるためには調整住宅ローンに合意する他なかったが、これは非常にリスクの高いタイプの住宅ローンであり、市場の動向に応じて利息や決済が変動するものであった。調整住宅ローンのリスクについては、2005年12月に米国通貨監査局が発表したプレスリリースにこう説明されている。

始めのうちは月々の支払額が安くなっているが、これはつまり元金の返済があまり進まないということである。そのため、ローン残高は膨らみ続け、負の償却をされ6年目には残りの25年でローンが完済されるように返済額が調整される。よくある住宅ローンを例にとると、36万ドルの返済オプションローンを初期利息6％で組んだ場合、金利が変わらない限り、月々の返済額は6年目までに50％まで増えることが見込まれる。**金利がさらに2％上乗せされて計8％となった場合、月々の返済額は2倍になりうる。**[5]

このような条件に同意した住宅所有者たちは、返済責任を全うすることができるくらい所得が伸びるか、あるいはその後の6年間以内に住宅市場における値上がりを背景に家を利益付きで売却する可能性に賭けていた。しかし、2006年に至ると、住宅バブルはもはや飽和状態をむかえていた。そして、すべてのネズミ講がそうであるように、この場合もまた遅れて参加した無防備な買い手たちがバブル崩壊時に一番大きな被害を被ることになった。

固定住宅ローンの債務者でさえも、当初の展望よりも高い金額を住宅と引き換えに支払う羽目になることがある。例えば、7%の固定金利で30年住宅ローンを組んだ場合、最終的には住宅の表示価格の約2・5倍を支払うことになるような仕組みになっているのである。33万ドルの表示価格の住宅の場合、利息7%だと利子で46万3779・36ドルが発生することになり、支払い金額の合計は79万3779・36ドルとなる。[6] 実は、住宅販売者よりも銀行の方が大きな儲けを手にしているわけだが、そもそも銀行は不動産やローンの元々の所有者ではない。融資通貨は融資の際に発行されるからである。しかも、住宅ローンは完全に担保されているので、銀行は全くリスクを負わずに済む。住宅ローンに署名がされるまではそもそも存在していなかった通貨を借りるために、買い手は表示価格の2・5倍を支払うことになるわけである。そして、仮に250%をすべて支払うことができなかった場合、住宅は銀行のものになってしまうこともある。

30年住宅ローンの始めの5年間では、買い手の月々の返済額の大半は利息支払いである。特に調整住宅ローンに関しては、始めの5年間の返済が利息のみになるように設定可能で、その後はじめてこれは変動金利ローンに切り替わる。ほとんどの住宅が始めの5年間以内に再び売却されるので、買い手は再売却時に、しばしば自分のものになっていたはずの住宅のエクイティが実はほとんど債権者の手に残っているということを思い知らされる。一方、金利が一度上がってしまえば、住宅価格は下がり買い手はより低い価値の家のためにより高額な返済を強いられるのである。また、もし「エクイティ」に基づいて住宅ローンを組み、このエクイティがその後消えてなくなってしまった場合、買い手はその差額を住宅売却時に支払わなければならなくなることもある。こうして膨れ上がる請求額を支払うことができなくなってしまうと、買い手は住宅農奴状態に陥り、手の届かない家に縛り付けられつつ銀行に返済を行うために働き続けることになる。こうして、労働者は賃金奴隷と化するであろうというウィリアム・ホープ・ハーヴェイの予言は現実のものとなったわけである。

ホームステッド法のおかげで開拓者たちは各々土地を得ることができたわけだが、この法律を150年間にわたって徐々に侵食し続けてきた「ビジネスサイクル」では銀行家たちが定期的に利息を上げ、貸し金を回収し、債務不履行や質流れの波を次々と引き起こしてきた。大半の家族にとって、代々の家を担保設定なく所有することのできた時代はもはや終わった。中には、住宅バブルから利益を得た個人住宅所有者もいるが、一般的に見た場合平均的な家族は10年前と比べてはるかに高額な住宅ローンに縛られることになったという有様である。ここでもまた、最後に笑ったのは銀行である。市場評論家のクレイグ・ハリスは2004年3月の記事でこう解説している。

本質的には、システムをなんとか救済するためにと、公衆から銀行へと富が知らぬ間に移動されたというのが実態である。公衆はリスクを引き受け、より多くの負債を抱えお金をたくさん使い、銀行が新たに所有することになった不動産の価格は大きく上がった。銀行は通貨を発行してそれをあなたに融資し、あなたはこれを費やすことで経済に支柱を立てたわけだが、今となっては不動産の現物を所有するのは銀行であり、あなたはその不動産の膨れ上がった価格を返済するために首輪をつけられてしまったのである。なるほど、銀行側は初めはお得な金利を提供したかもしれないが、最終的にあなたは不動産のためにより多くのお金を支払う羽目になり、しかもその不動産は返済が完了するまではかれらの所有物なのである。[7]

サブプライム住宅ローンの債務不履行という津波の前兆

ピラミッド式のネズミ講は、大きくなればなるほど、ピラミッドを支えるためにより多くの投資家や債務者を必要とする。「プライム」市場が底をついたとき、債権者たちは新たな借り手をみつけるために、よりリスクの高い「サブプライム」市場に向かわざるをえなかった。リスクを軽減するためには、こうした住宅ローンを切り刻み、「不動産担保証券」として投資家に売ればよかった。住宅ローンを「証券化」し、これを投資家に売るという動きは「リスクの分散」の方法として賞賛されたが、この仕掛けは後で災いを生むことになる。リスクは伝染病のように広がり、ヘッジファンドから年金ファンド、現金運用ファンドまで様々な投資プールに感染していった。

２００５年11月発表の『サンアンドレアス断層の不気味動産』と題された記事において、ゲアリー・ノースは、住宅市場関連のローン推定金額は銀行融資総額の80％にまで成長したと推計し、またこの成長の大半はサブプライム市場に、つまり債務者だけでなく債権者にとっても高リスクな調整住宅ローンに漬かった市場におけるものであったと述べている。ノースは予見的にこう述べている。

不景気がたとえ無かったとしても、住宅バブルは調整住宅ローンのおかげでつまずくことになるであろう。この時限爆弾は、契約書から契約書へと爆発する寸前である。

もしこのまま何も変わらなければ――もしこのまま短期金利が上がらずにいれば――月々の住宅ローン返済額は、再調整が導入された途端に60％も増額されることになる。一方、買い手の家計は既に火の車であり、そもそもかれらは30年住宅ローンを組む資格を有していなかった人たちである。こうした条件下で春を迎えた場合「売家」看板がそこかしこにタンポポのように花開くであろう。

１９８０年代の貯蓄貸付組合危機を思い出していただければ、これから起こることが何であるかを想像することもできるであろう。テキサスの貯蓄貸付組合危機は、テキサス州経済に引き締めを迫った。銀行はこのとき汚い手を使った。新たな融資を行うことを止めたのである。しかし、貯蓄貸付組合は法的には銀行ではなく、第二資本市場であった。今日、銀行は貯蓄貸付組合の立場にある。つまり融資ポートフォリオを住宅市場に依存させてしまったのである。

私は、銀行制度全体を揺るがすような引き締めが近々起こると思う。銀行家たちの狂気はいまだかつてないほどのものとなってきている。銀行は、ありとあらゆる種類の不良債権を抱え込むことになるであろう。米国経済そのものが住宅売却によって駆動しているからである。[8]

貯蓄貸付産業は、1980年代に前代未聞のレベルにまで金利が引き上げられたことによって崩壊した。商業銀行のプライムレート（借り入れの際に定められた金利）は20・5％に達したが、これは貯蓄貸付組合がそれ以前に行った住宅ローンからおよそ5％ほどの利益しか得ていないときのことであり、こうした逆ザヤによって多大な損失を被ることになった。不動産担保証券が開発されると、諸銀行は住宅ローンを投資家に売りつけることによって処理することに成功した。しかし、債務不履行時には銀行に債務が回ってくることも考えられた。さらに、そもそも銀行自身がサブプライム負債に重度感染した証券に大きな投資をしていたのである。

2007年1月に至ると、住宅バブルはだいぶ冷めてきていたが、これは金利急上昇を何度か連準が行った結果であった。同月の『ニューヨークタイムズ』紙のある記事はこう警鐘を鳴らしている。「サブプライムローンの5分の1は質流れに終わるであろう。1998年から2006年の間でサブプライムローンを受けた債務者の内220万人は、我が家を失うかもしれない。」同月の社説において、マイク・ホイットニーはこの数字を取り上げ家族構成員やその他の居住者を考慮に入れた場合、1000万人もの人々が路頭に投げ出されるかもしれないと述べている。また、この推計すら控えめであるとする分析家もいるほどであった。ホイットニーは投資戦略会社社長のピーター・シフを引用しているが、シフはこう警告している。「5分の1というサブプライム債務不履行率のもつ副作用として、金利上昇と住宅価格下落に伴う債務不履行の連鎖が起き、さらなる質流れによってこのサイクルが繰り返されることになる。これが行き着くところまで行った場合、債務不履行率は20％ではなく80％になる可能性が高い、というのが私の意見である。」ホイットニーはこれに対してこう付言している。

4000万人の米国人が質流れに向けて突き進んでいるとは……地元の公園の特別席を早めに占領しておいた方が良さそうである。なるほど、シフの計算は少々悲観的すぎるかもしれないが、かれの議論は筋が通っている。自分の家が自分の抱えているローンよりも数万ドルも低い値打ちしかないということを住宅ローン債権者たちが悟った場合、かれらは「さらに住宅ローンを返済する代わりに、家の鍵を送り返す」に違いない。シフが言うように、「50万ドルの価値をもつとされる分譲アパートに対する70万ドルの住宅ローンの利息を支払うためだけに、月給の40%を費やそうなどという無理をする者がどこにいるというのか――同じような水準の住宅をはるかに安く賃貸することもできるというのに。[9]」

　1929年の破綻同様、非難の矛先は連邦準備制度に向けられた。「手軽な」クレジットによって住宅バブルを急速に膨らませた後、突然クレジット入手を困難にすることによってそこにくぎを刺したからである。ホイットニーはこう書いている。

連準は印刷所を全速力でフル稼働させ続け、住宅ローン融資者はあらゆる信用詐欺を実行に移し、融資を受ける資格のない借り手にドル紙幣を押し付けた。調整住宅ローンや「利息のみ」ないし「頭金無し」ローン等は、2000年のITバブル崩壊以後も長い間継続して経済を前へ前へガタガタ進めるための金融茶番劇の一部だったのである。

　今日に至っては、当時の住宅購入者たちの多くは巨額のローンを抱え込んでおり、それが劇的に高い利息へと切り替わろうとしている今、かれらの住宅の価値は10%から20%も下がっている。こうした「ネガティブエクイティ住宅ローン」につなぎとめられてしまうという現象を、マイケル・ハドソンは「農奴制への新たな道」と呼んでいる。住宅の現在価値よりもはるかに高額な住宅ローンの返済に悲鳴を上げるというわけである。この問題は、その規模を見るだけでもめまいがおきるほど深刻である。

　金利の調整は、マネーサプライを管理する上で連準が必要とする適切なツールであるとされているが実のところそれはある特定の人たちの利益になるように行われる恣意的な操作にすぎない。そもそも、私たちは「自由市場」を持っているという考え自体、投資家や投資顧問、市場分析家が一列に並んで月々の利息に関する連準の動向を鼻息荒く見守っているという事実によって裏切られている。市場は需要と供給に呼応しているのではなく、上からの独裁的な支配に従っているのである。実際にうまくいっているならばこれもそこまで悪くないかもしれないが、沈没中の経済を立て直すためには利息の調整だけではとうてい不十分である。この問題はよく「のれんに腕押し」とやゆされる。マネーサプライを維持するためには負債を発行し続けるしか道がない状況において、新たな借り手はもはや残っておらず貸し手側も融資限度に達している場合、利息をどれほど下げても負債通貨を経済に注入することはできない。この金縛りから逃れるためには「実」通貨を制度内に持ち込むしかない。現実のものであり、利息も負債も伴わない政府発行の法貨（政府通貨）、米国植民地開拓者たちが編み出した法貨である。

２００５年に至ると、金融天気予報士たちは地平線上に二つの経済的嵐が渦巻くのを目撃し始めていたが、これはどちらも連準による市場操作によって引き起こされたものであるとされていた。

第31章
金融完全暴風雨

ヘンリーおじさんは戸口の段に座って、いつも以上に灰色な空を心配そうに眺めていました。「竜巻が来るぞ、エム」おじさんはおばさんに言いました。「ドロシー、早く！」おばさんは仕事をやめて戸口に来ました。おばさんは叫びました。「地下室へ走りなさい！」

――『オズの不思議な魔法使い』「竜巻」

「完全暴風雨」の名で知られる希少な気象現象は、二つの嵐の前線が衝突することで発生する。インフレーションとデフレーションという二つの経済的嵐の前線の来るべき衝突を、分析家たちは「金融完全暴風雨」と呼んだ。米国のマネーサプライは、融資によって発行された通貨によって休みなく膨らみ続けたが、借り手は返済不能に陥る一方であり次々と債務不履行に陥っていた。債務不履行によってローンが消えると、マネーサプライは縮小しデフレーションと恐慌につながる。この二つの力が衝突すると「スタグフレーション」、つまり「不景気インフレーション」が起こることもある――経済成長を伴わない価格インフレーションである。これは金融暴風雨としては「カテゴリー1」に属する。「カテゴリー5」に属する暴風雨はデリバティブ危機によって引き起こされることもありえるが、これは、大手取引業者たちがこぞって賭けをデフォルトしたり、あるいは住宅市場が急激に衰退したりした結果である。米国会計検査院、米国通貨監査局、そして連邦住宅局はそれぞれ、40%にも達しうるような衰退が2005年から2010年の間で起きる可能性をひそかに警告していたとアル・マーティンは2005年6月発行の週刊通信で述べている。かれの情報源によると、このような規模の住宅価格衰退は米国の経済そのものを崩壊させかねない。[1]

負債危機と住宅バブル

2001年におけるFFレート[i]の前代未聞の利下げを皮切りに始まった変革によって住宅価格は容赦なく上がり始め、融資水準の低下はこれにさらに拍車をかけた。調整金利ローンや有利子ローン、頭金ゼロローンによって、多くの新規住宅購入者が市場に引き込まれ価格に着々と上昇圧力をかけていった。住宅価格の右肩上がりは、負債危機を深刻化させた。新たに発行された負債通貨を維持するためには、新たな借り手を着々と流し入れるしかなく、貸し手はより緩い条件でより不安定な借り手に融資を行うよう迫られていた。2005年には、住宅ローン銀行協会の発表した統計によると調整金利や有利子のような高リスクローンは、新規ローン申請の50%近くにまで達していた。2005年10月連邦準備制度理事のスーザン・シュミット・バイズは、米国住宅平均価格は1997年から80%以上も上がったと言っている。

どん底金利は、2000年以降の不景気から株式市場投機家や大手投資銀行を救済し、大手投資家を優遇するような政治的に人気の高い減税措置を可能にもした。しかし、国債市場にとってこれは最悪の政策であったが、退職者が自分の貯金から安心で予測のつきやすい量の収益を得るために選ぶ投資先は通常、国債市場である。2004年に至ると、短期金利に対する実収益はインフレーション後からマイナスとなっていった。[2]（つまり、例えば100ドル相当の国債を買うことで政府にこの通貨を融資した場合、次の年にはこの投資金額は102ドルに増えるかもしれないが、インフレーション後には98ドルの値打ちしかなくなってしまう。）その結果、投資収益で生活する退職者たちは比較的安定した国債市場からの退散を余儀なく迫られ、よりリスクの高い株式市場へと誘導された。今では、米国国民の過半数以上が株を保有しているが、これは史上最多人数である。

連準の低金利政策は、海外投資家にも米国国債購入を躊躇させたが、これこそが第二の金融暴風雨の引き金であった。膨み続ける負債をなんとか繰り越すために、政府はしばしば海外投資通貨に頼る。古い国債の満期が近づくにつれ、それを繰り

i　訳注：FFレート、米国の中央銀行である連邦準備銀行の統括機関である連邦準備制度理事会（FRB）が、短期金融市場を操作する目的で調整する政策金利のこと。金利の変更は連邦公開市場委員会（FOMC）で決定される。（ウィキペディアより）

越すための新たな国債を投資家に売る必要性が高まる。このため、連準には金利上昇を迫るような圧力がかかっており、これによって海外投資家をひきつけつつインフレーションに天井を設ける必要があった。しかし、金利の上昇はより多くの住宅が質流れになることを意味していた。また、住宅ローンが帳消しにされてゆくにつれ、これによって発行されたクレジット通貨の供給量もまた減ってゆく。売り手への支払いは完了しており、以前の融資通貨はいまだに制度内に残されてはいるが銀行は帳尻を合わせなければならず、融資によって発行することのできる通貨の量が減ることになる。また、借り手をみつけることも難しくなる。それは高金利がかれらを躊躇させるからである。住宅市場の「通常」補正が最後に起きたのは1989年から1991年にかけてだが、このとき住宅価格中央値は17%も落ち360万件もの住宅ローンが債務不履行に陥った。しかし、分析家たちの推計によると、もし同じような利下げが2005年に起こった場合、債務不履行件数は2000万件にも上ることが考えられる。エクイティ対負債比率（住宅全体の内、住宅所有者が実際に「所有」している割合）の平均値が劇的に下がったからである。1990年には37%であったこの比率は、2005年には17%という最低新記録にまで下がっているが、これは消費者支出を維持するためにと直前の4年間で3兆ドルもの不動産エクイティが引き出されたからである。[3]

2000万件もの債務不履行が起きた場合、マネーサプライにはどのような影響が及ぶであろうか。アル・マーティンは、2005年6月に合同経済委員会でアラン・グリーンスパンが報告した連邦準備制度調査結果を引用しているが、そこでは回収不能なローンのせいで2兆ドルがぱっと消えてなくなってしまうだろうという推計がなされている。つまり、政府プログラムや賃金、給料などに使用可能な通貨が2兆ドルもなくなってしまうのである。2005年では、2兆ドルという金額はM3マネーサプライの5分の1に相当した。分析家たちの予測によると、こうした急激な縮小の後、株式や住宅の価格は急落し、所得税は3倍にまで増税され社会保障や医療保障などの保障は半分に切り捨てられ年金や安心な退職などといったものは過去の遺物となってしまうであろうということになっていた。断っておくが、これは住宅価格があくまで17%だけ下がった場合の話である。実際にはこれよりもひどい値下がりが危惧されていたが、その行く末は一層悲惨なものとなることが予想された。[4]

ファニーとフレディ——デリバティブや不動産担保証券で住宅危機を増幅させる

「ファニーとフレディは融資業者」と題された2002年6月発表の記事において、リチャード・フリーマンはこう警告している——今回の住宅バブルは史上最大のものであり、それ以前に起きたバブルとは比べ物にならない規模である。途方もない大きさにまでこれを膨らませたのは、ファニー・メイ（連邦住宅抵当公庫）とフレディ・マック（連邦住宅金融抵当公庫）

であったが、この二つの火山はまさに噴火寸前であった。ファニーとフレディは住宅ローン融資によって発行される通貨の量を劇的に増大させ、かれらの助け無しでは考えられなかったような融資を銀行が行うことを可能にした。これもまたネズミ講的な図式に収まり数学的限界をむかえていた。

この兄弟機関の兄の方に注目しつつ、フリーマンはもしファニー・メイが銀行であった場合、それは世界で3番目に大きいものであり、同機関の私的所有者たちは不動産市場において大儲けをしていると指摘している。俗説とは異なり、ファニー・メイは政府機関ではない。ルーズヴェルトのニューディール政策の下で政府機関として始動こそしたが、後で完全に民営化されたのである。つまり、株式を発行し個人投資家がこれを買い、ほどなくして株式市場に上場したわけである。連邦準備制度と同じように、ファニーもまた「連邦」とは名ばかりの機関となった。

１９７０年代後半に至る前までは、住宅ローン融資には二つの種類があった。一つ目は、貸し手が住宅ローンを発行し、これを手持ちにするという形。二つ目は、ファニー・メイにローンを売り、売り上げを使って二つ目のローンを行い、これをまたファニーに売り、銀行がこれを元に第三のローンを行いこれを延々と繰り返すという形。フリーマンの例では、金融機関が15万ドルのローンを5回続けて行うが、このとき必要となる初期投資は15万ドルである。ローンの内始めの4回分はファニーに売却され、ファニーはこれを買い取るために自ら証券発行をして通貨を調達する。貸し手は5回目のローンを保持する。この過程を経た後では、住宅ローン機関の帳簿には15万ドルのローンが1回分しか記録されないが、ファニー・メイの帳簿には計60万ドルの融資を記録することになる。

また、１９７９年から１９８１年までの間、様々な政策転換によって住宅市場にはさらに多くの新発行通貨が流れ込むことになる。ファニー・メイは、様々な住宅ローン機関から買い取った住宅ローンを集め、これをひとまとめにし不動産担保証券と呼ばれる融資商品を開発した。これを使ってファニーは、例えば10万ドル相当の30年固定金利住宅ローンを１０００件組み合わせ、1億ドル相当の不動産担保証券へとまとめあげることができる。その後、ファニーはこの不動産担保証券に債務保証を施し、対価として費用を請求し債務不履行の際にはローンの元金と利息の未返済分を「全額速やかに」肩代わりすることを約束する。こうして、不動産担保証券は売りに出され、外部投資家たちはこれを１０００ドル単位で買うことができるが買い手には投資信託会社や年金ファンド、保険会社などが含まれる。投資家は不動産担保証券の所有者となり、元金と利息の返済額を懐に入れる権利を得る。しかし、何か不慮の事態が生じた場合、責任をとるのはファニー・メイである。不動産担保証券は、住宅ローン融資が米国市場や国際市場にさらに深く食い込んでいくための必要資金源の拡張を可能にした。同時に、ファニー・メイ側のリスクが大きく高まったのもの事実である。

これに加え、ファニーは市場から通貨を捻出するための第四の方法を編み出した。証券を集めて、再度ひとまとめにし、新たな商品に「不動産担保ローン」（REMIC）という名を与えた（これは「再構成不動産担保証券」ないし「住宅ローン担保証券」〈CMO〉とも呼ばれる）。REMICはデリバティブの中でも特に複雑な部類に入る。フリーマンはこう書いている――「REMICは純粋な賭けであり、機関投資家や個人に向けて売られ、住宅バブルに通貨を注入するために存在する。」ファニー・メイの不動産担保証券の約半分は、こうした高度な投機REMICデリバティブ商品に変身した。「単純な住宅ローンとして始まったものが、こうしてラスベガスのカジノでしかお目にかかれないようなものに豹変してしまった。皮肉なことに、住宅バブルはまさにこのような商品を資金源とするしかなくなっているのである」とフリーマンは書いている。

こうした商品の内、ファニー・メイが元金と利息を着実に回収できるような「資産」と呼べるのは始めのものだけである。その他は、高リスクな債権であるにすぎない。このような投資商品を餌として住宅バブルは膨らんでいたが、フリーマンいわく、住宅ローン債務不履行が将棋倒しのように起こるのも時間の問題であった。そして、これが一度起こってしまえば、よりリスクの高い住宅ローン関連債権は危機を深刻化させるに違いなかった。レバレッジ（つまり、借りた通貨を使って複数の融資を行うこと）が絡んだ商品は特にリスクが高かった。賭けに負けた場合、一度きりの損失では済まず何度も支払いが行われなければならない状況がこうしてつくられた。

2002年、ファニー・メイの計7640億ドルの債権の内7000億ドル以上は各種債券から来ていた。こうした債券の元金と利息を支払うための唯一の収入源は、ファニーが自ら所有する住宅ローンであった。一定量以上の住宅ローンが債務不履行に陥れば、ファニーは債券保有者に支払うための現金を調達できなくなる。フリーマンによると、米国企業は500億ドル以上の規模で債券債務不履行に陥ったことは一度もなかったが、ファニー・メイは7000億ドル以上の債券を有していた。これは米国企業の史上最大保有量の10倍以上である。かれによると、この規模の債券負債が債務不履行に陥った場合、米国金融制度は一夜にして倒壊する可能性があった。

「大きすぎて潰せない」銀行機関のように、ファニー・メイもまた金融制度全体の隅々にまで触手を伸ばしていたので、もし破綻してしまった場合、経済全体を道連れにする可能性があった。フリーマンいわく、住宅ローン債務不履行が将棋倒しのように起きても、それだけでは住宅市場全体の崩壊にはつながらない。しかし、2002年の時点で2兆ドル以上もあったファニーのより高リスクな債権の債務不履行可能性をそこに加えた場合、制度全体の債務不履行の確率は「放射能的」なレベルにまで上がる。住宅ローン市場における危機が債務不履行の波を引き起こした場合、ファニーは不動産担保証券8590億ドルの保証を維持することができなくなり、これの購入者である年金ファンドをはじめとした投資家たちは数千億ドルもの損失を被ることになる。2002年の時点で5330億ドルにのぼっていたファニーのデリバティブ債権も、債務不履行に陥る可能性があった。このヘッジ＝防止策は本来ならば投資家をリスクから保護するはずであったが、そもそもヘッジ自体が高リスクな冒険であった。ファニー・メイは手段を尽くして不安定な住宅ローンを繰り越しにし、制度全体を揺るがす債務不履行の重大さを覆い隠そうとしていた。しかし、実生活水準が下がり続ける中で、家庭は上昇する住宅費用を賄うことが一層困難になり、より高額な住宅ローンやより高い利息支払いへの需要が高まり結果として住宅ローン債務不履行が増大した。住宅市場に組み込まれたレバレッジはこうして輪ゴムのように解きほぐされ、市場全体を急速に脱レバレッジ化しうる。[5]

２００３年、フレディ・マックは50億ドル規模の会計詐欺疑惑の渦中にあり、帳簿を「粉飾」することによって好景気を演出していたのではないかと問われていた。ファニー・メイもまた、２００４年に似たような疑惑をもたれていた。２００６年、ファニーは自らの背徳行為に対して4億ドルを（５０００万ドル米国政府に、3億５０００万ドルを詐欺被害に遭った株主たちに）支払い、帳簿を整理することに合意した。しかし、調査員たちによると１６０億ドルもの資産が雲散霧消しており、帳簿はすでに取り返しの付かないことになっていた可能性すらあった。

他方で、住宅バブルを1％プライムレートで危険水域にまで膨らませた後、連準は金利急上昇を連発することによって空気抜きに踏み切った。２００６年に至ると、住宅バブルは勢いを失っていた。投資家たちの間には緊張が走っていた—不動産担保証券へとまとめられていた住宅ローンが債務不履行に陥った場合、そのリスクは誰が引き受けることになるのであろうか。ある雄弁なブロガーはこう書いている。

> ちょっと待ってほしい。人々が従ってきた筋書きが本当に以下のようなものだったのか考えてみたい。
>
> まず始めに、プログラマー夫婦がバラードにある50万ドルの家を買うために、いかがわしい掘っ建て金融業者から逆減価償却有利子ローンを得るよう言いくるめられる。この業者はこの債権をすぐさま仲介業者に売り、一定期間手放す。仲介業者は手数料をせしめた後、完全に不良債権化して末期状態になる前にローンをファニー・メイかフレディ・マックに売りつける。この時点で、メイとマックはローンをかき集めて不動産担保証券を仕立て上げ、これを年金ファンドや海外銀行なんかに売りつけるわけだ。
>
> ローンが債務不履行になるのは目に見えているが、そうなった場合何が起こるのだろうか。そのときに不動産と請求書とはそれぞれ誰の手元に残るのか。[6]

このブログの訪問者たちは、この問いに答えを出すことができなかった。しかし、フリーマンによると請求書はファニー・メイの手元に残る。債務不履行時の元金と利息の支払いを保証したのはかれらだからである。ファニー・メイに支払い能力がない場合、不動産担保証券に投資した年金ファンド等の機関が請求書を受け取る。そして、まさにこうした年金ファンドこそ、米国国民が退職後あてにする退職金の投資管理を任されていたのである。一度この惨事が起こってしまえば、安泰な退職などというものは本当に過去の遺物となってしまう。

質流れの際に誰にも差し押さえ権がない場合どうなるのか

2007年10月、オハイオ州のとある米国地方裁判所判事は、さらなる障害物を歯車にかませた。不動産担保証券所有者の一団に代わって運用していた住宅ローンに対して、ドイツ銀行は差し押さえ権を持たないという立場をとったのである。クリストファー・ボイコ判事は、住宅ローンを担保とする証券は、住宅ローンそのものと同じものではないと述べた。証券化された住宅ローン負債はあまりにも複雑になってしまっており標準的な住宅ローンプールを見たとき、その元となっている不動産の所有者を突き止めるのは容易ではない。所有主体を名指しする手形や譲渡書類がない場合、合法的な差し押さえ権を持つ主体もいないことになり、よって「証券」もまた存在しないということになる。[7] 以上は、困窮している債務者にとっては朗報であるが、不動産担保証券の保有者にとっては痛い凶報である。当時、未返済の証券化住宅ローン負債は6兆5000万ドルであった。債務不履行に陥った住宅所有者たちの多数が、原告には告訴をする権利がないという理由で差し押さえに異議申し立てを行った場合、6兆5000万ドル相当の不動産担保証券がおじゃんにされてしまう危険がある。そうなれば、今度は不動産担保証券保有者たちが、紛らわしい投資商品を開発した諸銀行に対して集団訴訟を起こすかもしれない。[8]

「トリプルA」に格付けされていた証券に不良なサブプライム負債が含まれているかもしれないことが発覚すると、投資家たちは投資意欲を失い融資者もまた融資意欲を失ったが、そこには銀行が日々の帳尻合わせのために依存していた市場金利連動型投資信託が含まれていた。つまり、クレジット市場全体が急停止してしまう危険性が濃厚となってきていたのである。急停止の危険性の背景には、さらにもう一つ、より剣呑とした理由があった。

第32章 竜巻の目の中――デリバティブ危機が銀行制度を停滞させるまで

ふつう竜巻の真ん中の空は静かなのだけれど、風が強い圧力で家を取り巻いて、どんどん高く、竜巻のてっぺんまで持ち上げたのです。家はそのまま、まるで羽毛を飛ばすぐらいすんなりと、ずっとはるか遠くに運ばれてしまいました。

――『オズの不思議な魔法使い』「竜巻」

迫り来るデリバティブ危機もまた、気象になぞらえて描写される現象の一つである。金融顧問のコルト・バグリーは2004年にこう書いている。「灰色の雲は日に日に暗さを増している。風力が強くなれば、めちゃくちゃひどい金融大竜巻が生じるはずだ。[1]」その10年前に、クリストファー・ホワイトは連邦議会に向けてこう述べている。

全体として見てみると、金融家たちが仕切る金融デリバティブ市場の動きは、いわば強力な竜巻の旋風のようなものです。その規模はあまりにも大きく信じられないほど大きな推進力がそこに集中するため、資本や現金はそれが既存のものであれ、これから新たに経済内に注入されるものであれ、ほぼすべてがそこに吸い込まれてしまうのです。これは、国家民族は自分のクレジット政策を統治制御するものだという考えに唾を吐きかけるものです。[2]

２００６年11月の投資ニュースレターに寄稿した記事において、マーティン・ワイスはデリバティブ危機をこう描写している。「これは世界規模のヴェスヴィオ火山であり、いつ噴火しても不思議ではなく一度火を噴けば世界の金融市場は大混乱に陥り、主要銀行はすべて破綻し、大物保険会社は沈没しヘッジファンド業者の投資を滅茶苦茶にし、数百万人に上る一般投資家のポートフォリオを転覆するであろう。[3]」

ジョン・ホーフルが用いたのは、犬にたかるノミの群れという鮮烈なイメージであった。かれはこう述べている。「ノミたちは犬を殺してしまい、それによって自分たちをも道連れにしてしまった。[4]」コルト・バグリーもまた、銀行の自己破壊の種をデリバティブ危機の中に見出している。かれは２００４年にこう書いている。

> 一昔前、米国の銀行制度は生産的な農業や産業に融資を行っていた。**しかし、今では巨大な賭博機械と化してしまっており、金利や株価、通貨等の市場操作に講じているという始末である。**米国のデリバティブ市場を支配しているのはＪＰモルガン・チェイス銀行である。米国のＧＤＰは11兆５０００億ドルであるが、ＪＰモルガン・チェイス銀行は単独でその4倍にも達するほどの量のデリバティブを有している。後続にはバンク・オブ・アメリカとシティバンクがつけており、前者は14兆９０００億ドル、後者は14兆４０００億ドルのデリバティブを有している。米国通貨監査局の報告によると、米国のデリバティブ銀行の上位7社は米国銀行制度内の想定デリバティブ証券の96％を有している。もしこうした銀行の手持ちのデリバティブ証券に深刻な減損が起きた場合、**私たちは銀行制度とおさらばしなければならなくなる。**

マーティン・ワイスは、この崩壊を具体的に予見してこう述べている。

> 大手ヘッジファンド業者の資産運用担当者たちは、金利の減少に多くを賭けすぎ、いずれは損失を被る。賭けを処理するだけの資産が手元にないため、相手方（賭けに勝った側）は収益を回収することができない。結果として、勝利者の方もまた資本が枯渇し始め、他のデリバティブ取引における自らの賭け金や損失を賄うことができなくなる。すると突然、政府や取引当局が制止することのできないような連鎖反応が起こり、多くの巨額決済が債務不履行となり、これはさらに多くの債務不履行へと波及していく。
>
> あなたが額に汗して貯めた貯金の預け先として信用していた大手米国銀行は、数十億ドルもの損失を被る。これら銀行の株価は一気に下がる。保険のかかっていない債務担保証券は危機に瀕する。
>
> 住宅ローン融資業者は、融資条件を劇的に厳しくする。住宅ローン通貨はほぼ完全に消えてなくなる。すでに沈み

始めていた米国住宅市場には、巨大な穴が開き浸水が起きる。[5]

デリバティブ入門

さきほど、複雑な問題を簡潔にまとめたウェブサイトの製作者としてゲアリー・ノヴァックを挙げた。ノヴァックは、銀行制度が頓挫したのは「デリバティブ」資産を銀行が虚偽扱いしていたからだと説明している。虚偽の資産は、ほどなくして真の資産をのみ込んでしまったのである。すべては1980年代の規制緩和に端を発するが、当時、政府による規制は不合理なものであり、事業者たちはこうしたかせから解放されるべきであるとされていた。しかし、規制とはそもそも防犯装置なので、これを取り除いてしまっては事業を犯罪者の手に委ねてしまうことになる。エンロンとワールドコム側の被告人は、裁判の際に自分たちのとった手続きは合法的であると主張することができたが、その背景には、こうした手続きを違法化する法律が法典から消し去られてしまっていたという事実がある。政府規制は、実質的な価値を持たない「ファニー・マネー」つまり「偽金」の発行を防止していた。一度規制が取り除かれると、ファニー・マネーはもはや当たり前のように出回り始めた。こうした偽金は「デリバティブ」というラベルのもとにひとくくりにされた複雑な商品の一群として出現したが、これらは往々にして意図的に曖昧でわかりにくい内容のものであった。

「デリバティブ開発においては、事業経営者たちには到底理解できないような数式を書くために物理学者が雇われたこともしばしばある」とノヴァックは述べている。デリバティブとはつまるところ賭けにすぎないが、あたかもそれ自体として価値があるもののように売り出され、売り上げはどんどん伸びてゆきしまいには実際に価値のある実在物をはるかにしのぐ天文学的な金額へと膨らんだのである。年金ファンドやトラストファンドはこのネズミ講にはまり、自分のお金がデリバティブという穴の中に消えてなくなるのを黙って見守る羽目になった。大学が巨額の学費を請求するようになったのも、資金を巨大なトラストファンドから調達しているからであり、こうしたファンドの通貨が基本的に価値のない投資にくくりつけられているからである。それでもなお、経営者たちは賭けを続行しているが、こうした賭けには「想定価値が与えられている。真実が明るみに出てしまえば、かれらの首が飛ぶからである。」売りに走る度胸のある者はおらず、資金回収をする力を持つ者もいない。その結果、世界金融機関では利用可能資金が不足してしまっている。そもそもデリバティブの存在意義は市場流動性の創出であったはずであるが、ゲームが立ち往生してしまったことで逆にこれが凍結してしまったわけである。[6]

『ワールド・ビジョン・ポータル』という題名のブログの著者は、デリバティブ問題を別の観点から簡略化している。かれはこう書いている。

客船のカジノやラスベガスに行ったことのある人なら誰でも難なく理解できるはずである。銀行はギャンブルに乗り出し、あらかじめ決められたオッズに従って賭けをするが、これはポーカーでカジノのディーラーと勝負をするようなものである（銀行はこれを「デリバティブ契約で賭けをヘッジする」と表現している）。勝負の終わりに手札を公開する段になると、かれらは賭けに勝つか負けるかのどちらかしかない。銀行が勝つか、あるいは親が勝つかである（これはデリバティブ契約期間の満期に相当する）。

私たちのような小額プレーヤーは、10ドルや20ドルを負けることもあるかもしれないが、大物銀行たちは一回の手札に数百万ドルもの大金を賭けている。最悪なことに、かれらは賭博中毒に侵されており賭けに使う権利がないようなお金でさえ賭け続けることを止められないのである。

勝者は満面の笑みを浮かべて賭博テーブルから立ち去るものであり、かれらが抱えているチップの量を見れば、かれらは元々の賭け金よりも大きい金額を勝ち取ったのだという点がはっきりする。対して、敗者は無言で立ち去り、自分がいくら負けたのかということは口にしない。同じように、銀行もまた、大きな利益を上げた場合（つまり賭けに勝った場合）、デリバティブ契約がいかに潤沢であり、今自分がいかに心地よい立場にあるのかを触れ回るはずである。しかし、実際のところ、大物賭博銀行は口を閉ざしており、賭け金はいくらで自分はいくら負けたのかということを誰にも言わない。私たちはまんまとだまされたわけだが、残念ながらゲームはまもなく終了するところである。[7]

皮肉なことにデリバティブという賭けは元々、想定外の惨劇に備えるための保険として売り出されたのである。しかし、実際に想定外の惨劇が起きた場合、相手方（反対の賭けを行った者たち、往々にしてヘッジファンド業者）は、手札を捨ててゲームから離脱することができる。一方「保険に守られている」側は、惨劇そのものによる損害と賭けに対して支払った料金の損失とをどちらも引き受けなければならない。こうした結末を避けるために、連邦準備制度は他の中央銀行や民営銀行の一団、そして米国財務省と連携しつつ賭けに負けた相手方を密かに救済する癖をつけてしまった。１９９８年に巨大ヘッジファンド会社であるロングターム・キャピタル・マネジメント社（長期資本管理会社、ＬＴＣＭ）が破産に追い込まれたときにとられた策はまさにこれであった。２００５年にもこうした策が講じられたという証拠が存在するが、しかしそれは隠密に実行された。

ＬＴＣＭ社の数倍の規模のデリバティブ危機

ＬＴＣＭ破綻とは比べ物にならないほど大きいデリバティブ危機が起こるという噂が流れ始めたのは、２００５年5月のことであり、ちょうどゼネラルモーターズとフォード・モーターの負債が「ジャンク」（投資格以下のクレジット格付けがされた債券）へと格下げされた後のことであった。こうした格下げに直接関連していた大手ヘッジファンド業者の多くは、どうやら大きな問題に直面していたらしい。２００５年５月発表の記事においてロータ－・コンプはこう書いている。

> 巨大なデリバティブ・ポートフォリオに参入していた大手銀行（シティグループ、ＪＰモルガン・チェイス、ゴールドマン・サックス、そしてドイツ銀行等）の株は、５月10日にパニック買いにあった。パニックの背景には、銀行が口座預金を使って危険なデリバティブ投機を行っていたということ、さらに一層投機性の高いヘッジファンドにも手を出していたということ、また既存のファンドや新たにでっち上げたファンドを使って投機活動を行い、これを帳簿に記入することすら怠っていたということを人々が知ってしまったという事実がある。金融的な絶望、連準による気前の良すぎる流動性発行、そして暴利を抑える働きをもつ低金利という組み合わせのおかげで、近年ヘッジファンドの数は爆発的に増えており、皆がそろってより高リスクでより大きな見返りを求めるようになった。今となってみると、こうした銀行の中にはヘッジファンド部門だけでなく銀行そのものが危機に瀕しているようなものも存在するという点は疑いの余地がない。[8]

「ＬＴＣＭの数倍の規模の」デリバティブ危機を危惧する警告がこうして発せられた。しかし、コンプいわく、大規模なデリバティブ爆発を予期する報告は公的に否定された。救済策無しでこのような損失を認めてしまえば、銀行やヘッジファンド業者は一瞬にして破綻してしまうからである。国際銀行業界共同体の内部者によると、「**連準その他の中央銀行が、裏で必死に制度内に流動性を注入し続けているのは確かである。これは２００６年４月上旬までは公にされないであろうが、この時期が一度来れば、連準その他の中央銀行はマネーサプライについて報告せざるを得ない。**[9]」

すでにみたように、連準が「制度内に流動性を注入する」ときには、決まって「公開市場操作」を用いて会計項目としての通貨を発行するものである。こうした通貨はマネーサプライに借金という形で入り込み、政府負債を「貨幣化」する。もし連準があからさまにドル札を印刷していることが表に出てしまえば、直ちに警鐘が鳴らされるであろう。投資家たちはドル保有高をすぐさま売り、ドルと株式市場を同時に崩壊させるであろう。第三世界においてしばしばみられるお馴染みのパターンである。[10]では、どうすればよいのだろうか。連準は、警鐘に防音措置を施すという道を選んだ。そして２００６年３月以降はＭ３を報告しない、という決定を行ったのである。Ｍ３は20世紀後半におけるマネーサプライの測定と透明な管理の要であり、ドルの健全性を計る上で世界が当てにしていた尺度である。２００５年12月発表の『壮大な幻想』と題された記事において、金融分析家のロブ・カービーはこう書いている。

> 2006年3月26日、連邦準備制度理事会は、M3通貨総計の発表を終了する。理事会はさらに、次の項目の発表を終了する――高額定期預金、レポ取引量、そしてユーロドル。このような証券こそ、連準が（必要が生じた場合だが）大規模な収益化作業を始めた際に「捕捉」先として選ばれうるものである。

また、キャプテン・フックを名乗るある批評家はこう洞察している。

> これは、ニクソンによる1971年の金ドル交換停止にも匹敵するが、ニクソンの決定の後で何が起きたかは周知の通りである。これでは、親玉たちは第二のワイマール共和国を世界に向けて解き放とうとしているようにすらみえてしまう。あなたは、「旧アメリカ合衆人民共和国」を受け入れることができるだろうか。**ゲームのルールが再度根本的に変わるのだというわかりやすい合図を、私たちは米国の通貨官庁からもらったばかりではないか。**[11]

1971年にニクソンが金とドルの交換を停止したときや、それ以前にルーズヴェルトが同じことを国内で行ったときは破産した民営銀行制度を延命するためにルールが変更された。2006年の連準の報告慣習の変更も、同じ目的から行われたものとみることができる。

ほどなくして流れた噂によると、連準は新たに2兆ドルもの連邦準備紙幣を新たに発行するということになっていた。[12]なぜだろうか。化膿するデリバティブ危機を取り上げる分析家もいれば、住宅危機が原因だと言う者もいた。しかし、第三の竜巻が水平線に到来しているとする噂もあった。イランは、ユーロ建てで2006年3月に石油市場（ないし「バザー」）を開くことを発表し、石油は米ドルのみで取引すべきであると定める1974年OPEC規定を迂回しようとした。アラブ圏のオンライン雑誌『アルジャジーラ』に掲載されたとある記事は、イラン・バザーは「米国通貨の価値を破綻させ、あわよくば1930年代の恐慌時代にも匹敵するような危機を米国経済にもたらす可能性もある」と警告している。[13]ロブ・カービーはこう書いている。

> 日本や中国（またその他のアジア諸国）のような国々にとって、手持ちの数兆ドルが石油の購入のためにもはや必要不可欠ではなくなり（あるいは、必要量が大幅に下がり）、よって米国債務契約を本格的に清算し始めることができるようになれば、連準はこれを償還するために必要な量のドル札を印刷するに決まっている。そうなれば、マネーサプライが大幅かつ急激に肥大化する（ハイパーインフレーションが起きる）のは必然的であるが、これは統計上はM3

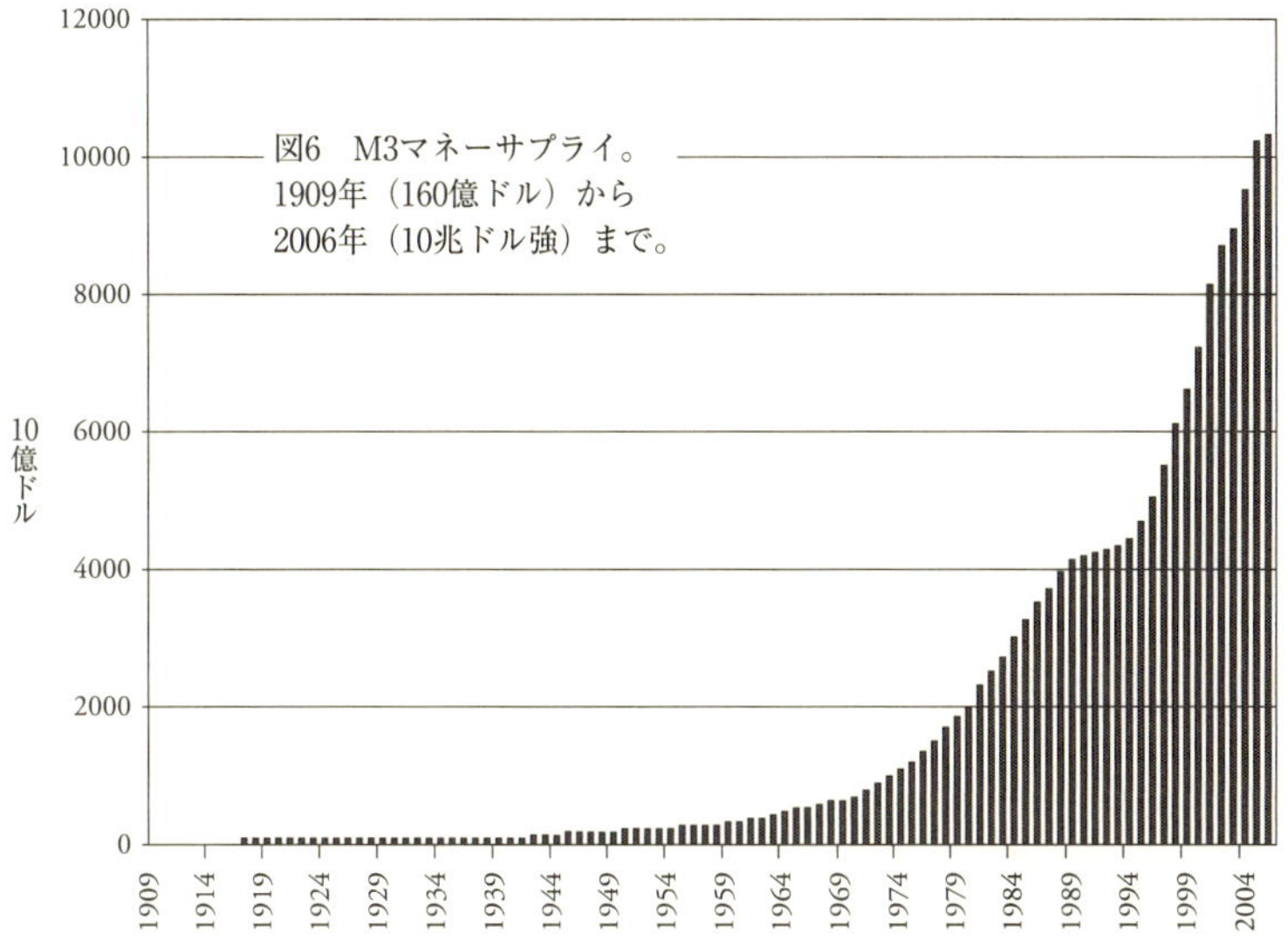

図6　M3マネーサプライ。
1909年（160億ドル）から
2006年（10兆ドル強）まで。

やM3関連の報告に分類されることになるに違いない。してみると、私たちはどうやら連準が実際に制度内に注入する通貨量に対して全くの「盲目飛行」を続けることになるらしい[14]。

連準が新たにドルを発行して政府負債を「貨幣化」するという動きは特に目新しいものではない。米国証券に買い手がつかない場合、連準はこれに応じて通貨を発行しそれを使って証券を購入するのが慣例である。新しいのは、そして分析家に危機感を覚えさせたのは、その一連の手続きが極秘で実施されているという点である。『デイリー・レコニング』紙にモガンボ・グルのあだ名で寄稿をしている愉快な評論家、リチャード・ドーティは、２００６年4月にこう述べている。

> 先週、連邦準備制度が突然現金2兆ドルを新たに印刷したという噂が流れ、ちょっとした騒ぎが起こった。僕はもちろん「ハハハ」と笑うしかなかった。なぜって、そもそも連準はこんな回りくどいことをしなくてもいいのだからね。指を鳴らすだけで電子通貨を発行することができるのに、なぜわざわざインクや紙を消費して運搬や数量確認や保管等々の長々として面倒くさい手続きをとることにしたのだろう。

とはいえ、この「現金2兆ドル」という筋書きにも、なんというか利点がある。アメリカの証券を売り叩く外国人たちが瞬時に大きな債券損失を生み出し、金利を天文学的に上昇させ世界経済機械そのものがメルトダウンする、なんていう危惧を抱いている場合はなおさらだ。やれやれ、だから「現金2兆ドル」計画を説明する鍵はここにあるのかもしれない。これだけの量の現金があれば、**アメリカの政府は外国人が売る政府証券をほぼ全部買い占めることができるのだからね。**その傍ら、これだけの通貨を発行すればインフレーションが起こるはずだけど、しばらくはそれは物価には反映されないだろう。ハハハハハ！　かれらは、これをちょっとしたひらめきだと思っているんだよ。[15]

なるほど、証券を買い戻しているのが本当に米国政府であるならば、たしかにちょっとしたひらめきかもしれない。**しかし、事実はそうではない。買戻しを行っているのは、連邦準備制度と民営銀行なのである。**そもそも、ドル札を直接刷って連邦証券を清算したいのなら、なぜ連邦議会にこれを任せて金融仲介人への巨額の負債を回避するという道をとらないのか。後でみていくように、政府がもし自分の債券を自分で買って流通を止めれば巨額の連邦負債を回避できるだけでなく、インフレーションを**起こさず**にこれを達成することすらできるかもしれないのである。政府債券はすでに通貨のように世界中で取引されている。それを現金に変換しても、全体のマネーサプライは変わらない。対して、連邦準備制度が新たに発行された通貨で政府債券を買い占めた場合、債券の流通は止まらない。代わりに、これは新たな融資という形でその元の価値を何倍にも増やすための基礎となる。そうなれば**かなりの規模**のインフレーションが起きることになる。とはいえ、こうした議論はここではまだ時期尚早である。

オーウェル的な解決策

M3に関する数値データを隠蔽することによって、連準は自らの詐術を隠すことに成功したが、それでもインフレーションは明らかに起こっていた。2006年春に至ると、石油や金、銀等の商品価格は急激に高騰していた。すると、不思議なことに、こうしたインフレーションを計るための指標もまた非公開となった。2006年10月、英国雑誌『フィナンシャル・ニュース・オンライン』においてバリー・ライリーは皮肉を込めてこう洞察している。

> 夏までの間、危険な雰囲気が漂っていた。連準は短期利率を下げており、インフレーションは着々と進んでいた。原油価格は1バレル80ドルにものぼった。新規住宅の売却件数は急落していた。すると、あたかも魔法のようにすべてが変わった。石油価格は方向転換し、60ドル以下にまで転げ落ちインフレーションの指標の一つである消費者物価指数にとって有利な結果となった。同じように、金塊価格（米ドル為替相場の潜在的な脆弱性を計るための指標であ

る）もまた、初夏の高価から一気に急降下した。2週間前のダウ平均株価は高値へとのぼりつめ、2000年1月の価格を追い抜いて史上最大のバブルとなった。

一連のパターンは実に興味深いものである。なるほど、債券や商品先物は不景気の兆しをみせていたかもしれない。しかし、ではエクイティ市場が活発となったのはなぜなのか。

ゴールドマン・サックスの親玉であるハンク・ポールソンが5月に財務大臣に任命されて以来、新しい陰謀論が次から次へと提唱されてきた。ポールソンには政治家としての功績は一切なかったが、かれは市場操作に長けた人物として有名であった。かれの任命の背景には、2006年11月の選挙を見据えて金融及び商品先物市場に、てこ入れをしようという意図があったのではないか。

連準とその提携銀行とは、経済に関する悪いニュースを隠すために新しい方法をとっているのではないかという疑念の対象となった――市場介入という方法である。米国住宅都市開発省元副長官のキャサリン・オースティン・フィッツは、これを「オーウェル的な筋書き」と呼んでいる。2004年に行われたインタビューにおいて、彼女は暗鬱にこう洞察している。

> 現代においては、もはや金融資産の自己調整を用いなくても、権力者たちは銀行制度や政府組織を通して経済をほぼ完全に支配することができ、株式市場を高騰させ続けたり、デリバティブを生き永らえさせたり、金の価格を人工的に低く抑えたりすることによってより多くの通貨を盗み取るのです。別な言い方をするならば、株式市場や金融資産の価値を下げることで経済に適応することはできませんが、ゲームを継続するために必要なあらゆるものを戦争や組織犯罪を駆使して流動化し盗み取ることは許されているのです。**これこそオーウェル的な筋書きで、今までどおりの日常をすごすうちに非常に全体主義的な政府と経済が出来上がってしまいます。これは、まさに企業封建主義です。**[16]

現代のポール・リヴィアたちは、国内安全保障措置がより厳格になってきており、公民権が剥奪されていっていると警鐘を鳴らし続けてきた。これはちょうど第三世界における国際通貨基金の政策のようなものであり、そこでは「緊縮措置」を押し付けた際に「国際通貨基金暴動」が起こることはあらかじめ織り込み済みであった。[17] 陰謀論者たちは、緊急権法の下で憲法を留保したり、米国愛国者法や国土安全保障法の下で戒厳令が課されたり、米国式の民主主義政府を警察国家と取り替えようとする動きがあったことを指摘してきた。[18] かれらは、2005年にはハリケーン・カトリーナに襲われたニューオーリンズにおける暴動の制圧に軍隊が使われたという事実を挙げ、これが民警団法に、つまり国内司法における「米国軍隊の積極的介入を制限する法律」に違反するということを指摘している。[19] 完全武装された民間傭兵や海外傭兵まで街頭に出現したとかれらは言う。こうした光景は、1992年に秘密裏に行われたビルダーバーグ会議における元米国国務長官のヘンリー・キッシンジャーの発言を彷彿とさせる。これはスイスの参加者が密かに録音したものだが、それによると、キッシンジャーはこう述べたとされている。

> もし今日、ロサンゼルスの秩序を回復しようと国連軍隊が参上した場合、米国は高々と抗議の声を上げるでしょう。しかし、明日になれば、かれらはこれに感謝するようになるはずです。人は皆、自分の知らないものごとに対して恐怖心を抱くものです。このような筋書きを提示してみせれば、人々は喜んで個人としての権利を放棄し、世界政府に自分の幸福と健康を保障してもらおうとするでしょう。[20]

また、災害対応を目的とする米国連邦緊急事態管理庁に対しても、疑問の声があがっていた。2005年11月の週刊通信において、アル・マーティンはこう書いている。

> 米国連邦緊急事態管理庁は連邦官庁に昇格されたが、これは米国愛国者法Ⅲの成立と同時期のことであり、同法には民警団法の廃止が盛り込まれていた。つまり、米国連邦緊急事態管理庁は再び軍事化され、軍事警察権力が与えられることになる。なぜこのようなことが行われているのか。なぜ政治体制は軍事警察政府と独裁制の方向に進んでいるのか。それは、負債の利息支払いができない限り、米国は経済圏として崩壊してしまうからである。そうなれば、私たちは経済的に崩壊した国に生きることになるであろう。**経済崩壊した国の政府が政府として機能し、支配権を維持するためには、軍事独裁政権を敷くしかないのである。**[21]

寄生虫の挑戦――宿主を殺さずに血を吸い続けるには

批評家たちによると、前代未聞の規模の戦争やテロリズムそして自然災害は、巨額の連邦負債を正当化する一方、経済全体が政府負債と消費者負債に溺れているという事実から人々の目をそらしてきた。[22]なるほど、これはもっともな指摘かもしれない。しかし、政策立案者たちは既存の通貨の仕組みの枠内でやるべきことをやっているにすぎない。通貨が負債であり、負債が通貨であるようなへんてこな世界では、通貨を制度内に供給して経済破綻を防ぐためには誰かが借金をしなければならないのである。生産性に関わる旧来の徳（勤勉さ、効率の良さ、そして創造性）は、もはや意味を持たなくなっている。経済「成長」の新たな先導者は債務者や投機家なのである。ヘンリー・C・K・リュウは、物理学から寓喩を引いている。

> クレジットが発行されるたびに新たな通貨が生まれる。ク

レジット発行によって相手側には負債が生まれるが、負債は通貨ではなくクレジットこそが通貨である。いうならば、負債は負の通貨であり金融的な反物質であるともいえる。物理学者たちは、物質と反物質の関係をよく把握している。物質と反物質が衝突すると、両者は抹消され、物質も反物質も純粋なエネルギーへと還元される。同じことはクレジットと負債についても当てはまる。両者は互いに関係しあう反対物だからである。クレジットと負債が衝突すると、両者は抹消され、その結果生じる統一体は純粋な金融エネルギーとなるが、これは人のためになるように制御されていない。[23]

つまり、クレジットと負債は互いを打ち消し合い、再び一つに融合し元の零点へと還元される。このような事態を回避し「通貨」を経済に維持するためには、新たな負債が常に生み出され続けなければならない。商業債務者たちが借金を通して通貨を十分に発行できなくなると、その役割は政府へと移され政府は自分のものではない通貨を使うようになり、あらゆる手段を尽くして借金を正当化するのである。経済を生き永らえさせるというのは、つまり、制度内に絶えず新たな借金通貨を注入しつつ、この「通貨」が何もないところから作り出されたのだということを隠蔽し続けることを意味する。しかも、このようにして新たに発行される融資は、必ずしも返済される必要はない。新たな通貨が流通し続ければそれでよく、元の融資では賄えないような上乗せ利息を支払うための資金源が確保されていればよいのである。流動性を制度内に注入するために、政府や中央銀行は実に様々な手段を採用してきた。一例として以下が挙げられる。

1. 金利を大幅に下げ、債務者により多くの借金をするよう働きかけ、これによってマネーサプライを拡張する。
2. 減税やリベートを実施し、人々の懐に通貨を入れる。その結果生じる赤字予算は、新たに米国国債を発行しこれを連邦準備制度に「買って」もらい、対価として、このためだけに発行されるドルを受け取ることによって処理する。
3. 公共事業や宇宙探査、軍事研究等の事業を認可し、返済不能な巨額の政府負債を正当化する。
4. 借金の口実として戦争を始める。なるべく長引きそうな戦争がよい。緊急事態においては、祖国を守るための政府による赤字財政支出を人々は甘受するものである。
5. 第三世界への融資。必要であれば、こうした返済不可能な融資は隠密に帳消しにすることもできる。
6. 融資担保を定期的に差し押さえこれを銀行へ返還し、新たな債務者にこれを売り、新たな負債通貨を発行する。こうして、「ビジネスサイクル」が確立される。つまり、定期的な恐慌の波が、大規模な債務不履行と担保差し押さえによって負債をきれいに洗い流し、債務者から銀行へ富を着々と移動させる。

7．株式市場を含む金融市場を操作（あるいは「八百長」）し、投資家の信用度を高く維持して借金を奨励し、貯蓄の大半が投資され不動産の大半が担保となるまでこれを続け、その後ビジネスサイクルの債務不履行フェーズが来るのを待つ。[24]

株式市場において八百長をするとはどういうことなのか。

『ニューヨーク・ポスト』紙の寄稿者ジョン・クルーデルによると、一時期は、上述したような可能性を口に出すだけで「狂った陰謀論者」のレッテルを貼られてしまうものであった。

批評家はこう言うだろう――米国では、自由資本市場に介入する者などいない、と。しかし、そもそも通貨市場においては、介入は日常茶飯事である。それに、連邦準備制度は債券市場や金利を言葉や行動によって明らかに操作しているではないか。とはいえ、このような行為は、資本主義の中核においてはご法度である。

エクイティ市場には、幸か不幸か介入が許されない。しかし、このような風潮も、１９９７年――大いなるバブルの最後の一例の末期である――に政府の中の誰かが、ウォール街が自分の問題を自己解決できなかった場合に備えて政府が背後に控えているのだということを公表するまでのことであった。「金融市場に関する分科会」、別名「暴落阻止チーム」が表舞台に現れたのである。[25]

第33章 幻想の維持――金融市場の八百長

> 今は亡きダウ様は、バナナ共和国の独裁者、軍服を着せられ、お城の窓辺の支柱にくくりつけられ、機械仕掛けのてこで死んだ腕を動かされ、ウォール街の大衆に手を振っている。
>
> ――マイケル・ボルサー『ミダス』（２００４年４月）[1]

人民や事業主、地方自治体や連邦政府が破産に向けて突き進む傍ら、市場崇拝者たちは相変わらず万事大丈夫を連呼していた。かれらは、自分の主張の証拠として堅固とした株式市場を挙げた。はっきり言って、薄気味の悪いものである。市場の崩壊を予感させる理由は数限りなくあったが、それでもなおなぜか崩壊は起こらなかった。有意義な投資関連情報ウェブサイト『ル・メトロポル・カフェ』の編集者であるビル・マーフィーは、２００５年10月のニュースレターにおいて、『オズの魔法使い』を寓喩として用いつつこの現象をこう説明している。

> 株式市場は、崩壊寸前のところまで追い詰められた途端さらに強力になって復活する。例えば、５月には、デリバティブやヘッジファンドの問題について噂が流れ夏へと続くことになるモンスター集会が立ち上がった。ロンドン爆破事件も同じである。そして、最近も（ハリケーン）カトリーナとリータが新たな集会の発端となった。**何か仕掛けがあるに違いない――ちょうど、カーテンの裏で糸を引いたりボタンを押したりしているオズの魔法使いのように。**[2]

それでは、この仕掛けとは一体何なのか。ジョン・クルーデルによると、種明かしをしたのはクリントン大統領の政策戦略担当上級顧問のジョージ・ステファノプロスであり、世界貿易センターへの襲撃の後の混沌状態においてであった。『グッド・モーニング・アメリカ』番組において、ステファノプロスは2001年9月17日にこう漏らしている。

> 連準は1989年に暴落阻止チームなるものを作りました。これは、連邦準備制度、巨大大手銀行、そしてニューヨーク証券取引所を含む各取引所の代表者から構成されています。そこでは、今のところ非公式の会議しか行われていないのですが、いわば暗黙の了解のようなものがあり問題が起きた場合には大手銀行が間に入って証券を買うようになっているのです。
>
> 以前は、このチームは公の場で動くこともあったのです。覚えておられるかわかりませんが、例えば1998年に、ロングターム・キャピタル危機というものがありました。この会社は大手通貨取引業者であり、世界的な通貨危機が起きたのです。**その後、連準の指示に従い銀行は一致団結してロングタームの破綻が始まったとき、通貨市場を高騰させたのです。同じようなことをする計画は、株式市場が落ち始めた際にも存在するのです。**[3]

暴落阻止チームの公式名は「金融市場に関する分科会」である。1987年10月の株式市場破綻への対応として1988年にレーガン大統領の大統領令12631によってこの分科会は創設されたが、そこには大統領、財務省長官、連邦準備制度総裁、証券取引委員会委員長、商品貿易委員会委員長が含まれる。その責務は、公式発表によると「わが国の金融市場の公正さ、効率性、秩序、そして競争性を」高め「投資家の信頼性を保つ」ことである。大統領令にはこう書かれている。

> 法律が許す限り、また利用可能な資金が存在する限りにおいて財務省は分科会に対して、分科会の責務遂行に必要な行政支援及びその他の援助を行う。[4]

普通の言葉に訳すと、つまり私たちの血税を使って、市場を実際よりも健全にみせかけようということである。財務省から資金提供がある一方で、金融市場に関する分科会は連邦議会への報告義務がなく、舞台裏で密かに動くことができるのである。できるというよりは、舞台裏で動かざるを得ないというべきかもしれない。ことの全容が明るみに出てしまえば、投資家が餌に食いつかなくなってしまうからである。「投資家の信頼を保つ」とは、市場がいかに不安定であるかを投資家に悟られないようにするという意味である。

クルーデルは、2006年6月の『ニューヨーク・ポスト』紙上の連載において、暴落阻止チームの謎めいた歴史を追っている。

さかのぼって、1989年の株式市場危機の際、ロバート・ヘラーという名の男（連邦準備理事会を辞めたばかりの男）が緊急事態においては政府が株式市場で八百長をするべきだという趣旨の発言をした。「八百長」という言葉を実際に使ったわけではないが、かれの言わんとすることはつまりそういうことであった。

『ウォール・ストリート・ジャーナル』紙の論評記事として提案されたこの議論は、実に影響力のあるものであり、それによると、ウォール街で危機が発生した場合「経済に流動性をたくさん流し込み、インフレーションの危険性を高めるよりも連準は市場平均価格で商品先物を購入し、株式市場を直接助け、市場全体を再び安定させることができる」らしい。

こうして、株式市場は21世紀のローマキルクス（戦車競技場）と化し、繁栄を装って大衆を魅惑した。経済問題を解決する代わりに、暴落阻止チームは投資カジノを「調整」するに留まった。クルーデルはこう書いている。

その後数年間にわたって、株式市場で問題が起きると必ず誰かが助けに現れるようになった。助け舟を出すのは決まってゴールドマン・サックスであったが、偶然にもそれは、新任の財務長官ポールソンと元クリントン政権財務長官ロバート・ルービンとのかつての勤め先である。

いうまでもなく、暴落阻止チームが助け舟を出す際の手順は連準のウェブサイトには詳しく書かれていない。しかし、分析家の中にはその仕掛けを解明した者もいる。金《ゴールド》反トラスト活動委員会（ＧＡＴＡ）の一員であるマイケル・ボルサーによると、暴落阻止チームからの通貨は連準の「公認ディーラー」へと送られる――特認されたウォール街仲買会社や投資銀行の一団である。このとき用いられる商品は「再売買合意」ないし「レポ」と呼ばれるローンであり、財務省証券の売却と将来的な買戻しの契約である。ボルサーはこう解説している。

奇妙に思えるかもしれないが、連準は時々、通貨（「恒久」レポ）を公認ディーラー（メリル・リンチやモルガン・スタンレー等の金融会社30社）に差し出す。かれらには、この湧いて出た通貨を返済する義務がない。このため、公認ディーラーたちは公認ディーラー「クラブ」に残ろうと連準の言いなりになるのである。

ダウを支えるためのレポ使用の仕組みは単純である。公認ディーラーたちは、朝一番でレポを入手し、ダウ指標先物を購入する（公開ダウ取引市場に比べ遥かに小規模な市場である）。先物価格はダウ市場全体を先導する。投資家たちの大半は「インサイダー」先物購入者たちは、特別な情報を握っており市場を「先読み」できるのだと信じているからである。いうまでもなく、インサイダーは特別な情報など一切持っておらず、**レポという形で特別な通貨を持**

っているだけである。[5]

市場を操作するために用いられる通貨は「モノポリー」通貨であるが、これはただ市場に支柱を立てるためだけに何もないところから作られ無料で提供される資金である。ダウに支柱が立てられるだけでなく、金市場はこれによって安値が保たれる。金は、重要なインフレーション指標であると考えられているからである。もし仮に金価格が急上昇してしまえば連準はマネーサプライを引き締めるために金利を上げざるを得ず、そうなれば住宅市場が痛手を受け、政府はインフレーション調整後の社会保障費支出を上げなければならなくなる。こうした操作が行われている様子を見ても、ほとんどの取引業者たちは文句を言わない。連準の市場操作は自分たちにとって有利になるように行われていると信じているからである。しかし、金投資家たちはたびたび出し抜かれてきた。さらに、暴落阻止チームの秘密裏の操作は株式市場バブルを作り出したが、このバブルが崩壊すれば人々は皆貯蓄を失うことになる。そして、バブルは必ず崩壊するものなのである。不用心な投資家たちは、倒れる寸前の競走馬に高リスクな賭けをするようけしかけられた。人々が従順になり、悪質な指導者や悪質な政策、悪質な法律についていくようになる背景には経済的にはすべて「うまくいくはずだ」という信念が働いている。

発表以来一貫して無視されてきたGATAの調査結果が脚光を浴びることになったのは、トロントのスプロット資産運用会社のジョン・エンブリーが2004年8月に発表した綿密な研究報告書において、GATAの結果が確認されたときであった。[6] 更新された報告書が2005年に『アジア・タイムズ』紙に発表されたとき、その前書きにはこう書かれていた。「民間部門主体の秘密主義とより深い関与とは、大規模なモラルハザードを奨励しかねない。」モラルハザードとは、ある契約の存在によって関連主体の将来的な動向が変わってしまう危険性を指す。例えば、火災保険に加入している会社は、より簡素な防火処置を採用する可能性がある。本章の場合のハザードは、過去に救済を受け続けてきたがために愚行に走ってもまた救済してもらえるはずだという前提に立って、銀行が不必要な投資リスクや融資リスクを引き受けていたという点である。前書きはさらにこう続けている。**大手金融機関は事実上国家機構として動いており、公平な競争に参加しているとは言い難い。度重なる国家介入は、どうやら制度全体を汚職まみれにしてしまっているようである**、[7]と。

「暴落阻止か、はたまた巨額の秘密税収か」と題された2006年6月発表の記事において、チャック・オースティンはより単刀直入にこう書いている。

> 暴落阻止チームが日々市場を操作しているという点に疑いの余地はない。政府管理の「前線企業」（ゴールドマン・サックス、JPモルガン等々）は、市場操作によって驚愕の収益をあげている。この通貨の大半は、恐らく国庫に再

び回収されるはずだが、それでもなお、巨額の通貨が参加企業や個人によってかすめ取られている。

かれらの手口は、1950年代や1960年代にラスベガスで流行ったマフィア主導のカジノのそれに似ているが、参加者にとってより効率的で潤沢なものにもなっている。マフィアに比べ暴落阻止チームは大きな優位性を持っている。調査や起訴を受ける心配がなく財務省や連準のおかげで無限の資金が利用可能であり、さらには究極のインサイダー取引優位性を備え、また政府によってコントロールされたメディアのもつ詐術と誤報術とをすべて味方につけ市場を好きな方角へ動かすことができるからである。投資家ならば誰でも、株式や先物、通貨のその日の値動きをあらかじめ知ることができたならばどれほどの大儲けができるか簡単に想像することができるであろう。ましてや、限りない投資資金が手に入るのであればなおさらである。暴落阻止チームは投資家を出し抜いているだけでなく、**企業合併による「買収」への抵抗の機会を与えるような競争を排除する。新世界秩序のエリートたちがコントロールする多国籍企業だけが勝ち残る時代はすぐそこまで来ている。**[8]

為替安定化基金

暴落阻止チームに匹敵するほど重要(かつ不審)な規制の仕組みとして「為替安定化基金」が挙げられる。為替安定化基金は、連邦議会による認可の下ドルの為替相場の急激な変動が金融市場を「困らせる」ことがないように然るべき措置をとる権限を有している。市場分析家のジム・シンクレアはこう書いている。

為替安定化基金を、投資様式やヘッジファンドと混同してはいけない。為替安定化基金にはトレーダーも事務所も取引窓口も含まれていない。そこにはただ、まとまった額の通貨と記録をとるための帳簿とが存在するだけなのである。市場に介入せよという指令は、米国財務長官か、あるいは財務長官代理(長官の出身国際投資銀行から抜擢された相棒である)がくだす。こうした企業が自前の口座を使って政府にとって有利な取引を行っている現状を、あなたは不思議に思ったことがあるだろうか。あるいは、このような企業の取引口座がいつも潤沢な利益をあげていることや、巨額のポジションを悠々とかれらがとっているという点はどこかおかしいと思いはしないか。恐らくかれらは、為替安定化基金の指令を遂行するだけでなく、指令に合わせた取引を行ってもいる。そして、その傍ら、為替安定化基金指令と自分たちとは、内部情報隔壁によって隔てられているかのように装っているのである。[9]

市場の本来あるべき姿に従って賭けを行う投資家たちにとってみれば、上記のような実態は底なしの会計項目資金と競争しているという点も考慮にいれるとなお一層全く胸糞悪いものである。２００４年３月にゴールドマン・サックスが計上した予想以上に高い四半期利益について報告をした研究調査会社は、皮肉を込めてこう述べている。

では、この莫大な四半期収益について、ゴールドマンは誰にお礼を言えばよいだろうか。他ならぬ、自己売買業務への資金提供担当者、アラン・グリーンスパンである。[10]

ヘンリー・ポールソンは、ゴールドマン・サックスを指揮した後、２００６年６月に米国財務長官の座を継いだが前任のロバート・ルービンもまた財務長官就任前はやはりゴールドマンの最高取締役であり、かれの就任はちょうど、１９９５年のメキシコペソの大々的な平価切下げの恩恵にゴールドマンやその他の投資銀行があずかろうとしていた時期のことであった。保守派雑誌『アメリカン・スペクテーター』に２００６年10月に掲載されたある記事には、米国財務省は「ゴールドマンサックス南」に番地変更をしてしまったと書かれていたほどである。[11]

ビッグ・ビジネスと大きな政府との共謀——ＣＲＭＰＧ

市場で八百長を共謀しているのではないかという疑惑をもたれているもう一つの組織として、大手ニューヨーク銀行の民間団体である「取引先リスク管理政策グループ」（ＣＲＭＰＧ）がある。「取引先」とは、契約の相手方の団体を指しており往々にして利害が衝突する相手である。ＣＲＭＰＧの動向は、金《ゴールド》反トラスト委員会のウェブサイトに２００６年９月に再掲された記事において暴露されたが、そこには論拠として連準やＣＲＭＰＧのウェブサイトへの参照が含まれていた。[12]ジョー・ストック（ストックは「株」の意）を名乗る著者の見解によると、ＣＲＭＰＧの結成目的は、協力して市場操作を行うことによって加盟銀行を金融的な窮地から救うことであり、それはすべて米国政府の承認を得て行われている。

ストックいわく、救済という措置自体は特に新しいものでもない。例えば、１９９０年代には救済が次から次へと行われた。その最初であるメキシコ救済は、ロバート・ルービンが米国財務長官に就任したその日の夕方に決定された。その後、１９９８年には「アジア危機」があり、さらに続いて１９９９年にはＬＴＣＭという、デリバティブ取引を行う巨大なヘッジファンド業者が救済された。そもそもＣＲＭＰＧは、１９９９年のＬＴＣＭ危機に対応するために、また将来同じような危機から金融業界を守るために結成されたのである。

２００２年５月、証券取引委員会はデリバティブ関連の問題が原因である大手銀行が破産寸前にまで追い詰められているのではないかという懸念を示した。かかる銀行は、ＪＰモルガン・チェイスである。同年末に至ると、ＣＲＭＰＧはＣＲＭＰＧ加盟社の共同運営による新しい銀行の創設を推奨した。連邦準制度と証券取引委員会はこれを認め、ＪＰモルガン・チェイスの問題は途端に消滅した。「ステルス救済」が仕組まれたわけである。

２００５年は「プログラム売買」が飛躍的に増えた年でもあった。そこでは、株式やその他の証券をコンピュータを使って大規模に取引し、価格の変動に反応して売買判断が自動的に行われる。大手プログラム売買業者は、ＣＲＭＰＧ加盟社であった。大規模な自己売買部門をそれまで持っていなかった加盟社はこれを新設したが、このような会社の一つであるシティグループは、この部門における「新たな」革新のおかげで売買のリスクは減少したという趣旨のことを述べたとされている（市場八百長技術の革新という意味か）。２００２年前半、プログラム売買はニューヨーク証券取引所の全証券取引の約25％を占めていた。２００６年に至ると、これはほぼ60％にまで達していた。その1年後『ウォール・ストリート・ジャーナル』では、ＪＰモルガンは自己資本の売買という高リスクな事業活動によって巨額の利益をあげているのではないか、という懸念の声があがった。

> 最近の利益増加は、少数かつ無名のトレーダーからなるグループが会社のお金を使って大きな賭けを行うことによってあげられている。どうやら、8名からなるニューヨークのチームは同社で1億ドル以上の取引利益をあげたらしい。

２００４年、連準総裁のアラン・グリーンスパンは、２０００年と比べてほぼ2倍の大きさとなるなどして爆発的に拡大するデリバティブ市場に対し改めて懸念を示した。かれは主な参加者たちに向けて、連準との会合を開きデリバティブへの関与の度合いについて話し合い、市場の安定を保つために必要な措置を報告書にまとめるよう促した。報告書は２００５年7月に発表されたが、これは連準の総裁にではなくゴールドマン・サックスの総裁に向けて書かれた。その内容は曖昧模糊とした銀行専門用語の下に埋もれてしまったが、細かいところが理解できなくても米国の最大手銀行は互いに、また顧客と共に共謀し市場を操作している、という点はおぼろげにであれわかるはずである。文書では、よりよい未来に向けて互いにがんばろうという論調で話が進められているが、ストックによるとこれは自由市場の実態とは異なる。反トラスト法は、まさにこのような共謀を防ぐ目的でつくられたのである。

報告書にはこう書かれている。「機関構成の保持及び強化によって、危機に際し業界団体や業界先導者たち、そして統率者たちが、金融安定性という高次かつ共通の目的にむけて協力できるよう準備をするべきである。」文書はさらにこう続けている。

> 金融仲買業者の販売・取引担当者間で容認されている市場慣習として、各々の洗練された取引先に一般市場水準あるいは「予兆」の提供があるが、そこには複雑な取引の価値

を算出するために用いられうるような入力値や変数が含まれる。これに加え、もし取引先がある特定の複雑な取引をひもとくことを目的として価格や水準を要求し、さらに金融仲買業者がかかる価格ないし水準を提示する意志を示した場合、その金融仲買業者の販売・取引担当者はこの情報を提供するのが適切である。[13]

ストックはこう書いている。「大手銀行は、情報共有をするよう促されている。また、すべての取引には自分と相手がいるものである。あなたは、あらかじめ結果が定められた取引の相手方に立ちたい思うだろうか。」ストックはさらにこう警鐘を鳴らす。

最高峰におけるこうした共謀によって、最大手金融機関の金融安定性を不動のものにしようというこの動きは、小規模な機関の投資活動に対立するだけでなく小規模投資家たちの長期的な投資活動や目標とも対立する可能性がある。LTCMの破綻は、多くの人々にとって割合どうでもよいことであった。救済措置は、一部の投資家やLTCM自身の面子を保つために取られたにすぎない。

公共企業は、全情報の開示を求められている。だとすると、CRMPGはなぜ自由市場の原理に反して市場で八百長を行うために共謀することが許されているのか。CRMPG報告書は、つまるところ小規模投資家に損失を被らせる一方で、共謀を通して自分の戦略を実施するための枠組みを提供しているのである。

モラルハザードによって、私たちの金融機関の最高峰において道徳的な腐敗が起きている。**暴落阻止チームよ、そこをどきなさい——CRMPGのお通りだ。**

市場操作と政治

銀行と政府が、国家経済危機の防止を目的に市場操作を通じて協力するという考えは、一見すると頼れる家父長的な保護体制であるように思える。しかし、何もなかったところに突然通貨を出現させる魔術は、小規模投資家の貯蓄をおじゃんにしたり党派政治の武器となったりすることもある。経済が上向きになると、現職の議員は再選されるものなのである。マイケル・ボルサーは「レポ」プール（一部の投資銀行に提供される「無償通貨」）に対応するダウの値動きを注意深く追っている。かれの調査結果は、連準が経済を実態よりも健全にみせるためにダウやドルを定期的に「工作」する様子を描き出している。例えば、2003年のイラク戦争開戦時の株式市場の値上がりがどこから来たのかを追ったとき、ボルサーは「イラク戦争の呼びかけはその名前とは全く異なるものであり、**一から十まで連準によって工作された運動であった」という発見をした**。[14] また、オーウェル的な事態が起きている可能性について、アレックス・ヴァレンシュタインは2004年4月の記事においてこう示唆している。

財産権や所有権を自発的かつ直接的に放棄する人などいない。しかし、連準の金利政策によって財産を吸い尽くされ、もはや貯蓄が底をつき（というのも、株式市場収益は債務担保証券や貯蓄債券に比べはるかに高いからである）、私たちの定年後の希望や夢が株式市場に依拠されてしまえば（この市場は、一瞬にして大規模崩壊するよう工作されうる）、私たちは「従順なかわいい羊」に変身することになる。そうなれば、私たちは晴れて羊毛を刈り取られ、殺され、食肉として包装され、後日私たちの管理者たちによって消費されうるようになる。[15]

経済崩壊の工作が意図的に行われていたわけではなくても、多くの専門家たちはそれが間もなく到来することを確信していた。『ドルの終焉』と題された２００５年出版の著作において、アディソン・ウィギンはこう洞察している。

負債が日に日に増えている現状で、政府はなぜ負債の完済の約束などということができるのだろうか。すでに事態は制御不能となっている。もはや崩壊は避けようがなく、あとは時間の問題である。その結果、株式市場は大暴落し、貯蓄は全く価値がなくなり、債券市場は完全に空中分解してしまうだろう。米国は無敵であると思い込んできた人たちにとって、これは粗野な覚醒の機会になるだろう。[16]

蜘蛛は老化しているか

ハンス・シヒトは、迫り来る金融覚醒の日を別の角度から捉えている。シヒトは、「親蜘蛛」デビット・ロックフェラーが88歳になった年である２００３年にこう述べている。

ロックフェラーの支配力は至る所で弱まっている。かといって、かれの後継者になって手綱を引き継ぐ者がみつかったわけでもない。ハイエナたちは残飯を貪っている。汚職がはびこっている。派閥争いが帝国を分断している。

ロックフェラーにとって吉と出た事態は、米国にとっては大きな災難であった。米国の国民、政府、そして国自体が、負債で崖っぷちまで追い込まれ銀行の奴隷となった。ドル高政策のおかげで国内産業勢力は外国のそれに負けてしまった。ドル高は、ただ銀行業界の利益のためだけに実施され、国益は無視された。今となっては、米国はサービス業と消費の国へと堕落している。

ロックフェラーが降壇すれば、60年間にわたるドル帝国主義は幕を閉じる。変化の兆候として、偉大なるドルは、通貨市場において直接的に、また債券市場において間接的に攻撃を受け始めている。金融覚醒の日はすぐそこまで来ている。ロックフェラーの強力な手が緩み、旧来の体制秩序が弱体化する中、世界は前代未聞の危険な変動期に突入しておりもはや何が起こってもおかしくない。[17]

はたまた、蜘蛛は巣を移しただけなのか

ロックフェラーが老化し後継者がみつからない現在、親蜘蛛は大西洋を再び渡ってロンドンに巣を移し、民間ヘッジファンドの軍隊で武装しケイマン諸島から世界を支配しているとする証拠もある。２００７年3月の記事において、リチャード・フリーマンは、ケイマン諸島は英国の海外保護領であると指摘している。ケイマン諸島の機能は「グローバリゼーションと金融戦争の震源」となることであり、その役人たちはフリーマンが「英蘭寡頭族」と呼ぶ人々たちによって直々に抜擢される。

英蘭寡頭族にとって、密に連携された銀行やヘッジファンドは第一の権力装置であり、これを使ってかれらは金融制度を支配し企業や国を略奪し破滅させるのである。カリブ海に浮かぶ三つの小島、フロリダの南端から480マイル南にある島々（ケイマン諸島の通称で知られているが、ケイマンとは地元の言語で「ワニ」（ケイマナ）の意）は、数世紀にわたって、通商船を狙い撃つ海賊たちの拠点地域であった。

１９９3年、この観光名所を強力な金融権力地帯に変身させるという決定がなされ、そのために制定された投資信託法は規制緩和された制度内でヘッジファンド業者の法人設立及び法人登録を容易にした。１９９3年投資信託法の影響は強かった——シティ・オブ・ロンドンの指示を受け、ケイマン諸島で経営をするヘッジファンド会社の数が爆発的に増えたのである。１９９7年には１６８5社であったのが、２００6年第三四半期では８２８2社にまで、つまり5倍にまで増えた。世界中のヘッジファンド会社の5分の4はケイマン諸島会社である。世界規模でみると、ヘッジファンドは30兆ドルにものぼる金額の利用可能資金を備えている。いくつかの報告によると、２００5年にはロンドンおよびニューヨークの証券取引所を通した取引の50％までがヘッジファンドであった。

ヘッジファンド業者は狂気じみた企業合併と企業買収の波を先導しており、これは昨年は4兆ドル近くにまでのぼったが、かれらが買収し縮小してきた企業には、自動車部品製造者のデルフィ、テキサスの電力会社ＴＸＵ、そしてオフィス・エクイティ・プロパティ社が含まれ、さらにはドイツのベルリンやドレスデンにある数十万世帯ものアパートが買い占められた。これによって、数十万人にものぼる労働者たちが解雇された。

かれらは、ウォール街の相棒たちから援助を受けている。総じて、ヘッジファンド業者は世界最大手の商業銀行や投資銀行から借りた通貨を背景に、世界のデリバティブ・バブルを名目価格で優に６００兆ドル以上にまで肥大させ、

世界を近代史上最大の金融崩壊へと導いてきた。[18]

経済の卵を割る

銀行危機の規模の大きさと、それを隠蔽するための必死の努力とは、どちらも2007年6月に公になった。ベア・スターンズ・カンパニーに属するヘッジファンド会社二社が、サブプライムローン関連のデリバティブの賭けに負け破産したのである。関係者たちは、デリバティブの本来の価値が当初公表された価値よりも遥かに低いということが知られるのを避けるよう隠密な解決策をとるよう圧力を受けた。しかし、『ル・メトロポル・カフェ』上で「デリバティブ」と題された6月30日付の記事において、エイドリアン・ダグラスはこう洞察している。

これを、簡単に切除できるような、見た目は醜くても害はないような腫瘍だと考えるのは間違いである。基礎となる資産の価格設定に対して賭けをすることで生じる大規模な金融活動は、制度を汚職まみれにしており、賭けに負けた場合自分が実際に持っている通貨と比べ桁が違う金額を支払う義務を負うことになる人たちは、道徳倫理腐敗のブラックホールに吸い込まれる。金融的な破滅を逃れるためには、基礎となる資産の価格を操作するより他に道がないからである。

一見すると、デリバティブは複雑な商品であるようにも思えるかもしれない。しかし、ダグラスいわく、その考え方自体は単純なものである。デリバティブとは、何かが起こることに対する保険契約である。例えば、金利の上昇や株式市場の値下がりなどである。しかし、通常の保険契約と異なり、これらは一生に一度の不運な災害などではない。むしろ、時間が経てば当然起こるような類の出来事である。さらに、もし支払いの引き金となる出来事が起きた場合、「例えば家宅が全焼したような場合とは異なり、一日数件の支払いでは済まず、一日で数兆ドルもの支払い義務が発生する。いわば、金融界におけるハリケーン・カトリーナが、米国の全市町村を同時に襲うようなものである。」ダグラスはさらにこう洞察を続けている。

このような馬鹿ないかさまビジネスが天文学的な規模にまで膨れ上がるのを阻止するべきところを、諸官庁および諸銀行、そして世界中の主要金融機関は皆、これを脱穀の発明以来の恩恵として賞賛した。とはいえ、こうした主体は皆この大罪の共犯者である。皆もはや後戻りができず、賭け金も大きくなりすぎた。かれらは毎日基礎資産を操作することで、大規模なデリバティブ関連事態からの支払いが引き起こされるのを防ぐしかなくなった。

デリバティブとは、ボラティリティに対する賭けである。ということは、以上のような経緯の後でおきたことを予想してみていただきたい。そのとおり、ボラティリティが消えたのである。VIX（シカゴオプション取引所ボラティリティ指数）は、死亡した患者の心電図のようになったのである。ところで、金には暗黙の「6ドルルール」がある。ダウは一日で200ポイント以上下がることが許されず、翌日にはまた回復しなければならない。金利はそれ以上あがってはならない。もしあがった場合、**連準はまた秘密のM3を追加発行しなければならず、カリブ海の脱税国へとこれを輸出し、匿名の海外銀行が米国国債を狂ったように買い漁っているように見せかける必要が出る。**

しかし、こうしたいかさまは段々とボロが出始めている。制度破綻を回避するためにと注入された巨額の流動性は、至るところに資産バブルという形で出現しており、原料不足が蔓延しているからである。実に大規模なインフレーションが現在起きている。世界の主要経済圏は、皆例外なく、マネーサプライを年間10％以上膨張させている。

デリバティブの購入者たちがことの真相に気づき、元から無いも同然であった保険契約の保険料の支払いを止めたとき、ダグラスいわく、「ボラティリティという言葉の定義は一新されるであろう。」こうして私たちは、寄生虫のあの悩みに舞い戻ることになる。つまり、バブルが崩壊してしまえば、その上に建造された銀行業帝国もまた崩壊せざるを得ないという悩みである。

第34章 メルトダウン——諸銀行のひそかな破産

「なんてことをしてくれたんだい！　あと一分であたしゃとけちまうよ」と魔女は叫びました。そう言うと同時に、魔女は茶色いドロドロの形なきかたまりとなって、きれいな台所の床板の上に流れだしました。

——『オズの不思議な魔法使い』「邪悪な魔女をさがして」

負債バブルは崩壊の兆候をいくつも示しており、一度崩壊が起こってしまえばその上に築かれた民間銀行帝国を一掃してしまう可能性が高かった。このような金融メルトダウンを防ぐために、ウォール街の魔女たちとヨーロッパの仲間たちは絶望的な努力をしており、ただでさえ危うい制度全体をさらなる危険に晒すような巨大なデリバティブ・バブルを形成してもいた。「嵐の前兆」と題された２００４年２月発表の記事において、ロンドン版『エコノミスト』誌は、世界各国のトップの銀行は高リスクなデリバティブにどっぷり浸かっており業界全体のメルトダウンは非常に現実的なリスクである、と警鐘を鳴らしている。こうした状況は１９９８年のロングターム・キャピタル・マネジメント社の破綻の直前に比較されており、その場合「ロシアが債務不履行に陥ったことによって賭けは派手に外れた。金融市場は暴走し、大規模ヘッジファンド会社であるＬＴＣＭは連邦準備制度の要請のもとで関連銀行によって救済されなければならなかった。[1]」

２００２年にジョン・ホーフルは、それ以降連準はひそかに銀行を救済し続けてきた、と書いている。かれによると、銀行制度全体は1980年代に一度破産しており、そのときの引き金は10年間にわたる不良債権市場と不動産バブルの崩壊であった。貯蓄貸付部門が破綻し、テキサスの大手銀行はほぼすべてその道連れにされた。それさえも、氷山の一角にすぎなかった。

シティコープは1989年に連邦準備制度によって密かに買収され、他の巨大銀行に関しても「ショットガン合併」が進められ連準の融資メカニズムによって裏口救済が与えられ、銀行監査官たちは不良債権を見過ごすよう命令された。**以上の動きは、デリバティブを始めとする様々な投機への突入と相俟って諸銀行に支払い能力の仮面を与えたが、同時に米国銀行制度の残りを破壊することにもなった。**

大手銀行の問題は大きな賭けに負け、見返りを得られなくなったところにあった。第三世界への融資は債務不履行になり、大企業が倒産し、大規模なデリバティブ賭博が見当違いの方角へ行ってしまったのである。倒産した巨大企業であるエンロン社の場合のように、根深い経済的弱点がいんちきな会計によって隠蔽され「支払い能力の仮面」が工作されていたのである。ホーフルはこう書いている。

米国の諸銀行（特に巨大デリバティブ取引者たち）はこのゲームの達人であり、数兆ドルにものぼる無価値な借用証書（デリバティブ、誇張された資産、そして返済不可能な負債）を額面どおりの価値で計上し、支払い能力があるかのようにみせかけている。1980年代後半、まだ生きているということを機械的には示しつつも実際にすでに死んでいる銀行は「ゾンビ」という名をつけられた。

1984年から2002年までの間、銀行が破綻すると即座に買収や合併の嵐が吹き荒れ銀行数は45％も減少した。上位7銀行はさらに3社へと合併された――シティグループ、JPモルガン・チェイス、そしてバンク・オブ・アメリカである。ホーフルはこう書いている。

一連の合併の結果、より大規模でより深刻に破産した巨大銀行が生まれた。似たようなことは世界各国で起きている。世界規模のリストには、米国の不動産バブルを膨らませることに特化した二つの機関が含まれている。ファニー・メイとフレディ・マックはどちらも住宅ローンを不動産担保証券に変換することを専門としており、米国住宅バブルがはじけてしまえば雲散霧消してしまう。

ホーフルによると、ゾンビたちは保護施設をのっとってしまった。2002年、バンク・ワン社が巨大ゾンビであるJPモルガン・チェイスを買収するのではないかという噂が流れた（この合併は実際に2004年に行われている）。ホーフルはこれについて「あまりにも馬鹿げている」と書いているが、なるほど、書面ではJPモルガン・チェイスの資産はバンク・ワンの2倍であった。「それでもなお、モルガンの破綻は時間の問題であり、ホワイトハウス及び連邦準備制度暴落阻止チームの観点からはこれはなんとしても回避すべきことであった。」[2] 2004年2月発表の記事「ごまかし帳簿——巨大カジノとしての米国銀行」において、マイケル・エドワードは上述の考えに同意している。エドワードは、米国銀行は「煙幕簿記」を行っており、「書面資産」簿記を使ってデリバティブ損失を隠すために合併を繰り返していたと言う。

一般国民は、米国の銀行には未だに支払い能力があると思い込まされているが、これは株式の「書面」価値の「収益」が計上されているからである。**もし米国市場が操作されていなかった場合、米国銀行は米国経済全体を道連れにしつつ一夜にして破綻するであろう。**

米国銀行（及び世界各国の銀行の大半）の天文学的な損失は、不当な価格をつけられたデリバティブによって隠蔽されてきた。その問題点は、こうした損失を株主に報告する義務はないということであり、**実のところ多くの米国銀行はすでに破産しているのである。つまり、米国銀行はもはや、口座を持つ顧客への支払いに他の口座顧客の資産や預金を使うネズミ講組織と化したのである。**

ポールへの支払いのためにピーターからカネを盗むなどというやり方はうまくいった試しがなく、ネズミ講（あるいは違法なピラミッド商法）は必ず、それに投資した人全員が莫大な損失を被るという形で突如終わるものである。米国銀行に口座を持っている人たちは、間もなくこのことを身に沁みて思い知るはずである。[3]

民営商業銀行は廃れているか

このような評論家たちによると、銀行破産のまん延は、個々の不始末や無茶だけが原因なのではなく、そもそも本質的に持続不可能なネズミ講のしかるべき終焉を物語っている。ドルが金本位制の一部であった頃は、銀行は定期的な「取り付け騒ぎ」に対処しなければならなかった。取引決済をすべて処理するために十分な金を所持していなかったからである。20世紀初頭に連邦準備制度が創設された背景には、このような騒ぎをあらかじめ防ぐための予備通貨を確保するというねらいがあった。しかし、このような努力の先には、20年後近代史上最悪の恐慌が待っていた。金本位制は廃止され、これによって次々と大きな負債バブルが制度内を漂うことになり、現代のデリバティブ危機や住宅危機へとつながる。こうしたバブルがもしはじけてしまえば、再びゲームのルールを変える他に解決策はないだろう。リュウ教授が思い描くようなコペルニクス的転換である。

ニューヨーク州ホフストラ大学経済学教授のロバート・ガットマンも、既存の銀行制度は有効期限がすでに切れているかもしれないという見解の持ち主である。1994年発表の『クレジット通貨による経済圏形成』というテキストにおいて、ガットマン教授はこう書いている。**「既存の形での銀行がすでに廃れてきているということは十分にあり得る。銀行の伝統的な役割は、他の機関がより優れた仕方で担うことができるようになってきている。」**ガットマンはさらにこう続けている。

> ここ20年間で、ものごとは米国の銀行にとって不利な方向に発展してきた。銀行の伝統的な役割、預金保管や融資といった役割は、より緩く規制された機関との競争にどんどんさらされてきた。貸借対照表の元帳の両側にこのような市場からの打撃を受け、銀行は利益を上げるための機会を他に求めるしかなくなった。不良債権による損失の急増からほとんどの商業銀行は生還したが、それでもなお、かれらはより緩く規制された機関という大きな脅威と競争し続けている。年金基金や投資信託、投資銀行等は、私たちの金融制度の「市場化」の恩恵を受けているわけだが、かれらの市場参入を銀行が食い止めることができるとはとても思えない。また、コンピュータ・商業技術の革命によって、誰でも低コストでデータの入手や加工ができるようになった。貸し手も借り手も、もはや銀行を必要としていないのである。**両者はお互いに直接やりとりをした方がよいという考えを日に日に強めている。**[4]

ガットマンがちょうどこれを書いている最中、数百軒にも及ぶ銀行が破産していたが、これは発展途上国や農家、石油採掘業者や不動産業者、そして合併専門家への不良債権の帳消しが原因であった。不良債権からくる損失が日に日に深刻化していた商業銀行や貯蓄機関は、資産を清算しクレジット条件を厳しくすることを強いられ、その結果生じたクレジット収縮によって経済成長が止まってしまった。また、銀行は年金基金や投資信託のような投資プールとの激化する競争にさらされてもいた。これに応じて、銀行はかつては主要業務であった融資業務から全軍撤退し、流動性ある債権の束を証券として売ることにした。商業銀行ビジネスもまたむしばまれていたが、これは企業が資金調達のために融資ではなく証券を頼るようになってきたからである。連邦預金保険公社（ＦＤＩＣ）保険は、元々は個人貯蓄者を損失から守るためのものであったが、ここにきて破産寸前の機関を救済するという全く別の役割を担う羽目になった。「このような軸足の移動は、ＦＤＩＣによる１９８４年の『大きすぎて潰せない』政策の採用へと直結した」とガットマンは書いている。「その結果、毎回より巨額の政府介入が制度全体を破産に追い込むことになった。」

投資銀行業といういかがわしい業界

商業融資ビジネスにおける競争激化によって損益を被る中、銀行は利益を上げ続けるために投資銀行業へ事業拡大せざるをえなかった。こうした拡大が容易になったのは、１９９９年にグラス＝スティーガル法が廃止されたときであったが、この法律は商業銀行業と投資銀行業とを同一機関が行うことを禁じていた。投資銀行業には、企業資金調達、合併及び買収、仲買取引、そして銀行自身の口座を使った取引業が含まれる。[5] しかし、銀行業の機能がこうして統一された後も、損益は悪化する一方であった。『プレッシャーの中で利益をあげるには』と題された2002年発表の記事において、ボストン・コンサルティング・グループはこう述べている。

> 経済衰退の影響が企業の利益をむしばみ続ける中、大手商業銀行（世界規模であれ地域規模であれ）は各々の企業銀行業や投資銀行業ビジネスに対して大きな圧力を感じている。商業銀行は他の機関との競争に日々より厳しくさらされている。中でも世界規模の投資銀行との競争は特筆に価するが、後者は伝統的な企業取引決済の奪い合いにより果敢に参加してきている。これに加え、商業銀行は、それまでは自分の顧客であった企業がいつの間にか競争相手となるという事態にも直面している。現代の企業は、銀行業関連のニーズを自ら満たすようになってきたからである。
>
> 近年、新たな顧客の獲得を目指して、多くの商業銀行が投資銀行を買収した。しかし、投資銀行の収益もまた、合併及び買収、エクイティキャピタル市場、そして売買取引の衰退によって落ち込んできた。他方でコストは上がるのが常であった。[6]

2006年6月に『エコノミスト』誌に掲載されたとある記事の報告によると、銀行の証券取引部門の成功を勘定に入れても、投資銀行の株価は全体として下落し続けていた。これは恐らく、投資家たちが銀行が得た収益は借金を使った株取引によって水増しされていると考え、そこに潜むリスクに危機感を感じたからであろう。[7]

他方で、公共サービスとしての銀行業は利益追求という究極目標によって完全にないがしろにされてしまった。第18章で指摘したように、投資銀行の利益のほとんどは顧客へのサービスではなく自分の口座を使った取引によってあげられている。『通貨――その正体と仕組み』のウィリアム・ハンメルによると、米国の上位10銀行は全国の銀行資産の半分近くを保有している。「通貨市場銀行」または「通貨センター銀行」と呼ばれるこうした銀行の例として、シティバンク、JPモルガン・チェイス、そしてバンク・オブ・アメリカが挙げられる。どれも皆、商業銀行業と投資銀行業とを組み合わせた大規模な複合企業である。**しかし、かれらが実際に行う事業のほとんどは、私たちが「銀行業」と聞いたときに思い浮かべるもの**（預金の管理、小切手サービスの提供、そして消費者や小規模事業主への融資）とはかけ離れたものである。むしろ、ハンメルいわく、こうした企業は次の四つの活動に重点を置いている。

- ポートフォリオ事業――自分の口座への資産蓄積と資金提供のことであり、通貨を安く借り入れた後、これを使って購入した資産を利益付きで売ることによってこれを達成する。

- ● 企業金融――企業融資や公募発行。
- ● 分売――銀行自らの証券の販売のことであり、そこには国債、地方証券、そしてユーロ担保証券が含まれる。
- ● 株取引――主に値付け業務である。[8]

ここで、値付け業者とは純空売りという本質的に詐欺である行為を行う主体であるという点を思い出していただきたい。（第19章参照。）純空売りスキャンダルの暴露に一役買ったパトリック・バーンによると、大手投資銀行の利益の実に75％までもが「公認仲買人」としての業務から来ているが「公認仲買人」というのはつまるところ株式融資業者、つまり一つの株式を何重にも貸借する者を指すもっともらしい言葉にすぎない。[9]株式の「貸借」は、空売りを目的として行われる。『フォーブス』誌上のある記事によると、「公認仲買」とは「ヘッジファンド業者への奉仕事業のことであり、特に、ファンド業者が各々の取引戦略を遂行できるように証券を融資することを指す。[10]」すでに見てきたように、ヘッジファンド業者とは、企業を買収してその企業の資産を吸い尽くしデリバティブに投機し、市場を操作し、その他様々な方法で労働者や小規模投資家に害を与えつつ利益を上げる投資家たちの集団のことである。

このようないかがわしい活動を支えている大手通貨センター銀行は、連準や政府によって定期的に救済されなければならない。それは「大きすぎて潰せない」ものであるとされているからである。しかし、こうした銀行は、そもそも私たちが「銀行業」と聞いたときに思い浮かべる業務にはほとんど縁がない。かれらが「大きすぎて潰せない」理由はただ一つ、経済全体を握る死の手である巨大なネズミ講の土台だからである。かれらは数十億ドルにものぼる短期利益を上げた危険なデリバティブ・バブルを作り出し、その過程で金融制度全体を粉砕してしまった。メガバンク間での共謀は、デリバティブ取引のリスクを下げた。しかし、社会がこれによって益したわけではなく、むしろ「ハゲタカ資本主義」の標的となった小規模投資家やひな鳥企業に害を与えた。ノミの利益が犬の損失となったわけである。

銀行の秘密裏の国有化

２００７年3月発表の記事『大きすぎて保釈（救済）不能』において、デビット・ルイスは、次に起こる大手銀行救済は、民営銀行という船の沈没を防ぐ納税者の能力の限界を超えるだろうと洞察している。ルイスはウォール街の玄人トレーダーであり、１９８０年代、銀行が本当に破産したことがある年代をよく覚えている。「大きすぎて潰せない」という概念が登場したのは１９８０年代の終わり頃、貯蓄貸付危機がシティバンクの株価を50％も暴落させたときのことであった。１９８９年、連邦議会は金融機関改革救済執行法を可決させ、貯蓄貸付機関を納税者の血税によって救済した。このとき、シティバンクの株価も一時の暴落から回復した。その後、１９９１年、ソロモン・ブラザーズという名のウォール街投資銀行が破産寸前に追い込まれた。同社の米国財務省証券への不正入札が発覚し、ニューヨーク連準総裁は財務省競売への同社の参加を禁止した。当時ソロモン・ブラザーズ社の株を12%保有していたウォーレン・バフェットは、財務長官のニコラス・ブレイディと厳しい交渉を重ね、ソロモン・ブラザーズはついに救済されることになった。ルイスによると、この一件以降「大きすぎて潰せない」は基本方針となった。

あれから16年が経った今、あの小さな変更は大きな変革へと成長し、ものごとは一段落してしまった。**金融業界は、ある意味国有化されたのである。**これから先、クレジット格付会社は大手金融機関の場合は政府の後ろ盾があることを前提とできるようになった。しかし、偉大なる米国納税者の助け舟にさえ限界というものがある。デリバティブを発端としたＬＴＣＭ破綻が大きな問題であったとすると同じようにデリバティブを発端として、62・6兆ドルもの投資額を抱えるＪＰモルガンが破綻した場合の問題の大きさは計り知れない。通貨監督庁によると、この62・6兆ドルのデリバティブ投資はわずか1・2兆ドルの資産を資金源としている。その差を埋めるのは誰なのか。**米国納税者にこれを埋めろと言うのか。私たちは、社会保障その他の「福祉受給権」を侵害し、代わりに自分の投資ポートフォリオの管理を怠った銀行を破産から救い、社会の調和をあるいはもうほとんど残っていないその最後のかけらを根こそぎにしようというのか。**しかも、こうしたことが起こっている一方で、上流階級は数十年に一度の巨額の減税に浸っているという有様なのに。

１９８０年代末の１５００億ドルの貯蓄貸付機関救済は、国を経済衰退へと突き落とし、ジョージ・ブッシュ・シニアはこのため大統領として再選することができなかった。1兆ドル、いや5兆ドルにものぼるはずの救済が何をもたらすのか、考えてみてほしい。軍事独裁政権でもない限り、この規模の救済がこのような口実で連邦議会の承認を得るのは不可能に思える。

政府介入の仕組みが機能せず、その結果問題が生じたとしたらどうだろうか。米国納税者は、例えば金や石油の価格を一定以下に保つための秘密の仕組みを救済するよう求められるのだろうか。より正確に言うならば、そのような仕組みを救済する能力は、そもそも米国納税者にあるのだろうか。仮にこのような条件の下で支援を得ることができ現に支援の必要性が生じた場合、米国国債を買いたいと思う理由がどこにあるというのか。[11]

もし金融業界が本当に国有化されており、もし私たち納税者がその代金を支払っているのだとすると私たちには当然、納税者と敵対するのではなく納税者のために機能する銀行制度を要求する権利がある。

銀行の組織的な破産

大きすぎてつぶせないと思われている大手銀行はほんの数社しか存在せず、かれらのみが納税者救済を得る権利を持っている。しかし、破産寸前という状態は、部分準備制度の枠組みの中で営まれている銀行すべてに当てはまるとも言える。破産という言葉の定義を思い出していただきたい――「負債が返済不能になること、債務不履行に陥ること、あるいは手持ち資産の合理的な市場価値を超える債務を抱えること。」『部分準備銀行業』と題された記事において、ムレイ・ロスバードはこの問題をこう表現している。

> 預金顧客は、各々の普通預金口座を、倉荷証券のように考えている。例えば、旅行に行く前に椅子を倉庫に預けた場合、倉荷証券を提示すればいつでも椅子を返してもらうことができるとかれらは考える。銀行もたしかに倉庫という比喩に頼ってはいるが、残念ながら預金顧客は組織的にだまされているのである。つまり、かれらのお金はそこにはない。
>
> 真っ当な倉庫は、預かった品物が安全に保管され、貯蔵室や貴重品保管室にちゃんと収まっていることを保証するものである。しかし、銀行の運営はこれとは異なる。銀行は通貨を文字通り無から作り出すことによって利益をあげているのであり、特に最近は銀行紙幣ではなくほぼ完全に銀行預金の創造によってそうしている。このようなだまし取りや偽造行為は、「部分準備銀行業」というもっともらしい言葉によって威厳を与えられているが、要するにこれは、銀行預金は銀行が保管し換金すると約束している現金のほんの一部分しか実際には用意されていないという意味である。[12]

1913年以前、一定人数以上の預金顧客が同時に現金を求めて銀行に来てしまった場合、銀行は支払い能力がなくなり、閉店せざるを得なかった。それはしかし、連邦準備法が可決され、問題の銀行が連邦準備制度から通貨を「借りる」ことができるようになるまでのことであった。しかも、連邦準備制度はこの通貨を思うがままに発行することができる。政府債券を一部の選ばれた銀行に売るのであり、こうした銀行は各々の帳簿への会計項目という形で通貨を発行する。ロスバードいわく、権利という観点からみれば、銀行は当然破産されるべきであり銀行員たちは横領者として当然懲役処分にされるべきである。何せ、かれらを保護する法律が可決される以前は、このようなだまし取り行為はこのように処罰を受けていた。今となっては、大手銀行は愚行に走ってもいずれ救済してもらえるだろうと信じており、ものごとが万一悪い方向に進展しても誰かが救ってくれるだろうという自信を持っているため、大きなリスクをとるよう背中を押されているのである。このような「モラルハザード」がもはやかれらの意思決定プロセスに組み込まれている。しかし、小規模事業は、自らを破産させるような危険な決定をしても救済してもらうことができない。だとすると、大手銀行にはなぜこのような贅沢が許されているのだろうか。「自由」市場においては、大手銀行にもまた、他のどの事業と同様に、失敗する自由が与えられるべきではないか。もちろん、かれらの主張が正しく、実際にかれらが経済にとって本当に必要不可欠であるならば話は別である。しかし、こうした世界的メガバンクは、手持ちの時間や資源のほとんどを自分たちのための利益を生むことに費やしているのであり、しかもその対価を小規模消費者や小規模投資家、そして小国家に払わせているのである。

私たちが現に必要としている銀行サービスを得るためには、今ある寄生虫のような銀行機械に餌を与え続ける必要などなくこれよりもはるかに効率の良い方法が多数存在する。巨大銀行から連準というよだれ掛けを外し、かれら自身が信仰を表明している自由市場の力学にかれらを従わせるというのも、それほど悪い考えではないかもしれない。暴落阻止チーム、取引先リスク管理政策グループ、そして連邦準備制度による共謀がなければ一部の大手銀行はほどなくして破産してしまうだろう。連邦預金保険公社は、破産した銀行の処理をするためにこの銀行を管財人の管理下に置く(管財処分)が、これは法廷が任命する管財人の助けを借りて再編をすることによって会社が解散せずに済む破産方式である。銀行が管財処分を受けた場合、管財人は連邦預金保険公社、つまり連邦政府の官庁である。銀行を救済する見返りとして連邦預金保険公社にはこの銀行を公共資産として保持する権利がある。実際にそうした場合社会に大きな害が出ると予測する声もあるが、実はそうではなくむしろ公共の利益になるかもしれない。これについては第VI部で議論したい。

嵐からの隠れ場所

一方で、私たちはそれぞれ、自分自身の身の安全や資産を守るために何をすればよいのだろうか。エムおばさんのように、市場悲観主義者たちもまた、一目散に地下室に逃げるよう私たちに警告する。来るべき嵐に備えて、米国株式や米ドル、住宅不動産等から撤退し、代わりに金や銀、宝石株、石油株、外国株、そして外国通貨に投資するよう呼びかけるのである。これについては、すでに多くの良質な本や金融ニュースレターが存在する。[13]

世紀末ムードに浸りきっている人たちは、さらに一歩進んだことを言う。かれらの助言はこうである——缶詰や乾物食品、飲料水、そして発芽や植え付けのための有機種を貯蔵すること。浄水器や発電機、また外部からの電力に頼らないストーブやヒーターに投資すること。銀行が突然閉店した場合に備えて、家庭の金庫に余分な現金を蓄えておくこと。紙幣が無価値となってしまった場合に備えて、金貨や銀貨を用意しておくこと。裏庭に庭園——水耕庭園（水のみで植物を育てる庭）か窓際庭園——を作ったり、地元の共同農業に加わること。かれらによると、他国ですでに金融破綻に直面している人々の方が、米国人よりもこうした災難に対する備えができている。個人で畑を耕したり物々交換経済で生き延びるということを数世紀にもわたって続けてきたからである。米国人もまた、研究をし共同体へとまとまり、実習を重ねることによって準備をすべきであると。こうした議論に関しては、すでに多くの優れたウェブサイトが存在する。地域通貨という選択肢については第36章で議論したい。

たしかに、経済全体が破綻してしまった場合には、こうした代替案を用意しておいて損はないだろう。しかし、私たちが今語っている経済の物語にはもう少し明るい結末が待っており、そこにたどり着くためには金融制度が破綻する前に救済を完了しなければならない。竜巻に備えて地下室に物品を貯め込むこともできるかもしれないが、資源枯渇の恐怖に負けてしまっては悪い魔女の思う壺であり、住宅や株式を破格でカルテルに手渡すことになってしまう。そもそも、アメリカン・ドリームとは、独立宣言と米国憲法によって約束された機会の平等の地における自由と正義のことではなかったか。皮肉なことに、私たちの見ている経済の悪夢は、ある幻想の上に成り立っているのである。私たちは、自分たちが負債にどっぷり浸かっており、もはや脱出不可能であると信じ込まされているが、そもそもこの「負債」は今までずっと私たちのものであった「クレジット」の拡張によって生じたものである。ウォール街の魔女の鍋の中で危機がぐつぐつと煮える間、良い魔女が脇に控えており、彼女は私たちが魔法の靴の力を思い出して力をつける日を待っているのである。

魔法の靴――通貨の力を取り返すまで

第V部

自分でそれに気がつく必要があったのですよ。さあ、この魔法の靴を使えば、すぐに家に帰ることができます。

――良い魔女グリンダからドロシーへ

第35章 資源不足からテクニカラーの富へ

虹の彼方には／いつもより青い空がある／あなたの野
心が抱く夢が／本当にかなう場所がある
――『オズの魔法使い』にてジュディ・ガーランドが
歌い歴史に刻まれた歌より

ＭＧＭ版『オズの魔法使い』の中でも特に印象的なシーンは、竜巻によって放り投げられたドロシーの家が空から落ちてくるところから始まる。世界が一変するのは、彼女がドアを開け、カンザスの農民屋敷の無味乾燥な白黒からオズの不思議なテクニカラーの世界へと足を踏み入れる瞬間である。さらにもう一度世界が一変するのは、ドロシーと仲間たちがエメラルドの都に入る際に緑色の眼鏡をかけるときである。魔法使いの国では、ものごとに対する見方を変えるだけで現実世界そのものが変わるのである。歴史学者のデビッド・パーカーは、ボームのおとぎ話についてこう書いている。

この作品は、神智学の中でも後でノーマン・ヴィンセント・ピールが「前向き思考」「ポジティヴ・シンキング」と呼ぶ側面を強調している。その頃、神智学では「楽天的で前向きな心理学」が流行っており、「様々な後ろ向き思考――特に恐怖、悩み、そして不安――に対抗していた。」ドロシー一行（およびオズの人々）が望みのものを手に入れることができたのは、魔法使いの魔術などではなく、このような前向き思考を通してであった。[1]

このテーマは、後にハリウッドで流行することになる。たとえば、ダンボの魔法の羽根、ポリアンナのひたすらな前向き思考、ミュージックマンが美しい音楽を創るための「思考装置」、そして「不沈の」モリー・ブラウン……。前向きに考えるということは、子供の空想の遊び道具などではなく、米国の精神に深く刻まれていたものなのである。ヘンリー・ディヴィッド・ソローはこう言っている。「人は誰でも、自分の夢が示す方向に自信を持って進み、自分の想像通りの人生を生きようと努力すれば常識では考えられないような成功を収めることができるということを私は学んだ」。やはり19世紀の米国哲学者であるウィリアム・ジェイムスもまたこう述べている。「精神の在り方を変えることによって人生の在り方を変えることができるという発見こそ、私たちの世代が最も誇りとするものである。」

フランクリン・ルーズヴェルトも、このような楽天的なメッセージを、恐慌時代の炉辺談話の一つで全国的に発信した。そこでルーズヴェルトは、当時としては画期的だった新しいメディア・ラジオを使って人々の家庭に入り込み、励ましの言葉で米国に活力を与えた。「私たちが恐れるべきものはただ恐怖のみです」とかれは1933年に言ったが、当時の「敵」は貧困と失業であった。億万長者泥棒男爵の一人であるアンドリュー・カーネギーもまた、前向き思考による成功という概念を強く信じており、「精神が肉体を豊かにする」という信念をかれは抱いていた。金銭的な成功は一つの公式に凝縮することができると信じていたカーネギーは、ナポレオン・ヒルというジャーナリストを雇い、500人の億万長者に聞き込みを行い、かれらの成功の共通点を発見しようとした。その後、ヒルはこの聞き込みの結果をベストセラー作品『頭を使って豊かになれ』において不動のものにした。

前向き思考は泥棒男爵の側の特徴でもあり、悪さを重ねてこそいたものの、かれらも結局のところアメリカ的な現象であった。かれらの考えは壮大であった。思考のそこここに犯罪的な要素がみられる場合も、その犯罪はまだ法律によって定義されていない類のものであった。西部開拓時代、ゴールドラッシュ、金ぴか時代、狂騒の20年代——これらはすべて、米国の荒削りで向こう見ずな青春時代の一部である。泥棒男爵は米国資本主義の精神の産物であり、自分の希望を信じこれを実現させようという精神の産物である。「自由」市場の一部として盗む自由があり、経済が憲法と法律によって調節されなければならない理由はこれである。これこそ、19世紀のレッセフェール経済のもつ重大な欠陥であった。それはご都合主義者たちによる産業への潜入とその独占を許してしまったからである。

米国の建国の父たちは、人々の不可侵の権利を悪党たちの権力掌握の手から守るための政府を創設する必要性をよくわかっていた。今日、私たちは、政府は小さくあるべきだと考えがちである。しかし、私たちの祖先は、政府の役割について、それとは異なる視点を持っていた。独立宣言にはこう宣言されている。

われわれは、以下の事実を自明のことと信じる。すなわち、すべての人間は生まれながらにして平等であり、その創造主によって、生命、自由、および幸福の追求を含む不可侵の権利を与えられているということ。**こうした権利を確保するために、人々の間に政府が樹立され、政府は統治される者の合意に基づいて正当な権力を得る。**

夢の実現という資本主義精神は、競争の公平性を保障するような枠組みの中で活動しなければならなかった。悪人を暴き出して牢屋に入れたとしても、それは一時的な処置にすぎない。新世紀のユートピアを創造するためには、法的な建築物が完成される必要があったのである。

呪いから覚める

20世紀の始め、フランク・ボームがあの有名なおとぎ話を書いた頃は、不足だらけの暮らしが一夜にして万人が富める暮らしへと変貌するという考えは、そこまで突飛なものではなかった。当時は奇跡の時代であり、科学者は電気や機械化交通、そして無料エネルギーを米国にもたらす約束をしていた。爆発的な技術革新は近代交通機関や情報通信設備に満ち、かつすべての人々が仕事と衣食住を確保することができるようなユートピア的な未来像を生んだ。[2]

　米国を万人が富める国へと急上昇させることは可能であったが、しかしこれが実行されることはなかった。代わりに、より黒々とした妖術が国を惑わした。『オズの魔法使い』がミュージカル化された１９３０年代に至ると、経済は再び深刻な恐慌へと陥っていた。「虹の彼方に」の作詞をしたイップ・ハーバーグは、他にも「兄弟、小銭をわけてくれないか」を含む多くのヒットソングを飛ばしている。ハーバーグは共産党員ではなかったが、左翼的な運動の多くを堅固に支持していた。かれのハリウッドでの経歴は１９５０年代にブラックリストに載ることで頓挫させられてしまうことになる。彗眼の持ち主がまた一人、恐怖と支配の計画の犠牲になったわけである。20世紀末に至ると万人富裕が手の届くところまでくるほどの発展段階へと科学が到達した。１９８０年にバックミンスター・フラーはこう述べている。

私たちは今、祖先には理解し難いほどの技術に恵まれています。万人に衣食住を提供し、地球上のすべての人々に成功の機会を与えるだけの財産と知恵を手にしているのです。私たちは、歴史上で初めて、次の点を確信することができています——**つまり、この地球上のこの現世において成功を収める可能性を全人類が持っているという点です。**楽園と虚無のどちらが最後に笑うのかは、競争の最後まで誰にもわかりません。

楽園と虚無との競争は、現実に関する二つの観点を象徴している。一方は、万人に世話が行き届きうる世界を思い描く。もう一方は、住人たちにとって狭すぎる世界、一部が生存するためには人口の大部分が抹消されなければならないような世界を思い描く。現在支配的な「不足精神」は、石油、飲料水、そして食糧の不足に注目しがちである。しかし、ベンジャミン・フランクリンが英国人の聴衆に向けて18世紀に説明したように、真に不足しているのは交換媒体なのである。新しいエネルギー源、新しい飲料水採集方法、そしてより効率の良い食糧生産方法を開発するために十分な通貨が用意されさえすれば、万人富裕は実現可能である。政府は必要な通貨を好きなだけ刷ってよい、という考え方は、非現実的なユートピア思想でありインフレーションのもとであるとされてきた。しかし、現に銀行は絶え間なく通貨を発行し続けている。米国政府が同じようにすることができない最大の理由は、民営銀行カルテルがこれをする力をすでに独占しているからである。

　M3の成長はもはや公式発表されなくなっているが、2007年に至ると、信憑性のある民間資料はこれを年間11%と推計した。[3] つまり、年間1兆ドル以上が経済に追加され続けてきたのである。では、こうした新たな通貨はどこから来たのだろうか。新たに採掘された金から来ていないのは確かである。米国は1933年に金本位制から脱却しているのだから。ということは、新たな通貨はすべて融資として銀行が発行したことになる。そして、この融資の返済が完了するや否や、ただ通貨を制度内に確保するためだけに、また一から借金をする必要が生じる。ここにこそ、世界的な不足の真の原因がある。**世界中の通貨のほぼすべてに対して、必ず誰かが常に利息を支払っているのである。**例えば、年間複利5%の1ドルは約14年間で2ドルに化ける。**これに従うと、銀行は14年ごとに、その14年前に世界にあった通貨の総量に匹敵する利息を懐に入れていることになる。**[i]

---

i　原注：ここでは、元金に加え利息にもまた利息が換算されるものと仮定した。しかし、制度を総体として見た場合、これは現実にも当てはまる。過去のローンが完済されると負債通貨は消去されるので、マネーサプライを現在の状態に保つためには常に新たな融資が求められる。銀行は、元金こそ発行するが、ローンを返済するために必要な利息は発行しないので、常にどこかで誰かが新たな融資を受け続けて総体として見たときのこの負債を返済するために必要な通貨を生み出さなければならない。こうした新たなローンに対しても利息が発生し続けるので、総体にかかる利息が複利的に増えることになる。

「負債ウィルス論」反対派によると、銀行家たちは懐に入った通貨で労働や物品を購入するので、この通貨が債務者まで「浸透」し、債務者はこれを使ってローンを返済することができるらしいのである。なるほど、もし銀行が公有となっており共同体へと利益を還元するよう義務付けられていれば、たしかにその通りかもしれないが、残念ながら私たちの民間銀行制度はこれとは別物である。銀行家は、債務者階級から人を雇ったり物品を購入したりするためにはほとんどお金を使わない。代わりに、余分な通貨は貯蓄され投資される——こうして、利息を伴う負債がさらに増えることとなる。銀行の純利は「資本金」に変身するわけだが、これはバーゼル1の必要資本率ルールにのっとると元の金額の12倍以上にまで融資という形で増幅されうる。その全てに利息がかかってくるため、負債ウィルスは増殖し続けることになるのである。（第20章参照。）

以上がM3が1959年に連邦準備制度が記録をとり始めて以来14年ごとに100%以上ずつ増えてきた理由である。（第32章の図を参照）「M3マネーサプライ」と題された連準図解によると、M3は1959年には3000億ドルであった。1973年、つまり14年後これは9000億ドルに膨らんだ。1987年、さらに14年後これは3兆5000億ドルにまで増えた。そして、2001年、それからさらに14年後これは7兆2000億ドルにまで膨らんだ。[4] これだけの負債依存通貨の利息を支払うために必要な金利調達の重荷を担うには、マネーサプライは常に拡張し続けなければならない。そして、これが起きるためには、債務者たちはさらに深刻な借金を抱えなければならず、販売者は物価を上げざるを得ず、銀行家たちの椅子取りゲームに負けた者は銀行に住宅を差し押さえられ続けることになる。戦争、競争、そして紛争は、不足に駆り立てられたこの制度の当然の帰結である。

解決策はもはや明白である――世界の繁栄に吸い付く寄生虫的な銀行体制を排除すればよい。問題は、その方法である。ウォール街の魔女たちのスッポンのような顎を外すためには、革命のような何かが必要であろう。しかし、暴力による革命は恐らく失敗に終わるはずである。世界で最も恐れられている軍事装置はすでに通貨カルテルの手中に収まっているからである。暴力による革命など、かれらにこの装置を試験運転する絶好の口実を与えるだけである。最初の独立革命は、テーザー銃やレーザー兵器、催涙ガスや装甲戦車、劣化ウラン弾等が発明される前のことである。

幸か不幸か、現代の経済の嵐の目の中では、私たちはただ黙って見守るだけではなく、具体的な行動を起こし、世界規模のネズミ講が崩壊する日に備えなければならない。砂上の楼閣の崩壊は恐らく、泥棒男爵たちがプロパガンダ装置を支配しきれなくなったときに起きるであろう。かれらの知的天敵は、自由な表現の最後の砦であるインターネットであり、そこでは無名のブロガーですらが発言権を与えられている。ここで、当時の革命についてジョン・アダムズ大統領が言ったとされている言葉を引用する。

> 革命は、開戦以前からすでに始まっていました。革命は、人々の心と精神とにすでに存在していたのです。**人々の原理や意見、感覚や感情にもたらされたこの画期的な変化こそ、真のアメリカ独立革命です。**

今日、企業メディアは徐々に世論への支配力を失ってきているが、それでもなお、通貨装置はいまだに謎に包まれている。その主な原因は、この主題のもつ複雑さととっつきにくさとである。リチャード・ラッセルは権威ある金融分析家であり、『ダウ理論通信』を50年以上も発行し続けている。ラッセルはこう洞察している。

> 通貨発行は、米国国民の恐らく99%にとって完全な謎であ

り、そこには下院と上院が絶対に含まれている。米国通貨発行の連準によるのっとりは、米国史上最も謎めいた、最も不吉な行為の一つである。連邦準備制度そのものの合法性が米国最高裁判所で「審議にかけられた」例は今のところ存在しない。[5]

「我ら人民」が最高裁判所に告訴することもできるが、大手メディアと同じように、裁判所もまた金融企業カルテルの魔法にかかっている。もちろん、中には誠実な裁判官や議員、報道者も存在し、かれらにアプローチをかけることもできる。しかし、意味のある変化を実現するためには、活力あふれる運動が必要であり、それを先導するのは覚醒し感化され声を上げる人民、ものごとを変える覚悟が整った人民、無視しきれないほどに強力となった人民力である。ある限度を超える数の人々が覚醒すれば、幕が上がり、魔法使いの手口があらわになる。しかし、社会運動を築き上げるにあたって、まずは行動計画が必要であり、洪水が来たときに逃げ込むことができるように箱舟を作らなければならない。では、この箱舟とは一体どのようなものなのか。以下では、世界各国で開発された代替モデルをいくつか取り上げることにしたい。

いつまでも続くクリスマス――イタリア・グアルディアグレーレ

代替金融に関する興味深い実験の一例は、2000年10月7日付の『ウォール・ストリート・ジャーナル』誌にて報告されている。この実験はジャチント・アウリーティ教授の発想に基づいているが、かれはイタリア・グアルディアグレーレ在住の裕福な学者である。『ジャーナル』誌にはこう書かれている。

アウリーティ教授は、中央銀行家は近代史上最悪の詐欺師であるという点を世界に向けて主張している。かれの主要テーゼはこうである――数世紀にわたって、中央銀行は新たな通貨を流通させるその方法によって、一般人から富を奪い続けてきた。新たな現金を人々の間で公平に分配する代わりに、中央銀行は利息付でこの通貨を銀行制度に融資するのである。教授いわく、こうした慣習は中央銀行をこの通貨の所有者とし、その他大勢を債務者としてしまう。こうした負債に基づく通貨は、無償で人民に向けて直接発行される通貨と比べ約半分の購買力しかもたない、と教授は結論付けている。

このテーゼを証明するために、アウリーティ教授は自家製の負債フリー紙幣を印刷発行しこれを「シメック」と呼んだ。そして教授は、1リラを1シメックで買い取ること、また地元の販売者からの1シメックを2リラに換金することに合意した。結果はこうである。

シメックで武装した地元住民――そして、後にイタリアの中央アブルッツオ地方の周辺住民――は、加盟店に押し寄せ、燻製プロシュートやデザイナーシューズ等の物品をリラ価格の半額で買いあさった。

「最初の頃、人々は、何か裏があってどこかで誰かがぼろ儲けしているのではないかと疑心暗鬼でした」と、地元の博物館の案内役であるアントネラ・ディ・コッコは言う。「しかし、店主たち以外は一切リスクを負っていないのだということに気がつくと、かれらはたちまち店に詰めかけ、それまでは一切不要だったはずの贅沢品を次々と買いあさったのです。」その際、多くの人々が貯金を取り崩した。

加盟店主の中には、シメックの鉱脈を掘り当てる前まではかろうじて採算を保っていた者もいたが、かれらはまさに有頂天であった。「毎日がクリスマスみたいでした」と、ピエトロ・リッチは紳士用装身具店のカウンターの後ろから回想する。

「私たちは人々の懐にあった通貨の量を倍にし、活力無き肉体に血を注入したのです」とアウリーティ教授は言う。「人々は心から喜び、夢のような心地でした。」

対して、非加盟店は相変わらず毎週客入りが悪かった。

教授によると、8月半ばに至っては総計約25億シメックが流通していた。[6]

この教授は、町のマネーサプライを2倍に増やすことによって誘い水を差したのである。それまでは購買力不足がたたって棚でほこりをかぶっていた物品が、こうして動き出した。教授自身は、シメックを本来の価値の2倍で換金していたので一連の取引によって損失を被ったが、地元の販売者たちはこの企画に強く賛同していたため、ほどなくしてこれを教授の手から引き継いだ。新たに通貨を発行しなくても済むほどの量のシメックが流通すると、教授は自分の懐から通貨を出す必要性から解放された。地元の慈善者富豪を頼りにしないと離陸できないというところに、この制度の明らかな限界があった。政府が慈善者の役割を担うのが理想的ではある。その場合、通貨は国民通貨という安定した形で発行されるであろう。

民間金銀為替

対極に位置するのは、国民通貨の健全性に疑問を抱き、民間発行の貴金属硬貨で取引を行うことを選ぶ人々である。民間金銀為替は数世紀も前から存在してきた。憲法上では米ドルは銀によって定義されており、一時は誰でも手持ちの銀を造幣局に持ち込んで硬貨に変えてもらうことができたのである。1998年には、NORFED（連邦準備法及び内国歳入法典の廃止のための国家組織）が、金銀によって担保されたリバティードルと呼ばれる通貨を発行し始めた。リバティードルは、鋳造された金属片、金証券ないし銀証券、あるいは電子通貨という形をとった。ＮＯＲＦＥＤのウェブサイトによると、リバティードル紙幣は、法律上はその所有者がアイダホ州コー・ダリーンの貯蔵所にある銀ないし金を一定量保有していることを保障する領収証である。銀は保険にかけられさらに月単位で監査され、この紙幣は連邦準備紙幣よりも偽造が困難であると報告されたほどである。リバティードルは割引で市場に出され、加盟地区店にて米ドルと1対1交換をすることができた。しかし、ＮＯＲＦＥＤ紙幣を担保する銀には、紙幣の額面価値の半分の価値（銀市場の動向にもよるが）しかなかった。差額はＮＯＲＦＥＤに送られ、ＮＯＲＦＥＤはこれを使って費用を賄い連邦準備制度と連邦所得税の廃止を目指す運動を援助した。[7]

２００６年に至ると、ＮＯＲＦＥＤは紙幣の流通量を２００0万ドルとし、リバティードルは連邦準備紙幣に次いで2番目に人気のある米国通貨となった。しかし、これも２００６年9月に米国造幣局の代表が、米硬貨と混同される恐れがあるという理由でリバティードル硬貨を違法にするまでのことであった。「硬貨を生産する権利がある組織は米国造幣局のみである」と代表は述べた。２００７年11月、リバティードル事務所は連邦捜査局（ＦＢＩ）と米国検察局によって次々と襲撃された。同社社長は、支持者たちに向けてメールを送り、ＦＢＩは金、銀、そしてプラチナだけでなく、2トンにものぼる量の「ロン・ポール・ドル」をも奪い取った、と述べた。これは大統領候補者ロン・ポール（共和党、テキサス）の肖像が刻印された硬貨だが、ポールは通貨改革の勇敢な旗振り役であり「健全」通貨への回帰を求めていた。ＦＢＩはさらにコンピュータやその他の書類も没収し、リバティードルの銀行口座を凍結した。差押状には、差押の理由として通貨偽造、資金洗浄（ロンダリング）、郵便詐欺、通信詐欺、そして共謀が挙げられていた。

こうした一連の出来事は我々を慌てさせるものであるが、代替通貨のもつ危険性を浮き彫りにしてもいる。つまり、こうした通貨の法的地位はいつでも修正されうる、という点である。また、仮に修正されなくても民間発行通貨はいつでも販売者や銀行から拒否されうる。法律関連問題を解決するために、２００7年12月、ロン・ポールは「貨幣自由競争法」を提出したが、これは連邦準備制度の米ドルと競争する通貨の使用を合法化することを目指した法案である。ポールはこう述べている。

近年でも特に言語道断な例として、リバティードルの一件が挙げられるが、そこでは連邦調査官が、国中の数千人もの人々に代わって民間造幣局が保管していた民間通貨数百万ドル相当を没収したのである。私たちは今、前代未聞の金融破綻の崖っぷちに立っており、そのため多くの人々がドルに代わる通貨を探し求めている。米国国民はそれぞれ自分の使いたい通貨を選択する自由を持つべきであると私は信じている。消費者が代替通貨を採用することができれ

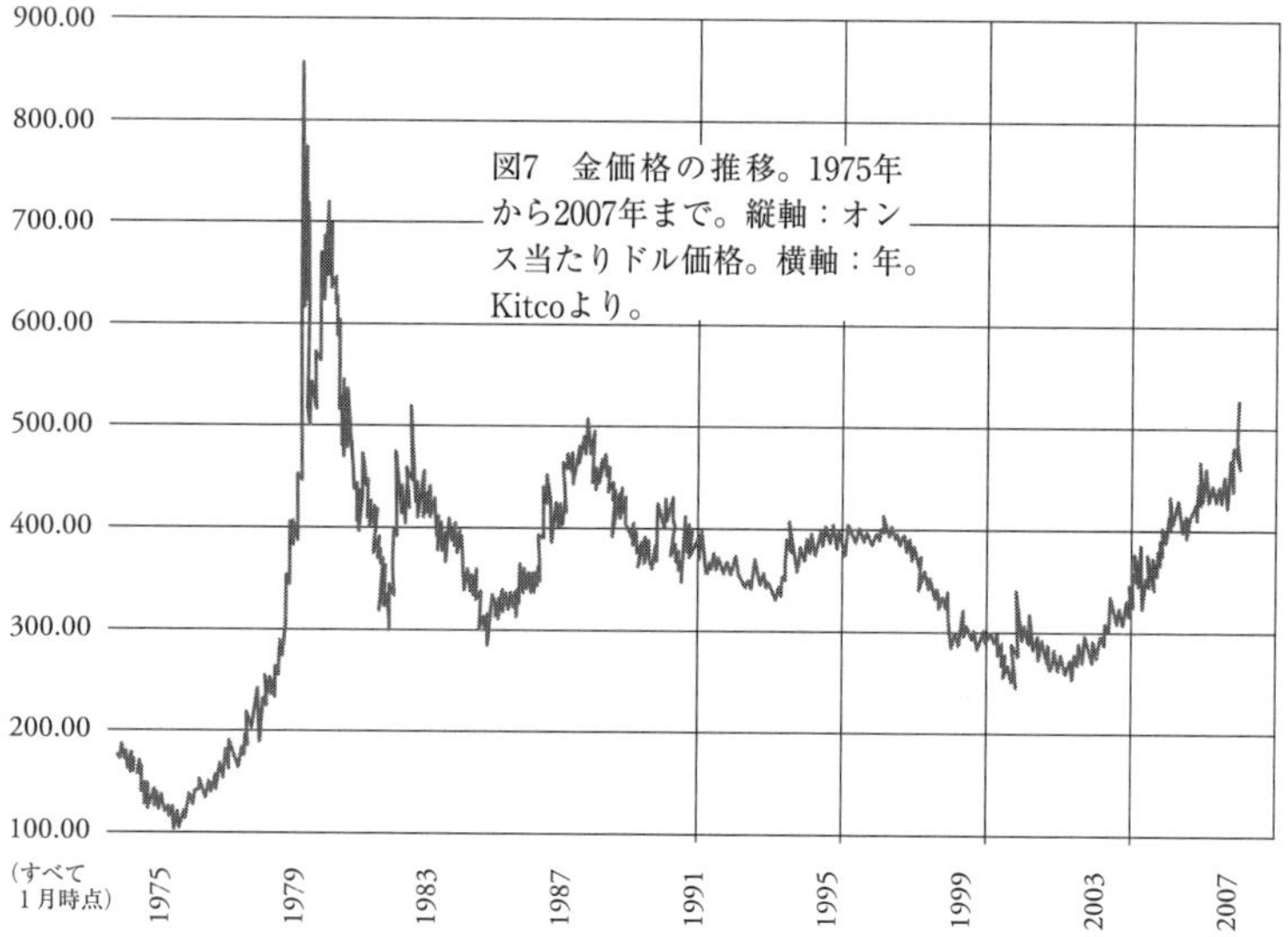

図7　金価格の推移。1975年から2007年まで。縦軸：オンス当たりドル価格。横軸：年。Kitcoより。

ば、政府と連邦準備制度は誠実さを保つよう促される。インフレーションの悪化に伴ってドルの利用者数が段々減ってしまうだろうという危機感を持てば、政府は通貨の価値を低下させることをちゅうちょするかもしれない。[8]

法律的な問題はさておき、リバティードル紙幣に向けられる批判として、そこには実質的な値上げが含まれており貴金属の額面価値よりも低い値打ちしか持たないのではないか、というものがある。しかし、同じことは貴金属硬貨に関しても当てはまる。硬貨に刻印される価値は金属の価値を大幅に上回るはずだが、これは金属の市場価値が上がった際に金属物質を売る目的で硬貨が溶解されないようにするための措置である。しかし、通貨の価値を薄めてしまっては、貴金属がもつ価値の保存という狙いが打ち消されてしまいかねない。そこで、この問題を解決するために、硬貨は額面価値ではなく貴金属としての重量を刻印されるべきだという案が出された。こうすれば、硬貨の価値は金属の「現物」市場によって決定される。しかし、この解決策は新たな問題群を生み出す。このような硬貨を受け取る店主たちは、インターネットを常に監視していなければ硬貨の価値を見定めることができなくなってしまうのである。

貴金属硬貨が持つもう一つの明白な欠点として、これを運んだり交換したりするのが特に高額な取引の場合非常に面倒である、という点がある。「ゴールドマネー」や「イーゴールド」といったオンライン貴金属取引所は、物理的な貴金属を持ち歩かなくても金を保有したり送金したりする便利な手段を提供することによって、この問題の解決を図った。ゴールドマネーのウェブサイトによると、「ゴールドグラム」の購入者はロンドンにある金庫に保管された純金の所有者となる。一つの口座から別の口座へゴールドグラムを「クリック」することによって、ゴールドマネーは通貨として使うことができる。[9] なるほど、オンラインゴールドは金に投資するための手軽な方法ではあるが、しかしこの場合にもまた通貨としての欠点がいくつか存在する。そこでは一定の値上げがされており、ボラティリティのある金市場にあわせてその価値は変動する（図を参照）。固定量の所得を得つつやはり固定量の家賃を支払う人たちの多くは、賭けを避けることを好む。自分の銀行に今どれくらいの金額が入っているのかを常に把握していたい、とかれらが思うのも自然であろう。

金銀は価値の「保存」には非常に適しているが、これを交換媒体として使う必要性は実のところどこにもない。金塊や硬貨を買ったなら、それを安全な場所にしまっておけばよいのである。金と法定不換貨幣との対比は第36章でより深く掘り下げることにしたい。

地域銀行業――バングラディッシュのグラミン銀行

地方金融業の革新のもう一つの例として、地域所有銀行が挙げられる。絶望的に貧しい人たちは、民営企業銀行から融資を受けるための条件となる担保を持たないがために、貧困状態の継続を強いられることがしばしばある。ノーベル賞受賞者のムハマド・ユヌスは、バングラディッシュのグラミン（「村立」）銀行を創立し、これによって銀行の所有権と運営権が借り手の手に残るようにした。貯蓄が十分な量に達すると、借り手は銀行の株を一株だけ買い（二株以上買うことはできない）対価として3米ドルという些細な金額を支払う。銀行のウェブサイトによると、銀行の92％は借り手（ほぼ全員女性）によって所有されており、残りはバングラディッシュ政府が所有している。融資の利率はというと、諸経費が支払われた後に銀行がささやかな利益を上げ、株主＝借り手に配当金として還元されるように設定される。ウェブサイトの報告によると、借り手の54％は貧困から脱することに成功し、さらに27％があと少しで貧困脱出を達成するところまで来ており、融資額は50ドルという低さである場合もある。[10] ２００６年8月に至ると、グラミン銀行は25年間で５００万人もの借り手にサービスを提供していた。[11]

不良債権のリスクの種と見なされかねないような人々に融資を提供することによって、グラミン銀行は民営企業銀行制度から独立することができた。しかし、グラミン銀行が融資する通貨は、依然として国家通貨であり、政府が発行し大規模企業銀行がコントロールするものであった。他の地域モデルの中には、大手銀行や貴金属だけでなく、政府からさえも独立して運営されるものも存在するのである。

第36章
地域通貨運動——負債の網を回避するための「並行」通貨

国が国民に向けて「通貨が不足しているので消費を慎んでください」などと言うのは、航空会社が「飛行機は準備万端ですが、航空券が不足しているので乗客を乗せることはできません」と言うのと同じくらいばかげている。

——シェルドン・エムリー、『銀行には巨万の富を、人々には負債を』

「通貨」とは、価値を表象する券である。通貨制度とは、こうした券を共通の価値設定に従って商業に使うことに合意した集団間の契約である。このような合意契約を結ぶ集団の理想形は国家という大規模集団であるが、もしこのような規模の集団が合意に至らなかった場合、より小規模な集団が独自の合意を行い商業を始めることもできる。歴史上、地域通貨は国家通貨が不足していたり入手不可能になった場合に突発的に生じることが多い。例えば、1920年代のワイマール・インフレーションのせいでドイツマルクが紙切れ同然となったとき、多くのドイツ都市は自ら通貨を発行し始めた。また、世界恐慌の間も失業率があまりにも高くなりドルの入手が困難になったため、米国やカナダ、ヨーロッパでも数百にのぼる数の共同体が同じように通貨を発行した。通貨こそ持っていなかったが、人々は技術を持っており、するべき仕事もたくさんあった。補足的な地域通貨は、公式の法定通貨と穏やかに共存しており、流動性を上げつつ商業を促進した。中世のタリーと同じようにこのような通貨もまた、物品やサービスの受領証にすぎず、持ち主に同額の物品やサービスを地域市場から購入する権利を与えるものであった。

現代において、地域通貨は35カ国で合法的に使用されており、4000を超える数の地域交換プログラムが存在する。地域・民間交換制度は様々な形をとる。民間金銀為替に加え、そこには地域紙幣通貨、電子化された債券債務制度、労働物々交換制度、地元の農産物の取引制度等が含まれる。国家通貨との主な違いは、通貨が民営銀行への負債としては発行されないという点、また利息という形でどこか遠くの銀行へと共同体から通貨が吸い取られてしまうことがないという点である。地域通貨は地域にとどまり、地域の生産性の向上を促すのである。地域通貨は新たに発行された通貨という形で「誘い水を差す」ことができ、地域の負債を増やさずに地域企画に資金提供することができる。多くの政府は地域通貨を積極的に後押ししており、その他の政府も非公式にこれを支持することが多い。経験上、このような追加のマネーサプライは国家の金融安定性を弱体させるどころかむしろ補強するものである。通貨としての機能に加え、地域交換制度は共同体を団結させるという効果も持っており、加入者が互いに物品を売買したり、新しい技術を習得したり、市場を開いたりすることができるような組合事業に資金を提供する。

創造性豊かな災害対策——アルゼンチンの場合

1995年、アルゼンチンは破産した。政府は国際通貨基金が要請した政策をすべて実施したが、そこには「民営化」(公共資産を民営企業に売ること)やアルゼンチンペソを米ドルに杭打ちすること等が含まれていた。その結果、ペソは過大評価され、大規模な景気後退が起き金融制度そのものが崩壊した。人々は生涯貯蓄を引き出そうと銀行に押し寄せたが、銀行はすでにのれんを下ろしていた。ほどなくして、裏庭は家庭菜園となり、物品を物々交換するための地域制度が発達し始めた。ある環境保護グループが大規模なガレージセールをひらくと、人々はそれぞれ自分の売りたいものを持ち込み、これと引き換えに通貨を表す券を受け取った。この券はその後、他の物品との物々交換に使われた。物品やサービスの受領券からなるこの制度は世界取引ネットワーク・RGT(Red Global de Tueque)へと発達し、後にこれは世界最大の国民地域通貨ネットワークへと成長する。このモデルは中央アメリカ及び南アメリカの各地に広がり、加入者700万名、年間流通通貨総額が米ドルで推計数百万ドルにまで成長した。

アルゼンチンでは他にも、地域・州自治体のレベルで様々な金融革新が考案された。国家通貨不足の州は自分で自分の通貨を発行するという道を選んだ。かれらは被雇用者所得の支払いに「負債取り消し債券」と呼ばれる受領書を使い、通貨単位はアルゼンチンペソと等価に設定された。これは「譲渡可能債券」（合法的に通貨として送金や譲渡が可能な債券）とも呼ばれうるものだったが、利息がついていないという点では普通の債券とは異なる。むしろそれは１８９０年代にジェイコブ・コクシーが国家や地域の企画に資金提供する目的で提案した「無利息債券」に近い。債券は州の被雇用者への負債を帳消しにし、共同体内で使用可能であった。つまり、アルゼンチンの各州は負債を「貨幣化」することに成功し、債券や借用証書を法貨に変えたのである。[1]

地域通貨によって国のマネーサプライが補完された州では、物価は上がるどころかむしろアルゼンチンの他の州と比べて低くなった、という研究結果もある。地域レベルでの交換制度のおかげで新たな物品やサービスが市場で取引可能となり、需要と供給が同時に伸びたのである。もちろん、この制度には不備もあった。不十分な偽造防止策のせいで、多量の在庫商品が偽造紙幣によって盗まれてしまうなどということもあった。それでもなお、この運動はご近所さんが自分たちで作った通貨を使って取引をしようと決めた際に草の根レベルで達成できる成果を示す素晴らしい例である。

米国における代替紙幣通貨

北アメリカでは現在30種類以上の地域紙幣通貨が利用可能である。中でも特に大きな成功を収めた例として「イサカアワー」が挙げられるが、これはニューヨーク州イサカにおいてポール・グローバーが始めたものである。イサカアワーは金券であり、裏面には次のような記述がある。

> 本券は通貨である。本紙幣の所有者は1時間の労働又はこれに準ずる価値の物品やサービスを受け取る権利を持つ。これを受け取り、本券を対価の支払いに使うこと。イサカＨＯＵＲＳは私たちの富を地域内で再循環させることによって地域事業を活性化させ、新たな雇用の創造への資金援助をする。イサカＨＯＵＲＳは実資本によって担保されている――私たちの技術、私たちの身体力、私たちの道具、森、畑、そして河川によってである。

1イサカアワーは約10ドルに相当するが、これは地域の平均時給である。より高い技術を必要とするサービスは、複数のイサカアワーを使って交渉される。数ヶ月に一度、共同体内の人々がアワーを使って取引することに合意した物品やサービスの一覧表が出版される。また、アワー銀行も存在する。人々はアワーを使って、家賃を支払ったり、農家直売市場で買い物をしたり、家具を買ったりすることもできる。地元の病院は医療の対価としてアワーを受け取ってくれる。１９９１年以降、数百万イサカアワーにものぼる決済が行われてきた。

他にも成功を収めたクレジットプログラムの一例として、コロンビア特別区大学法学部のエドガー・カーン教授が、不十分な政府社会福祉プログラムに対処するために始めたものが挙げられる。グローバーと同じように、カーンもまた政府と銀行の両方から独立しつつ、人々によって直接発行されうるような通貨を作ろうとした。この制度では、交換単位は「タイムダラー(時間ドル)」と呼ばれ、イサカアワーと同様、一人当たりの労働時間数で価値が決定される。国税庁がくだした画期的な判決によると、カーンの計画は商業的な意味での「物々交換」ではなく、よって免税の対象となる。この判決を追い風に、プログラムは全国に速やかに広がった。カーンによると、このプログラムは社会的・経済的な利益をもたらすこととなった。

クレジットを得るまさにそのプロセスの中で、集団の結束は強まるものである。人々は持ち寄り食事会を開いたり、防犯運動を立ち上げたり、お互いに気を配りつつ何かあったときには助けに駆けつけるようになり、食糧バンク組合を設立したりする。してみると、このプロセスは集団の結束力が強まりにくい現代社会においてそのような強化を促す起爆剤となっているようである。[2]

地域金券は、収穫期まで農家をもたせるためにも用いられた。冬まで生き延びるために必要な通貨の融資をマサチューセッツの地方銀行から拒否されたとき、ある農家は「バークシャー農家保全紙幣」を発行することにした。顧客はこの紙幣を冬季に9ドルで購入することができ、夏季にこれを10ドル分の作物と交換することができる。小規模家族農家が急速に減る中で、このような類の地域通貨は、中央通貨制度から見捨てられた農家家族を共同体で支えるための良い方法であった。民間通貨は共同体の結束を強め、地元の食糧生産者を支援し食糧供給を安定させるという効果がある。[3]

『通貨の未来』(邦訳『マネー崩壊』小林一紀・福元初男訳、日本経済評論社　2000年)の著者であるベルナルド・リエターは、他にも様々な民間通貨を取り上げているが、一例として、国民健康保険の適応範囲外の高齢者医療を実施するために日本で考案された制度をみてみよう。人々は高齢者の世話をし、対価として「思いやり券」を受け取り、これを貯蓄口座に預ける。これは後に、例えば口座主が障害を抱えるようになったときに使用可能であり、あるいは遠くに住んでいる年寄りの親族に電子送金することもできる。さらにもう一つ、興味深いモデルがバリに存在する。バリでは、共同体ごとに二重通貨制度が存在する。国家法定通貨と並んで、バリ人は地域通貨を用いるが、この地域通貨の会計単位は3時間を1枠とする時間である。共同体で新たな事業や企画が立ち上げられる際にこの地域通貨は使用される——例えば、お祭りを催したり、校舎を建設したりするときである。村民はこの通貨を発行する際に外部世界との競争にさらされることがなく、この通貨がなければできなかったようなことを達成することができる。[4]

マイレージプログラム・モデル――補遺的クレジット制度

交換媒体を拡張する革新の新たな一例として航空会社のマイレージのような企業クレジットが挙げられるが、当該航空会社の便に乗る以外にも、今ではこれを様々な用途に「稼いだり」「費やしたり」することができるようになっている。場所によっては、マイレージを使って食糧、電話、タクシー、レストラン、そしてホテルの代金を支払うことができる場合もある。リエターはこのモデルを地方自治体に拡張し、増税や特別予算の承認などを経なくても共同体の望みを実現することを提案している。例えば、「ＣＯ２クレジット」制度があれば、二酸化炭素の排出量の削減に努める消費者に報いることができる。このようなクレジットは、その後、二酸化炭素排出量の削減を目指すサービスの代金支払いの一手段として使用可能にすれば相乗効果が生まれる。さらに、こうしたクレジットを受け入れている事業は、地方税の支払いにこれを使えるようにすればよい[5]。

並行電子通貨――ＬＥＴＳ制度

コンピュータの普及によって、代替通貨は大きな後押しを受けることになった。もはや民間硬貨を鋳造したり民間紙幣を印刷する必要はない。電子的に商業を営めばよいからである。最初の電子通貨制度が発案されたのは、ＩＢＭが１９８１年にＸＴコンピュータを公開したときのことであった。カナダのコンピュータ専門家マイケル・リントンは会計データベースを作り、１９８２年には、地域交易交換取引制度（ＬＥＴＳ）という、売買の記録や口座の管理のためのコンピュータ化された制度を導入した。

２世紀前のコットン・マザーのように、リントンもまた通貨の定義を変えた。かれの仕組みによると、通貨は「人間の労力を記録するための情報システム」にすぎない。参加者が物品やサービスの購入を目的として共同体のクレジットを借りるとき、ＬＥＴＳクレジットは発行される。同じ参加者が、同額のクレジットの返済義務を全うするために物品やサービスを共同体に与えると、クレジットは消滅する。一連の交換活動は、「基礎」や「準備金」が一切ない状態で行われる。中世英国のタリー制度のように、これもまた、クレジット量とデビット量を勘定するための会計の仕組みにすぎない。また、ＬＥＴＳクレジットが不足することはないが、これはインチが不足することがないのと同じ理屈である。さらに、ＬＥＴＳには税も負債も伴わない。また、紙のコピーを一切印刷せずにコンピュータに保存することもできる。単なる情報である。現在、ヨーロッパ、ニュージーランド、そしてオーストラリアの各地に８００以上のＬＥＴＳ制度が存在する。米国ではこれほどの人気はないが、地域通貨推進者トム・グレーコによると、従来の経済圏が衰退を続け、より多くの人々が「軽んじられる」につれ、こうした制度は人気を得ることになるだろう。

『通貨を持たずに旅をしよう』と題されたウェブサイトにて、オーストラリア人のLETSファンであるジェームス・タリスは、LETS制度に関する個人的な経験を語っている。仕事を辞め、自分の貯金を注意深く管理していた頃タリスは地元共同体のLETSグループ集会に参加した。そこでかれは、等価の労働時間を提供しさえすれば実に多様なサービスを受けることができるのだということを知った。その結果、かれは生まれて初めての、またそれ以降比肩するもののないほど高級なマッサージを受けることができたが、それは就職し給料を得ていた頃には60ドルという現金を払ってまで受けるのはおかしいと感じていた類のものであった。これを含む様々なサービスの対価の支払いとしてタリスはインターネット出版やデスクトップ出版に関する技術を学び、これを使ってグループに奉仕したが、これはかれにとってもなかなか楽しいものであった。それ以降、かれは従来の通貨をほとんど持たずに世界各地を旅してまわることによって、この制度のもつ潜在力を証明し続けている。[6]

「ちょっとした親切」は、LETS式のコンピュータ化された交換制度であり、地元共同体を越えた世界的なデータベースに5万人以上の参加者が登録されている。この制度は「ありがとう」の数を記録しているが「ありがとう」とは測度単位であり、ちょっとした割引や親切のおかげで節約できた1ドルに相当する。データベースには、参加者の写真や履歴書、能力や趣味、共同体構築技術等も記録されている。カルフォルニア州ウォールナットクリーク在住のセルジオ・ルブとヴィクトール・グレイによって開発された「favors.org」は、「皆が益するような世界を展望する人たちをつなげる」非営利サービスである。典型的なLETS制度は、通貨不足に悩みつつ取引の代替手段を模索する人々の間で発達するものだが「ちょっとした親切」はこれとは異なり、参加者の中には金銭的に裕福で社会的地位もあり、むしろ制度のもつ人材的な潜在力に着目する人もいる。参加者は189カ国から来ており、データベースは数百の集団が共有し、インターネット上でも最大規模の人材源となっている。

地域通貨という概念を専門とするウェブサイトはいくつも存在するが、一例として、「ithacahours.com」、キャロル・ブルーイェのウェブサイト「communitycurrency.org」、そして『地域通貨研究に関する国際学術誌』(uea.ac.uk/env/ijccr)が挙げられる。代替通貨案に関する良質で包括的な議論を読みたい方には、トム・グレーコの「通貨教育プロジェクト」(reinventingmoney.com)をお薦めしたい。LETSに関する最も信頼の置ける情報源はランズマン・コミュニティー・サービス社(+1-2503380213)である。

地域通貨制度の限界

地域交換制度は、「通貨」は不足資源である必要も、それを巡って人々が競争しなければならないようなものである必要もないという点を証明している。通貨とは単なるクレジット（信用）である。ベンジャミン・フランクリンが洞察したように、クレジットは明日の繁栄を今日の通貨に変えるのである。金や銀行、政府や印刷機さえなくても、クレジットを使うことはできる。コンピュータ上ですべて処理することができるからである。

なるほど、こうした基本概念は賞賛に値するものだが、LETSモデルをはじめとする既存の地域通貨制度には実践的な限界がある。まず、通常は機能するはずの返済動機がここにはない。利息請求がないので返済期限がなくなってしまうこともある。親族にお金を貸したことのある人ならば誰でも経験したことのある問題である。負債が返済されずに時間だけが過ぎていくということはよくある。借り手が親族であれば、居場所が分かっているので圧力をかけることもできるだろう。しかし、都市や国家には匿名性があり、尊厳制度における借り手は夜の闇に消えてしまいかねない。共同体の各員の誠実さを維持するための代替案をトム・グレーコはいくつか提案している。かれはこう書いている。

参加者が約束を守らず、制度から離れ、以前受け取ったものと等しい価値のものの提供を拒む可能性は常に存在する。このリスクに対処する方法は、私が思いつく限り3通りある。第一に、「資金付き」交換を採用し、参加者が約束の担保として一定の資産を譲渡したり質入れしたりするという選択肢。第二に、「保険」共同資産を維持し、すべての取引に手数料をかけることで資金を捻出し、起こりうる損失を補うという選択肢。第三に、集団的相互責任への依拠、つまりある集団内の参加者それぞれがその他の参加者の借金を保証するという選択肢である。[7]

なるほど、これらの選択肢は可能性としては考えられるが、しかし、現在において用いられている契約式合意方法――利息請求や遅滞罰則金等が裁判によって徹底される方法――に比べると実用性も効率性も劣る。返済契約は、違反があった際に利子補給の有無に関わらず、担保や賃金を差し押さえる等といった処理を行うことで徹底することができる。また、遅滞利息があれば、借り手はより堅実に借金をするようになり、負債の返済をなるべく速やかに行うようになる。利息を通貨制度そのものから取り払ってしまっては、民間融資者が融資を行うための動機が失われ、投機が奨励されてしまう。つまり、もしクレジットが時間制限や利息請求なしに利用可能となってしまえば、人々は好きなだけ無償通貨を借り、債券や株式等の収益産出資産を競い合うように購入し、投機資産バブルを生み出してしまうかもしれない。借金にある程度の費用を課せば、このような激しい投機を抑えることができる。

ムスリム国家では、暴利はコーランで禁じられているという理由により、利息請求をすることはできなくなっている。宗教法違反を回避するために、イスラム弁護士はなんとか利息請求を避けた契約形態を設計しようと試行錯誤を重ねてきた。最も広く採用されている代替案の一つとして、銀行家が不動産を買い、顧客により高値でこれを売り、代金を分割払いで受け取るというものがある。しかし、結局これは利息を請求した場合と同じである。つまり、一括払いよりも長い時間をかけて少しずつ代金総額を支払ったために、より高い金額を支払う義務が発生してしまっているのである。

さて、西洋の大都市では、人口移動が激しく、宗教はそれほど大きな要素ではないので、通貨の時間的価値を支払うための合理的な代金として利息が認められている。利息請求に反論をする上で、グレーコをはじめとする人々は「不可能な契約」問題を指摘する。マネーサプライには元金しか入らないような通貨の仕組みの枠内で、元金に加えて利息の返済分も調達することはできないという問題である。が、しかしこの問題を解決する手段は他にも存在する。利息制度の利点を維持しつつ「不可能な契約」問題を回避するための提案は、第42章で詳しく考えてみることにしたい。そこでは、実践可能な無利息融資制の草案も描いていく。

民間補完通貨のもつより深刻な限界として、国家経済の生き血をすする巨大負債蜘蛛への対処ができていない、という点がある。補完通貨は、すべて、補完の対象となる国家通貨の存在を前提としている。納税は依然として国家通貨によってでしか行えず、電話代やエネルギー費用、ガソリン代等、地域通貨グループ内で生産されていないものの代金は国家通貨を使って支払うしかない。すなわち、共同体の各員は、依然として国家通貨制度に属さなければならないのである。『失われた通貨学』において、スティーヴン・ザーレンガはこう洞察している。

> こうした地域通貨は、国家レベルでの通貨制度の管理不始末を食い止めることができない。民間保有の連邦準備制度を通して来る日も来る日もばら撒かれ続ける「通貨不義」に終止符を打つことができないのである。この不義を終わらせることこそ、私たちの通貨目標となるべきである。[8]

国家の通貨問題を解決するためには、国家の通貨を改革するしかない。こうして、私たちは1890年代の「通貨問題」に返ってくることになる――グリーンバック紙幣か、はたまた金という問題にか。

第37章 通貨問題——金本位制派とグリーンバック派の討論

人類を金の十字架に磔にしてはならない
——ウィリアム・ジェニングス・ブライアン、1896年民主党総会にて

1890年代の通貨問題関連の討論の両極には、銀行家主導の「金本位制派」と主に農家や労働者たちが主導の「グリーンバック派」とが存在していた。[1]「金本位制派」を指す言葉としての「Goldbug」つまり「金亡者」「糞虫」は1896年の大統領選挙にまでさかのぼるが、このとき金本位通貨の支持者たちは自分たちの立場を示すために小さな虫のピンバッジを身につけていた。対極に位置するグリーンバック派は、銀行家の金に依存した通貨制度に対して不信感を抱いていた。その制度のもつ破滅的な作用を自分の肌で実感していたからである。ヴァーノン・パリントンは1920年代に後者の立場を明確にするためにこう述べている。

銀行家に金を基盤とする通貨制度の構築を許してしまっては、生産者を通貨取引人に隷属させてしまい、未処理の決済を年々長さの変わる尺度を使って計ることになってしまう。安全で合理的な国家通貨はただ一つ、国家クレジット＝信用に基づき、政府によって保証され、柔軟であり、人民全体の利益になるように統御された通貨である。[2]

これに対して、金本位制派は、国家信用のみによって担保された通貨では無節操な政治家たちによって簡単にインフレーションが引き起こされてしまうと反論した。かれらの主張によると、金こそ唯一安定した交換媒体である。かれらは金を「健全通貨」又は「誠実通貨」と呼んだ。金は、5000年間通貨と

して使用されてきたという重みある歴史的事実を味方につけていた。地中からの採掘は困難で危険な状況のもとで行われることが多く、その量には限りがあった。このため、金の供給量はおおむね一定であった。また、希少な商品であるというのも金の利点であり、無責任な政府が物品やサービスの供給量に対する金の量を急増させることはほぼ不可能であった。

グリーンバック派は、金の希少性は利点であるどころか、交換媒体としての重大な欠陥であると反論した。なるほど、金貨は「誠実通貨」であるかもしれない。しかし、その希少性は、「部分準備」銀行業という詐術からくる不誠実な通貨を政府に容認させてしまった。自ら紙幣通貨を発行することを拒まれた政府は、これを発行した後に利息付で返済を求める銀行から融資を受けるようになった。『失われた通貨学』において、スティーヴン・ザーレンガはこう指摘している。

> いかに信憑性のある金本位制理論でも変更や隠蔽ができない事実がある――この制度が機能するためには、国内経済の金に紙幣クレジットを混ぜ合わせるしかないという事実である。また、こうした追加作業の後でも金と紙幣クレジットの混合本位制は経済成長をしっかりと支えることができない。案の定、この制度は何度も破綻し、国内的にも国際的にも惨憺たる結果を生み続けてきた。世界恐慌という形で１９２９年から１９３３年の間に史上最悪の破綻が起きたときなどは、金本位制から早く脱した国ほど被害を小さく抑えることができていた、という報告があったほどである。[3]

金に紙幣クレジットを混ぜなければならない理由は、数学的な視点からみればはっきりする。すでに指摘したように、１ドルを複利年率６％の利息で融資した場合、40年間でこれは10ドルにまで膨れ上がる。[4]つまり、もしマネーサプライが１００％金からなっており、銀行家たちがその内の１割を複利年率６％の利息で（元金と利息を新たな融資へと継続的に移管したとして）融資した場合、40年間で銀行家たちは金をすべて所有することになる。こうした結果を防ぐためには、法定不換貨幣を認めることでマネーサプライを拡張できるようにするか、あるいは中世のように利息を禁止するしかない。

金本位制派とグリーンバック派の討論は今に至るまで白熱し続けてきているが、現代における金本位制派はもはや銀行家たちではない。むしろ、かれらはグリーンバック派の一部であり通貨改革派である。どちらの派閥も既存の銀行制度に反対しているが、改善策について意見の相違があるわけである。これこそ、現代の通貨改革運動が政治的に大した影響力を持てずにいた理由の一つである。16世紀にマキァヴェッリはこう述べている。「新たな秩序を打ち立てようと模索する者は、古い秩序の恩恵を受けている人々を皆敵に回す一方、新たな秩序から益しうる人々からは生ぬるい支持しか受けることができない。」異端な改革者たちが内輪でもめ続ける傍ら、銀行家たちとかれらに雇われたエコノミストたちとは足並みをそろえて行進を続け、銀行発行の通貨がもたらす強力な影響力を使ってメディアを買い上げ、新たな法律を成立させ、銀行要塞を日に日に強化しているのである。

金は本当に安定した価値基準なのか

金が投資の対象としては一級のものであるという点、また経済が不安定な時期においては特にそうであるという点に異論を挟む者はいない。アルゼンチンペソが破綻したときに金貨を持っていた家族は、金貨が1枚あれば1ヶ月間物々交換市場で食べていくことができたと報告している。なるほど、金は持っていて損のないものだが、しかし通貨改革論者たちが議論しているのはこれとは別の問題である。それ自体としてであれ、紙幣や電子通貨の「担保」としてであれ、金は国家通貨の基礎となるべきだろう。

金本位制派は、通貨の価値を一定に保つためには金本位通貨が必須であるという立場をとる。対するグリーンバック派は安定性が必要であるという点には同意しつつも、金の価格がはたしてそのような杭として機能するほど安定したものであるかどうかには疑問を持つ。19世紀において、農民はこの問題を肌で感じていた。金の価格が上がるに従って、自分たちの利益がどんどん縮まっていったからである。現代では、現実世界から典型例をみつけるのはなかなか困難だが、一例としてあり得るのは、近年、金による取引が行われているベトナムの不動産市場である。２００5年秋、金価格は1オンス当たり５００ドル以上にまで高騰した。金１０００テールという価格のついた家を買うためには買い手は数千万ベトナムドンも追加で支払わなければならず、不動産市場はほどなくして立ち往生してしまった。[5]

「通貨」の本来の目的は、取引の対象となった物品やサービスの価値を記録し、買い手と売り手との間で商業を簡易化することである。価値の尺度そのものが収縮を繰り返してしまうと商業に支障が出る。歴史上、金が交換媒体であった頃は、金の供給量に合わせて物価が高騰した。例えば、16世紀スペインにおいて新世界からの金が国内に大量流入したとき、スペインは深刻なインフレーションに見舞われた。また、１８５０年代のカルフォルニア・ゴールドラッシュの間、金の供給量の急増に合わせて消費者物価もまた高騰した。１９１7年から１９２０年の間には米国の金供給量は再び急増した。戦備の対価として大量の金が国内に流れ込んできたからである。これによってマネーサプライは深刻に膨張され、消費者物価は2倍になったがそれでもなお、連邦準備制度がマネーサプライを厳重に規制しているということになっていた。[6] さらに、１９７０年代においては、金価格が1オンス40ドルから1オンス８００ドル以上にまで急上昇したが、２００1年2月には再び２５５ドルにまでとんぼ返りした。（前掲図7参照、３５２頁）また、家賃が金貨で支払われていたとすると、この場合もまた極端な値動きが見られたはずである。固定金額の所得で生活をしている人々は、価値が固定され予測が立ちやすい通貨を好んだ。たとえそれが通帳の数字にすぎなかったとしてもである。

金というつなぎ縄はインフレーションの緩和に役立つが、拡張可能な通貨がなければ、経済圏に対してさらに深刻な惨事をもたらす類の恐慌を避けることはできない。マネーサプライが縮小してしまうと生産力と就業率も道連れにされてしまう。19世紀の大規模な金発掘によって市場に金が大量流入したとき労働者を雇う上で必要な通貨が一気に利用可能になったので、生産力と就業率は上がった。その後、例えば銀行家が金利を上げ融資を回収することによって金が不足し始めると、労働者を雇うために十分な通貨が用意できず、生産力と就業率は下がった。しかし、利用可能な金の量は、農家が農業をする能力や、炭坑夫が採掘をする能力や、建築家が建設をする能力と一体何の関係があるというのだろうか。特にこれといった関係はない。そこで、グリーンバック派はまずもって労働を最優先すべきであると説いた。中世のタリー制度のように「通貨」は決済の領収証として後で付け足されるべきである。

金本位制派はこれに対して、金本位の通貨制度では諸活動を支えるために十分な量の金が確保できる、なぜなら価格は自然に下方修正され、供給が需要に対応するようになるからだと反論する。[7] しかし、貨幣数量説という根本原理は、実際にはあまりうまくいったためしがない。世界恐慌の間、マネーサプライが縮小するとデフレーションの悪循環が始まった。労働者に支払うための賃金が十分に用意されなかったため、需要が減少しこれによって商品の売れ行きが下がり、さらに多くの労働者が職を失った。果物は畑に放置され、腐っていった。収穫し販売しても採算がとれなかったからである。

以上の論点をさらにわかりやすくするために、架空の例を取り上げて見たい。あなたが無人島に難破したとしよう……

金が詰まった宝箱を抱えて難破した場合

あなたを含む10名の船員が１００枚の金貨が詰まった宝箱と共に難破したとしよう。あなたは、金貨と仕事を皆に平等に分配しようと決める。あなたの仕事は、果物を集めるために必要な籠を編むことである。この仕事を一度もしたことがないあなたは、1ヶ月かけて10個の籠を作ることしかできない。こうして、あなたは1個を自分の手元に残しつつ、残りの9個を1個当たり金貨1枚と引き換えに友人に売り、他方では金貨を使って他の友人から品物を買う。

今のところ、話は割りと単純である。さて、2ヶ月目に入ると、最初の籠は磨耗してくるが、あなたは籠作りの腕を上げ、1ヶ月で20個作ることができた。友人たちはあなたの籠作りの技術に感心し、1人2個ずつ欲しいと言う。しかし、不運にもかれらはそれぞれ、金貨1枚しか籠の購入に使うことができない。そのため、あなたの選択肢は籠の価格を半額にするか、生産量を減らすかのどちらかである。他の島民たちもまた、各々の生産力について同じ悩みを抱えることになる。結果として、物価デフレーションと恐慌が起こる。あなたには生産量を上げる動機がなく、また自分の生活水準を上げるために必要な金貨を追加で得るすべもないからである。

この状況は、年月が経ち島民が増える一方、金貨の枚数が変わらないとさらに悪化する。子供たちの食糧を確保したくても、籠作りから得られる取るに足らない収入では話にならない。より多くの籠を作っても価格が下がるだけで、あなたは始めと同じ枚数の金貨を持ったままである。あなたは友人から借金をしようと試みるが、かれもまた金貨を必要としており、利息の支払いがない限り融資に同意してくれない。では、この利息はどこから支払えばよいのだろうか。新たに生じたこの費用を賄うための金貨は、もはや共同体の中には存在しない。

ある日、奇跡が起こる――船がもう一艘、島に難破し、そこには金貨が50枚以上入った宝箱があったのである。この船唯一の生存者は、金貨40枚を利息20％で融資することに同意する。島民たちはこれを天の恵みのように喜ぶが、それも負債を返済する日が来るまでのことであった――利息を賄うために必要な余分な金貨が島にないことに気がついたからである。そこで、債権者は島民の生涯隷属を要求する。こうして、この制度は負債と破産という状態へと腐敗していく。ちょうど、歴史上、島の外の世界で金本位制がたどったのと同じ運命である。さて、それでは今度は別の筋書きを検討してみよう。

会計士と共に難破した場合

あなたを含む10人の船員が無人島に難破するが、今度は金貨の詰まった宝箱という恵み（あるいは呪い）が船上にない。しかし、船員の一人は奇遇にも会計士でもあり、かれはあなたに「大丈夫」と言う。かれは刻み目の入った木製のタリーであなたの生産力を「集計」する。さらに、かれはタリー作りとして品物を回収し再分配するという役割を担うことにする。このサービスの対価として、かれは1ヶ月10タリーという賃金を自分に支払う。

またしても、あなたは籠作りである。最初の1ヶ月で、あなたは10個の籠を編み、1つを手元に残しつつ、残りを会計士と交換し9タリーを受け取り、このタリーを使って他の船員たちから労働やその実りを購入する。2ヶ月目、あなたは20個の籠を編み、2個を手元に残し、残りを18タリーで会計士に売る。今度は、あなたは対価を全額受け取ることができる。会計士はいくらでも木材を補充することができ、よって必要に応じていくらでもタリーを作ることができるからである。それ自体としては、タリーには何の値打ちもなく、これが「不足」することもあり得ない。タリーは領収証にすぎず、市場に出回っている物品やサービスの尺度でしかないからである。18個の籠と引き換えに18タリーを受け取ることによって、あなたは籠の価格を一定に保つことに成功し、さらには大雨の日に備えてマットレスの下にしまっておくだけの余分なお金を手に入れることができた。あなたは島を探検するために1ヶ月の休暇をとり、貯金を旅費に当てる。

より大きな家を建てるためにタリーが必要となったとき、あなたはそれを会計士から借り、会計士は負債を会計項目という形で記録する。この融資の元金と利息を返済するために、あなたはより多くの籠を編み、追加の籠を追加のタリーと引き換えに取引する。では、利息は誰の懐に入るのだろうか。共同体はこの利息はタリー作りが正統に得ることのできるようなものではないという決定を下す。かれが拡張したクレジットは、かれの私物ではなく共同体の資産であり、そもそもかれはすでにタリー作りという労働の対価を得ているからである。あなたたちは、共同体にとって必要なサービスの対価の支払いに利息を使うことに同意する。道路の清掃、野獣に備えての見張り、働くことのできない人々の世話等々である。民間融資業者によってかすめ取られる代わりに、利息は共同体に還元され、他の融資の利息の支払いに使うこともできるようになる。

あなたとあなたの配偶者が子供に恵まれた場合、子供たちはさらに多くの籠を編むことができ、家族の富も増えることになる。タリーが不足する心配はない。利用可能な物品やサービスの量に杭打ちされているからである。こうした「実質」財産に比例してタリーは増えるのであり、実質財産を超えて膨張することはない。タリーと「財産」（物品やサービス）とは必ず同時に発生するものだからである。もしあなたが、今の時点での自分の生産量に（例えば、1ヶ月当たり20個の籠という量に）満足していれば、もうこれ以上タリーを追加しなくても経営をすることができる。籠の生産高をカバーするための20タリーは、すでに制度内に流通しているからである。あなたはそれを籠の対価として受け取り、他の島民が作る品物にタリーを使い、タリーの流通の持続に一役買う。マネーサプライは恒久的かつ拡張可能なものとなり、生産力の実質成長や融資に対する利息をまかなう必要が生じればそれにあわせて成長しうる。過剰な成長は共同体へ通貨を還元することによって防止されるが、これは融資への利息支払いか、あるいは共同体にサービスを提供するために集められる手数料や税金という形をとる。

政府はどこから金を調達するのか

現実世界では、宝箱が漂着するなどということはほぼなく、すべてを金通貨に切り替えようと動く政府は新たな課題に直面することになり、しかもそれは解決不可能なものとして出現する。政府はどこから金を調達すればよいのかという課題である。貴金属は当然購入される必要があるが、連邦準備紙幣がもはや法貨として機能しない場合、政府は何を使ってこの金を購入するつもりなのだろうか。最悪の場合、政府は国民から直接金を没収するという手に出るかもしれない——ちょうど1933年にルーズヴェルトがそうしたように。ただし、ルーズヴェルトの場合、少なくとも金の対価としていくばくかの通貨が支払われた。金が唯一の法貨となってしまえば、連邦準備紙幣はただの紙切れとなってしまう。

とはいえ、便宜上、財務省が何かしらの方法で適切な量の金を入手できたと仮定しよう。世界の採掘済みの金の総量は60億オンス以下（約16万トン）と見積もられているが、その多くはアジアの女性たちが身に着けており、60億オンスをすべて入手するのがほぼ無理なのはいうまでもない。そこで、例えば米国政府がその半分を入手できたとしよう。1オンス800ドルという価格（2007年12月現在の価格である）では、これは約2兆4000億ドル相当の金である。もし仮にマネーサプライ（M3）の総額である12兆ドルがすべて金に切り替えられた場合、1オンス当たりの値打ちは4000ドルとなるが、これは2007年の実質市場価格の5倍である。ということは、金貨の価値はもはや「市場」の動向とは全く関係のないものとなってしまう。では、金貨への切り替えという骨の折れる労働の末に、物価の安定性にどのような貢献がなされたことになるのだろうか。マネーサプライを固定するのがそのねらいなのであれば、財務省が固定量の券を発行し、それを唯一の公式国家法貨として定め、それ以上の発行を一切やめれば良いことではないか。政府にはこれをする力がある。問題は、そもそも私たちはこのような固定的で膨張不可能なマネーサプライを選ぶべきかという点である。通貨が複利で融資されている限り、マネーサプライを「固定し安定させる」ということは、ほどなくして貸し手に金をすべて手放すということである。

金本位制派の中には、二重通貨制度を提案する人もいる。（第35章参照。）法定不換貨幣制度は継続されるが、賢明な人たちは各々の資金を金貨やイーゴールドに変換することもできる。法定不換ドルの価値の暴落に備えて自分の通貨の価値を保護しようという意味だが、法定不換制度が機能しているのにも関わらず金貨で商業を行う利点はどこにあるのか。金を投資として買い、ドルの価値が縮小するにつれて金の価値が上がるのを期待するのが自然ではないか。しかも、この金は、必要に応じて法定不換ドルと市場でいつでも売買されうるのである。ここでもまた、人は金を通貨として一切使用せずに、ただその投資先としての価値を使って資産を増やすことができるのである。

「真正手形」説

金を通貨として使用した場合これほどの問題が噴出するのであれば、そもそもこの制度はなぜ第一次世界大戦までの間それなりにうまく機能しえたのだろうか。ネルソン・ハルトバーグとアンタル・フェケテの主張によると、金が通貨として機能し得たのは「真正手形」と呼ばれる民間通貨制度によって補完されていたからである。真正手形とは、あたかも通貨であるかのように販売者間で取引される短期為替手形のことである。真正手形は物品やサービスの請求書であり、期限が来るまで右から左へ手渡され、銀行から独立した二次的な通貨のように機能し、マネーサプライの価値を下げずにその拡張を可能にした。[8]

「真正手形」説は、『国富論』において1776年にアダム・スミスによって提唱された。それによると、等価の資産に対して発行される限り、通貨はその発行量に関係なく本来の価値を維持し続ける。例えば、発行者が100ドル相当の銀を受け取り、それと引き換えに100ドル相当の紙幣通貨を発行した場合、この通貨は当然ながら価値を維持し続けることになる。なぜなら、いつでも銀と引き換え可能だからである。同じようにもし発行者が先物穀物100ドル相当の借用証書を受け取り、これと引き換えに100ドル相当の紙幣通貨を発行した場合、通貨は価値を維持し続ける。穀物を市場で売却し通貨を回収することが可能だからである。同様に、発行者が賭博者の家に抵当権を設定し、これと引き換えに100ドル相当の通貨を発行し賭博者に融資した場合、賭博者が市場でこの通貨を使い果たしたとしてもなおこの通貨は価値を維持し続ける。発行者は家を売って通貨を回収することができるからである。通貨真正手形説は、20世紀の経済学者の間ではもはや却下されており、代わりに貨幣数量説が定説となっている。しかし、ウィキペディアによると、前者は現代において連邦準備制度がクレジットを提供する際の理論的基盤となっており、不動産担保ローンを担保として計上した後、同額の会計項目ドルを債権者銀行に提供することによってこれを「貨幣化」するために用いられる。[9]

フェケテ教授いわく、真正手形制度が通貨価値を保持するのは、取引活動の終わりに金が回収できる場合のみである。しかし、他の商品でも同じ効果が期待できるのは明白である。「キロワット・カード」はその代表例であり、この民間発行紙幣通貨は通貨として取引されうる他に一定の単位量の電力とも交換可能である。[10] 19世紀のグリーンバック派もまた、真正手形説を基盤として初めて、政府は紙幣通貨をこれと同額の物品やサービスを生産する労働に対して発行すればマネーサプライの価値は維持される、と論じることができた。グリーンバック紙幣は政府に提供された一定量の物品やサービスの領収証であり、持ち主は共同体内でこれを等価の物品やサービスと交換することができる。この領収証は単なるタリーであり、価値を計るための会計道具にすぎない。金証券ですら数ある「真正手形」の一形態にすぎないものとして捉えることができる。金証券が価値を持つのは、それが実在する物品、この場合は金に対して発行されたり交換されたりしたからである。通貨を価値水準に杭打ちするにあたって、単一の揮発的な貴金属ではなく多種多様な物品やサービスを用いる方法については、第46章で詳述したい。

NESARA手形——合憲通貨の回復

本章を結ぶにあたって、もう一つの案を検討してみたい。ルイジアナ州NESARA研究所のハーヴェイ・バーナードは、憲法が規定する銀貨と金貨の鋳造を維持しつつ、国家成長と生産力向上に対応する上で必要な柔軟性を実現する方法を提案している。憲法は「貨幣を鋳造し、その価格および外国貨幣の価格を規制する権限、ならびに度量衡の基準を定める権限」を連邦議会に与えている。バーナードが提出した「国家経済安定化及び回復法」[i]（National Economic Stabilization and Recovery Act、NESARA）という法案によると、国家通貨は政府が独占的に発行し、そこには3つの種類が含まれる。標準銀貨、標準金貨、そして財務省信用紙幣（グリーンバック紙幣）である。財務省紙幣は負債通貨（つまり連邦準備紙幣）と完全に置き換えられる。硬貨が含む貴金属質量は憲法と１７９２年の造幣法に従って標準化されるが、後者の法律はドル銀貨を国内通貨制度の標準尺度としている。硬貨がその金属質の利用を目的として溶解されるのを防ぐために、硬貨への額面価値の刻印は行われず、「銀ドル」「金鷲」といった名前をつけられたり、こうした硬貨の一部として取り扱われるにとどまる。こうした硬貨の価値は、財務省信用紙幣や硬貨間の関係に応じて浮動する。為替相場は定期的に公表され、これは世界市場相場に追随する。連邦議会は、手持ちの金銀を使って貨幣を鋳造するだけでなく、おのおのの私有の金銀を持ち込んで貨幣鋳造や貨幣流通に貢献するよう国民に奨励する。バーナードの法案には、他にも、連邦準備制度の廃止、米国財務省による連邦準備銀行の発行済み株式の買収、米国財務省準備制度の新設による国家通貨の国民への返還、そして連邦所得税制度を税率14%の売上使用税（食糧や家賃といった特定の商品は除く）によって置き換えること等々が含まれる。[11]

　なるほど、NESARA案はあるいはうまくいく可能性もあるかもしれない。しかし、もし政府が紙幣通貨と硬貨とを同時に発行することができるのであれば、硬貨がインフレーション防止に大きな役割を果たすとは思えない。とすると、わざわざ硬貨を鋳造し、これを持ち歩く不便をする意味もない。そもそも、既存の金融制度の問題点は、ドルが金と交換できないという点ではない。問題は、通貨制度が総体として民営銀行カルテルへの負債に基づくネズミ講となってしまっているという点である。単一の「準備金」に対する複数の「融資」という形で私的に発行される通貨などというものは、明らかに詐欺的でありその「準備金」が国債であろうと金塊であろうと同じことである。

　貴金属は、経済崩壊に備えて価値を保持する上では非常に優れた投資先である。また、地域通貨は、他に通貨の調達方法がない場合には妥当な代替通貨源である。しかし、今私たちが語っている経済のおとぎ話がハッピーエンドを迎えるためには、国家マネーサプライを、崩壊の後ではなくそれが起きる前に救済しなければならない。そして、今日、ドルの崩壊の危険性の源は、金による担保の有無ではない。そうではなく、米国のマネーサプライの99%が利息付で民間の借り手への返済義務を含んでいるという点であり、新たにローンを組まない限り利息支払いに必要な通貨を調達する道がないという点なのである。負債に基づくマネーサプライは、維持するだけでも新たな負債を要求し、これに対応してインフレーションのレベルも上げなければならず、結果として私たちの国家資産を吸い尽くす負債竜巻が生じてしまう。連邦負債はもはやあまりにも肥大してしまっており、利息支払いさえも税収でまかなうことができないところまで来ている。この負債の返済は、通貨が民間銀行からの融資という形で出現するというコペルニクス以前の世界においては不可能である。しかし、オズの魔法使いならばここでこう言うだろう——私たちはそもそも問題を間違った角度から捉えてしまっている、と。私たちは、自分たちの通貨が少数のエリート階級の周りの天空を自転することを許してしまっているが、本来ならばそれは集団としての人々を軸として自転するべきなのである。このようなコペルニクス的な転換が完了すれば、自由に流れ出すマネーサプライという水は、負債という不毛な砂漠を建国の父たちが思い描いたような緑あふれる大地へと変貌させることができる。**私たちには、税や負債に頼らずに富を享受する道がある。富を吸い取る金融寄生虫を駆除しさえすればよいのである。**

---

i　原注：後日どこからともなく登場した「国民経済安全保証改革法」(National Economic Security and Reformation Act、NESARA）と混同してはならない。

第38章
連邦負債——交錯思考の一例として

「ささて、勇敢な友よ、きみはどうやら、交錯思考の餌食になっているみたいだ。実に不幸な勘違いじゃあないか。危険から逃れたというだけで、自分には勇気がないのだと思い込んでいるのだからね。きみは勇気と知恵とをごちゃ混ぜにしているのだよ。」

——オズの魔法使いがライオンにかけた言葉

オズの魔法使いは、解決不可能にもみえる問題を、新しい角度から捉えなおすだけで解決してみせる。臆病なライオンにはかれが実は常に勇敢であり続けたということ、カカシには、かれが実は常に知能を持っていたということ、そしてブリキの木こりには、かれが常に心を持っていたのだということを、魔法使いは順番に示した。もしオズの王国に議会があったとしたら、魔法使いは国家負債を返済する術が実は常に議会の手にあったのだということを示して見せただろう。つまり、負債を返済するためには、国債をそれが本来あるべき形に戻すだけでよいのである。すなわち、法貨である。

むしろ、米国連邦議会が負債を返済するためにはこの方法を採用する他ない日は近い。連邦負債は実に危機的な規模にまで達している。米国政府監査院長デヴィッド・M・ウォーカーは、2003年9月にこう警鐘を鳴らしている。

成長だけを頼りに国家負債から抜け出すことはできません。

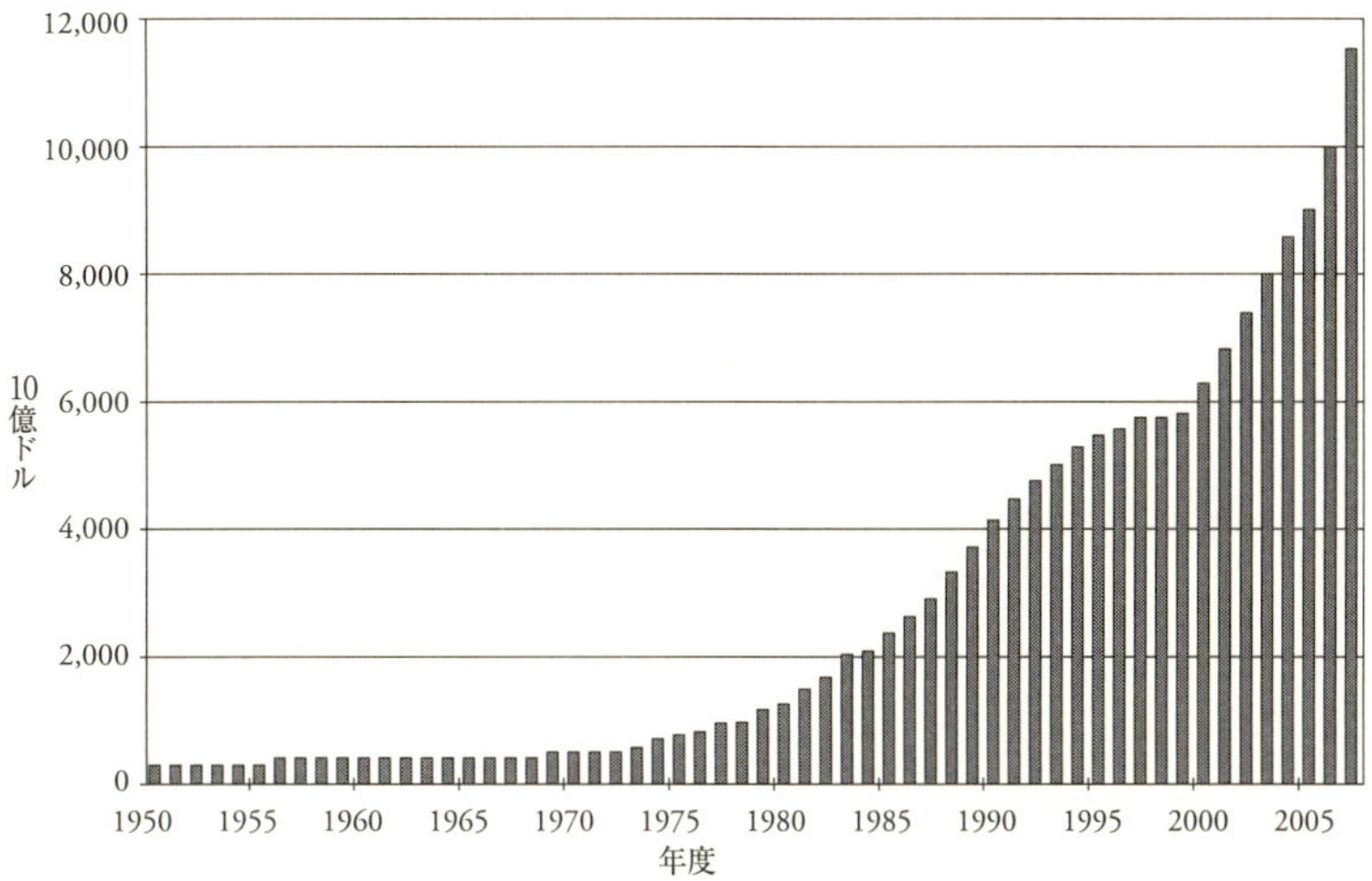

図8　会計年度毎の米国負債総額。1950年から2009年まで。
縦軸：10億ドル。横軸：年度。

具体的かつ早急に行動を起こす、という選択肢に代わる案は、どれも気の進まないものであり場合によっては無理であるとすらいえます。例えば、米国の人々がいまだかつて経験したことのないような次元にまで増税を行ったり、歳出総額の削減量を想像を絶するところまで上げたり、私たちの子どもや孫の世代の将来すらも担保にし、私たちの経済や競争力、そして米国国民の暮らしの質が深刻な危機に瀕することになるかもしれません。[1]

１９３０年代、経済学者のアルヴィン・ハンセンはルーズヴェルト大統領に向けて次のようなことを述べた。米国を借金地獄に陥れても大丈夫。公共負債は人々から借りたものであり、そもそも完済される必要がないからである、と。さて、しかしもしこの点が１９３０年代には真実たりえたとしても（そしてこれすらも議論の余地が十分にあるのだが）、現代においては明らかに虚偽である。連邦負債の公共部門の実に半分近くは海外投資家への借金であるが、かれらがこの負債を年々借り換え続けるほど楽天的であるとは思えない。特に、米ドルが急速にその価値を失っている現代においてはそうである。アル・マーティンは、米国財務省が２００１年に委託した研究調査を参照しつつ、１９３０年代当時のように負債を借り換え続けるためには、２０１３年までに個人所得税率を最大65％にまで引き上げなければならないだろうという点を見出している。しかも、これは国家負債の利息支払いのためだけに行われる措置である。

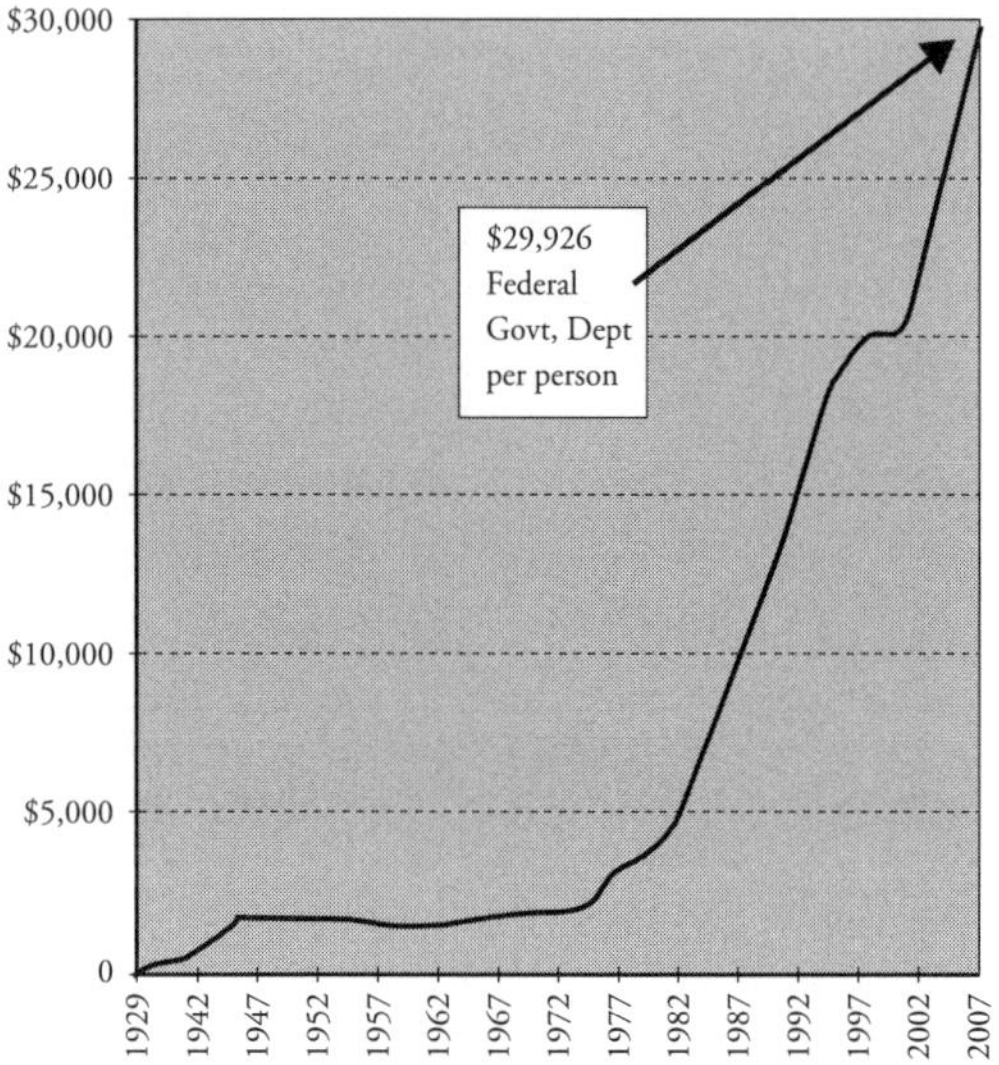

図9
※国民1人当たりの連邦負債（州及び地方負債を除く)。2007年時点で一人当たり29,926ドルの負債である。米国財務省債務庁より。

もはや利息支払いすらもできないと政府が宣言した場合、政府は破産を余儀なく迫られ、経済が崩壊するだろう。マーティンはこう書いている。

地球上の国々の経済が将棋倒しになるまで5日もかからないだろう。経済崩壊後の世界において政府が支配権を維持するためには、通貨力と軍事力に頼るしか、あるいは国内軍事力に頼るしか道がない。米国国民は次の現実に直面させられている。過度に肥大したバブルと、背筋が凍るような経済関連数値とである。[2]

火に油を注ぐように、イランを始めとする石油生産者は今や米ドルから離れ、石油貿易に他の通貨を使用するようになってきている。もし石油の取引に米ドルを使わなくてもよいのだとすると、海外中央銀行が米国国債を手持ちにする主要動機が失われることになる。英国ジャーナリストのジョン・ピルジャーは、『ニュー・ステーツマン』紙において2006年2月に、イランに対する米国の好戦的な脅しは、イランの核開発に対する野心を巡るものなどではなく、世界第4位の石油生産・貿易国が米ドルの独占体制を崩したからではないかと述べている。ピルジャーはさらに、イラク大統領のサダム・フセインもまた米国からの襲撃に遭う直前に同じような動きをとっている、ということも指摘している。[3]『カウンターパンチ』誌に2005年4月に掲載された記事において、マイケル・ホイットニーは、

「石油ドル（ペトロダラー）」本位制が廃止された場合に発生する悲惨な事態に対して警鐘を鳴らしている。

これは、単なる米ドル価値衰退の問題ではなく、これよりもはるかに深刻な問題である。もし大手石油生産者が米ドルからユーロに乗り換えた場合、米国経済はほぼ一夜にして転覆してしまうだろう。もし石油がユーロで取引されてしまえば、世界中の中央銀行はこれに合わせるしかなくなり、米国は8兆ドルにものぼる巨額の負債をついに返済しなければならなくなる。いうまでもなく、そうなれば米国経済はおしまいである。何か手ごろな解決策があればいいのだが、残念ながら私には何も思い浮かばない。[4]

手ごろな解決策！　これこそ、魔法使いの専売特許ではないか。かれならば、ゲームのルールを変えるという解決策を提案したかもしれない。１９３３年、フランクリン・ルーズヴェルトは米国の破産を公に宣言し、緊急権を発動し、大統領令という伝家の宝刀を振りかざし、ドル札から「金による返済」という文言を消すよう命令を下した。こうして米ドルは、法貨による支払いを約束する文書から、法貨そのものへと瞬く間に変貌したのである。それから7年後、連邦議会はまたしても米国の破産を公に宣言し、国家再編成の計画を提示し、負債を「法貨」に変身させた。2世紀も前に、アレクサンダー・ハミルトンは、連邦議会には連邦負債を「貨幣化」することによって処理するという手段があることを示したが、連邦議会はこの役割を民間銀行業界に委託するという過ちを犯してしまった。連邦議会はただ、この誤りを修正し、負債そのものを貨幣化すればよく、そのためには新たに発行された米ドル紙幣を使って国債を自分で買い戻せばよいのである。

画期的な解決策に思えるかもしれないが、しかし**今実際に採用されている解決策はまさにこれなのである――政府によってではなく、民有連邦準備制度によってではあるが。**相違点としては、連準が新発行連邦準備紙幣を使って政府債券を買い戻した場合、国債は帳消しにはされない。代わりに、以前までは1つしかなかったところに今度は2組の証券が（つまり国債と現金とが）発行されるのである。このようなインフレーションを伴う結果は避けることもできた――政府が自分で自分の国債を買い戻し、これによって国債を帳消しにすればよいのである。この点は第39章でさらに論じる。

カリブの謎の海賊

連邦証券を新発行通貨を使って購入することによって政府の負債を「貨幣化する」という手続きは、さして新しいものでもない。過去1世紀の間、連準と関連銀行がすでに何度もこの手法をとってきているからである。しかし、２００５年、米国連邦負債の二大購入者である中国と日本が米国証券の購入量を減らし始めると、この手法はさらにギアを上げたようである。海外債権者が米国債券の借り換えをやめてしまえば米国経済は破綻してしまうと、市場悲観主義者たちは常に警告し続けてきた。かれらは最悪の事態を予測していたが、なぜか災難は実現せずに済んでいる。債券には相変わらず買い手がついている。問題は、その買い手が誰なのかという点である。連準は、買い手は「カリブ海銀行」と呼ばれる謎の米国新債権者グループであるとしている。金融メディアは、これは脱税国ヘッジファンド業者であると述べている。しかし、２００５年３月、カナダの分析家ロブ・カービーは、もしかれらがヘッジファンドであるとするならば、投資家顧客に対して実に無残な成績を残したに違いなく、２００５年１月だけで40％もの損失を計上しなければならないというありさまであるはずだという点を指摘している。**しかし、そもそもこのような損失は、ヘッジファンド業界では報告されていない。**カービーはこう書いている。

> 以上を考慮に入れると、これらの証券を買ったのはヘッジファンドではないのだということが自明となるはずである。公式の見解として提供され、大手金融メディアが大掛かりに報じている説明は、観察的事実とも市場観測結果とも矛盾している。ヘッジファンド業界が、国債市場での不始末による大規模で重大な損失を報告したことなどない。では、たった１ヶ月で２３０億ドル相当もの証券を買うことができるほど深い懐を持つ者は他に誰がいるだろうか。これほど短い期限の内にこれほどの金額を用意するためには、印刷所が必須であるとみてよいだろう。私の見解では、歴史は繰り返されるものであり、カリブ海にはいまだに海賊がうごめいている。**恐らくかれらは、現代金融海賊稼業を営むにあたって印刷所[i]を持っており、ワシントンに住んでいる魔法使いや雪だるまから幇助を受けているのかもしれない。**[5]

同じような魔術は、２００５年９月に再度発動された――米国からの脅しを受け、ベネズエラが米国財務省証券約２００億ドル相当を清算したときである。この場合もまた、米ドルの暴落が予想されていたが、実際にはこのような災難は起こらなかった。他の買い手が介入して尻拭いをしたわけだが、そこにはまたしてもあの謎の「カリブ海銀行拠点」が含まれていた。ロブ・カービーはこう書いている。

> ベネズエラが「売り込んだ」２００億ドル相当の証券を買ったのは誰なのか、気になるところである。それが誰であれ、かれの姓には恐らく「スノー」や「グリーンスパン」というような言葉が入っているに違いない。強固な通貨という神話（又は現実）を（少なくとも一時的に）作り出す手法は、私たちが思っているよりも多様である。[6]

こうした出来事は、あるいは来るべき大事に備えての予行練習にすぎなかったのかもしれない。２００６年３月以降Ｍ３に関する統計は一切公表しないと連準が発表したとき、分析家たちは、一般国民から連準は一体何を隠そうとしているのかと首を傾けた。2006年3月は、イランが原油取引をユーロで行うことを宣言した月である。観察者の中には、連準は新たに印刷した米ドルを使って海外銀行がやっかい払いした米国証券の大波を買い戻す準備をしていたのではないか、と考える者もいる。もう一つの可能性として、連準は大規模なデリバティブ債務不履行を隠すために大掛かりな米ドル印刷に出ており、その証拠を隠蔽しようとしたのではないか、というものも考えられる。[7]

いずれにしても、問題はこれである——新たに印刷された米ドルを使って政府の債券を買い戻す力が連準にあり、政府は相変わらず連準と銀行に負債を負ったままになるのだとすると、政府はなぜ直接新たな米ドルを負債フリーで発行し、それを使って自らの債券を買い戻すことができないのだろうか。この解決策を阻止するために長らく用いられてきたインフレーション説はもはや信憑性を失っている。この問いは次章でまた改めて取り上げたい。まずは、この逆詐術がいかに簡単に実行されうるもので、しかも政府が書類に埋もれることも憲法が破られることもないものかを示したい。

マウスをクリックするだけで国家負債を消滅させる

1980年代、米国下院造幣分科委員会の委員長は、国家負債は硬貨1枚さえあれば完済できるという指摘をした。憲法によると、連邦議会には貨幣を鋳造しその価格を規制する権限があり、鋳造できる貨幣の量は制限されていない。[8] **ということは、米国の国家負債は、米国造幣局が新たに鋳造し適切な額面価格が刻印された硬貨1枚で完全に消滅させることができる。** 2007年であれば、この委員長は硬貨の枚数を9枚に指定し1枚当たりの額面価格を1兆ドルに設定したかもしれない。

頓知の利いた解決策だが、しかし一つ問題がある。1兆ドル硬貨のお釣りはどう用意すればよいのだろうか。いうまでもなく、この鉄製硬貨の価格は金属質からではなく表面に刻まれた数値からくる。金属片に刻印をしてこれを1兆ドルとする力が政府にあるならば、紙幣通貨や電子通貨を発行して同じようなことをすることもできるはずである。アンドリュー・ジャクソンが洞察したように、建国の父たちが連邦議会に貨幣を「鋳造する」権限を与えたとき、かれらは連邦議会の権限を硬貨のみに限定しつつ他の通貨の発行権を銀行に委任したわけではない。むしろ、国家のマネーサプライをすべて発行する権限を連邦議会に与えたのである。ジェファーソンは、憲法は時代に合わせて修正されるべきであると述べた。現代において、「貨幣」とは紙幣通貨、小切手通貨、そして電子通貨を指す。「貨幣を鋳造する権限」を連邦議会に与える憲法条項は、「あらゆる形態

i　原注：これは当時の米国財務長官のジョン・スノーへの言及である。

で国家のマネーサプライを発行する権限」という文言に更新されるべきである。

もしこの修正が施されれば、政府負債の大半はインターネット上で返済されうる。その手続きの簡易さは米国財務省が２００４年１月に直々に証明した。つまり満期前の30年国債を「請求」（つまり「償還」）したときである。財務省は２００４年１月15日にこう発表している。

財務省、２００４年-２００９年の９-１／８％国債償還請求

財務省は本日、１９７９年５月15日発行及び２００９年５月15日満期（CUSIP No.912810CG1）の９-１／８％財務省国債の、２００４年５月15日の額面価格での償還請求を発表した。現在、この国債の残高は46億６００万ドル相当であり、その内31億９００万ドル相当は個人投資家によって保有されている。２００４年５月15日に償還されなかった債券への利息支払いは停止される。

こうした債券は、国債発行による資金調達のコストを削減するために償還される。９-１／８％という金利は、満期までの残り５年間で資金調達をするための既存コストを遥かに上回るものである。現在の市場の状況における償還請求と借り換えによる節減額を、財務省は５億４４００万ドルと見積もっている。

帳簿会計項目という形をとる債券に関しては、保管場所が連邦準備銀行の帳簿であれTreasuryDirect口座[ii]であれ、財務省が自動的に決済を行う。[9]

「帳簿の会計項目という形」という文言は、ドル札や小切手等の紙幣通貨は一切手渡されないということを意味する。財務省のダイレクトオンライン現金運用ファンド（つまり「TreasuryDirect」）に数値が記入されるだけである。そこでは、証券の性質が変わるだけである。利息付が無利息に、債務付きが完済済みに変わるのである。２００４年５月15日までに国債を償還しなかった債券保持者たちも、債券の額面価格を現金で受け取ることができる。利息の支払いが止まるだけである。

政府債券は、通常、満期まで優良であると思われているので財務省のこの発表は物議をかもした。しかし、期限前償還の許可は、実は債券に直接印刷されているのである。[10]期限前償還に関する文言は企業や地方の債券には必ず書かれているものであり、利率が下がった場合に発行者がより低い金利で負債を借り換えることができるようになっている。

では、財務省は発行済み国債40億ドル相当を一体どのようにして低金利で借り換えようとしていたのだろうか。一般国民が購入しなかった分の債券は、当然ながら銀行が買い取ることになる。ここで、連邦準備委員会委員マリナー・エクレスの証言を思い出していただきたい。

銀行は、10億ドル相当の政府国債を購入するとき、帳簿の項目として新たに10億ドルを創造するのです。[11]

財務省は、発行済み国債への利息支払い約束の取り消しを、単にそれを発表することによってのみ実行できる。さらに、帳簿の項目という形で元金を借り換えることができる。**とすると財務省は同じ手法を使って連邦負債を完済することができるはずである。**国債をはじめとする証券の償還請求を発表し、その額面価格が「帳簿の会計項目という形で」支払われることを約束すればよいのである。現金が動く必要は一切ない。資金は国債が保管されている口座にとどまり、後々他へ投資されるのである。

むしろ、現時点では、法定不換貨幣を発行し国債を買い戻し、それを帳消しにする以外に、政府が負債を完済する道はない。『ジキル島の怪物』（邦訳、『マネーを生み出す怪物』）で金本位制派のエド・グリフィンが出した結論はこれであり、またスティーヴン・ザーレンガをはじめとするグリーンバック派が提唱する「米国通貨法」の結論でもある。[12] ザーレンガは、連邦負債の完済は一度に全て行われなくてもよいと付言している。政府の負債は数十年も先にまで広がっており、証券が満期を迎えるに従って徐々に返済されればよいのである。米国通貨法案のその他の条項については第41章で詳しく議論する。

ii 訳注：個人投資家が国債を買うためのオンライン口座のこと。

第39章
インフレーションを起こさずに連邦負債を清算するには

国家負債は、通貨に求められるものの大半を満たす。
——アレクサンダー・ハミルトン、『公的信用に関する報告書』
１７９０年1月14日

通貨を印刷し、これを使って政府の債券を買い戻すことによって連邦負債を清算するという考えは、ワイマール式の超インフレーションを引き起こすものだとしてエコノミストや政治家から一蹴されてきた。しかし、本当にこのような事態が起きるものだろうか。インフレーションは、マネーサプライが物品やサービスよりも速く増加すると起こるものであり、**政府証券を現金と交換してもマネーサプライの量は変わらない。**18世紀後半にアレクサンダー・ハミルトンがそれを米国マネーサプライの基盤に据えて以来、連邦証券はマネーサプライの一部として常に取引され続けてきた。連邦証券は、連準からも市場からも、あたかも通貨であるかのように扱われてきた。銀行や仲買業者にとってそれは合法的な担保である。そして、連邦証券は、世界中の銀行やその他の金融機関によって、あたかも通貨であるかのように、毎日大量に取引されている。[1] もし政府が自分で自分の証券を現金を使って買い戻せば、金融価格の表示にすぎない証券という商品は、利息付から無利息の金融資産へと変換されるだけである。つまり、こうしたファンドはＭ２やＭ３からＭ１（現金や小切手）へと移るだけであり、マネーサプライの総量は変わらない。

以上は、現金で証券を買い取るのが政府であった場合の話だが、**これは実際に今日起こっていることとは全く異なる。**連邦準備制度が、新発行の連邦準備紙幣を使って連邦債券を買い戻すとき、**こうした債券は帳消しにはならない。**むしろ、債券は「準備金」と化し、額面価格の数倍もの金額の融資を発行するために利用される。また、このような証券を買うために発行される現金もまたマネーサプライに追加される。このような大きなインフレーションを伴う結果を回避するためには、政府が自ら自分の債券を買い戻し、破り捨てたり帳消しにしたりすることによってこれを流通から回収すればよい。

負債がそのまま通貨になる――現代のまやかし金融制度

「通貨」の定義には色々ある。「物品やサービスと交換可能な媒体」「金融価値としての資産や不動産、富」等々である。しかし、こうした定義の範囲内に入る対象は常に変わり続けてきた。『連準、M3通貨の計測を止める』と題された2005年11月付の記事において、バド・コンラッドはこう洞察している。

> 以前は、通貨という言葉は、ポケットに入る現金や銀行にある当座預金口座や貯蓄口座を指すものだった。買い物に使うのがこれだったからである。それが今では、現金運用ファンドという、ほぼ当座預金口座と同じ機能をもつものを含むようになった。また、小額当座預金口座の裏には、様々なクレジットが控えている。クレジットもまた、私たちが買い物をするときに使うものの一つなので、クレジットもまた通貨である。**そして、クレジットの最も広い定義は負債の総額なのである。**[2]

「負債の総額」には、証券（手形、債券、そして紙幣）からなる連邦負債が含まれる。もし政府が証券を現金と交換し、前者を流通から回収すれば、物価インフレーションが起きることはない。**売買に使える通貨の量が増えるわけではないからである。**政府の債券通貨はすでに使用済みであるため、一連の取引から追加の通貨が得られるわけではない。また、換金済みの債券保有者たちも、追加の富を得られるわけではない。ここで、次の筋書きを想定していただきたい。

あなたは今2万ドルを手持ちにしており、これを万が一に備えて貯蓄しておこうと思っている。あなたは然るべき仲買業者の口座にこれを預金するが、このとき仲買人は1万ドルを株式市場に、また残りの1万ドルを企業債券に投資するよう薦め、あなたはこれに同意する。さて、あなたは口座に何ドル貯蓄したことになるだろうか。答えは2万ドルである。

それから少し後、仲買業者から連絡があり、あなたの債券が突然償還請求を受け、現金化されたということをあなたは知る。あなたはネット上で自分の口座を確認し、それまでは1万ドルの企業債券があったところに今度は1万ドルの現金が入っているのを見る。今度は、何ドル口座に貯蓄されていることになるだろうか。やはり、答えは2万ドル（金利成長や株価の変動を除く）である。

債券を清算しても、新たに1万ドルが生まれたわけではなく、以前と比べてお金持ちになったわけでも、以前は手の届かなかった靴や不動産などを買いあさることができるようになったわけでも、需要が上がって物価が高騰したわけでもない。こうした帰結は、連邦証券の最大手保有者（社会保障制度等の機関投資家）に注目すると一段と明白になる。

社会保障制度危機を乗り越える

２００５年３月、連邦負債は７兆７１３０億ドルを記録した。この内３兆１６９０億ドル、つまり41％は「政府部内基金」(intragovernmental holdings) つまり、政府トラスト基金、運転基金、そして特別基金であった。中でも最も重要なのは社会保障トラスト基金であり、そこには政府負債１兆７０５０億ドルが含まれていた。残りの59％は一般国民によって保有されているがその大半は米国銀行、海外銀行、投資銀行等々の機関投資家である。[3]

その後、社会保障制度は破産寸前であるという警鐘がたびたび鳴らされた。基金が連邦証券に投資されている中で、政府には証券を償還するだけの財力がなかったからである。これに対して体制擁護派は、社会保障制度は積み立て制度なので破産することはないと反論した。今日の退職者たちは、今日の労働者たちの給料から天引きしたお金で支払いを受けているからである。リスクにさらされているのは、基金の内あくまで**過剰分**だけである。また、破産寸前なのは社会保障制度ではなく**政府**であり、債券を償還するための通貨を持っていないのも政府なのである。[4]

それでは、社会保障制度危機を乗り越えるために、連邦債券基金を清算し、新しく発行された米国紙幣でこれをまかなった場合何が起こるだろうか。危機的なインフレーションが起きてしまうだろうか。恐らくこのようなことは起こらない。社会保障基金には、それ以前と比べ通貨が追加されるわけではないからである。そこでは、政府が基金に、そもそも納税者の視点からすると当然基金のものであったはずの通貨を返還しているだけである。債券は現金に換えられ、後者は本来あるべき場所、つまり基金に戻りベビーブーム世代のための将来的な支払いに使われる。

連邦準備制度の連邦証券を清算する

連邦負債の大きな一部を持っているもう一つの機関として、連邦準備制度が挙げられる。２００４年末、連準は連邦証券残高の約10％を保有していた。[5] もし政府が現金でこの証券を買い戻せば、この通貨もまた元あった場所にとどまり、新たな融資を行うための準備金として使われることになるだろう。単に現金が債券と置き換わるだけのことであり、後者は生産され流通から回収されることになる。この場合もまた、消費者物価は上がらない。以前と比べ通貨の流通量が増えるわけではないからである。

以上は、連邦準備制度が持つ財務省証券を処理する方法の一つだが、より効果的な代替案が近年提示された――政府が債券を帳消しにするというものである。思い出していただきたいのだが、連邦準備制度はそもそも「対価」なしに政府証券を入手しており、対価なき契約は無効である（第2章参照）。

では、その場合、連邦準備制度は何を準備金として使えばよいのだろうか。1913年連邦準備法第30条は、法律をいつでも廃止したり修正したりする権限を連邦議会に与えている。もし法律を修正することで連邦準備制度を真に連邦のものとすることができるならば、もはや準備金を持つ必要はなくなる。代わりに「米国の十全たる信頼と信用＝クレジット」を直接発行すればよく、もはや米ドルを政府債券で担保する必要はなくなる。（これについては第41章でさらに述べる。）

海外中央銀行の保有高を清算する

米国政府負債の大手機関保有者には、海外中央銀行も含まれている。2004年末、米国財務省負債の海外保有高は約1兆9000億ドルにのぼったが、これは社会保障トラスト基金が持つ1兆7000億ドルに比肩する。この内、海外中央銀行の保有率は64％、つまり約1兆2000億ドル相当であった。[6]こうした証券を償還した場合、マネーサプライには何が起こるだろうか。この場合もまた、特に何も起きないだろう。海外中央銀行は消費者商品などには興味がなく、不動産への投資も行っていない。かれらが米ドルを保有するのは、世界市場において自分の通貨を補強するため、そして1974年のOPEC合意に従って必要に応じて石油を購入するための米ドルを用意しておくためである。そのため、海外中央銀行は米ドルを現金または証券という形で準備する。米国証券の保有は、利息付で米ドルを保有するのと同じことであるとみなされている。[7]そのためもしこうした証券が現金に換えられたとしても、銀行は債券の代わりに現金を準備するようになるだけだろう。おまけに、高リスクな投資から解放されてドルを手元に戻すことができて安堵するはずである。米国政府は近々負債に対する利息支払いすらできなくなってしまうのではないかという不安の声が近年聞かれるようになってきた。もしそのような事態が起こってしまえば、米国は破産をしてこれを帳消しにするか、あるいは新たに発行した法定不換貨幣を使って債券を買い戻すことができる。この二択を突きつけられた場合、海外投資家は法定不換貨幣の受け取りに満足するはずである。というのも、それを使って実経済において物品やサービスを購入することができるのだから。もし苦情が出たとしても、政府は、このような方向転換には何の問題もないと反論することができる。ネット上で「ミスター・プラクティカル」（「実践的」「現実的」の意）という筆名で記事を書くヘッジファンド管理職の人物として、ジョン・スッコがいる。スッコの推計によると、米国証券の購入に使われる海外資金の実に90％以上は海外中央銀行から来ている可能性があり、後者は各々の地元通貨を発行し、それを使って米ドルを購入し、そのドルを使って今度は証券を買っている。[8]ということは、一連の手続きによって米国政府は単に他国の政府に各々の国内法定不換貨幣を返還することになるだけである。

市場評論家の中には、海外中央銀行が米国証券を償還していくと、米ドルが米国市場に逆流入しマネーサプライに超インフレーションが起き、消費者物価が高騰するのではないかと懸念する者もいる。しかし、すでにみたように、このような予測は、例えば中国の場合は全く外れている——海外資金が数千年にわたって絶えず国内経済に流れ込んでいたにも関わらずである。

米国の工場や産業は、顧客不足が原因で労働者を解雇している。米ドルが米国に戻ってくれば、誘い水を差すことにつながり、衰退気味の米国産業に新たな活気を与え世界各国と再び競争することができるようになる可能性もある。思うに、私たちは国内経済のために「買い物」をするようにと絶えず促されている。とすれば、気軽に買い物に来た外国人が米ドルを返してくれることに一体どのような害があるというのだろうか。住宅ブームが起きていた頃、住宅ローンの借り換えは消費者の消費を支える米ドルの大きな源であった。住宅価格修正によってマネーサプライが縮小した今、海外から来る使用可能な米ドルこそ、このデフレーション危機を乗り越えるために必要な応急処置かもしれない。

一つありうる不安要素として、米国資産が海外の所有者の手にわたってしまうのではないかという点が考えられる。しかし、これを防ぐためには、関税を引き上げたり海外からの所有を違法にするくらいしか手段がない。私たちはすでにかれらに債券を売っているのであり、現金を支払う義務を負うのは仕方がない。そもそも、この主題自体、海外保有の債券を法定不換貨幣で償還するのとは完全に別の問題であり、償還をしてもしなくても外国人が債券を使って私たちの資産を買う可能性があることに変わりはない。いずれにしても、長期的には、かれらの米国資産に対する力は弱まるはずである。米ドルへの投資が利息を得なくなるからである。

私たちの意志に関係なく、海外中央銀行はすでに米国証券準備金を削減し始めている。すでに潮は引き始めており、米国債券は米国の岸辺にどんどん打ち寄せてくるだろう。米国政府に残された課題は、海外債権者が米国負債の借り換えを止めたときの尻拭いは誰がするのかというものだけである。今日、債券を競売にかけてほしいと考える者がもはや皆無である状況では、連準と関連銀行が介入しこのためだけに発行された米ドルを使って債券を購入し、結果として、1種類の証券しかなかったところに2種類の証券（債券と現金）が生じてしまう。このようなインフレーションを伴う複製は、財務省が直接債券を買い戻して帳消しにすることができれば回避することができた。そうすれば、連邦議会はこの先、負債問題を回避しガーンジー島の例に倣って負債を単純に拒否することができるようになる。債権を発行することで帳尻を合わせるのではなく、直接ドルを発行すればよい。

危険な株式バブルへの序章か

さて、政府債券を償還しても消費者物価が上がらないのだとしても、解放された通貨は株式市場や債券市場、そして不動産市場において危険なインフレーションを引き起こしはしないだろうか。今度はこの点を検討してみよう。

２００５年12月、米国の上場企業の総市場価値は15兆８００0億ドルであるという見積もりが報告された。[9] 当時政府証券には8兆ドルが投資されていたが、その半分が株式市場に再投資されたと仮定しよう。もし政府証券が満期にあわせて徐々に償還されていった場合、新たな通貨は株式市場に少しずつ流入することになり、インフレーションを緩和することになる。とはいえ、時が経てば株式市場投資額は25％増えることになる。これは大きすぎる増額だろうか。

そうでもない。Ｓ＆Ｐ５００（上位産業の企業５００社を対象とした株価指数）は１９９５年から２０００年でなんと3倍にも増えているが、特にこれといった災難が起きたことはない。[10] こうした株価増の大半はテクノロジー・バブルの影響であり、後にこれは崩壊している。しかし、２００６年に至るとＳ＆Ｐは再び損失を補うことに成功する。株価の上昇は投資家にとってありがたい出来事であり、包括的に利益を上げることができる。そもそも、株式は家庭で消費される日用品とは異なり、価格が上がったからといって一般消費者の手の届かないものに突然なってしまうわけではない。株式市場とは、投資に使うためのお金を持っている人たちが遊ぶカジノである。誰でもどんな金額でも、いつでもどのレベルでも参加することができる。市場が上昇を続ければ、投資家たちは再売却によって利益を上げ続ける。一見するとネズミ講のようだが、株式が負債ではなく現金で買われている限り、そうではない。貴重な芸術作品の誇張された価値と同じように、株式もまた需要の上昇に合わせて価格が上がる。そして、需要が高く維持されている限り、株式もまたその価値を保つのである。

株式市場バブルが問題となるのは、それが崩壊したときであり、バブルの崩壊の原因はそもそもそれが人為的に膨らまされたものであり、もはや持続不可能となるからである。例えば、１９２９年の市場崩壊は投資家たちのほとんどがクレジットを使って株式を買い、将来市場がもっと成長すれば利益を使って残りの費用を支払うことができると信じていたから引き起こされた。こうして、株式市場は投機的なネズミ講と化してしまい、そこに投資された通貨のほとんどは実在しない架空のものであった。[11] バブルが崩壊したのは、必要自己資本比率が引き上げられ、通貨を借りることが一気に難しくなったときである。本筋に戻ると、今検討している話の場合、市場は借金で膨らまされるのではなく正真正銘の現金が注入されるわけであり、これは政府債券と引き換えに債券所有者が受け取る恒久的な通貨である。そのため、市場価格は上がることが予想され、高値は維持されることになるだろう。もちろん、時が経てば企業の資産に

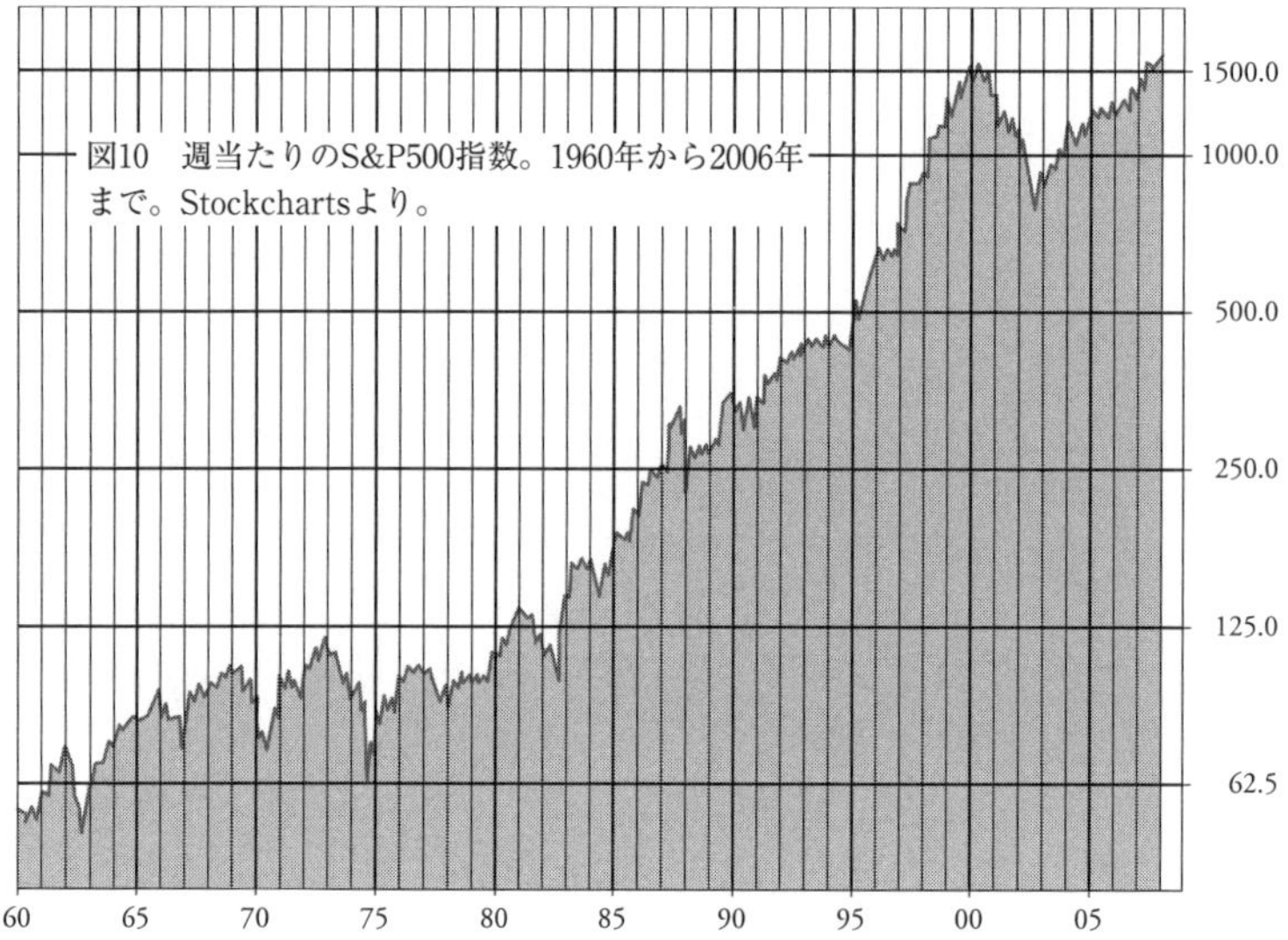

図10　週当たりのS&P500指数。1960年から2006年まで。Stockchartsより。

比べて株式の価格が高すぎることに投資家たちは気がつき他の投資先を探し始めるだろう。しかし、このような修正は普通であり「現金」通貨を一切含まないクレジットのみからなるバブルの突然の崩壊などとは全く異なる話である。なるほど、大手銀行やヘッジファンド業者による投機的な操作という問題は残されているが、これにもまた対策がある。それについては第43章でより詳しく述べたい。

不動産市場に関して言うと、連邦負債の清算は恐らくほとんど何も影響を及ぼさないだろう。海外中央銀行や社会保障制度等のトラスト基金は、基本的に不動産には手を出さないものである。個人投資家もこのような飛躍をするとは考えづらい。債券を償還しても、追加の通貨が手に入るわけではないからである。そのため、個人の住宅購買力も変わらない。財務省短期証券は、いくばくかの利息付で通貨を「金庫にしまい」つつ、かつその通貨の流動性を保つための便利な道具として購入される。他方で、財務省中期証券や長期国債は、安心かつ安全で手間のかからない収入源として保有される。不動産に鞍替えしても、どちらの目的も達成できない。不動産は投資先としては非常に流動性が低く、また再売却が決まるまでは利益を生み出すこともなく、定期収入を得るためには手間をかけて賃貸をし続けなければならない。資金の流動性を保ちたいと考える人は、銀行貯蓄口座や当座預金口座にお金を預けるはずである。他方で、手間のかからない収入源を求める人は、企業債券や譲渡性預金といったところに目を向けるはずである。こうした基金から利益を生み出す他の方法は、第41章で取り上げることにする。

残るは企業債券市場だが、ここでもまた、新たな通貨の流入によって市場が打撃を受ける心配は無用である。新鮮な若年企業は企業創立資本をより簡単に調達できるようになる。将来性のある発明に資金提供することもできる。新しい商品が市場に出回る機会も増える。新たな雇用も生まれる。市場が活性化されもする。新たに創出された資本は、生産性にとってプラスでしかない。

新たに発行した法定不換貨幣（政府通貨）によって連邦負債を完済することに対する最後の反論として、海外融資者が将来的に米国政府債券の購入をする動機をそがれてしまうのではないか、という点を検討したい。魔法使いならば、この主張に対して、「だからどうした」と応じただろう。通貨発行権を銀行から政府が取り返せば、もはや債券を投資家に売る必要性自体がなくなる。そればかりか、所得税を課税する必要性すら消えるのである。代わりに、負債フリーで自分の通貨を自分で発行するという統治権を行使できるようになる。これこそ17世紀の終わりまで英国の国王が代々行ってきたことであり、18世紀には米国の植民地住民たちが、19世紀にはエイブラハム・リンカーンが行ったことである。21世紀においてもなおこの手法は生きており、通貨改革派の「狂人」だけでなく、連邦準備制度理事会議長のベン・バーナンキですら提唱しているものである。

あるいは、少なくとも表面上はこうした考えを提唱しているようにみえると言うべきか。いずれにしても、かかる提案はバーナンキが連邦準備制度の議長になる数年前に、後に「ヘリコプター・ベン」というあだ名の元となるスピーチにおいて行われたのであった。

第40章
「ヘリコプター」マネー——連準の新品の熱気球

「気球づくりは簡単だ。でもこの国中のどこにも、気球を浮かすのに詰めるためのガスがない」「浮かばなければ役には立たないわ」とドロシーがいいます。「その通りだよ。でも浮かばせる方法がもう一つあって、それは熱い空気を入れることだ。」

——『オズの不思議な魔法使い』「とびたつ気球」

気球というイメージは、経済の危険状態を表現するにあたって近年流行している。２００６年8月『ダウ理論通信』において、リチャード・ラッセルはこう書いている。「米国は、今や巨大なクレジット=負債=赤字気球となっている。巨大な負債気球を浮かせ続けることはできるだろうか。今から数ヶ月ではっきりするだろう。」 ラッセルは、もはや負債をこれ以上気球に詰め込んでももたないところまで私たちは来ており、連準議長アラン・グリーンスパンが提示した解決策は全く解決策になっていないと警告している。グリーンスパンは、M3に関する統計を隠蔽しただけだからである。「伝令を殺すことはできなくても、少なくとも隠すことはできる」というわけだ。[1]

グリーンスパンの後継者であるベン・バーナンキの解決策が具体的に何であるのかは定かではない。前任者同様、バーナンキもまた、手の内を簡単には明かさない人物だからである。口を割らないというのは、バーナンキの職務の一つであるらしい。ものごとを透明にしようとすると必ず市場を脅かしているという批判を四方八方からかれは受けてしまう。しかし、それほど厳粛でなくてもよいようなスピーチを行う機会を得たとき、バーナンキ博士は、リンカーンのグリーンバック制度の現代版とでもいえるような解決策を支持しているようにみえた。気球にさらに負債を追加で詰めるのではなく、政府が負債フリーで発行した通貨を詰めればよい、というわけである。

「デフレーション――この国で『ソレ』が起こらないようにするためには」と題されたこのスピーチは、２００２年にワシントンで行われた。バーナンキ博士は、ＦＦレートが０％に落ち込んだからといって、デフレーションに対抗するための「弾丸」の「不足」に連準が悩む必要はないと説いた。経済圏に新たな通貨を注入する手段は、金利の引き下げ以外にも存在する。かれはこう言った。**「米国政府には、印刷機械という技術（現代ではその電子版）があり、これを使えばほぼ無料で好きなだけ米ドルを作り出すことができる。」**

バーナンキはさらにこう付け加えている。「実践的な不安材料の一つとして、通貨注入の手段が標準のものではない場合、その経済効果を調整するのは難しく、**またそのような政策を実施した経験がない私たちにとっては特にこれが言える。**[2]」政府に経験がない政策ということは、かれがここで示唆している政策は、政府が債券を印刷し連準がドルを刷り、両者がそれぞれ紙束を交換し、政府には連準が発行した通貨と負債とが残る、というお決まりの「公開市場操作」ではないということになる。また、バーナンキ博士は、政府が通貨を印刷することができる、**しかもそれはほぼ無料であると**言っている。そこには、政府は利息を**支払わなくても**通貨を発行でき、また連準や銀行にこの通貨を**返済する必要もない**、という含意があった。

同じスピーチのさらに後の方において、かれはこう続けている。「通貨出資式減税は、ミルトン・フリードマンの有名な通貨の『ヘリコプター投下』とほぼ同じである。」ヘリコプターからの通貨の投下は、フリードマン教授が提示した仮説的なデフレーション解消策である。バーナンキ博士推奨の「通貨出資式減税」とは、**税収を政府発行の通貨に置き換え、政府がこれを使うことで経済に通貨を注入する仕組みのことを指すとみてよいだろう。**かれはさらにこう付け加えている。「減税の代わりに、既存の物品やサービスへの支出を増やしたり、あるいは**不動産や金融資産を購入するという選択肢も政府にはある。**」政府は、経済を再び膨張させるために、有形資産（不動産や企業株式といった有形資産）を、新たに刷った通貨を使って買うことすらできるわけである。これこそ、黎明期のポピュリストたちが唱えていたことであり、政府は産業を丸ごと買い占めてこれを経営し利益を上げることができる。ポピュリストたちは、巨大民間カルテルによって独占されていた必需産業である鉄道や鉄鋼業、そして銀行業を国有化せよと言っていた。これら産業から得られる利益は政府に還元され、税の代わりに歳出にあてられることになる。

日本の実験

バーナンキ博士は、「ヘリコプターマネー」という解決策を単に提案しただけではない。かれはこれを実行に移しもしたようであり、しかもその規模は巨大であった。より正確には、かれの指示に従って日本人がこれを実行に移した。２００３年５月に訪日したとき、バーナンキは日本の人々に向けたスピーチでこう述べている。

> 私のテーゼは、日本の通貨官庁と財政官庁（つまり中央銀行と政府）が協力すれば、それぞれの政策立案者が個別に直面している問題を一緒に解決することができるはず、というものです。例えば、世帯や企業の減税を、日銀による政府債券の購入の継続増加とはっきり組み合わせて実行した場合を考えてみてください。**ここでは、減税が事実上通貨発行によって賄われることになります。**[3]

バーナンキ博士は、通貨を発行することで減税をするよう日本政府に助言していることになる。（断っておくが、日本は米国よりも容易にこれを実践することができる。政府が実際に中央銀行を、つまり日本銀行を所有しているからである。[4]）同月、日本が実施した策を英国エコノミストのリチャード・ダンカンは「通貨政策分野における史上最も積極的な実験」と呼んだ。[5]

２００５年５月付の『日本式、世界的リフレーションの資金調達方法』と題された記事においてダンカンはこう書いている。

> ２００３年及び２００４年第一四半期において、日本は驚くべき通貨政策実験を実行した。それは、世界経済に及ぼした影響という点でもさることながら、**金融メディアがこれについてほぼ全く何も報じなかったという点でも驚くべきものだった。**この15ヶ月間、日本の通貨諸官庁は35兆円、つまり世界の年間経済生産量の約１％を発行したのである。35兆円は、地球上の全人口に平等に分配した場合、１人当たり50米ドル行き渡るほどの金額である。要するに、**これはいまだかつて平時では行われたことのないような規模での通貨発行だったのである。**
>
> では、なぜこのようなことが行われたのだろうか。日本は円の不足に悩んでいたわけではない。日本の銀行には、融資需要をはるかに超える金額の預金がある。国全体が流動性に漬かりきっているにも関わらず、日本銀行は一体どのような動機からこれほどの通貨を追加で刷ることにしたのだろうか。[6]

ダンカンの説明によると、**通貨不足に悩んでいたのは日本ではなく米国であり、そこでは世界恐慌以後初めてデフレーション危機が頭をもたげ始めた。**１９９０年代のテクノロジー・バブルは２０００年にはじけ、２００１年における深刻な世界経済景気低迷につながった。それ以前は、連準はむしろ**インフレーション**の調整にあくせくしていたのだが、いつのまにか態度を変え、今度は**リフレーション**に注目するようになった。すなわち政府介入による意図的なデフレーションの反転である。ダンカンはこう書いている。

デフレーションは、中央銀行にとって最悪の悪夢である。物価が下がり始めると、金利もそれにつられて下がり始める。そして、ちょうど今の日本のように、金利がゼロになってしまうと、中央銀行はもはや通常の方法で経済を活性化させることが難しくなり、通貨政策は全く役に立たないものとなってしまう。米国連邦準備制度がいかにデフレーションを恐れているのかは、当時の連準スタッフによる研究調査論文や、連準理事によるスピーチ等に表れている。例えば、2002年6月、連邦準備制度理事会は『デフレーション防止──1990年代日本の経験から学ぶ』と題された討議論文を発表している。要旨には次の結論が述べられている。「日本の経験から、私たちは次の一般的な教訓を引き出した。インフレーションや利率がゼロにまで落ち込むと、デフレーションのリスクが高くなり、景気刺激（通貨にせよ財政にせよ）は、将来的なインフレーションや経済活動のベースライン予測から慣習的に推測されるレベルを超えなければならなくなる。」

連邦準備制度がどれほど慣習からかけ離れる準備ができていたのかは、日本の実験において証明された。日本銀行は翌年、年間で35兆円もの通貨を発行したのである。その後、この円は政府財務省の日本国債と交換されたが、これには実質的に金利がつかない。財務省はさらにこの円を使って民間主体から約3200億ドルもの米ドルを購入し、これを使って米国国債を買ったのである。

ダンカンはさらにこう書いている。「3200億ドルの内、米国財務省債券に日本財務省が注ぎ込んだ金額は定かではないが過去の活動から推測するに、恐らくその大半が注ぎ込まれたはずである。」この米ドルのほとんどがこの用途に当てられたと仮定すると、こうして得られた資金は2004年9月30日〆の会計年度の米国財政赤字の77%を補うことが可能である。ダンカンによると、**この前代未聞の実験の結果、米国では大規模な減税が新発行通貨で賄われることになった。**

減税は米国で行われたが、通貨は日本で発行された。3回にわたる大きな減税によって、米国国家予算は2001年の1270億ドル黒字から2004年の4130億ドル赤字にまで落ち込んだ。差額は実に5400億ドルにのぼる赤字であり、これは日本の人々によって「貨幣化」されたのである。

ダンカンはここでレトリカルにこう問うている。「日銀と財務省は、連準に代わって、バーナンキ理事の変則的な通貨政策を実施していたのだろうか。つまり、日銀は連準の一支店として、いわば連邦準備銀行東京支店として仕えていたにすぎないのだろうか。」だとすれば、「すべては順風満帆に進んだ。」

ブッシュによる減税と、それを低金利で賄うための日銀の通貨発行とは、２００３年から２００４年にかけての力強い経済拡大を促進する非常に重要な要素であった。両方を組み合わせたとき、それは世界的なリフレーションを引き起こした。米国国内の減税と低金利は、米国国内の消費を押し上げた。米国での消費の伸びは、アジアの輸出型経済に拍車をかけた。その過程で重要な役割を担ったのは中国である。米国との貿易から得られた黒字によって、中国は日本を含むアジアの隣国との貿易赤字を埋め合わせた。中国の米ドルでの輸出歳入こそ、２００３年に始まり２００４年末まで続いたアジアを覆う急速な「リフレーション」の原因である。これによって、瀕死の日本経済ですらリフレーションを開始したほどであった。

２００４年、世界経済はそれまでの30年間で最も速く成長した。日本銀行による前代未聞の規模での通貨発行は、恐らくこの成長を実現する上で最も重要な要素である。事実、この35兆円は世界的なデフレーションを世界的なリフレーションへと逆転させた可能性すらある。**話題にならなかったのは実に不思議である。**[7]

日本の実験は２００４年３月に終了した。それ以上の介入は必要でないという判断がなされたからである。連準は金利引き上げに同意し、米ドルからの離脱に歯止めをかけた。また、米国の力強い経済成長は予想通りの税収につながり、補遺予算資金調達の必要性を下げた。この実験は「順風満帆」に進み、デフレーションを下げ、米国政府財政赤字を埋め合わせるための追加の通貨を提供したが、一つだけ難点があった。米国はこうして海外勢力に負債を負うことになったが、それは日本が会計項目という形で発行した通貨を得るためである。しかし、この通貨はそもそも米国政府が直接自分で発行することもできたはずである。

海賊を信頼できるか

日本の実験の後、今度はカリブ海の実験が行われた――第38章で議論した例である。『グローバル・イベント・マガジン』誌の編集者ジョゼフ・ストループは２００４年にこう警告している。

> 米ドルとこれに関連する米国の経済および外交政策への国際的な支持は目に見えて弱まっているが、借金の山が手に負えないほどに膨らみ続けている今こそこれが最も必要とされている。アジアの主要経済圏の、米ドル資産の購入への意欲は段々と弱まってきている。こうして、米国経済の貿易センタービル式の縦軸崩壊の可能性は、ますます現実的なものとなってしまっている。[8]

以上のような不安の声があったわけだが、崩壊は回避された。「カリブの海賊」が介入し、多大な損失を覚悟の上で残りの債券を購入したからである。すでに指摘したように、このような離れ業を成し遂げつつ損失を埋め合わせることのできる機関は数少なく、このような取引人は連邦準備制度そのものの内部者である可能性が高い。（第38章参照。）　連準は「公認ディーラー」を通した会計項目通貨を使って市場を操作する─そこには政府証券の取引を認められた投資会社30社ほどが含まれるが、一例としてゴールドマン・サックス、モルガン・スタンレー、そしてメリルリンチが挙げられる。[9] こうした銀行はこの資金を使って政府証券を買うのだが、これは個人が行った場合は「資金洗浄」（マネー・ロンダリング）に該当するような行為である。（第33章参照。）

２００５年12月、Ｍ３はわずか1週間で５８７億ドルも増えた。年間換算でなんと**30%もの成長率である。**金融顧問ロバート・マクヒューはこの増加をバナナ経済圏においてみられるハイパーインフレーションになぞらえている。かれはこう書いている。「狂っているとしか思えないね。何かとてつもないリスクがどこかに隠れているはずだよ。暴落阻止チームが市場を買収するにしても、あまりにも大きい金額だ。株式や債券、通貨なんかを買い占めるにしてもね。[10]」

問題は、この秘密主義的な海賊カルテルは、規制のかかっていない権力をこれほどにも与えられるに値するほど信頼されているのかという点である。むしろ、ドルを発行する力を連邦議会に与え、十分な説明責任と十分な公表義務とを課した方が、費用の面でも安全性の面でも優れているのではないか。連邦議会ならば、自分の負債を自ら支えているという事実を隠す理由もない。そもそも負債を負う必要すらない。通貨を、責任ある形で堂々と発行すればよいのだから。通貨発行権は、憲法上連邦議会に与えられている。負債フリーの政府発行通貨は、米国を独立戦争や南北戦争から立ち直らせる上での原動力となった金融制度である。また、これはフランクリンやジェファーソン、リンカーンといった人物の支持を得ていた制度でもある。そして、ヘンリー・クレーやヘンリー・ケーリー、そして米国国家主義者たちが「米国システム」と呼んだ制度である。政府は、経済に通貨を流し込んでいるのだということをあっさりと認めればよい。米ドルの破綻を防ぐためには、経済に政府通貨を入れる必要があるのだということをはっきりさせ、それをする上で最も安価かつ最も誠実な方法は直接通貨を発行しこれを「公共の福祉を促進する」事業に投資するというものであると言えばよい。非生産的な仲介人を使って資金を洗浄するなどというのは、憲法が人民に任命した通貨発行権という力を捨て去ることに等しい。

大きな政府にさらなる権力を与えることへの不安

連邦議会に通貨発行権を返還することへの反論としてよくあるのは次の2点である。（a）インフレーションが起きてしまう。（b）ただでさえ汚職まみれの政府にさらなる権力を与えてしまう。しかし、第44章で詳しくみていくように、政府発行の通貨は既存の制度と比べるとむしろインフレーションを抑える効果を持つ。また、権力や通貨は汚職を奨励するが、だからこそ、公的な機関が透明かつ責任ある形で通貨発行という仕事を引き受けるべきなのである。私たちは毎日、議員たちが交わす討論をC-SPANで見ることができる。人民の通貨が人々の福祉のために使われていない場合、私たちには然るべき代議員たちを選挙で落選させる力がある。

今日、政府にこれほどの汚職がはびこっている原因は、そもそも政府が通貨カルテルによって仕切られてしまっているという事実である。ビッグ・ビジネスこそが、今や切り札をすべて独占している。憲法上では連邦議会のみに託されているはずの、国家のマネーサプライを発行し融資するという機能が、諸銀行によって独占されているからである。「自由な事業」という旗の裏に今日隠されているのは、巨大独占企業が直属の銀行トラストを使って無限の基金を生み出し、競争相手やメディア、そして政府そのものを買収し、真に自立した民間事業が強引に排除されてしまうような制度である。大手民営銀行は、何もないところから通貨を作り出し、それを利息付で融資し、担保を差し押さえ、誰がクレジットを得ることができて誰ができないのかを決める力を与えられている。かれらは直属の企業やヘッジファンドに巨額の融資を行うことができるが、後者はこの通貨を使って競争相手を強奪し、市場を操作するのである。

もし一部の主体が通貨を発行することができる一方で他の主体にはその力がないのだとすると、そもそも両者は同じ土俵で戦っているとは言えず、恵まれた主体が他者を支配し脅迫することができてしまう。このような巨大カルテルを服従させるためには、かれらの権力の源を取り上げ、本来その統治的な持ち主である人民にこれを返上しなければならない。民営事業は、公的に運営される警察や裁判所、そして法律等を必要としている企業略奪者を追い払うためである。また、真の国家銀行からなる制度も必要とされている。そこでは、通貨を発行し人々のクレジットを拡張する力は人々の手の内に留まる。私たちは、開戦を宣言し戦争をする力、公共の福祉に奉仕する力、そして法律を制定し執行する力というような、多大な権力を政府に託している。国家のマネーサプライをあらゆる形で発行する力もまた、政府に託すことのできない理屈があるだろうか。

つまるところ、通貨を発行する力は結局、誰かの手にわたることになるのである。すでにみたように、金は、少なくともそれを補償する拡張可能な法定不換通貨制度がない場合は、国のマネーサプライとなるにはあまりにも希少であまりにも弾力性がない。すると、この法定不換通貨制度は誰が作るのかという問題がまた浮上する。選択肢は3つしかない——民営銀行カルテル、各自独立した地域共同体、そして各々を代表する政府を通して集団的に動く人民である。今日、私たちが採用しているのは1番目の選択肢、つまり民営銀行カルテルだが、そのおかげで制度は破綻寸前まで追い込まれた。民間によって支配された連邦準備制度は、そもそも「安定的な通貨の維持」のために設立されたのだが、マネーサプライが制御不能なほどに膨張するのを黙って見ている始末である。連準は舞台裏で密かにマネーサプライを操作し、その価値を調節しているが、これは憲法と反トラスト法とにあまりにも露骨に違反した行為である。にも関わらず、連準は責任をとる必要がなく、そればかりか自分のしていることの合理性を説明したり、ことの全容を公にする必要すらないのである。

2番目の選択肢である地域共同体法貨という代案は、早い話が国家法定不換通貨案の縮小版である。ある評論家が言ったように、あなたは結局、次のどちらをより強く信頼するだろうか。人口3万人からなるニューヨーク州イサカの十全たる信頼と信用＝クレジットか、あるいはアメリカ合衆国の十全たる信頼と信用＝クレジットか。国家共同体の法定不換通貨は、国家の総力を味方につけている。さらに、もし仮にこれを運営する政治家たちが民間銀行家と同じくらい汚職まみれであったとしても、政府が発行する通貨は負債フリーである。連邦議会に通貨発行権を移せば、自分では一切何も生み出さない一部の金融寡頭者からなるエリート階級への恒久的な利息支払いという重荷を、将来世代に背負わせずに済むのである。国を負債の網に包み込んだ銀行蜘蛛はついに退治され、国家の統治権は人々へ返還されることになるのである。

第VI部

負債蜘蛛撃破——人民に奉仕する銀行制度

大グモは、ライオンが見つけたときには横になって寝ていました。大きな口には、長さ30センチもある鋭い歯が並んでいます。でもその頭とふくれた胴体とをつないでいる首は、ハチのウエストくらいの細さしかないのです。これを見て、ライオンはこの生き物を攻撃するいちばんいい方法を思いつきました。そしてその鋭い爪をむきだした、重い前足をひとふりして、クモの頭を胴体からたたき落としてしまいました。

——『オズの不思議な魔法使い』「ライオン、獣たちの王に」

第41章
真の「国有」銀行制度による国家統治権の回復

「わたしがその敵を始末したら、みんなわたしにひざまづいて、森の王者として言うことをきくか?」とライオンはたずねました。「よろこんでそうしましょう」とトラは答えました。「このわたしの友人たちの面倒をみておいてくれ。わたしはすぐにこの化け物と戦いにいこう」とライオンは言いました。

——『オズの不思議な魔法使い』「ライオン、獣たちの王に」

『オズの不思議な魔法使い』の臆病なライオン、ウィリアム・ジェニングス・ブライアンは、銀行カルテルが持つ、国のマネーサプライの発行権に対抗することによって自分の勇気を証明して見せた。ブライアンは、民主党候補への指名を確固たるものとした1896年のスピーチにおいてこう述べている。

私たちは、貨幣を鋳造し通貨を発行する権限は政府の役割であると信じています。この命題に反対する者たちは、紙幣通貨の発行は銀行の役割であり政府は銀行業に手を出すべきではない、と言います。しかし、私はジェファーソンの側につき、かれがそうしたように、銀行家たちにこう言いたい。**通貨発行は政府の役割であり、銀行は政治業に手を出すべきではない、**と。合憲的な通貨を回復すれば、他に必要な改革は自然と後に続くことになりますが、合憲的な通貨回復を達成しない限り、いかなる改革も達成することはできません。

「合憲的な通貨」とは、銀行ではなく人々によって発行される通貨である。厳密に言うと、憲法は連邦議会に貨幣を「鋳造」する権限を独占的に与えている。しかし、憲法は18世紀に書かれたものであり、当時は、現代において出回っている通貨形態のほとんどがまだ存在しておらず、存在していたとしても通貨として認められていなかった。トーマス・ジェファーソンは、憲法は時代に合わせて更新されるべきであると言った。「連邦議会は貨幣を鋳造する権限を有する」とする憲法条項の現代版は、国家通貨をそのすべての形態において発行する権限を連邦議会に独占的に与えるはずである。[i]

そうするためには、連邦準備制度を廃止する、あるいはこれを人々の思っている通りのものに（つまり、真の「連邦」機関に）変える必要がある。もし連邦準備制度が米国政府の一部なのであれば、前者が発行するドルは直接米国財務省に行くべきであり、またその際に国債を通した「資金繰り」がただでさえひどい連邦負債をさらに悪化させる必要ももはやない。こうすれば、米国のマネーサプライの3％は安泰だが、商業融資という形で発行される残りの97％についてはどうするべきだろうか。連邦議会に通貨発行権を独占的に与えるということは、政府が商業融資業界に参入するということになるのだろうか。

その可能性は否定できないが、だからどうしたというのだろう。ブライアンが言ったように、銀行業とは政府の役割に他ならず、これは憲法によって保障されている。少なくとも、新たな通貨の発行を伴う銀行業務は政府の役割である。それ以外の融資業務は、今後も変わらず民営であり続ければよい。銀行は、銀行以外の融資機関と同じように、融資の対象となる通貨を発行せず、代わりに既存の資金を再利用すればよい――金融会社や年金基金、投資信託会社、保険会社、そして証券取引会社がしているように。[1] 銀行は、一般常識に従って、通貨を低金利で借りてより高い金利で融資すればよい。

通貨発行権を政府に返還するということは、既存の制度と比べてより公正で合憲的な選択肢ではあるが、銀行の利益にはどのような影響が出るだろうか。このような案を検討したときに英国の公務員たちが挙げた問題は正にこれであった。

英国式通貨改革案の行方

イングランド銀行は、実は1946年に国有化されているが、通貨の仕組みはほとんど変わらなかった。なるほど、紙幣通貨の「印刷」は政府が担当することになったが、米国同様、英国

i　原注：地域通貨推進派に向けて付言しておくが、この案は地方自治体が私的に通貨を発行することを拒むものではない。このような私的通貨は、国家レベルでの交換媒体ではなく、民間当事者間における契約合意である。

においてもまた、紙幣通貨はマネーサプライのほんの一部でしかなかった。[2]『通貨改革――その実現に向けて』（２００３年）において、ジェームス・ロバートソンは、英国のマネーサプライの97％は、銀行がクレジットを拡張する際に発行される、という点を指摘している。その結果、銀行は、本来ならば人々の資産であるはずの通貨の使用権を、「棚からボタ餅」のような実に不公正な仕方で手に入れることができる。ロバートソンは、銀行による融資という形での通貨発行を、硬貨の偽造や紙幣の模造と同じように違法にするような制度改革を提案した。そこでは、中央銀行のみが新たに通貨を発行することができる。商業銀行は既存の通貨を借りて再融資することしかできなくなるが、これは銀行でない金融機関がすでに従っている条件と同じである。ロバートソン案の制度では、中央銀行によって新たに発行された通貨は、直接商業銀行へ送られる代わりにまずは政府に与えられ、政府は支出を通してこれを流通させ、その後初めてこの通貨は銀行へとたどり着き、銀行はこれを融資という形で再利用することができる。[3]

この計画を吟味した政府公務員たちは、このような仕組みの元では銀行が破産してしまうだろう、という立場をとった。「信用乗数」制度（部分準備融資制度の英国版である）に基づいてクレジットを提供する権利を銀行から奪ってしまっては、借金の費用や決済サービスの費用が上がる。銀行は費用を削減せざるを得なくなり、支店が閉店となってしまい、雇用が失われる。英国銀行の国際競争力は下がり、果ては英国経済全体の弱体化へとつながってしまう。「影の財務大臣」の肩書きをもつある公務員は、こう警鐘を鳴らした。「信用乗数に対立する法律を立法してしまっては、シティ・オブ・ロンドンから世界最大の銀行集団を離脱させてしまうことになる。そうなってしまっては、英国経済は終わりである。」

また、「財務大臣」の肩書きをもつある公務員は、こう論じている。「顧客に融資を行う際に、銀行が融資者を巡って競争を強いられた場合、クレジット拡張のために銀行が払う費用がかなりのものとなってしまい、事業投資、特に中小企業への事業投資に良くない影響が及んでしまう。」この公務員は、２００１年8月付の手紙においてこう書いている。

この案が銀行にとって大きな収益減を意味するということは、もはや自明である。これ以外の各要素がそのまま維持された場合、銀行は決済システムを運営するための費用を引き受けつつ、かつ既存の口座に入っている預金を使って収益につながるような融資をすることはできなくなるのだから。そうなれば、銀行は利益を維持するために外国へ移り、改革案に含まれているような経営上の制約を免れようとするだろう。[4]

ここまでくれば腑に落ちるだろう。ロンドンでは、銀行業は非常に大きな事業なのである。もし銀行が「まとめて」大陸に移ってしまえば、英国経済は砂上の楼閣のように吹き飛ばされてしまうだろう。

100%準備策

1940年代、ジェリー・ヴーアリス下院議員もまた、ロバートソン案に似た案を連邦議会に提出している。「100%準備策」と呼ばれるこの案は、1926年にオックスフォード大学のフレデリック・ソディ教授が考案し、その後1933年にシカゴ大学のヘンリー・サイモンズ教授によって復活された。そこでは、銀行は預金に対して100%の準備金を用意しなければならず、これは新たに発行された通貨を米国財務省から借りて損失を埋め合わせることによって実行することができる、とされた。

「すっきりとした計画ではないか」と、スティーブン・ザーレンガは『失われた通貨学』において書いている。「部分準備銀行業を通じて銀行が発行した銀行クレジット通貨は、米国政府の法貨へと、つまり、実質的で誠実な通貨へと変換されるのだから。」たしかに、この計画はすっきりしていたが、後期ロバートソンの案と同じく、この場合もまた銀行は大きな費用を押し付けられてしまう。この計画は、銀行家後援の極悪非道な選挙キャンペーンに後押しされたリチャード・ニクソンがヴーアリス下院議員の議席を奪った際におじゃんになった。[5]

100%準備策はその後、1960年代に出版された一連の記事において、ロバート・デ・フレメリーが復活させている。[6]

デ・フレメリーの案によると、銀行には2つの部門が設けられる――預金ないし当座預金口座部門と貯蓄融資部門である。

預金部門は、いわば通貨の保管所にすぎないものとして扱われる。要求払預金は最後の1ドルに至るまですべて、銀行の金庫に実際に保管されている通貨によって担保される。対して、貯蓄融資部門は、譲渡性定期預金（CD）[ii]を売るが、その満期は様々（30日満期から20年満期まで）であり、これによって満期に対応する期間、安全に融資をするための資金を入手する。つまり、30日CD、1年CD、5年CD等々といった商品の売却によって得た通貨は、30日間、1年間、5年間等々の期間だけ融資されうるが、この期間を超えることはできない。そうなれば、銀行の清算性は常に保障され、流動性危機に苛まれる心配はもはや完全になくなる。

デ・フレメリーが危惧していた流動性危機は、「短期間の借り入れで長期間の融資をする」ことによって引き起こされた。短期預金を借り、これを長期融資に当てるわけだが、この慣習は、融資が満期を迎える前に顧客が預金を引き出してしまい、

ii　原注：譲渡性定期預金（CD）とは、債券のように、特定の満期（3ヶ月から5年まで）と特定の金利とをもつ銀行定期預金のことである。

これによって銀行側の融資可能資金が枯渇してしまうリスクをはらんでいた。まさにこのような流動性危機が2007年夏に実現してしまったわけだが、このとき債務担保証券（CDO、収益を生むような資産によって担保された証券）の保有者は、以前は「トリプルA」格の投資であると思い込んでいた商品が実は「有毒」サブプライム負債に犯されていたということを知る。CDOの価格は地に落ち、銀行をはじめとする投資家たちは以前のような融資をちゅうちょし、場合によっては融資不能となってしまった。そこには、銀行が短期的な資金不足を乗り越える上で必要な現金運用ファンドの融資も含まれていた。資金不足に直面する銀行に与えられたもう一つの選択肢は、連準からの借り入れであり、後者は必要に応じて会計項目通貨を提供することができた。現に、連準はこれを容赦なく実行している。例えば、2007年8月に、たった1日で380億ドルものクレジットラインを連準が利用可能にした件を思い出していただきたい。（第2章参照。）こうした「クレジット」は、何もないところから発行された通貨であり、「融資の命綱」としての中央銀行が本来ならば実行する権限を持つとされている行為である。かつては政治家から票を奪うものであった納税者救済の代わりに、今では、「銀行家のための銀行」である連邦準備制度によるマネーサプライの大規模な隠れインフレーションから生じる隠れた納税に化けており、後者は物価を膨張させ、米ドルの価値を下げている。[7]

このような銀行危機や、大きなインフレーションを伴う既存の対策をあらかじめ回避する上で、実際に手持ちにしている通貨のみを融資できるようにするデ・フレメリーの100%準備策は有効である。アメリカ通貨研究所（American Monetary Institute）は、通貨改革の促進を目的にスティーブン・ザーレンガによって創設された機関だが、同研究所は先述した目的を達成するために「当座」に属する銀行口座すべてに必要準備率100%という条件を課す米国通貨改革法のモデルを提案している。デ・フレメリーの案と同様、こうした口座は融資の基盤とはなりえず「保管や送金と引き換えに手数料を受け取るサービス業」になる。連邦準備制度は米国財務省の一部となり、新たな通貨はすべてこの複合政府官庁によって発行される。新たに発行された通貨は、公共の福祉の促進をねらいとする政府歳出という形で流通され、インフレーションやデフレーションをあらかじめ防止するために然るべき監視がなされる。使い道には、教育や医療を含むインフラ整備であり、これによって雇用を創出し、地域経済を活性化させ、あらゆるレベルで政府自治体に資金を再供給する。銀行は、現に多くの人々が考えているような仕方で融資活動を行う。つまり、貯蓄預金を受け取り、これを借り手に融資する仲介人としての役割を担うわけである。[8]

人気のドキュメンタリー映像『通貨の支配者たち』をビル・スティルと共同制作したパトリック・カーマックが提示した通貨改革法案モデルは、さらに一歩先を行くものである。そこでは、必要準備率100%という条件が、貯蓄預金を含むすべての銀行預金に適用される。すでに述べたように、多くの「貯蓄預金」は同時に「取引口座」でもあり、預金顧客はいつでも預金を引き出すことができる。しかし、預金顧客が利用可能なのであれば、この預金を借り手に「融資」するためには資金を増産するしかない。

カーマックの案では、預金顧客を扱う銀行の融資活動は自分の通貨に基づくしかない。もし他人の通貨を使って融資を行いたい場合は、これを専門とする機関を別に設立しなければならないが、この機関はもはや「銀行」ではない。銀行は既存の資金を融資することしかできないからである。融資を行う銀行は、このような他の融資機関と一緒になり、まず通貨を確保した上で初めて融資を行うことが許される。「預金」は、もはや融資の基礎となる「準備金」とはみなされず、預金顧客による使用のみを目的として保管されることになる。[9]

100％準備策の欠点

銀行に必要準備率100％の規制をかけることの主な欠点は、クレジット入手が困難となることによって、銀行の支払い能力が脅かされる可能性である。

支払い能力の問題は、1985年の時点で世界一の債権者として君臨していた日本においてみられる。1988年、スイスの国際決済銀行は、銀行の必要準備率を6％から8％へ、つまりほんの2％上げるバーゼル合意を発表した。控えめなこの必要準備率上昇は、日本の金融制度の崩壊を招くこととなり、同制度はその後国有化された。[10]

連邦準備公開統計H・8によると、2007年4月時点での全米国銀行の「銀行クレジットの融資及び貸付」の総額は6兆ドルであると見積もられている。[11] 現代の銀行は必要最小限の（10％、場合によってそれ以下の）準備金の上で経営されているので、既存の融資だけでも、必要準備率100％を満たすためには6兆ドルの90％に相当する金額を借り入れなければならなくなる可能性がある。必要準備率の上昇は、そのような風評が流れるだけでも、銀行の株価を急落させる危険性があるのである。

2006年12月発表の100％準備策批判において、ウィリアム・ハンメルは、興味深い問題提起や提案を行っている。かれの案によると、政府から借金をする代わりに、銀行は投資家に既存の融資を売り、帳簿からこうした融資を外すことができる。[12] もっとも、この案はそう新しいものではなく、むしろ、ここ数年間で銀行が実際に行ってきたものである。2007年には、「証券化」された住宅ローン負債（不動産担保証券へと分割された住宅ローン）の総額は6兆5000億ドルであるとされたが、これは未返済の住宅ローン負債（総額13兆ドル）の約半分であった。「証券化された」負債とは投資家への売却によって帳簿から外された負債のことであり、利息は期限に従って投資家が回収する。つまり、銀行はいわば仲介人の役割を果たしたにすぎず、投資家を基金とつなげつつ、資金を必要とする借り手にもつなげたわけである。これこそ「投資銀行」の役割である。かれらは取引条件を決定し、資金を必要とする企画に合わせて投資家を見つける。同じ役割は「イスラム式銀行業」における仲介銀行が担ってもいる。銀行が整備する利益供給の仕組みの枠内で、投資家たちは利息付の「債券」の代わりに「株式」を買うわけである。

必要準備率や必要自己資本率を回避する方法の一つとして、証券化は当然考えられるが、現代の投資家は証券化された負債の購入を渋る傾向がある。それもそのはずである。というのも、かれらは、自分たちが購入している当の商品を把握できていないからである。優良債権と「有毒」債権とが混ぜ合わされた場合、毒が混合物の隅々にまで染み渡ってしまう可能性もある。

100%準備策と公有銀行

100%準備策が抱えるもう一つの大きな問題は、クレジット制度がすでに壊れてしまっている現状において、さらに融資活動を停滞させてしまう可能性があるという点である。必要準備率を上げ、クレジット拡張に際してすでに資金を手持ちにするよう銀行に要請してしまえば、融資を受けることがより困難になってしまう。

より満足のいく解決策として、公共の福祉のために透明かつ堅実に運営される公有銀行のネットワークが考えられる。政府所有の銀行は、実のところ、準備金ゼロで運営可能なのである。すでにみたように、現代における私たちの通貨は、信用＝クレジット、つまり「米国の十全たる信頼と信用＝クレジット」のみに裏打ちされている。米国の十全たる信頼と信用＝クレジットの拡張は、本来、米国が引き受けるべき役割であり、自分の信用＝クレジットをさらに準備金で裏打ちする必要はない。

また、銀行はそもそも預金顧客の通貨を貸し付けているわけではないのだ、という点を思い出していただきたい。もし仮にこれを実行した場合、『近代通貨の仕組み』[13]で洞察されているように、もはや新たな通貨は発行されなくなる。預金顧客の通貨は、いつでも引き出し可能な状態で用意されているのである。銀行は預金を貸し付けているのではなく、帳簿への記入という形で発行された「銀行クレジット」を融資しているにすぎない。別の角度から見ると、銀行は借り手の返済約束を「貨幣化」しているにすぎないのである。公共銀行制度ならば、一連の融資プロセスを管轄し、いわば公共の裁判制度のように機能するはずである。借り手の信用力を測定し、契約の保証をし、ゲームの参加者全員にルールを厳守させるわけである。

債権者としての銀行、投資家としての銀行

クリス・クックは、英国の市場顧問であり、国際石油取引所の元会長である。かれの洞察によると、銀行の果たすべき真の役割は、取引の保障と円滑化である。売り手は対価を直ちに受け取りたいが、買い手は通貨を直ちに用意することができないので、少しずつ支払いを行いたい。銀行が登場するのはここで

あり、買い手が売り手に支払いを行うときに使うことのできる預金を発行することで「クレジット」を提供する。その後、銀行は買い手から定期的に決済の一部を回収し、買い手が支払いを行わないリスクを負う対価として利息をそこに追加する。

このような民間銀行制度の問題は、債権者と債務者の利害の対立である。債務者が金銭的な困窮状態にあればあるほど、債権者は手綱を締めて金融関連費用を請求し続け、より大きな利益を上げることができる。

以上に代わる、より適切なモデルとして、「投資銀行業」ないし「イスラム銀行業」が挙げられる。投資家を資金を必要とする企画とつなげるわけである。この場合、通貨はすでにそこに存在する。銀行は、取引内容を決定し株式を発行するだけである。そこでは、債権者と債務者という関係性の代わりに合併事業が存在する。投資家は、企業が利益を上げた場合に限って利益を上げることができ、企業は経済的な価値をもつ物品やサービスを生産することによってのみ利益を上げることができる。こうして、寄生虫は共同事業者に変貌する。生産性を基盤としない利息が利益を吸い上げることはもはやなくなる。[14]

しかし、このモデルもまた、理想的であるとはとてもいえない。借り手は、投資家＝融資者が借り手の事業に口出しをする傾向があるという点に不満を感じている。借り手が主導権を失うわけである。１００％準備制度と同じように、融資活動が停滞してしまう恐れもある。企業や個人は、手頃かつ信頼性のあるクレジット源を現に必要としている。クレジット拡張に際してすでに必要な資金を手元に用意しておくよう融資者に要請してしまっては、こうしたプロセスに歯止めがかかってしまう。

クレジットを公共のものとして提供する公共銀行制度ならば、こうした問題の発生を未然に防ぐことができる。公有銀行は、帳簿に銀行クレジットを発行した上で、民営銀行が今日行っているように、借り手にこれを提供することができる。相違点は、クレジットが政府によって作り出されるという点と、こうして発行されたクレジットにかかる利息が公庫に収められるという点である。事実上、政府は「クレジット清算取引所」の役割をつまり共同体の貸借制度における会計士の役割を担うわけである。（これについては後で詳しく述べたい。）

既存の仕組みの欠陥は、銀行がクレジットを帳簿に発行するという点ではなく、一連のプロセスを民営金融機関が独占しており、クレジットの蛇口を好きなように開けたり閉めたりすることができ、本来公共の資源であるべきものを私たちが利用する際に法外な手数料を請求しているという点なのである。今では、銀行は強力になりすぎてしまい、規制の手を逃れることができるようになってしまっている。融資を行うためだけでなく、実に多種多様な投機的投資活動に手を出すためにクレジット特権を乱用しており、私たちの金融制度全体の安定性を脅かしてしまうところまできている。さらにひどいことに、そこから得られる利益は、購買力という形で経済に還元される代わりに、一部の富裕層の懐に吸い込まれていく。かれらは「カネがカネを生む」ような商品に投資を行い、マネーサプライの内の大きな割合を生産的な実体経済から奪っているのである。

以上の欠陥は、クレジット発行を公共サービス化し、利益を公庫に還元し実経済に購買力として再投資する公務員たちの管轄下にこれを置くことによって乗り越えることができる。もちろん、人々がすでに一定期間通貨を託している民営融資制度もまた、並行して運営すればよい。なるほど、この制度は100%準備制度になるしかない。つまり、十全な資金繰りが行われており、手元にある資金しか融資しないような制度である。しかし、このとき融資を行う機関は、「銀行クレジット」として帳簿にクレジットを発行する力をもつという点でユニークな金融機関であるこれは「銀行」ではない。

国有銀行支店制度によって公共の銀行業需要に応じることは可能か

ハンメルの指摘によると、もし民営銀行が「部分準備」銀行業を使って預金を融資として借入資本利用できなくなってしまえば、公衆の預金需要を満たす動機をそがれてしまう。預金関連業務はつまるところ事務であり、サービス手数料以外の収入の機会がほぼ皆無である。このような事業経営への意欲を民営銀行が失った場合、一体誰が公衆の銀行業需要を満たすだろうか。『クレジット通貨による経済圏形成』において、ガットマン教授は、私たちの基本的な銀行業需要はかなり単純なものであると指摘している。通貨を安全に保管することのできる場所と、通貨を他の人たちに送る便利な方法とがあればそれで事足りるわけである。こうしたサービスは政府官庁が実施すればよく、そのモデルとして今はなき米国郵便貯金制度が挙げられる。同制度は1911年から1967年までうまく運営され、顧客にとって安心して便利に資金を貯蓄し送金することができる場所であった。当時は年利の付いた米国郵便貯金債券が様々な形で発行され、郵便貯金証券や国内郵便為替も発行された[15]。米国郵便貯金制度の設立のねらいは、通貨を様々な隠れ場所から追い出したり、自国の郵便局で貯金をすることに慣れている移民に貯金を促したり、民営銀行に対する信頼を失った人たちのための預金先となったり、民営銀行が提供するものよりも便利な預金場所を労働者階級に提供することだった（当時、郵便局は週6日、朝8時から夕方6時まで開店しており、銀行よりも営業時間が長かった）。郵便制度は預金に対して年率2%の金利を支払った。預金最低額は1ドル、最高額は2500ドルに設定されていた。制度内の貯蓄は1930年には12億ドルにまで駆け上がり、第二次世界大戦中に再度急上昇し、1947年には34億ドル近くまでのぼり頂点に達した。米国郵便貯金制度は1967年に廃止されたが、これは制度の効率が悪かったからではなく、民営銀行が金利を上げ郵貯金便制度と同じように政府保証を提供するようになり、制度が不要となったからである[16]。

連邦運営の銀行支店からなる近代的な制度が提供するサービスは、現代の状況を加味しつつ調整されなければならない。しかし、ここで重要なのは、政府にはすでにこのようなことをした経験があるため、再びこれを実施することは十分に可能であるという点である。いかにも、もし「部分準備」銀行業が廃止されれば、こうした業務は必然的に政府の役割となるだろう。ハンメルによると、連邦準備制度の下で統一された組織として動く銀行支店からなる制度に預金業務を委託し、これによって銀行事業そのものを簡略化するのは理にかなっている。利点は色々あるが、中でもハンメルは次の点を指摘する。

> すべての預金が共通のコンピュータ・ネットワークの項目となるため、残高の計算や小切手の清算が瞬時にできるようになり、小切手制度資金化期間[iii]やこれに付随する面倒な手続きを取り除くことができる。
>
> 連準が唯一の預金場所となることによって、決済は単一の銀行内の口座間で預金を送金すれば済むようになる。そうなれば清算を瞬時に行うことができるようになり、小切手制度資金化期間という頭痛の種を排除し、関連費用を大きく削減することができるようになる。他の利点として、預金保険の必要性をなくしたり、部分準備規制をかいくぐるために銀行が行う夜間自動入出金（オーバーナイト・スイープ）[iv]をはじめとする無味乾燥なゲームを止めさせることができる。[17]

ハンメルのモデルでは、連準が唯一の預金場所となり、連準の支店のみが「銀行」と呼ばれる。それまで銀行と呼ばれていた機関は、預金関連業務を閉鎖し、「民営金融機関」に名を変え、金融会社や年金基金、投資信託会社や保険会社等と同じ類に属するようになる。中には、既存の民営金融機関に買収される銀行も出てくるだろう。民営金融機関は、今まで銀行がしてきたように連準から融資を受けることができるが、金利が高めに設定されるため、「金融市場における純粋に投機的なゲーム」をする動機が失われる。預金という役割から解放されれば、銀行は今ほど多くの支店を持つ必要がなくなる。そうなれば恐らく、連準はこうした支店の一部の購入を提案し、これによって自分の預金支店事務所を効率よく設置するはずである。既存の預金場所の必要準備率を徐々に引き上げ、少しずつ１００％に近づけていくのが合理的な方法だ、とハンメルは言う。

iii　原注：資金化期間あるいは「フロート」とは、小切手が換金された時点から、換金者に資金が入手可能になるまでの期間のことであり、この期間中に、当事者銀行は、支払い者の銀行から支払い金を回収するのである。

iv　原注：「夜間自動入出金」とは、低金利口座に入っており現在使用されていない資金を高金利口座に「掃きこみ」（「スイープ」し）、低金利口座の残高が一定の必要最小限の金額を下回るまではこの高金利口座にこの資金を預けておくことで、利息を最大化させる戦術のことである。

国民クレジットカード

公有銀行支店からなる制度は、クレジットカード問題の処方箋にもなりえる。ハンメルによると、必要準備率１００％の銀行への適用は、民間クレジットカード業界の終焉を意味する。思い出していただきたい。顧客の支払い伝票を元に銀行がクレジットを発行した場合、この支払い伝票は「有価証券」とみなされ、銀行はこの「資産」を元に「債務」を預金という形で作る。銀行はこのとき、自分の資産や他の口座から一切支払いを行わずに帳尻を合わせることができるのである。つまり、銀行は新たな通貨を発行したわけだが、これは１００％準備制度の下ではもはやできない。しかし、借り手の返済約束を条件としてクレジットを適時提供する能力は、非常に重要なサービスであり、銀行がもはやこれを担当できなくなってしまえば多くの人がひどく困ってしまう。もし、あなたがクレジットカードを使うことができるかどうかという点が、競争の激しい市場において少ししかない資金をあなたの銀行が入手することにかかっていたとしよう。その場合、例えばレストランで会計を済ませようとしても、銀行の側に融資可能な資金が無いという理由でクレジットが提供されないこともありえてしまう。

通貨は以前から「存在」していなければ融資され得ないという考えは、通貨商品説という古い理論に基づいている。コットン・メイザー、ベンジャミン・フランクリン、そして（ＬＥＴＳ制度の創設者である）マイケル・リントンといった理論家たちは皆、「通貨」を別の何かに基づいて定義している。通貨とは、単なる「クレジット」であり、借り手の返済約束に基づく先払いである。クレジットとはこの約束から発生するのであり、誰か他の人が銀行に預けている有価物品から生じるのではない。また、クレジットは、誰かが一定期間資産への権利を放棄することを条件とすることもなく、「準備金」を条件として提供されるものでもない。既存の制度の問題点は、借り手の返済約束に基づいて通貨がクレジットという形で提供されている点ではなく、こうした先払いから得られる利息が、利息を得るために何も費用を負担していない民営銀行の懐に入るという点である。この問題を是正するためには、クレジットの拡張という役割を真の「国有」銀行からなる制度に委任すればよく、こうした銀行は「米国の十全な信頼と信用＝クレジット」を連邦議会の一官庁として提供する権限を持つ上、議会には国のマネーサプライを発行する権限が憲法によって与えられている。

実のところ、クレジットカードというサービスは、銀行の預金業務の延長線上にある。銀行預金とのつながりが特に自明である例として、ＡＴＭ機器から20ドル札を引き出すために使用可能なデビットカードが挙げられる。デビットカードを使って送金や引き出しを行った場合、通貨は即座にあなたの口座から引き出されるが、これは小切手を切った場合と全く同じである。対して、クレジットカードを使用した場合、このつながりはそれほど自明のものではなくなる。通貨があなたの口座から引き出されるまでには一定の時間がかかるからである。しかし、それでもなお、このとき先払いされるのはあなたの通貨であり、他の誰のものでもない。この場合もまた、あなたの返済約束は銀行にとっては同時に資産でも債務でもあり、銀行や他の預金顧客の通貨はこの取引に一切関与しない。このような取引業務を担当すべき主体は、当然、預金の取り扱いの許可を持ち、かつクレジット通貨を会計項目として発行する権限を両方とも持つ機関であるべきだが、これは真の「国有」銀行が連邦議会の一官庁として遂行できるものである。政府銀行官庁ならば、窮境に置かれている人々から暴利をふんだくるという利潤動機に突き動かされることがない。クレジットは、理にかなっており、見通しが立ち、かつ固定された金利で拡張されることになる。場合によっては、無利息でクレジットを拡張することも考えられる。（これについては第42章でより詳しく取り上げる。）

旧来の銀行の新たな経営陣

真に「連邦」のものである連邦準備制度によって設立された支店は、全く新しいものとして作られる必要はなく、銀行業界全体を占領する必要もない。既存の銀行を政府が買収したり、破産した銀行を政府が引き取ることもできる。第43章でみていくように、今日国のクレジットカード業界の大半を占めるメガバンクはすでに破産している可能性が高く、連邦預金保険公社（ＦＤＩＣ）による管財処分や政府による企業取得の筆頭候補者になりえる。もしこのような巨大銀行が政府官庁に変われば、その支店のみによって国民の預金需要やクレジットカード需要に応じることも十分に可能であり、既存の資金の融資は今までどおり民間金融機関にさせておくことができる。

ここで、政府はこうした銀行支店の経営を受け持つ必要はないという点に注意していただきたい。ＦＤＩＣは新たな経営陣を雇うか、あるいは旧経営陣に新たな経営指針を提示して、事業を公共の福祉のために運営するよう方向転換すればよい。企業取得のご多分に漏れず、株券の名義変更以外には特にこれといった変化は必要とされない。今までどおり事業を営めばよいのである。従業員は新たな経営陣の指揮下に置かれる。銀行は今と同じように融資を会計項目として発行することができる。異なるのはクレジットの提供から得られる利息の行き先であり、民間利潤のために民間の金庫に収まるのではなく、政府の公庫に収められる。「米国の十全な信頼と信用＝クレジット」は、こうして米国の資産となるのである。

自然調整されるマネーサプライとは

ハンメルはさらに、１００％準備制度において解決すべき課題をもう一つ挙げている―民営銀行によるクレジット拡張は、国のマネーサプライの調整において重要な役割を担っているという点である。公共借り入れは、通貨成長の自然な要因である。銀行がクレジットを拡張すれば、マネーサプライは、成長や生産力の必要性を埋めるために自然に拡大する。もし必要準備率100%が適用されてしまえば、マネーサプライは有機的に成長することができなくなり、成長は何らかの人工的な方法で実現されなければならなくなる。

ある定められた公式に基づいて政府がマネーサプライを拡大するというのは一つの案である。ミルトン・フリードマンは、固定年率4%という値を提案した。しかし、そのような制度では、外部からのショック要因や変容する内部需要に応じてマネーサプライを修正することができない。別の案として、通貨拡大を通貨委員会のようなものに任せ、ある期間に政府が発行すべき通貨の量を決定する権限をこの組織に与える、というものも考えられる。しかし、この代案でもまた人的過誤につながる気まぐれや、私利のための操作といった問題が残る。利率や必要準備率を恣意的に変えることによってマネーサプライを操作する力を連邦準備制度に与えた結果起こる将棋倒しのような顚末を思い出していただきたい。世界大恐慌もまた、連準のいたずら行為に端を発するとされているではないか。

そもそも、マネーサプライはなぜ連邦準備制度によって操作される必要があるのだろうか。消費者融資は自己清算性を持つ。つまり、そこで新たに発行された通貨は、いずれ完済され帳消しになる。このような進展はしかし、利息を請求したり、繁茂する「連邦」負債が全く完済の見通しが立たないまま膨らみ続けているという事実によってゆがめられてしまう。マネーサプライの拡大の背景には、政府証券(ないし負債)が連邦準備制度や商業銀行に売却され、後者がこれを何もないところから作り出した通貨を使って購入するという流れがある。まさにこのような制御不能な拡大源こそ人工的に規制されなければならない。連邦負債や利息がない制度ならば、消費者負債は自然調整されるはずである。そのようなモデルは、例えばLETS制度において見られる。そこでは、誰かが「クレジット」を使って支払いを行ったときに「通貨」が発行され、このクレジットが使い果たされたときに清算が完了する。

明解な例を挙げてみたい。ジェーンがサムのためにクッキーを焼いたとしよう。サムはジェーンに1LETSクレジットで支払いを行い、彼女の口座にクレジットを追加しつつ、自分の口座に借りを記入する。このとき「通貨」が発行される。その後、サムはスーの車を洗い、スーはその対価として1LETSクレジットを支払い、かれの口座の借りを消し、自分の口座に借りを記入する。今度はスーがジェーンのために子守をし、ジェーンはサムから受け取ったLETSクレジットを使って支払いを行う。こうして、帳尻が合い、インフレーションは一切起こらない。制度内にはこのとき「通貨」が存在しなくなるが「クレジット」はたくさんあり、誰か他の人のために働くことで誰でもそれを発行することができる。

LETS制度は地域通貨制度であり、金等の商品がなくても問題なく機能するものである。「通貨」(ないし「クレジット」)は参加者自身によって発行される。このような会計記録モデルをより大きな共同体、例えば国家に当てはめてみると、通貨は共同体保有の銀行から借りたときに発行され、融資が返済されたときに消去されるという点が見えてくる。事実、これこそ現代において実際に通貨が発行される方法である。しかし、このような公共クレジットの発行者は、共同体そのものではなく民間銀行家たちであり、後者は利息という形で棚ボタ的な利潤をかすめ取ることによって、交換媒体の循環の流れをゆがめているのである。利息請求は「不可能な契約」問題を作り出してしまう。融資という形で発行される通貨の量を超える金額の返済が求められた結果、インフレーションと返済不能負債の悪循環が生じるのである。共同体ＬＥＴＳ制度においては、利息が請求されないのでこの問題は回避される。しかし、無利息の国家制度は当面実現しそうになく、そもそも利息は色々な場面で役に立つものである。例えば、借り手に負債の返済を滞りなく行う動機を与えたり、投機を制止したり、一定期間自分の通貨の使用権を放棄した代償を貸し手に与えたり、退職者に安心な収入を提供することができる。では、このような利点を保持しつつ、かつ「不可能な契約」問題を再燃させない道はあるのだろうか。ベンジャミン・フランクリンならば、「簡単なことだ」と言っただろう。

第42章
利息について――「不可能な契約」問題への解決策

「わたしの故郷では、大学というものがあり、深い教養をそこで得た後、人々は偉大な思想家になるものです。かれらは大学を卒業をした後で深い思索を展開しますが、あなたと同じ程度の脳みそしか持っていませんよ。それでも、かれらには、あなたにはないものが一つだけあります――卒業証書です。」

――オズの魔法使いからカカシへ

アンドリュー・ジャクソンやエイブラハム・リンカーンのように、ベンジャミン・フランクリンもまた独学の天才であった。二焦点レンズ、フランクリン・ストーブ、走行距離計、そして避雷針はすべてフランクリンの発明品である。かれはまた、「紙幣通貨の父」とも呼ばれた。植民地時代のペンシルヴェニアにおいて用いられた銀行制度を実際に考案したわけではないが、それでもかれはそれについて執筆し、それを推進し、それが負債に基づく民営英国システムに勝るものであるという点を理解していた。イングランド銀行の取締役たちが黎明期の植民地の経済の急成長の原因について質問をしたとき、フランクリンは次のように答えたといわれている。

単純なことです。植民地では、自分の通貨を自分で発行しているのです。これを私たちは植民地臨時紙幣と呼んでいます。これを発行することで、私たちは政府公認の歳出や慈善費等を支払っています。また、適切な量を発行するよう気をつけることで、生産者から消費者へと物品が滑らかに行き渡るようにしてもいます。このようにして、つまり自分たちの紙幣通貨を自分たちのために作り出すことによって、私たちはこの通貨の購買力を制御することができる上、誰にも利息を払わなくて済んでいるのです。おわかりでしょうか。正統な政府には、通貨を歳出や融資によって流通させる権限が当然ある一方で、銀行には銀行約束手形をたくさん融資する力しかなく、人々が必要としている通貨の量のほんの一部しか提供したり支払ったりすることができません。このため、英国の銀行家たちが通貨を流通させるとき、そこには常に元金の返済義務と利息の支払い義務がつきまとうのです。その結果、あなたたちは完全就業率を達成するにはあまりにも少ない量しか流通していないクレジットの不足に悩まされています。労働者の数が多すぎるのではなく、流通している通貨の量が少なすぎるのであり、また実際に流通する通貨には返済不可能な負債と暴利という終わりなき重荷が課せられてしまっているのです。[1]

以上がフランクリンが言ったとされている言葉だが、あるいはこれは後日誰かによって作り上げられた話かもしれない。いずれにしても、これは「英国システム」に比べてかれが好んだペンシルヴェニア銀行制度の簡潔な解説である。地方銀行は公共機関であったため、利益は外部の貸し手によってかすめとられるのではなく、地方自治体へ還元された。

「新ミレニアムのための通貨制度」と題された記事において、カナダ通貨改革派のロジャー・ラングリックは「不可能な契約」問題を説明するために１００ドルが利息10％で融資された例を用いている。

１００を発行する代わりに１１０を要求した結果、国内の債務者一団は入手不可能な幻想を絶えず追い続ける羽目になる——発行されたためしがない10ドルという神話である。今のところ、以前借りた元金とその利息を賄うためにより大きな借金をするという解決策しか見出されていない。[2]

ラングリックによると、より優れた解決策として、利息請求額に見合う金額の無負債通貨を政府が新たに発行し、これを銀行融資としては発行しないという道を挙げている。

税収の代わりに、政府は**負債関連の不足金額分の歳出を賄うために**通貨を発行する権限を得ることになる。例えば、もし銀行業界が年間１００ドルを発行した場合、政府はさらに追加で10ドルを発行し、政府歳出にこれをあてる。エイブラハム・リンカーンはこの仕組みをうまく実施し、南北戦争のために「グリーンバック紙幣」５億ドル相当を発行した。

ラングリックの例では、利息は民間銀行業界の懐に入り、これを賄うためには毎年10％のグリーンバック紙幣を新たに発行しなければならない。別の代案として、植民地時代のペンシルベニアのように、政府が直接融資を提供するという道もある。そうすれば、元金と利息はどちらもひとまわりして政府に戻ることになり、制度が持続可能なものとなる。ここで、次のような架空の例を考えていただきたい。

悪い魔女と良い魔女の話

西の悪い魔女が、魔女の所有下にありかつ唯一のものである民営銀行を使って暗たんたる領国を統べている。領土内の通貨はすべてこの銀行が発行し融資しており、10％の利息を請求している。魔女は１００魔女ドルを発行し、選挙区民にこれを融資し１１０魔女ドルの返済を求める。人々には余剰分の10魔女ドルがないので、魔女はさらに10魔女ドルを発行して融資する。マネーサプライは利息を埋め合わせるために絶えず拡張し続けることになるが、その行き着く先は魔女の個人金庫である。魔女は時間と共にますます裕福になる一方、人々は借金地獄にはまる。魔女は蓄積した利益を使って好きなものを買う。彼女のお気に入りは、小さなかやぶき屋根の家やお店であり、魔女のコレクションは時間と共に増えていく。領国の運営費を賄うために、魔女は人々に重い税を課し、領国の金融的な重圧はますますひどくなる。

南の良い魔女グリンダは、より人々に配慮した仕方で領土を統べている。国内の通貨はすべて「人民銀行」によって発行され融資され、この銀行は人々の福祉のために運営される。魔女はまず１１０人民ドルを発行する。彼女はその内の１００ドルを利息10％で融資し、残りの10ドルを公共の福祉の向上をねらいとする事業（退職者のための年金、社会福祉サービス、インフラ整備、教育、研究開発等）に費やす。こうして１１０ドルが共同体内に流通し、元金と利息として人民銀行に返ってくる。グリンダは再び１００ドルを共同体内に融資し、残りの10ドルを公共事業に費やし、こうして次の融資に備えて利息分を提供する一方、人々に雇用やその他の手当てを与える。

それから数年間にわたり、グリンダは当初の１１０ドルを再利用し続け、新たな通貨は発行しない。すると、ある年、竜巻が発生し、すてきなかやぶき屋根の小さな家がたくさん破壊されてしまう。人々は再建のために追加の通貨を要求する。グリンダは二つ返事で承諾する。さらに多くの人民ドルを発行し、必要な労働や資源にこれを費やせばよいだけのことである。インフレーションは起こらない。供給が需要と並行して伸びているからである。何にも増して、彼女の領土では税というものが一切ない、という点は皆にとってありがたい。

実践可能な現実世界モデル

なるほど、情け深い女王とたった一つの銀行しかない国でのおとぎ話であれば、こういうこともあるかもしれない。しかし、現実世界では話は別である。そもそも、啓蒙の行き届いた情け深い指導者はかなり希少である。また、融資から得られる利息を全額政府に還元するためには、銀行制度全体だけではなくその他の利息付民営融資をすべて国有化しなければならないが、これは既存の西洋思想の文脈では少々画期的すぎる案である。より現実的なモデルとして、準民営と準公営の両方からなる二重融資制度が考えられる。資金を始めに発行し融資するのは政府であるが、民営金融機関はこの通貨を融資という形で再利用することが許される。民間の貸し手は相変わらず自分たちの個人金庫に利息をかすめとることになるが、以前ほど大きな金額にはならない。よって、利息請求額を賄うためにマネーサプライは拡張し続けることになるが、これも以前よりは小規模な拡張となる。実際にどれほどの拡張が必要となり、また危険な価格インフレーションを引き起こさずにこれを実施するにはどうしたらよいかについては、第44章で検討する。

利息とイスラム

政府保有の銀行からなる制度の設立は、米国では画期的なことにも思えるかもしれないが、他国にはすでにこれを実施しているところもある。また、画期的な革命がそろそろ起きてもおかしくない国も存在する。『近代の普遍的パラダイム』（２００７年）の著者であるロドニー・シェイクスピアは、大きな通貨改革が最初に起こるのはイスラム共同体であると示唆している。イスラム改革派は既存の西洋式制度の限界を痛感しており、積極的に変革を望んでいる上、石油に恵まれたイスラム諸国の中にはこれを実現するだけの政治力を持つ国もあるかもしれない。

先述したように、西洋の融資者は、「利子＝usury」（通貨の使用権と引き換えに費用を請求する慣習）の宗教上の禁止を逃れるために、この言葉を再定義し、「過剰な」利子の請求という意味に変えた。しかし、イスラム純正主義者は、今もなお旧来の解釈を守っている。例えば、イランイスラム共和国は政府保有の銀行を持っており、コーランの諸原理を国政に適用した先駆者でもあるが、そこには無利息融資という原理もまた含まれている。２００７年9月、イラン大統領は無利息制度への回帰を提唱し、このねらいの推進に積極的な中央銀行総裁を新たに抜擢した。総裁は、銀行はサービス手数料の請求によって収益を上げるべきであり、融資に対して利息を受け取ることで利益を上げることは許されないと述べている。[3]

いかにも、上記の点はイランに対する終わりなき戦争のはやし立ての隠れた一因かもしれない。２００７年12月の国家情報評価によって、イランは核兵器の開発を行っていないということが判明したが、にも関わらずこの点はイランへの非常に攻撃的なスタンスを正当化するためにたびたび用いられている。『米国国家防衛の再建』と題された論文が「米国新世紀プロジェクト」と呼ばれる有力な新保守派シンクタンクによって２０００年9月に発表されたが、同論文は米国の「国防」を経済的ライバルの抑圧と結び付けている。そこで強く推奨されている政策方針には「経済的な世界支配を確固たるものにする一方、米国の『自由市場』経済[4]という展望に対する潜在的な『ライバル』や有力な代案を握りつぶすこと」が含まれている。すでに何度もみてきたように、既存の金融体制の覇権を脅かすような代替モデルは次から次へと撲滅の標的とされてきており、投機襲撃や経済制裁、戦争といった手段をそのために用いられてきた[5]。イランもまた、経済的に窒息死させられてしまうほどの酷な経済制裁をたびたび受けている。

真に無利息な銀行制度を機能させるために

現実的な無利息銀行制度という脅威は、イランに対する戦争体制維持の隠れた一因であるかもしれないが、現代においてこのような銀行制度の台頭はほぼすべてが仮説の域を出ないものである。イスラム銀行のほとんどは、融資に対して「手数料」を請求しているが、これは利息とほぼ同じである。不動産を購入し、より高い値段で顧客にこれを売却し分割払いで代金を受け取り、不動産購入の資金繰りをするというのは、よくある取り決めである。しかし、懐疑的なイスラム学者の中には、このような取り決めは利息付融資を名前を変えて実施しているだけではないかとする者もいる。かれらは、「欺瞞の利子」や「法的詐術からなる法理」といった言葉を使う[6]。

無利息モデルを実施しようとする銀行が直面する問題として、そもそもかれらは他の民営銀行と競争関係にある民間機関である場合が多いという点がある。リスクを引き受けてもそれに見合った利益が期待できない状況下では、そもそも商業融資活動を行う動機がなくなってしまう。しかし、スウェーデンやデンマークには、数十年にわたって成功を収め続けてきた無利息貯蓄融資組合が存在する。こうした機関は協同保有されており、保有主への利益の返上をねらいとしていない。こうした組合はサービスを提供するだけのためにあり、加盟者間での借金や融資を円滑にしている。諸経費は、サービスチャージや手数料によって賄われている[7]。

無利息融資は、通貨発行権を持つ政府によって所有された銀行に特に適している。中国の例のように、10兆ドル強の連邦負債を抱える心配がなければ、政府は経済に打撃を与えずに不良債権をいくつか帳簿に抱え込むこともできる。無利息クレジットを提供する公有銀行はクレジット清算機関と化し、人々が各々の返済約束を「貨幣化」するのを助ける仲介役となる。地域通貨制度の場合と同じように、人々は集団としてのみならず個人としても、自分の通貨を自分で発行する統治者となることができる。

事実、これはクレジットカードで買い物をするたびに実際に起こることである。あなたの署名は、クレジット領収証を有価証券へと変換する。販売者がこれを受領するのは、もしあなたが返済をしなかった場合に法的措置をとることのできるクレジットカード会社が保証をしているからである。しかし、銀行はあなたに融資をするわけではない。ただ、取引の円滑化と保証を行うだけである。（第29章参照。）あなたは自分で自分の「通貨」を発行する。そして、月ごとに請求書を清算するたびに、**あなたは通貨を無利息で発行することになるのである。**同じモデルに従って、より長期間にわたって無利息クレジットを供与することもできる。国家クレジットの供与の返済を保証するために、国有銀行は現在融資者が持っているのと同じような方策を持つことになる。不動産をはじめとする担保や賃金の差し押さえや、債務不履行者に対する不良クレジット格付けの通告等である。他方で、借り手が返済不能に陥った際には破産申告というセーフティーネットを用意しておくことができ、借り手は以前と比べ債務を守ることが容易になる。現在蔓延している利息18%以上のクレジットカード請求に比べ、無利息融資は格段に負担を軽減してくれるからである。

利息の長短

利息請求は、製品の製造の各段階に組み込まれる。地球からの原料採取から、店舗の棚に製品を並べるまでのすべての段階にである。こうして蓄積された請求額は、ほとんどの場合、公共事業の費用のおよそ半分を占めると推計されている。[8] つまり、利息請求を排除すれば、費用が半分にまで下がる可能性が出てくるのである。無利息融資は、国家又は地方のインフラ整備事業への資金としては特に適切である。（第44章参照。）皆にとって喜ばしい成果が色々と期待できるが、その一部を挙げてみたい。まず、減税ができる。インフラ整備や持続可能エネルギー開発の採算が取れるようになる。国民全員に手の届く住宅提供が現実的に可能となる。増える一方の負債から生じるインフレーションを排除することもできるようになる。[9]

短所として、無利息融資は適切に監視されない限り、大規模な住宅バブルを再度引き起こしてしまう可能性もある。現在の住宅バブルは、月々の住宅ローン支払額を人為的に下げすぎ、資産を一切持たない人ですら住宅ローンを組むことができるようになった結果発生した。この問題を回避するためには、それなりの金額の頭金や必要収入を再び設定し、返済期間を短くすればよい。以前は月々３０００ドルの値段であった家は、相変わらず月々３０００ドルのままであり続ける。ローン返済期間が短くなるだけである。

規制なき無利息融資活動がもつもう一つの危険性として、日本が無利息（ないしほぼ無利息）融資を皆に提供可能にした結果生じた投機的なキャリー取引がありうる。ゼロ金利ないし非常に低い金利で融資を受ける投資家は、こうして得た通貨を使ってより高金利な債券を購入し差額を懐に入れた。このような取引は往々にして非常に高いレバレッジによって成立しており、その結果マネーサプライが膨張しリスクが拡大した。円高ドル安が進んだ結果、投資家たちは円建てのローンを返済するために、流動性が低下し続けるクレジット市場においてあがく羽目になり、他の資産の売却を強要され果ては制度規模の市場崩壊を引き起こす一因にまでなってしまった。この問題への解決策の一案として、「真正手形」説の亜種が考えられる。つまり、無利息クレジットを、経済圏内で取引される現物にのみに供与すればよい。投機や、マージンねらいの投資や、空売りには供与されないようにするわけである。（第37章参照。）

では、退職に備えて賢明に貯蓄を続けていた人々は、各々の金融計画からの利息から排除された場合、退職後の生活のために何をアテにすればよいのだろうか。イスラム制度や旧英国制度のように、本制度でもまた利益目的で通貨を投資することは可能である。ただ、そのような投資は「利益共有」という形で行われる必要がある。利益だけでなく、損失も共有しなければならない。複利合意では、貸し手はほぼ確実に利息を得ることができる。場合によっては、借り手が破産した方が貸し手にとって都合のよいこともある──無一文な借り手は、より高い金利での安定した収益源となってくれるからである。現代の市場においては、利益共有とは、貯蓄者が各々の通貨を債券から株式へと移すことを意味する。退職リスクを削減するための代案は、第44章でより詳しくみていきたい。

銀行家が公務員となる金融制度

利息請求への宗教上の反論として、通貨を得るために一切労働をしていない者は、額に汗してお金を得た者からそれを取り上げてはならないというものがある。しかし、このようなありさまを回避する上で利息を禁止する必要があるとは限らない。古代シュメールでは、利息の回収はあったが、これは神殿へと納められ、その後共同体の公共の福祉のために配分された。（第5章参照。）似たようなモデルは、バングラディッシュのグラミン銀行創始者でありムスリム教授のムハマド・ユヌスによって構築されもした。グラミン銀行は利息を請求するが、担保を持たない貧しい女性が通常得られるものよりもはるかに安い金利である。この利息は銀行へと還元され、こうした女性のような株主の利益のために使われる。（第35章参照。）この制度は、植民地時代のペンシルヴェニアでも成功を収めており公共土地銀行は利息を回収しこれを州政府へと還元し、税の代わりに使えるようにした。

融資を無利息にするにせよ利息を共同体へと還元するにせよ、共同体志向のモデルがうまくいくためには、銀行が利益追求から解放された公有機関となることが望ましい。今日、公有銀行は社会主義を連想させるものであり、これは米国では負の含意をもつが、しかし私たちの先祖はこのような銀行に目くじらを立てることはなかったはずである。ペンシルヴェニア土地銀行は州有機関であり、地方自治体が徴税を一切行わずに資金繰りができるようになるほどの利益を上げていた。この点で、こうした銀行は近代社会主義の仕組みとは大きく異なる。近代民主社会主義国でも特に成功を挙げている国、例えばスウェーデンやオーストラリアでさえも、徴税の廃止にまでは至っていない。公有事業から得られる利益で政府の資金繰りをする代わりに、こうした国々は民間部門に課した重税に依存している。スウェーデンは、1945年以降の欧州において最大規模の福祉国家を築いたが、政府運営の産業はほぼ皆無であった。[10]インドは出だしこそ好調であったが、人為的に引き起こされた1974年の石油危機、そして銀行家が牛耳る議会が国際通貨基金から不要な借金をしたことによって巨額の海外負債に溺れることになった。[11]オーストラリア労働党は、インフラの公有を理想として掲げはしたが、この理想を実現するために必要な政治権力を少なくともここ最近は持っていない。20世紀始め、オーストラリアの公有銀行は大きな成功を収めている。ベンジャミン・フランクリンがこれを見たならば感心したに違いない。

オーストラリア連邦銀行は「人民銀行」であり、紙幣通貨の発行だけでなく、融資の提供や利息の回収も行っていた。利益はオーストラリア政府へと納められた。民営銀行が金利6%を要求する傍ら、連邦銀行はオーストラリア政府の第一次世界大戦関連の諸活動にわずか1%という金利で資金提供をしていた。その結果、オーストラリア国民は1200万ドル近くの銀行費用を節約することができた。第一次世界大戦終戦後、同銀行の総裁は銀行のクレジット力を駆使し、他国で猛威を振るっていた恐慌の影響を最小限にとどめた。銀行は産業や建築に融資をし、道路や路面電車、港やガス工場、発電所等の建造のために地方自治体に資金を貸した。オーストラリアの巨大なスノーウィー河川水力発電計画の資金は負債を一切伴わずに賄われており、国民クレジットカードのみを資金源としている。しかし、20世紀に入り年月が過ぎるにつれ、同銀行は20世紀に国際通貨基金と世界貿易機関主導で世界を席捲していた民営化の大波にのみ込まれた。20世紀初頭、オーストラリアの生活水準は世界最高峰であった。しかし、銀行が一度民営化されてしまうと、国はたちまち負債まみれになってしまう。20世紀終わり頃に至ると、オーストラリアの生活水準は世界第23位にまで落ち込んでいた。[12]

ニュージーランドにも、1930年代から1940年代にかけて政府所有の中央銀行があり、公共事業への資金提供をうまく行い、その結果、世界が恐慌にあえぐ傍らで自国の経済の活力を保つことができていた。[13]カナダもまた、同じような成功を収めている。カナダ銀行は1938年に公有化され、その後40年間にわたって政府への資金繰りを行うことに成功したが、そこにはカナダ式の単一公共健康保険制度が含まれる。例えば、カナダのアルバータ州には、1938年以降公有銀行が存在し、地域経済に手軽に入手可能なクレジットを提供してきた。[14]

世界大恐慌の頃の米国では、フランクリン・ルーズヴェルトが米国復興金融公社を再編成し、同社は全国のインフラを整備し人々に再び仕事を与えるための安価で豊富なクレジットの源となった。米国銀行制度における他の企画として、米国郵便貯蓄制度、ファニー・メイ、フレディ・マック、そして中小企業局があり、中でも最後は、リスクに見合う利益が融資に対して期待できないという理由でクレジット入手を断念させられる中小企業に向けての融資を管理している。

実のところ、公共銀行というものはそこまで社会主義的ではなく、理屈は公共郵便局や公共図書館、そして公共裁判所と同じである。現代における通貨は、硬貨を除くすべてがクレジットないし負債として創造されるが、クレジットとは一定期間内の法的な返済約束にすぎない。最高額入札者が雇うような民間裁判官に法的契約の管理を任せることに対して私たちは抵抗を感じるものだが、同じように、クレジットの返済約束の管理を民間の銀行家に任せる必要もない。

政府の非効率性という神話

政府の実業界参加に対するよくある反論として、政府は実業関連のものごとを極端に効率悪く行うことで悪名高いというものがある。しかし、『アンクル・サムを売る』の著者であるベティ・リード・マンデルによると、こうした風評は正当ではない。彼女の指摘によると、政府に引き渡される事業は、すべて例外なく民間実業界においてもはや利益が期待できなくなったものばかりである。様々な統計をみると、公共サービスの内部運営は、同サービスを外部委託した場合に比べ効率が良い場合が多く、他方で、公共インフラを私的利潤のために民営化すると往々にして費用が上がり、効率が悪くなり、汚職が増える。[15] 好例として、カルフォルニア州における電力会社の規制緩和と民営化が挙げられるが、この一手は州にとって経済的な惨事を招いたとして強く批判された。[16] 複雑な公共サービスは民営化されると機能しなくなる場合がほとんどであり、しかも契約の締結と管理の複雑さだけがその原因となることも多い。例えば、英国鉄道制度の民営化は、運賃引き上げ、鉄道事故件数の増加、そして制度的な機能不全につながり、その結果、英国国民のほとんどは政府保有・政府運営への回帰を支持している。キャサリン・オースティン・フィッツは、米国住宅都市開発省副長官時代の経験を背景に右記の立場に賛同している。彼女はこう書いている。

> 公共政策上の「解決策」は、政府機能を外部委託することで生産性を向上させるというものです。しかし、このような経費上昇は、民営会社や民間組織への助成金にすぎず、かれらはこれを成績の良し悪しに関係なく得ることが保証される収益として扱います。私たちは、例えば住宅事業を支援するための助成金や資金を提供していますが、これは住宅を建造し管理し、手数料につぐ手数料で私腹を肥やす不動産管理人や保有主以外の人々には一切経済的効果をもたらしません。[17]

政府サービスは一見すると効率悪く見える場合もあるが、これは仕事を満足に行うための公共資金が不足しているからであり、「競争」が不十分であるために政府公務員に労働意欲がないからなのではない。政府に雇われた事務員は、自らの職を守るためには競争をし成績を残さなければならず、この点では民間産業の事務員と全く同じ立場にある。事務員の視点からは、政府で働くことは大手国際企業で働くこととさして変わらない。そもそも、事務員にとってこの違いはどうでもよいものである。どちらの場合も、事務員は指示に従って動くことで給与を得るだけなのだから。激務によって競争に勝とうという思いは、労働者の意欲をかき立てる唯一の道ではない。成績を残すことへの誇り、昇進や増給への願望、そしてチーム企画への寄与といった動機も大いに効果がある。民間部門銀行と公共部門銀行におけるサービスや顧客満足度を比べたインドの研究結果を思い出していただきたい。そこでは、政府保有のインド銀行がすべての項目でトップに立っている。[18]

政府官庁としての銀行は、民営銀行に比べて市場において実践的な優位性をいくつか持っており、より効率が良いとすら言えるかもしれない。政府銀行官庁は「準備金」を持たなくても融資を供与することができる。タリー制度やLETS制度の場合と同じように、ここでもまた「クレジット」が供与されるだけなのだから。真の国有銀行は、破産の心配をする必要がなく、連邦預金保険公社がいなくても預金を保証することができる。必要条件を満たす者皆に分け隔てなく融資を発行することができるわけだが、これは資格のある者皆に分け隔てなく自動車運転免許証が発行されるのと同じ理屈である。無利息融資は、すぐに実現することこそないかもしれないが、手頃な固定金利で融資を発行しこれによって借り手側に信頼と安心をもたらすことは十分可能である。連邦準備制度が通貨金利を操作してマネーサプライを間接的に制御する必要はもはやなくなる。それは、国の通貨をその源泉から直接コントロールすることができるようになるからである。真の「国有」銀行からなる制度は、人々にとって最も貴重な資産、自分の通貨を自ら発行する権限を返還するだろう。中世英国の君主のように、統治国家の人民である私たちは、もはや民間金融家カルテルに融資を依存することがなくなる。**もはや所得税を納める必要はなくなり、納税自体が不要になることすら考えられる。**

第43章
救済？　買い占め？　それとも企業取得？
——泥棒男爵を同じ土俵で破るには

「水にあうとあたしがおしまいだって知らなかったのかねえ？」と魔女は、哀れっぽい悲しそうな声で尋ねました。「ふん、あと数分であたしは完全にとけちゃうよ。城はおまえのものだ。ほらごらん—消えちゃうよ！」

——『オズの不思議な魔法使い』「邪悪な魔女をさがして」

私たちの経済おとぎ話がハッピーエンドを迎えるのは、民営銀行業独占体制への負債による干ばつが、止めどころなく流れ出す公共マネーサプライという水によって打ち砕かれる時である。健全な結果が色々と期待できるが、中でも、私たち人民が一切所得税を納めずに済むようになるという点は特筆すべきである。この可能性は、ユートピア主義的な夢想者の抱く幻想であるだけでなく、権威ある近代金融分析家が太鼓判を押した結論でもある。そうした分析家の一人にリチャード・ラッセルがいる。先ほど参照した投資顧問だが、かれの『ダウ理論通信』は50年近くにわたって出版され続けてきた。２００５年４月の通信におけるラッセルの洞察によると、米国国民の99％にとって、通貨の発行とは完全な謎である。しかし、かれはこの謎をたった数行の文章で解き明かしている。

単純化して言うと、米国政府は、通貨が必要になった際に徴税を行うか、または債券を発行する。こうした債券は連準に売却されるが、これと引き換えに連準は帳簿の項目としての預金を作り出す。このような「負債通貨」は何もないところから発行され、米国政府にとって利用可能なものとなる。しかし、もし米国政府が財務省手形や証券、そして債券を発行できるのであれば、連邦準備制度が形成される前のように通貨を発行することもまたできるはずである。**もし米国が自分で自分の通貨を発行することができれば、その通貨は歳出をすべて賄うことができ、所得税は不要になる。**では、連準を処分して米国政府に直接自分の通貨を発行する力を与えることに対する反論はどこからくるのだろうか。**簡単な話だ——銀行家が無用になり、所得税が廃止されるのがいけないというわけだ。**[1]

「銀行業とマクロ政治学の死」と題された2005年2月発表の記事において、ハンス・シヒトもまた似たような結論に達している。シヒトはこう書いている。

> 首相や大統領がもし銀行業の倒錯について少しでも基本的な知識を持っていれば、かれらが中央銀行家の足元にひれ伏し、銀行家の君に融資を懇願することはもはやなくなるはずである。**少し頭をひねれば、かれらは銀行機関を皆収用するという道を選ぶだろう。収用によって国庫にたくさん通貨が流れ込めば、人々はこの先何年も税を納めずに済むようになる。**[2]

しかし、「収用」とは「財産の没収」を指すわけだが、これは米国の流儀に反する。あるいは、少なくとも米国の原理とはなりえない。泥棒男爵たちは競争相手に対して財産の没収を周期的に行ったが、それでもかれらはこれを実業慣習の許容範囲内で行っていた。つまり、かれらは財産を公開市場にて、公開買い付けという形で購入したわけである。泥棒男爵たちの詐術性は、こうした購入に使われた資金の調達方法にあった。かれらはそれぞれ提携銀行を私有しており、後者は会計項目という形で通貨を「融資」し同時に作り出すことができた。

民営銀行ができることは、政府にもできるはずである。商業銀行の所有権は株式という形で分配され、株は証券取引所に公開される。政府は、国のマネーサプライの制御権を握るために、一級の銀行株式を適正市場価格で購入すればよい。銀行業界を丸ごと買い占める必要はない。既存の資本市場をうろついているものよりもはるかに小規模な銀行勢力さえあれば、消費者の預金やクレジットへの需要を十分に満たすことができるからである。融資という形での資金の再利用は、すでに融資市場において大きな割合を占めている民営銀行や非銀行金融機関に任せておけばよい。業界全体を買い占める必要はないが、そうする方があるいは公正であるといえるかもしれない。銀行から政府が通貨発行権を取り返した場合、銀行株価が暴落する可能性があるからである。商業銀行が会計項目を使って融資をすることがもはやできなくなれば、銀行の株主は、選択肢を与えられた場合恐らく買い占めに票を投じるはずである。

　それでは、様々な人民主義作家たちが提案したように、連邦議会が商業銀行業界全体を取り返すことにしたと仮定し、議論を進めてみよう。公開市場において、これを実行するためにはどれくらいの金額が必要になるだろうか。２００５年の数値を用いた場合、すべての米国商業銀行の帳簿価格（資産から債務を差し引いた金額）は８５００億ドルと計上されている。[3]「帳簿価格」とは、銀行が清算され株主がその時点での銀行の価値に等しい金額を受け取る際の価格である。経済的な好景気においては、株はこの金額よりもかなり高い金額で株式市場において取引されるが、それでもなお、この金額が「帳簿額」の２倍を超えることはまれである。この公式にのっとると、１兆７０００億ドルがあれば米国商業銀行業界全体を買い占めることができるはずである。政府にとってこれは高すぎる金額だろうか。

　今日銀行が行っているように、政府もまた会計項目として通貨を発行した場合、これは無理な話ではない。しかし、それではインフレーションの危険性があまりにも高まってしまうのではないか。これを避けるためには、連邦議会は逆にデフレーション危機が来るのを待てばよく、実のところ私たちは今そのような危機に見舞われている。２００５年に連邦準備制度が発した警告を思い出していただきたい――住宅価格の大幅な修正によって、マネーサプライは２兆ドル規模で縮小されてしまうだろうというものである。２００２年、連準総裁のベン・バーナンキは、深刻なデフレーション危機を打ち消す上で政府は単純に通貨を発行しそれを使って実資産を買えばよい、と提案した。（第40章参照。）銀行業界を１兆７０００億ドルで買うことこそ、まさにお医者さんの処方箋どおりの処置ではないか。実際にこうなる可能性は低いが、少なくとも理論上は可能な選択肢である。

救済？　買占め？　それともＦＤＩＣ[i]管財処分？

政府が銀行の株主を買い占めることは可能だが、公衆の要求に応える義務を負った銀行支店を保有するためにはもっと安上がりな方法がある。大手デリバティブ銀行の第三者会計審査を実施し、支払い不能が発覚したものを管財処分すればＦＤＩＣは十分な数の銀行支店を無料で手中に収めることができるはずである。

　商業銀行制度そのものがもはや破産しており、管財処分の対象となっている、というムレイ・ロスバードの意見を思い出していただきたい。（第34章。）銀行は、「準備金」として保持している通貨の数倍の量を預金顧客への債務として抱えている。大規模な取り付け騒ぎを防ぐために、銀行は偽の安心感を与えて預金顧客をなだめ、そのためにＦＤＩＣ預金保険や、何もないところから作り出された通貨を連邦準備銀行から借りることができる「準備制度」などを用いてきた。しかし、このような救済制度は、納税者がその費用を負担している。ロスバードによると、権利上、銀行制度全体が管財処分を受けるべきであり、銀行家たちは横領者として刑務所に入れられるべきである。

もし納税者たちが、破産状態の銀行制度を支えている納税者負担の支柱を解除した場合、銀行は、少なくとも一部の銀行は、自分の体重を支えきれずにひとりでに破綻するだろう。そのとき、最初に倒れるのは恐らく、大手デリバティブ銀行である。こうした銀行は「ゾンビ銀行」と呼ばれるもので、すでに破産しているが、「創造的な会計」を得意とする会計士たちによって採算の化粧張りを施された銀行のことである。破産した銀行はFDICによって処理されるが、そこでは3つの選択肢がある。ペイアウト通告を選べば、銀行は清算され消滅する。預金承継の手続きをとった場合、別の銀行が破産銀行を買い取り、その債務を承継する。あるいは、ブリッジバンクを選んだ場合、取締役会はFDICに取って代わられ、後者は銀行の建て直しに必要な資本を提供しこれを引き換えにエクイティ利権を得ることになる。[4]「エクイティ利権」とは、保有者の利権を指す――**つまり、銀行の株式は政府の保有物となるのである。**

ブリッジバンクは、1984年、シカゴのコンチネンタル・イリノイ銀行が破産した際に採用された手続きである。当時、コンチネンタル・イリノイ銀行は米国で7番目に大きな銀行であり、この銀行の債務超過は、当時としては史上最大の銀行破綻であった。エド・グリフィンはこう書いている。

連邦準備制度総裁ボルカーは、FDICに向けて、このような規模の銀行破綻が世界経済の崩壊を引き起こしてしまうという事態は何としても避けなければならない、と言った。そのため、FDICは不良債権45億ドル相当を承継し、救済と引き換えに銀行の保有権を株式という形で80%も入手した。事実上、この銀行は国有化されたのである。米国政府は、こうして銀行業界に参入したわけだ。

コンチネンタル・イリノイ銀行の救済から4年後、全く同じ手法は金融持ち株会社オクラホマ銀行の救済にも用いられた。FDICは銀行本部に1億3000万ドルを注入し、保有権55%を得た。**株式と引き換えに破産銀行を救済することによって、政府は、粛々と銀行を国有化する巧妙な方法を編み出したのである。**[5]

1991年にコンチネンタル・イリノイ銀行が経営の建て直しを終えると、FDICは同銀行のエクイティ利権を売ったが、1984年から1991年までの間、この銀行は事実上国有化されていた。グリフィンはこのような結末を、資本主義の原理に反するものとして糾弾している。しかし、ウィリアム・ジェ

---

i　訳注：FDICとは、連邦預金保険公社（れんぽうよきんほけんこうしゃ、英：Federal Deposit Insurance Corporation; FDIC）のこと。1933年のグラス＝スティーガル法に基づき設立されたアメリカ合衆国政府の公社。

ニングス・ブライアンが洞察したように、銀行業とは憲法上そもそも政府が引き受けるべきものである。建国の父たちは、国のマネーサプライを発行する権限と義務とを連邦議会に託した。もし連邦議会が通貨発行の権限を取り返した場合、融資諸事業もまた引き受けるのは必然的である。現在、マネーサプライの97％は商業融資という形で発行されているからである。

デビット・ルイスが洞察したように「大きすぎて潰せない」とされている大手銀行は、ある意味すでに国有化されている。こうした銀行の存続は、納税者負担の救済制度に依存しているからである。（第34章参照。）もし納税者の血税が船の転覆を防いでいるのだとすると、納税者には当然、舵取りを担当する権利がある。納税者の血税によって支えられている銀行機関は、納税者の福祉のために運営される公共機関に変わることができ、また実際そうなるべきである。

えりすぐりの銀行株式をＦＤＩＣが収穫する好機

コンチネンタル・イリノイ銀行は、破産から救済された米国銀行で最大のものではないかもしれない。すでにみたように、シティバンクもまた１９８９年に破産したようであり、連邦準備銀行によって隠密に救済され、２００２年にはＪＰモルガン・チェイスがその後に続いた（第33章及び第34章）。かれらは米国最大の銀行の内の2社であり、巨大なデリバティブバブルに特に深刻にはまりこんでいる銀行でもある。

２００６年に通貨監査局が発表した報告書を思い出していただきたい。これによると、米国銀行所有のデリバティブの内97％は上位5銀行の手中にあり、その中でもトップ2はＪＰモルガンとシティバンクであった。２００６年11月の通信にて、マーティン・ワイスはこう述べている。

最大のデリバティブ取引者であるＪＰモルガン・チェイスは、想定価値総額57兆ドルものデリバティブを保有している。与信総額は計６６００億ドルにまでのぼるが、これは同銀行のリスク対応自己資本のなんと７４８％である。つまり、純資産1ドルあたり、ＪＰモルガン・チェイスは7・48ドルのデリバティブリスクを抱えているのである。保有デリバティブの内13・3％が不良債権化してしまえば、ＪＰモルガン・チェイスの資本は跡形もなく消滅してしまう。シティバンクもこれに近い状況にあり、自己資本1ドルあたり4・24ドルのリスクを抱えているが、これは数年前に比べおよそ2倍のリスクである。[6]

この2つの銀行は管財処分の絶好の対象であり、ＦＤＩＣは大規模なデリバティブ危機を待たずして行動を起こすことすらできるかもしれない。つまり、かかる銀行の帳簿を精査すればよいかもしれないのである。ＪＰモルガンとシティバンクはエンロン・スキャンダルの際の被告であり、事実よりも景気を良くみせようと詐欺的な粉飾を行った容疑に問われていた。判決を避けるために、同社は訴訟解消を目指して3億ドルにものぼる和解金を支払っている。しかし、和解金によって責任を逃れることはできても、裁判で提出された証拠は詐欺的な活動の存在を疑いようもなく示していた。[7] このような戦術を過去に用いた記録を持つ銀行は、今もなおこれを続けている可能性がある。帳簿を綿密に調べることによって、かれらの複雑なデリバティブ事業がその実体において違法なネズミ講事業にすぎず、批評家たちが警告したように、破産状態を覆い隠す手段にすぎないものであることが明らかになるかもしれない。（第34章参照。）もし本当に破産しているのであれば、銀行は管財処分の対象となる。

ＪＰモルガンとシティバンクは、実に多くの支店を持っており、そのクレジットカード制度は広範に及ぶ。すでにみたように、ＪＰモルガンは国中のあらゆる銀行のＶＩＳＡやマスターカードのほとんどを所有しており、米国のクレジットカード残高の保有率第1位である。この2つの銀行さえ政府による管財処分によって買収されれば、国民全員の預金や小切手清算、そしてクレジットカードへの需要を十分に満たすことができるかもしれない。

このような結果になれば、私たちの物語もまた、非常に満足のいく形で結ばれることになる。ＪＰモルガンとシティバンクは、モルガンとロックフェラーの帝国の通貨機械そのものであり、2人の泥棒男爵の手下たちは米国の人々に連邦準備という仕組みを押し付けるようジキル島で企てたのである。かれらは、この仕組みこそ民営銀行ではなく政府が国のマネーサプライを発行できるようにするものだとウィリアム・ジェニングス・ブライアンに信じ込ませ、かれに連邦準備法を支持させた張本人である。こうした巨大銀行複合企業が真の「国有」銀行機関となり、ついに公共の福祉に寄与するようになれば因果応報というものである。

そろそろ銀行を会計検査しデリバティブに課税しよう

メガバンクが（少なくともその中の幾つかが）すでに破産していたとしても、連邦議会による独立会計検査がない限り、実際にこれを私たちが公に知ることは難しい。破産を隠蔽するための店頭取引デリバティブという仕組みは、世間の目をほぼ完全に逃れている。これを明るみに出す手段の一つとして、連邦議会がすべての金融取引に課税をする、というものが考えられる。このような形の税は「トービン税」と呼ばれるが、その名前の元である経済学者のジェームズ・トービンは、１９８１年にアルフレッド・ノーベル記念経済学スウェーデン国立銀行賞を受賞している。０・１％というささいな課税さえ行えば、デリバティブ取引の実態を明るみに出す上で十分であり、これによって同取引を監視し規制することができるようになる。また、デリバティブ取引は量が非常に多いため、このような税でさえ政府にとって無視できない金額の歳入を新たに得る機会を生むことになる。

ワシントン経済政策研究センターのディーン・ベイカーの指摘によると、金融取引税は過去に実施され成功をおさめており、往々にして有意義な歳入増加を生んできた。つい最近まで、工業先進国は皆、株式市場における取引に課税してきており、今もなおその中の一部の国は課税を続けている。１９６６年まで米国でもまた、新たに発行された株式には０・１％の課税、また株取引には０・04％の課税が行われていた。今でもなお、株取引には０・03％の税が課されており、この税収は証券取引委員会の運営費用を賄っている。[8]

ベイカーによると、株取引をはじめとする金融取引の大半は短期取引業者によるものであり、かれらは資産を1年以下、場合によっては1日以下の期間しか保有しない。長期株式投資と異なり、こうした取引は実のところ賭博に近い。ベイカーはこう書いている。「投資家がある会社を研究調査し、その会社の株式を購入してこれを10年間保持した場合、これは賭博とは言えない。他方で、デイトレーダーが午後2時に株式を購入し午後3時にこれを売却した場合、これは賭博である。同じように、ヘッジファンド業者が小さな金利変動や為替相場変動に対して行う大きな賭けも、賭博の一種といえる。」低所得者や中産階級の人々が行う賭博は、通常、宝くじや競馬といった重く課税された形をとる。しかし、富裕層の人々が株式市場で行う賭博には、ほとんど課税がされていない。デリバティブ取引に対する課税は公正であり、ゲームのルールを公平にするものであるとベイカーは主張する。

可能な限り、課税は生産的活動から離れ、非生産的な活動に対して行われるべきである。この基本的な経済原理を認める政府は、すでにほとんどの賭博行為に対してそれなりに重い税を課している。例えば、競馬による賭博には３％から10％の課税がなされる。カジノ賭博へは、それが合法である州において、６・25％から20％までの税率での課税が許されている。州の宝くじには40％近い課税がなされる。株式市場取引は、課税を逃れている賭博形態の数少ない例の一つである。これは二重に非効率的な状況である。政府には賭博の一形態を他の形態よりも優遇する理由がなく、また生産的な活動よりも非生産的な活動に課税を行った方が経済的に良いからである。

経済的な視点からみると、ウォール街であれアトランティックシティやラスベガスであれ、人々が賭博を行えば害が出ることに変わりはない。それどころか、ラスベガスで賭博を行ってくれた方が国にとって都合が良いといえる理由さえ存在する。ウォール街での賭博は、金融市場の動きに不安定性をもたらす危険があるからである。多くのエコノミストたちは、株式をはじめとする資産の価格は、投機家たちのせいで、その基本価値から大きくずれることがあると論じてきた。[9]

短期取引に対する課税は、投機家に対して大きな課税となる一方、長期投資家にはほとんど全く影響を与えない。ベイカーによると、0・25%というような小額の税を証券や株式の売買行為すべてに適用し、債券やオプション、先物や外貨といったその他の資産の送受に対しても同じような税を課していれば、財務省は2000年に優に1200億ドルほどの収益を上げることもできた。国際決済銀行によると、2007年12月までに、デリバティブの総額は681兆ドルにのぼった。この金額に対して0・25%の課税を行った場合、政府の公庫にはなんと1・7兆ドルが転がり込むことになる。

デリバティブ危機の解決

デリバティブ税は、政府の資金調達以上の役割を果たす可能性もある。これによって、デリバティブという実業そのものに終止符が打たれることもありえる。たとえ小額でも、すべての取引に個別に税を課せば、デリバティブ自体が無益となりえるからである。[10] デリバティブという実業そのものに終止符が打たれた場合、最大手銀行が破産に追い込まれる可能性もある。しかし、「ノミの損失は犬の利益」である。米国銀行保有のデリバティブの97%が集中する一部の銀行は、ハゲタカ資本主義、共謀に基づく空売りによる売り崩し、そして大規模なデリバティブ作戦を実施しており、これによって市場を操作し他の会社を崩壊させているのである。デリバティブへの課税は、このような汚職を表に出し、かかる策略やそれを実施する主犯の銀行を公的な制御下に置くための手段となりえる。

第44章　手っ取り早い解決策——自分で資金を賄う政府

不思議な生き物たちは旅人たちを慎重に都の門の前におろし、すぐに飛び去りました。「よい道中だったわね」と少女。「うん、面倒がさっさと片付いたな」とライオンが答えました。

——『オズの不思議な魔法使い』「翼ザルたち」

デリバティブへの課税は、なるほど便利な道具となりえるかもしれない。しかし、国民に対して税を課すことも負債を押し付けることもせずに自分で自分を持続させることができる政府こそ理想的である。リチャード・ラッセルが洞察するように、もし米国が自分で自分の通貨を発行したならば、それによって歳出をすべて賄うことができるため、徴税がもはや不要になる。連邦準備制度を人々が現に連準とはこうであると思っている形である**連邦政府**の右腕に変え、またもし連邦政府が、国のマネーサプライをあらゆる形態において発行する権限を与えられていれば、政府は必要なものや欲しいものを好きなだけ手に入れるための通貨を得ることができる。このような「手っ取り早い解決策」の明らかな問題点として、経済圏から何かしらの方法によって通貨をかすめとらない限り、ほどなくして深刻なインフレーションが引き起こされてしまうという点がある。本章では、次の問いを考えてみたい。

- 政府が危険な物価インフレーションを引き起こさずに経済に新たに導入できる通貨の量は年間いくらとなるのか。
- この金額は、所得税の代替として十分なのか。他の税に関してはどうなのか。

● この金額は、持続可能エネルギー開発、インフラ修繕、そして手頃な公共住宅といった、現在の連邦予算には含まれていない事業に資金提供する上で十分なものだろうか。

所得税はもういらない

連邦準備制度がグリーンバック発行権を行使し、未返済の連邦負債を全額買い戻したと仮定しよう。さらに、連準は十分な数の銀行支店を（購入ないしFDICの管財による取得によって）入手し、これによって公衆の預金やクレジットへの需要を満たすことができるようになったと仮定しよう。このような変更は、連邦所得税負担に対してどのような影響を及ぼすだろうか。可能性を探るために、2005年度（つまり、2005年9月に終了する会計年度）に関する米国データを使いたい―M3が計上された最後の年度だからである。それによると―

● 2005年度の所得税総額は9270億ドルであった。

● 納税者は同年度に連邦負債の利息として3520億ドルを支払った。もし負債が完済されていれば、この利息支払いを国家予算から削ることができ、同額だけ税負担額を軽減することができる。[1]

● 米国商業銀行の銀行クレジットという形での2005年度資産総額は7兆4000億ドルと報告されている。[2] 銀行融資への通常の平均利率を約5%と想定した場合、同年度の利息支払い総額は約3700億ドルであったことになる。もしこの内の半分が新たに設立される国有銀行制度に（FFレートで民営融資機関に行われる融資、クレジットカード負債の利息、中小企業への融資等々に）あてられた場合、政府は2005年度におよそ1850億ドルの利息収入を得ることができた計算になる。

以上の2つの変更を組み合わせると、2005年度の公共徴税額は5370億ドル減額されえたことになる。9270億ドルからこの金額を引き去ると、残りは3900億ドルである。これこそ、2005年度に連邦所得税を完全に廃止する上で政府が発行しなければならない新たなグリーンバック紙幣の総額である。では、3900億ドルを新たに追加した場合、マネーサプライや消費者物価にはどのような影響が出るだろうか。2005年、M3総額は9兆7000億ドルであった。3900億ドルをここに追加した場合、M3はたった4%「しか」増えない。これは、ミルトン・フリードマンが示した控えめの目標値であり、2006年に実際にマネーサプライに起きた成長よりも低い値である。もちろん、2006年には連準はもはやM3についての報告を止めていたが、数値の計算は他の民間の情報源が行っていた。エコノミストのジョン・ウィリアムズは、『影の政府統計』と題されたウェブサイトを運営しており、そこでかれは既存の米国政府のデータや報告に含まれる欠陥を明るみに出して分析している。ウィリアムズによると、2006

年7月、M3の年間成長率はなんと9%以上であった。[3] すでにみたようにこの成長は、連邦準備制度や銀行による融資という形で発行される法定不換貨幣から来ているはずである。[4] とすると、財務省発行の無負債グリーンバック紙幣が代わりに発行されていれば、マネーサプライのインフレーションは軽減されていた―9%から、控えめな4%にまで下がった―はずであり、その上で政府事業を削減したり、肥え続ける連邦負債をさらに膨らませる必要もなかった。

豊穣の角――需要と供給を同時に増やすことでインフレーションを回避

新たなグリーンバック紙幣を総額3900億ドル発行すれば、所得税を廃止する上では十分であった。しかし、ケインズに従うと、政府には物価を危険な水準にまで膨張させずに、かつこれよりもかなり高い金額を発行する方法があった。ケインズによると、失業者を仕事に就かせ新たな物品やサービスを作らせるために資金が活用された場合、新たに発行された通貨は完全就業に至るまでは物価インフレーションを伴わずに追加され続けることが可能である。国内総生産（GDP）は新たに作り出された物品やサービスの量だけ増え、需要と供給のバランスが保たれる。

　では、米国労働人口の内、不完全雇用率はどの程度となっているのだろうか。2006年前半期では、公式の失業率は4・6%であった。しかし、批評家によると、この数値は低く設定されすぎている。失業手当申請を行った人たちのみを対象とした数値だからである。そこには、もはや手当の申請資格を持たない人、仕事探しを断念した人、また教育や経験が十分に活用されていない人――常勤として働きたいが非常勤としてしか働いていない人、タクシーの運転手として働いている工学者、店員として働くコンピュータ・プログラマー等々――は含まれていない。ウィリアムズの『影の政府統計』によると、2006年前半期における本当の米国失業率は実に12%であった。[5]

　2005年におけるGDPは12兆5000億ドルと報告されている。ウィリアムズの失業率数値が正しければ、この12兆5000億ドルは国の2005年における生産力の88%しか反映していないことになる。上向きに推計を行った場合、生産力100%では14兆2000億ドルのGDPが、つまり2005年に実際に生産された量よりも1兆7000億ドル高いGDPが生産されえたことになる。**つまり、2005年には新発行のグリーンバック紙幣総額1兆7000億ドルが、経済において際立った物価インフレーションを引き起こさずに生産的に利用可能だったことになる。** 1兆7000億ドルがあった場合、一体何が可能なのだろうか。国連報告書によると、1995年には、既存の資源にたった800億ドルを追加するだけで、世界の貧困と飢餓を半減させ、全世界に初等教育とジェンダーの平等をもたらし、5歳以下の死亡率を3分の2削り、母親の死亡率を4分の3削り、HIVエイズの拡大を食い止め、飲み水を入手できていない人の総数を半減させることができる。[6]比較対象として、米国政府において頻繁に見られる歳出を挙げる——2005年度では、760億ドルが教育に、266億ドルが天然資源や自然環境に、691億ドルが退役軍人手当に使われた。今私たちが想定している筋書きでは、これらを含む既存の必要サービスはさらに拡張され、かつ他のサービスを追加することもでき、同時に連邦所得税を廃止し連邦負債をも消滅させることができ、しかも危険なインフレーションを引き起こす心配もないのである。

インフレーションなき国民配当またはベーシックインカム

中には、ケインズよりもさらに一歩先へ行く理論家もいる。リチャード・クックは、かつては米国財務省に務めていた元連邦分析家であり、今は通貨政策について執筆や講演を行っている。2006年の統計に基づくクックの指摘によると、米国のGDPは12兆9800億ドルに達した一方、国民所得総額はわずか10兆2300億ドルしかなく、さらに、この所得の少なくとも10%は、物品やサービスの購入ではなく再投資に使われた。このため、利用可能な購買力の総額はおよそ9兆2100億ドルしかなく、これは販売済の物品やサービスの総額よりも3兆7700億ドルも少ない。では、消費者はどうやってこの3兆7700億ドルを調達したのだろうか。借金をしたに違いなくさらに言うと、会計項目としてこれを発行した銀行から借金をしたのである。もし政府が、この銀行発行通貨を無負債グリーンバック紙幣に置き換えた場合、マネーサプライ総額は変わらない。つまり、「3兆7700億ドル」という途方もない金額の政府発行通貨を新たに経済に追加しても、インフレーション率を上げなくて済むのである。[7]

これによって、虹色の未来が拓けてくる。3兆7700億ドルがあれば、政府のできることに限界はない。1924年出版の著作『社会信用論』において、C・H・ダグラスは、政府発行通貨を使えば国民全員に国民配当を行うことができるのではないかと示唆している。また、リチャード・クックは、大人1人当たり1万ドル、扶養されている子供1人当たり5000ドルの年間国民配当を提案している。[8]米国人口は2007年には3億3300万人であり、この内27・4%は20歳以下であった。とすると、大人2兆2000億ドル、子供4150億ドル、総額2兆6150億ドルがあれば、国民全員に基本的な安全保障基盤を与えることができる計算になる。GDPと購買力の間の溝を埋めるために3兆7700億ドルのグリーンバック・ドルが発行され、2兆6150億ドルが国民に配分されたとしても、政府の手元には依然として1兆1550億ドルが残ることになるが、これは必要な予算を組む上で十分な金額である。

国民配当(National Dividend)という考えは面白いが、様々な議論の的でもある。一方では、これを実施した結果、働かないで生きるために最低生活水準を甘受するのらくらものの階級ができあがってしまうのではないかという心配もある。他方で、各々の芸を極めるために質素な生活をしようという覚悟の芸術家や職人にとって、国民配当はまたとない恩恵である。文化的に非常に豊かなあのルネッサンス期において、芸術、文学、そして科学は、財産相続によって富める有閑階級のおかげで大きく前進した。国民配当は、このような生得権を全国民に与えることになる。また、ほとんどの人たちは最低生活水準以上の生き方を望むものであり、これを実現するために生産的な労働を引き受けることが十分に考えられる。

エコノミストの支持を集めているもう一つの案として、ベーシックインカム（基礎所得保証）が挙げられる。そこではある最低限の所得レベルを切る国民が一人も出ないようにする上で十分な金額を設定するわけである。クックによると、このときの違いとして、国民配当の場合、国の生産量及び消費量に関するデータによって金額が決定されるため、毎年異なる金額となる可能性がある。対して、ベーシックインカム（基礎所得保証）の場合金額は一定とされ、複雑な書類や資格検査等を経ずに支払われる。

連邦議会には政府発行通貨の使い道が色々とあるが、肝心な点は２００６年統計によると、政府は3兆７７００億ドルまでをハイパーインフレーションを引き起こさずに発行し支出によって経済に流し込むことができるという点である。一度に全額をそうするわけにはいかないかもしれないが、少なくとも段階的にこれを行うことは可能である。この通貨は、ＧＤＰと購買力の間の落差を埋めることになるだけであり、民営銀行によって融資という形で発行される負債通貨に徐々に取って代わることになる。失業者や不完全雇用者が生活に必要な所得を得ることができれば、暴利付きの融資に頼って家計を支える必要はもはやなくなる。余分な通貨を持つ住宅購入者は自分の住宅ローンを自分で返済し、新たな負債を背負うよう強いられる「サブプライム」債務者の数も減るはずである。強引な融資活動は、その利潤の源泉である部分準備銀行制度と共に消えてなくなるはずだからである。これと並び、デリバティブへの課税は、破裂寸前のデリバティブ・バブルやそれに伴う負債の重圧にブレーキをかけることができる。さらに、大手デリバティブ銀行がＦＤＩＣによる管財処分を受けた場合、デリバティブというネズミ講を少しずつ解きほぐし、そこに含まれる「バーチャル」な負債をたくさん清算することができるかもしれない。負債通貨の発生源をこうして縮小することによって、新発行のグリーンバック紙幣による公共事業への資金提供という形でのマネーサプライ拡張をする余地が増えることになる。

住宅危機への解決策

新たに採掘された資本3兆７７００億ドルの使い道として、現在困窮している住宅市場の救済もまた候補に挙げられる。２００７年当時の推計によると、サブプライム惨事と調整住宅ローン初期化は、1兆ドル相当にものぼる住宅ローンを債務不履行に陥らせる危険がある。借り手に返済をするだけの資金力がなかったり、あるいは負債金額よりも低い価値しかない住宅に対して返済をし続ける動機がないからである。[9] 解決案として、金利を凍結し調整住宅ローン利率の上昇を防ぐことによって、差し押さえを先送りにするというものが提示された。しかし、これは「契約の神聖性」を侵害してしまい、さらには、銀行後援の格付け会社が「トリプルA」と太鼓判を押した投資先から生じた損失を、不動産担保証券を買った不用心な買い手に押し付けることになってしまう。法権利上、帳簿から融資を消すためにいかがわしい投資商品を駆使する銀行こそ責任を負うべきである。しかし、銀行はすでに深刻な金融危機に陥っており、被害者を賠償するためにさらに1兆ドル用意せよと言われても途方にくれるだけである。もし証券保有者が返還を求めて銀行を告訴したならば、いかに図太い銀行でも破産に追い込まれるだろう。[10]

では、すべてを元通りにするほど深い懐の持ち主は一体どこにいるのだろうか。昨今、世界中の中央銀行はコンピュータ産出の通貨を拡張して身内を救済しているが、こうした融資は単なる時間稼ぎであり、住宅保有者を住宅に連れ戻したり、廃れた住宅地のさらなる衰退を食い止めたりすることができていない。[11] 窮地を脱するために頼りにできる者はもはや残されていないのだろうか。連邦議会が、購買力とGDPとの間の溝を埋めるために3兆7700億ドルを発行した場合、この通貨の4分の1を使って不動産担保証券保有者から債務不履行住宅ローンを買い取ることができ、それでもなお、所得税を徴収せずに予算の採算をとる上で十分な量の通貨を手持ちにすることができる。デリバティブへの課税によってさらに1兆7000億ドル以上が追加できるとすると、他のプログラムへの資金として十分な金額が用意できる。詐欺に遭った不動産担保証券保有者に返金を行った後、連邦議会は困窮した不動産を処理するための公平な方法を考案すればよい。債務不履行に陥った住宅保有者に棚ボタ的な利益を与えず、かつかれらを路頭に迷わせないためには、例えば既存の住宅を手頃な価格で保有者に「賃貸」するといった案もあり得る。少なくとも、他の公正な解決策が編み出されるまでは賃料は政府に還元され、過剰な流動性をマネーサプライから吸い上げる上で一役買うことになる。

経済という湯船の氾濫を防ぐために

以上の考察は、インフレーション問題への別の視点へとつながる。政府は必要や欲求に応じて好きなだけ通貨を新たに発行しても、資金を再利用することによって経済という湯船から水を抜く方法があれば大丈夫という見方である。新たな通貨を逐次発行する代わりに、こうして再利用される資金を活用し、マネーサプライの安定を保てばよい。財務省に通貨を引き戻すための常套手段は徴税である。中には、制度内から過剰な通貨をかすめとるために政府は徴税をしなければならないという主張すら存在する。しかし、ペンシルヴェニアの例が示すように、融資という形で政府が経済内に通貨を流し込めばインフレーションは起きない。負債が返済されれば、通貨が再び戻ってくるからである。また、歳出という形で経済内に流し込まれた通貨は、融資に対する利息や、その他の公共サービスへの手数料という形で政府に還元されうる。

人々に税を課すよりも公正かつ満足のいく解決策として、政府は公庫に収益をもたらすような生産的な産業に投資をすればよい。賃料を生み出すような手頃な公共住宅はその一例である。持続可能なエネルギー（風力、太陽光発電、海水力、地熱発電）の開発もわかりやすい例の一つである。特定の持ち主がいる土地から採取され、再利用不可能な希少な石油資源と異なり上述の自然力は無尽蔵であり、皆がその所有者である。必要なインフラが整備されさえすれば、新たな投資も必要なく、維持管理さえしておけばこうした発電機はいつまでも使用可能である。それはいわば永久機関であり、月や潮、天候などの力で発電を行う。例えば、全国の公有地を使って風力基地を設立することもできる。風力発電の世界的先進国であるデンマークは、今日、デンマーク国内の風力基地から生み出されたクリーンエネルギーによって電力需要の20％を満たしている。波力エネルギーは、好条件において海岸1マイル当たり平均65メガワットにのぼる場合もあるが、米国の西海岸は１０００マイル以上の距離がある。こうして活用されたエネルギーの利用者から、政府は適当な手数料を請求してもよいだろう。

このように、経済内の過剰な流動性を再利用する道は色々あるが、現代においてはむしろ金融制度内に流動性を流し込む方に関心が集まっている。強大なデフレ推進力によってマネーサプライは深刻な不景気を迎えようとしており、これを食い止めるためには連邦政府が流動性の蛇口をひねって新たな通貨を流し込むしかない。すでにみたように、次の住宅市場修正はそれだけでもマネーサプライを1兆７０００億ドル以上縮小する可能性がある。さらにデリバティブ・バブルが破裂してしまえば、かなりの金額の負債通貨が消えてしまうだろう。連邦準備制度の報告によると、米国負担負債の成長率が最も高いのは「金融部門」（主に銀行業部門を指す）においてであり、２００５年には12兆５０００億ドル相当の負債がここから来ていた。このような爆発的な成長の主な原因はデリバティブへの投機である。レバレッジ率が非常に高いからである。例えば、デリバティブの買い手は、５％を頭金として支払い残りを銀行融資で埋め合わせることができる。金融部門の負債率は、１９５７年には経済内の国家所得の5％にすぎなかったが、２００５年にはなんと１２６％にまでなっておりこれは全体の経済成長の23倍の成長率である。[12] ２００６年には、大手米国銀行のうちたった5社がデリバティブ総額の97％を保有していたが、そこには巧妙な市場介入操作によって支えられていて、その実すでに破産している「ゾンビ銀行」も含まれる。それは砂上の楼閣であり、一度崩れてしまえばそこで産出された大量の負債通貨も道連れにされて跡形も無く消えてしまい、マネーサプライに大規模なデフレーションが発生し政府が通貨を再注入する余地が大いに生まれることになる。

州政府及び地方自治体への助け舟

単一の国家通貨を維持する必要があるため、州政府や地方自治体が各自のプログラムへの資金として新たなグリーンバックを発行することは認められない。（とはいえ、別の形でクレジットを発行することは認められる――例えば、エネルギー効率に対する税額控除のように。第36章参照。）しかし、連邦政府は州政府や地方自治体に援助を送るために、有意義な事業に対して無利息で融資を行うことができる。これこそ、１８９０年代に街頭で抗議を行ったジェイコブ・コクシーの案である。地方の公共事業に資金を提供するための「無利息債券」、地方自治体によって発行され、連邦政府発行のグリーンバック・ドルと引き換えに連邦政府に質入れされる債券である。

１９９０年代、市民活動家ケン・ボンサックはまたも街頭に繰り出し、10年かけて国中を旅して周り、コクシーの計画と通ずる「統治融資」法案の成立を連邦議会に呼びかける決議を行うよう無数の公共機関に働きかけた。ボンサックの提示した法案によると、政府は通貨発行の統治権を行使し急務なインフラ事業のための無利息融資を地方自治体に行う。この法案は可決されなかったが、コクシーと異なり、ボンサックは少なくとも国会議事堂の階段をのぼり堂内に入ることができた。１９９９年にかれの案は「州政府及び地方自治体権力強化法案」となり、レイ・ラフッド下院議員によって導入され、デニス・クシニッチやバーバラ・リーらが共同提案者となった。[13]

無利息の国家クレジットを使ってインフラ整備や持続可能エネルギー開発への資金提供を行うという似たような提案は、世界中の様々な通貨改革団体によって強く推薦されているが、そこにはニュージーランド社会信用民主党、カナダ行動党、スコットランドのブロムスグローブ・グループ、イングランドの安定通貨フォーラム、ロンドン・グローバル・テーブル、そしてアメリカ通貨研究所が含まれる。[14] 改革促進派が指摘するように、地方事業では労働や資源よりも利息の方が高額になることがしばしばあり、利息さえなければ採算がとれたはずの公共事業がご破算となってしまう。『近代の普遍的パラダイム』において、ロドニー・シェイクスピアは、９８００万ポンドという費用で英国に建設されたハンバー橋を例に挙げている。１９８１年に開通して以来、橋は毎年のように運営利益をあげた。つまり、経費（主に修繕、維持管理、そして人件費）を、ハンバー川を渡る人々から徴収した手数料が上回ったのである。しかし、１９８１年の開通時点で、利息請求は橋の費用を1億５１００万ポンドにまで引き上げてしまっていた。そして、１９９２年に至るとこの負債は4億３９００万ポンドという異常な金額にまで急上昇した。英国政府は介入をせざるを得ず、かなりの金額の助成金や債務帳消しによって、地元住民がこうした費用から悪影響を受けるのを避けた。もしこの橋への資金調達が無利息の政府発行通貨によって行われていれば、利息請求を回避することができ、**橋は自立して採算をとることができたはずなのである。**[15]

州政府や地方自治体は、優良債権者であり、利息請求という圧力がなくても融資の返済を滞りなく行うものである。地方公務員が「無償」通貨を借りてこれを投機に使うことを防ぐためには、「真正手形」説を適用すればよい。つまり、出費は実質的な物品やサービスのみに制限し、投機的賭博やマージンへの投資、空売り等は除外すればよい。(第37章参照。)厳密な返済予定を厳守させる、という手も考えられる。

それでは、このような融資はどのようにして返済されうるのだろうか。なるほど、必要資金を徴税によって確保することも可能である。しかし、この場合もまた、様々な手数料付き事業によって地方自治体が収益をあげるという道の方がより満足いく解決策であり、これによって地方経済を「連邦＝コモン・ウェルス」という言葉通りの利益産出協同組合のようなものに変革することが望ましい。

州のためのクレジット選択肢としてもう一つ面白いものがある。州が各自の州有銀行を設立し、後者が「部分準備」モデルに基づいて会計項目によって低金利融資を発行するというものである。これについては、「あとがき」にてより詳しく議論したい。

政府投資から国民配当を得るには

連邦政府、州政府、そして地方自治体は、現時点ですでに利益産出企業となっているかもしれない。こう考えるのは、政府の帳簿を幾年にもわたって調べ続けてきた投資顧問及び会計士のウォルター・ブリエンである。かれの指摘によると、政府は5万4000もの州、郡、そして地方自治体組織から構成されているが、そこには学区や公共官庁等が含まれており各自が金融資産を流動投資基金や公社債金融口座、企業証券ポートフォリオ等に入れている。政府予算での報告義務がある歳入は、税、罰金、そして手数料のみである。しかし、政府組織の保有証券は、CAFR(包括年次財務報告書)と呼ばれる公式の年間報告書においてみつけることができる。地方自体や郡・州政府はCAFRを連邦政府に提出するよう義務付けられている。ブリエンによると、こうした報告書を見る限り、米国の市町村、郡、そして州のほぼすべてが剰余資金として大量の通貨をひそかに蓄えており国内及び国際保有証券総額は全体で数兆ドルにものぼる。[16]

保有証券の中には「不正資金」(不特定の目的で集められた資金)として保管されている純粋な剰余金もある。他にも、市町村や郡の公務員の年金基金も含まれる。連邦社会保障基金は米国政府証券に投資されなければならないが、これとは異なり、州政府や地方自治体の年金プログラムのための基金はどこに投資してもよいということになっている——普通株式、債券、不動産、デリバティブ、商品先物等々である。また、社会保障が将来世代からの税収に依存しているのに対して、州及び地方の退職制度は収益を生み出すような資産に投資をすることが認められており、これによって自立することができている。ブリエンいわく「純粋な剰余金」としての不正資金は、納税者たちから隠蔽されているが、それでもなお税は引き上げられ、国民は政府サービスの削減を受け入れるよう指示されているのである。かれの立場からすると、堅実な政府管理を徹底すれば徴税自体を廃止できるだけでなく、国民は配当金を受け取り始めることができるようになるはずなのである。これはすでにアラスカで実現しており、[i] 石油投資のおかげで州は納税者にリベートを（2000年には1人当たり約2000ドルを）行うことができている。[17]

ブリエンのテーゼは議論の余地があり、本腰の入った研究調査を経なければ確立には至らないだろう。しかし、数兆ドルが「隠蔽工作」プログラムへと「吸い込まれてきた」とするキャサリン・オースティン・フィッツらの主張をここに加えてみると、なかなか魅力的な可能性が開けてくる。つまり、政府は、私たちが思っているよりも裕福であるかもしれないのである。

公共の福祉に真に奉仕しようという意図を持った誠実な政府であれば、昨今では政府の予算内では採算がとれないとされている。しかし切実に必要とされているプログラムをたくさん実施できるような資金を調達できるはずである。そこには、教育制度の改善、環境保護、国民皆保険制度、インフラ修繕、独立医療研究、そして代替エネルギー開発が含まれる。ロジャー・ラングリックはこう結論付けている。

> コンピュータ化、ロボット工学、遺伝子工学及び食糧栽培技術の進歩によって、私たちは今、地球全体を、全人類を支えるだけの力を持った持続可能なエコシステムへと変革させるだけの潜在能力を持っているかもしれない。もはや、18世紀の産物である通貨制度、地球に対する終わりなき強姦行為を核として設計され、泥棒男爵の精神に基づき完済不可能な負債という重大な欠陥を持った制度を背負っている場合ではない。**私たちの死活問題へ十分な資金が行き渡るように政府が十分に管理する新しい通貨制度があれば、国全体のもつ潜在的な創造力が解き放たれるかもしれない。**[18]

i　訳注：これは、アラスカ恒久基金（Alaska Permanent Fund）といわれている。

第45章
心ある政府――第三世界負債問題を解決する

「気品ある友よ、忘れてはならぬぞ―心を計るには、きみがどれだけ他者を愛したかではなく、他者がどれだけきみを愛したかをものさしにするのだということを。」

――オズの魔法使いからカカシへ、ＭＧＭ映画より

19世紀において、企業は「人」としての法律的地位を与えられた。人といっても、心を持たず、愛や慈善を知らない人である。この「人」のもつ唯一の法的動機は、株式仲買人のためにお金を稼ぎつつ、環境破壊や人間の抑圧といった「外部」費用を無視することである。対して、米国政府は心を持つ社会有機体となるよう設計された。建国の父たちが挙げた基本原理には次のものが含まれる――人類は皆平等に創られている。人は皆譲渡不可能な権利を付与されており、そこには生命、自由、そして幸福の追求が含まれる。政府の役割は、「公共の福祉」への寄与である。

もし、現在の国のマネーサプライを支配している大手銀行企業組織が米国政府の官庁となれば、かれらは以上のような人道主義的な原理を各々の事業モデルに組み込むことになるはずである。そのとき公共銀行が行うよう後押しを受ける非常に大切な人道的な決断の一つに、不公平で法外な第三世界負債の帳消しがある。[1] 今日、第三世界負債のほとんどは、米国を拠点とする国際銀行へのものである。もしこうした銀行が（株式の買い取りや管財処分による企業取得によって）連邦官庁となった場

合、米国政府は「特赦の日」を、つまり、抑圧的な第三世界負債が一変に帳消しになる日を宣言することができる。この言葉は、聖書のレビ記から来ているが、そこではエホバ本人が年間複利で負債を回収し続けることの数学的な不可能性に気がついたのか、この特赦の日を49年毎に祝うよう宣告をし、そのたびに負債が帳消しにされ家や土地を奪われた人々が再び帰還できるようにした。

エホバの場合と異なり、米国政府が宣言する特赦の日は完全に無私な行為とはならない。もし米国が国際負債をグリーンバック紙幣によって返済するのだとすると、世界の善意に頼る必要がある。隣国の負債を帳消しにすることによって、隣国も私たちの負債を帳消しにするよう動機付けられるはずである。他国は、私たちと同じように国際経済の崩壊を避けたいと考えている。しかし、もしかれらが市場によっていわば「目くらまし」に遭った場合、皆につられてドルを放棄し始めることになり、不安定な負債という楼閣が崩れ落ちることになる。第三世界の負債を帳消しにすることによって、私たちは、善意を示しいら立つ市場をなだめ、皆を同じ土俵に迎え入れることができる。私たちのきらびやかな新通貨計画は、詐術として提示されるどころか、むしろ至るところに富をもたらすミレニアム・モデルとしてお披露目されることになるだろう。

第三世界の負債の帳消しには、他にも色々と大切な利点が付随する。その一つが、テロリズムの縮小である。２００４年の出版の著作『負債という危機——発展途上国を破壊し私たち皆を危機に陥らせている負債』におけるノリーナ・ハーツの指摘によると、「キャリア・テロリスト」たちがこの急進的な職を選ぶのは、他に全く仕事がない状況で少なくとも収入を得ることが可能となるからである。また、第三世界の負債の帳消しは、国際債権者への返済のために一坪ずつ着々と破壊されている世界の自然環境の保護にも一役買うだろう。さらに、外国における劣悪な生活環境において醸成される病気の拡大防止の助けにもなりえる。

実のところ、米国は第三世界の負債を帳消しにする道をこれまで模索してきた。その実行方法について、国際通貨基金の同胞と合意できずにいるだけなのである。国際通貨基金が負債を「帳消しにする」と言うとき、かれらは銀行による慈善的な行為を思い浮かべているわけではない。そうではなく、むしろそれは、債務国からより裕福な援助国へと返済義務を移し変えたり、あるいは銀行が然るべき支払いを受けるように国際通貨基金の金準備を用いて保証をするという意味である。２００４年秋、米国は、イラクの負債１２００億ドルは帳消しにされるべきだという決定をした。もし石油に恵まれたイラクが負債取り消しを受ける資格があるのだとすると、これよりはるかに貧しい国々にもまたその資格があるはずである。１９９６年の重債務貧困国（ＨＩＰＣ）イニシアチブによって、裕福国は貧困国の負債１１００億ドルの帳消しに合意した。しかし、２００４年秋までに、実際にはたった３１０億ドルしか帳消しにされなかった。最貧困国約30カ国のほとんどはアフリカに存在するが、かれらはその時まだ全体として2000億ドル相当の未返済の負債を抱えていた。かれらは資金の調達先という壁にぶち当たっていた。一案として、国際通貨基金の金の平価を切り上げて売るというものが提示された。しかし、これではリスクの高い融資を行った銀行にまたもや福祉金を授けるだけであり、それでは銀行に高利貸し業を放縦に続けるよう奨励してしまうことになるという反論があがった[2]。

オズの魔法使いならば、これもまた錯乱した思考の一例であると言っただろう。問題の解決には、問題を発生させた手口をそのまま用いればよい。つまり、詐術である。負債を帳消しにするためには、銀行の帳簿からこれを消し去ればよいだけのことである。これによって預金顧客や債権者が通貨を失うことはない。そもそも、元の融資に資金提供をした預金顧客や債権者はいないからである。英国のエコノミスト、マイケル・ロバウサムは1998年にこう書いている。

第三世界または発展途上国の未返済負債2兆2000億ドルの内のほとんどは、負債と並行して商業銀行が発行した通貨である。世界銀行と国際通貨基金とが提供した融資は、かれらの「債権者国」への負債としての通貨ではないと断言できる。負債と並行した通貨の発行および供給において、世界銀行は商業銀行と直接協力している。国際通貨基金もまた、商業銀行と直接交渉し、両者の複合「融資パッケージ」を用意するのである。

加盟国が供給する出資額全体から国際通貨基金が行う融資について言うと、こうした融資もまた「債権者」国へ負われる通貨では全くない。そもそも、出資額として登録される通貨は、元々商業銀行によって発行されたものである。出資額にせよ融資にせよ、**つまるところそれは商業銀行に対しての負債なのである。**

もしこうした通貨が商業銀行への負債なのだとすると、これは会計項目によって発行された通貨であるということになる。ロバウサムの洞察によると、第三世界の負債が銀行の帳簿において債務として記録されるのは、銀行業のルール上、帳尻合わせが要請されているからにすぎない。不公正で抑圧的な負債を清算するためのルール変更の仕方を、ロバウサムは二通り提示している。

第一の選択肢は、資産と債務のつりあいを保つ義務から銀行を解放すること、より厳密には、帳消しにした第三世界の負債債券と等価の、より低いレベルの資産の保有を銀行に認めることである。つまり、例えばある商業銀行が100億ドル相当の発展途上国負債債券を保有していた場合、負債の帳消し後この銀行は未来永劫、100億ドル相当の資産損失を計上することを容認される。要するに、単純な記録付けの問題である。

第二の選択肢は、(つまるところ第一の選択肢と同じ政策だが）会計学上はより満足のいくものとなるはずである。負債債券を帳消しつつ、会計目的で銀行がこれを保有し続けることを認めればよいのである。発展途上国の立場からすると、負債は帳消しにされたも同然だが、銀行の口座情報上はいまだにそれが有効であり続ける。債券はこうして恒久的かつ交渉不可能な資産として額面価値で保存される。[3]

第三世界の負債も、マウスをクリックするだけで消滅させることができるのだ。

通商という浮雲において為替相場を安定させる

過去の負債を帳簿から一掃したとしても、国の通貨を安定させない限りまた同じ負債シンドロームが襲ってくるだけである。通貨が投機家による平価切下げの標的となりうる限り、第三世界諸国は物品をその本来の価値のほんの一部にすぎない金額で輸出し、輸入品を高すぎる価格で買い、貧困状態のまま取り残される。もはや米ドルにさえ危険が迫っている。もし世界的な債券保有者たちが各々の保有債券を大量に放棄し始めた場合、空売り人たちが火に油を注ぎ、ちょうど1923年にドイツマルクの価値を投機家が下げたときと同じようにドルの価値を崩壊させることもありえる。

外貨の価値の突然の変動による商業リスクを打ち消すために昨今の企業は、デリバティブへの投資によって、どちらに転んでも勝ちとなるように賭けを「ヘッジ」する必要性を強く感じている。しかし、デリバティブはそれ自体としてすでにリスクも値段も高くリスクを増幅させる危険性がある。先行きの見通しのよさや安心感、そして公正さを国際契約にもたらすためには何か別の解決策が必要である。ブレトン・ウッズの金本位制は、平価切下げや巨額の貿易赤字（米国が現在中国に対して抱えているような類のものである）を防止する上では役に立ったものの、金は通貨の杭としての役割を果たしきることができなかった。米国政府（つまり、世界銀行家）は国際貿易収支の清算を行うために十分な量の金を有しておらず、ついには金が手元から残らず消えてしまった。また、金は、それ単独では価値の尺度として不安定であるということも明らかになった。金の価値が大きく変動したからである。金本位制の利点を維持しつつ、かつその欠点を乗り越えるような新しい制度が求められている。

ドル杭から「完全ドル化」へ

すでに試された解決策の一つに、一国の通貨を安定化させるためにこれを直接、米ドルに杭打ちするというものがある。こうした試みは、通貨の平価切下げの防止には役立ったが、諸国はこれによって国際市場で競争をするために必要な柔軟性を失うこととなった。1991年から2001年にかけて、アルゼンチンでは、「通貨委員会」がアルゼンチンペソと米ドルとの厳密な一対一杭打ちを維持した。マネーサプライは固定され、制限され、柔軟性に欠けた。その悲惨な結末として、1995年と2001年に国家破産が起こってしまった。[4]

ドルへの杭打ちの究極の形態、「完全ドル化」においては完全ドル化を選んだ国は国内通貨を放棄して米ドルだけを使用するようになる。エクアドルは2000年に完全ドル化に踏み切り、2002年にはエルサルバドルが後に続いた。[5] これによって恩恵がもたらされたのもまた事実であり、そこには利息の引き下げ、インフレーションの縮小、通貨の安定、そしてそれなりの経済成長等が挙げられる。しかし、隣国が各々の通貨の平価を切り下げると、「ドル化」した国の商品はより高価となり、世界市場における競争力を失った。また、ドル化した国は、自国のマネーサプライをコントロールする力も失った。エルサルバドル政府は、予期せぬ支出が生じても自国の通貨を発行したり、あるいは自国の銀行によって買われる債券を発行したりして資金調達をすることができなかった。政府にも銀行家にも、ドルを発行する力がなかったからである。このため、国のマネーサプライは固定され制限されてしまい、政府は予算内のプログラムを切り捨てることによって差額を埋めるよう強要された。これによって大きな被害を被ったのは貧困者だった。福祉プログラムが切り捨ての最初の対象となったからである。

単一通貨という解決策

浮動通貨という難題へのもう一つの解決案として、世界各国が一団となって単一通貨へ乗り換えるというものがある。この案の支持者によると、こうすれば、ドル札が米国に国家レベルで、またユーロがヨーロッパ連合に大陸レベルでもたらした結果と同じものが世界レベルで期待できる。しかし、反対論者の指摘では、世界は単一の国家や単一の大陸とは別物であり、またこの単一通貨を発行する権限を誰が持つべきなのかについても疑問が残る。もしすべての政府が各自好きなだけこの通貨を発行してもよくなってしまえば、過剰にこれを発行しようとする無責任な政府に対して世界のマネーサプライは無防備となってしまう。しかし、だからといって世界中央銀行のみが国際通貨基金のモデルに従って独占的に通貨を発行できるようにしてしまっては、世界全体を「完全ドル化」した場合と同じ結果となってしまう。それでは、各国は自分の通貨を自分で発行することができなくなってしまい、国内の様々な用途のために必要となるクレジットを使用できなくなってしまう。エルサルバドルの場合のように、国家予算に何か緊急の要件を組み込まなければならなくなった際に、各国はこうした要件に応じるための新たな通貨を作り出すという選択肢を持てなくなってしまう。代わりに、こうした国々は出費を抑えて「緊縮政策」に乗り出すか、あるいは世界中央銀行から借金をすることになるわけだが、後者の場合、複利によって様々な世界的被害が生じることになる。

第三の道を考えてみよう。各国は、国内通商は各自の通貨で行う傍ら国際貿易は世界準備通貨によって行い、後者は民主的な世界議会が保有する世界中央銀行によって発行される。世界準備通貨による融資は、無利息、あるいは極端な低利息で行うことが可能である。事実上、借り手は自分のクレジットを貨幣化することになる。すでにみたように、第三世界を負債の袋小路へと追い込んだのは複利というわなであった。利息請求は、すべての公共事業の費用のおよそ半分を占めると推計されている。金融仲介人への利息が排除されたならば、融資は単に将来的な生産物への先払いにすぎなくなり、然るべき生産活動によって返済が済む。債務国は、規則正しい返済予定に従ってかかる通貨を返済しなければならないが、これは今と同じである。そして、ある一定の金額に達した後は、それまでの負債が返済されるまでは新たな借金をすることができない。しかし、複利という重荷がなければ、生産された物品やサービスによって融資の返済ができるはずであり、住宅からの家賃収入、公共開発されたエネルギーや交通機関から得られる手数料等々がその一例である。[6] もし融資の返済が見込めない場合、世界議会に負債の調整を申し出ればよい。それ以外の場合に関しては、国のマネーサプライをいつどれだけ増やすのかについての決定権は各国にある。

民主的であり、かつ参加者全員に対して公平な経済モデルが世界憲法議会協会という団体によって開発されているが、かれらは地球市民すべての公平な繁栄と幸福のために動く地球連邦というものを設定している。世界資金提供組織は、各国にクレジットを拡張する権限だけでなく、リンカーンのグリーンバック紙幣や国際通貨基金の特別引出権（ＳＤＲ）のようなモデルに基づいて直接通貨を発行する権限も与えられる。こうした資金は、その後、地球という連邦＝共同の富の要請に応じて配分される。通貨は無利息で発行され、人々の潜在的な物品及びサービスの生産力によって担保される。地球連邦は共通の通貨を持ち、この通貨は「同一労働同一賃金」の原理に基づいて普遍的な価値を持つ。[7]

将来的には、このような徹底的な再編成も可能となるかもしれない。しかし、今のところは、世界貿易は多くの競い合う通貨によって行われており、浮動為替相場という浮雲の海にのさばる海賊たちによる投機攻撃に対して無防備である。こうしたリスクを取り除くことが急務である。では、どうすればよいのだろうか。

第46章 橋の建設——新しいブレトン・ウッズ制を目指して

またもや別の地割れにさしかかりました。どうしようかとすわって思案いたしました。そしてしばらく真剣に考えこんだあげく、かかしがいいました。
「割れ目にずいぶん近いところに、大きな木があるじゃないか。ブリキの木こりがこれを切り崩して、向こう側にまたがるようにすれば、楽々と歩いてわたれるよ」
「それはとびっきりの考えだ。その頭の中にはわらじゃなくて脳みそが入っているんじゃないかと思うほどだよ」とライオン。

——『オズの不思議な魔法使い』「えらいオズへの旅」

1911年出版の著作『通貨の購買力』のアーヴィング・フィッシャーによると、通貨が勘定単位、信頼の置ける交換媒体、そして安全な価値保蔵体として機能するためにはその購買力が安定していなければならない。しかし、金や銀のような自然の恵みとして存在する物質は、こうした特徴を持つことができない。需要と供給の変化によってその価値が変動してしまうからである。国際通貨投機活動から引き起こされる壊滅的な平価切下げを防ぐために、各政府は単一の安定的な「杭」を必要としており、この杭に対して各々の通貨の価値を決定し商人はこの独立した尺度を用いて契約交渉を行い、合意した品々を実際に手に入れることができるようになる。金は、歴史上、このような杭の役割を果たしてきたが不完全な解決策であった。なぜなら、金そのものの価値が大きく変動してしまい、また金は通貨としても取引されていたため、「世界銀行家」（つまり米国）が最終的に損害を被ることになったからである。ここで必要とされているのは、灯台のようにたたずむ価値単位であり、通貨の値動きから独立しているがためにこれに対抗しうるものでなければならない。では、何を用いればよいのか。たとえば、フィートとメートルとの関係を固定することができるのは、両者を測るときの地面が安定しているからである。これに対し、世界貿易は通貨価値という絶えず動き続ける海において満ち引きを繰り返しているのである。

18世紀米国という実験の大釜において考案された解決策は、紙幣通貨の価値を多様な商品によって測るというものであった。独立戦争において、兵士は往々にして「大陸紙幣」によって賃金の支払いをうけていたが、経済にこれが大量に流れ込むにつれてその価値は急速に下がっていった。他方で、品薄が進み物価が急上昇した。大陸兵士が長い戦闘から帰還する頃には、その対価として受け取った通貨はもはや無価値に近い状態となってしまっていた。こうした状況の改善を図るため、マサチューセッツ湾議会は、大陸紙幣を主要商品の売買価格に基づいて財務省証券と交換する権限を州に与えた。証券によって、兵士たちは「該当する州の当時の通貨によって、多額あるいは小額を、穀類5ブッシェル、牛肉68と7分の4ポンド、羊毛10ポンド、そして底革16ポンドの当時価格、既存通貨にして約１３０ポンド相当を当該商品の当時価格に従って」賃金を支払われた。[1]

それからほぼ2世紀後、ジョン・メイナード・ケインズもまた同じような考えを持った。単一の貴金属（金）の価格に通貨を杭打ちするのではなく、主要商品に杭打ちをすればよい——麦、石油、銅等に、である。ケインズはこの解決策を深く掘り下げはしなかった。当時の世界経済はまだ急激な通貨平価切下げに襲われておらず、また１９４０年代においては毎日の統計的な計算作業が難しすぎたからかもしれない。しかし、これは今ならばもう問題ではない。マイケル・ロバウサムが洞察しているように、「現代の洗練された取引データを使えば、私たちは通貨の価値を決定するために用いられ世界規模で取引されている商品すべての記録を作成すること」ができる。ロバウサムに言わせると、ケインズの案は深遠かつ民主的な考えであり、世界経済が将来的に持続可能で公正なものとなるためには欠かせないものである。ロバウサムはこう書いている。

> 現代においては、ある国で栽培された麦は通貨の平価が切り下げられてしまったがゆえに、別の国で栽培された麦のほんの一部の値段しかつかないこともある。こうして、麦

の値段が安い国が大きな輸出国となるわけだが、そこでは他の地域における需要やより高品質な麦を栽培する力などは考慮されない。また、通貨の価値は劇的に変わることもあり状況が反転することもありえる。特筆すべきは、こうした麦「価格」が、本当の意味での競争優位性、天候や地質、地理と一切関係がなく、また土着、地元、そして地域の需要からはさらにかけ離れているという点である。さらには、そこには安定を促すような要素は含まれておらず、需要に対する生産活動の長期的な安定を推進することもない。国の生産物に価値を与え、この価値が国の通貨を決定することを認めることによって、人は己の資源や労働者に価値を与え自らの需要を考慮に入れることになるのである。[2]

国際通商単位を確立する上で、主要商品の定義を十分に広くし、これによって各国の商品や価格を十分に代表しつつ、投機家からの操作行為に抵抗できるようにすることは可能である。この単位には、金を含む各商品の価格が含まれるが、それは金や他の商品そのものではなく、また通貨でもない。これは、通貨を杭打ちしたり契約を交渉するための尺度にすぎない。価値を杭打ちするための世界単位があれば、通貨は厳密な換価率によって国境を越えて取引されることが可能となる。ちょうど、マイルがキロメートルに厳密に換算可能であったり、時計が国際日付変更線をまたいで正確に調節されうるのと同じ理屈である。為替相場の変化は、実質的な物品やサービスの国内市場を反映することになり、国際的な通貨市場に動かされることはない。通貨を金に杭打ちしたブレトン・ウッズ制度と同じように、投機やヘッジ行為をする余地はない。ただしこの場合、杭はブレトン・ウッズ制度と比べてより安定することになる。また、それ自体は通貨として取引されないので、この杭は不足する恐れがない。

民間の主要商品モデル

このような基準を世界規模で実施するためには、再びブレトン・ウッズ級の交渉が必要となるが、これが起こることは当分ないだろう。しかし、同じモデルに基づく民間交換モデルはすでに考案されており、このような制度が実際にどう機能しうるかを理解する上でとても参考になる。

地域通貨推進者のトム・グレーコは、LETS制度の延長線上に「クレジット決済取引所」を創案した。そこでは、クレジットの取引がコンピュータに記録され、物理的な通貨は一切使用されない。価値は、市場に基づく基準を用いて算出される。商人同士が国際的な通商単位を使って個々に契約交渉を行うことができるようにするのがこの制度のねらいであり、この単位はある特定の通貨ではなくいくつかの主要商品によって計測される。グレーコはこう書いている。

単一商品本位制ではなく市場主要商品本位制を用いること

の大きな利点は二つある。第一に、より安定した価値の尺度が得られるという点。単一の商品の市場価格の変動は、いくつかの主要商品の平均価格よりも大きく変動すると思われるからである。天候等の要因が個々の商品の生産活動や価格に与える一時的な影響は、全体として分散される傾向がある。第二に、複数の商品を用いることによって、個別の取引業者や政治組織が自分の利益のために価値基準を操作することが困難になるという点がある。[3]

どの商品を主要とみなすかを決定するに際し、グレーコは次の判断基準を提案している。（1）複数の比較的自由な市場において取引されていること。（2）比較的多量に取引されていること。（3）人間の基本的要求を満たす上で重要なものであること。（4）長期間にわたって価格が比較的に安定していること。（5）品質が一定であること、あるいは品質基準を満たすことが義務付けられていること。クレジット決済取引所を利用する商人は、各々の国の通貨による支払いを受けることを認めてよいが、その量は商品に基づくこの勘定単位に対する通貨の価値によって決まる。一度単位が確立されれば、すべての通貨の価値をこれによって決定することが可能となり、取引人のために定期的に為替相場を算出し公開することができるようになる。

ベルナルド・リエターは、商品に基づく通貨を提案し、これを「新通貨」と呼んだが、これは新たな国際協定を締結しなくても民営中央銀行間で同時に始動することができるものである。この通貨は銀行によって発行され3個から12個の主要商品によって担保されるが、こうした商品はどれも既に国際市場が存在するものでなければならない。例えば、１００新通貨の価値は、金０・05オンス、銀3オンス、銅15ポンド、石油１バレル、そして羊毛5ポンドに相当するといった具合である。このような資源はすでに国際商品取引所が存在するので、新通貨は自動的に他の通貨に換算可能となる。[4] また、リエターは主要商品本位制に基づく取引制度をも提案しており、これは銀行を介さずに民間商品によって直接利用されうる。これは「通商参照通貨」(Trade Reference Currency) と呼ばれ、仲介組織が実際に商品を入手することが必要とされる。詳細は、通商参照通貨のウェブサイト（www.terratrc.org）に掲載されている。

消費者物価指数によって通貨の価値を決定する

通貨改革推進者であり『米国の経済強姦』の著者であるフレデリック・マンは、さらにもう一つ画期的な考えを思いついた。１９９８年出版の記事におけるマンの提案では、民間の取引尺度は、一定の主要商品かあるいはＣＲＢ先物指数、または消費者物価指数によって価値決定されうる。基準準拠の物価指数を用いれば、この単位の算出がかなり容易になる。こうした指数の値は、定期的に世界中で公開されているからである。マンはこの通貨単位を「リーゲル」と呼んでいるが、これは

20世紀前半にこの主題について著作執筆を行ったE・C・リーゲルにちなんだ名前である。「主要商品」としてリーゲルが提案した選択肢には、牛、ココア、コーヒー、銅、穀類、綿、灯油、豚、木材、天然ガス、原油、オレンジジュース、パラジウム、もみ米、銀、大豆、大豆ミール、大豆油、砂糖、無鉛ガス、そして麦が含まれ、米国通貨で約100万ドルに相当した。この数値を100万で割ることによって1リーゲルが算出され、リーゲルは米国通貨にして約1ドルの価値を持つことになる。

もう一つの選択肢として、金等の商品を含むCRB先物指数を使うことも考えられる。しかし、マンが付言しているように、CRBは通常の価格を非現実的な形で表してしまう恐れがある。なぜなら、個人がこうした商品を毎日買うことはほぼないからである。マンは、より優れた代案として消費者物価指数を挙げているが、これは普通の家族が頻繁に購入する品々の価格を勘定している。米国では、消費者物価指数数値は米国労働統計局が毎月用意している。指数の算出に使われる価格は全国87箇所の都市部から集められ、そこには約2万3000軒の小売サービス店舗からの価格データに加え5万人もの大家や借家人からの賃料データも含まれる。1998年にマンがこれを執筆していた頃は、消費者物価指数は約160ドルであった。かれは、1リーゲルを消費者物価指数を160で割った値と定めることを提案したが、これもまた、1998年当時の物価にして約1ドルに相当することになる。[5] 1リーゲル相当の物品の米ドル価格を他の通貨による価格へと換算することは容易な算数問題である。インフレーションを監視する上で用いられる消費者物価指数の「コア・レート」は、今のところ、価格のボラティリティが高い物品を除外している——食糧やエネルギー、そして借家ではなく住宅保有をする際の費用等である。[6] しかし、ある任意の時点で通貨が持つ消費者価値を公正に表すためには、前述のような必需品費用も当然考慮に入れられるべきである。

新たなブレトン・ウッズ制

こうした案はどれも民間の国際為替を含んでいるが、公式の各国通貨間の為替相場を安定させるためにも同じような参照単位を用いてよい。こうした文脈で、数々の先駆者たちが為替相場問題への解決策を提案してきた。そこには、英国のマイケル・ロバウサムに加え、マハティール・モハマド教授がいるが、かれは隣国の経済圏を崩壊させた「アジア危機」を見事に回避したことで有名なマレーシアの総理大臣である。（第26章参照。）中東ニュース提供者『アルジャジーラ』は、教授を、イスラム世界の先見者、時代の先駆けとして描写している。[7] すでに述べたように、通貨改革のためのイスラム運動は今日において特に興味深いものとなっている。石油に恵まれたイスラム諸国は通貨準備の代替となる案を積極的に模索しており、世界銀行家たちの民間通貨の仕組みと最初に縁を切るのはかれらかもしれないからである。国際会議やフォーラムにおいて、イスラム学者たちは通貨についての代替案を熱心に議論してきている。

2002年、マハティール教授は「多国間の貿易における金ディナール」と題された2日間に及ぶゼミを主催し、米ドルに代わって貿易収支を清算する代替案として金ディナールを論じた。通貨改革に関するイスラム的な案のほとんどは、唯一の「健全な」通貨としての金への回帰を含んでいたが、マハティール教授は、自分は要求に応じて紙幣通貨を等価の金と交換できるような「金本位制」への回帰を推進しているわけではない、という点を強調した。かれはただ、貿易「赤字」のみを金で清算することを提案したのである。『無税の金』と題された英国のウェブサイトは、こうして提案された金ディナール制度を次のように解説している。

> ここで意図されているのは、実際に金ディナール硬貨を作ったり、それを日常の取引に使用したりすることではない。そうではなく、**金ディナールは、国家銀行間での国際決済のための国際的な勘定単位となる。** 例えば、マレーシアとイランとの間での貿易収支が、ある決済期間（恐らく3ヶ月ほど）において、イランが購入額1億マレーシア・リンギット、売却額9000万リヤルという状態であった場合、その差額は金ディナールによって支払われる。マレーシア会議の報告書から推測すると、金ディナールは金1オンスまたはこれに相当する価値となるだろう。[8]

2002年のゼミにおいて、マハティール教授は次の点を認めている——金の市場価値は、各国の通貨や国の物品の価値を定める基礎としては適切でない。金の価値はボラティリティが高く、米ドルと同じように投機家による操作の対象になりえるからである。かれいわく、金ディナールの価値を固定する上で、かれはむしろ主要商品本位制という線で思考を進めていた。ディナールの価値を主要商品一覧に杭打ちすれば、金市場の恣意にそれを任せてしまうよりも安定性が高くなる。金ディナールは、国際通貨基金への挑戦状であると言われることもある。後者は金に基づく通貨を禁じているからである。しかし、この論撃は、マハティール教授が提案するように、ディナールを主要商品によって価値付ければ回避できるかもしれない。そうすれば、これは金本位の「通貨」ではなく、単なる国際勘定単位、価値を測るための基準にすぎないものとなる。

変革という急務

他のイスラム学者もまた、世界銀行家たちの負債というわなをどう逃れればよいのかについて議論を交わしてきている。タレック・エル・ディワニーは、イスラム金融の英国人専門家であり『利息の問題』（2003年）の著者である。2002年にケンブリッジ大学で行われたプレゼンテーションにおいて、かれは1997年の国連人間開発報告書（UNDP）を引用し、国際銀行家への負債という重荷によって亡くなった膨大な死者数に焦点を当てている。報告書にはこう書かれている。

年間負債返済から解放されれば、債務超過国はこうした資金を使って、アフリカだけでも2000年までに2100万人の子供たちの命を救い、9000万人もの少女や女性が基本教育を受けられるようになるための投資を行うことができる。[9]

エル・ディワニーはこう付言している。「UNDPには、銀行家が子供たちを殺していると書かれているわけではありません。悪いのは負債であるとされています。しかし、この負債を作り出しているのは一体誰なのでしょうか。いうまでもなく、銀行家たちです。**しかもかれらは、何もないところから作り出した通貨を融資することで、この負債をも作り出しています。**これと引き換えに、発展途上国は、先進国に1日当たり正味7億米ドルを負債返済という形で支払っているのです。[10]」かれはケンブリッジでのプレゼンテーションをこう締めくくっている。

希望はあります。発展途上国は、抑圧者を前にして自分は無力であるなどと考えてはいけません。かれらが持つ最大の武器は、この負債危機の規模そのものなのです。綿密に調整され同時に遂行される大規模な国際債務デフォルトによって、西洋の通貨制度に大打撃を与えることは可能ですし、現に西洋はこれをよくわかっています。もちろん、ワシントンの側からは、戦争や、あるいは戦争をするぞという脅しが金融道徳に関するお説教と一緒に飛んでくるかもしれません。しかし、もはや失うものは何もない現状において、それがどうしたというのでしょうか。時が経つにつれて、抑圧を受け続けてきた人々は皆、奴隷として生きるよりも尊厳ある死を選んだほうがマシだということに気がつくものです。融資者たちは皆、この教訓をよく覚えておくべきです。

私たち西洋市民は、反乱が起きるまで黙って見守るか、あるいは積極的に行動を起こしてこの問題を根本から解決することができる。手始めに、民間国際銀行蜘蛛を無力にするような法案を作り、世界中の人々に力を与えるのはどうだろう。この法案が効果を持つためには、国際的な交渉を行う必要があり各国の通貨を世界市場に杭打ちしたり安定化させるための何らかの合意を含む必要があるだろう。

通貨ではない国際通貨基準の一案

以上の議論によって、私たちは、各国通貨をどう安定化すればよいのかという問いへと戻ってくる。国際通貨基準の寸法設定をする上で最も簡潔かつ包括的な尺度は、マンが提案したように、消費者の実際の日々の出費を反映するよう調整された消費者物価指数であるように思える。このような制度がどう機能しうるのかを示す上で、次の仮想例を考えてみよう。まず、1国際通貨単位（International Currency Unit、略してＩＣＵ）

が、消費者物価指数または何らかの形でこれを調整したものを、ある共通の分数で割ったものであると想定しよう。

仮想年1月1日、すべての国家市場のサンプリングをコンピュータが行い、米国における1ＩＣＵは1ドルと等価であるという結果を示した。米国では1ドルで購入可能な物品は、メキシコでは10メキシコペソで、英国では0・5英国ポンドで購入可能である。そのため、以上はこうした物品の各国境内での各国通貨でみた実際の価格でもあり、これは需要と供給によって定められる。メキシコ国境をまたげば、あなたは1ドルを10メキシコペソと、あるいは1ポンドを20メキシコペソと交換することができる。国境のどちら側においても、1ＩＣＵ相当の価値の物品を、各国の法貨によって購入することが可能である。

そこで、メキシコで実業を営むカルロスが、米国で実業を営むサムから1万ＩＣＵ相当の物品を購入したとしよう。カルロスは物品の代金として10万メキシコペソを支払う。サムはこのペソを、今ではすっかり連邦化された連邦準備制度の地元支店へと持って行き、中心為替相場に従ってこれを1万米ドルと両替する。連準はペソを、メキシコで商業を営みたいと考えている人たちに向けて、やはり中心相場で売る。過剰なペソ（あるいは貿易黒字）を蓄積した場合、連準はこれを中心為替相場でメキシコ政府に売り、米ドルを受け取る。もしメキシコ政府が米ドル不足に陥った場合、米国政府は過剰ペソを準備金として保管するか、あるいは現在に売りに出されている商品（金等を含む商品）から好きなものをメキシコから購入すればよい。

その次の年、メキシコでは選挙が行われ政権交代が起こったとしよう。新政権は、新たな社会プログラムの資金を新たに発行した通貨によって賄うことにし、メキシコペソの供給量を10％拡張する。古典的な貨幣数量説に基づけば、こうして需要（つまり通貨）を増やした場合、物価が膨張し、メキシコにおける1ＩＣＵの価格を約11メキシコペソへと押し上げるはずである。これは慣習的な理論だが、ケインズによると、もし新たなペソが物品やサービスの生産にあてられた場合、供給が需要と共に増えるので物価は変わらずに維持される。（第16章参照。）正しい理論がどちらであるにせよ、ここで大切なのは、調整された消費者物価指数に含まれる物品のメキシコ市場における実際の価格がペソの価値を決定するのであり、投機家によって国際通貨市場で取引されるメキシコ通貨の量がこれを決定するのではないという点である。とすると、通貨はもはや、市場の気まぐれによって価値付けられ取引される商品ではなくなり、投機的な攻撃に対してもはや無防備ではなくなる。代わりに、これは世界的に認められた価値単位を示す券にすぎないものとなり、この単位は商業者たちが「これに頼る＝bank on them」ことができるほど安定的なものとなる。もし労働や資源がある国よりも別の国において安く手に入る場合、それは後者の国においてそれがより多く、より手軽に入手できるからそうなのであり、投機家によってその国の通貨が平価切下げに遭ったからではない。**国の通貨は、以前からのあるべき形へと初めて変身する——価値を測る上で普遍的に認められた尺度に従**

って、定められた金額分の物品やサービスに等しい価値を後で返すことの契約または約束である。

第47章
虹の彼方に――徴税なき、負債なき政府

「トト、ここはもうカンザスではないわ。私たち、虹の彼方に着いたのよ!」

虹の彼方への到達は、画期的な発想の転換、世界に対する新しい視点への躍進をほうふつとさせる。私たちは今、黄色いレンガの道の終着点にたどり着いた。前方にたたずむセメントの壁から身を守るためには、通貨や銀行業の概念をがらりと転換するしかない。私たち人民が負債の迷路に迷い込んだのは、紙幣通貨が民間銀行家によって保有される金のまやかしの額を表象することを認めてしまったからであり、かれらがこれを「部分準備」融資という建前で何重にも増やしたのである。こうして生まれたネズミ講は、世界のマネーサプライを巨大なクレジットバブルへと肥大させた。債券投資家のビル・グロスが2004年2月発行の通信で述べたように、私たちはこれまで「資本主義のこの黄色いレンガの道を能天気に駆け下りてきたが、それは金ではなく負債とレバレッジの厚い層によって舗装されており、常に整備を要してきた。」

負債レバレッジという洪水による崩壊から経済を守ってきた堤防は、2007年2月27日に決壊の兆しをみせた。ダウ工業株30種平均が500ポイント以上も下落したのである。下落の背後には、1929年の大暴落の引き金となったものに似た出来事の連鎖があった。中国の株式市場における9%近い下落は、「マージンコール」を満たすための売り注文を米国市場に殺到させた(クレジットを使用している投資家は、一定の最低限度額にまで口座残高を引き上げる必要に駆られたわけだ)。一方、中国での下落の引き金となったのは、中国官僚による国際的な金融引き締めであったが、中国の住宅保有者たちが住宅を、実

業家たちが実業をそれぞれ担保として約束することで、過剰にレバレッジされた中国株式市場においてかれらがゲームを続けてしまうことを官僚たちは恐れたのである。[1]評論家たちによるとダウが500ポイント「しか」落ちなかったのは、暴落阻止チームや取引先リスク管理政策グループ、そして連邦準備制度が裏でうまく根回しをしたからだということになっている。[2]しかし、結局のところそれは小手先の粉飾であり、投資家を悦に入らせるための大掛かりな大道芸にすぎず、脚一本になってみじめに跳ね回る株式市場において賭けを続けさせるための小細工であった。しかし、より大きな危機が次に起きた場合は、みせかけの繁栄の後ろにそれを隠蔽するのはそうたやすいことではなくなってしまうかもしれない。

　狂騒の20年代の終わり頃と同じように、私たちは今、「ビジネスサイクル」の下り坂を進み続けており、首までローンに浸かりつつすべてを失うリスクにさらされている。没収されえない所有物など存在しない。住宅市場や株式市場が急降下に入る可能性もある。あるいは、ドルが崩壊し私たちの貯金が道連れにされるかもしれない。社会保障や年金すら、もはや過去のものとなってしまうかもしれない。経済が破綻し、貯金や安心がその道連れとされてしまう前に、私たちは銀行家のネズミ講の発端であるあの詐術を改める必要がある。「連邦議会は貨幣を鋳造する権限を有する」という憲法の文言は、国の通貨がそのあらゆる形態でそこに含まれるように更新されるべきだが、そこには民営商業銀行が会計項目として発行する97％の通貨も含めるべきである。このささいな変更によって、ドルを一変させることさえできるだろう――分益小作人の国から生き血を枯らす悪徳から、私たちの祖先たちが夢見たような世紀の豊穣のただ中で鳴らす鐘へと。実のところ、政府には、税や連邦負債を廃止する一方で、既存のサービスを拡大する可能性すら用意されているのである。

パズルの完成

　400年以上もの時間をかけて作られてきた欺瞞の層の下に通貨のパズルのピースは隠されており、これを再び解くためにはそれなりの時間がかかった。しかし、今ついにその全体像が明らかになり、これまで発見してきたものをまとめる準備が整った。世界を包む負債の網の材料となっている詐欺や欺瞞、詐術は以下の通りである。

- **「部分準備」銀行業**――1694年のイングランド銀行の設立によって形式化された近代銀行業制度には、「準備金」によって担保されているという建前で民間銀行家たちが発行するクレジットが組み込まれている。一時期、こうした準備金は金によって構成されていた。今日、それはもはや政府証券（支払い約束）にすぎない。銀行業制度はこうした証券を何重にも融資し、事実上これを偽造している。

●「金本位制」――19世紀、政府は法定不換紙幣を発行しないようにと忠告を受けた。危険なインフレーションが引き起こされてしまうから、というのがその理由であった。銀行家たちは、紙幣通貨は金による担保をされなければならないという点を強調した。しかし、かれらはこのとき自分たちの金庫にしまってある金の量が、民間発行された紙幣が要求する量を満たすにはあまりにも少なすぎるという点を言わずにいた。銀行家たちは自らマネーサプライを危険なまでに膨張させようとしていたわけだが、これは空想的な「金本位制」に基づいており、これによってかれらは一定量の金準備を使って何重にも融資を行い、そこから利息を回収することができた。

●「連邦」準備制度――国のマネーサプライを発行する目的で1913年に創設された連邦準備制度は「連邦」とは呼べないものであり、政府債券や借用証書を除いては何も「準備」していない。それは単なる民営銀行企業であり、自ら連邦準備紙幣を発行し政府に売る権限を与えられており、これと引き換えに政府債券を入手し会計項目を駆使して私的に発行される通貨によって納税者たちを恒久的な負債に陥れている。マネーサプライのわずか1万分の1にしかならない硬貨を除いて、米国のマネーサプライはすべて民営連邦準備制度と民営銀行によって発行されており、これは政府や個人、事業へ融資を拡張することでなされる。

●連邦負債とマネーサプライ――米国は1930年代に金本位制から離脱したが、「部分準備」制度は維持され政府債券という「準備」によって担保された。こうした証券が表している政府負債は完済されることがなく、ただ先へ先へと繰り越され、国のマネーサプライの基盤をなしている。このようなインフレ的な仕組みのおかげで、2008年秋には連邦負債が10兆ドルという線を越えもはや利息だけでも公衆が賄うには無理がある金額にのぼろうとしている。

●連邦所得税――1世紀以上にわたって違憲であると考えられてきた連邦所得税は、1913年に憲法修正第16条によって合法化されたということになっている。これは、銀行家に政府証券の利息を支払うための安定した通貨供給源を確保することを主目的として導入されたわけだが、今日もなおこの点は変わっていない。

●連邦預金保険公社と国際通貨基金――連邦準備制度の主な役割の一つは、部分準備という目くらましゲームにのめりこみすぎた銀行を救済することであり、連準はこれを「公開市場」操作によって発行した通貨によって実行した。連邦準備制度がこうした支援義務を果たせなくなると、連邦預金保険公社、そして後に国際通貨基金が設立され、「大きすぎて潰せない」とされているメガバンクがたとえどんな無茶をしても必ず救済されるようにした。

●「自由市場」——米国における実業の成功や失敗は「自由市場の力学」によって決まる、という理論は神話である。中小企業や個人は、リスクの計算に狂いがあった場合市場の行方に身を委ねるしかなくなるかもしれないが、大きすぎてつぶせないとされているメガバンクや企業は、裕福者や権力者のみ利用可能な連邦社会福祉によって保護されている。また、自由市場力学は多種多様な権力組織による秘密裏の操作活動によってもゆがめられている。ほぼすべての市場が今となっては操作されており、それを行っているのは連邦命令であることもあれば、取引に際して共謀関係にある機関投機家やヘッジファンド業者そして巨大な国際銀行であることもある。

●**暴落阻止チームと取引先リスク管理政策グループ（CRMPG）**——連邦操作活動は、金融市場に関する分科会、別名暴落阻止チームの担当である。暴落阻止チームには、米国財務省資金を用いて市場を操作し「投資家の信頼の維持」をする権限があり、万事安泰の建前を掲げ続ける。操作活動は、他にもCRMPGの名で知られる大手ニューヨーク銀行や投資会社からなる民間協同団体によっても行われているが、この団体は加盟者を金融危機から救うために組織され、市場を動かすために共謀をし、しかもそれを政府の加護のもとで行いつつこのように指揮された取引の向こう側にいる小規模投資家に害を与えている。

●「浮動」為替相場——操作と共謀は、国際為替市場においても起きている。激しい通貨投機活動が開始されたのは1971年、米国が米ドルを金と交換する国際規模の約束に対してデフォルトをした時のことである。各国通貨は関係性の中で「浮動」するようになり、一定の価値の受領証としてではなくあたかも商品であるかのように取引されるようになった。その結果、価値を測るための尺度が消え、このような危険な商業水域をうろつく国際投機家からの攻撃に対して各通貨は無防備となってしまった。

●**空売り**——競争相手の通貨を破綻させるために、投機家は「空売り」と呼ばれる手法をとるようになった。これは、投機家が自ら所有しているわけではないが、売却目的でのみ理論上「借用」した通貨の売却行為である。「部分準備」融資活動と同じように、空売りもまた一種の通貨偽造である。投機家が通貨を大量に空売りすると、その通貨の価値は人為的かつ強制的に下げられ、この通貨を使って売買される物品の価値もまた下がる。

●「グローバリゼーション」と「自由貿易」——通貨が投機襲撃によって破綻させられてしまうようになるためには、まずは国が「自由貿易」へと経済圏を開き、自国の通貨を他の通貨と自由に両替可能にする必要がある。こうして、通貨は攻撃や平価切下げの対象となり、国の資産が激安で銀行や国際通貨基金によって回収されうるようになる。後者は債務免除の条件として一国の政府に必要通貨の発行を禁じ国際融資者から借金をするよう強要する。もし政府が、国民の利益を優先し自国の資源や銀行を守るためにこれを国有化しようとすれば、こうした政府は即刻「共産主義」「社会主義」「テロリスト」といったレッテルを貼られ、「自由実業」に対して好意的な政権に取って代わられる羽目になる。これに抵抗する地元国民は「テロリスト」「反逆者」といったレッテルを貼られる。

●**インフレーション神話**――第三世界国が被る超インフレーションは、通貨印刷機が無責任な政府に託されていたからであるとされることが多いが、実態はというところした惨事は往々にして各国の通貨への投機的襲撃によって引き起こされるのである。通貨の平価を切り下げてしまえば物価は一夜にして急上昇する。また、今日米国で見られるような「慢性インフレーション」もまた、無責任に通貨を発行する政府のせいにされることが多いが実のところこれは民営銀行がマネーサプライを「負債」によって膨張させているのが原因である。銀行は新たな通貨を利息付きで返済するよう義務付けられた融資という形で発行するが、融資を返済する上で欠かせない利息を支払うための通貨を銀行が発行することはない。このため、利息にあてる資金を調達するためには新たな融資を継続的に発行せざるを得ず、このような新たな費用を隠蔽するためには物価の上昇を強要し、経済圏を恒久的な価格インフレーションに巻き込むしかなくなる。

●**「ビジネスサイクル」**――銀行が低金利融資を提供し続ける限り、マネーサプライは拡張し続け、実業においては好景気が保たれる。しかし、クレジットバブルが大きくなりすぎると、中央銀行はこれを収縮するために動き始める。金利は引き上げられ、融資は「コール」され、マネーサプライは収縮し、債務者たちは差し押さえを余儀なくされ、自分たちの家や農場を銀行に引き渡すしかなくなる。以上は「ビジネスサイクル」と呼ばれ、あたかも天候のような自然現象であるかのように扱われている。しかし、実のところ、これが自然に起きるのは、「準備金」を何重にも融資する民営銀行への負債という形で通貨が発行されるような通貨の仕組みにおいてのみのことである。

●**住宅ローンという無駄遣い**――今日、銀行が発行する通貨の大半は、住宅ローンの「貨幣化」によって作り出されている。借り手の側からすると、あらかじめ用意されていた資金を自分が借りているのように見えるのだが、銀行はただの返済約束を不動産によって担保された「資産」に変身させているだけなのである。住宅ローンが完済される頃には、通常、借り手は元の融資の返済額よりも遥かに高い金額を利息として銀行に支払っている。もし債務不履行に陥っても、銀行は家を手に入れることができる――これを購入するための通貨が会計項目として発行されたにすぎないものであるにも関わらずである。

●**住宅バブル**――2007年に至るまで、ドルとその経済圏は住宅好景気によって支えられてきたが、これは2000年に株式市場が破綻した際に連準が金利をかなりの低さにまで押し下げ、マネーサプライを大きく収縮したことに端を発する。「手頃な」クレジットはマネーサプライの鼓動をよみがえらせ、連準の加盟銀行の市場投資を救済したが、しかしその対価として住宅バブルが発生した。このバブルの崩壊は避けられず、一度崩壊すれば経済圏は再び「ビジネスサイクル」の下り坂へと引きずり込まれることになるだろう。

●**変動金利ローン**――金利が非常に低いレベルにまで落ちた後、住宅ローン商品へ多くの高リスクな変更が加えられ住宅バブルの火に油を注いだが、その一例である変動金利ローンは、このおとりにかかった人のほぼすべてが住宅購入の資格を得られるようにした。2005年に至ると、米国の住宅ローンのほぼ半数は「変動」金利であった。買い手は「ティーザー」[i]金利という催眠によって、本当は負債地獄、場合によっては破産にすらつながりかねないような住宅ローンを受けることができると信じ込んでしまった。条件が一定であってもなお6年後には返済額が50%まで増加する可能性があり、もし金利が6年間でわずか2%でも引き上げられれば返済額は100%も増加する可能性すらある。

●**銀行の隠れ破産**――銀行の側もまた、こうした住宅ローンによってのみでなく、「デリバティブ」と呼ばれる非常にリスクの高い投資によって、巨大なリスクを引き受けていた。デリバティブとは、要するに資産の価値の上下に対して行う賭けである。銀行がこのような危険水域に引き込まれたのは、従来の商業銀行業がそれほど潤沢な商いではないということがわかったからである。なるほど、銀行には融資という形で通貨を発行する力があったが、同時にかれらには帳簿の帳尻を合わせる義務があった。そのため、もし借り手が債務不履行に陥れば、損失の埋め合わせは銀行の帳簿の側から来るしかなかった。不良債権と破産事業の波に襲われたとき、銀行は黒字を保つために経済的には有害なデリバティブという実業に乗り出したのであり、他の銀行や政府と共謀することによって、「大きすぎて潰せない」とされている銀行が支払い不能に陥った際には裏で定期的な救済が行われるように手配をした。

●**「ハゲタカ資本主義」とデリバティブというがん**――かつて、銀行は実業を発展させるための融資を提供することによって共同体に寄与していた。しかし、現代においては主要なクレジット提供者としての銀行の役割は廃れ、代わりに「ハゲタカ資本主義」が台頭してきた。銀行の投資部門や関連ヘッジファンド業者は株主を買収し、実業から最後の一滴まで利益を吸い取り、これをするためにコンピュータの画面上に発行される「架空通貨」の融資が用いられる。また、銀行は投機的なデリバティブ賭博にも資金提供しているが、そこでは経済圏における生産活動に行くべき通貨が市場というカジノにおいて通貨が通貨を生むような単なる賭博へと注ぎ込まれてしまっている。未清算のデリバティブは数百兆ドル規模であると推計されているが、これは世界のマネーサプライの数倍の金額である。

●モラルハザード——デリバティブ・バブルは、破裂の兆しを克明に表している。一度破裂してしまえば大きすぎて潰せないとされている銀行は、先例に倣ってまたしても、自分たちが行った高リスク融資から当然救済してもらえるだろうと思っているはずである。

カンザスでの目覚め

この物語がハッピーエンドで終わるためには、私たち人民はここでしっかりと目を覚まし、立ち上がり、「もうやめろ！」と声を上げなければならない。銀行家たちの極端な行為は、私たちにとっての好機である。私たちの負債まみれの隷属状態は銀行の浪費と放蕩の保証人に、これからもなり続けることを私たちが受け入れて初めて成立する。マイク・ホイットニーが2007年3月に書いたように、「誰かが酒瓶を取り上げて宴会の終了を告げるまで、連邦準備制度は印刷機に油を差し、金利で遊び続けることをやめないだろう。」酒瓶を取り上げるのは、教養があり目が覚めた人々、つまり私たちの役割である。私たちにとってなじみある民間商業銀行業はもはや過去のものであり、今ではハゲタカ資本主義投資銀行業が銀行業界全体を支配し、寄生虫のように生産活動に食いつき、公共の福祉を犠牲にして私腹を肥やしている。すでに破産状態の銀行業制度に支柱を立てる代わりに、支払い不能な銀行を管財処分にし公共資産としてこれを回収し、経営を担当することで人々の預金やクレジットへの需要を満たす能力と義務が連邦議会にはある。

ネズミ講はもはや数学的な限界点に近づいており、経済圏が存続するためにはパラダイムシフトが必要となっている。負債を基盤とする砂上の楼閣は、私たちにとって馴染みある世界の終焉を意味しているのだろうか。それとも、これは鏡の国の向こう側へ出るための第一歩であり、変革の到来を告げるラッパの音色なのだろうか。私たちは今、岐路に立たされている——竜巻によって負債者の牢獄へとさらわれてしまうのか、それともテクニカラーの豊穣の国へと足を踏み入れるのか。後者の通貨制度は知恵と生産力に根ざすものだが、これこそまさに国と人民の真の富である。

i　原注：クレジットカードもしくは変動金利型ローンの「お試し期間」における低金利のこと。

家へ帰る

近代通貨のおとぎ話のハッピーエンドでは、連邦議会があらゆる形で通貨を発行する力を取り戻すが、民営銀行が会計項目を駆使して発行する通貨もその中に当然含まれる。満足のいく締めくくりだが中でも特筆すべき点を挙げてみたい。

● 個人所得税を廃止し、労働者が賃金を保持できるようになり、人々の懐に金銭が行き渡り経済成長の起爆剤となる。

● 山積みの連邦負債を排除し、将来世代がこれに押しつぶされてしまうのを防ぐ。

● 「部分準備」制度の下では賄いきれなかったが、それでもなお切に必要とされている多種多様な政府サービスにあてるための資金が捻出される。こうしたサービスには、教育の改善、環境の清掃と保護、国民皆保険制度、インフラ修繕、独立した医療研究、そして代替エネルギー源の開発等が含まれる。

● 退職者をサポートする上で十分な量の資金を持つ社会保障制度を導入し、既存の民営年金、すなわち労働者を不満の多い仕事につなぎとめ雇用主を国際市場での競争から除外してしまうような、民営年金の代わりにこれを用いる。

● 「ビジネスサイクル」から生じる不安や恐慌は、もはや制御不能となった負債バブルの収拾をつけるために連準が金利や必要自己資本比率を操作することで生じるわけだが、これも撤廃する。

● 民営中央銀行の予測不可能な操作行為の対象となるような金利ではなく、道理に適った固定金利による融資を利用可能にし、借り手が様々な事業決定をしたりリスクを推計するにあたって信頼のおけるものにする。

● 負債に基づくマネーサプライを維持する上で必要な強引な通貨平価切下げや経済戦争を排除する。為替相場は安定し、米ドルは自立し、米国その他の国々は、他者依存をしなくて済むようになり、隣国と自由に貿易をする上で海外の債権者に依存したり、他国や他の市場を支配しコントロールしたりする必要性から解放される。

このようなハッピーエンドは十分に実現可能だが、私たち人民が靴ひもを結んで行進を始めるまでは実現しないだろう。テレビの影響で、私たちは、ある日英雄的な政治家が現れてすべてを解決してくれるだろうという期待を抱くようになっているが、このような英雄は登場することがない。与党も野党も、銀行業産業カルテルによってしっかりコントロールされているからである。私たちが目を覚まし、団結し、計画を練るまでは何も起きないだろう。では、どのような計画が考えられるだろうか。再編成された人民党、グリーンバック党、米国国民党、あるいはホイッグ党の基本方針には、次の項目が含まれるとみてよいだろう。[3]

1　「連邦議会は貨幣を鋳造する権限を有する」という既存の憲法の文言を更新し、「連邦議会は、硬貨や紙幣だけでなく、商業融資として発行される国のクレジットも含むあらゆる形で国の貨幣を発行する権限を有する」とするための法案。

2　連邦準備制度やその所有主である巨大銀行に対して第三者会計検査を要請し、そこに以下の調査を含める。

・暴落阻止チーム及びCRMPGによる市場操作。

・少数の巨大銀行の巨額のデリバティブ・ポジション及び市場操作を目的としたこのポジションの利用。

・銀行の支払い不能状態を覆い隠すための「粉飾決算」。

・破産が発覚した銀行はすべて連邦預金保険公社による管財処分を受け、連邦議会のものとなる。

3　連邦所得税を許可する上での根拠として用いられている憲法修正第16条の廃止。

4　連邦準備法を違憲法案として廃止にする。あるいは、この法律を修正し連邦準備制度を真の連邦官庁にし、米国財務省の指揮下に置く。

5　相互に関係する銀行をまとめて公共取得し、これらに新たに連邦化された銀行制度の地域支店としての機能を与える。これは、連邦預金保険公社が破産銀行を取得したり、新たに発行された米国通貨を使って健全な銀行を買い取ることによって達成される。預金銀行業という機能を果たすことに加え、こうした国有銀行は公衆のクレジット需要を満たす権限も与えられ「米国の十全たる信頼と信用＝クレジット」を融資として公衆に拡張することができるようになる。国のクレジット拡張に伴って得られる利息はすべて財務省に還元され、税収の代わりに利用されることになる。

6　民間「部分準備」融資活動による通貨発行の廃止。民間融資活動は、既存の資金の再利用か、あるいは新たに連邦化された連邦準備制度から借りた資金の融資に限定される。

7　新たに発行された米国紙幣や連邦準備紙幣を使って、未返済の連邦負債をすべて買い戻して清算する権限を財務省に与える。これは数年間にわたって、証券の満期にあわせて徐々に実施すればよい。ほとんどの場合、これは物理的な紙幣送金ではなくネット上で行うことができるだろう。

8　インフラ修繕を含む公共事業のための無利息クレジットを州政府や地方自治体に提供する。連邦議会はこれに加え、無利息クレジットの提供を適切な監督の下での使用を条件に民間団体にも行う権限を得てもよい（投機行為や空売り等には使用できない）。

9　公共の福祉を推進するプログラムに費やすための新たな通貨の隔年発行の権限を、財務省を通じて動く連邦議会に与える。インフレーションを防ぐために、新たな通貨は経済内に新たな物品やサービスを加えるようなプログラムにのみ使用可能とし、需要と供給のバランスを保つ。また、新たな通貨の発行量に上限を設ける。その定め方としては、国民労働者の潜在的な生産力や、ＧＤＰと国の購買力（賃金その他の使用可能所得）との差額等が考えられる。新たな通貨を経済圏に安全に注入する上での速度の限界を見定めるために、コンピュータによるシミュレーションを行ってもよい。

10　税に代わって財務省に通貨を還元しうるようなプログラムへ資金を提供する権限を連邦議会に与える。こうしたプログラムには、一定の料金で公衆に提供可能な、安価で効率の良い代替エネルギー（風力、太陽光、海洋波等）や、政府に賃料を還元しうるような手頃な公共住宅、また料金を回収できるような公共交通の開発が含まれる。

11　暴発中のデリバティブ危機の規制とコントロール。そのためには、すべてのデリバティブ取引を監視し規制するための０・25％という少額な課税をするか、あるいは単にデリバティブ取引自体を禁止してしまう。全デリバティブ取引の97％を占める一部の大手銀行が、会計審査の後に支払い不能に陥っていることが発覚した場合、かれらを管財処分にしデリバティブ取引の処理は管財人である連邦預金保険公社が担えばよい。

12　ブレトン・ウッズ合意を模した新たな国際協定の交渉の開始。そこで議論されるべき通貨問題には、以下のものが含まれる。

・合意に基づく標準価格指数または主要商品に各国通貨の為替相場を杭打ちする。
・デリバティブや空売りを含む、市場操作をねらいとした取引形態の国際的な規制あるいは廃止。
・国際通貨基金の特別引出権（ＳＤＲ）を模し、グリーンバック式に発行される世界通貨による無利息融資の提供。これを監督するのは企業や銀行家ではなく、真に民主的な国際議会である。
・重荷であり不公平である国際負債の廃止。これを実現するためには発行元の銀行の帳簿から負債を帳消しにしてしまえばよいだけのことであり、そもそも融資通貨の発行の第一歩であった詐術を取り消せばよい話である。

13　他に議論の対象となりえる国内改革として、公費による選挙、すべての投票機器に用いることできるような実証可能な書面証拠、独占所有を分割するためのメディア改革、ロビー活動改革、持続可能エネルギー開発、国民皆保険、農場パリティー価格の再導入、そして証券関連法の再施行と強化が挙げられる。

初期のグリーンバック党や人民党のように、今回の草の根政党もまた、すぐには大きな選挙での勝利を収めることはないだろう。しかし、これによって人々の意識を高めることは可能であり、洪水が襲ってきたときの箱舟を提供することはできる。私たちは、インターネットや独立メディア、そして書籍における表現の自由が保障されている今のうちに、通貨や銀行業に関する常識を変革するための火種となる必要がある。新しい考えや代替案を債務者の終点である監獄のドアに鍵がかかる前に、広く発進し実行に移さなければならない。手始めに、ポピュリストの伝統に従って、各々の居間で隣人同士で自由に議論を交わすのがよいだろう。ポピュリストたちは人民を代表していたが、かれらが望んでいたのは人民のための通貨であった。政府発行通貨からなる「米国システム」の復活は、米国の伝統からの画期的な離脱を意味するわけではない。むしろ、これは画期的な回帰である。そうすれば、ドロシーと同じように、私たち人民もまた、ついに家に帰ることができるようになる。

300年ネズミ講の終焉

あとがき

「さあドロシー、シートベルトは閉めたかな?　カンザスとはおさらばお達者さ。」

――『マトリックス』サイファーからネオへ

後記
バブルの破裂

とても暗くて、ドロシーの周りでは恐ろしく風がうなっていました。最初ドロシーは家が落ちたらこっぱみじんにされてしまうんじゃないかと思いました。でも何も恐ろしいことが起こらずに何時間か過ぎたので、ドロシーは心配するのを止めて、落ち着いて何かが起こるのを待とうと決めました。

――『オズの不思議な魔法使い』「竜巻」

銀行家の通貨装置から歯車が跳ね飛び始めたのは、2007年7月、ちょうどこの本が出版されて間もない頃だった。連準と暴落阻止チームは、幕が下りているうちにつぎはぎの救済策をなんとか形にしようあくせくしたが、大きな音をたててきしみながら火花をとばす機械の壊れぶりを隠すのはもう無理だった。株式市場、住宅市場、そしてクレジット市場における急激かつ大幅な衰退は、萱葺き屋根の家の中で身を寄せ合うオズの住人にとっては恐ろしいものだった。しかし、かれらにできることはあまりなかったので、ドロシーと同じように、かれらもまた何かが起こるのを待とうと決めた。エメラルドの都ではみためと現実の間に大きな違いがあることをかれらはよく知っていた。古いはりぼてが崩れ落ちて初めて、本当のエメラルドの島が姿を現した。

バブルが破裂し、メルトダウンが本格的に始まったのは、2

007年6月に投資銀行であるベアー・スターンズの傘下のヘッジファンド業者の内の2つが閉鎖に追い込まれたときのことであった。これらヘッジファンド業者は、債務担保証券（CDO）の取引を行っていたが、これは分割され、より低リスクの融資と束ねられた後、証券として投資家に売られた融資である。CDOにトリプルAの格付けを与えるよう格付け会社に促すために、こうした「金融商品」は損失に備えてデリバティブ賭博によって保険をかけられた。警報が鳴り始めたのは、投資家たちが各々の通貨の返還を求めたときであった。CDOは売りに出されたが、しかしその表示価格では買い手がつくはずがなかった。Bloomsberg.com上で、マーク・ギルバートはこう洞察している。

ベアー・スターンズの債権者たちによる、自らの投資から脱出しようという努力は、デリバティブ市場の下品な秘密をあらわにしてしまった――**デリバティブの価格は悪徳商法によって作り出される**という秘密である。証券の価格に合意する際に、関係者全員が平静を装うことができてさえいれば、これが実際の価格となるのである。しかし、一度誰かがくすくすと笑い始めてしまえば、ゲーム終了であり会計士たちは新たなより低い価格を認めざるを得なくなるかもしれない。[1]

ウォール街の魔法使いたちの秘密はもはや暴露されている。

デリバティブというゲームは悪徳商法、信用詐欺にすぎず、肝心な信用が失われてしまえばもはや詐欺もうまくいかない。681兆ドル相当のデリバティブ・バブルは幻想にすぎなかったのである。この架空の仕組みに全財産を賭けていたためにひどく緊張していた顧客たちによる引き出しを拒否し、こうすることでヘッジファンド会社への「取り付け騒ぎ」を防ぐしかなくなった銀行が増えるにつれ、世界中に混乱が広がっていった。2007年7月から同年8月の間で、ダウ工業株30種平均は1000ポイントも暴落し、評論家はこれを受けて1929年規模の崩壊を危惧し始めた。「流動性危機」が大手投資銀行の手にはもはや負えないほどにまで大きくなってしまったとき、中央銀行が助け舟を出した。しかし、この場合「危機」の原因は制度内における通貨の不足などではなかった。サブプライム債務者に融資された新発行通貨は、経済圏内に依然として流通していた。単に、債務者たちがこれを銀行に返済していなかっただけである。投資家の手には、投資に使うことのできる通貨がまだまだあった。かれらはただ、有毒なサブプライム住宅ローンが埋め込まれ、「トリプルA」資産によって担保された証券を買うためにはこれを使っていなかったというだけの話である。銀行主導の「信頼に基づく」通貨制度が非流動性へと凍りついてしまったのは、もはやこの制度にのる人が誰も残っていなかったからである。

米国連邦準備制度が、欧州、カナダ、オーストラリア、そして日本の中央銀行と共に編み出した解決策は、3150億ドルの「クレジット」を引っ張り出して、窮地に立たされている銀行や投資会社にこれを拡張しようというものであった。救済を受けた機関には、米国最大の住宅ローン融資者であるカントリーワイド・ファイナンシャルが含まれていた。カントリーワイドが次期エンロンの異名をとった背景には、破産に直面していたという点に加え、汚職の罪に問われていたという事実があった。かれらは、虚偽ないし誤解を招くような情報が含まれた住宅ローンを数十万件も保証し売却していた。こうした住宅ローンはその後、証券として国際銀行業市場や国際投資市場に売り出された。市場における流動性の欠如は、カントリーワイドをはじめとする同種の融資業者の汚職が直接の原因であるとされた。ある分析家によると「この詐欺のせいで、中には全国規模の経済崩壊のリスクを抱える国も出てきてしまっている」[2]。しかし、それでもなお、米国中央銀行は助け舟を出した。カントリーワイドの救済のためにバンク・オブ・アメリカはカントリーワイド株20億ドル相当を買ったが、これは新たに下げられた金利と共に連準が用意した融資によって行われた。また、一連の手打ちはバンク・オブ・アメリカにとっては棚からボタ餅でもあった。カントリーワイドの救済を投資家たちが知るや否や、連準から借りた通貨で買い取ったカントリーワイド株の価格が急上昇したからである。市場における大量損失は応急処置を受け、ダウは再び上向きになり、投資家たちは安堵のため息をついた。こうして、ステップフォードヴィル（物欲従順街）は元通りになった。少なくとも、表面的には。

旧式取り付け騒ぎの再来

米国でカーテン裏の男たちがうまく収拾をつけたかのように見えた矢先、英国を世界クレジット危機が襲った。２００７年9月、英国で5番目の大手住宅ローン融資会社であるノーザン・ロックは、閉店前になんとか通貨を引き出そうと何時間も列に並んで待つ数千人の不安な顧客によって国中の支店を包囲されてしまった。これは、１９７０年代以来最悪の取り付け騒ぎであるといわれた。銀行員たちは、取り付け騒ぎが終わるまでには同銀行の預金基盤の半分が引き出されてしまうのではないかと危惧していた。２００７年9月14日までに、ノーザン・ロックの株価は30％も下落し、9月17日にはさらに追加で35％下落した。公共企業取得が行われるのではないかとささやかれるほどであった。ある公務員はこう述べている。「預金の取り付け騒ぎがもはや収集不能になった場合、ノーザン・ロックは事実上国有化され、管財処分を受け、徐々に破産を進めるべきです。」[3]

放血に歯止めがかかり始めたのは、政府がノーザン・ロックの不安一杯の貯蓄顧客に向けて、預けた通貨は大丈夫だという緊急保証を発令したときであった。しかし、分析家たちはクレジット危機はこのまま続くだろうと言った。ＢＢＣニュースはこの問題をこう解説している――「ノーザン・ロックは、夏の間に金融市場が干上がってしまって以来苦悩し続けてきた。銀行は資産が不足しているわけではないが、しかし住宅保有者への住宅ローンにつながれてしまっている。世界的なクレジット収縮のせいで、同銀行は日々の経営を行う上で必要な現金を借りることが困難となってしまった。[4]」銀行は「長期融資のための短期借り入れ」を行っており、顧客の通貨を使って目くらましゲームをしていたのである。

怒りにかられた預金顧客たちが英国でノーザン・ロックに押し寄せる傍ら、米国ではカントリーワイド・ファイナンシャルが再び淡々と虚空から引っ張り出されていたが、今度は新たに調達された資金120億ドルがそのために投入された。では、このような資金はどこから調達されたのだろうか。LeMetropoleCafe.comにおいて、ピーター・ラルターは2007年9月16日にこう書いている。

> バンク・オブ・アメリカによるカントリーワイドへの20億ドルもの投資が8月に一面を飾るニュースとなったのに、今回の新たな120億ドルもの資金調達はなぜビジネス欄の奥に埋もれたままにされているのだろうか。さらに面白いことに、カントリーワイドはカネの出所を名指ししておらず、ただ「新たな、あるいは既存のクレジット源」から来ているとしか言っていない。また、クレジットや利息の契約内容についてのコメントも一切出なかった——120億ドルという金額であるにも関わらずである。こうしてみると、カントリーワイドの新たな救世主はBオブAではなく、BオブBなのではないかと私は疑いたくなってしまう——バンク・オブ・バーナンキである。[5]

しかし、カントリーワイドはそれでもなお下降を続け、ついに2008年1月にはバンク・オブ・アメリカが同社を41億ドルで取得することに合意した。このときもまた、周囲は驚きを隠せなかった。バンク・オブ・アメリカは、帳尻を合わせて650名もの社員を解雇することを発表したばかりだったからである。とすると、この合意もまた連準とその配下にある暴落阻止チームから流れてきた資金を使っての救済であったのだろうか。ジョン・ホーフルが2002年に述べたように、「大きな金融危機が新聞に発表されることはなく、代わりにそれは国家機密として扱われるのが常であり、こうして様々な救済や市場操作が裏で行われるのである。[6]」

この点は、少なくとも民営銀行から責任を問われうる民営中央銀行が救済活動を指揮する米国においては正しい。しかし英国では、中央銀行が少なくとも厳密には政府によって保有されているので、一定の透明性が保障されている。しかし、透明性の代償として、イングランド銀行はノーザン・ロックの救済に対して激しい世論攻撃を受けることになった。批判の内容は、同銀行は同社をあまりにも長く放置しておいた挙句、そもそも同社を救済すべきではなく、将来的に他の銀行にもより高リスクな事業に乗り出す動機を与えてしまったというものであった。

かつては、米国での救済もまた連邦議会の支援を受けつつ連邦預金保険公社が公に行ったものである。しかし、このやり方では選挙に影響が出てしまった。例えば、ジョージ・ブッシュ・シニア大統領が2期目に当選できなかった理由の一つとして、ロングターム・キャピタル・マネジメント社を1期目在任中に救済してしまったことが挙げられた。納税者や採算の取れた銀行の立場からすると、この一手に支払われた公的代償は明らかであり、結果としてかれらは大手競争相手にセーフティーネットを用意するためにとより高額な連邦預金保険公社保険料を支払うよう強いられた。ロン・ポール議員は２００５年にこう述べている。

> こうした「保険料」は、実は税金の一種であり預金保険基金にとっての主要財源なのです。この基金を使って、預金顧客への責務を果たせずにいる銀行を救済するわけです。つまり、預金保険制度は、管理職員らのお粗末な決定の責任を決定者本人からかれらの競争相手へと転嫁するのです。この制度は、適切な経営を行う金融機関を罰するものです――競争相手の損失を吸収するよう強いられるのですから。また、政府が実業損失を社会に負わせる場合のご多分に漏れず、ここでもまたモラルハザード問題が深刻化してしまいます。重度の銀行危機が発生した場合、連邦議会は恐らく一般会計歳入から預金保険基金へと資金を移すのでしょうけれど、そうなれば納税者全員がたった数名の人々の過ちの責任を負わされることになるのです。[7]

連準のステルス救済計画は、インフレーションを通じて間接的に人々から税を集めることによって、以上のような面倒な精査を逃れることができる。もはや、連邦議会に通貨を求めて物乞いに行く必要はなくなった。連準は会計項目を使って「クレジット」を発行すればよい。２００７年8月にＧＡＴＡウェブサイト上でクリス・パウエルが述べているように、「中央銀行業では、使い道が何であるかに関わらず、通貨が必要になったときには、腰を下ろして一定額をキーボードを打つことで作り出し、これと引き換えに言いなりになってくれる相手へとこれをクリックで飛ばせばよい」。かれはさらにこう付け加えている。

> 連邦準備制度やバンク・オブ・アメリカ、そしてカントリーワイドについてこうしたことがうまくいくのであれば、**同じことは誰を対象にしてもうまくいくはずである。**というのも、カントリーワイドに「投資」するためにとバンク・オブ・アメリカとその同胞たちのために、連準は20億ドルを作り出したわけだが、ならば、あなたの普通預金口座に数千ドルの通貨を連準が送るのも同じくらい簡単であるはずなのだ。例えば、連準はこれを将来的な減税額の先払いと称してもよい。あるいは、頭金なしで豪邸を購入し、数ヵ月後にはこれを再売却して大儲けをし普通の住宅を購入するのはどうかと話を持ちかけてきた極悪サラ金を指差し、住宅ローン利息の払い戻しをしようという建前を使っ

てもよい。[8]

さらにうまい話がある——政府自身が通貨を発行し、これを使って無税かつ無負債の景気刺激策を、インフラ整備や公共住宅といった生産的な事業への出費という形で経済に流し込めばよい。たった１８８０億ドルがあれば、全国の欠陥鉄橋７万４０００本をすべて修繕する上で十分な金額であり、そうすれば２００７年７月に起こった悲惨なミネソタ橋崩壊のような悲劇の再発を防ぐことができる。いうまでもなく、中央銀行が集団として拡張した３０００億ドルは、橋や道路の工事といった社会的に役に立つものへは全く行かなかった。むしろ、これは危機の元凶である銀行への助成金として使われ、銀行はこうして黒字に戻され、今後も放蕩を続けることができるようになったのである。

デリバティブという氷山が海底から出現する

２００８年1月には警報が再び鳴り響いた——世界市場に、２００1年9月11日以来最悪の暴落が起きたのである。急激な下落は、大手住宅ローン債券保険会社2社が格下げされる危険性、そしてその後フランスで2番目に大きい銀行であるソシエテ・ジェネラルがデリバティブ取引で72億ドル相当の損失を被ったのが原因であるとされた。それればかりか、「架空取引」を行うたった一人の31歳の「在野のトレーダー」がこの惨事の元凶であるとすら言われた。国際市場の破綻が起きたのは２００8年1月21日、米国市場がキング牧師記念日のため閉場していた日のことであった。これは最悪のタイミングであった。というのも、連邦準備制度も、暴落阻止チームも、ＣＮＢＣの「スクワーク・ボックス」も休みであり、市場に援軍を送る体制が整っていなかったからである。こうした状況下で暴落阻止チームが実際に動いたのだということは、２００8年1月22日に「ステート・ニュース・サービス」によって報道されたヒラリー・クリントン上院議員の言明をみれば一目瞭然である。

私の考えでは、次のような手続きが早急にとられるべきです。大統領は、金融市場に関する大統領分科会を招集するべきでしたし、今すぐにするべきです。財務長官に頼めばすぐに実行できることです。これはさらに、国内の監督機関や世界中の監督機関及び中央銀行とも当然、連携がとられるべきです。[9]

暴落阻止チームはこうした呼びかけに速やかに応じたとみえる。次の日には市場が大きく舵を切ったからである。しかし、将来起きることの前兆を垣間見るためには十分すぎるほど長い間、幕は上がったままとなってしまった。フランス危機や債券保険危機もまた、崩壊寸前のデリバティブ・ピラミッドに関連していた。市場分析家ジム・シンクレアは「前代未聞の罪」と言ったが、フランスの惨事のことではない。かれは、デリバテイブ詐欺そのものを指していたのである。シンクレアはこう書いている。

デフォルト・スワップ[i]やデリバティブがすべて詐欺であるという点は、それが契約上もつ本来の役割を果たしていないということを考えてみればわかる。結局のところ、そこに実在していたのは世界規模の放逸な強欲だけである。今となっては、金融業界全体が、もはや現実的な解決策のない問題によって危機に瀕している——金融黙示録に向けて猪突猛進を続けるデリバティブをどう解きほぐせばよいかという問題である。[10]

デリバティブ詐欺が本当にただ強欲の問題でしかなかったという点は、２００８年1月17日のテレビ番組において投資指導者かつ取引内部者であるジム・クレイマーによって確認されている。この番組の記録をとっていたマイク・ホイットニーは、こう書いている。

つい最近の新たなドタバタ劇において、クレイマーは、低迷する市場においてストレステストをされたことがない「仕組み商品」を作り出して売るという行為に自分がどう加担していたのかを詳しく語っている。こうした商品がどれほどの損失を引き起こすものなのかを正確に把握している人は誰もいなかった。そのようなジャンク商品を信じやすい投資家にばらまいた動機は、単なる強欲であった、とクレイマーは自ら認めている。かれの言明は次の通りである。

すべては報奨金のため

（俺たちはいつもこう言ってきた—）「仕組み商品から得られる報奨金は法外だ、早速『ジャムろう』じゃあないか！」（「ジャムる」とは、顧客にこれを押し売りするという意味）。すべては「報奨ガネ」のため、というわけさ。仕組み商品から得られる報奨金はとにかくデカい。その気になれば「紙切れ証券をジャムる」ことで一山当てることもできたわけだが、俺にはまだ良心というものが残っていた——驚きだろう！　昔は規制というものがあったが、これもレーガン革命の最中に悪とみなそうということになったわけだ。というわけで、今はもう誰も規制にかけないでおこうということになった。それにしても、仕組み商品の報奨金はハンパじゃない。そもそも、新開発商品なもんだから、顧客はそれが何なのか全く検討がつかない。第二に、顧客は本当にバカなんだと仮定することだ。俺たちはよくドイツの銀行家たちについて、「ドイツの銀行はただのマヌケの集まりさ。何をやっても受け入れる」と言ったものさ。オーストラリアの銀行を「バカ」と呼んだこともあったっけ。フロリダ・ファンドのことも（笑）、「あいつらは正真正銘のバカさ、トリプルBをくれてやれ」（ジャンク格付け）と言った。その後で俺たちは顧客を指差して笑い続けながら、報奨金につぐ報奨金をひたすらジャムってやった。忘れるな、すべては報奨金のため、バカな顧客をジャムってどれだけ儲けるかってだけの話だ。俺はこれまでの人生でずっとこれを見てきた。バカな顧客をジャムるのさ。[11]

強欲の奨励の背景には、グラス・スティーガル法の廃止に加え企業構造そのものがある。取引者や管理者たちは「企業の盾」の後ろに隠れ、巨額の賞与や報奨金を手にして逃げる一方で会社を破産処理にする。カントリーワイドの代表取締役アンジェロ・モジロは、同社に加え大多数の借り手や投資家を破産に追い込んだ揚げ句、5000万ドルを抱えて退社することになっている。[12] 既存の規制なき取引環境は、1920年代の悪習に匹敵する。2007年10月、下院金融委員会においてジャーナリストのロバート・カトナーはこう証言している。

1999年にグラス・スティーガル法が廃止され、10年以上の事実上の進入行為を経て、巨大銀行は1920年代に蔓延していたものと同じような構造的利害相反を再びもたらす羽目になった。投機家に融資し、クレジットをパッケージ化し証券化し、これを卸売りであれ小売であれ売却しその各段階で手数料をせしめているのである。さらには、こうした証券のほとんどは1920年代のそれと比べはるかに銀行監査官にとって分かりづらいものとなっている。

むしろ、そのほとんどはもはや「券」ですらなく、コンピュータや自動算出公式がその手順の隅々にまで浸透している。

1920年代とは異なり、今ある金融制度は数百兆ドルにのぼるデリバティブ・ドミノの上に乗って今にも崩れそうであり、賭博者たちが賭け金の回収に来たときに実際に崩れるだろう。市場に均衡と安定をもたらすはずであった賭博ゲームは、むしろ市場を不安定にしてしまった。ほとんどの参加者たちが一方に偏って、ずっと上向きを保つ市場に賭けたからである。カトナーはこう述べている。

不安定性の源泉としてもう一つ、次の点が挙げられる。こうしたクレジット・デリバティブは、流動性を増やしショック吸収の機能を担うとされているが、実のところこうした賭けは皆同じ方向、つまり資産価格の恒久的な上昇という方向を向いているので、クレジット危機が起きた際にはむしろ不安定の原料となってしまう。[13]

---

i　原注：「クレジット・デフォルト・スワップ」とは、債務不履行のリスクが証券保有者からスワップの売り手へと渡る一種の保険である。問題は、クレジット保護の売り手は、債務不履行が生じた際に保険金を支払う能力があることを証明しなくても、保険料を回収することができるという点である。このため、債務不履行が起きた場合、十分な通貨が用意されている保証はどこにもない。

貸し手の方は、投資家に高リスクな融資を売ることで自ら債務を逃れることができると考え、債券保険業者たちは保険料を支払う必要が出ることはありえないだろうという方に賭けていた。これもまた、クレイマーの狂言の主題の一つである。自動車保険業者や住宅保険業者と違い、債券保険業者は非常に重要であるにも関わらず、将来生じうる保険料請求を支払う通貨を持っていなかったのである。

保険料を支払う必要は一切ないという方に賭ける保険業者

メディアの関心がフランスの「在野のトレーダー」に集中する傍ら、2008年1月後半の市場の暴落を招いた真の要因は、格付け会社1社(フィッチ)による「モノライン」保険業者(Ambac)の格下げと、同業者の内もう1社(MBIA)の格下げ通告とであった。[14] こうしたモノライン業者は、債券デフォルトに対する保証を売り、トリプルA格付けを本当は高リスクな事業に与えることを専門としている。「モノライン」(単一事業)と呼ばれるゆえんは、監督機関から単一の業界、つまり、債券業界への参入のみを許可されているという点にある。つまり、こうした業者はあなたの火災保険や健康保険に手出しをすることはできず、「安心な」トリプルA債券にあなたやあなたの年金基金が入れた通貨だけを触ることができるのである。モノライン業者は、債務不履行に保険をかけるために「クレジット・デフォルト・スワップ」を売る。簡単に言うと、賭けを行うことで保険をかけているのである。クレジット・デフォルト・スワップは、買い手や売り手に、ある融資が債務不履行に陥るか否かについて賭けを行う機会を与える。[15] 保険業者側は「リスク取引先」の役割を担うが、手元に賭け金が用意されていなくてもゲームを行うことができてしまう。かれらはただ、ほぼ起こりえない出来事が起きる可能性をリスクとして引き受け、淡々と保険料を集めているのである。理論上は、支払い能力のある主体に、つまり、保険料をせしめつつ、ほんの数件しか支払いをしない保険業者に「リスクを分散」することができるということになっている。この理論を実践に移すためには、保険の対象となった出来事の実現可能性が本当に低くなければならない。例えば、火災保険においてこれが成立するのは、被保険者のほとんどが火事に遭わないからである。同じように地方債券もまた、ほとんど債務不履行が起きないので、こうしたことが成立する。しかし、モノライン業者は、サブプライム住宅ローンに担保された企業債券を保証してしまうという間違いを犯した。保険の対象となった大惨事は、住宅市場の破綻である。そして、これが実際に起きたとき、それはありとあらゆる場所で同時に起きた。至る所で投資が燃え上がってしまい、コンピュータ・ウィルスのように「リスクを分散」してしまった。

『フォーチュン』誌に2005年に掲載された記事によると、MBIAは「無損失引受」を行っていたという。つまり、保険料請求の支払いをする見込みも意図もなかった。「安全な賭け」

しか受け付けていなかったからというわけである。２００２年には、ＭＢＩＡは１３９対1という比率でレバレッジをかけていた――７６４０億ドルもの保証金が未払いであった一方、エクイティはたった55億ドルしかなかったのである。[16]では、同社はどのようにしてトリプルＡ格付けを獲得することができたのか。格付け会社は、過去の運用実績に基づいて査定を行ったという。実際、景気が良かった頃は、非常に少ない件数しか保険料請求が来なかった。しかし、それも住宅バブルが破裂するまでのことだった。今日に至っては、ＭＢＩＡは「保険業界のエンロン」と呼ばれている始末である。

２００８年1月のAmbacの場合、ＡＡＡからＡＡへ格下げがされただけであり、一見すると市場を揺るがすほどの意味を持つ出来事には見えないかもしれない。しかし、AmbacがＡＡ格付けを失ったことで、同時に同社が保証する債券の格もまた下がってしまった。10万以上の地方自治体や機関が保有する債券、総額５０００億ドルである。[17]機関投資家の多くは、「最も安全な」トリプルA債券のみに投資をする信託義務を負っているので、格下げされた債券はすぐさま市場に放り捨てられいまだにこうした債券を数十億ドル相当も抱え込んでいた銀行は窮地に立たされてしまった。以前は住宅ローンに担保された債券を買っていた機関投資家も、２００７年に住宅市場が頓挫すると購入を止めてしまった。しかし、売り手の側である大手投資会社（シティグループやメリルリンチを含む）は、帳簿にまだこうした債券を数百億ドル規模で抱えていた。Ambacよりもさらに大手のＭＢＩＡがトリプルA格付けを失った場合、銀行は痛恨の損失を被ることになる。[18]

では、どうすればよいのか。カーテン裏の男たちは、新たな救済作戦を編み出した――銀行から集めた通貨を使って保険業者に支柱を立て、安心感の「演出」を行うというものである。計画では、ウォール街銀行8社が１５０億ドルを保険業者に提供することになっていた。これは、各々の証券の格付けを守るために各銀行がするつもりのあったことの範疇に入っていた。これなんと、被保険者が保険業者の引受をしたというわけだ。これは、溺れつつも互いを助けようとしている2人の男たちというイメージを彷彿とさせる。短期的にはうまくいっても、これは時間稼ぎにしかならない。デフォルトという氷山は、まだほんの一部しかあらわになっていなかったからである。英国の『タイムズ・オンライン』における記事によると、保険業者の救済の実際の費用は、なんと２０００億ドルにまで達しうる。[19]これは、たとえ合意を取り付けることができたとしても銀行を破産に追い込む金額の賭け金であったが、そもそも合意が難しかった。特に、巨大銀行の一つゴールドマン・サックスが、実は保険業者の破綻に期待をしていたからである。内部情報隔壁の向こう側で不動産担保証券を生産し販売する一方、こちら側では、ゴールドマン・サックスは同じ市場でショートの方に賭けていたのである。この一手について、ゴールドマンの先見の明は高い評価を得たが、しかし他の銀行も全く同じ情報を有していたはずである。ゴールドマンはただ、自ら作った欠陥デリバティブ商品の失敗に賭けるだけの非道な厚かましさを持っていたという点で他と異なっていただけである。[20]グラス・スティーガル法の廃止によって、債権者銀行は空売りによって自分の顧客である債務者に対して賭けを行い、債務者が破綻した方が、救済されるよりもより大きな利益が上がるような立場を確保することができた。寄生虫たちは、もはやパートナーではなく捕食者と化したのである。寄生虫は宿主を生かしておく必要から解放され、むしろ宿主の死によってさらなる利益を得られるようになった。

訴訟の嵐に備えて

連邦議会と連準は、強欲の時代を招いたかもしれないが、裁判所はいまだそこに審判員として毅然としている。現代において銀行が直面する幾多の難題の一つとして、デリバティブ作戦の幕が上がってしまった場合、詐欺に遭った投資家たちが向きを変えて訴訟を起こす可能性が挙げられる。投資家に投げつけたつもりになっていた債務という時限爆弾が、銀行の側に投げ返されるわけである。２００７年12月に『サンフランシスコ・クロニクル』に載った記事におけるショーン・オレンダー検事の示唆によると、これこそ米国財務省が提示したサブプライム救済計画の真の目的である。つまり、四面楚歌となった借り手を住居に留まらせてあげるためではなく、銀行に対する矢継ぎ早の訴訟を予防するためである。一案として、高リスクな住宅ローン債券を買い取るための新たな「巨大基金」を設立し、こうした債券の真の価値を隠すというものも出た。この計画が却下されると、財務長官ヘンリー・ポールソンは一部のサブプライムローンの金利凍結を提案した。オレンダーはこう書いている。

> 凍結の目的はただ一つ、不動産担保証券の保有者（多くの外国人を含む）が、米国銀行を告訴し、今では無価値な不動産証券を額面価格（現時点では市場価値のおよそ10倍）で買い取るよう強要するのを防ぐことである。米国銀行制度に埋め込まれた時限爆弾は、サブプライム住宅ローンの金利のリセットではない。**本当の問題は、住宅ローン債券の貸し出し手続きに詐欺があった場合でも、銀行にこうした融資を額面価格で買い取ることを強要することが契約上投資家にはできない、という点なのである。**
>
> 債券投資家が貸し手に対して融資を額面価格で買い取るよう強要した結果生じる惨事は、既存メディアの議論の範疇を超えている。**問題の融資は、米国大手銀行すべての利用可能資産総額をはるかにしのぐものであり、投資家による訴訟から生じる債務は米国最大手の銀行ですら破綻に追い込まれてしまうほどの金額であり、**そうなればファニーやフレディーだけでなく連邦預金保険公社さえも納税者によって巨額の救済を受けなければならなくなる。

賢明かつ筋の通った次の一手は、この有毒なゴミを売った当の銀行がそれを再び買い取り、多くの人たちが刑務所に入れられることである。**もしかれらが詐欺の存在を把握していたのだとすると、かれらは当然債券を買い取る義務を負っている。**[21]

この可能性は、最も強力な投資銀行家でさえ、あるいはあのヘンリー・ポールソンでさえうろたえるほどのものである。オレンダーが指摘するように、ポールソンは、有毒なサブプライム証券作りの最盛期である２００４年から２００６年にかけてゴールドマン・サックスの指揮を執っていた。住宅ローン詐欺は、借り手への、あるいは借り手による、または融資書類における偽りの陳述に限られた話ではない。詐欺は、銀行の「金融商品」の骨組みそのものに含まれていたのである。設計の不備の一つとして、融資債務不履行への保険として用いられたクレジット・デフォルト・スワップには、取引先が保険金支払いのために十分な通貨の保有するような保証が入っていなかったという点が挙げられる。別の欠陥は、すでに第31章で論じたように、証券化された住宅ローン負債が、あまりにも複雑に作られていたために、一般的な住宅ローン・プールにおいて、誰がどの担保不動産を所持しているのかを突き止めるのが非常に困難だったという点である。また、手形の法的署名者や合法的な譲渡先がない場合、担保の差し押さえ権を持つ者もまたいなかった。こうした手続き上の問題があったため、連邦地方裁判官クリストファー・ボイコは、２００７年10月に、ドイツ銀行には不動産担保証券保有者の一団の信託財産であった住宅ローン14件の担保の差し押さえ権はないという判決を下した。かれらに差し押さえ権がなかったのは、所有権を譲渡する文書にかれらの名前が一切記載されていなかったからである。[22]もし債務不履行に陥った住宅保有者の多くが、原告には告訴権がないとして差し押さえに異議申し立てを行った場合不動産担保証券の実に数兆ドル相当がリスクにさらされるかもしれない。怒りに駆られた証券保有者たちは訴訟を起こして対抗し、その結果銀行巨人たちの存続を脅かしかねない。こうした状況下では舞台裏での救済を実行するのは困難である。投資家による訴訟を隠しきるのは容易ではないからである。

「いい加減にしろ！」――都市公務員が銀行に対して訴訟を起こす

銀行は、さらに別の方面からも法律闘争に巻き込まれていた。不満に満ちた地方公務員が、かれらを相手に裁判を起こし始めたのである。将来を予感させるような一件として、２００８年1月にクリーブランド市長フランク・ジャクソンが起こした前代未聞の裁判が挙げられる。かれは、21社の大手投資銀行を相手取り、自分の市のサブプライム融資・差し押さえ危機の引き金はかれらであると訴えたのである。市の公務員いわく、こうした銀行から市は数億ドルもの賠償金を得るつもりであり、そこには、不動産の平価切下げや、数千軒もの廃家の解体や板囲みによる税収減を補うねらいもある。被告には、ドイツ銀行、ゴールドマン・サックス、メリルリンチ、ウェルズ・ファーゴ、バンク・オブ・アメリカ、そしてシティグループが含まれる。告訴内容は、高利住宅ローンを無責任に売買し、広範にわたる債務不履行を引き起こし、市の税収源を干上がらせ、多くの地区を廃墟に変えたことによる「公害」である。

「私の見方では、これは組織犯罪や麻薬犯罪と同じです」とジャクソンはクリーブランドの新聞『プレーン・ディーラー』紙に向けて言った。「結果だけみれば、これは地区内での麻薬関連の活動と同じなのです。つまり、これは組織犯罪であり、偶然にも合法的な部分を含んでいるというだけのことです。」かれはさらに、録画されたインタビューにおいてこう付け加えている。「この訴訟がかれらに向けて行った通告は、『もうあなたたちはこの先一切同じことを繰り返してはならない』というものです。」

『プレーン・ディーラー』紙はさらに、オハイオ司法長官マーク・ダンにもインタビューをしているが、ダンもまた同じ銀行に向けて州訴訟を起こすことを検討している。「犯罪行為が行われたのは明らかです」とダンは言う。「犯人はウォール街にいます。いくつかの容疑者企業を名指しすることができて良かったです。」

クリーブランド訴訟が起こされた週には、ボルチモア市もまた、ウェルズ・ファーゴ銀行を相手にサブプライム惨事の弁償をするよう訴えた。ボルチモア訴訟では、ウェルズ・ファーゴは高利住宅ローンの販売を行う際に意図的に差別を行い、白人よりも黒人を標的とし、連邦法に違反したとされた。これに比べより前衛的なクリーブランド訴訟は、より広い射程を設定しており、サブプライム住宅ローンを融資者から買い取り「証券化」し、これを投資家に売ることによって住宅ローン市場を食い物にしていた投資銀行らに直接狙いを定めたのである。[23]

2008年2月1日、マサチューセッツ州は、ある大手投資銀行を相手に大きな訴訟を起こした。告訴内容は、スプリングフィールド市にメリルリンチが売ったサブプライム証券1400万ドル相当に含まれていた詐欺と虚偽表示に関するものであった。告訴が注目したのは、「債務担保証券（CDO）と呼ばれる難解な金融商品であり、これは市にとって適切ではなく、売却後ものの数ヶ月で非流動的となり、その市場価値がほぼ全額失われてしまうような類のものであった。」[24]この訴訟もまた、詐欺を受けた投資家への法的賠償の先例となりえる一件である。

州のためのクレジット救済——ミネソタ州交通法

クレジット凍結及びモノラインのトリプルA格付けの消失は、州政府や地方自治体に大打撃を与え、必要不可欠な事業の費用を採算不可能なものにしてしまうほどの暴利と直面させてしまっている。解決策の一案として、各州が自らクレジットを発行する、というものがある。米国憲法第1章第10条は、州は「信用証券を発行」してはならないとしており、この文言は、州には紙幣通貨を発行する権限がないと解釈されることが多い。しかし、既存の部分準備銀行業の原理に基づいて会計項目を駆使して通貨を発行する銀行を州が有してはならないとするルールはどこにもない。

この選択肢こそ「ミネソタ州交通法」と呼ばれる前衛的な法案の基盤であり、この法案は２００８年３月にミネソタ議会で議論された。ミネソタ州住民のバイロン・デイルによって書かれたこの法案は、州立銀行に商業融資を行うときと同じように（つまり、担保を「収益化」したり通貨に換えたりすることによって）承認済交通事業に資金提供をする権限を与える。借り手の約束手形の収益化は、当座預金口座に書き込みをし「新たな預金が追加されました」と言うことによって銀行がすでに行っている。ミネソタ州交通法によると、州立銀行は資産収益化口座を設立し事業の落札価格を収益化し、通貨に変換する。この通貨には返済義務が付いておらず、ちょうど銀行が「余剰準備金」を使って行うことが認められている「投資」の一形態のように扱われる。（第18章参照。）

なるほど、これは賢い計画であったが、ミネソタ州議会はこれを却下した。かれらは、「我々の銀行は通貨の発行などしていない」と言ったのである。ミネソタ州交通法の専門ウェブサイトは、以下の権威ある引用によってこの主張を反すうしている。

実際の通貨発行には、民営商業銀行によるクレジットの拡張が必ず含まれている。

——ラッセル・L・ムンク財務省法律顧問補

通貨が発行されるのは、融資が発行され負債が発生する瞬間である。また、融資が返済されたとき、通貨は消去される。

——ジョン・B・ヘンダーソン議会調査局価格経済専門家、報告書第83-１２５E号

借り手が融資の利息支払いに使う通貨は、経済内のどこか別の場所で、別の融資によって誰かが発行している。

——ジョン・M・イェッター財務省検事顧問[25]

ミネソタ州交通法は、２００９年にミネソタ州議会に再導入された。

州立銀行という選択肢——ノースダコタ銀行

さて、私たちにとって馴染みある銀行業サービスに近いという理由でより大きな反響が期待できそうな案として「州が州内の銀行を保有する」というものもある。銀行はその後普通の部分準備銀行業の原理に沿って帳簿にクレジットを発行し、他のすべての銀行と同じように、預金基盤にレバレッジをかけて融資を行うことができる。公有銀行は、例えばインドやスイス、

カナダ等の国々においては至極普通のことであり、民営銀行と穏やかな共存関係にある。

植民地時代のペンシルヴェニアは、このアプローチを米国で先駆した州である。しかし、現在では自分の銀行を保有している州はたった一つしか存在していない―ノースダコタ州である。ノースダコタ銀行は1919年に設立されたが、その目的は、農家や中小企業保有者を州外の銀行家や暴力団から守るためであった。ノースダコタ銀行が公言している使命は、農業や商業、そして産業をノースダコタ州内で推進する上で適切な金融サービスの提供である。法律上、同州はすべての預金を同銀行に預け入れなければならない。同銀行の収益は同州のものであり、その使い道は州議会が決定する。さらに、ノースダコタ銀行は「ノースダコタ銀行名義で事業展開を行うノースダコタ州」として商号（dba）が登録されている。そのため、厳密にいうと州の資本は同銀行の資本となる。ノースダコタ銀行の株主資本利益率は近年19％から26％となった。また、州にもかなりの金額の配当金を支払っており、2009年にこれは6000万ドルにのぼると推計されている。ここ10年間で、ノースダコタ銀行は約3300万ドルを州の一般基金に追加しており、税収を相殺している。州の一官庁として、ノースダコタ銀行は助成金付で融資を行う権限を有しており、これによって経済や農業の発展を促しているが、他の銀行に比べあまり差し押さえを強く迫らない。また、ノースダコタの民営銀行とのいざこざを避けるために、農家や不動産建築会社、中小企業や教育機関への通貨の融資に際してかれらと提携してもいる。ノースダコタ銀行は学生ローン事業においてもしっかりとしたものを展開しており、学生ローン発行量では国内でも指折りの銀行となっている。また、公共機関から地方債券を購入しており、州のいわば「ミニ連準」として機能し、州内100社以上の銀行の小切手清算を担当している。ノースダコタ銀行は連邦預金保険公社には参加しておらず州によって自立的に保証されている。[26]

他の州政府が赤字の海を泳いでいる傍ら、ノースダコタ州の財政は健全である。2009年7月に至ると、同州は国内で予算黒字を達成したたった2つの州の内の一つ（もう一つはモンタナ州）でもあった。実のところ、同年、同州は史上最高の予算黒字を高らかに発表し、州内失業率は国内で最低であった。悪天候のもとで頑張る孤立した農家が州内経済の原動力であることを考慮に入れると、このような財政実績はより一層賞賛に値するものとなるだろう。自らの州立銀行からくる手軽で低金利なクレジットの存在は、このような驚くべき成功を説明する上で大切な要素である。[27]

タイタニック号からの展望――2010年1月現在の状況

2008年に起きたウォール街の破綻と救済、そして2009年の世界的な進展をしっかりと考察するためには、それなりの紙数を要するのでここでは手短なまとめを行うにとどめたい。

2008年3月、ベアー・スターンズ投資銀行は、過剰な空売りが災いして破産寸前にまで追い詰められていた。連邦準備制度はベアー・スターンズに250億ドルを提供し、さらに追加で「救済者」JPモルガン・チェイスに300億ドルを提供したが、これはベアー・スターンズが深入りしていた巨大なデリバティブ作戦の将棋倒しの崩壊を防ぐためという建前で行われた。このカネはすべてJPモルガン・チェイスの金庫に入り、後者は競争相手の敵対的買収を破格で行った。[28] 2008年9月7日、ヘンリー・ポールソン財務長官は、ファニー・メイとフレディ・マックを後見処理（一種の破産である）にし、融資総額5兆4000億ドルの保証をすることに合意した。これによって債権者は救済されたが、一般株主の資産は一掃されてしまった。この救済もまた、巨大なデリバティブ・ピラミッドの崩壊を防ぐ上で必要不可欠であるとされた。[29] 同年9月16日、連邦準備制度は、世界最大の保険会社であるアメリカン・インターナショナル・グループ（AIG）の買収という前代未聞の一手を指した。連準は850億ドルの融資を拡張し、これと引き換えに同保険業者の株を80%保有することになった。これもまた、大規模なデリバティブ破綻を防ぐためにという建前で行われた。[30]

同じ週の週末、リーマン・ブラザーズが、大規模な純空売りを行った後に破産した。ベアー・スターンズと同様、リーマン・ブラザーズもまた、デリバティブに巨額の投資を行っていた。しかし、この場合、財務省も連準もこうして破産した同銀行の救済を拒否した。とどめの一撃はJPモルガンによって繰り出された——リーマン・ブラザーズ向けに保有していた過剰資産170億ドルを凍結したのである。[31]

この破産が市場に及ぼした影響については、2009年2月放映のC-SPANインタビューにおいてポール・カンジョルスキー下院議員が描写している。かれによると、連邦議会は破産の直後、5500億ドルもの取り付け騒ぎがものの2、3時間の内に通貨市場で起きたということを裏で極秘に告げられた。[32] こうした取り付け騒ぎを防ぐためには、後々ゼネラルモーターズに適用されたような「計画的」破産をすればよかったのだという評論家もいたが、しかしこのような予防策は一切用いられなかった。なぜだろうか。ある皮肉な評論家は、誘拐犯が自分の本気度を示す目的で撃ち殺す人質という直喩を使っている。そこに込められたメッセージはこれである——「ウォール街の銀行を破産させたときに何が起こるのかは一目瞭然だ。」

同年10月3日、パニック状態の連邦議会は7000億ドルもの銀行救済策を承認した。当初の計画では、財務省が米国証券を発行し、こうした負債商品を銀行の帳簿上の有毒で市場価値のない担保と交換し、これによって銀行の資本基盤を再生させてクレジットの流れを元通りにするというものであった。不良担保は政府が引き取り、あだを恩で返すように利息を銀行に支払うことになる。銀行が良質な利息付米国国債を保持することになるからである。しかし、銀行側には救済金を商業融資にあてる義務がなく、そのため、救済によって経済内のクレジットの凍結を解除できる保証はない。また、納税者にとっては実に多大な出費ではあっても、7000億ドルという金額ですら、米国銀行の帳簿に含まれるクレジット・デフォルト・スワップ60兆ドル相当を解きほぐすには不十分であった。市場はダウ平均2000ポイントの下落という形でこれに応じたが、これは株式市場にとっては世界大恐慌以来最悪の週となった[33]。

民営銀行の損失を国民に肩代わりさせるこの計画に欧州の各中央銀行が難色を示すと、ポールソン財務長官はかれらに倣って新たな方策へと移った——銀行の「国有化」である。米国財務省は9社の銀行からエクイティを購入したが、欧州式の国有化と違い運営権は政府の手に渡らなかった。また、消費者融資に資金をあてなければならないという書面での条件はまたしても不在であった。JPモルガン・チェイスは、電話会議において、250億ドルの割り当て金をM&Aに(つまり、他の銀行の買収に)使いたいということを明かした。また、シティバンクは、割り当て金をデリバティブ市場での賭博に使っていた、ということが報告されている。あるブロガーは、業界全体に「ギャンブラーズ・アノニマス」(匿名の賭博中毒者の集い)を設立したらどうかと言ったほどである[34]。

他方で、ゴールドマン・サックスやメリルリンチといった投資銀行もまた、支払い不能の崖っぷちにまで追い詰められていた。AIG救済から1週間も経たないうちに、この2社は一夜にして金融持ち株会社へと変貌し、連邦からの救済金を受け取る資格を得ただけでなく、ほどなくして0%にまで落ちることになる低金利で連準からカネを借りる資格も得たのである。この通貨は、利息2~3%の政府債券を買うために使うことが認められていた。納税者が費用負担をする無リスクで便利な通貨抽出機というわけである。あるいは、このカネを使って自己勘定売買(銀行自らの口座を使った投機)を行うことも許されており、プロの賭博者が持っているような洗練された超高速取引プログラムを持っていない普通の投資家から利益をかすめとることもできた[35]。

銀行が救済金を商業融資に当てていないのを見た連準は、同年10月14日、自ら商業事業向け融資窓口を開設し、短期的な経費需要に応じる構えをとった。11月末に至ると、財務省と連準による救済関連の融資や約定、保証等の総額は8兆5000億ドルにのぼると報告された[36]。しかし、こうした通貨をどこからかき集め、どのような条件下で提供することになるのかについては、すべて謎に包まれたままであった。連準はこれについて情報開示請求を却下している。

資金源のヒントは2009年1月に出現した。連邦準備制度は、資産が2兆1000億ドルにまで増えた。つまり、前年比で1兆2000億ドルも増えたということを報告したのである[37]。連準の債務もまた1兆2000億ドル増えているところから察するに、かれらは融資を、一方では資産として他方では債務として同時に記録するという、単なる複式簿記によって通貨を捏造しているにすぎない。同じ方法は、融資のための資金を捻出する上で商業銀行がいつも使っている。しかし、連準がとるにしては意外な動きである——これまで連準は、小切手の換金と清算を銀行が行う上で必要な流動性を提供するための最低限の政府証券の購入のためにのみ負債の「貨幣化」を行ってきたからである。[38]それが今となっては、連準は商業融資を、それも莫大な金額において行うことになったのである。

2009年3月18日、連準は、最大3000億ドル相当の長期政府債券の購入を公言した。この発表に対して、世論は驚きを隠せなかったが、政府保有の中央銀行から借金をすれば、少なくとも海外の投資家にすがるよりはマシであった。肥大を続ける米国連邦負債への資金繰りをする意思や能力が海外の中央銀行から失せている現代においては特にそうである。

金融分析家ベン・ギシンが指摘しているように、この一手にはさらに、得られる通貨が無利息であるという利点もあった。1960年代に連準を国有化しようとライト・パットマンが蜂起を起こして以来、連準は費用を差し引いた後に残った利益をすべて財務省に手渡し続けてきた。2008年、連準は利息収入の85%を政府に払い戻したのである。[39]

批評家の中には、連準はハイパーインフレーションに向けて一目散に突き進んでいると論撃する者もいたが、2009年現在における真の脅威はインフレーションではなく、むしろデフレーションである。連準の資金循環統計によると、2009年第一四半期において、クレジットは史上最速で収縮をしてしまった。クレジットの破綻はマネーサプライの破綻を意味する。私たちの通貨は、今や硬貨を除くすべてが「借りる」という行為を通して作り出されているからである。

公共負債もまた、2009年に前代未聞の増額をみせたが、連準による政府負債の「貨幣化」は民間クレジットの破綻についていけなかった。結果的に、融資の量が大幅に減り、これに伴ってマネーサプライもまた減量してしまった。[40]たしかに、連邦負債は2009年末には12兆3000億ドルもの金額であったが、これに対する利息支払額（3830億ドル）は実は2006年（4060億ドル）よりも少なかった。連準が金利を極端に低いところまで下げたからである。[41]

2009年に起きた事件はまだまだ他にもたくさんある。欧州に拠点を置く世界通貨と銀行主導の世界監督機関の形成を目指す不穏な動きがその一例である。しかし、こうした進展の考察は、また別の著作で行う方がよいだろう。最新の報告は、著者のウェブサイトで読むことができる。（www.webofdebt.com/articles）

まとめ

私たちの金融問題は、民営銀行によって発行され、融資を介して経済に流れ込む通貨の仕組みがその直接の原因である。この迷宮から脱出するためには、これまでの歩みを振り返り、元来た道をたどりなおすしかない。国の通貨とクレジットを発行する力は、ちょうど初期の米国植民地のように、人民の手に託されるべきである。この目標の達成に向けて考えられる道のりとして、以下が挙げられる。

1. 連邦準備制度を国有化し、財務省の一官庁とし、連邦議会による直接の使用を目的とした連邦準備紙幣を発行する権限を与えること。

2. 民有連邦準備制度が米国証券（あるいは負債）を買い、利息を政府に払い戻し、融資の繰り越しを行う権限を与えること。無期限に繰り越しがされる無利息融資は、無利息政府グリーンバック紙幣に相当する。

3. ノースダコタ銀行を規範としつつ、州レベルでクレジット凍結を解除するために州立銀行を設立すること。州の資産は資本として使用可能となり、州の歳入は預金基盤に用いることができる。こうした資金にレバレッジをかけて融資を行うこともでき、地域経済にとって安価で手軽なクレジット源を供給することができる。

4. 「大きすぎて潰せない」とされている銀行の国有化を、一部を一時的にではなく、すべてを恒久的に行い、図書館や裁判所と同じように公共サービスの一つとして扱うこと。全国に支店をもつ大手銀行を1社でも国有化できれば、全国的な公共銀行制度を創設する上で十分である。

以上はオズに向かう上で比較的優れた道のりだが、果たして破産に追い込まれた民衆が無政府主義へと陥り、警察国家が強要される前にエメラルドの都にたどり着くことができるかどうかはまだわからない。ドロシーの家は、魔女を下敷きにすることができるだろうか。彼女は魔女の足から銀の靴を外し、その魔法の力に自分の足を踏み入れることができるだろうか。それとも、魔女の魔法にかかっているインチキ魔法使いを追いかけ続けるだろうか。続きはまた今度！

訳者あとがき

とっつきにくい題材をわかりやすく扱った本はたくさんあるが、本著はそういった類の作品ではない。ブラウンの本作品の良さは、しかし、「わかりやすくない」という点そのものであるともいえるだろう。そもそも、「わかりやすい」ということは、自分の中に今ある考え方や情報をそれほど広げなくても理解できる、という意味である。本著は、新しい考え方や情報がたくさん盛り込まれたこってりとした作品である。時間はかかるかもしれないが、1ページ1ページじゅっくりと読み進めていただき、通貨にまつわる歴史や政治についての思考や知識を深めていただけたら、翻訳者としてこれに勝る喜びはない。

最先端のテーマ

本著が扱う「通貨発行権」という概念は、世界の政治問題においても最先端のテーマである。

例えば、2015年夏に起きたギリシア危機＝ユーロ危機を思い出していただきたい。そこでは、もし欧州中央銀行がギリシアの銀行への融資を停止した場合、ギリシア国民はどのようにして銀行預金を引き出したり、商業に必要な融資を受けたりすればよいのか、という問題が発生した。当時の金融大臣であったヤニス・バルファキスは、「並行通貨制度」（又は「パラレル通貨制度」）を開発していた。その詳細は、バルファキスの近著『Adults in the Room』（邦訳の出版が待ち遠しい一作）に詳しく書かれているが、このアイデアの下地となっているのは他ならぬ政府通貨発行制度である。つまり、ギリシアは、もしユーロ・グループからの圧力によってユーロ脱退を迫られた場合、政府通貨発行によってそのダメージを和らげようと計画していたのである。

最近では、2018年にスイスで行われた「統治通貨国民投票」が記憶に新しい。「統治通貨」（つまり、政府が発行する通貨）という概念は、ヨーロッパにおいてもまだ、広く理解がされているとはとても言えないが、それでもなお24％の国民が

「賛成」に投票した。「反対」派は、投票日に至るまでの間、積極的に各メディアを介して政府発行通貨がいかに危険であるかを報道し続けた。議論を見ると、「この制度は今の制度とは異なる試みなので、何が起こるかわからない」というのが主な主張であることがわかる。言われなくてもわかるような、実に単純な論点であり、論理的にみると脆弱な批判であるといわざるを得ない。おまけに、本書に示されているとおり、これは歴史的にみるとそれほど新しい試みであるわけでもない。しかし、このレトリカルな批判は、心理的に国民の不安を煽る上では非常に有効な戦略であった。また、スイスには、ギリシアとは異なり、通貨制度をすぐに改革しなければならないような差し迫った課題があるわけでもない。それにも関わらず有権者のおよそ4分の1が賛成票を投じたというのは、大きな出来事である。

他にも、2008年の世界金融危機の引き金となったアイスランドでも、2015年に『通貨改革――アイスランドのためのより優れた通貨制度』と題された政府レポートがフロスティ・シガーヨンスソン元議員によって執筆出版された。同レポートの邦訳を、私は2016年に青空文庫を介して出し、誰でも日本語で読めるようにした。そこでは、銀行が通貨の供給量を独断的に決定できる制度の危険性が丹念に論じられており、これへの処方箋として統治通貨制度が提唱されている。

断っておくが、こうした通貨制度案に私は必ずしも賛成するわけではない。それでもこうした出来事に注目し、こうした作品を翻訳しているのは、通貨の発行について考えることには、学問的にも、また私たちが現在向き合っている様々な社会問題を解決していく上でも、とても大きな意義や価値があると思っているからである。

日本において通貨の発行権が政治や選挙の主題となる場面はほぼ皆無といってよい。しかし、それは通貨問題が存在しないからではなく、単に国民がまだこの問題にそれほど関心を持っていないからである。ブラウンは、総じて日本や中国の経済政策を肯定的に評価しているが、論拠が甘く、米国批判における鋭さがそこにはみられない。よって、これはむしろ本作品の弱点の一つであるといえる。むしろ、ブラウンが米国に向けて発信する批判を、私たちは日本に向けて再発信し、米国と日本を同じ批判的視点から評価すべきである。より多くの読者が通貨問題を現代日本の中心的テーマとして捉え、その背景の歴史や事実を学べば、国会や地方自治体においてもより活発な議論が交わされることとなるだろう。

通貨を発行する権利を巡って

他のあらゆる商品と同じように、通貨もまた、誰かが作るものである。（通貨の場合、「作る」ではなく「発行する」というのが正しい。）食べ物や住宅、衣類や医療品といった商品は、労働者が額に汗して働いて初めて生産される。対して、通貨を発行するためには、骨を折って手足を動かす必要はない。コンピューターの前に座って、キーボードとマウスを数回操作すればよいだけのことである。要するに、通貨の生産は、物理的には非常に楽なのである。

だからこそ、通貨の発行を巡る権力闘争は激烈なものとなる。権利さえ勝ち取ってしまえば、あとは好きなように通貨を作り出すことができるからである。ブラウンの作品は、この権力闘争の歴史を描いている。この歴史があるからこそ、現行の通貨制度が存在するのである。この歴史を学ぶことによって、読者は、現行の通貨制度が、天から授けられたものなどではなく、歴史の偶然によってたまたまこうなっただけのものであることを実感することができるだろう。

現行通貨制度が歴史の偶然の産物にすぎないとすると、他の制度も可能であるということが具体的にみえてくる。では、今の私たちにとって最も優れた通貨制度は、どのような制度なのだろうか。ブラウンによると、それは「通貨の発行権が（政府を介して）国民にあるような制度」である。もちろん、読者はこれに賛同する必要はない。むしろ、この代案の長所と短所とをじっくり考え、そこから自分のアイデアを練り出す方がよいだろう。最終的には、ブラウンの案に賛成することになってもよいが、ただ本に書かれているからという理由だけで何かに賛成するよりは、一度自分で考えた上で結論に至る方がはるかに良い。

訳者である私もまた、ブラウンの案に必ずしも賛成するわけではない。国民が民主的に選んだ議員から政府が構成されているからといって、政府が国民の希望に沿うように動く保証はどこにもない。政府関係者の利害と、国民の利害とは、必ずしも一致しないのである。そうだとすると、政府が通貨を発行できるようになっても、それは必ずしも国民の利益になるような通貨制度につながるわけではない。実際、国民の支持を勝ち取るために通貨の発行を行いつつ、多方面で国民の首を絞める政策を推進する政府は歴史上存在するし、現に存在してもいる。「政府が通貨を発行するような通貨制度はうまくいくか」という問題は、「国民の利害と政府の利害を一致させるためには何をすればよいのか」という問題とセットにして考え、両者を同時に解決する必要があるだろう、というのが私の考えである。

とはいえ、政府発行通貨に数々の利点があるということもまた否めない。特に、銀行を介さずに直接国民に通貨を配ることができるという点は魅力的である。例えば、「国民基礎所得」（ベーシックインカム）というような制度を設け、月額10万円というような金額を無条件で全国民の銀行口座に振り込むこともできる。あるいは、農業や水産業、科学や芸術、建築や交通といった、私たちの生活にとって大切な活動に、政府が直接お金を注ぎ込むことも出来るようになる。国民基礎所得のおかげで日本の国民全てが生存を保障され、「仕事」に対する私たちの態度が大きく変われば理想的である。従来では、仕事とは「お金を得るための活動」であった。しかし、本来、仕事とは「人々の（特に、自分以外の人の）生活に貢献する活動」であるはずである。高い水準の教育を受けた日本国民が、「お金を得るためだけに行う無意味な仕事」から解放されれば、サラ金や売春、暴力といった悲惨な仕事だけでなく、セールスやコンサルティング、ローン販売といった、社会的価値が本当にあるのかどうか疑わしい仕事もまた消えてゆくかもしれない。こうして時間的・体力的な余裕をたくさんの人たちが獲得すれば、環境問題や貧困問題といったスケールの大きい社会問題の解決もだいぶ現実的となるかもしれない。

少し話が脱線したが、以上は通貨制度を変えるだけで可能になりうる社会的な変革のほんの一例である。こうした変革は、特に米国の歴史上、たびたび試みられてきた。ブラウンの本著はその試みの歴史の物語でもあり、私たちがそこから学ぶべきことはたくさんあるはずである。

著者紹介

著者紹介に入る前にあえて本作の主題から話を始めたが、これはブラウン自身が、人物評価よりも政治思想の妥当性を重視する人だからである。日本だけでなく世界各国のメディアは、政治を人間ドラマのように扱うものだが、いわゆる「好感が持てる人物」が正しい政策決定をする保証はどこにもなく、逆に「イヤな奴」が正しい判断をすることもしばしばある。メディアだけでなく学者や政治家自身ですらも政治をドラマ化せずにはいられない愚昧な環境において、ブラウンのような姿勢は爽やかであり、私たちが手本とすべきものである。

エレン・ブラウンは、1945年9月15日にカルフォルニア州プレザントンで生まれた。1977年にカルフォルニア大学ロサンゼルス校より法務博士号を取得し、以後10年間、弁護士として働く。1990年に『穀物と一緒——たくさん食べて体重を減らし、長く生きる』を出版して以降、今に至るまで12冊の本と400作以上のエッセイを発表してきた。『負債の網——お金発行の闘争史・そしてお金の呪縛から自由になるために』の原著初版は2007年に出版されたが、それ以前のブラウンは主に健康的な食生活や医療に関する本を書いていた。『負債の網』出版以後、ブラウンの関心は食から政治経済へと移った。2011年に「公共銀行制度研究所」を設立し、2013年には『公共銀行制度という解決策』を発表。2018年現在に至るまで、米国をはじめ世界中でインタビューに応えつつ精力的に活動を続けている。

繰り返すが、以上は『負債の網』を読む上でほとんど意味を持たない情報である。例えば、「法律や食の専門家が書いた経済の本はアテにならない」といった批判は全く意味をなさない。あるいは、「一流校を卒業した弁護士に、普通の人の気持ちがわかるはずがない」といった感情論も、とりあえず脇に置くべきである。逆に、「こんなにも多くの著作を残しているのだから、ブラウンの言うことは正しいに違いない」といった肯定の仕方も良くない。以上はすべて、思想ではなく人物にこだわった評価の一例であり、本作の読み方としては不適切である。「誰が書いたのか」ではなく「何が書かれているのか」に集中しながら本作を読み進めていただきたい。

経済用語は難しい？

ブラウンも指摘しているように、金融業界では今に至るまで嫌というほどたくさんの意味不明な専門用語が生産され続けてきた。業界内の人たちにとってはこれほど都合の良い状況はない――自分たちのやっていることが、一般の人たちはおろか政府関係者にさえ理解不能となり、よって何をしてもそれを隠すことができるからである。

例えば、「derivative」という言葉を考えてみよう。ドキュメンタリー監督のマイケル・ムーア氏は、２００９年の映画作品『Capitalism: A Love Story』の中で、ウォール街のトレーダーに突撃取材をし、「デリバティブとは何か」という質問をした。ウォール街のトレーダーは、わかりやすい説明をすることができずに口をつぐむ。次のシーンでは、国際通貨基金（IMF）元チーフエコノミストで、ハーヴァード大学経済学部教授のケネス・ロゴフ氏が、やはり同じ質問に対して答えに窮する。

ハーヴァード教授やウォール街トレーダーでもわかりやすく説明することができない概念を、わかりやすい日本語に訳することなど不可能である。本著では、derivativeは慣習に従って「デリバティブ」とカタカナで訳した。しかし、ひらがなやカタカナは、外国語の音素を忠実に表すことはできても、言葉に込められた意味を表現することはほぼ全くできない。（蛇足ながら、ムーア氏の映画の題は、日本では『キャピタリズム～マネーは踊る～』という、あまりにもひどい翻訳がなされている。『資本主義――恋愛物語』とでも直訳した方が、原題の皮肉がよく伝わってよい。）日本語には、初めて見た言葉でも漢字を見て言葉の意味をなんとなく感じることができるという、英語にはない特徴がある。しかし、そもそもderivativeという、言葉を使っている本人たちですら解説できないものを前にしては、この特徴をうまく使うことも難しい。

また、たとえ漢字による創作的な翻訳が可能である場合でも、日本の金融業界ではderivativeがすでに「デリバティブ」と呼ばれている、という慣習に背いてしまうという問題がある。個人的には、derivativeは「二次賭博」とでも訳せばよいと思うのだが、金融市場に出回っているのは二次賭博商品ではなくあくまでデリバティブ商品なのである。慣習など気にせずに訳せばいいではないか、などという考えも、残念ながらここではうまくいかない。なぜなら、ブラウンの作品は歴史を扱った考察であり、デリバティブはその考察の対象の一つだからである。歴史上「デリバティブ」と呼ばれてきた対象は、やはり「デリバティブ」と訳すしかない。

読者は、こうした言葉にぶつかった場合、意味がわからないからといって読む気を無くす必要はない。むしろ、「私にわからないということは、きっとこの言葉を使っている人たちにとってもこれは意味不明なのだろう」と開き直って、飛ばし読みをされることをお勧めしたい。意味不明なものを意味不明なまま読み進めることに、一種の愉快さを感じていただけたら理想的である。

オズの魔法使い

本著のタイトルに含まれる「網」は「蜘蛛の巣」という意味でもあるが、これは、ブラウンが『オズの魔法使い』から拝借したイメージである。通貨の歴史の議論もさることながら、本著は『オズの魔法使い』の現代的解釈としての優れた文学研究作品としても読み解くことができる。

『オズの魔法使い』は、フランク・ボームによって書かれ1900年に出版された児童小説である。ミュージカル版は1902年に、映画版は1939年にそれぞれ初めて発表され、以後、特に英語圏では誰でも一度は読んだり観たりしたことのある作品として有名である。日本では、ミュージカル『ウィケッド』を通じてオズの魔法使いを知ったという方も多いのではないだろうか。小説版は図書館で、映画版はレンタル店で、それぞれ簡単にみつかる。老若男女誰でも気軽に楽しめる作品なので、ぜひ一度ご覧いただきたい。

おとぎ話には何か道徳的メッセージが隠されている場合が多いが、『オズの魔法使い』ほど直接的な作品はまれであると私は思う。各魔女が住んでいる方角から、エメラルドの都に住む人々がかけている眼鏡の色まで、作品のあらゆる細部に、アメリカの通貨を巡る歴史と政治への暗喩が含まれている。ブラウンはこれを注意深く取り出し、各章の枕として実にうまく活用している。結果として、作品全体がおとぎ話のような簡潔な枠組みに収まっている。

実際のところ、景気に関するニュースをネット上やテレビ、新聞などで見聞きする中で、私たちは銀行家や政治家を魔法使いのように扱ってはいないだろうか。『オズの魔法使い』においても、登場人物が皆そろってオズの魔法を称える歌を歌うが、本当はオズには魔法の力などないのだということを知る者はいない。オズの魔法は、皆がその存在を信じているという理由のみによって存在しているが、しかしオズの国がこの「オズの魔法信仰」の上に成り立っているということもまた事実である。

ドロシーが他の国民と異なる点は、オズ本人に会って魔法を見せてもらいたいと願っているところにある。他の国民は、魔法の存在を信じてさえいれば、具体的にオズに何かしてもらう必要はなく、そもそも魔法の正体を知りたいと願う動機もない。ちょうど、銀行制度の合理性を信じてさえいれば、具体的に日銀の仕組みを知らなくてもよいと大多数の国民が感じている日本の現状と同じである。しかし、オズに会いたいというドロシーの無垢な願いは、結果としてオズの国全体を揺るがす革命にまで膨らんでいく。通貨制度の歴史と実態についてもっと知りたいという読者の無垢な願いにもまた、あるいはこのような大きな可能性が秘められているかもしれないと思いつつ、筆をおきたい。

2018年7月

早川健治

用語集

Adjustable Rate Mortgage（ARM）／変動金利ローン

金利や返済期日が、場合によっては月単位という速さで変動しうるような住宅ローンプログラムの一種。このプログラムの目的は、市場条件に応じて住宅ローン金利を上下させることである。

Bankrupt ／破産

負債を返済できなくなること。支払い能力がないこと。保有資産の適切な市場価格以上に債務を抱えている状態。

Bear raid ／売り崩し

大がかりな空売りによって標的企業の株を買収し、手っ取り早く利益をあげたり企業取得に踏み切る慣習。

Bear versus bulls ／クマとウシ

景気が落ち込むだろうと予測する側をクマと呼び、景気が上向きになるだろうと考える側をウシと呼ぶ。

Book value ／帳簿価格

一企業の総資産から負債等の債務を引き去った後の金額。

Bubble ／バブル

基礎となる価格とは比べ物にならないほどのところまで進んでしまった、架空の価格インフレーション。

Business cycle ／ビジネスサイクル

経済成長（回復）期と衰退（不景気）期とが交互に生じる、予測可能な長期的パターン。

Capital adequacy ／所要自己資本

金融機関が、融資その他の資産に比して保有している資本（資産から債務を引き去った金額、「純資産」）の量。銀行規制機関は、「リスク格付け」資産に対してある規定の最低限度のエクイティ資本を有するよう義務付けている。バーゼル銀行監督委員会は、世界中の中央銀行の準備資本の管理を監督している。

Capitalization ／資本見積額

企業株式の市場価格。

Cartel ／カルテル

産業を問わず、商品生産や売り上げ、価格等をコントロールし、独占体制を敷いてその産業や商品に関する競争を制限する生産者たちの一団。

Central bank ／中央銀行

非商業銀行。政府から独立している場合もあり、また以下の役割の一部又はすべてを担っている。金融政策の実施、金融制度の安定性の統括、通貨紙幣の発行、政府銀行としての諸業務、金融機関の監督、決済制度の規制。

Chinese walls ／内部情報隔壁

会社内に設けられた情報隔壁。投資に関する決定を行う社員を、こうした決定に影響を及ぼしかねないような非公開資料情報に内々関与している社員から隔離し、これによって内部情報の漏れを防ぎ、不適切な取引が起こらないようにする。

Collateralized Debt Obligations（CDOs）／債務担保証券

個別の融資の分割や組み合わせによって、証券市場で売却可能な商品へと変身させる、複雑な金融ツール。こうした複合物には、自動車ローン、クレジットカード負債、そして企業負債が含まれる。「担保」と呼ばれるのは、何かしらの担保がそこに付随しているからである。売却に際しては、「デリバティブ」と呼ばれる洗練された賭けによって債務不履行から保護されていると言われる。

Compound interest ／複利

最初の元手だけでなく、それまでの返済期間中に蓄積された利息も含めて算出される利息。

Conspiracy ／共謀

犯罪を犯したり、合法的な目的の達成のために違法行為をすることに2つ以上の主体による合意。

Counterfeit ／偽造

模造物を作ること。詐欺を目的として行われることが多い。

Counterparties ／取引先

契約を交わす取引者。利害が相反する場合が多い。金融部門では、市場取引先という用語は、国家銀行、政府、国家通貨官庁、そして世界銀行グループのような多国籍通貨組織を指す。後者は融資や補償金の究極的な保証人である。同語は、同じような役割を担う企業に対して使われることもある。

Credit default swaps（CDS）／クレジット・デフォルト・スワップ

融資債務不履行に対する保護として売られる契約のこと。保険に似ているが、債務不履行に際して「保護売却者」（ヘッジファンド業者である場合が多い）に支払い能力があるという点を認証する保険規制機関が存在しないという点で異なる。CDSは基本的に賭けであり、対象のクレジット商品が債務不履行に陥った場合は「保護売却者」が支払いを行い、これと引き換えに「保護購入者」は保護に対して保険料を支払うことに両者が合意する。

Currency ／流通通貨

交換媒体として実際に使用され、物品やサービスの取引を促している通貨。あらゆる形態を含む。

Customs ／輸入税

輸入物に対する関税。

Deficit spending ／赤字財政支出

税収を上回る金額の政府歳出。

Deflation ／デフレーション

通貨やクレジットの供給量の収縮。価格の下落につながる。インフレーションの反対。

Demand deposits ／要求払預金

予告なしにいつでも要求に応じて引き出し可能な銀行預金。当座預金口座や貯蓄口座のほとんどは要求払預金である。

Depository ／預託銀行

第三者の資金を保有し、資金取引を促進する銀行。

Derivative ／デリバティブ

金融商品であり、その内容や価格は「原資産」の内容や価格によって決まる。原資産は、通常、商品、債券、エクイティ、あるいは流通通貨である。よくあるデリバティブの一例として、「先物」や「オプション」が挙げられる。

Discount ／割引

手形や住宅ローン等の額面価格と、市場でその商品が実際に売却される際の価格との差額。

Equity ／エクイティ

企業の所有者利益。

Equity market ／エクイティ市場

株式市場の一種。企業株が取引され、株価の上昇という形での企業の成功に参加する機会を投資家に提供している。

Excise taxes ／物品税

生活必需品でない消費者物品に対して課せられる内国税。

Federal funds rate ／ FF レート

銀行同士が相互に行う一夜貸しに対して請求されるレート。

Federal Reserve ／連邦準備制度

米国の中央銀行。米国のマネーサプライの規制を任せられている連邦銀行制度であり、これは主に米国証券の売買や、割引金利（連邦準備制度が商業銀行に通貨を融資する際の金利）の設定によって遂行される。

Federal Reserve banks ／連邦準備銀行

連邦準備制度の業務を遂行する銀行のこと。マネーサプライの制御や加盟銀行の規制等が含まれる。12の地区連銀が存在し、その拠点はボストン、ニューヨーク、フィラデルフィア、クリーブランド、セントルイス、サンフランシスコ、リッチモンド、アトランタ、シカゴ、ミネアポリス、カンザスシティ、そしてダラスである。

Fiat ／勅令

ラテン語で「～せよ」の意。恣意的な命令あるいは布告。

Fiat money ／法定不換紙幣

法貨のこと。特に紙幣流通通貨を指す。政府公認であるが、金銀による担保はなく、また後者への変換もできない。

Fiscal year ／会計年度

米国政府の会計年度は前年 10 月 1 日に始まり、9 月 30 日に終了する。

Float ／フロート

未償還であり、よって一般取引が可能な証券の株式数。

Floating exchange rate ／浮動為替相場

国家官庁によって固定されておらず、需要と供給に応じて変わる外貨為替相場。

Fraud ／詐欺

言語又は行為を通した事実の虚偽陳述。虚偽あるいは誤解を招くような申し立てや、開示すべき情報の隠蔽により、法的な損害を他者が被るように他者を動かすことをねらいとした欺瞞。

Free trade ／自由貿易

輸入関税、輸出助成金、国内生産助成金、貿易上限、輸入許可証等による制約を受けない国際貿易。先進国においては、自由貿易は賃金がより安い国への雇用の海外「輸出」につながる一方、発展途上国においては、海外金融家によって労働者や自然環境が搾取され、国内政府が発行できたはずの紙幣通貨と引き換えに労働や原料をかれらが奪うことにつながってしまう、という批判の声もある。

Globalization ／グローバリゼーション

実業や科学技術、そして哲学思想が世界中に広がっていく傾向、あるいは世界中にこれを広める過程を指す。

Gold standard ／金本位制

一定量の金に流通通貨を換金できるような通貨制度。

Gross domestic product ／国内総生産（GDP）

一国において１年で生産された物品やサービスすべての価値の総量。

Hedge funds ／ヘッジファンド業者

通貨を借りての空売り等の高リスクな技を駆使して、投資家のために期待以上の資本利益をあげることを目的とした投資会社。

Hyperinflation ／ハイパーインフレーション

一国の通貨の価値の事実上の無化をもたらすような急速なインフレーション期間。

Inflation ／インフレーション

消費者価格の継続的な上昇、あるいは通貨の購買力の継続的な減少。利用可能な通貨やクレジットの増量が利用可能な物品やサービスの量を上回ってしまうことで生じる。

Infrastructure ／インフラ

ある構造を維持するための枠組みを作り上げる上で欠かせない、相互につながりあった構造的要素。国の場合、国が正常に機能する上で必要な基本的な施設を指し、民営事業が安全かつ効率的に行われるための基盤となる公共の枠組みを指す。

Investment banks ／投資銀行

企業や政府の証券発行の補助役。投資家が行う証券購入や金融資産管理、そして証券取引を援護し、金融関連の助言を行う。商業銀行とは異なり、預金を受け取ったり商業融資を行うことはない。しかし、1999年のグラス・スティーガル法廃止によって、この境界線は曖昧にされてしまった。同法は、同一銀行が預金の受け取りと証券の引受とを行うことを禁じていた。大手投資銀行には、メリルリンチ、ソロモン・スミス・バーニー、モルガン・スタンレー・ディーン・ウィッター、そしてゴールドマン・サックスが含まれる。

Legal tender ／法貨

負債の返済としての受諾が法的に義務付けられている通貨。

Leveraging ／レバレッジをかける

借りた通貨で購入をすること。「レバレッジ」とは、投資家又は実業家の、借りた通貨の使用比率を指す。

Liquidity ／流動性

資産が割引無しで現金に換金されうる速度を指す。

Margin ／マージン

マージンで購入をする投資家は、自分のものではない通貨を使って購入をしているのであり、購入価格の何割かを仲買業者から借りており、株式その他の投資対象が値上がりした際に返済しなければならない。通常、マージン口座が開設されるが、これは現金が不足しているからではなく、全額を支払った場合に買うことのできた株式の数倍の量の株を買うことによって投資に「レバレッジ」をかけることができるからである。

Margin call ／マージンコール

追加の通貨や証券を預金するために借りた通貨を使っている投資家に対して、一定の最低残高にまでマージン口座を持っていくよう仲買人が要求すること。投資家の証券の内の１つ以上がある価格以下にまで値下がりした場合、仲買人は投資家に対して、口座に追加の通貨を預け入れるか、あるいは株式の一部を売却するよう呼びかける。

Monetize ／収益化

証券から生じる政府負債を、物品やサービスの購入に使用可能な流通通貨へと変換すること。

Money market ／短期金融市場

短期かつ低リスクの証券の取引。譲渡性預金や米国財務省手形等が含まれる。

Money supply ／マネーサプライ

国内における手形、硬貨、融資、クレジットその他の流動性商品の総量。「流動性」商品とは、現金への変換が容易なものを指す。連邦準備制度によるマネーサプライの報告は、これまで３つの区分を用いて行われてきた。M1、M2、そして M3 であるが、2006 年３月を最後に、M3 の報告は取り止めにされた。私たちが通常「通貨」と言うときに思い浮かべているのは M1 である―硬貨、ドル札、そして自分たちの当座預金口座に入っている通貨がそれである。M2 は、M1 に貯蓄口座や現金運用ファンド、そしてその他の個別又は「少額」の定期預金を加えたものである。M3 は、M1 と M2 に、機関その他の高額定期預金（機関現金運用ファンドを含む）とユーロドル（海外で流通する米ドル）を加えたものである。

Moral hazard ／モラルハザード

ある契約の存在が、そこに参加している主体の言動を変える危険性。例えば、火災保険に加入した会社は、防火措置の数を減らすかもしれない。銀行の場合、過去に救済を受けたことがあるために、放蕩をしてもまた救済してもらえるだろうという期待をかれらがする危険性のことである。

Mortgage ／住宅ローン

不動産の購入のための資金繰りをねらいとした融資。通常、厳密な返済予定や金利が組まれる。

Multiplier effect ／乗数効果

『インベストペディア』によると、「銀行が融資活動を許可されることによって起こる、国内のマネーサプライの拡張」のこと。

Oligarchy ／寡頭政治

少数派、多くの場合裕福層による、私利を目的とした政治。

Open market operations ／公開市場操作

公開市場において政府証券の売買を行い、銀行制度内の通貨の量の拡張あるいは収縮を目指すこと。

Ponzi scheme ／ポンジ商法

投資家が、後続の投資家から得た通貨によって支払いを受けるようなピラミッド商法。原語の由来であるチャールズ・ポンジは、ボストン生まれの活発な前科者であり、1920 年代に総額 600 万ドルを投資家から詐欺によって奪った。そこでかれは、換金済みの郵便返信切手券に 40％のリターンを約束した。一定期間中、かれは後続の投資家から得た通貨を使って始めの投資家に支払いを行っていたが、しまいには全く支払いを行わないまま一方的に通貨を回収することとなった。この商法によって、かれは懲役 10 年の刑を言い渡されている。

Posse comitatus ／民警団法

米国軍が米国の法律の執行に携わることを禁じた法令。

Plutocracy ／金権政治

富裕階級の手に最高権力が与えられている政治形態。裕福者による政治。

Privatization ／民営化

公共資産の民営企業への売却。

Proprietary trading ／自己勘定売買

投資銀行用語。銀行が顧客の通貨ではなく自分の通貨を使って株式や債券、オプションや商品等の売買を行い、私利を得ようとする行為。投資銀行の定義は、資本市場において（株式又は債券の売却によって）他の実業が資金を集める手助けをする事業であるとされている。しかし、実際には、大多数の大手投資銀行の利益の大半は、こうした売買活動から来ている。

Receivership ／管財処分

破産の一形態。裁判所が指名した管財人の助けを借りて再編成を行うことによって、企業が倒産を免れること。

Reflation ／リフレーション

政府が通貨関連活動によってデフレーションを意図的に逆転させること。

Republic ／共和国

人民の一団が、かれらに対して責任を負う公務員や代表者を選出する権利を持ち、こうした人民の手に最高権力があるような政治秩序。

Repurchase agreement（“repo”）／再売買合意（「レポ」）

合意された期日と価格において将来的に取引を逆転させる合意を含んだ証券売買。レポのおかげで、連邦準備制度は、ある日には流動性を注入し、別の日にこれを再び吸い出すという動きを一度きりの決済によって行うことができる。

Reserve requirement ／必要自己資本率

預金に対して各加盟銀行が常備するよう連邦準備理事会が定めた資金比率。

Security ／証券

一定の金融価値を表す、譲渡可能な利息の一種。企業、政府その他の組織によって発行され、負債又はエクイティの証拠を提供する投資商品。

Short sale ／空売り

証券を借りて売却し、貸し手への返済前にこれをより安い価格で再購入することをねらいとした行為。「純空売り」とは、借りた株式を埋め合わせるための株式購入を売り手が行わない空売りを指す。

Specie ／正貨

通貨を担保するために用いられる貴金属。主に金又は銀。

Structural adjustment ／構造調整

国際通貨基金が、新たな融資を求める発展途上国に対して推奨する変革を指して使う言葉。そこには、国内変革（民営化と規制緩和が特筆に値する）及び対外変革（特に貿易障壁の緩和）が含まれる。また、蓄積された負債を返済するための収益をあげる上で必要な経済成長を生み出すよう設計された「自由貿易」改革の束を指す。

Tariff ／関税

輸入品又は輸出品に課せられた税。（輸入関税と呼ばれることもある。）

Tight money ／タイト通貨

日々の生活を営む上で必要な通貨が十分にない状態。その原因は、ほとんどの場合、マネーサプライを意図的に収縮させた金融体制である。

Time desposits ／定期預金

預金顧客が投資に使用されていることを知っており、また一定期間引き出しができない預金。

Transaction desposit ／取引預金

連邦準備制度の用語。決済性預金（小切手を切ることのできる預金）や、引き出し限度又は制限無しで直接利用可能なその他の口座を指す。要求に応じて予告無しでいつでも引き出し可能であることから「要求払預金」と呼ばれることもある。当座預金口座や貯蓄口座の大半は要求払預金である。

Trust ／トラスト

会社や企業の複合体。競争を減らし、ある実業ないし産業内の価格のコントロールを行うことを目的とする。

Usury ／暴利

通貨を融資して借り手に利息請求を行う慣習。特に、法外な金利や違法に高い金利を請求すること。

Uptick rule ／値上げルール

証券取引委員会が定めるルール。株式を空売りするためには、その株の売却価格が以前の売却価格よりも高値でなければいけないという条件。

参考・推薦文献

Barber, Lucy, Marching on Washington: The Forging of an American Political Tradition (University of California Press, 2004).

Chicago Federal Reserve, Modern Money Mechanics, originally produced and distributed free by the Public Information Center of the Federal Reserve Bank of Chicago, Chicago, Illinois, now available on the Internet at http://www.rayservers.com/images/Modern-MoneyMechanics.pdf.

De Fremery, Robert, Rights Vs. Privileges (San Anselmo, California: Provocative Press, undated).

Emry, Sheldon, Billions for the Bankers, Debts for the People (Phoenix, Arizona: America's Promise Broadcast, 1984), reproduced at www.libertydollar.org.

Engdahl, William, A Century of War (New York: Paul & Co., 1993).

Franklin, Benjamin, The Autobiography of Benjamin Franklin (Dover Thrift Edition, 1996). 小田実・鶴見俊輔訳 『フランクリン自伝』土曜社、2015年。松本慎一・西川正身訳 『フランクリン自伝』岩波文庫 1957年。

Gatto, John Taylor, The Underground History of American Education (Oxford, New York: Oxford Village Press, 2000-2001).

Gibson, Donald, Battling Wall Street: The Kennedy Presidency (New York: Sheridan Square Press, 1994).

Goodwin, Jason, Greenback (New York: Henry Holt & Co., LLC, 2003).

Greco, Thomas, Money and Debt: A Solution to the Global Debt Crisis (Tucson, Arizona, 1990).

Greco, Thomas, New Money for Healthy Communities (Tucson, Arizona, 1994).

Griffin, G. Edward, The Creature from Jekyll Island (Westlake Village, California: American Media, 1998). 吉田利子訳『マネー生みだす怪物—連邦準備制度という壮大な詐欺システム』草思社 2005年。

Guttman, Robert, How Credit-Money Shapes the Economy (Armonk, New York: M. E. Sharpe, 1994).

Hoskins, Richard, War Cycles, Peace Cycles (Lynchburg, Virginia: Virginia Publishing Company, 1985).

Lietaer, Bernard, The Future of Money: Creating New Wealth, Work and a Wiser World（Century, 2001）. 小林一紀・福元初男訳、加藤敏春解説『マネー崩壊―新しいコミュニティ通貨の誕生』日本経済評論社　2000 年。

Patman, Wright, A Primer on Money（Government Printing Office, prepared for the Sub-committee on Domestic Finance, House of Representatives, Committee on Banking and Currency, Eighty-Eighth Congress, 2nd session, 1964）.

Perkins, John, Confessions of an Economic Hit Man（San Francisco: Berrett-Koehler Publishers, Inc., 2004）. 古草秀子訳　『エコノミック・ヒットマン 途上国を食い物にするアメリカ』東洋経済新報社　2007 年。

Quigley, Carroll, Tragedy and Hope（New York: MacMillan Co., 1966; now available from CSG Associates, San Pedro, California）.

Rothbard, Murray, Wall Street, Banks, and American Foreign Policy（Center for Libertarian Studies, 1995）.

Rowbothan, Michael, Goodbye America! Globalisation, Debt and the Dollar Empire（Charlbury, England: Jon Carpenter Publishing, 2000）.

Rowbotham, Michael, The Grip of Death: A Study of Modern Money, Debt Slavery and Destructive Economics（Charlbury, Oxfordshire: Jon Carpenter Publishing, 1998）.

Schwantes, Carlos, Coxey's Army: An American Odyssey（Moscow, Idaho: University of Idaho Press, 1994）.

Weatherford, Jack, The History of Money（New York: Crown Publishers, Inc., 1997）.

Wiggin, Addison, The Demise of the Dollar（ Hoboken, New Jersey: John Wiley & Sons, 2005）.

Zarlenga, Stephen, The Lost Science of Money（Valatie, New York: American Monetary Institute, 2002）.

24 Greg Morcroft, "Massachusetts Charges Merrill with Fraud," MarketWatch (February 1, 2008).

25 "Money as Wealth," http://moneyaswealth.blogspot.com (November 20, 2008).

26 "The Bank of North Dakota," New Rules Project, newrules.org; "AgPACE," bankd.com (2007); Josh Harkinson, "How the Nation's Only State-Owned Bank Became the Envy of Wall Street," Mother Jones (March27, 2009).

27 Jason Judd, Sam Munger, "Building State Development Banks," SEIU (September 2010); Timothy Canova, "The Public Option: The Case for Parallel Public Banking Institutions," New America Foundation (June 2011); Ellen Brown, "North Dakota's Economic 'Miracle'—It's Not Oil," YesMagazine.org (August 31, 2011).

28 See Ellen Brown, "The Secret Bailout of JPMorgan," webofdebt.com/articles (May 13, 2008).

29 See Ellen Brown, "It' s the Derivatives, Stupid!," webofdebt. com/articles (September 18, 2008).

30 Ibid.

31 Iain Dey, et. al, "JP Morgan 'Brought Down' Lehman Brothers," Times Online (October 5, 2008).

32 " Representative Paul Kanjorski Reviews the Bailout Situation," C-SPAN (January 28, 2009).

33 See Ellen Brown, "Financial Meltdown: The Greatest Transfer of Wealth in History," Global Research (October 16, 2008).

34 Joe Nocera, "So When Will Banks Give Loans?", New York Times (October 25, 2008).

35 Matt Taibbi, "Wall Street' s Bailout Hustle," Rolling Stone (February 17, 2010).

36 Jim Puzzahghera, "Bailout: Pay Now, Worry Later," Los Angeles Times (November 30, 2008).

37 See E. Brown, "Monetize This!", webofdebt.com/articles (February22, 2009).

38 Benjamin Gisin, Michael Krajovic, "Rescuing the Physical Economy," Conscious Economics (January 2009).

39 Ibid.

40 Martin Weiss, "New, Hard Evidence of Continuing Debt Collapse," Money and Markets (June 15, 2009).

41 "Interest Expense on the Debt Outstanding," TreasuryDirect, treasurydirect.gov (January 7, 2010).

(May 26, 2005); Tim Iacono, "Home Ownership Costs and Core Inflation," http://themessthatgreenspanmade.blogspot.com (October 17, 2005).
7 "Dr. Mahathir Mohamad," aljazeera.com (August 12, 2004).
8 "Gold Dinar Coins," taxfreegold.co.uk/golddinar.html.
9 Tarek El Diwany, "Third World Debt," presentation at Cambridge University' s "One World Week" in February 2002, citing UNDP Human Development Report (1997), page 93.
10 Tarek El Diwany, "A Debate on Money," islamic-banking.com (July2001).

第 47 章

1 George Friedman, "Global Market Brief: China' s Engineered Drop," worldnewstrust.com (March 1, 2007); Mike Whitney, "Tuesday' s Market Meltdown," counterpunch.org (March 1, 2007).
2 See, e.g., "The James Joyce Table," lemetropolecafe.com (February 28, 2007); and see Chapter 33.
3 M. Whitney, op. cit.

後記

1 Mark Gilbert, "Opaque Derivatives, Transparent Fed, 'Bubblenomics'," bloomberg.com (June 27, 2007).
2 Alex Gabor, "The Penny King Declares 'SEC Should Investigate Mr. Mozillo of Countrywide Financial," americanchronicle.com (August 22, 2007).
3 Iain Dey, et al., "Angry Savers Force Northern Rock to Be Sold," Telegraph.Co.Uk (September 16, 2007).
4 "Fears Over Rock' s Online Accounts," BBC News (September16, 2007).
5 Peter Ralter, "News of the Day," LeMetropoleCafe.com (September 16, 2007).
6 John Hoefle, "The Federal Reserve Vs. The United States," Executive Intelligence Review, April 12, 2002.
7 Ron Paul, "Reject Taxpayer Bank Bailouts," LewRockwell.com (May 4, 2005).
8 Chris Powell, "Central Banking Is Easy; The Challenge Is to Stay in Power," gata.com (August 23, 2007).
9 "Remarks from Hillary Clinton on the Global Economic Crisis," CNN (January 22, 2008) (video preserved on allamericanpatriots.com).
10 Jim Sinclair, "Could This Be 'The Mother of All Wakeup Calls'?", jsmineset.com (January 20, 2008).
11 Mike Whitney, "Is This the Big One?", Information Clearing House (January 21, 2008), citing cnbc.com/id/22706231.
12 "Countrywide CEO Waives Massive Severance Package," MortgageNewsDaily.com (February6, 2008).
13 Robert Kuttner, "Testimony Before the Committee on Financial Services," U.S. House of Representatives (October 2, 2007).
14 "Bond Insurers, Not Fed, Driving Market," seekingalpha.com (February4, 2008).
15 U.S. Credit-derivative Use Adds to Ambac, MBIA Volatility," Reuters (January 23, 2008).
16 Bethany McLean, "The Mystery of the $890 Billion Insurer," Fortune (May 16, 2005).
17 "Monoline Insurance," Wikipedia.
18 Jane Wells, "Ambac and MBIA: Bonds, Jane' s Bonds," CNBC (February 4, 2008).
19 "Mortgage Bond Insurers 'Need $200bn Boost,' " TimesOnline (January 25, 2008).
20 Adrian Ash, " Goldman Sachs Escaped Subprime Collapse by Selling Subprime Bonds Short," Daily Reckoning (October 19, 2007).
21 Sean Olender, "Mortgage Meltdown," SFGate.com (December 9, 2007).
22 "Rulings May Hinder Trustees' Foreclosure Actions," Securities Law360 (Portfolio Media, Inc., December 6, 2007).
23 Henry Gomez, Tom Ott, "Cleveland Sues 21 Banks Over Subprime Mess," The Plain Dealer (Cleveland, January 11, 2008).

8 "Economic Democracy," Wikipedia.
9 "$1 Trillion in Mortgage Losses?", Calculated Risk (December 28, 2007).
10 Sean Olender, "Mortgage Meltdown," San Francisco Chronicle (December 9, 2007).
11 "ECB Buys Time, But Doesn' t Resolve Credit Problems," Market Watch (December 18, 2007).
12 Harry Magdoff, et al., "The New Face of Capitalism: Slow Growth, Excess Capital, and a Mountain of Debt," Monthly Review (April 2002);Michael Hodges, "America' s Total Debt Report," http://mwhodges.home.att.net (March 2006).
13 "Sovereignty Loans," FOMC Alert (June 29-30, 1999); "H.R. 1452 [106th] : State and Local Government Economic Empowerment Act," govtrack.us/congress.
14 New Zealand Democratic Party for Social Credit, democrats. org.nz; Canadian Action Party, canadianactionparty.ca; Bromsgrove Group, prosperityuk.com; Forum for Stable Currencies, ccmj.org; London Global Table, globaltable.org.uk; American Monetary Institute, monetary.org.
15 Rodney Shakespeare, The Modern Universal Paradigm (2007), pages 95-96.
16 "CAFRs: The Biggest Secret," rense.com (June 30, 2000); Tom Valentine, "Media Watchdogs Won' t Expose Hidden Slush," American Free Press, americanfreepress.net.
17 "Debate Continues on Alaska Oil Drilling," CNNfyi.com (March 23, 2001).
18 Roger Langrick, "A Monetary System for the New Millennium," worldtrans.org/whole/monetarysystem.html.

第 45 章

1 Martin Khor, "IMF: Bailing OutCountries or Foreign Banks?", Third World Network (February 18, 2005).
2 Abraham McLaughlin, "Debt Forgiveness Gathers Steam," Christian Science Monitor (September 30, 2004).
3 Michael Rowbotham, "How Third World Debt Is Created and How It Can Be Cancelled," Sovereignty (May 2002), sovereignty.org.uk, excerpted from M. Rowbotham, "The Invalidity of Third World Debt" (1998), pages 14-17, and M. Rowbotham, Goodbye America! (Charlbury, England: Jon Carpenter Publishing, 2000), pages 518 135-36 and 140-43.
4 See Chapter 25.
5 Andrew Berg, et al., "The Dollarization Debate," Finance Development (March 2000); "Mixed Blessing: Can Dollarized Ecuador Avoid the Argentine Trap?", Financial Times (January 24, 2002); "El Salvador Learns to Love the Greenback," Economist (September 26, 2002); Marcia Towers, "The Socioeconomic Implications of Dollarization in El Salvador," Latin American Politics and Society (fall 2004).
6 See Ellen Brown, "Sustainable Energy Development: How Costs Can Be Cut in Half," webofdebt.com/articles (November 5, 2007).
7 Glen Martin, Ascent to Freedom:The Practical and Philosophical Foundations of Democratic World Law (Sun City, Arizona: Institute for Economic Democracy, 2008).

第 46 章

1 "Colonial Currency – Massachusetts Treasury Certificates," Department of Special Collections, Notre Dame, coins.nd.edu.
2 Michael Rowbotham, "An Indispensable Key to a Just World Economy," Prosperity, prosperityuk. com (October 2001).
3 Thomas Greco, "New Money: A Creative Opportunity for Business," The Global Development Research Center, www.gdrc.org.
4 Bernard Lietaer, "A 'Green' Convertible Currency," www.transaction.net.
5 Frederick Mann, "Economic Means to Freedom – Part V," buildfreedom.com (October 2, 1998).
6 Doug Gillespie, "'Core' Inflation Doesn't Work in Either Your Stomach or Your Gas Tank!", PrudentBear.com

8 Margrit Kennedy, Interest and Inflation-free Money (1995), see Deidre Kent, "Margrit Kennedy Inspires New Zealand Groups to Establish Regional Money Systems," mkeever.com (2002).
9 Ellen Brown, "Sustainable Energy Development: How Costs Can Be Cut in Half," webofdebt.com/articles (November 5, 2007).
10 Betty Reid Mandell, "Privatization of Everything," New Politics 9 (1-2) (2002).
11 See Chapter 28.
12 David Kidd, "How Money is Created in Australia," http://dkd.net/ davekidd/politics/money.html (2001).
13 Ministry of Works, State Housing in New Zealand (1949), page 7, quoted by Stan Fitchett in "How to Be a Billionaire," Guardian Political Review (Winter 2004), page 25.
14 "Albertans Investing in Alberta, 1938-1998," www.atb.com (2000).
15 B. Mandell, op. cit.
16 See Harvey Wasserman, "California' s Deregulation Disaster," The Nation (February 12, 2001).
17 Catherine Austin Fitts, "How the Money Works," SRA Quarterly, London (November 2001).
18 See Chapter 29.

第43章

1 Richard Russell, "The Takeover of U.S. Money Creation," Dow Theory Letter (April 2005).
2 Hans Schicht, "The Death of Banking and Macro Politics," 321gold.com/editorials (February 9, 2005).
3 Insurance Information Institute, Financial Services Fact Book (2005), http://financialservicefacts.org/financial2/banking/commercial/content.print.
4 William Hummel, "Deposit Insurance and Bank Failures," in Money:What It Is, How It Works, http://wfhummel.net (April 15, 2000).
5 G. Edward Griffin, The Creature from Jekyll Island (Westlake Village, California: American Media, 1998), pages 63, 65.
6 Emily Thornton, Mike France, "For Enron's Bankers, a 'Get Out of Jail Free' Card," businessweek.com (August 11, 2003).
7 Martin Weiss, "Global Vesuvius," Safe Money Report (November 2006).
8 Dean Baker, "Effective Currency Transaction Taxes: The Need to Tax Derivatives," Center for Economic and Policy Research, cepr.net (June19, 2001).
9 Dean Baker, "Taxing Financial Speculation: Shifting the Tax Burden from Wages to Wagers," cepr.net (February 2000).
10 John Hoefle, "The Federal Reserve Vs. The United States," Executive Intelligence Review (April 12, 2002).

第44章

1 "Federal Budget Spending and the National Debt," federalbudget.com (October 20, 2005).
2 Federal Reserve, "Assets and Liabilities of Commercial Banks in the United States," federalreserve.gov/releases/h8/Current/ (December 30, 2005).
3 John Williams, "Monthly Commentary," Shadow Government Statistics, shadowstats.com/cgi-bin/sgs/archives (August 2006).
4 See Chapter 38.
5 Bill Fleckenstein, "The Numbers Behind the Lies," MSN Money, http://moneycentral.msn.com (March 6, 2006).
6 Jan Vandermoortele, Are the MDGs Feasible? (New York: United Development Program Bureau for Development Policy, July 2002).
7 Richard Cook, "Gap Between GDP and Purchasing Power," Global Research (April 26, 2007).

第 41 章

1 William Hummel, "Non-banks Versus Banks," in Money: What It Is, How It Works, http://wfhummel.net (May17, 2002).

2 Gerry Rough, "A Bank of England Conspiracy?", floodlight.org (1997).

3 James Robertson, John Bunzl, Monetary Reform: Making It Happen (2003), jamesrobertson.com, page 26.

4 Ibid., pages 41- 42.

5 Stephen Zarlenga, The Lost Science of Money (Valatie, New York: AmericanMonetary Institute, 2002), pages 671-73.

6 Robert de Fremery, Rights Vs.Privileges (San Anselmo, California:Provocative Press 1997), pages 84-85.

7 Ellen Brown, "Market Meltdown," webofdebt.com/articles (September3, 2007); "Bank Run or Stealth Bailout?", ibid. (September 20, 2007); "Sustainable Energy Development:How Costs Can Be Cut in Half," ibid. (November 5, 2007). See Chapter 2.

8 American Monetary Institute, "The American Monetary Act" (September 2006), "Proposed Legislation," monetary.org.

9 "Monetary Reform Act," themoneymasters.com (2006).

10 Table B-72, "Bank Credit of All Commercial Banks, 1959-2005," http://a257.g.akamaitech.net/7/257/2422/15feb20061000/ www.gpoaccess.gov/eop/2006/B72.xls.

11 Peter Myers, "The 1988 Basle Accord-- Destroyer of Japan's Finance System," http://users.cynberone.com.au/myers/basle.html.

12 William Hummel, "A Plan for Monetary Reform," Money: What It Is, How It Works, http://wfhummel.net (December 7, 2006).

13 See Chapter 2.

14 Chris Cook, "Reversing the Polarity," Energy Risk (September 2007), pages 70-71; Chris Cook, "21st Century Islamic Finance," Al-Jazeerah (February 12, 2006).

15 Robert Guttman, How Credit-Money Shapes the Economy (Armonk, New York: M. E. Sharpe, 1994).

16 "History of the U.S. Postal Service, 1775-1993," usps.com.

17 W. Hummel, "A Plan for Monetary Reform," op. cit.

第 42 章

1 Quoted by Congressman Charles Binderup in a 1941 speech, "How America Created Its Own Money in 1750: How Benjamin Franklin Made New England Prosperous," reprinted in Unrobing the Ghosts of Wall Street, http://reactor core.org/america created money.html;expanded quote in "Contango: Dollar Future?", http://thefountainhead.typepad.com (March 26, 2006).

2 Roger Langrick, "A Monetary System for the New Millennium," worldtrans.org/whole/monetarysystem.html.

3 See Ellen Brown, "Behind the Drums of War with Iran: Nuclear Weapons or Compound Interest?", webofdebt.com/articles (November 13, 2007); E. Brown, "Why Is Iran Still in the Cross-hairs? Clues from the Project for a New American Century," ibid. (January 9, 2007).

4 Reuters, "Iran Mulls 'Interest-free' Banking," arabianbusiness.com (September 6, 2007).

5 The Project for the New American Century, " Rebuilding America' s Defenses," newamericancentury.org (2000).

6 Haitham Al-Haddad and Tarek El-Diwany, "The Islamic Mortgage:Paradigm Shift or Trojan Horse?", islamic-finance.com (November 2006).

7 Abdul Gafoor, Interest-free Commercial Banking (1995), chapter4, "Islamic Banking;" "Sweden's Sustainable Finance System," Global Public Media (October 16, 2007).

8 See "Ponzi Scheme," You Be the Judge and Jury, chapter 3, maxexchange.com/ybj/chapter3.htm. 514
9 Department of the Treasury, "Public Debt News," Bureau of the Public Debt, Washington, D.C. 20239 (January 15, 2004).
10 "U.S. Treasury Defaults on 30 Year Bond Holders," rense.com (January20, 2004).
11 Jerry Voorhis, The Strange Case of Richard Milhous Nixon (New York:S. Erikson Inc., 1972).
12 G. Edward Griffin, The Creature from Jekyll Island (Westlake Village, California: American Media, 1998), page 575; American Monetary Institute, "The American Monetary Act" (September 2006), "Proposed Legislation," www.monetary.org.

第 39 章

1 William Hummel, "Zeroing the National Debt," Money: What It Is, How It Works, http://wfhummel.net (March 3, 2002).
2 Bud Conrad, "M3 Measure of Money Discontinued by the Fed," financialsense.com (November 22, 2005).
3 "National Debt Clocks: National Debt by the Second," http://zfacts.com/p/461.html (March 4, 2005).
4 March 2005 radio interview of Mark Weisbrot, co-author of Social Security: The Phony Crisis (Chicago: University of Chicago Press, 1999).
5 Treasury Bulletin, fms.treas.gov/ bulletin/b44ofs.doc (December 2004).
6 "U.S. Public Debt," Wikipedia, citing figures from The Analytical Perspectives of the 2006 U.S. Budget, page 257.
7 Robert Bell, "The Invisible Hand (of the U.S. Government) in Financial Markets," financialsense.com (April 3, 2005).
8 "Global Savings Glut Revisited," Mish's Global Economic Trend Analysis, http://globaleconomicanalysis.blogspot.com (December 26, 2006).
9 "The Dow Jones Wilshire 5000 Composite Index, Fundamental Characteristics Month Ending 12/30/2005," wilshire.com/Indexes/ Broad/Wilshire5000/Characteristics.html.
10 "S&P 500 Index," yahoo.com.
11 Stanley Schultz, "Crashing Hopes: The Great Depression," American History 102: Civil War to the Present (University of Wisconsin 1999).

第 40 章

1 Richard Russell, "I Believe the Dollar Is Doomed," The Russell Report (August 23, 2006).
2 Ben Bernanke, "Deflation: Making Sure 'It' Doesn't Happen Here," Remarks Before the National Economists Club, Washington, D.C. (November 21, 2002).
3 Ben Bernanke, "Some Thoughts on Monetary Policy in Japan" (May 2003), quoted in Richard Duncan, "How Japan Financed Global Reflation," John Mauldin's Outside the Box, reprinted in gold-eagle.com (May 16, 2005).
4 "Bank of Japan Law," globaledge.msu.edu (December 15, 1998); "Japan Nationalizes, While China Privatizes," RIETI, rieti.go.jp/en/miyakodayori/072.html (June 25, 2003).
5 Richard Duncan, "Japan's Monetary Alchemy May Not Yield Gold," Financial Times (February 10, 2004).
6 R. Duncan, "How Japan Financed Global Reflation," op. cit.
7 Ibid.
8 Joseph Stroupe, "Speaking Freely: Crisis Towers Over the Dollar," Asia Times (November 25, 2004).
9 Rob Kirby, "Pirates of the Caribbean," financialsense.com (March 18, 2005).See Chapter 33.
10 Robert McHugh, "What's the Fed Up to with the Money Supply?", safehaven.com (December 23, 2005).

第 36 章

1 Stephen DeMeulenaere, "A Pictorial History of Community Currency Systems," www.appropriate-economics.org/materials/ complementary_currencies_social_change.html (2000).
2 Thomas Greco Jr., New Money for Healthy Communities (Tucson, Arizona, 1994), pages 17-21, quoting "A Public Service Economy: An Interview with Edgar S. Cahn," Multinational Monitor (April 1989).
3 T. Greco, op. cit.
4 Ravi Dykema, "An Interview with Bernard Lietaer," Nexus (Colorado's Holistic Journal) (July/August 2003).
5 David Johnston, Bernard Lietaer, "ECO2 Carbon Credit Card Project" (Draft Proposal, January 31, 2007).
6 James Taris, "Travel Without Money," TravelWithoutMoney.com.
7 Thomas Greco Jr., Money and Debt: A Solution to the Global Debt Crisis (Tucson, Arizona, 1990), page 42.
8 Stephen Zarlenga, The Lost Science of Money (Valatie, New York: American Monetary Institute, 2002), page 660.

第 37 章

1 Gretchen Ritter, Goldbugs and Greenbacks: The Antimonopoly Tradition and the Politics of Finance in America, 1865-1896 (New York:University of Cambridge, 1997).
2 Vernon Parrington, "The Old and New: Storm Clouds," Vol. 3, Bk. 2, Main Currents in American Thought (1927).
3 Stephen Zarlenga, The Lost Science of Money (Valatie, New York: American Monetary Institute, 2002), page 604.
4 "Compound Interest Calculator," FIDO: Australian Securities and Investment Commission, fido.asic. gov.au.
5 Tuoi Tre, Ho Chi Minh City, Vietnam, via VietNamBridge.net (November26, 2005).
6 S. Zarlenga, op. cit., page 658.
7 G. Edward Griffin, The Creature from Jekyll Island (Westlake Village, California: American Media, 1998), page 142.
8 Nelson Hultberg, "The Future of Gold as Money," Gold-eagle.com (February 1, 2005), citing Antal Fekete, Monetary Economics 101.
9 "Real Bills Doctrine," wikipedia.org.
10 KilowattCards.com.
11 Harvey Barnard, The National Economic Stabilization and Recovery Act, http://nesara.org.

第 38 章

1 National Press Club speech by David Walker in Washington on September 17, 2003.
2 Al Martin, "Bushonomics II (Part 1) :The End Game," almartinraw.com (April 11, 2005).
3 John Pilger, "Iran: The Next War," New Statesman, newstatesman.com (February 13, 2006).
4 Mike Whitney, "Coming Sooner Than You Think: The Economic Tsunami," counterpunch.com (April 8, 2005).
5 Rob Kirby, "Pirates of the Caribbean," financialsense.com (March 18, 2005).
6 Rob Kirby, "Currency Conundrums," financialsense.com (November 21, 2005).
7 Robert McHugh, "What' s the Fed Up to with the Money Supply?", safehaven.com (December 23, 2005); Ed Haas, "Iran, Bourse and the U.S. Dollar," NewsWithViews.com (January 28, 2006); "The Dollar May Fall This March," Pravda (January 14, 2006); Martin Walker, "Iran' s Really Big Weapon," globalresearch.ca (January 23, 2006); and see Chapter 32.

(March 9, 2007).

第34章

1 "The Coming Storm," The Economist (London), February 17, 2004, quoted in "New Bretton Woods Advances as Dollar Faces 'The Coming Storm," Executive Intelligence Review (March5, 2004).
2 John Hoefle, "Mergers, Derivatives Losses Reveal Bankruptcy of the U.S. Banking System," Executive Intelligence Review (November 1, 2002).
3 Michael Edward, "Cooking the Books: U.S. Banks Are Giant Casinos," http://worldvisionportalorg (February 2, 2004).
4 Robert Guttman, How Credit-Money Shapes the Economy (Armonk, New York: M. E. Sharpe, 1994), Sections 11, 11.1.
5 Ibid., Sections 10 and 11.
6 The Boston Consulting Group, "Growing Profits Under Pressure:Integrating Corporate and Investment Banking," bcg.com (2002).
7 "Wall Street v Wall Street," The Economist (June 29, 2006).
8 William Hummel, "Money Center Banks," in Money: What It Is, How It Works http://wfhummel.net (January 8, 2004).
9 Radio interviews of Patrick Byrne on Christian Financial Network, November 11, 2006; and on Financial Sense Online, March 31, 2007.
10 Liz Moyer, "Naked Shorts," Forbes.com (April 13, 2006). See also Liz Moyer, "Crying Foul in Short-selling Land," Forbes.com (June 21, 2006).
11 Dave Lewis, "Too Big to Bail (Out) : A Case of Humpty Dumpty Finance," http://dharmajoint.blogspot.com/2007/03/too-big-to-bail-out-case-of-humpty.html (March 9, 2007).
12 Murray Rothbard, "Fractional Reserve Banking," The Freeman (October 1995), reprinted on lewrockwell.com.
13 See, e.g., Addison Wiggin, The Demise of the Dollar (Hoboken, New Jersey: John Wiley & Sons, 2005), chapter 8; Martin Weiss, safemoneyreport.com; J. Taylor, miningstocks.com; Bill Bonner, dailyreckoning.com.

第35章

1 David Parker, "The Rise and Fall of The Wonderful Wizard of Oz as a 'Parable on Populism,' " Journal of the Georgia Association of Historians 15:49-63 (1994).
2 Dr. Peter Lindemann, "Where in the World Is All the Free Energy?" Nexus Magazine (vol. 8, no. 4), June-July 2001.
3 Ron Paul questioning Ben Bernanke before the Joint Economic Committee on March 28, 2006, C-SPAN.
4 Board of Governors of the Federal Reserve, "M3 Money Stock (discontinued series)," http://research.stlouisfed.org/fred2/data/M3SL.txt.
5 Richard Russell, "I Believe the Dollar Is Doomed," The Russell Report (August 23, 2006).
6 Y. Trofimov, "Conspiracy Theory Gains Currency, Thanks to Town's Professor Auriti," Wall Street Journal (October 7, 2000), page 34.
7 NORFED, norfed.org.
8 Barbara Hagenbaugh, "Feds Lower Boom on Alternative Money," USA Today (September 15, 2006); "Liberty Dollar," Wikipedia.
9 GoldMoney, goldmoney.com.
10 "Impact of the Grameen Bank on Local Society," rdc.com.au/ grameen/Impact.html.
11 Michael Strong, "Forget the World Bank, Try Wal-Mart," TCS Daily (August 22, 2006).

13 "Petro-Euro: A Reality or Distant Nightmare for U.S.?", aljazeera.com (April 30, 2006).
14 Rob Kirby, "The Grand Illusion," financialsense.com (December 13, 2005).
15 R. Daughty, op.cit.
16 "America' s Black Budget and the Manipulation of Mortgage and Financial Markets," interview with Catherine Austin Fitts, Financial Sense Newshour, netcastdaily.com (May 22, 2004).
17 M. Whitney, "Coming Sooner Than You Think: The Economic Tsunami," counterpunch.com (April 8, 2005); Gregory Palast, "The Globalizer Who Came in from the Cold," The London Observer (October 10, 2001).
18 See, e.g., Bob Chapman, TheInternational Forecaster (September3, 2003), goldseek.com/news/InternationalForecaster/1062763200.php.
19 Jeremy Scahill, "Blackwater Down," The Nation (October 10, 2005).
20 Henry Kissinger, Speech at Bilderberg Conference in Evians-Les-Bains, France, May 1992, "Quotations Attributed to Henry Kissinger," rense.com (December 1, 2002).
21 Al Martin, "FEMA, CILFs and State Security: Shocking Updates," almartinraw.com (November 28, 2005).
22 Ibid.; Michael Meurer, "Greenspan Testimony Highlights Bush Plan for Deliberate Federal Bankruptcy," truthout.org (March 2, 2004).
23 Henry C. K. Liu, "The Global Economy in Transition," Asia Times (September 16, 2003).
24 See Richard Hoskins, War Cycles, Peace Cycles (Lynchburg, Virginia:Virginia Publishing Company, 1985).
25 John Crudele, "Paulson' s Other Job as Wall St. Plunge Protector," New York Post (June 9, 2006).

第 33 章

1 Michael Bolser, "Cartel Capitulation Watch," Midas, lemetropolecafe.com (April 18, 2004).
2 Bill Murphy, "Consolidation Day Before Gold and Silver Resume Move Higher," Midas, emetropolecafe.com (Oct. 2, 2005).
3 John Crudele, "George Let Plunge Slip," New York Post (June 27, 2006).
4 Executive Order 12631 of March 18, 1988, 53 FR, 3 CFR, 1988 Comp., page 559.
5 Michael Bolser, "Enough Is Enough," Midas, lemetropolecafe.com (January 26, 2004). See his chart site at pbase.com/gmbolser/interventional_analysis.
6 John Embry, Not Free, Not Fair:The Long-term Manipulation of the Gold Price (Toronto: Sprott Asset Management, August 24, 2004), reprinted at fallstreet.com.
7 John Embry, Andrew Hepburn, "US Stocks: The Visible Hand of Uncle Sam," introduction by Japan Focus, Asia Times (October 19, 2005).
8 Chuck Augustin, "Plunge Protection or Enormous Hidden Tax Revenues," lemetropolecafe.com (June 30, 2006).
9 Jim Sinclair, "Cartel Blatantly Hammers Gold," jsmineset.com (November 21, 2003).
10 The John Brimelow Report, "Goldman Sach' s 'Partner' ," Midas, lemetropolecafe.com (March 24, 2004), quoting Bianco Research report.
11 The Prowler, "Raid on the Treasury," The American Spectator (October 12, 2006).
12 Bill Murphy, "Moral Hazard," LeMetropoleCafe.com (September8, 2006), reposted at gata.org/node/4361 (September 9, 2006), quoting Joe Stocks at siliconinvestor.com/readmsg.aspx?msgid=22789705.
13 Ibid., citing crmpolicygroup.org/docs/CRMPG-II.pdf.
14 M. Bolser, op. cit.
15 Alex Wallenwein, "The Dollar, the Crash, and the FTAA," financialsense.com (April 21, 2004).
16 Addison Wiggin, The Demise of theDollar (Hoboken, New Jersey: JohnWiley & Sons, 2005), page 63.
17 Hans Schicht, "From a Different Perspective," gold-eagle.com (July7, 2003).
18 Richard Freeman, "London' s Cayman Islands: The Empire of the Hedge Funds, Executive Intelligence Review

Voice, dissidentvoice.org (January 9, 2007); Martin Weiss, "Final Stage of the Real Estate Bubble," Safe Money Report (June 2005).
4 William Buckler, "The Week the Bottom Fell Out," The Privateer (March 2006); Gracchus, "A New America," rense.com (February 19, 2003).
5 Comptroller of the Currency, "Comptroller Dugan ExpressesConcern about Negative Amortization," occ.gov (December 1, 2005).
6 See bankrate.com.
7 Craig Harris, "The Real Estate Bubble," 321gold.com/editorials (March 11, 2004).
8 Gary North, "Surreal Estate on the San Andreas Fault," Reality Check (November 22, 2005).
9 M. Whitney, op. cit.

第 31 章

1 Al Martin, "Bullish Shillism," almartinraw.com (June 20, 2005).See also Dana Milbank, "Almost Unnoticed, Bipartisan BudgetAnxiety," Washington Post (May 18, 2005).
2 Adam Hamilton, "Real Rates and Gold 6," ZEAL, zealllc.com (2004).
3 Al Martin, op. cit.
4 Ibid., citing testimony by Federal Reserve Chairman Alan Greenspan before the Joint Economic Committee in June 2005. See also Kurt Richebacher, "Mr. Ponzi Salutes," The Richebacher Letter (June 2005).
5 Richard Freeman, "Fannie and Freddie Were Lenders: U.S. Real Estate Bubble Near Its End," Executive Intelligence Review (June 21, 2002).
6 "U.S. Financial Systemic Risk: Fannie Mae & Freddie Mac," http://seattlebubble.blogspot.com (August 11, 2006).
7 Eric Weiner, "Foreclosure-proof Homes?", Los Angeles Times (December 3, 2007).
8 Bob Chapman, "New Scams and New Losses," The International Forecaster (November 17, 2007).

第 32 章

1 R. Colt Bagley III, "Update: Record Derivatives Growth Ups System Risk," moneyfiles.org/specialgata04. html (July 29, 2004), reprinted in LeMetropoleCafe.
2 C. White, "How to Bring the Cancerous Derivatives Market Under Control," American Almanac (September 6, 1993).
3 Martin Weiss, Global Vesuvius: $285 Trillion in Very High-risk Debts and Bets!," Safe Money Report (November2006).
4 See Chapter 20.
5 M. Weiss, op. cit.
6 Gary Novak, "Derivatives Creating Global Economic Collapse," http://nov55.com/economy.html (June 30, 2006).
7 "Slipping on Derivative Banana Peels," http://worldvisionportal.org (February 9, 2004).
8 Lothar Komp, " 'Hedge Fund' Blowout Threatens World Markets," Executive Intelligence Review (May 27, 2005).
9 Ibid.
10 Nelson Hultberg, "Cornered Rats and the PPT," gold-eagle.com/editorials (March 26, 2003).
11 Captain Hook, "A Few Thoughts on Recently Announced Reporting Changes at the Fed," Treasure Chests, November 14, 2005, reprinted on safehaven.com (November 18, 2005).
12 The Mogambo Guru (Richard Daughty), "The 'Two Trill in Cash' Plan," The Daily Reckoning (April 10, 2006).

Norton, 1992).
7 Henry C K Liu, "How the U.S. Will Play China in the New Cold War," Asia Times (April 18, 2002).
8 Achin Vanaik, "Cancel Third World Debt," The Hindu, hindu.com (August 18, 2001).
9 Christian Weller, Adam Hersh, "Free Markets and Poverty," American Prospect (January 1, 2002).
10 "Indian Banking – Introduction," asiatradehub.com (2006).
11 "State Bank of India Ranks Highest in Consumer Satisfaction," J.D.Power Asia Pacific Reports (2001).
12 Greg Palast, "French Fried Friedman," The Nouvelle Globalizer (June 5, 2005).
13 Caroline Lucas MEP, Vandana Shiva, Colin Hines, "The Consequence of the UK Government' s Damaging Approach to Global Trade," Sustainable Economics (April 2005).
14 Radio interview of Vendana Shiva, democracynow.org (December 13, 2006).
15 C. Lucas, et al., op. cit.
16 Bob Djurdjevic, "Wall Street' s Financial Terrorism," Chronicles (March 1998).

第 29 章

1 Al Martin, "Bushonomics II (Part 1) :The End Game," almartinraw.com (April 11, 2005); Speech by Global Exchange founder Kevin Danaher, "Indymedia," KPFK (Los Angeles), March 15, 2004.
2 A. Martin, op. cit.
3 M. Whitney, "Coming Sooner Than You Think: The Economic Tsunami," counterpunch.com (April 8, 2005).
4 Isaac Shapiro, J. Friedman, New, Unnoticed CBO Data Show Capital Income Has Become Much More Concentrated at the Top (Washington, DC: Center on Budget and Policy Priorities, 2006).
5 Catherine Austin Fitts, "The American Tapeworm – Debt Up, Equity Down & Out," Scoop, scoop.co.nz (May 1, 2003); Chris Sanders, "Where Is the Collateral?", scoop.co.nz (October 28, 2003).
6 Citizens for Tax Justice, "New Data Show Growing Wealth Inequality," ctj.org (May 12, 2006).
7 Jeff Gates, "Ten Ways ThatNeoliberals Redistribute WealthWorldwide," Radar (July 2001); Ralph Nader interviewed by George Noory, coasttocoastam.com (September 24, 2004).
8 Barbara Whilehan, "Bankruptcy Bill Bad for Debtors," bankrate.com (March 23, 2005).
9 Jeffrey Steinberg, "We Can Beat Rohatyn and the Synarchists," White Paper from EIR Seminar in Berlin (June 27, 2006).
10 "Figures Show States Falling Deeper into Deficit," The Business Journal (Tampa Bay), January 7, 2003.
11 Paul Krugman, "The Debt-Peonage Society," New York Times (March 8, 2005).
12 Elizabeth Warren, Amelia Warren Tyagi, The Two-Income Trap: Why Middle-Class Mothers and Fathers Are Going Broke (New York: Basic Books, 2003).
13 Nicole Colson, "Drowning in Debt," Socialist Worker Online (February 13, 2004).
14 Chicago Federal Reserve, Modern Money Mechanics (1961, revised1992), originally produced and distributed free by the Public Information Center of the Federal Reserve Bank of Chicago, Chicago, Illinois, now available on the Internet at www.rayservers.com/images/ModernMoneyMechanics.pdf.
15 "The Facts About Credit Cards," worldnewsstand.net/money/credit_cards.htm.

第 30 章

1 Christian Weller, "For Middle-class Families, Dream of Own House Drowns in Sea of Debt," Center for American Progress, americanprogress.org (May 2005).
2 U.S. Department of Housing and Urban Development (HUD), "Large Percentage of Properties Are Owned Free and Clear," hud.gov (October 12, 2005).
3 C. Weller, op. cit.; HUD, op.cit.; Mike Whitney, "The Fed's Role in the Housing Crash of '07," Dissident

第 27 章

1 Bill Ridley, "China and the Final War for Resources," gold-eagle.com/ editorials (February 9, 2005).
2 Lee Siu Hin, "Journey to My Home – Hong Kong and China:Rediscovering the Meaning of Labor Activism, Being Chinese and Chinese Nationalism," actionla.org (April 2004).
3 Michael Billington, "Hamilton Influenced Sun Yat-Sen's Founding of the Chinese Republic," Executive Intelligence Review (January 1992); "Sun Yat-Sen," reference.com (2005).
4 Jiawen Yang, et al., The Chinese Currency: Background and the Current Debate (GW Center for the Study of Globalization, George Washington University).
5 "The People's Bank of China:Rules and Regulations," www.pbc.gov.cn (December 27, 2003); "Japan Nationalizes, While China Privatizes," RIETI, rieti.go.jp/en/ miyakodayori/072.html (June 25, 2003); Chi Hung Kwan, "Will China's Four Major Banks Succeed in Going Public?," China in Transition, rieti.go.jp/en/china (August 31, 2004); Henry C K Liu, "The Wages of Neoliberalism, Part III: China's Internal Debt Problem," Asia Times (May 28, 2006).
6 C. H. Kwan, op. cit.; "Central Bank," Wikipedia.
7 Henry C. K. Liu, "Banking Bunkum, Part 1: Monetary Theology," Asia Times (November 2, 2002).
8 Henry C. K. Liu, "The Wages of Neo-Liberalism, Part 1: Core Contradictions," Asia Times (March 22, 2006).
9 Greg Grillot, "The Mystery of Mr. Wu," The Daily Reckoning (May 10, 2005).
10 Henry C. K. Liu, "The Global Economy in Transition," Asia Times (September 16, 2003).
11 Susanna Mitchell, "China Today--Restructuring the Iron Rice Bowl," JubileeResearch.org (July 9, 2003); He Qinglian, "China Continues to Borrow Despite Heavy Debt," Epoch Times (November 8, 2005).
12 John Mauldin, "The Yield Curve," gold-eagle.com (January 7, 2006).
13 Correspondence from Jian Lian, co-author of Daguo Youxi (in press, Beijing).
14 Gary Dorsch, "The Commodity Super Cycle,'" and "The Commodity Super Cycle Goes into Extra Innings," financialsense.com (January 30 &April 24, 2006); William Buckler, "The Week the Bottom Fell Out," The Privateer (March 2006); Stephen Poloz, "China' s Trillion Dollar Nest Egg," Export Development Canada , www.edc.ca (April 4, 2007).
15 Keith Bradsher, "From the Silk Road to the Superhighway, All Coin Leads to China," The New York Times (February 26, 2006).
16 Henry C. K. Liu, "China, Part 2: Tequila Trap Beckons China," Asia Times (November 6, 2004).
17 Henry C. K. Liu, "Nazism and the German Economic Miracle," Asia Times (May 24, 2005).
18 Henry C. K. Liu, "Crippling Debt and Bankrupt Solutions," Asia Times (September 28, 2002).
19 David Fuller, "Taking the Bull by the Horns," The Daily Reckoning (October 4, 2005);Mike Shedlock (Mish), "Global Savings Glut Revisited," http://globaleconomicanalysis.blogspot.com (December 26, 2006).
20 B. Ridley, op. cit.

第 28 章

1 "Commanding Heights: The Battle for the World Economy," pbs.org (2002).
2 William Engdahl, A Century of War (London: Pluto Press, 2004), pages 140, 161.
3 The Research Unit for Political Economy, "India as 'Global Power,'" Aspects of India' s Global Economy, rupe-india.org (December 2005).
4 Wayne Ellwood, "The Great Privatization Grab," New Internationalist Magazine (April 2003).
5 Vincent Ferraro, et al., "Global Debt and Third World Development," in Michael Klare et al., eds., World Security: Challenges for a New Century (New York: St. Martin's Press, 1994), pages 332-35.
6 H. Caldicott, "First World Greed and Third World Debt," in If You Love This Planet (New York: W.W.

第25章

1 William Engdahl, A Century of War (London: Pluto Press, 2004), page 235.

2 Professor Thayer Watkins, San Jose State University Economics Department, "What Happens When a Paper Currency Fails?", www.2.sjsu.edu.

3 W. Engdahl, op. cit., pages 239-41.

4 Ibid., page 236.

5 Albero Benegas Lynch, "The Argentine Inflation," libertyhaven.com (1972).

6 Carlos Escud , "From Captive to Failed State: Argentina Under Systemic Populism, 1975-2006," The Fletcher Forum of World Affairs (Tufts University, Summer 2006).

7 Dennis Small, "Argentina Proves," Executive Intelligence Review (February 8, 2002).

8 Larry Rohter, "Argentina' s Economic Rally Defies Forecasts," New York Times (December 23, 2004).

9 "Argentine Peso," Answers.com; "Banco Central de la Republica Argentina," Wikipedia.org.

10 "Tucking in to the Good Times," Economist.com (December 19, 2006).

11 Ibid.

12 Jorge Altamira, "The Payment to the IMF Is Embezzlement Committed Against Argentina," Prensa Obrera no. 929 (2005).

13 Ibid.; Cynthia Rush, "Argentina, Brazil Pay Off Debt to IMF," Executive Intelligence Review (December 30, 2005); Dennis Small, " 'Vulture Funds' Descend on Dying Third World Economies," Executive Intelligence Review (October 10, 2003).

14 "Argentina Heads for Return of Debt Default that Left It 'Out of the World' Seven Years Ago," The Guardian (April 2, 2009).

15 "Bags of Bricks: Zimbabweans Get New Money – for What It's Worth," The Economist (August 24, 2006); Thomas Homes, "IMF Contributes to Zimbabwe's Hyperinflation," newzimbabwe.com (March 5, 2006).

16 Henry C. K. Liu, "China, Part 2:Tequila Trap Beckons China," Asia Times (November 6, 2004).

第26章

1 Kathy Wolfe, "Hamilton' s Ghost Haunts Washington from Tokyo– Excerpts from the Leaders of the Meiji Restoration," Executive Intelligence Review (January 1992).

2 Ibid.

3 Chalmers Johnson, "On the Japanese Threat," Multinational Monitor (November 1989).

4 William Engdahl, A Century of War (London: Pluto Press, 2004), page 229.

5 Ibid

6 Chalmers Johnson, "How America' s Crony Capitalists Ruined Their Rivals," Los Angeles Times (May 7, 1999).

7 Mark Weisbrot, "Testimony Before the House of Representatives Committee on Banking and Financial Services on the International Monetary Fund and Its Operations in Russia," http://financialservices.house.gov/banking/91098ppp.htm (September 10, 1998).

8 Michel Chossudovsky, "The Curse of Economic Globalization," Monetary Reform On-line (fall/winter 1998-99).

9 Ibid.

10 Martin Khor, "Malaysia Institutes Radical Exchange, Capital Controls," Third World Network, www.twnside.org.

11 "World Bank Reverses Position on Financial Controls and on Malaysia," Global Intelligence Update Weekly Analysis (September 20, 1999).

第23章

1 Rachel Douglas, et al., "The Fight to Bring the American System to 19th Century Russia," Executive Intelligence Review (January 1992).
2 Anton Chaitkin, "The 'American System' in Russia, China, Germany and Japan: How Henry Carey and the American Nationalists Built the Modern World," American Almanac (May 1997).
3 G. Edward Griffin, The Creature from Jekyll Island (Westlake Village, California: American Media, 1998), chapter 13.
4 Rachel Douglas, et al., "The Fight to Bring the American System to 19th Century Russia," Executive Intelligence Review (January 3, 1992).
5 "History: Bank of Russia," www.cbr.ru (2005).
6 G. E. Griffin, op. cit., chapters 13-14.
7 Ibid., pages 263-66.
8 Ibid., pages 211, 266. See also Antony Sutton, Wall Street and the Bolshevik Revolution (New Rochelle, New York: Arlington House, 1974, 2001).
9 G. E. Griffin, op. cit., pages 287-88.
10 "History: Bank of Russia," op. cit.
11 G. E. Griffin, op. cit., pages 292-93.
12 Srdja Trifkovic, "Neoconservatism, Where Trotsky Meets Stalin and Hitler," Chronicles (July 23, 2003); Martin Kelly, "NeoCons and the Blue Bolsheviks," Washington Dispatch (September 24, 2004); "Alex Jones Interviews Jude Wanniski," prisonplanet.tv (February 2, 2005).
13 S. Trifkovic, op. cit.
14 "History: Bank of Russia," op. cit.
15 "Alex Jones Interviews Jude Wanniski," prisonplanet.tv (February2, 2005).
16 Wayne Ellwood, "The Great Privatization Grab," New Internationalist Magazine (April 2003).
17 Mark Weisbrot, "Testimony Before the House of Representatives Committee on Banking and Financial Services on the International Monetary Fund and Its Operations in Russia," http://financialservices.house.gov/banking/91098ppp.htm (September 10, 1998).

第24章

1 John Weitz, Hitler' s Banker (GreatBritain: Warner Books, 1999).
2 Stephen Zarlenga, The Lost Science of Money (Valatie, New York:American Monetary Institute, 2002), pages 590-600.
3 Matt Koehl, "The Good Society?", rense.com (January 13, 2005).
4 S. Zarlenga, op. cit., page 590.
5 Ibid., pages 591, 595-96.
6 Henry Makow, "Hitler Did Not Want War," savethemales.com (March 21, 2004).
7 Quoted in the Foreword to Sydney Rogerson, Propaganda in the Next War (2nd ed. 2001, orig. 1938).
8 J. F. C. Fuller, A Military History of the Western World, vol. III, pages 368-69 (1957).
9 Henry C. K. Liu, "Nazism and the German Economic Miracle," Asia Times (May 24, 2005).
10 Michael Hudson interview with Stephen Lendman, "Global Research News Hour," April 14, 2009.
11 S. Zarlenga, op. cit., pages 581-89. See also S. Zarlenga, "Germany's 1923 Hyperinflation: A 'Private' Affair," Barnes Review (July-August 1999).
12 S. Zarlenga, The Lost Science of Money, op. cit., page 586.

chapter 22.
8 Hans Schicht, "Financial Spider Webbing," gold-eagle.com (February25, 2004).
9 Joan Veon, "Does the Global Economy Need a Global Currency?", NewsWithViews.com (August 16, 2003); William Engdahl, A Centuryof War ((London: Pluto Press, 2004);Antal Fekete, "Where Friedman Went Wrong," lemetropolecafe.com (December 1, 2006).
10 Antal Fekete, "Dollar, My Foot," Asia Times (May 28, 2005).
11 J. Veon, op. cit.
12 M. Rowbotham, op. cit., pages 77-84;Bernard Lietaer, "The Terra TRC White Paper," terratrc.org.
13 John Perkins, Confessions of an Economic Hit Man, (San Francisco:Berrett-Koehler Publishers, Inc., 2004), page 91; W. Engdahl, A Century ofWar, op. cit., pages 135-39.
14 Michael Rowbothan, Goodbye America! Globalisation, Debt and the Dollar Empire (Charlbury, England: Jon Carpenter Publishing, 2000), pages 79-80.
15 Bernard Lietaer, The Future of Money: Creating New Wealth, Work, and a Wiser World (Century, 2001).
16 Robert Schenk, "Fixed Exchange Rates," Cyber-Economics, ingrimayne.com (April 2006).
17 Henry C. K. Liu, "China, Part 2: Tequila Trap Beckons China," Asia Times (November 6, 2004).
18 G. Edward Griffin, The Creature from Jekyll Island (Westlake Village, California: American Media, 1998), page 107; Michael Rowbotham, "How Third World Debt Is Createdand How It Can Be Cancelled," Sovereignty (May 2002), sovereignty.org.uk.
19 Vincent Ferraro, et al., "Global Debt and Third World Development," in Michael Klare et al., eds., World Security: Challenges for a NewCentury (New York: St. Martin's Press, 1994), pages 332-35.
20 William Engdahl, "Why Iran's Oil Bourse Can't Break the Buck," Energy Bulletin (March 12, 2006).
21 John Mueller, "Reserve Currency Problems Need Golden Solutions," Financial Times (August 20, 2004); Chris Gaffney, "Waiting on theNumbers," Daily Reckoning (August11, 2006).

第22章

1 William Engdahl, A Century of War (London: Pluto Press, 2004), pages 60-61, 187-91; Federal Deposit Insurance Corporation, History of the 80s, Volume I, Chapter 5, "The LDC Crisis," fdic.gov (2000).
2 W. L. Hoskins, et al., "Mexico:Policy Failure, Moral Hazard, and Market Solutions," Cato Policy Analysis, cato.org (October 10, 1995); "Mexican Populism: 1970 to 1982," http//:daphne.palomar.edu (1996).
3 Henry C. K. Liu, "China, Part 2: Tequila Trap Beckons China," Asia Times (November 6, 2004).
4 W. Engdahl, op. cit.
5 Jane Ingraham, "A Fistful of . . .Pesos?", New American (February 20, 1995).
6 H. C. K. Liu, op. cit.
7 Achin Vanaik, "Cancel Third World Debt," The Hindu, hindu.com. (August 18, 2001).
8 J. N. Tlaga, "Euro and Gold Price Manipulation," gold-eagle.com (December 22, 2000).
9 Eqbal Ahmad, "The Reconquest of Mexico," tni.org (March 1995).
10 Bill Murphy, "Blueprint for a GATA Victory," gata.org (August 6, 2000).
11 J. Ingraham, op. cit.
12 Joseph Stiglitz, "The Broken Promise of NAFTA," New York Times (January 6, 2004).
13 David Peterson, "Militant Capitalism," ZMagazine (February1996).
14 Christopher Whalen, "Robert Rubin's Shell Game," eco.utexas.edu (October 10, 1995); Jim Callis, "What NAFTA Has Brought to Mexicans," cooperativeindividualism.org (March 1998).
15 H.C. K. Liu, op. cit.
16 Michel Chossudovsky, "The Curse of Economic Globalization," Monetary Reform On-line (fall/winter 1998-99).

5 See Gary Novak, "Derivatives Creating Global Economic Collapse," http://nov55.com/economy.html (June 30, 2006).

6 Interview of John Hoefle, "Hedge Fund Rescue, and What to Do with the Blow Out of the Bubble?," EIR Talks (October 2, 1998).

7 Martin Weiss, Global Vesuvius: $285 Trillion in Very High-risk Debts and Bets!," Safe Money Report (November 2006); Hamish Risk, "Derivative Trades Jump 27% to Record $681 Trillion," bloomberg.com (December 10, 2007).

8 Thomas Kostigen, "Sophisticated Investor: Derivative Danger," MarketWatch (September 26, 2006). See also Ari Weinberg, "The Great Derivatives Smackdown," forbes.com (May 9, 2003); Michael Edward, "Cooking the Books Part II – US $71 Trillion Casino Banks," rense.com (March 27, 2004).

9 G. Novak, op. cit.

10 Christopher White, Testimony Submitted on April 13, 1994 to the House Committee on Banking, Finance and Urban Affairs, "The Monetary System Is Collapsing," The New Federalist (May 30, 1994).

11 M. Weiss, op. cit.

12 C. White, op. cit.

13 IMF Research Department Staff, "Capital Flow Sustainability andSpeculative Currency Attacks," worldbank.org (November 12, 1997).

14 "A Hitchhiker' s Guide to Hedge Funds," The Economist (June 13, 1998).

15 George Soros, The Crisis of Global Capitalism, excerpted in Newsweek International (February 1, 1999).

16 "Credit Derivatives Led by Too Few Banks, Fitch Says," Bloomberg.com (November 18, 2005).

17 John Hoefle, "EIR Testimony Scored Scorched-Earth Looters," Executive Intelligence Review (May 27, 2005).

18 Michael Rowbotham, "How to Cancel Third World Debt," in Goodbye America! Globalisation, Debt and the Dollar Empire (Charlbury, England: Jon Carpenter Publishing, 2000). See also G. Edward Griffin, The Creature from Jekyll Island (Westlake Village, California: American Media, 1998), page 27.

19 "Capital Requirement," Wikipedia.

20 Sean Corrigan, "Speculation in the Late Empire," LewRockwell.com (January 14, 2006).

21 Quoted in "History of Money," www.xat.org.

22 See Introduction.

第 21 章

1 Donald Gibson, Battling Wall Street:The Kennedy Presidency (New York:Sheridan Square Press, 1994), pages 41 and 79, and chapter 6.

2 Compare Melvin Sickler, "Abraham Lincoln and John F. Kennedy: Two Great Presidents Assassinated for the Cause of Justice," Michael Journal (fall 2003); and G. Edward Griffin, "Updates to Creature: The JFK Myth," Freedom Force International (2006).

3 "What Is the History of Gold and Silver Use?," jaredstory.com; Kelley Ross, "Six Kinds of United States Paper Currency," friesian.com/notes.htm#us (1997).

4 See, e.g., M. Sickler, op. cit.; Wes Penre, "The Assassination of John F. Kennedy and the Federal Reserve Bank," Illuminati News (November 23, 2003).

5 David Ruppe, "Book: U.S. Military Drafted Plans to Terrorize U.S. Cities to Provoke War With Cuba," ABC News (November 7, 2001), abcnews.com, reviewing Friendly Fire by James Bramford; see also "JFK Assassination," op. cit.

6 William Engdahl, "A New American Century? Iraq and the Hidden Euro-dollar Wars," Current Concerns (November 1, 2003).

7 Henry C. K. Liu, "The Wages of Neo-Liberalism, Part 1: Core Contradictions," Asia Times (March 22, 2006); Stephen Zarlenga, The Lost Science of Money (Valatie, New York: American Monetary Institute, 2002),

on the Internet at www.rayservers.com/images/ModernMoneyMechanics.pdf.
2 William Hummel, "The Myth of the Money Multiplier," in Money:What It Is, How It Works, http://wfhummel.net (March 17, 2004).
3 W. Hummel, "Bank Lending and Reserves," ibid. (June 23, 2004).
4 Murray Rothbard, "Fractional Reserve Banking," The Freeman (October 1995), reprinted on lewrockwell.com.
5 Carmen Pirritano, "Money & Myths" (May 1993), http://69.69.245.68/money/debate06.htm.
6 "(Fairly) Quick and Dirty Explanation of Why We Are in an Economic Crisis," politicsofmoney.net.
7 Bill Mitchell, "Quantitative Easing 101," Billy Blog, bilbo.economicoutlook.net (March 13, 2009).
8 Kevin LaRoche, "Investment Banks and Commercial Banks Are Analogous to Oil and Water: They Just Do Not Mix," Boston University, bu.edu/econ/faculty.
9 Kate Kelly, "How Goldman Won Big on Mortgage Meltdown," Wall Street Journal (December 14, 2007).
10 Emily Thornton, "Inside Wall Street' s Culture of Risk: Investment Banks Are Placing Bigger Bets than Ever and Beating the Odds – at Least for Now," BusinessWeek.com (June12, 2006).
11 Sean Corrigan, "Speculation in the Late Empire," LewRockwell.com (January 14, 2006).
12 Barry' s Bulls Newsletter, "Those Bond Bums," Barron' s Online (June 30, 2006).

第19章

1 Richard Geist, "New Short Selling Regulations," Bull & Bear Financial Report (March 4, 2004).
2 David Knight, "Short Selling = Counterfeiting?", www.marketocracy.com (2005).
3 Bob Drummond, "Corporate Voting Charade," Bloomberg Markets (April 2006).
4 Daniel Kadlec, "Watch Out, They Bite! How Hedge Funds Tied to Embattled Broker Refco Used 'Naked Short Selling' to Plunder Small Companies," Time (November 6, 2005).
5 Judith Burns, "SEC Proposes Barring Restrictions on Stock Transfers," Dow Jones Newswires (May 26, 2004).
6 "Short Selling," Wikipedia (August 31, 2006).
7 In Karl Thiel, "The Naked Truth on Illegal Shorting," The Motley Fool, fool.com (March 24, 2005).
8 Securities and Exchange Commssion, 17 CFR parts 240 and 242, July 3, 2007; sec.gov/rules/final/2007/34-55970.pdf.
9 "Stockgate: DTCC Sued Again," Investors Business Daily, investors.com (July 28, 2004).
10 Mark Faulk, "Faulking Truth Recommends Abolishing the SEC," faulkingtruth.com (April 27, 2006).
11 Patrick Byrne, "The Darkside of the Looking Glass: The Corruption of Our Capital Markets," businessjive.com/nss/darkside.html (2004-05).
12 Warren Buffett, "Avoiding a 'Mega-catastrophe' : Derivatives Are Financial Weapons of Mass Destruction," Fortune (March 3, 2003).

第20章

1 Bob Chapman, "The Derivatives Mess," International Forecaster (November 11, 1998), reprinted in usagold.com (November 2005) (editor's note).
2 Robert Milroy, Standard & Poor's Guide to Offshore Investment Funds 28 (2000); David Chapman, "Derivatives Disaster, Hedge Fund Monsters?", gold-eagle.com (November 11, 2005).
3 Richard Freeman, "London's Cayman Islands: The Empire of the Hedge Funds," Executive Intelligence Review (March 9, 2007).
4 Christopher White, "How to Bring the Cancerous Derivatives Market Under Control," American Almanac (September 6, 1993); R. Colt Bagley III, "Update: Record Derivatives Growth Ups System Risk," moneyfiles.org/specialgata04.html (July 29, 2004), reprinted from LeMetropoleCafe.

Butkiewicz, "Reconstruction Finance Corporation," EH.Net Encyclopedia.
13 Ed Steer, "Who Owns the Federal Reserve?", financialsense.com (October 14, 2004).
14 Dr. Edwin Vieira, "A New Gold Seizure: Possibility or Paranoia?", newswithviews.com (March 2, 2006).
15 Bill O' Rahilly, "Goodbye, Yellow Brick Road," Financial Times (August5, 2003).
16 Congressman McFadden on the Federal Reserve Corporation, Remarks in Congress, 1934 (Boston: Forum Publishing Co.), including excerpts from Congressional Record 1932, pages 12595-96.
17 Jackson Lears, "A History of the World According to Wall Street: The Magicians of Money," New Republic Online (June 20, 2005).
18 Smedley Butler, War Is a Racket (Los Angeles: Feral House, 1939, 2003); The History Channel, "America' s Hidden History:The Plot to Overthrow FDR," informationclearinghouse.info; Lonnie Wolfe, "The Morgan-British Fascist Coup Against FDR," American Almanac (February 1999).
19 S. Zarlenga, op. cit., page 561.
20 R. Edmondson, "Attacks on McFadden' s Life Reported," Pelley' s Weekly (October 14, 1936).
21 (原著に出典なし)

第17章

1 Book review of Wright Patman:Populism, Liberalism, and the American Dream by Nancy Young (Southern Methodist University Press, 2000) in Journal of American History 90:1, historycooperative.org.
2 Ibid.
3 Quoted in Archibald Roberts, The Most Secret Science (Fort Collins, Colorado: Betsy Ross Press, 1984).
4 "Money Facts," U.S. Bureau of Engraving and Printing, moneyfactory.gov (2007).
5 Wright Patman, A Primer on Money (Government Printing Office, prepared for the Sub-committee on Domestic Finance, House of Representatives, Committee on Banking and Currency, 88th Congress, 2nd session, 1964), chapter 3.
6 Jerry Voorhis, The Strange Case of Richard Milhous Nixon (New York:S. Erikson Inc., 1972).
7 Peter White, "The Power of Money," National Geographic (January 1993), pages 83-86.
8 J. Voorhis, op. cit.
9 E. Flaherty, op. cit.
10 Murray Rothbard, The Case Against the Fed (1994). See also Chapter 2.
11 "United States Debt," Wikipedia.
12 G. Edward Griffin, The Creature from Jekyll Island (Westlake Village, California: American Media, 1998), pages 192-93.
13 Federal Reserve Bank of New York, "Reserve Requirements," ny.frb.org/aboutthefed/fedpoint/fed45.html (June 2004).
14 "Savings Account," Wikipedia.
15 E. Flaherty, op. cit.
16 Board of Governors of the Federal Reserve System, Annual Report; see E. Flaherty, op. cit.
17 The Federal Banking Agency Audit Act of 1978.
18 Wright Patman, "Money Facts," Supplement to a Primer on Money (88th Congress, 2nd Session 1964); Stephen Zarlenga, The Lost Science of Money (Valatie, New York: American Monetary Institute, 2002), page 673.

第18章

1 Chicago Federal Reserve, Modern Money Mechanics (1961, revised 1992), originally produced and distributed free by the Public Information Center of the Federal Reserve Bank of Chicago, Chicago, Illinois, now available

3 Lester Chandler, Benjamin Strong, Central Banker (Washington: Brookings, 1958), quoted in Stephen Zarlenga, The Lost Science of Money (Valatie, New York: AmericanMonetary Institute, 2002), page 541.

4 Carroll Quigley, Tragedy and Hope:A History of the World in our Time (New York: Macmillan Company, 1966), page 326, quoted in G. Edward Griffin, The Creature from Jekyll Island (Westlake Village, California:American Media, 1998), page 424.

5 G. E. Griffin, op. cit., page 503.

6 S. Zarlenga, op. cit., pages 546-48; G.E. Griffin, op. cit., page 503. 423-26, 502-03.

7 G. E. Griffin, op. cit., pages 49-50.

8 "On the Side of Golden Angels," gold-eagle.com (September 8, 1977).

9 Congressman McFadden on the Federal Reserve Corporation, Remarks in Congress, 1934 (Boston: Forum Publishing Co.), including excerpts from Congressional Record 1932, pages 12595-96.

10 Quoted in The Federal Observer 4:172 (June 21, 2004), federalobserver.org. See "The Bankers' Manifesto and Sustainable Development," afn.org/~govern/safe.html (June 9, 1998).

11 "Profile of the Farmer-Labor Party," Buttons and Ballots (July 1997), reprinted at msys.net.

12 "Massillon's J.S. Coxey Led First March on D.C.," The Enquirer (Cincinnati), April 16, 2003; "Jacob Coxey," spartacus.schoolnet.co.uk.

13 Lucy Barber, Marching on Washington: The Forging of an American Political Tradition (University of California Press, 2004); "Jacob Coxey," spartacus.schoolnet.co.uk.

14 Russ John, "Monte Ne," Arkansas Travelogue (February 1, 2002).

第16章

1 "New Deal," Wikipedia.

2 Charles Walters, "Parity and Profits," Wise Traditions in Food, Farming and the Healing Arts (Spring 2001), westonaprice.org; Marcia Baker, Christine Craig, "From Food Shocks to Famine," Executive Intelligence Review (June 7, 2007).

3 Stephen Zarlenga, The Lost Science of Money (Valatie, New York: American Monetary Institute, 2002), page 554.

4 G. Edward Griffin, The Creature from Jekyll Island (Westlake Village, California: American Media, 1998), page 142, citing Murray Rothbard, What Has Government Done to Our Money? (Larkspur, Colorado: Pine Tree Press, 1964), page 13.

5 "John Maynard Keynes," Time (March 29, 1999); Steve Kangas, "A Brief Review of Keynesian Theory," Liberalism Resurgent, http://home.att.net/~Resurgence/L-chikeynes.htm.

6 Henry C. K. Liu, "Banking Bunkum, Part 1: Monetary Theology," Asia Times (November 6, 2002), citing John Maynard Keynes, General Theory (1936).

7 "Roosevelt, the Deficit and the New Deal," Land and Freedom (resources for high school teachers), landandfreedom.org; Jim Powell 500 "How FDR's New Deal Harmed Millions of Poor People," The Cato Institute, cato.org (December 29, 2003).

8 Federal Reserve Statistical Release (October 23, 2003), federalreserve.gov/releases/H6/hist/h6hist1.txt; Jonathan Nicholson, "U.S. National Debt Tops $7 Trillion for First Time," Reuters (February 18, 2004).

9 Cliff Potts, "The American Dollar," USAFWZ (radio), geocities.com/usafwz/dollar.html (November 1, 2003).

10 Robert Hemphill, "Sound Money" (March 17, 1934), quoted byLouis McFadden in "A Call for Impeachment" presented to Congress May 23, 1933, quoted in James Montgomery, A Country Defeated in Victory, Part III," biblebelievers.org.au.

11 Quoted in J. Montgomery, ibid.

12 Arthur Schlesinger, The Age of Roosevelt (Boston: Houghton Mifflin, 1953); Richard Freeman, "How Roosevelt's RFC Revived Economic Growth, 1933-45," EIREconomics (March 17, 2006); James

CapitolHill/Senate/3616/flaherty5.html.
15 Hans Schicht, "Financial Spider Webbing," gold-eagle.com (February27, 2004).
16 Ibid.; Hans Schicht, "From a Different Perspective," gold-eagle.com (July 7, 2003); Hans Schicht, "The Merchants of Debt," gold-eagle.com (July 25, 2001).
17 See Eric Samuelson, J.D., "The U.S.Council on Foreign Relations," sweetliberty.org (2001).
18 Jim Cornwell, "The New World Order," chapter 7, The Alpha and the Omega (1995), mazzaroth.com.
19 Henry Liu, "The BIS vs. National Banks," Asia Times (May 14, 2002)
20 Pepe Escobar, "The Masters of the Universe," Asia Times (May 22, 2003).
21 Congressional Record, Second Session, Sixty-Fourth Congress, Volume LIV, page 2947, "Remarks," Oscar Callaway (February 9, 1917).
22 Norman Solomon, "Break upMicrosoft? . . . Then How About the Media 'Big Six?,' " The Free Press (April 27, 2000).
23 John Taylor Gatto, The Underground History of American Education (Oxford, New York: Oxford Village Press, 2000-2001).
24 Joe Lockard, et al., "Bad Subjects Interviews Howard Zinn," Bad Subjects: Political Education for Everyday Life , http://eserver.org/editors/2001-1-31.html (January 31, 2001).
25 "Who Was Philander Knox?", op. cit.

第 14 章

1 "A Fairy Tale of Taxation," AmericanPatriot Network, civil-liberties.com/pages/taxationtale.htm (June 24, 2000); see Kevin Bonsor, "How Income Taxes Work: Establishing a Federal Income Tax," http://money.howstuffworks.com/income-tax1.htm.
2 Citizens for Tax Justice, "Less Than Zero: Enron' s Income Tax Payments, 1996-2000," ctj.org (January 17, 2002).
3 "Origins of the Income Tax," fairtax.org; Sen. Richard Lugar, "My Plan to End the Income Tax," remarks delivered April 5, 1995, CATO Money Report, cato.org.
4 Brushaber v. Union Pacific Railroad, 240 U.S. 1, 7 (1916).
5 "A Fairy Tale of Taxation," op. cit.
6 Ibid.
7 Congressman John Linder, "Become a Voluntary Taxpayer," Americans for Fair Taxation, fairtaxvolunteer.org (June 2, 2001).
8 Bill Benson, "The Law That Never Was – The Fraud of Income and Social Security Tax," helawthatneverwas.com; Bill Branscum, "Marvin D.Miller' s 'Reliance' on Benson (1989)," fraudsandscams.com (2003).
9 "Who Was Philander Knox?", worldnewsstand.net/history/PhilanderKnox.htm. (1999).
10 National Debt Awareness Center, "Federal Budget Spending and the National Debt," federalbudget.com (October 20, 2005); Joint Statement .. . on Budget Results for Fiscal Year 2005," treas.gov (October 14, 2005).
11 President' s Private Sector Survey on Cost Control: A Report to the President (vol. 1), approved by the Executive Committee at its meeting on January 15, 1984; reprinted at uhuh.com/taxstuff/gracecom.htm.

第 15 章

1 Stanley Schultz, "Crashing Hopes:The Great Depression," American History 102: Civil War to the Present (University of Wisconsin 1999), http://us.history.wisc.edu/hist102/lectures/lecture18.html.
2 Albert Burns, "Born Under a Bad Sign: The Roots of the 'GreatDepression,' " sianews.com (October 14, 2003).

2 "Daniel Inouye," Wikipedia (November 2004).
3 Quoted in Peaceful Revolutionary Network, "The History of Money Part3," xat.org (August 2003).
4 Matthew Josephson, The Robber Barons (New York: Harcourt Brace & Co., 1934).
5 Steve Kangas, "Monopolies," Liberalism Resurgent, http://mirrors.korpios.org/resurgent/L-ausmon. htm (1996); Ron Chernow, Titan:The Life of John D. Rockefeller Sr. (Random House, 1998).
6 Steve Kangas, "Myth: The Gold Standard Is a Better Monetary System," The Long FAQ on Liberalism, huppi. com/kangaroo/L-gold.htm (1996).
7 Steve Kangas, "Monopolies," op.cit.; Donald Miller, "Capital and Labor: John Pierpont Morgan and the American Corporation," A Biography of America, learner.org; John Moody, The Truth about the Trusts (NewYork: Moody Publishing, 1904);Carroll Quigley, Tragedy and Hope (New York: MacMillan Company, 1966).
8 Sam Natapoff, "Rogue Whale," The American Prospect vol. 15, issue 3 (March 1, 2004).
9 "Federal Reserve," Liberty Nation, libertynation.org (2002).
10 G. Edward Griffin, The Creature from Jekyll Island (Westlake Village, California: American Media, 1998), pages 408-17, quoting George Wheeler, Pierpont Morgan and Friends: The Anatomy of a Myth (Englewood Cliffs, New Jersey:Prentice Hall, 1973).
11 David Rivera, Final Warning (1997), republished at silverbearcafe.com.
12 Leon Kilkenny, "Rome, Rockefeller, the U.S., and Standard Oil," reformation.org/rockefeller.html (April 5, 2003).
13 Peter Lindemann, "Where in the World Is All the Free Energy?" Nexus Magazine (June-July 2001).
14 Quoted in Marc Seifer, "Confessions of a Tesla Nerd," netsense.net/tesla/article2.html (Feb. 1, 1997).

第13章

1 Frank Vanderlip, From Farm Boy to Financier, quoted in "The Great U.$.Fraud," iresist.com (August 8, 2002).
2 "The Roadshow of Deception," World Newsstand, wealth4freedom.com (1999).
3 "Who Was Philander Knox?", worldnewsstand.net/history/PhilanderKnox.htm. (1999).
4 Patrick Carmack, Bill Still, The Money497 Masters: How International Bankers Gained Control of America (video, 1998), text at http://mailstar.net/money-masters.html.
5 Jon Christian Ryter, "When the Invisible Power Chooses to be Seen," NewsWithViews.com (August 16, 2006); Murray Rothbard, Wall Street, Banks, and American Foreign Policy (Center for Libertarian Studies, 1995);G. Edward Griffin, The Creaturefrom Jekyll Island (Westlake Village, California: American Media, 1998), pages 239-40.
6 G. E. Griffin, op. cit., pages 465-68.
7 E. Germain, "Truth in History —World War I," Southern Heritage, johnnyreb 22553.tripod.com/ southernheritage/id45.html; O.Skinner, "Who Worded the 16th Amendment?", The Best Kept Secret, ottoskinner.com. (2002).
8 Congressman McFadden on the Federal Reserve Corporation, Remarks in Congress, 1934 (Boston: Forum Publishing Co.), including excerpts from Congressional Record 1932, pages 12595-96.
9 See Lewis v. United States, 680 F.2d 1239 (1982), in which a federal circuit court so held.
10 FAQs: Federal Reserve System," federalreserve.gov.
11 Sam Natapoff, "Rogue Whale," The American Prospect, vol. 15, issue 3 (March 1, 2004).
12 Stephen Zarlenga, The Lost Science of Money (Valatie, New York: American Monetary Institute, 2002), page 536;G. E. Griffin, op. cit., page 423.
13 See Ellen Brown, "The Secret Bailout of JPMorgan," webofdebt.com/ articles (May 13, 2008).
14 Edward Flaherty, "Myth #5: The Federal Reserve Is Owned and Controlled by Foreigners," geocities. 498 com/

(Harbinger, 1958; originally published in1927), http://xroads.virginia.edu/~HYPER/Parrington/vol3/bk02_01_ch01.html..

2 Henry C. K. Liu, "Banking Bunkum, Part 1: Monetary Theology," Asia Times (November 2, 2002).

3 Keith Bradsher, "From the Silk Road to the Superhighway, All Coin Leads to China," The New York Times (February 26, 2006).

4 Keith Bradsher, "Surge in Consumer Prices Stirs China' s Concern About Overheated Economy," New York Times (August 14, 2007); Joseph Lazzaro, "China Learned that Yuan-dollar Peg Is a Two-edge Sword," www.blogginstocks.com (January 7, 2008).

5 Bob Blain, "The Other Way to Deal with the National Debt," ProgressiveReview (June 1994). See also Toby Birch, "The Guernsey Experiment," Gold News (May 19, 2008).

6 David Kidd, "How Money Is Created in Australia," www.centa.com/CEN-TAPEDE/2003/expert/expert343-01.html (2001); Michael Rowbotham, Goodbye America! Globalisation, Debt and the Dollar Empire (Charlbury, England: Jon CarpenterPublishing, 2000), pages188-89.

7 Eleazar Lord, National Currency: A Review of the National Banking Law (New York: 1863), page 8.

8 Letter to Col. William F. Elkins, November 21, 1864, The Lincoln Encyclopedia (New York: Macmillan, 1950).

9 Thomas DiLorenzo, "Fake Lincoln Quotes," lewrockwell.com (2002).

10 Professor James Petras, "Who Rules America?", Global Research (January13, 2007).

第 11 章

1 Quoted in The Federal Observer 4:172 (June 21, 2004), federalobserver.org.

2 Arundhati Roy, "Public Power in the Age of Empire," address to the American Sociological Association in San Francisco, democracynow.org (August 16, 2004).

3 Joe Lockard, et al., "Bad Subjects Interviews Howard Zinn," Bad Subjects: Political Education for Everyday Life , http://eserver.org/editors/2001-1-31.html (January 31, 2001).

4 Carlos Schwantes, Coxey' s Army (Moscow, Idaho: University of Idaho Press, 1994), page 37.

5 "In Our Own Image: TeachingIraq How to Deal with Protest," pressaction.com (October 3, 2003).

6 Lucy Barber, Marching on Washington: The Forging of an American Political Tradition (University of California Press, 2004).

7 Jacob Coxey, " 'Address of Protest' on the Steps of the Capitol," from The Congressional Record, 53rd Congress, 2nd Session (May 9, 1894), page 4512.

8 L. Barber, op. cit., chapter 1.

9 "Militia Threatens March on Washington!", geocities.com/Athens/Forum/3807/features/hogan.html; "Coxey's Army," Reader's Companion to American History, college.hmco.com.

10 "In Our Own Image," op. cit.

11 Benjamin Dangl, "Lawyers, Guns and Money: IMF/World Bank Celebrate 60 Years of Infamy," Indymedia (April 28, 2004).

12 Russ John, "Monte Ne," Arkansas Travelogue (February 1, 2002).

13 John Ascher, "Remembering President William McKinley," schillerinstitute.org (September 2001); Marcia Merry-Baker, et al., "Henry Carey and William McKinley," American Almanac (1995); Sherman Skolnick, "What Happened to America' s Goldenboy?", skolnickreport.com.

14 Murray Rothbard, Wall Street, Banks, and American Foreign Policy (Center for Libertarian Studies, 1995).

第 12 章

1 "Woodrow Wilson: The Visionary President," http://home.att.net/~jrhsc/wilson.html.

10 Minutes of the Philadelphia committee of citizens sent to meet with President Jackson, February 1834, quoted in Stan V. Henkels, Andrew Jackson and the Bank of the United States (1928)
11 Carmack & Still, op. cit.
12 Ibid.; David Rivera, Final Warning (1997), republished at silverbearcafe.com.

第8章

1 Anton Chaitkin, "Abraham Lincoln' s 'Bank War'," Executive Intelligence Review (May 30, 1986).
2 "Abraham Lincoln," "Republican Party," "Whig Party," Wikipedia.
3 Ibid.; the Adelphi Organization, "Profiles of Famous Brothers," adelphi.com.
4 Patrick Carmack, Bill Still, The Money Masters: How International Bankers Gained Control of America (video, 1998), text at http://mailstar. net/money-masters.html.
5 Vernon Parrington, Vol. 3, Bk. I, Chap. III, "Changing Theory: Henry Carey," Main Currents in American Thought (1927).
6 Anton Chaitkin, "The 'American System' in Russia, China, Germany and Japan: How Henry Carey and the American Nationalists Built the Modern World," American Almanac (May 1997).
7 Irwin Unger, The Greenback Era (Princeton University Press, 1964), quoted in Stephen Zarlenga, The Lost Science of Money (Valatie, NewYork: American Monetary Institute, 2002, page 464.
8 J. G. Randall, The Civil War and Reconstruction (Boston: Heath & Co., 1937, 2d edition 1961), pages 3-11, quoted in S. Zarlenga, op. cit.
9 S. Zarlenga, op. cit., pages 455-66.10.
10 Bob Blain, "The Other Way to Deal with the National Debt," The Progressive Review (June 1994).Chapter 9

第9章

1 G. Edward Griffin, The Creature from Jekyll Island (Westlake Village, California: American Media, 1998), page 374, citing Conrad Siem in LaVieille France 216:13-16 (March 17-24, 1921).
2 "Hazard Circular," 1862, quoted in Charles Lindburgh, Banking and Currency and the Money Trust (Washington D.C.: National Capital Press, 1913), page 102.
3 Quoted in Rob Kirby, "Dead Presidents' Society," financialsense.com (February 6, 2007), and many other sources.
4 C. Siem, op. cit.
5 G. E. Griffin, op. cit., citing Robert Owen, National Economy and the Banking System (Washington D.C.: U.S. Government Printing Office, 1939).
6 Samuel P. Chase, "National Banking System," Gilder Lehrman Institute of American History, Document Number: GLC1574.01 (1863), gilderlehrman.org; S. Zarlenga, op.cit., pages 467-71; G. E. Griffin, op. cit., pages 386-88.
7 Stephen Zarlenga, The Lost Science of Money (Valatie, New York:American Monetary Institute, 2002), page 469, quoting Davis Rich Dewey, Financial History of the United States (New York: Longmans Green, 1903).
8 Sarah Emery, Seven Financial Conspiracies Which Have Enslaved the American People (Lansing, Michigan: R. Smith, revised edition1894), chapter X.
9 David Rivera, Final Warning (1997), republished at silverbearcafe.com.
10 Texas State Historical Association, "Greenback Party," The Handbook of Texas Online (December 4, 2002).

第10章

1 Vernon Parrington, Vol. 3, Bk. 2, "The Old and New: Storm Clouds," Main Currents in American Thought

15 R. Hoskins, op. cit., pages 37-45, 59-61.

第6章

1 Patrick Carmack, "The Money Changers, Part III," Dollar Daze, http://dollardaze.org/blog (October 18, 2007).
2 Ibid.; Richard Hoskins, War Cycles, Peace Cycles (Lynchburg, Virginia:Virginia Publishing Company, 1985).
3 Stephen Zarlenga, The Lost Science of Money (Valatie, New York: AmericanMonetary Institute, 2002), pages 266-69.
4 Patrick Carmack, Bill Still, The Money Masters: How International Bankers Gained Control of America (video, 1998), text at http://mailstar.net/money-masters.html.
5 Ibid.
6 J. Lawrence Broz, et al., Paying for Privilege: The Political Economy of Bank of England Charters, 1694-1844 (January 2002), page 11, econ.barnard.columbia.edu.
7 Herbert Dorsey, "The Historical Influence of International Banking," http://usa-the-republic.com; Ed Griffin, The Creature from JekyllIsland (American Media: Westlake Village, California, 2002), pages 175-77; "Bank Charter Act 1844," Wikipedia; Eustace Mullins, Secrets ofthe Federal Reserve (1985), chapter 5, reprinted at barefootsworld.net.
8 S. Zarlenga, op. cit., page 228.
9 E. Griffin, op. cit.
10 J. Lawrence Broz, Richard Grossman, "Paying for Privilege: The Political Economy of Bank of England Charters, 1694-1844," econ.barnard.columbia.edu (Weatherhead Centerfor International Affairs, Harvard University, January 2002).494
11 Thomas Rue, "Nine Million Witches?", Harvest 11 (3) :19-20 (February 1991); "Witch Trials in Modern Europe," Wikipedia.
12 "Tally Sticks," op. cit.; R. Hoskins, op. cit.
13 Jack Weatherford, The History of Money (New York: Three Rivers Press, 1998), pages 130-32.
14 See Chapter 17.

第7章

1 Charles Conant, A History of Modern Banks of Issue (New York: Putnam, 1909), quoted in Stephen Zarlenga, The Lost Science of Money (Valatie, New York: American Monetary Institute, 2002), page 413.
2 Gustavus Myers, History of the Great American Fortunes (New York:Random House, 1936), page 556, quoted in G. Edward Griffin, The Creature from Jekyll Island (Westlake Village, California: American Media, 1998), page 331.
3 G. E. Griffin, op. cit., pages 226-27;Patrick Carmack, Bill Still, The Money Masters: How International Bankers Gained Control of America (video, 1998), text at http://mailstar.net/money-masters.html; "Rothschild Family," Wikipedia.
4 Carmack & Still, ibid.
5 Quoted in S. Zarlenga, op. cit., page 411.
6 Ibid., pages 410-13.
7 Thomas Jefferson, The Writings of Thomas Jefferson, Memorial Edition (Lipscomb and Bergh, editors, Washington, D.C., 1903-04), volume
15, pages 40-41.
8 S. Zarlenga, op. cit., page 416.
9 G. E. Griffin, op. cit., page 352.

1874), quoted in S. Zarlenga, op. cit., pages 380-81.
13 S. Zarlenga, op. cit., pages 377-87;Patrick Carmack, Bill Still, The Money Masters: How International Bankers Gained Control of America (video, 1998), text at http://mailstar.net/money-masters.html.

第4章

1 Sheldon Emry, Billions for the Bankers, Debts for the People (Phoenix, Arizona: America's Promise Broadcast, 1984), reproduced at libertydollar.org.
2 James Newell, "Currency and Finance in the 18th Century," The Continental Line (Fall 1997).
3 Alexander Hamilton, Works, Part II, page 271, quoted in G. Edward Griffin, The Creature from Jekyll Island (Westlake Village, California: American Media, 1998), page 316.
4 Jason Goodwin, Greenback (New York: Henry Holt & Co., LLC, 2003), pages 95-115.
5 Vernon Parrington, Main Currents n American Thought, Volume 1, Book 3, Part 1, Chapter 3, "Alexander Hamilton" (1927); reprinted at http://xroads.virginia.edu/~HYPER/Parrington/vol1/bk03_01_ch03.html.
6 "Alexander Hamilton," Naval History and Heritage, www.history.navy.mil.
7 J. Goodwin, op. cit., page 109.
8 Stephen Zarlenga, The Lost Science of Money (Valatie, New York:American Monetary Institute, 2002), pages 405-08.
9 J. Goodwin, op. cit.10.Quoted in S. Zarlenga, op. cit., page 408.
10 Quoted in S. Zarlenga, op. cit., page 408.
11 Steven O' Brien, Hamilton (New York: Chelsea House Publishers, 1989), page 66.
12 Anton Chaitkin, "The Lincoln Revolution," Fidelio Magazine (spring 1998); David Rivera, Final Warning (1997), republished at silverbearcafe.com.

第5章

1 Bernard Lietaer, The Mystery of Money (Munich, Germany: Riemann Verlag, 2000), pages 33-44.
2 Michael Hudson, "Reconstructing the Origins of Interest-bearing Debt," in Debt and Economic Renewal in the Ancient Near East (CDL Press, 2002).
3 B. Lietaer, op. cit., pages 48-49.
4 Richard Hoskins, War Cycles, Peace Cycles (Lynchburg, Virginia: Virginia Publishing Company, 1985), page 2.
5 "History of Banking," Wikipedia;Peter Vogelsang, et al., "Antisemitism," Holocaust Education, www.holocaust-education.dk (2002).
6 Patrick Carmack, Bill Still, The Money Masters: How International Bankers Gained Control of America (video, 1998), text at http://mailstar.net/money-masters.html.
7 Aristotle, Ethics 1133.
8 M. T. Clanchy, From Memory to Written Record, England 1066-1307 (Cambridge, Mass., 1979), page 96; see also page 95, n. 28, pl. VIII.
9 Dave Birch, "Tallies & Technologies," Journal of Internet Banking and Commerce, arraydev.com; "Tally Sticks," http://yamaguchy.netfirms.com/astle_d/tally_3.html; Carmack & Still, op. cit.; "Tally Sticks," National Archives, nationalarchives.gov.uk (November 7, 2005).
10 R. Hoskins, op. cit., page 39.
11 S. Zarlenga, op. cit., page 253, citing Peter Spufford, Money and Its Use in Medieval Europe (Cambridge University Press, 1988, 1993), pages 83-93.
12 R. Hoskins, op. cit., pages 37-45, 59-61.
13 James Walsh, The Thirteenth:Greatest of Centuries (New York:Catholic Summer School Press, 1907), chapter 1.
14 Poverty and Pauperism," Catholic 493 Encyclopedia, online edition, newadvent.org. (2003).

16 William Hummel, "Non-banks Versus Banks," in Money: What It Is, How It Works, http://wfhummel.net (May 17, 2002).

17 See, e.g., California Civil Code Section 1598: "Where a contract. . . [is] wholly impossible of performance, . . . the entire contract is void."

18 Quoted in Stephen Zarlenga, The Lost Science of Money (Valatie, New York: American Monetary Institute, 2002), pages 345-46.

19 Bernard Lietaer, interviewed by Sarah van Gelder in "Beyond Greed and Scarcity," Yes! Magazine (Spring1997).

20 "Fed Injects $41 Billion in Liquidity," Wall Street Journal (November2, 2007); Ellen Brown, "Market Meltdown," webofdebt.com/articles/market-meltdown.php (September 3, 2007); E. Brown, "Bank Run or Stealth Bailout," ibid. (September 29, 2007); Nouriel Roubini, "The Stealth Public Bailout of Reckless 'Countrywide' :Privatizing Profits and Socializing Losses," Nouriel Roubini' s Global Monitor (November 27, 2007); Mike Whitney, "The Central Bank:Silent Partner in the Bloodletting," Dissident Voice (December 8, 2007).

21 Quoted in G. E. Griffin, The Creature from Jekyll Island (Westlake Village, California: American Media, 1998), 491 pages 187-88.

22 Mark Stencel, "Budget Background:A Decade of Black Ink?", washingtonpost.com (February 2, 2000); "The Presidential Facts Page," The History Ring, scican.net/~dkochan; Robert Samuelson, "Rising Federal Debt Not Necessarily Negative," Washington Post Writers Group, in the Baton Rouge Advocate (October 9, 2003).

23 John K. Galbraith, Money: Whence It Came, Where It Went (Boston:Houghton Mifflin, 1975), page 90.

24 Erik Sorensen, "Economic Never-never Land," republicons.org (January 17, 2003). (Assume 3 feet per step. One mile = 5, 280 feet, multiplied by 4 billion miles = 21, 120 billion feet, divided by 3 feet per step= 7, 040 billion, or 7.04 trillion, steps.)

25 George Humphrey, Common Sense (Austin, Texas: George Humphrey, 1998), page 5.

26 "Today' s Boxscore," nationaldebt.org ($25,725 debt per capita as of January 7, 2005).

27 See "Confessions of a White House Insider", Time Magazine, time.com (January 19, 2004) (Vice President Dick Cheney citing President Ronald Reagan for the proposition that "deficits don' t matter").

28 See Chapter 29.Chapter 3

第3章

1 Edward Burke to the House of Commons, April 14, 1774, quoted in Retford Currency Society, Currency, Agriculture and Free Trade (London:Simpkin, Marshall and Co., 1849).

2 Jason Goodwin, Greenback (New York: Henry Holt & Co., LLC, 2003), page 40.

3 H. A. Scott Trask, "Did the Framers Favor Hard Money?", lcwatch.com/492 special69.shtml (2002).

4 J. Goodwin, op. cit., page 43.

5 Ibid.; Jack Weatherford, The History of Money (New York: Crown Publishers, Inc., 1997), pages 132-35.

6 Alvin Rabushka, "Representation Without Taxation: The Colonial Roots of American Taxation, 1700–1754," Policy Review (Hoover Institution, Stanford University, December 2003& January 2004); "The Colonial Roots of American Taxation, 1607-1700," ibid. (August/September 2002).

7 "The Currency Act," http://timelines.com/1764/9/1/the-currency-act.

8 "The Currency Act," ushistory.org; "The Stamp Act Controversy," ibid.

9 Alexander Del Mar, History of Monetary Systems (1895), quoted in Stephen Zarlenga, The Lost Science of Money (Valatie, New York:American Monetary Institute, 2002), page 378.

10 Charles Bullock, The Monetary History of the U.S. (New York:Macmillan, 1900), quoted in S.Zarlenga, op. cit., page 377.

11 S. Zarlenga, op. cit., pages 385-86.

12 J. W. Schuckers, Finances and Paper Money of the Revolutionary War (Philadephia: J. Campbell & Son,

11 "Lease, Mary Elizabeth Clyens," The Handbook of Texas Online.
12 Official Proceedings of the Democratic National Convention Held in Chicago, Illinois, July 7, 8, 9, 10, and 11, 1896 (Logansport, Indiana, 1896), pages 226–234, reprinted in The Annals of America, Vol. 12, "1895–1904: Populism, Imperialism, and Reform" (Chicago: Encyclopedia Britannica, Inc., 1968), pages 100–105.
13 Jack Weatherford, The History of Money: From Sandstone to Cyberspace (New York: Three Rivers Press, 1998), page 176; John Corbally, "The Cross of Gold and the Wizard of Oz," The History of Money, http://home.earthlink.net/-jcorbally/eng218/rcross.html; Hugh Downs, "Odder than Oz," monetary.org (1998).
14 Wayne Slater interviewed in "Karl Rove – the Architect," Frontline, www.pbs.org (April 12, 2005).
15 D. Parker, op. cit.490
16 John Algeo, "A Notable Theosophist:L. Frank Baum," Journal of the Theosophical Society in America (September 4, 1892).
17 T. Ziaukas, op. cit.
18 J. Corbally, op. cit.; D. Parker, op. cit.
19 Michael Rowbothan, Goodbye America! Globalisation, Debt and the Dollar Empire (Charlbury, England: Jon Carpenter Publishing, 2000), page 104.

第2章

1 Paul Sperry, "Greenspan: Financial Wizard of Oz," WorldNetDaily (2001).
2 Ibid.
3 Federal Reserve Bank of New York, "I Bet You Thought," page 186, quoted in G. Edward Griffin, The Creature from Jekyll Island (Westlake Village, California: American Media, 1998), page 19.
4 See Lewis v. United States, 680 F.2d 1239 (1982), in which a federal circuit court so held.
5 Wright Patman, A Primer on Money (Government Printing Office, prepared for the Sub-committee on Domestic Finance, House of Representatives, Committee on Banking and Currency, Eighty-Eighth Congress, 2nd session, 1964).
6 Quoted in Archibald Roberts, The Most Secret Science (Fort Collins, Colorado: Betsy Ross Press, 1984).
7 Benjamin Gisin, "The Mechanics of Money: A Danger to Civilization," American Monetary Institute Presentation (Chicago, September 2006).
8 "United States Mint 2004 Annual Report," usmint.gov.
9 "Money Supply," Wikipedia (October 2006).
10 Chicago Federal Reserve, Modern Money Mechanics (1961, revised 1992), originally produced and distributed free by the Public Information Center of the Federal Reserve Bank of Chicago, Chicago, Illinois, now available on the Internet at www.rayservers.com/images/ModernMoneyMechanics.pdf.
11 Chicago Federal Reserve, op. cit.;Patrick Carmack, Bill Still, The Money Masters: How International Bankers Gained Control of America (video, 1998), text at http://mailstar.net/money-masters.html; WilliamBramley, The Gods of Eden (NewYork: Avon Books, 1989), pages 214-29.
12 Robert de Fremery, "Arguments Are Fallacious for World Central Bank," The Commercial and Financial Chronicle (September 26, 1963), citing E. Groseclose, Money: The Human Conflict, pages 178-79.
13 "A Landmark Decision," The Daily Eagle (Montgomery, Minnesota:February 7, 1969), reprinted in part in P. Cook, "What Banks Don' t Want You to Know," www9.pair.com/xpoez/money/cook (June3, 1993). See Minnesota State Law Library, "Law on the Edge: the Credit River Case Files," http://www.lawlibrary.state.mn.us/CreditRiver/CreditRiver.html
14 Bill Drexler, "The Mahoney Credit River Decision," worldnewsstand.net/money/mahoney-introduction. html; Minnesota State Law Library, "Legal Topics: The Credit River Case," lawlibrary.state.mn.us/creditriver.html (May 27, 2010).
15 G. Edward Griffin, "Debt-cancellation Programs," freedomforceinternational.org (December 18, 2003).

原注（引用文献等）

はじめに

1 Hans Schicht, "The Death of Banking and Macro Politics," 321goId.com/editorials（February 9, 2005）.
2 Carroll Quigley, Tragedy and Hope:A History of the World in our Time（New York; Macmillan Company, 1966）, page 324,
3 "Josiah Stamp," Wikipedia（"quote as yet unverified"）.
4 Henry C. K. Liu, "The Global Economy in Transition," Asia Times（September 16, 2003）. For Liu's bio, see "The Complete Henry C K Liu,"Asia Times（May 11, 2007）.
5 In the Foreword to Irving Fisher, 100% Money（1935）, reprinted by Pickering and Chatto Ltd.（1996）.
6 Quoted in "Someone Has to Print the Nation's Money... So Why Not Our Government?", Monetary Reform Online, eprinted from Victoria Times Colonist（October 16, 1996）.
7 Michel Chossudovsky, University of Ottawa, "Financial Warfare,"hartford-hwp.com（September 23, 1998）.
8 Michel Hodges," America' s Total Debt Report," Grandfather Economic Report, http:// whodges.home.att.net（2006）.
9 "Crumbling Nation? U.S.Infrastructure Gets a 'D'", MSNBC, com（March 9, 2005）,
10 Victor Thorn, "Who Controls the Federal Reserve System?", rense.com（May 9, 2002）.
11 Christopher Mark, "The Grand Deception: The Theft of America and the World, Part III," prisonplanet.com（March 15, 2003）.
12 Murray Rothbard, "The Solution," The Freeman（November 1995）.
13 James Galbraith, "Self-fulfilling Prophets: Inflated Zeal at the Federal Reserve," The American Prospect（June 23, 1994）.
14 Anton Chaitkin, "How Herny Carey and the American Nationalists Build the Modern World," American Almanac（May 1977）.

第1章

1 Henry LitUefield, "The Wizard of Oz: Parable on Populism," American Quarterly 16（Spring, 1964）, page 50, reprinted at amphigory.com/oz.htm.
2 H. Rockoff, "'The Wizard of Oz' as a Monetary Allegory," journal of Political Economy 98:739-60（1990）, See also Mark Lovewell, "Yellow Brick Road: The Economics Behind the Wizard of Oz," www.ryerson.ca/-lovewell/oz.html（2000）; Bill
3 O'Rahilly, "Goodbye, Yellow Brick Road," Financial Times（August 5, 2003）.
4 David Parker, "The Rise and Fall of The Wonderful Wizard of Oz as a 'Parable on Populism,'" Tournal of the Georgia Association of Historians 15:49-63（1995）.
5 "Populism," Wikipedia（April 2006）,
6 Lawrence Goodwin, paraphrased by Patricia Limerick in "The Future of Populist Politics"（speech at Colorado College, February 6, 1999）.
7 Gretchen Ritter, Goldbugs andGreenbacks: The Antimonopoly Tradition and the Politics of Finance in America, 1865-1896（Cambridge:Cambridge University Press, 1997）, pages 8-9; Carlos Schwantes, Coxey's Army（Moscow, Idaho: University of Idaho Press, 1994）; Neander97's Historical Trivia, "Militia Threatens March on Washington!", geocities.com/Athens/Forum/3807/features/hogan.html.
8 Texas State Historical Association, "Greenback Party," The Handbook of Texas Online（December 4, 2002）.
9 "Mary Ellen Lease," Wikipedia.
10 Mary Elizabeth Lease, "Speech to the Women's Temperance Union"（1890）, historyisaweapon.com.

る

れ

ろ

わ

マーク・ハンナ　Hanna, Marcus ……… 39, 42, 129
マーク・ウェイスブロート　Weisbrot, Mark ……… 242, 257, 264
マージン取引 ……… 199, 207
マーティン・マホニー　Mahoney, Martin ……… 51
マーティン・ワイス　Weiss, Martin ……… 310
マイケル・ハドソン　Hudson, Michael ……… 250, 300
マイケル・ホイットニー　Whitney, Mike ……… 287, 299, 300, 374, 461, 474
マイケル・ボルサー　Bolser, Michael ……… 321, 323, 328
マイケル・リントン　Linton, Michael ……… 358, 408
マイケル・ロバウサム　Rowbotham, Michael ……… 44, 212, 225, 442, 447, 450
マイナス貿易収支 ……… 225
マサチューセッツ（植民地）……… 59, 60, 63, 66, 70, 134, 357, 480
マシュー・ケーリー　Carey, Matthew ……… 102, 103
マスターカード　MasterCard ……… 144, 293, 427
マネーサプライ ……… 24, 25, 26, 29, 30, 37, 39, 40, 44, 48, 49, 53-56, 61, 62, 65, 66, 67, 69, 70, 81, 83-86, 89, 90, 94, 99, 102, 104, 105, 108, 109, 112, 115-118, 129, 142, 157, 159, 164, 168, 169, 170-173, 178, 179, 180, 188, 190, 208, 213, 214, 218, 252, 253, 257, 273, 274, 300, 302, 304, 313-316, 319, 324, 332, 347, 348, 350, 355, 356, 360, 363, 364, 365, 367-369, 370, 371, 377, 378, 380, 381, 383, 384, 394, 395, 398, 399, 400, 402, 405, 408-410, 414, 415, 417, 422-424, 426, 427, 430-436, 440, 443-445, 455, 457, 459, 460-462, 485
マリナー・エクレス　Eccles, Marriner ……… 55, 178, 378
マルクス主義理論 ……… 243
マレーシア ……… 224, 262, 266, 267, 450, 451

み

ミシェル・チョスドフスキー　Chossudovsky, Michael ……… 27, 234, 265
ミシシッピ・バブル ……… 90, 209, 210
ミネソタ州交通法 ……… 480, 481
ミネソタ橋崩壊 ……… 473
ミルトン・フリードマン　Friedman, Milton ……… 161, 222, 389, 410, 431
民営化　privatization ……… 17, 93, 167, 221, 233, 242, 255, 269, 273, 278, 283, 284, 287, 305, 355, 419, 420
民主共和党 ……… 75, 96
民主党 ……… 38, 97, 103, 129, 141, 148, 161, 362, 398, 437

む

ムハマド・ユヌス　Yunus, Mohammad ……… 253, 418
無利息国債法案 ……… 127
ムレイ・ロスバード　Rothbard, Murray ……… 29, 189, 192, 340, 424

め

メアリー・エレン・リース Lease, Mary Ellen ……… 38
メアリー女王　Queen Mary ……… 86
明治維新 ……… 261, 269
メキシコ ……… 226, 229, 230, 231, 232, 233, 241, 326, 453
メリルリンチ ……… 393, 477, 480, 484

も

モノライン保険業者 ……… 476
モハマド・マハティール　Mahathir, Mohamad ……… 266, 450, 451
モラルハザード ……… 324, 328, 340, 461, 472
モルガン一家　Morgan, House of ……… 143
モンゴメリー国立第一銀行 VS デイリー　First National Bank of Montgomery vs. Daly ……… 51
モンタギュー・ノーマン　Norman, Montagu ……… 158

ゆ

US スチール　U.S. Steel ……… 135, 141, 153
ユーゴスラビア ……… 254, 255
ユニセフ　UNICEF ……… 279
ユリシーズ・グラント　Grant, Ulysses ……… 262

よ

ヨーゼフ・スターリン　Stalin, Josef ……… 241, 248

ら

ライト・パットマン　Patman, Wright ……… 46, 47, 48, 55, 128, 133, 136, 171, 175, 176, 184, 485

り

リーマン・ブラザーズ　Lehman Brothers ……… 483
利息（一部のみ）……… 53, 360, 412
利息（無利息銀行業）……… 415
利息（利率）……… 227, 296
リチャード・ドーティ　Daughty, Richard ……… 315

141, 152, 163, 165, 166, 167, 169, 170–175, 197, 200, 218, 305, 314, 345, 367, 373, 419
フランシス・ベーコン　Bacon, Sir Francis ……… 58
フランス革命 ……… 91, 94
フレディ・マック（連邦住宅金融抵当公庫） Freddie Mac（Federal National Mortgage Association）……… 304, 307, 334, 419, 483
フレデリック・ソディー　Soddy, Frederick ……… 401
ブレトン・ウッズ金本位制 ……… 222
ブレトン・ウッズ（会議）　Bretton Woods Conference ……… 145, 221, 222, 266, 443, 446, 448, 450, 464
ブロムス・グループ　Bromsgrove Group ……… 437

へ

ベアー・スターンズ　Bear Sterns ……… 468, 483
平価切下げ ……… 105, 117, 204, 221, 225, 226, 229, 230–233, 249, 250, 252, 256, 257, 259, 264, 265, 266, 274, 326, 443, 447, 453, 458, 462, 479
米国憲法 ……… 149, 152, 171, 342, 480
米国財務省銀証券　silver certificates, U.S. Treasury ……… 220
米国紙幣 ……… 37, 67, 102, 220, 382, 463
米国製版印刷局 ……… 110, 141, 177
米国第二銀行 ……… 94
米国通貨法 ……… 379
米国郵便貯蓄制度　U.S. Postal Savings System ……… 419
ベーシック・インカム（基本所得保障） guaranteed basic income ……… 433, 434, 489
ヘッジファンド ……… 121, 194, 197, 199, 200, 202, 205–208, 210, 211, 221, 265, 266, 298, 310–313, 321, 325, 326, 330, 331, 333, 338, 376, 383, 386, 394, 428, 458, 460, 468
ヘップバーン対グリスウォルド　Hepburn vs Griswold ……… 112
ベティ・リード・マンデル　Mandell, Betty Reid ……… 112
ベトナム不動産市場 ……… 364
ベネズエラ ……… 259, 376
ベルナルド・リエター　Lietaer, Bernard ……… 20, 53, 77, 235, 449
ヘレン・カルディコット　Caldicott, Helen ……… 279
ベン・ギシン　Gisin, Ben ……… 20, 485
ベンジャミン・フランクリン　Franklin, Benjamin ……… 25, 30, 58, 60, 64, 72, 102, 112, 261, 271, 272, 347, 360, 408, 411, 412, 419
ペンシルヴェニア植民地の通貨制度 ……… 30, 60, 62, 63, 64, 99, 126, 153, 161, 412, 413, 418, 435
ベン・バーナンキ　Bernanke, Ben ……… 172, 387, 388
変動金利ローン ……… 296, 297, 460
ヘンリー・C・K・リュウ　Liu, Henry C. K. ……… 24, 226, 227, 230, 234, 235, 249, 260, 270, 272, 275, 318, 335
ヘンリー・キッシンジャー　Kissinger, Henry ……… 138, 224, 231, 277, 318
ヘンリー・クレイ　Clay, Henry ……… 72, 77, 97, 100, 103, 109
ヘンリー・ケーリー　Carey, Henry ……… 102, 109, 214, 235, 237, 238, 243, 274, 393
ヘンリー・サイモンズ　Simons, Henry ……… 401
ヘンリー・ポールソン　Paulson, Henry ……… 194, 195, 326, 478, 479, 483
ヘンリー・メッコウ　Makow, Henry ……… 248
ヘンリー・リトルフィールド　Littlefield, Henry ……… 34, 35, 40, 41
ヘンリー一世　King Henry I ……… 80
ヘンリー八世　King Henry VIII ……… 85, 86

ほ

ホイッグ党　Whigs ……… 101, 463
貿易赤字 ……… 222, 228, 231, 233, 247, 287, 392, 443
法貨 ……… 58, 60, 63, 64, 71, 80, 85, 88, 94, 104, 105, 112, 127, 173, 220, 246, 247, 260, 262, 300, 356–368, 372, 375, 395, 401, 453
法貨制定法 ……… 104
包括年次財務報告書 ……… 438
法貨法 ……… 104, 112
法定不換紙幣 ……… 271, 273, 275, 457
暴落阻止チーム（PPT） ……… 320, 322–325, 328, 335, 341, 393, 458, 463, 468, 471, 473
ホーガンの英雄　Hogan's Heroes ……… 128
北米自由貿易協定（NAFTA） ……… 231
ボーナス法案 ……… 128
ホームステッド法 ……… 101, 159, 297
ポール・クルーグマン　Krugman, Paul ……… 290
ポール・グローバー　Glover, Paul ……… 356
ポール・スペリー　Sperry, Paul ……… 45
ポール・ボルカー　Volcker, Paul ……… 227, 228, 425
ポール・カンジョルスキー　Kanjorski, Paul ……… 483
ポピュリスト　Populists ……… 29, 35, 37, 39, 41, 42, 112, 120, 121, 126, 128, 163–165, 167, 177, 236, 256, 270, 271, 283, 289, 389, 465
ポピュリズム　populism ……… 34, 120

ま

マーク・ダン　Dann, Marc ……… 480

178, 181, 184, 187

ね

ネイサン・ロスチャイルド Rothschild, Nathan ……… 94, 137
ネストル・キルチネル Kirchner, Nestor ……… 258, 259
ネズミ講 Ponzi scheme …… 90, 91, 157, 195, 208, 234, 287, 296, 298, 305, 311, 335, 338, 348, 370, 385, 427, 434, 455, 456, 461, 467
ネルソン・オルドリッチ Aldrich, Nelson ……… 139, 145, 150
農場パリティー価格 ……… 464

の

ノーザン・ロック Northern Rock ……… 470, 471
ノースウッド計画 Operation Northwoods ……… 221
ノースダコタ銀行 Bank of North Dakota ……… 481, 482, 486
ノックス対リー Knox vs. Lee ……… 112

は

ハーヴェイ・バーナード Barnard, Harvey ……… 369
バークシャー農家保全紙幣 ……… 357
バーゼル銀行監督委員会 ……… 213
バーゼル合意 ……… 146, 283, 403
ハーバート・フーヴァー Hoover, Herbert ……… 171
バーバラ・リー Lee, Barbara ……… 437
ハイパーインフレーション ……… 231, 233, 242, 249, 250, 251, 253, 254, 255, 257, 259, 274, 314, 393
バイロン・デイル Dale, Byron ……… 481
ハウス・オブ・モルガン ……… 135
ハゲタカ資本主義 ……… 195, 338, 429, 460, 461
ハゲタカファンド ……… 259, 261
ハザード・サーキュラー紙 ……… 292
破産 ……… 17, 28, 90, 93, 97, 101, 118, 121, 140, 159, 160, 163, 173, 211, 212, 228, 245, 257, 286, 287, 289, 290, 294, 296, 312, 314, 321, 326, 331, 333-339, 341, 355, 367, 375, 382, 383, 400, 409, 417, 418, 421, 424, 425-427, 429, 435, 436, 444, 460, 461, 463, 470, 471, 475, 477, 483, 486
バックミンスター・フラー Fuller, Buckminster ……… 346
パトリック・カーマック Carmack, Patrick ……… 20, 79, 84, 402
パトリック・バーン Byrne, Patrick ……… 204
ハリー・デクスター・ホワイト White, Harry Dexter ……… 222
ハリケーン・カトリーナ Hurricane Katrina ……… 317, 331
ハワード・ジン Zinn, Howard ……… 125, 148
バンク・オブ・アメリカ ……… 144, 310, 334, 337, 470, 471, 472, 480
バンク・ワン ……… 334, 335
パンコール ……… 168, 222
ハンス・シヒト Schicht, Hans ……… 23, 144, 203, 222, 329, 423

ひ

ピーター・クーパー Cooper, Peter ……… 65
ピーター・ラルター Ralter, Peter ……… 471
ビザ Visa ……… 293, 427
ビジネスサイクル ……… 297, 319, 320, 459, 460, 462
100%準備策 ……… 401-404
ヒャルマル・シャハト Schacht, Hjalmar ……… 246, 248, 250
ヒュー・ロックオフ Rockoff, Hugh ……… 34
ヒラリー・クリントン Clinton, Hillary ……… 473
ビル・スティル Still, Bill ……… 20, 79, 402
ビル・マーフィー Murphy, Bill ……… 321
ビル・ミッチェル Mitchell, Bill ……… 191
ビルダーバーグクラブ Bilderbergers ……… 147

ふ

ファニー・メイ(連邦住宅抵当公庫) Fannie Mae (Federal National Mortgage Association) ……… 171, 304, 305, 306, 307, 334, 419, 483
フアン・ペロン Peron, Juan ……… 256
フィラデルフィア万博 ……… 237, 238, 269
フィランダー・ノックス Knox, Philander ……… 153
フェーダー通貨 "Feder money" ……… 246, 250
フェデラリスト論争 ……… 149
フォード・モーター ……… 312
複利 ……… 53, 54, 55, 56, 57, 87, 119, 183, 347, 363, 369, 418, 441, 445
負債の収益化 ……… 313, 315, 356, 375, 485
浮動 ……… 226
浮動為替相場 ……… 224, 252, 445
不動産担保証券 MBS (mortgage-backed securities) ……… 298, 299, 304, 305, 306, 307, 308, 334, 403, 435, 477, 478, 479
不動産担保ローン(REMIC) Real Estate Mortgage Investment Conduit (REMIC) ……… 306, 369
部分準備銀行業 ……… 340, 401, 481
フランク・デイモン Damon, Frank ……… 269
フランク・ボーム Baum, Frank L. ……… 28, 34, 39, 45, 58, 77, 126, 236, 346, 492
フランクリン・D・ルーズヴェルト Roosevelt, Franklin D. ……… 17, 43, 101, 132,

John Kenneth ……………… 56, 104, 178, 277
ジョン・テイラー・ガット　Gatto, John T. ……………… 148, 345
ジョン・ハイラン　Hylan, John ……… 23, 133
ジョン・ピルジャー　Pilger, John ……… 374
ジョン・ホーフル　Hoefle, John …… 208, 212, 310, 333, 334, 471
ジョン・メイナード・ケインズ　Keynes, John Maynard ……… 116, 166, 167, 168, 169, 171, 222, 251, 252, 273, 432, 433, 447, 453
ジョン・ロー　Law, John ……………… 89, 90
真正手形説 ……………… 368, 369
新世界秩序 ……………… 145, 283, 284, 325
神智学運動 ……………… 39, 127, 344
新通貨 ……………… 73, 441, 449
ジンバブエ ……………… 259, 260
新保守主義者 ……………… 241
人民元 ……………… 27, 269, 271, 275
人民党　Populist Party …… 34, 35, 36, 37, 39, 40, 41, 43, 120, 128, 129, 462, 465

す

スウェーデン ……………… 416, 418, 419, 427
スタグフレーション ……………… 302
スタンダード・オイル社　Standard Oil ……………… 41, 129, 135, 137, 141
スティーヴン・ザーレンガ　Zarlenga, Stephen ……… 20, 65, 66, 74, 80, 81, 85, 104, 105, 111, 247, 250, 361, 363, 379, 401, 402
スメドリー・バトラー　Butler, Smedley ……………… 174, 175
スロボダン・ミロシェヴィッチ　Milosevic, Slobodan ……………… 255

せ

税 ……… 44, 46, 57, 61, 63, 65, 67, 69, 70, 71, 73, 78, 80, 81, 83, 87, 88, 90, 95, 129, 149, 151, 152, 154, 164, 169, 207, 273, 359, 367, 371, 389, 415, 418, 427, 428, 429, 431, 439, 457, 464, 472
税（デリバティブへの課税）　on derivatives ……………… 430, 431, 434, 435
正貨回復法（1875年）　Resumption Act of 1875 ……………… 112
セオドア（テディ）・ルーズヴェルト　Roosevelt, Theodore …… 129, 130, 132, 133
世界恐慌 ……… 36, 143, 156, 160, 161, 162, 166, 168, 196, 197, 203, 212, 218, 221, 354, 363, 365, 390
世界銀行 ……… 23, 30, 128, 145, 222, 223, 225, 227, 229, 230, 242, 267, 278, 280, 281, 282, 287, 442, 443, 447, 450, 451
世界憲法議会協会 ……………… 445
世界取引ネットワーク ……………… 355
世界貿易機関（WTO）…… 224, 278, 280, 282, 283, 284, 419
世界貿易センター ……………… 220, 322
石油ドル　petrodollars …… 214, 218, 227, 228, 229, 257, 375
石油輸出国機構（OPEC）……… 224, 226, 277, 314, 383
ゼネラルモーターズ ……………… 312, 483
セルジオ・ルブ　Lub, Sergio ……… 20, 359
1907年の恐慌 ……………… 140
1812年戦争 ……………… 92
1873年の大罪 ……………… 112

そ

造幣法（1764年）……………… 85, 86
造幣法（1792年）……………… 370
ソシエテ・ジェネラル　Societe Generale ……………… 473
ソロモン・ブラザーズ　Salomon Brothers ……………… 263, 339
ゾンビ銀行 ……………… 425, 436
孫文　Sun Yat-Sen ……………… 269, 273

た

第一米国銀行 ……………… 74, 97
第三世界負債 ……………… 215, 227, 440, 442, 443
第三世界負債の帳消し ……………… 441
第二次世界大戦 …… 44, 145, 152, 168, 169, 171, 221, 231, 241, 245, 248, 406
第二米国銀行　United States Bank, Second ……………… 94, 96
大陸会議　Continental Congress ……… 66, 67
大陸通貨　Continental currency … 66, 67, 70
ダウ工業株30種平均 ……………… 455, 469
ダニエル・シェイズ　Shays, Daniel ……… 70
タリー制度 ……… 80, 81, 83, 87, 358, 365, 421
単一通貨策 ……………… 444

ち

地域交易交換取引制度（LETS）　LETS (Local Exchange Trading System) … 358, 359, 410, 411, 421, 448
地域通貨　community (local) currencies …… 20, 342, 354, 355, 357, 359, 361, 370, 399, 410, 416, 448
チェース・マンハッタン銀行 …… 75, 189, 190
チャールズ・バロック　Bullock, Charles ……………… 65
チャールズ・リンドバーグ・シニア　Lindbergh, Charles, Sr., ……… 124, 140, 154
チャールズ一世　King Charles I ……… 86
チャールズ二世　King Charles II ……… 86
チャック・オースティン　Augustin, Chuck ……………… 324
チャルマーズ・ジョンソン　Johnson, Chalmers ……………… 262, 263, 264

産業革命 …… 81
三極委員会 …… 145

し

ジェイコブ・コクシー　Coxey, Jacob …… 37, 43, 126, 127, 170, 246, 288
ジェイコブ・シフ　Schiff, Jacob …… 136, 240
シェイズの反乱 …… 70
ジェイソン・グッドウィン　Goodwin, Jason …… 59, 64
ジェイムス・ガルブレイス　Galbraith, James …… 29
ジェイムス・バムフォード　Bamford, James …… 220
ジェイムス・ペトラス　Petras, James … 121
ジェームズ・マディソン　Madison, James …… 94
ジェームス・ロバートソン　Robertson, James …… 400
ジェームズ二世　King James II …… 84
JPモルガン　Morgan , J.P. …… 38, 47, 134, 135-141, 143, 144, 147, 148, 426, 427
JPモルガン・チェイス　JPMorgan Chase & Co. …… 210, 212, 310, 313, 327, 426, 483, 484
ジェーン・イングラハム　Ingraham, Jane …… 231
シェルドン・エムリー　Emry, Sheldon … 68, 249, 350
ジェローム・デイリー　Daly, Jerome …… 51, 52
CO2クレジット …… 358
シカゴ連邦準備銀行 …… 186, 187-190
ジキル島　Jekyll Island …… 423
市場操作（操作）…… 26, 207, 301, 310, 317, 324, 326, 328, 463, 464, 471
失業率 …… 36, 147, 169, 203, 204, 208, 210, 226, 240, 248, 252, 255, 320, 324, 328, 354, 432, 458, 463, 471, 482
シティグループ …… 264, 313, 327, 335, 478
シティバンク …… 47, 143, 145, 210, 219, 221, 310, 337, 338, 426, 427, 484
ジム・シンクレア　Sinclair, Jim …… 325, 473
シャーマン反トラスト法 …… 134
社会保障制度危機 …… 382
ジャチント・アウリーティ　Auriti, Giacinto …… 349
重債務貧困国（HIPC）イニシアチブ　Heavily Indebted Poor Country Initiative (HIPC) …… 441
自由市場 …… 72, 101, 119, 168, 198, 204, 233, 243, 256, 262, 263, 273, 281, 300, 327, 328, 341, 417, 458
修正第16条 …… 150, 151, 152, 463
自由造幣法（1666年）…… 86
（住宅）質流れ …… 51, 124, 233, 289, 297, 299, 304, 308
住宅所有者融資公社　Home Owners Loan Corporation (HOLC) …… 171
住宅バブル …… 296, 297, 298, 299, 300, 303, 304, 306, 307, 334, 417, 460, 461, 477
住宅ローン債務不履行 …… 306, 307
ジュード・ワンニスキー　Wanniski, Jude …… 232, 241
自由貿易　free trade …… 42, 72, 73, 97, 103, 109, 121, 215, 219, 226, 231, 235, 237, 240, 261, 458
ジュリアード対グリーンマン　Juilliard vs. Greenman …… 112
準備通貨としてのドル …… 228
商業銀行業（銀行業、商業銀行を参照）
証券法（1933年）…… 174, 200, 203
証券預託清算会社（DTCC）　Depository Trust and Clearing Corporation (DTCC) …… 202, 203
消費者物価指数 …… 316, 449, 450, 452
商品先物取引委員会 …… 208
情報開示請求 …… 484
ジョージ・ステファノプロス　Stephanopoulos, George …… 322
ジョージ・ソロス　Soros, George …… 210, 212
ジョージ・ブッシュ・シニア　Bush, George H.W. …… 287, 339, 472
ジョージ三世　King George III …… 93, 149
ジョージ二世　King George II …… 64
ショーン・オレンダー　Olender, Sean … 478
ショーン・コリガン　Corrigan, Sean …… 195, 214
植民地臨時紙幣 …… 64, 412
ジョサイア・スタンプ　Stamp, Josiah …… 24
ジョセフ・スティグリッツ　Stiglitz, Joseph …… 268
ショック療法 …… 242, 243, 253, 254, 255, 287
所得税 …… 25, 26, 52, 118, 148, 149, 150, 151, 152, 154, 304, 351, 370, 387, 421, 423, 430, 431, 433, 435, 457, 462, 463
ジョン・D・ロックフェラー　Rockefeller, John D. …… 30, 41, 47, 129, 133, 135, 136, 137, 138, 139, 140, 141, 143, 145, 147, 148, 153, 210, 220, 221, 222, 240, 329, 330, 427
ジョン・F・ケネディ　Kennedy, John F. …… 219, 220, 221, 277
ジョン・アダムズ　Adams, John …… 96, 348
ジョン・ウィリアムズ　Williams, John …… 431, 432
ジョン・エンブリー　Embry, John …… 324
ジョン・クルーデル　Crudele, John …… 320, 322, 323
ジョン・ケネス・ガルブレイス　Galbraith,

…… 201, 337, 338
銀行業（投資銀行） investment …… 193, 337, 338, 339, 405
銀行の救済 …… 338, 425, 471
近代通貨の仕組み …… 48, 181, 186, 292
金ディナール Dinar, Gold …… 451
金反トラスト活動委員会（GATA） GATA（Gold Anti-Trust Action Committee） …… 323, 324, 472
金ぴか時代 Gilded Age …… 111, 114, 134, 137, 139
金本位制 …… 36, 37, 43, 103, 109, 213, 222
金本位制派 Goldbugs …… 362, 363, 364
銀本位派 Silverites …… 39, 41, 129
金融市場に関する分科会 …… 320, 322

く

蜘蛛のつむぎ spider webbing …… 23, 145, 203
グラス・スティーガル法 Glass-Steagall Act …… 174, 194, 208
グラハム・タワーズ Towers, Graham …… 27
グラミン銀行 Grameen Bank …… 353
グリーンバック党 Greenback Party …… 112, 128
グリーンバックドル Greenback dollar …… 102, 104, 105, 109, 110-112, 413
グリーンバック派 Greenbackers …… 36-39, 43, 113, 246, 362, 363, 364, 365
グリーンバック法（1878年） Greenback Law of 1878 …… 220
クリス・パウエル Powell, Chris …… 472
クリストファー・ボイコ Boyko, Christopher …… 308
クリストファー・ホワイト White, Christopher …… 209, 210
クリストファー・マーク Mark, Christopher …… 29
クリフォード・H・ダグラス Douglas, C. H. …… 433
クレジット・デフォルト・スワップ …… 475, 476, 479
クレジットカード …… 286, 291, 292, 293
クレジットカード負債 …… 291
クレジット決済取引所 …… 448
グレッグ・グリロ Grillot, Greg …… 271
グレッグ・パラスト Palast, Greg …… 281
グローヴァー・クリーヴランド Cleveland, Grover …… 38, 41
グローバリゼーション …… 458

け

ゲアリー・ノヴァック Novak, Gary …… 209, 311
ゲアリー・ノース North, Gary …… 298
ケイマン諸島 …… 207, 330
ケインズ理論 …… 168
ケン・ボンサック Bohnsack, Ken …… 437
憲法評議会 …… 30

こ

公開市場委員会 …… 172, 177, 184
公開市場操作 …… 177, 185, 189, 313, 389, 457
構造調整 …… 242, 278
高利貸し …… 52, 79, 81, 91
高利貸し銀行 …… 91
ゴールドマン・サックス Goldman Sachs …… 121, 193-195, 212, 232, 313, 317, 323, 325, 327, 484
国際決済銀行 Bank for International Settlements …… 145-147, 209, 212, 403
国際通貨基金（IMF） IMF（International Monetary Fund） …… 145, 222, 224, 231, 233, 242, 253-260, 262-266, 278, 280, 287, 355, 441, 457, 464
国際通貨基金暴動 …… 317
コクシー軍団 Coxey's Army …… 35, 126, 127, 128
国土安全保障法 …… 317
国内総生産（GDP） …… 279
国民共和党 …… 101, 103
国民共和党員 …… 100, 101
国民クレジット national credit …… 103
国民総生産（GNP） …… 279
国民配当 National Dividend …… 433, 434, 438
国立銀行法 …… 109
国家銀行業 …… 270, 272, 409
国家経済安定化及び回復法（NESARA） National Economic Stabilization and Recovery Act（NESARA） …… 369, 370
国家負債（連邦負債参照）
ゴットフリート・フェーダー Feder, Gottfried …… 246, 247, 251
コットン・マザー Mather, Cotton …… 60
古保守主義者 paleoconservative …… 241
コルト・バグリー Bagley, R. Colt …… 309
コンチネンタル・イリノイ銀行 …… 425, 426

さ

ザ・フェデラリスト …… 71
サーモン・チェイス Chase, Salmon P. …… 110, 111
最低所要自己資本比率規制 capital adequacy requirement …… 213
再売買合意（レポ） repurchase agreement（repo） …… 323
債務担保証券（CDO） collateralized debt obligations（CDOs） …… 402, 469
サブプライム負債（債務） …… 193, 299, 308, 402, 434, 469

ウォーレン・バフェット　Buffett, Warren …… 290, 339
ウォルター・ブリエン　Burien, Walter …… 438, 439
ウクライナ …… 255
ウッドロウ・ウィルソン　Wilson, Woodrow …… 141
ウラジミール・レーニン　Lenin, Vladimir …… 239, 240, 241

え

英国式経済制度（英国システム）…… 72, 97, 237, 238
英国チャンネル諸島　British Channel Islands …… 117
英国東インド会社 …… 85
エイドリアン・ダグラス　Douglas, Adrian …… 331
エイブラハム・リンカーン　Lincoln, Abraham … 30, 37, 96, 99–105, 107, 108, 109, 111, 268, 269, 270, 273
エクアドル …… 444
エクイティ市場　equity market …… 194
エド・グリフィン　Griffin, Ed … 158, 160, 180
エドガー・カーン　Cahn, Edgar …… 356, 357
エドワード・エプシュタイン　Epstein, Edward …… 146
エドワード・バーク　Burke, Edward …… 59
エミリー・ソーントン　Thornton, Emily …… 193
M3（マネーサプライ）… 24, 25, 48, 49, 54, 56, 169, 170–173, 313, 314, 316, 319, 332, 347, 364, 368, 369, 377, 380, 381, 393, 431
MBIA …… 476, 477
エリエイザー・ロード　Lord, Eleazar … 118, 218
エリザベス・ウォーレン　Warren, Elizabeth …… 291
エリザベス一世　Queen Elizabeth I …… 85
エルサルバドル　El Salvador …… 444

お

オーストラリア連邦銀行 …… 419
オットー・フォン・ビスマルク　Bismarck, Otto von …… 108, 109
オリバー・クロムウェル　Cromwell, Oliver …… 83, 85, 86, 118

か

カーライル・グループ　Carlyle Group … 121
ガーンジー　Guernsey …… 117, 118, 260, 384
外交問題委員会（CFR）　Council on Foreign Relations（CFR）…… 145
家計負債 …… 295
カナダ銀行　Canada, Bank of …… 419
カナダ行動党　Canadian Action Party … 437
株式市場 …… 320, 385
株式市場（破綻）…… 157, 159
貨幣数量説　quantity theory of money …… 115, 116, 273
空売り　short selling …… 196–204
空売り（純空売り）　naked short selling …… 200–204
カリブの海賊 …… 375, 393
為替安定化基金　Exchange Stabilization Fund（ESF）…… 325
為替相場 …… 224, 226, 234, 458
為替相場（主要商品本位制）　basket of commodities standard …… 448
為替相場（消費者物価指数本位制）　consumer price index standard …… 450–453
為替相場（ドルへの杭打ち）　pegged to dollar …… 222
為替相場（浮動通貨）　floating currencies …… 224
為替相場（ブレトンウッズ金本位制）　Bretton Woods gold standard …… 222
完全ドル化　full dollarization …… 443, 444
カントリーワイド・ファイナンシャル　Countrywide Financial …… 470, 471

き

基礎所得保証（ベーシックインカム）　Basic Income Guarantee …… 433, 434
キャサリン・オースティン・フィッツ　Fitts, Catherine Austin …… 287, 439
キャピタル・フライト　"capital flight" …… 226
キャリー取引　carry trade …… 417
キャロル・クイグリー　Quigley, Carroll …… 24, 146, 158, 215
キャロル・ブルーイェ　Brouillet, Carol …… 359
給与日融資　payday loans …… 291
共産党 …… 240
緊急権法　Emergency Powers Act …… 317
銀行家マニフェスト（1892年）　Bankers Manifesto of 1892 …… 124
銀行家マニフェスト（1934年）　Bankers Manifesto of 1934 …… 162
銀行業（イスラム銀行）　Islamic …… 405
銀行業（国法〈有〉銀行）　national … 71, 109–111, 239, 270, 431
銀行業（州立銀行）　state owned …… 481, 486
銀行業（商業・民営銀行）　commercial …… 227, 405, 416, 424, 461
銀行業（地域銀行）　community …… 353
銀行業（中央銀行）　central …… 90, 104, 140, 270
銀行業（通貨センター）　money center

索　引

原著の索引に従って作成したが、「日本の読者へ」と「用語集」(一部例外あり)、「参考・推薦文献」は索引範囲に含まない。必要と思われるところには原語を記した。

あ

アーロン・バー　Burr, Aaron ………… 75
愛国者法　Patriot Act ………… 317
アジア危機（1997年～1998年）……… 224, 264
アジア通貨基金　Asian Monetary Fund (AMF) ………… 264
アダム・スミス　Smith, Adam ………… 63, 72, 132, 369
アディソン・ウィギン　Wiggin, Addison ………… 329
アドルフ・ヒトラー　Hitler, Adolf - 246-250
アヘン戦争　Opium Wars ………… 41, 236, 260, 261, 269
アムシェル・ロスチャイルド　Rothschild, Amschel ………… 93
Ambac ………… 476-477
アメリア・ヤギ　Tyagi, Amelia ………… 291
アメリカ革命（独立戦争などの用語も含む）………… 37, 42, 65, 69, 101, 118, 237, 238, 348, 393
アメリカ通貨研究所　American Monetary Institute ………… 437
アメリカ式経済制度（米国システムなどの用語も含む）……… 72, 75, 97, 103, 243, 261, 465
アメリカン・インターナショナル・グループ　American International Group (AIG) ………… 483
アラン・グリーンスパン　Greenspan, Alan ………… 45, 304, 326, 327, 376, 388
アリストテレス　Aristotle ………… 80
アル・マーティン　Martin, Al ………… 286, 304, 373
アルヴィン・ラブーシカ　Rabushka, Alvin ………… 61
アルゼンチン、ハイパーインフレーション ………… 256, 355
アルバート・ギャラティン　Gallatin, Albert ………… 65, 95
アルンダティ・ロイ　Roy, Arundhati ………… 125
アレクサンダー・ケレンスキー　Kerensky, Alexander ………… 239
アレクサンダー・デル・マー　Del Mar, Alexander ………… 65, 85
アレクサンダー・ハミルトン　Hamilton, Alexander ………… 64, 69-71, 72-75, 375, 380
アレックス・ヴァレンシュタイン　Wallenstein, Alex ………… 328
アンジェロ・モジロ　Mozilo, Angelo ………… 475
アンタル・フェケテ　Fekete, Antal ………… 223, 368
安定通貨フォーラム ………… 437
アンドリュー・カーネギー　Carnegie, Andrew ………… 134, 153, 345
アンドリュー・ジャクソン　Jackson, Andrew ………… 23, 92-93, 96-100

い

イサカアワー　Ithaca HOUR ………… 356, 357
イスラム銀行業 ………… 361, 416, 450
イラク ………… 78, 374
イラン ………… 374
イラン石油バザー ………… 314
イングランド銀行　Bank of England ………… 84, 87, 89, 90, 91, 399, 471
インド ………… 276-283
インド（農家の自殺）………… 282
インフレーション（ハイパーインフレーション参照）……… 25, 104, 115, 116, 117, 271, 274, 430, 459

う

ヴァーノン・パリントン　Parrington, Vernon ………… 70, 102, 115, 119, 362
ヴィクトル・ソーン　Thorn, Victor ………… 28
ウィリアム・イングドール　Engdahl, William ………… 221, 229, 254, 255
ウィリアム・ジェニングス・ブライアン　Bryan, William Jennings ……… 29, 35, 36, 38, 41, 42, 43, 129, 398
ウィリアム・パターソン　Paterson, William ………… 87, 89
ウィリアム・ハワード・タフト　Taft, William Howard ………… 141
ウィリアム・ハンメル　Hummel, William ………… 52, 188, 337, 403, 406, 407, 408, 409
ウィリアム・ホープ・ハーヴェイ　Harvey, William Hope ………… 128, 163, 164, 297
ウィリアム・マッキンリー　McKinley, William ………… 39, 41, 129
ウィリアム三世　King William III …… 84, 86, 87
ヴェルサイユ条約 ………… 245, 250
ウォール街 ……… 30, 38, 91, 121, 134, 145, 174, 219, 428

著者・訳者紹介

エレン・H・ブラウン　Ellen Hodgson Brown

1945年生まれ。米国ロスアンゼルス在住。作家、弁護士、社会活動家。弁護士活動を通して現在に至るまで12冊の本と400以上のエッセイを発表。初期は、食生活や医療問題に関する評論を執筆していたが、2007年に本書を発表後、政治経済問題へと関心を移す。2011年に「公共銀行制度研究所」を設立し、2013年『The Public Bank Solution（公共銀行という解決策）』（未邦訳）を発表。また、ケニア、ホンジュラス、グアテマラ、ニカラグアでの11年間の海外生活から発展途上国の問題点にも関心を深める。現在に至るまで世界各国でインタビューに答えるなど精力的に活動を続けている。

早川健治

朝は「ベーシックインカムさえあれば人や社会に本当に役に立つことができるのになあ」とぼやきつつ会社に行く契約社員、夜は「さあこれから本当の仕事が始まるぞ」とつぶやきつつノートパソコンを開く翻訳者。「スウィーニー薬局」読書会担当、「ベーシックインカム・アイルランド」広報担当。和訳作品では、ロビン・コリングウッド著『哲学の方法について』、同『精神の鏡、知識の地図』、フロスティ・シガーヨンスソン著『通貨改革——アイスランドのためのより優れた通貨制度』。英訳作品では、多和田葉子著『Opium for Ovid（変身のためのオピウム）』。

負債の網
——お金の闘争史・そしてお金の呪縛から自由になるために

2019年 3 月25日　初版第 1 刷発行
2019年 8 月30日　初版第 2 刷発行
著者　エレン・H・ブラウン
訳者　早川健治
装丁　albireo Inc.
発行者　白崎一裕
発行所　株式会社那須里山舎
〒324-0235 栃木県大田原市堀之内625-24
電話0287-47-7620 FAX 0287-54-4824 http://www.nasu-satoyamasya.com/
印刷・製本　株式会社　シナノパブリッシングプレス

ISBN 978-4-909515-02-5　C0030 定価はカバーに表示してあります。